思想的・睿智的・獨見的

經典名著文庫

學術評議

丘為君　吳惠林　宋鎮照　林玉体　邱燮友
洪漢鼎　孫效智　秦夢群　高明士　高宣揚
張光宇　張炳陽　陳秀蓉　陳思賢　陳清秀
陳鼓應　曾永義　黃光國　黃光雄　黃昆輝
黃政傑　楊維哲　葉海煙　葉國良　廖達琪
劉滄龍　黎建球　盧美貴　薛化元　謝宗林
簡成熙　顏厥安（以姓氏筆畫排序）

策劃　楊榮川

五南圖書出版公司　印行

經典名著文庫

學術評議者簡介（依姓氏筆畫排序）

經典名著文庫044

社會中的法

尼可拉斯・魯曼 著
(Niklas Luhmann)
國家教育研究院 主譯、李君韜 譯

(國家教育研究院與五南圖書合作翻譯發行)
2019年2月三版

經典永恆・名著常在

五十週年的獻禮・「經典名著文庫」出版緣起

總策劃 楊榮川

五南，五十年了。半個世紀，人生旅程的一大半，我們走過來了。不敢說有多大成就，至少沒有凋零。

五南忝為學術出版的一員，在大專教材、學術專著、知識讀本出版已逾壹萬參仟種之後，面對著當今圖書界媚俗的追逐、淺碟化的內容以及碎片化的資訊圖景當中，我們思索著：邁向百年的未來歷程裡，我們能為知識界、文化學術界做些什麼？在速食文化的生態下，有什麼值得讓人雋永品味的？

歷代經典・當今名著，經過時間的洗禮，千錘百鍊，流傳至今，光芒耀人；不僅使我們能領悟前人的智慧，同時也增深加廣我們思考的深度與視野。十九世紀唯意志論開創者叔本華，在其〈論閱讀和書籍〉文中指出：「對任何時代所謂的暢銷書要持謹慎的態度。」他覺得讀書應該精挑細選，把時間用來閱讀那些「古今中外的偉大人物的著作」，閱讀那些「站在人類之巓的著作及享受不朽聲譽的人們的作品」。閱讀就要「讀原著」，是他的體悟。他甚至認為，閱讀經典原著，勝過於親炙教誨。他說：

「一個人的著作是這個人的思想菁華。所以，儘管一個人具有偉大的思想能力，但閱讀這個人的著作總會比與這個人的交往獲得更多的內容。就最重要的方面而言，閱讀這些著作的確可以取代，甚至遠遠超過與這個人的近身交往。」

為什麼？原因正在於這些著作正是他思想的完整呈現，是他所有的思考、研究和學習的結果；而與這個人的交往卻是片斷的、支離的、隨機的。何況，想與之交談，如今時空，只能徒呼負負，空留神往而已。

三十歲就當芝加哥大學校長、四十六歲榮任名譽校長的赫欽斯（Robert M. Hutchins, 1899-1977），是力倡人文教育的大師。「教育要教眞理」，是其名言，強調「經典就是人文教育最佳的方式」。他認為：

「西方學術思想傳遞下來的永恆學識，即那些不因時代變遷而有所減損其價值的古代經典及現代名著，乃是眞正的文化菁華所在。」

這些經典在一定程度上代表西方文明發展的軌跡，故而他爲大學擬訂了從柏拉圖的《理想國》，以至愛因斯坦的《相對論》，構成著名的「大學百本經典名著課程」。成爲大學通識教育課程的典範。

歷代經典．當今名著，超越了時空，價值永恆。五南跟業界一樣，過去已偶有引進，但都未系統化的完整舖陳。我們決心投入巨資，有計畫的系統梳選，成立「經典名著文庫」，希望收入古今中外思想性的、充滿睿智與獨見的經典、名著，包括：

- 歷經千百年的時間洗禮，依然耀明的著作。遠溯二千三百年前，亞里斯多德的《尼各馬科倫理學》、柏拉圖的《理想國》，還有奧古斯丁的《懺悔錄》。
- 聲震寰宇、澤流遐裔的著作。西方哲學不用說，東方哲學中，我國的孔孟、老莊哲學，古印度毗耶娑（Vyāsa）的《薄伽梵歌》、日本鈴木大拙的《禪與心理分析》，都不缺漏。
- 成就一家之言，獨領風騷之名著。諸如伽森狄（Pierre Gassendi）與笛卡兒論戰的《對笛卡兒沉思錄的詰難》、達爾文（Darwin）的《物種起源》、米塞斯（Mises）的《人的行爲》，以至當今印度獲得諾貝爾經濟學獎阿馬蒂亞．

森（Amartya Sen）的《貧困與饑荒》，及法國當代的哲學家及漢學家余蓮（François Jullien）的《功效論》。

梳選的書目已超過七百種，初期計劃首爲三百種。先從思想性的經典開始，漸次及於專業性的論著。「江山代有才人出，各領風騷數百年」，這是一項理想性的、永續性的巨大出版工程。不在意讀者的眾寡，只考慮它的學術價值，力求完整展現先哲思想的軌跡。雖然不符合商業經營模式的考量，但只要能爲知識界開啓一片智慧之窗，營造一座百花綻放的世界文明公園，任君遨遊、取菁吸蜜、嘉惠學子，於願足矣！

最後，要感謝學界的支持與熱心參與。擔任「學術評議」的專家，義務的提供建言；各書「導讀」的撰寫者，不計代價地導引讀者進入堂奧；而著譯者日以繼夜，伏案疾書，更是辛苦，感謝你們。也期待熱心文化傳承的智者參與耕耘，共同經營這座「世界文明公園」。如能得到廣大讀者的共鳴與滋潤，那麼經典永恆，名著常在。就不是夢想了！

二○一七年八月一日 於

五南圖書出版公司

導讀

法的社會學觀察

世新大學法律學系教授 張嘉尹

一、序言

法律人出身的德國社會學家尼可拉斯・魯曼，一生發表過不少膾炙人口的法社會學著作，從早期的《作爲制度的基本權》（Grundrechte als Institution, 1965）、《程序建立正當性》（Legitimation durch Verfahren, 1968）、《法社會學》（Soziologie des Rechts, 1972）、《法律系統與法釋義學》（Rechtssystem und Rechtsdogmatik, 1974）、《法的分殊化》（Ausdifferenzierung des Rechts, 1981）、《法的社會學觀察》（Die soziologische Beobachtung des Rechts, 1987）、《社會中的法》（Das Recht der Gesellschaft, 1993）。《社會中的法》屬於魯曼晚年的成熟作品，也是他在《社會系統》（Soziale Systeme, 1984）這本爲社會學系統理論奠立理論基礎的鉅著之後，所發表一系列分析個別功能系統著作[1]中的一本。因此，這本書既是理解魯曼對於法律系統的蓋棺論定之作，也是從魯曼系統理論理解現代社會功能系統無可忽略的一本書，畢竟法律系統對於功能分化的現代社會具有不可或缺的重要性。遠在德國柏林攻讀博士的李君韜君將這本經典之作翻譯出來，對於中文世界讀者的貢獻可想而知。

想要在一篇導論之中，爲這位思想深邃又著作等身的思想家勾勒出清晰易懂的圖像，的確有其實際的困難，本著知其不可而爲之的心情，我嘗試在短短的數千言之內，進行這幾乎是不可能的任務。其實，本書作爲個別功能系統的分析，眞正的導論應該是魯曼的另外兩本經典之作：《社會系統》與《社會的社會》（Die Gesellschaft der Gesellschaft）。這幾本著作，如果再加上魯曼其他分析個別功能系統的著作，或許可以稱得上黑格爾以來最完整的思想體系。

二、尼可拉斯．魯曼何許人也？

尼可拉斯．魯曼是二十世紀德國最著名的社會學家之一，一九二七年出生於呂內堡，二次大戰時曾服役於德國空軍，一九四五年被盟軍所俘並住過戰俘營，戰後在佛萊堡大學念法律，在通過兩次國家考試之後曾服務於行政機關，六〇年代初期到美國哈佛大學跟隨美國社會學功能論大師帕森斯做客座研究，回到德國之後任教於史派雅行政學大學。嗣後，魯曼在一九六六年同一年當中，分別以曾經發表的著作《行政組織的功能與後果》（Funktionen und Folgen formaler Organisation, 1964）與《公共行政的法與自動化》（Recht und Automation in der öffentlichen Verwaltung, 1966），於德國敏斯特大學先後取得博士學位與教授資格，從一九六八年起則任教於剛創立的畢勒菲德新制大學的社會學系，他在這所大學一直授教到一九九三年退休爲止。退休後仍著述不斷的魯曼於一九九七年出版他生前最後的鉅著《社會的社會》，一九九八年十一月六日病逝，享年七十歲。

魯曼的重要性可以從幾方面觀察，作爲一個社會學家，魯曼將系統理論發揚光大，使得他的理論作爲一般系統理論的開展，[2]佐證了系統理論解釋一切的企圖心。此外，他也改寫了功能論對於社會的分析，建立了一個不同於帕森斯的功能論新典範。[3]更重要的是，魯曼作爲一個深具原創性的思想家，毫不猶豫的嘗試揮別「古老歐洲的傳統」，[4]以爲現代社會找到適合自己的概念與理論。而且，由於他運用系統理論來分析各個功能系統，因此與各該系統內的理論有了對話的可能性，這使得他的理論能夠超出社會學的領域，對其他學科產生了深遠的影響。[5]

三、系統理論是什麼？

雖然什麼叫做系統理論不無爭議，無論如何，這種理論已經成爲一個重要的跨學科典範，不僅在於自然科學，例如醫學、神經生理學、心理學、精神病學，即使是在社會科學，例如政治學、社會學、經濟學、教育學，都受到一定程度的重視與運用。

針對「什麼是系統理論？」這個問題，簡單的說，系統理論是一個差異理論，系統理論是一個建立在「系統／環境」區分的理論。系統理論的出發點，亦即它的第一個區分是「系統／環境」，所以不會否定環境的存在，而只是說系統的操作一開始就會在世界中製造出系統邊界，環境則是一個相對的概念，相對於二階觀察時的那個被觀察的系統才有環境。世界是什麼呢？世界是無可掌握的，因爲系統的操作只會在系統邊界的這一邊發生，系統觀察環境時其實是在做自我觀察，就是所謂的「重複輸入」（re-entry），將系統／環境的區分在系統內再做一次，觀察在系統內部建構的環境。只有系統／環境這個差異的整體（Einheit der Differenz）才是世界，環境作爲系統的相對項是不能取消的，系統在系統理論裡並非單獨的概念，而是「系統／環境」這一組區分的另一邊。爲什麼會先提到區分呢？因爲系統理論本身也是觀察的結果，然而觀察必須有所依恃，觀察無法脫離區分而存在，觀察在系統理論的用語裡指的就是「區分並且標示」，例如我們看過去是一個女人，這個時候我們使用了一個區分：「女人／男人」，而且我們把觀察的標示爲女人，但是我們也可以用「太太／先生」來看，那麼看到的就是太太而不是女人，依此類推，當我們使用的區分是主張「獨立／統一」的人之時，我們看到的就不是女人或太太，而是一個具有某種特定政治主張的人。

由於作爲出發點的區分是任意決定的，因此可以說所有的觀察都是偶然的，是初淺的，系統理論以「系統／環境」的區分作爲出發點，它的出發點也不例外的是偶然的。然而卻不能說以偶然的、初淺的區分爲出發點是一種缺點，因爲所有的觀察都帶有這個特質。對於系統理論而言，重要的不是否定區分的存在，而是這樣的區分是否有足夠的潛力可以發展出一套夠複雜的理論？魯曼就認爲，以系統／環境的差異爲對象的研究，相較於只以客體—系統作爲對象的研究，總體而言來的有收穫。

系統理論既然從系統／環境的區分出發，探討問題時必然會遭遇系統指涉的問題。當系統理論以社會爲研究對象時，探討的是具有社會性（Sozialität）的對象，而不是心理現象或是意識，因此立即會觸及社會系統與心理系統的區分。[6]魯曼的系統理論將社會（Gesellschaft）的自我再製基本單位界定爲溝通（Kommunikation），而不是意向（Intention）或是思想（Gedanke），也不是人（Mensch）。換言之，對魯曼而言，社會既不是由人所組成，也不是由心理系統（意識系統）所組成，更不是由心理系統的自我再製基本單位所組成。魯曼認爲，社會是由溝通所組成，社會始於溝通也終於溝通。由於系統理論嚴格區分社會系統與心理系統，對於社會系統而言，溝通以外的一切都是環境，心理系統只能是社會系統的環境，同樣的，對於心理系統而言，意識以外的一切都是環境，社會系統也只能是心理系統的環境之一。[7]

強調溝通的原因就在於，系統理論嚴格區分心理系統與社會系統，魯曼主張，心理系統自我再製的單位是意識，[8]社會系統的自我再製單位則是溝通。應該注意的是，魯曼系統理論所使用的溝通概念，並非日常用語意義上的溝通，而是一個去主體化的溝通概念，所以他才會主張，並不是人在溝通，而是溝通本身在溝通，而且只有在溝通的網絡中，我們平常所理解的「行動」（Handeln）才會產生。[9]這樣的說法的確是嚴重的背離常識，然而系統理論所處的觀察層次是二階觀察，二階觀察的對象並非單純的事物，而是一階觀察者的觀察，二階觀察不但觀察被觀察的觀察者觀察什麼，還觀察他如何觀察、根據什麼區分來觀察，因此才能觀察出什麼是該觀察者所不能觀察到的。

社會獨立於生命或是意識，而自成自我再製的系統，主要的理由在於社會的基本元素——溝通——是一種茁生性實在（emergente Realität）。[10]溝通由三重的選擇綜合而來：資訊的選擇、該資訊告知方式的選擇以及選擇性的理解或是誤解該告知與資訊。只有這三個成分的綜合才能構成溝通，缺一不可，而且這三個成分都是選擇的結果，不但要告知的資訊是選擇過的，告知本身也是一種選擇，而且只有當資訊與告知的區分有選擇的理解或誤解時，作爲茁生性實在的溝通才算出現。這種溝通概念與行動理論的溝通概念有所不同，行動理論將溝通理解爲消息或資訊的轉達（Übertragung），系統理論則主張溝通不可化約爲告知行動，溝通還包含資訊與理解這兩個成分。在社會系統的運作進行過程中，只有當這三者在溝通中被區分開來，而且溝通本身決定在接下來的運作要連結到其中的某一個成分時，溝通才算出現。[11]當誤解或是理解出現時，溝通就會循著理解或是誤解的方向繼續進行，或是因爲理解或是誤解而終止，由於社會就是由溝通的生產與再生產以及其相互連結所形成的網絡，隨著溝通的進行，社會就會自我再製的進行下去。溝通既然是茁生性實在，而且是這三種選擇的綜合，就沒有什麼在溝通中被轉達，反而是溝通製造出記憶，溝通產生了冗餘（Redundanz），[12]不同的參與者就可以採取不同的方式來取用此冗餘，繼續進行選擇性的理解與選擇性的告知，溝通就這樣繼續進行下去或是終止，這就是社會系統生產與再生產的過程。

四、社會學怎麼觀察法？

在現代社會裡，人們已經漸漸能接受這個想法——關於「實在」的看法受到所處脈絡的拘束。當人們有所主張時，可以同時想到與此相應的脈絡，與此相互呼應的則是一種事物具有偶連性（Kontingenz）的觀感。[13]對於脈絡的多重性或多元性的察覺，除了可以從觀察的邏輯來理解之外，[14]也與現代社會的分化形式有關。魯曼將社會的分化形式當作是社會演化的產物，社會的分化形式會隨著社會演化，他主張從過去到現在，主要的[15]社會分化形式[16]歷經了四個階段：第一階段是片段分化（segmentäre Differenzierung），例如在古代社會，整個社會系統分成許多相同的部分——家庭、部族、村落等等。第二階段是中心與邊陲的分化（Differenzierung nach Zentrum und Peripherie），在此，片段化的原則已經被超越，不平等也被允許，這種分化以中心爲其主要特徵，但是邊陲卻可以不依賴中心而存在。第三階段是階層分化（stratifikatorische Differenzierung），社會依此分化成不平等的階層，這些階層藉由社會結構內對整體社會發生作用的主導差異（Leitdifferenz）來定位，階層化的社會使用「上／下」這個主要差異，來觀察社會本身並觀察在社會中發生的事件，社會的次系統則彼此處於上下層級的關係。第四階段則是功能分化（funktionale Differenzierung），這也是現代社會的主要分化形式。[17]

功能分化社會的特色在於，每一個社會次系統都實現一個特定的社會功能，所以稱爲功能系統，經濟、科學、法律、藝術、政治、宗教、教育皆是此類功能分化的社會次系統，然而沒有一種功能系統可以取代另一個功能系統。此外，魯曼也主張，每一個功能系統同時是一個自我指涉或自我再製系統，具有社會自主性（Autonomie），亦即社會次系統是運作地封閉的（operational geschlossen）、自我指涉的（selbstreferentiell）、自我再製的（autopoietisch）系統。[18]功能系統在其分化的過程中成爲自我取代的秩序，僅能根據其自身的功能尋找功能對等物、計算其運作並更換其結構；功能系統雖然具有自主性，但是同時也十分依賴其環境，每一個功能系統正常操作的必要條件，是其他的功能在別的功能系統獲得充分實現，以及這些功能的實現方式不會爲其帶來無法解決的問題。[19]

由於個別的功能系統僅根據其自身功能進行運作，功能觀點乃是該系統內溝通運作所賴以進行的主導區分，現代法——法律系統——的功能在於行爲期待的穩定。另一方面，功能系統以其獨特的二元符碼（die binäre Code）來界定了溝通的系統從屬性，例如，以二元符碼「法／不法」（Recht/Unrecht）爲導向的溝通就屬於法律系統的運作，[20]所有其他的溝通雖然都是社會的一部分，卻屬於法律系統的（社會內）環境。

法律系統包含了所有以法的符碼爲導向的溝通，然而並不是所有與法相關的溝通皆屬於法律系統，例如學術系統對法的觀察與描述仍是屬於學術系統的溝通，所以系統理論對於法律系統的觀察並不屬於法律系統的溝通，而是立基於學術系統來觀察與描述法的運作，屬於異觀察（Fremdbeobachtung），而非自觀察（Selbstbeobachtung），在此意義上，《社會中的法》是一本社會學著作，而非法學著作。

只有涉及到派分二元符碼「法／不法」的溝通才是法的溝通，因爲只有這種溝通才能與其他法律系統內的溝通取得聯繫，建構其連接可能性，維持自我再製的進行，以進行法律系統的再生產。[21]其他的功能系統，也具有其與功能相應的獨特二元符碼，像經濟系統就基於「擁有／不擁有」的符碼，而政治系統基於「有權／無權」及「執政／在野」的符碼而進行操作。在功能分化的現代社會，每一個社會次系統只履行一個特定的功能，而且這些功能無法相互取代，所有的功能系統都根據特定的二元符碼來操作，並具有自主性（Autonomie），每個系統只在其系統邊界內操作，其他的系統只是該系統的環境，因此任何一個功能系統的運作都無法拘束另一個功能系統。[22]

法律系統雖然以「法／不法」的二元符碼爲導向，但是該符碼的存在仍不足以使法律系統完全以其爲導向，因爲只有符碼本身仍不足以產生資訊。由於二元符碼「法／不法」不足以作爲決定法或是不法的判準，因此法律系統在結構上還發展出符碼化與程式化的區分。由於符碼是二值的，因此可以作爲進一步條件化的前提，這些條件則被稱爲法律程式（Programme），可用以決定符碼值的分派，決定何者爲法，何者爲不法。只有藉助於符碼化與程式化的區分，符碼作爲區分在自我再製上才具有生產性。[23]魯曼主張，在功能分化的現代社會，法的固有功能是在時間、社會與事物三個面向上，一致的一般化行爲期待，在此基礎上就可以根據「法／不法」的二元符碼，對偶然出現的衝突做出具有拘束性的決定。[24]法的功能是一個以全社會系統爲參考點的概念，所涉及的問題是：「什麼問題是社會分化出法規範所要解決的？」更具體的說是：「什麼問題是現代社會分化出法律系統所要解決的？」[25]傳統的法社會學大多將焦點集中於法的社會性功能（soziale Funktion），所以會主張法具有「社會控制」（social control）或是「整合」（Integration）的功能，這種觀察方式卻忽視了法的獨特性，因此魯曼主張將焦點置於一個唯一的功能，並認爲與法的功能相互關聯的問題是一個時間問題（Zeitproblem），法所要解決的是社會的一個時間問題。具體言之，法的功能在於處理「期待」的問題，[26]法律系統所履行的獨特社會功能是「規範性期待的穩定」。[27]法處理的是「期待」之時間拘束的社會成本，其功能在於透過規制規範性期待之時間的、事物的與社會的一般化來穩定它。法使得吾人能夠知道：哪些期待可以獲得社會支持，而哪些不會。一旦有此穩定的期待，就可以很從容的面對日常生活中的失望，至少可以有恃無恐，其期待不會落空。[28]

在法律系統的運作封閉性、法的功能、法的符碼化與程式化這些功能系統基本問題的描述與分析基礎上，魯曼在《社會中的法》一書中對於其他的重要議題，展開進一步的討論，這些議題包含：正義、法的演化、法院在法律體系中的地位、法律論證、政治與法律的關係、憲法、法律系統的自我描述、社會與法的關係。有興趣一探究竟的讀者，可以任意選擇個別專章來閱讀，而無須按照各章的順序。

由於《社會中的法》出版於一九九三年，因此對於當時德語學界方興未艾的全球化議題，並未有專章討論。事實上，魯曼不但主張世界社會只有一個法律系統，而且早已在世界社會的層面預見了法的全球化，然而一直到一九九八年去世之前，他並未大幅調整其實質上以內國法爲討論對象的研究，[29]既然系統理論以解釋一切現象爲其職志，如何解釋與說明法的全球化現象，就成爲系統理論必須面對的挑戰。魯曼雖然主張，法律系統的二元符碼具有跨越國家領域的普遍性，但是他也觀察到，不但法秩序彼此之間在個別國家層面有極大的差異，而且世界社會的法秩序也與內國法秩序有所不同，這主要是因爲在世界社會的層面，並不存在中央的立法機關與司法機關，[30]此外，世界社會的法律系統也欠缺內國法秩序所獨有的特徵——以憲法作爲法律系統與政治系統結構耦合形式。[31]既然在世界社會的層面並不存在法與政治的結構耦合，在討論世界法時就不能忽略，法律系統的特徵可能會不同於以領域國家爲虛擬界線的內國法秩序。針對全球法的研究，尤其是相應於社會部門分劃而來的「法片段化」發展，所導致的全球法多元主義，對於法律系統的統一性（the unity of law）是否構成不可逆轉的衝擊？這些議題的探討與解答，不但可加深對全球法現象的理解，也會回饋給系統理論，裨益其取得更廣闊的視野與更深入的洞視，因此也是系統理論的後繼者無法迴避的任務。[32]

五、法律系統怎麼使用系統理論？

《社會中的法》既然是站在科學系統來觀察與描述法律系統，這本書的內容對於法律系統而言，似乎最多就是它的環境，亦即不屬於法律系統的其他社會溝通。對於科學系統而言，或許會因爲《社會中的法》的出版與討論，產生了更多取向於「眞/假」二元符碼的系統內溝通，但是對於它所觀察的法律系統呢？這個問題涉及自我再製系統與其環境的關係，更精確的說，涉及兩個自我再製系統的關係。

如果先不從理論層面談起，魯曼早期的一些關於法的系統論著作，像《作爲制度的基本權》、《程序建立正當性》、《法社會學》、《法律系統與法釋義學》等書，都曾經在德國法學界引起許多迴響，即使晚期的成熟著作影響力反而比較式微，仍然引起一些討論。[33]經由法學界對於系統理論的繼受，魯曼對於法律系統的社會學觀察，對於法律系統的確產生影響。然而根據系統理論的邏輯，基於運作封閉性，兩個自我再製系統在運作的層面上無法相互影響，另外一個系統的運作，對於這個系統而言，至多只能具有刺激（Irritation）與擾動（Störung）的效果，至於實際上的影響則是由被擾動的系統根據自己的結構與運作來決定。

魯曼在《社會中的法》中認爲，系統理論對於法律系統的觀察與描述，對於法律系統而言，除了作爲異觀察之外，還有另一種可能性存在。魯曼引進結構耦合（strukturelle Kopplung）的概念，[34]主張理論（Theorie）本身可以作爲科學系統與功能系統反思理論之間的結構耦合形式，如果在這個系統之間相互接觸的位置上，結構耦合的機制可以發揮功能，經由納入/排除可能性來疏通刺激。結構耦合的可能性與功能系統的運作封閉性是同時存在的，法律系統關心的還是規範性期待的維持，就如同科學系統專注於研究一樣，然而透過選擇特定的概念，卻可能建立兩個系統之間結構耦合的機制，至於這類社會學研究成果是否爲法律系統所採用，仍有待法律系統自己決定。[35]

六、哲人日已遠

一九九三年冬，魯曼在畢勒菲爾德大學休退後，到德國南部的慕尼黑大學舉行一系列演講，筆者在此演講會上第一次見到魯曼。魯曼這一系列演講總共進行五次，綱舉目張的介紹自己三十餘年的研究成果，他說自己的研究主要建立在一個出發點上：當代社會需要一個當代的社會學理論，而不是繼續抱著古典社會學大師的經典。在演講的最後一場，魯曼以謙遜的態度向在場聆聽的教授與學生說，社會系統理論目前還處在其初生時期，他三十多年來的努力正是想爲其奠立一個基礎，在這個新的典範上，可以具體的展開進一步的研究，但是這要寄望於大家。在多年的論爭之後，他的主張雖然已經在德國獲得尊重與承認，然而他卻認爲這只是一個開始，或許思想廣博深邃如魯曼的人，在面對世界的無限複雜時，仍然只能嘆息更多的知產生更多的無知吧！

從一九八四年的《社會系統》一書開始，魯曼每隔幾年就會出版一本專論針對特定的社會系統做分析，從同樣的理論出發，從不同的角度切入，在基本論點的運用中不斷的反身調整與發展，一個從自我指涉出發的理論，總是自我指涉的進行著。七十歲生日前出版的《社會的社會》則是三十餘年來努力的一個暫時總結——社會唯有在社會的溝通中自我呈現。智識上的天才創造與過度消耗，在健康上會付出代價的，據聞，度過七十歲生日之後，魯曼陷入了一種詭異的怪病，其後不到一年竟一命歸西，像其他的學術重鎮一樣，留下了許多尚待整理的遺稿，以及有待繼續發展的學說，或許一如往常，遺留下來的還有對他理論解釋永無止境的爭論。

與系統理論相遇要採取什麼樣的態度，或許可以參考魯曼自己的話語。魯曼在七十歲生日前曾經接受一個訪問，[36]最後他提到，「系統論無論如何也只是個偶然的活動，它並不要求自己是唯一正確的，雖然它的確是普遍的被構想的……這也是爲何要把理論建立在弔詭的原因。」他並奉勸讀者們，「請不要對我太當眞，不然，也請不要太快的理解我」！

譯者致謝

輔仁大學社會學系魯貴顯老師曾審閱部分譯稿，並提醒譯者注意系統論特殊用語的翻譯方式，國立編譯館匿名審稿委員就初稿中若干疏失提出指正，均使譯者獲益良多，謹在此由衷致謝。感謝世新大學法律學系張嘉尹老師爲中譯本撰寫導論。此外也感謝北京智正律師事務所的柯偉才律師、柏林自由大學法律系助教Maximiliane Kimmerle小姐、譚鍾瑜先生，就原書中引用法語、義大利語、西班牙語之處，提供翻譯上的協助。由於譯者曾對譯文進行調整，因此文責由譯者自負。現於德國攻讀博士學位的王柏偉、張錦惠、蕭煒馨、胡育祥，以及五南圖書企劃主編歐陽瑩小姐，曾協助校對譯稿、蒐集相關文獻資料，譯者亦在此一併致謝。

李君韜　二〇〇九年十月二十八日

前言

就專業分類的角度而言，底下這份文本可以被解讀爲法社會學——但這裡所說的法社會學，同時具有一種更爲廣泛的、以及一種更爲狹隘的意義。這份文本所處的脈絡，是一門關於全社會的理論，而不是一種被限定在特定部分上的、爲社會學的各個部門、或者個別課程賦予了名稱的社會學各論。沒有人會去爭執，法律在全社會當中占據了重要的地位。也就是說，全社會理論必須要關照全社會的法律。由於法律的各種具有高度要求的形態，都是存在於全社會，也只能出現在全社會中，因而，上述說法適用於整個法律的語意學，一直到最細微的枝節，也適用於每項在法律當中被做成的決定——即便這些決定只涉及到，要對各種可以被販賣的蘋果的直徑，進行度量，或者對各類啤酒的成分進行標示。沒有任何一項奧祕，或者任何一種異狀，可以在一開始的時候就被排除在社會學的相關領域之外。這樣的選擇，必須完全託付給社會學理論。

這肯定意味著某種很不一樣的事情。當我們在下面的論述中，選擇了那種對全社會（這全社會被認爲是一個廣袤的、包含了所有社會性事物的系統）的指稱來作爲指涉時，這樣的作法，相較於制度論、行動理論、專業社會學等各種進路而言，其實隱含了某種限縮。所謂限縮的意思，並不是說，不允許採用那些具有其他來歷的概念；但是，這些概念應該被分派到什麼位置上，則應該託付給全社會理論。諸多概念（例如：運作上的封閉性、功能、符碼化、綱要化、功能分化、結構耦合、自我描述、演化等等）之所以被選用，是因爲它們同樣也能夠被運用在現代社會的其他功能領域中。如果我們進行了這種整體性的嘗試，而將諸多抽象概念運用到各種極度不同的事物領域中——例如政治與宗教、科學與教育、經濟與法律——那麼，我們不免會推論道，在不同事物中的這種一致性，絕非偶然，而且這種一致性反而道出了某些關於現代社會特質的事情；之所以如此，正好是因爲這樣的診斷並非推演自法律的「本質」，或者其他任何一種「本質」。

一旦我們將這項證明目標放在眼前，那麼，以下那些針對以法律爲導向的溝通所進行的探究，就可以被理解爲一種對全社會的執行。因而，這些探究總是預設了兩種系統指涉：法律系統與全社會系統，即便在某些地方我們沒有明白說出這件事。藉著這種取向，它們可以銜接上那些已經出版的、關於經濟以及關於科學的探究。[1]我還計畫將其他系統也納入探討。

我對法律系統這項主題的研究，可以追溯到很久以前。我原本計畫，在出版了以演化理論爲基礎的法社會學論著（這種法社會學理論，雖然必須以系統論的討論角度作爲預設，但卻無法將這些角度充分納入論述中）之後，[2]也平行地將這些研究予以出版。過去一陣子的短期研究機會，特別是在芝加哥西北大學的法學院以及紐約耶希華大學的卡多佐法學院，爲我提供了熟悉普通法思維方式的可能性。我特別感謝美國的同事們給予了這樣的支持。特別是在各次演說以及研討會的機緣中，各種批評使我獲益良多。針對那尚未完成的、關於法律之「自我再製」的構想所提出的各種批判見解，也影響到了本書對此問題所提出的論證分量。[3]我希望能夠成功地澄清那些成長速度已經太快的種種誤解。當然，每一門具有鮮明特質的理論，都會引發某種具有充分理論基礎的排斥態度，自不待言。但這個時候，人們應該要想起猶太法律註解的一項特質：將各種歧見帶到一個合適的水平上，並且將它們當作傳統來加以保存，是很重要的一件事。

尼可拉斯・魯曼／畢勒菲德，一九九三年六月

目次

第一章 關於法理論之起點

I

在法律的世界裡，提出理論上的嘗試並非什麼不尋常之事。無論在羅馬民法傳統或者在普通法傳統中，都發展出了各種不同的法學理論，但後來則主要是基於法律實務的需要。首先出現的是關於訴訟當事人提出的、指涉法律的論證，後來則主要是涉及到法院裁判的論理基礎，並且，在此脈絡下，也涉及到法院對這些論理基礎的一貫運用。個案經驗與概念必須予以提煉，以供重複運用，也要爲維持在可隨時援用的狀態。正如我們將要更進一步加以分析的，這樣的需求具有雙重結構。一方面，概念與理論必須被凝煉到一定程度，以使它們在重複使用的過程中能被辨別爲同一者。另一方面，在其他情況或者基於新案例所爲之重複運用，也會獲得成果，不過，即便在這樣的情況下，那保持爲不變的意義結構仍必須獲得確證。在第一種途徑中，所產生的是化約，在另一種途徑中所帶來的則是意義的充實，這兩者互爲條件。

那些在法律實務自身當中被製造出來的法學理論，並未持守理論概念在科學系統的脈絡中所承諾的事情。毋寧說，它們是一些附屬產物，是基於必須做成站得住腳的決定所造成的必然性，才會出現。我們可以毫不誇大地說，在這裡，方法上的考量優先於理論上的考量。各個理論將素材予以分類，將存在於靠近問題與案例的事態中的、無法概觀的材料加以歸整，這些事態則能夠限制並導引決定程序。例如，當我們所處裡的是關於利益衝突的規制問題，也就是關於那些被承認爲合法的利益之間的衝突時（例如徵收法、緊急權、危險責任等），通常會被建議要發展出「利益衡量」的規則，這些規則並不會一開始就將那些被納入考量的利益歸類爲不合法。而當我們處理的問題，是要向承受相對不利地位者返還「不當得利」時，那麼實務運作馬上會陷入到一片充滿暗礁的水域中，在其中，人們無法照著一種所謂以原則爲取向的航路行進，但即便如此，人們卻仍必須一再地發展出可供運用的規則，並使其藉著可一般化的觀點而獲得論理基礎。[2]

概念抽象化與理論系統化的第二個重要來源，是法學課程。我們可以依照它與法律系統的裁判實務的關係，而對其重要性給予不同評價。[3]不過，在各個情況中，教育系統中的養成過程，都是爲了法律職業的執行而準備。養成教育可以允許採用較多的抽象概念、較多的一般化判斷與較多的「哲學」，這些可能超出了在工作場合會使用到的範圍。爲養成教育目的而準備的理論材料，經常會導致一結果，那就是，它會使人們無法認清法律論證說服力的文本依存性與案件依存性，也就是無法認清裁判合理性所具有之「具體位置」性格。[4]不過無論如何，法學理論的任何發展，都要注意到其在系統中的接受度。美國的法學院一向都跟美國律師公會維持緊密聯繫。在德國，法學考試則是「國家考試」。大學的產物——無論是人事的，或者文本的——所發揮的後續效應，或許可以促使法律系統的實務採取某些轉變，教科書與論文專著也偶爾會在法院裁判中被引用，但是在這裡所涉及的必定總是一項在系統中可被採行的轉變；也必定是一項關於某種早已現存的現象的轉變。當然，科學研究也必須注意到類似的限制——但這是發生在另一個完全不同的系統中。

在法律實務與法律課程中產生的各種「法理論」，乃是一種形式，它並存於現行有效的法律文本之旁，而法律則在這種形式中，將其自身展現爲詮釋所得到的結果在這個意義下，它們是法律系統自我觀察的產物，但絕對還不能說是反思理論——反思理論要對系統之統一性、法之意義及其功能等問題提出描述，以便能從其中得出一些能夠建立期望的論結。

在法律系統內部對於法理論、法釋義學、法之諸原則與諸概念等之探討，不應被人們理解爲，它們所涉及的事情彷彿完全是對批判做出專業上的抵抗、進行防衛、或者僅涉及各種象徵性與正當性的功能。[5]其最重要的目的，毋寧是追求概念的一貫性、測試諸原則、概念或裁判規則的可一般性，也就是追求「擴大效應」，[6]然後則是試圖對過度擴張的一般化現象進行矯正，而這主要是藉由規則/例外的圖式。不過，在系統內部的層次上，這卻正好被理解爲對於正義的探求，並且因此而被歸屬到一個價值概念下，此一價值概念則爲法學家指明了他們從事的活動所具有之意義。正當化的問題，最早也是產生於在這件事情上必然要進行的選擇，也就是產生於各種學說探討結果所具有之明顯可見的偶連性。

直到約三十年前，才出現了一些理論上的嘗試，力圖超越前述發展狀態，並且有意識地不將自身侷限在釋義學理論或「法律哲學」上。它們在「法理論」（這裡用的是單數）這個名稱下提出了自己的主張。[7]在這個稱號下，人們嘗試將邏輯的與詮釋學的、制度性的（晚期實證主義的）與系統論的、修辭學的與論證理論的嘗試（或者無論如何都可以說：具有此種背景的學說見解）匯集在一起。對此我們暫時還未能認識到一清晰的輪廓。在這種情況下，對法釋義學理論與一般意義下的法理論做一區分，仍被視爲可接受的做法。[8]但即便如此，人們仍未放棄將法理論劃歸法律系統之內在視角的看法。無論如何，在一般法理論當中，規範概念亦被認爲**是基本概念**而無法拋棄。[9]然而，「作爲基本概念」卻意味著：作爲一透過自身獲得定義的概念，作爲一種短路的自我指涉。一項規範規定了，什麼事情是應然的。這也使得規範與事實的區分成爲主導性區分，而不可或缺。在這當中，「事實」所涉及的，是那些從規範角度觀察而可以被評斷爲「符合」或「偏離」規範的事物。在這樣的確定見解下，法理論早已將自身劃歸法律系統。[10]此處所涉及的，一直是一種往抽象化與跨學門聯繫嘗試走向發展的、法律系統的反思理論，但它持守著一項古老的基本命題，那就是，如果我們想正確地對待規範的固有價值、應然意義，以及規範所具有之要求性格，那麼就必須承認，規範無法自事實中被「導出」，也無法讓其自身被描述爲事實。如果我們針對規範性所具有之意義內在性做探討，那麼這樣的見解也許是有道理的。但是：這種情況的發生，已經說明了法理論作爲一反思性理論嘗試的性質，這種理論嘗試想要探討出，法律依其對自身固有之理解，所要處理的究竟是什麼問題。

哲學家所處理的，一向都是極爲抽象的問題，以至於我們無法設想，法學家或者遭遇法律問題的一般人士也會對相同的問題產生興趣。舉例來說，人們爲何負有服從法律的義務，就屬於這樣的問題。[11]毫無疑問，對於此一問題的肯定回答，必須在法律系統中被預設，否則系統就會崩潰。另一方面，也存在著一些邊緣案例與例外案例（抵抗權！）。這個時候，對於前述義務問題提出理論上的澄清，或許就頗有助益，即便在系統的實際運轉中，唯有當出現了相關的誘因時，人們才會這麼做。（但它最終會適用在每個問題上。）

基於在不同法秩序，或者法秩序家族之間（例如普通法之下的各個法秩序，以及法典化現象扮演較爲重要角色的法秩序）進行比較，而提出之理論嘗試，也會使法理論的這種抽象化發展傾向獲得進一步動力。在進行法律比較時，一件很重要的事情是，要跟個別法秩序的價值觀保持距離。然而即便如此，仍然應該注意並體認到法律對自身之肯定。例如，不應該去懷疑，法律會被貫徹執行，制定法在各個案例中都必須被具體化，以及，對於特定文本的解釋，會出現較好的論理以及較差的論理。[12]在這裡，人們可以觀察到，一種世界性法律文化的形成，已初具雛型，這種法律文化爲差別保留了高度的運作空間，但也甚爲注重其固有之準則，並且在這裡拒絕外來的干預。

在這裡，人們也會談論到法理論。嚴格的科學分析，使理論概念獲得了一項完全不同的、建構對象的功能。每一項科學上的理論嘗試，都必須先確定其對象爲何。它必須將對象標示出來，而這意味著：必須把對象區分出來。無論人們在認識理論的問題上做了何種抉擇，或者，無論人們是否追隨較偏向唯實論的、較偏向觀念論的、或者較偏向建構主義的理論，均無礙於上述事實。在多元的科學脈絡中，藉由對對象之界定，甚至同時會存在一種可能性，或者說是或然性：不同的理論，或者更確切的說，不同的學門都會對其探討對象做出不同的界定，而它們彼此間也因而無法相互溝通。即便它們使用了同一個名稱——在我們這邊的情況即是「法律」——它們談論的仍然是不同的事物。在這種情況中，它們彼此間也許產生摩擦並引發「辯難」，但這些辯難卻不會有任何結果，或者頂多使各自的理論武器更爲銳利。人們完全無法觸及對方的焦點。

在法學與社會學的關係上，這樣的情況更容易被清楚看到。就法學而言，其處理的是規範性的秩序。就社會學而言，則依照不同的理論取向，而可能涉及社會行爲、制度、社會系統——也就是要處理「某件事物處於何種狀態」以及「它如何成爲該狀態」等問題，或許還敢於挑戰，而提出預測與解釋。我們或許可以停留在確定此種差別存在的階段上，但如此一來，我們卻必須承認，各個學門，或者說，在各學門當中的不同理論，對於彼此的探討內容也沒有太多可說的。法之一般理論，或者在導論課程裡面教導的東西，只能自限於介紹各種現存的理論：美國與斯堪地納維亞支派的法唯實論、分析法理論、社會學法學與法社會學、理性法與法實證主義思潮，以及兩者晚期階段的不同折衷立場、法律之經濟分析與系統論等。我們必須放棄爲這些理論提出公約數，不是嗎？

今天，也許人們至少在下面這點上取得了相互理解：繼續在法之「本質」或「本體」上進行論爭是不值得的，[13]比較有趣的問題，應該是要探究法律之界限。[14]在這裡我們就會碰到一個爲人熟知的問題：這條界限應該以分析方式或者以具體方式，或者說，應該透過觀察者還是透過客體而被決定？如果人們給的答案是（有些人錯誤地相信，科學理論迫使人們不得不這麼做）「分析的」，那麼這無異承認了，每個觀察者都有主張自身客觀性之權利，而這又會讓我們陷入前述情況，亦即，我們到最後只能確定，跨學門的對話是不可能的。因此，我們所給的回答是：「透過客體」。這又可歸結爲：法律自己決定了法律之界限爲何；亦即，它決定了何者屬於法律，何者不屬於法律。這時候，各種意見分歧之起始點，就被推移到下列問題上：這是**如何**發生的？

倘若我們能在前述範圍內，嘗試提出一種跨學門的，具有國際共通性的出發點，那麼，可選擇的理論（能針對此一問題說出某些東西的理論）範圍，也是很小的。我們可將此歸納爲下述四項論點：

⑴ 在今天，能夠描繪出某件事物如何在與其所處環境之關係中，製造出其固有界限之理論，只有系統論。也許終究還存在著其他理論選項，但即使眞有這些選項，它們也多半隱而不顯。[15]因此，我們也（還）沒辦法確定，它們是否能夠隨著系統理論家族的轉變，或著透過承認一具有競爭性的替代選項，而被認識到。

⑵ 在這種探討方式中，對法律界限之「純粹分析性」界定雖然遭拒斥，但是有一項確定立場並未改變：所有被陳述出來的事物，都是由觀察者陳述的。[16]即便某一理論將客體界限之界定，委諸客體自身，該理論也仍然是觀察者的理論。但是，若觀察者想要正確掌握那在其自身界限中被界定的客體，或者僅欲以此作爲探討主題，那麼他就必須在第二階序的層次上組織其觀察。他必須將其客體當作觀察者來加以觀察，也就是說：當作這樣一種客體，此客體本身係以系統與環境之區分爲導向。

⑶ 關於進行觀察的系統此一概念，系統論提出了一種理論進路，一種具有非常一般性立場的建構性知識論。藉此，人們不僅可以掌握那些在認知上專門化了的系統，[17]也可以掌握各種導入自我生產的觀察的系統。它們之所以導入自我製造的觀察，是爲了規制其對於環境之關係，它們並不具有直接介入環境的

運作進路——質言之，諸如宗教、藝術、經濟、政治等系統均係如此——法律亦然。[18]要將如此分歧的、多重脈絡式的諸多建構結合以觀，就必須要提出一種二階觀察的理論。

(4) 談到這裡，人們就能看到兩種可能性，並且對應於此而區分關於法律（也就是：關於法律作爲一個自己觀察自己的系統）之法學的與社會學的觀察方式。社會學家從外部觀察法律，法學家則從內部觀察。[19]社會學家只遵循來自其固有系統之拘束，例如，這個系統會要求他從事「經驗研究」。[20]同樣地，法學家也只服膺其固有系統之約束，不過這系統就是法律系統本身。依此，社會學的法理論會歸結爲法律系統的異己描述；而唯有當它將系統描述爲一個描述自身的系統時，它才會是一個實質妥當的理論。（在今天的法社會學當中，這樣的見解幾乎還沒被嘗試過）。法學的法理論則會歸結爲法律系統的自我描述，但它必須要考慮到，唯有在其對象與其他某件事物的差異中，自我觀察與自我描述才能掌握其對象。它們必須指認出對象，也就是要區分出對象，以便能將其分派給自身。在這一點上，曾有人提出過諸如「法律與社會」這類頗有疑問的陳述，這類陳述助長了一項謬誤，使法律看起來彷彿存在於全社會之外。[21]正因如此，幾經考慮，本書之標題定爲「社會中的法」。

上述這幾點關於跨學門對話意涵之討論，已經將我們帶進到尚未解決的理論問題當中。在此，我們必須以下列說法暫時中斷先前的討論：的確，一門妥當的社會學法理論，可以利用外部描述所帶來的好處，這種描述方式毋須拘泥於尊重內部規範、慣例、相互理解之前提等。它可以、也必須藉助各種不相一致的視角來進行探討。但另一方面，它也不可以用錯誤方式掌握其客體。這意味著：它必須像法學家所理解的那樣，來描述客體。其客體乃是一個觀察自身並描述自身的客體。這種對於客體的自我觀察與自我描述的事實之參與，乃是一種具科學上妥當性、實在性，甚至我還想說：具經驗上充分性的描述的前提。否則，人們就必須有勇氣針對下述命題提出爭執：在法律系統中存在著自我觀察與自我描述。

II

上述思考迫使我們承認，冠上法理論名稱的那些理論，完全是扣連著法律系統的自我描述才得以形成的。這裡所涉及到的是這樣一些理論嘗試，它們——已經對批判工作做好萬全準備——起先是對法律抱持尊重態度，並且也接納了與此相對應的規範性拘束。這同時適用於狹義的法學理論，也就是那些由實務案例中發展出來的、其規則係指向可一般化的觀點的理論，也適用於法律系統的反思理論，這些理論展現了法律的固有值生產，以及法律系統自主性的意義。如果人們將這些可幾乎說是從實務中自然生長而形成的傾向，表述爲規範性的誡命，那麼它們可歸結爲對做成一致決定之要求。這可以被表述爲對於外部影響的防禦（「不顧個人情面」），或者被表述爲內在於法律的正義規範，亦即對相同案件給予同等對待。很明顯地，這些判準還需要更進一步的具體明確化，這意味著進一步的區分，例如在相關與不相關的個人特徵之間，或者在相同與不同案例之間做區分。在這裡會藉助概念與理論來進行探討，例如關於因果歸責條件之確立、關於行爲之主觀要素之定性（故意、過失），或者關於不同瑕疵形式的區分，這些瑕疵形式可能出現在契約締結或履行過程中。此一理論發展的整體素材，從處於外部者的角度看來，同時留下了合理的與渾沌的印象。

今天，法學家自己都傾向於對此保持距離。它們是由法律建構產物所帶來的後果出發，來評斷之，也就是藉由下述問題來評斷：「它會帶來什麼」？當然，如果我們考量的是經驗上的後果，那麼它們顯然無法被這些法學家們知悉。因而在此範圍內，後果取向不過是法律實證性的一個指標而已：也就是依照自身之評估而做成決定的權限。無論如何，它不會是一種可以產生出理論的原理。

一致性的問題，首先不過只是關於訊息上冗餘的問題。邏輯上的一致，甚至自我提出保證的無矛盾性，均非被要求的事物。它所涉及的事情，其實是要透過一項訊息來減低進一步的訊息需求，也就是要縮小決定的驚訝效應、要收束訊息，並且使人們能夠臆測，而這些訊息會導致何種決定。法律應該盡可能具有可預見性，或者應作爲一種人們可以計算其效應的工具。在理想情況中，由一個關鍵字即可得出一項決定——就如同對一塊被尋得的骨頭所進行之分析，即可允許我們確知，它是出自哪一種動物。

冗餘訊息會與生活事態與法律案件之多樣性發生衝突。進入到法律系統觀察範圍中的生活事態，只要其形態越是繁複，那麼要維持住充分的一致性就會變得困難。這也是爲什麼，古老的法律在廣泛程度上謹守著形式性。當人們以「內在構成要件」、「動機」、「意圖」等做補充時，就有必要對具管控地位的概念進行修改。當法律程序向要求更高的、更間接的證明可能性的方向獲得擴展的時候，同樣的說法也有其適用。就歷史來看，法律必須自己操心證據問題——不僅在事實問題中，在法律適用問題中亦係如此——這件事情，從來就不是不證自明的，而且，經過仔細的思考後，更會認爲這是對法律的令人訝異的過度要求。因爲這裡涉及的事情，是要解消弔詭、要進行自我組織，以及要使社會的自主性得到貫徹。這項突破，似乎在十二世紀時即大功告成。[22]從中世紀以降，這項發展一方面獲得某些成果，另一方面則隨著相應的安定性流失，而繼續推進。而這個時候，提出預防措施的法學，就會藉著對決定所涉及之問題進行預先處理，而對其做出反應。

在這部著作的開頭部分，我們只能附帶地探討所有這些問題。我們稍後還必須再回到這些問題。眼前我們只想總結地指出，以這種方式來發展理論，會帶來什麼後果。它給我們帶來了眾多的法理論，但是卻沒有帶來任何法之理論。它所導致的，是其在那些具有問題專門性的理論中形成的決疑論，進行摹寫，而不是走向一種妥適地理解，將法律當作一個自己生產自己的統一體。其結果則是造成理論的多樣性，而不是提出一種將法律當作是法律的自我表述。它雖然可以此種方式考慮到實務運作的一致性需求（冗餘訊息需求），但其理論基礎卻必須「獨斷地」被提出或預設，這意味著：藉助一些未被分析的抽象概念。

前述這些論斷，並非意在針對迄今爲止的理論發展及其合理性水平提出批判。相反地：今天我們反而可以確定地說，就這種專業——合理性的意義而言，人們在訊息之處理上是有所欠缺的。[23]也就是說，對我們而言，這所意味的，並非是要把關注焦點放在對合理性探究興趣上。我們毋寧是要將討論限縮在下列問題上：人們如何可以將法律理解爲一個統一體；而我們將使用系統論的工具，以便能夠探究，當人們將法律的統一性定義爲系統時，他們可以依循的論據是什麼。

當然，這並非新的問題。早就已經出現過一系列的典型處理方式——這對我們而言應該是一項警告——然而它們對法律實務本身卻一直沒發生過什麼值得一提的影響。[24]關於法律統一性的最具影響力的、也同時是最富傳統的建構方式，或許是將法源或法律類型設想爲具有階層秩序的那種探討方式：永恆法、自然法、實證法。這樣的建構，可以以一種層級化的社會系統，以及與之相應的階層化的世界構造作爲其支撐點，但是它卻獨斷地設定了階層秩序的必然性，並且因此阻絕了自身觀察到「多元性的統一性」這項弔詭的可能。如此一來，統一性只能是位階**差異**本身。

十八世紀時，鑑於等級秩序的崩潰以及結構描述[25]之日益時間化與歷史化，原本由**位階秩序**所構成的一項助長統一性的差異，被調整到「**進步**」概念上。根據休謨、盧梭、李桂、康德以及其他人的說法，法律就要使強制力在歷史上向文明化的方向發展。然而，即使是達爾文，也早已會斷然拒絕使用「較高或較低的」這種表達方式——如此一來，進步理念就已經遭到破壞。黑格爾的精神形上學，也是因爲這樣而失去了支持。

同樣地，在十八、十九世紀中，相對於諸多法理論，也出現了一個未被預期的競爭學門——它首先是以社會統計學的形式出現，後來則是表現在各種不同的、迅速分化的諸社會科學中。在此之前，法學家相信自己有資格提出關於社會的表述。[26]如此一來就很容易將「societas」（社會）當作一個法律概念來處理，並且按照契約模式來思考社會的起源。然而，社會科學領域的競爭學門稍後卻指出，當法學家在這樣做的時候，他們是如何地受到其固有思想產物的拘束。這個時候，將社會表述為一項法律制度的作法，在方法層面就會遭到攻擊與駁斥。法學家必須在實證法的理論中挽救自己，而這些理論則會遭遇到正當化問題。自十九世紀中葉以降，人們因此而退回到一些無人爭執的**價值效力**上，即便（或許正因如此）對於具體案例而言，從這裡無法獲得任何東西。[27]這時候，主導性的差異是：存有與效力，而在調查具有效力的事物時，不再接受內容性的特徵，只接受程序性的特徵。在這種情況下，看來就有可能將法律之統一性寄託在論證規則上，或者更簡潔地說：寄託於一個相互磋商的利益均衡過程。值得注意的是，在所有這些嘗試上，都附著著一種疏遠於法律的特質。這一點是可以理解的，也似乎無法改變。因為，在法律中並不會做成關於法律統一性的決定，法律的統一性只能透過「對法律問題做出決定」這件事，而被生產與再生產。所謂的法律經濟分析，看來第一次突破了存在於那些在法學上可供運用的、具有問題針對性的理論，與統一性描述之間的分歧。[28]它提供了一種效益計算方式，這種計算方式在一個很特定的意義下具有合理性，並且也具有充分簡明的操作方法。這使得理論與法學令人驚異地彼此匯流（此一發展主要出現在美國）——當然，這是以某些簡化作為代價，唯有藉著這些簡化，才使得該理論可能被運用到各種極為不同的實務領域上，不過，在法院實務本身上，它們的作用是有限的。在具備了長期的、關於以純粹個人主義角度來理解的功效主義、關於個人偏好累積為社會偏好的諸問題，以及關於行動效益與規則效益之區分所帶來的經驗後，人們為這些理論加進了充分的謹慎假設。一項跳過那些眾所周知的積累問題，而被提出的命題是：人們正好就可以基於個人主義的出發點，算計出對於共同福祉較為有利或較為不利的解決方案（當然，這不是共同福祉本身）。然而，仍然有許多問題未獲解決。其中最重要的也許是：人們無法對未來提出計算。無論這種效益計算嗣後被證明爲正確或錯誤，它都不能對這種計算結果的法律效力產生任何影響。正如同所有想要以任何形式（形式就是：具有準則性的區分）將法律之統一性導入法律當中的嘗試一樣，前述的嘗試也是建立在弔詭*的解消（開展、遮掩、文明化、非對稱化）上。此外，在期望是否能在未來通過檢驗這件事情上，對正確性或錯誤性抱持最終的無差異態度，乃是風險行動的典型特徵。這樣看來，法律的經濟分析爲那作爲風險承擔的法律決定，提供了證立。

前述思考鼓舞我們尋求其他的可能途徑，而非更深入到細節性的論爭當中。[29]我們可以用系統與環境之區分作爲主導性的差異，就如同所有較新穎的系統論流派均以之作爲基礎那樣。我們很容易發現，這樣做會帶來一項重要的優點，那就是，社會（連同其環境）會被當作法律系統的環境，而被拉進觀察視野中。法律的經濟分析只能將社會當作一種（一向都是以間接方式）被中介進來的、利益均衡的一般系統，而納入考量。[30]系統論則能夠提出一種遠比這更爲豐富的、具體的社會描述，而這在相當程度上顯現於其之被運用在社會中的**其他**功能系統上。這時候，法律系統之內在於全社會的環境，則顯現出高度複雜性，其結果則是，法律系統因此只好而指向其自身：指向固有的自主性、自我界定的界限、固有的符碼以及高度選擇性的篩選機制，這些篩選機制之擴張，可能會危及系統，或者剝奪其結構確定性。

正如同法律的經濟分析一樣，系統論的分析也有它的缺點。相較於先前勾勒出的那些法理論，這兩者都是新穎的理論走向；但其新穎之處則完全不同。系統論的缺點（如果它眞的是一項缺點的話）在於其高度的固有複雜性，以及相應於此的概念抽象性。其思想上的介入領域乃是跨學門的，而若僅藉助各科學學門（即便所涉及的學門是如同物理、生物、心理學、社會學這類的大規模學門）所慣用的工具，那麼也就只能片段地掌握之。沒有任何一位法律人會在這裡進行充分的考察，而他們也無法在快速發展的情況中把握住變動的事物，則更不在話下。系統論的應用雖然不應因此被排除，但它們比較是以零星而點狀的方式，也就是較爲偶然地、比較是在激擾的形式中形成，而非在邏輯推論的形式中形成。因此，我們已經預先放棄了那種關於引導實務的理論的構想，並且代之以下述構想：將法律系統描述爲這樣一個系統，它對自身進行觀察與描述，亦即，它會發展出固有的諸多理論，並且在其中以「建構主義」方式進行探討，也就是說，它在系統內部不會以任何方式嘗試對外部世界做任何的摹寫。

此外，系統論當然也會以其固有的主導性區分進行操作，亦即系統與環境之區分。它總是必須提出系統指涉；由此點出發，其他的事物都被視爲環境。如果我們將諸系統的自我描述能力納入觀察，那麼就不得不區分出法律系統之自我描述與異己描述。人們雖然可以在「法理論」這個關鍵字底下，設定這兩種視角的整合，但只要人們想更具體明確地指明該理論帶來的成效，他們就必須從系統論出發，而將這兩種視

*譯註：關於弔詭，可以舉著名的「理髮師弔詭」做爲例子：村莊裡的理髮師說，他只爲他那個村莊裡不親自刮鬍子的人刮鬍子。那麼，他可以爲自己刮鬍子嗎？如果他爲自己刮鬍子，那麼照他的陳述，他其實不能爲自己刮鬍子。但若他不爲自己刮鬍子，那麼照他的陳述，他又應該爲自己刮鬍子。這樣的弔詭陳述擺盪於兩個值之間，牴觸了古典邏輯裡的排中律（假設存在著A。這時候，A與非A即窮盡了邏輯上的可能性，不可能存在一個無法歸屬於A或非A的B）、矛盾律（某項命題或者有效，或者無效；它不可能既有效又無效，也不可能既非有效亦非無效）、同一律（A不可能是「非A」）。

在系統理論中，觀察指的是「藉由一項區分所進行的標示」。在做出區分的時候，一共牽涉到三個值：區分的本身，以及被區分出來的兩面，而且這三者是一同出現的。於是，當我們對「觀察者如何進行觀察」這件事情進行觀察的時候，就會碰上弔詭的問題。也就是說，觀察者唯有藉著一項區分（A／非A），才能將某個客體（A）帶進世界，但是觀察者本身卻無法被歸屬於A或非A。一旦出現了弔詭，就會導致可界定性（Bestimmbarkeit）與銜接能力（Anschlußfähigkeit）的喪失。這個時候，必須藉助去弔詭化（Entparadoxierung）的概念來掩蓋弔詭，以確保銜接能力。參見Georg Kneer/Armin Nassehi著，魯貴顯譯，《盧曼社會系統理論導引》，台北：巨流，一九九八年，頁一三一－一三五；Theodor M. Bardmann/Alexander Lamprecht, Art. "Paradoxie", in: dies., Systemtheorie Verstehen, Opladen: Westdeutscher Verlag, 1999（CD-Rom）。

角的再度分離，納入考量。

這種系統論描述的意義在於，它製造了法理論與全社會理論之間的關聯，亦即對法律進行社會理論上的反省。藉由國際性與跨文化的對比，我們可以指出，歐洲社會自中世紀以降，發展出法律規制上非比尋常的密度以及運用強度，甚至到了將社會本身定義為一項法律制度的地步。例如人們很容易想到，早在中世紀時，就有眾多職位經常被研讀教會法（作為替代學程）的神職人員所占據，這些人未必也鑽研神學；人們還可能進一步想到與此密切相關的、法律對於現代國家發展之意義，以及所有權對於現代經濟發展之意義——也就是會想到這樣一些法律設置，我們將會在與其他功能系統的結構耦合觀點下，對其進行分析。由等級社會邁向現代社會的轉變，是藉助法律而被執行的（在此當中，革命被視為對法律的破壞，亦即，它也必須被視為法律之形式）。沒有任何事情可以讓我們理所當然地認為，這些深入、穿透、並且規制著社會生活的現代社會的法律文化，可以長久持存並繼續開展。只要看一看發展中國家（包括那些已經具有工業基礎的發展中國家）的情況，就足以引起我們的懷疑。[31]當代法律系統中的那些造成過重負擔的現象，早已被多所討論。它們也許只是過渡現象，這種過渡現象乃肇因於老式的、對於法律規制密度的要求，與新條件的遭遇。我們只需稍微想一下，要將風險問題或者生態問題帶入到法律形式中，是何等的困難，即可明瞭。然而，在這些問題中，人們要如何才能做成判斷，而當所涉及的是要如何認識到法律在現代社會中的重要性，以及要如何記錄下那些已經開始浮現的轉變等問題時，又有何種理論可以提供協助？我們當然不是要返回到亞里斯多德或者後亞里斯多德（理性法）傳統下的自然法理論。我們也並非要提出某種奠基在「倫理學」之上的嘗試——這些嘗試本身即缺乏任何清晰的輪廓。[32]但是我們也不會採取法律的經濟分析——它給了太少關於社會的訊息，雖然它必須在社會中被運用。

在今天，系統論的分析如果能夠被充分廣泛地理解，那麼它會是唯一發展成形的理論選項。[33]它首先要求，人們應該用從**區分**角度出發所做的說明——這裡指的是系統與環境的區分——取代由**原則**（正義、效益計算、權力）角度出發所做的說明。然而越來越多跡象顯示，單單這項區分是絕對不足的，我們毋寧有必要提出一系列的諸多區分，它們也必須充分地彼此協調；在系統與環境的區分之外，還有變異／選擇／再穩定這組演化理論上的區分、訊息／告知／理解這組溝通理論上的區分，以及更爲根本的、運作與觀察的區分。我們只會非常選擇性地將產生於此的整套概念裝備帶入使用，並且在合適的地方引介之。當下的首要任務，只是要指明此種理論的類型屬性。一個複雜的社會——即便我們必須放棄獲致那對應於此的複雜性（必要的變異性）——必須透過一套複雜的理論才能被適當地描述。除此之外，我們無法以其他方式獲得任何關於全社會的法律的判斷。

III

基於一般認識理論上的理由，我們由下述觀點出發：每一項觀察與描述，都必須以一項區分作爲基礎。[34]爲了要標示（意指，論題化）某事物，觀察與描述活動必須首先能夠將它區分出來。如果它們是將某事物從所有其他事物區分開來，那麼它們所標明的是**客體**。相對於此，如果它們是將某事物從特定（而不是其他的）對立概念區分開來，那麼它們所標明的就是**概念**。唯有當人們能夠將諸多區分區分開來的時候，他們才有辦法達成概念之建構。對於法律之理論上理解，至少必須預設此種意義下的概念建構，但我們在此只能暫時以粗略的方式勾勒出這種意義。[35]

讓我們再一次針對以上討論過的、關於法理論的進路，做一個總評。這時候就會看到，它們使用了各種不同的區分，也就是各種不同的「形式」，[36]也建構了各種不同的對象。

舊歐洲的自然法，是用一種靜止的世界構造來做探討基礎，並且相應地使用了上位與下位的區分，同時也將其理解為一種位階與性質上的差異。這種層次性的（來源上的、性質的）階層秩序，可在一種普遍性的、由事物本體構成的宇宙階層秩序中，找到其支撐點，法律則在此階層秩序中，被當作一特殊的本體，而被區分出來。這意味著：自然法不僅直接建立在對於自然之認識（如同今天的物理學一樣）基礎上，它更連同那承載著它的階層秩序，而受到一種本體論的世界理解的支持，這種世界理解則以二值邏輯表述自身。如此一來，原本可以被人們當作對立面而觀察到的事物，就變得模糊。不法根本就不是法。「不法」與「不是法」在理論上無法區分開來（雖然並非每項行動都會引發法律問題），這種無法區分的狀態則助長了一種印象，認為法秩序具有不可迴避性。

十七與十八世紀的理性法，已經比較強調探討效益觀點（福利觀點）的問題，這使得層次的重要性被相對化了。在這裡，具有決定性的區分已經是有益／無益／有害，而自由的設準則須在一前提下才能適用：就人類行動而言，在其中一大部分領域內，個人能夠促進其自身利益，而不會損害其他人。今天的法律經濟分析，也可被理解為此種想法的延續，只不過它們當然進一步考慮到了迄今為止業已浮現的各種疑問。超驗哲學的一般化設準，則將此種假定回溯到一項原則上。

此外還出現了時間性的區分，啓蒙運動藉著這項區分而能聲稱自己促發了進步，也就是關於暴力與文明的區分。這項區分，在其出發點「暴力」（不是權能）上，已經具有鮮明的法律色彩。相應於此，自多瑪修斯以降，自然法就只能被理解為可被強制實現的法，並且以外部／內部之區分，相對於道德而被劃定界線。在這種形式中，暴力／文明的區分已經傾向於只承認實證法。但是（在十八世紀重新被創造出來的）[37]文明概念卻納入了整體社會的發展（以及教育和分工的優點），這使得法理論需要依存於文明上進步的預設。相較於舊的自然法思想，我們可以看出，這種將歷史納入，並且化約到（一種可以不斷在論證上被檢驗的、被理性地通盤思考的）實證法上的傾向，蘊含了明顯的相應於現代社會條件的調適，這種調適在十八世紀時開始浮現。

暴力／文明的區分，早在十八世紀的時候就已遭受抨擊，[38]只不過這種抨擊起先是無效的。它後來是隨著進步信仰的逐漸消失而崩盤——就算並未被否定可作爲一項區分，也已經不能作爲關於法律的一種充分的基礎理論——並且被存有與（價值）效力之區分所取代。藉由這項區分，法律可以從社會生活的事實中分別出來，宣稱自己固有的「精神性」存在，並主張其具有一特殊文化領域所應享之自主性。在法理論當中，這導致學派爭議，例如概念法學／利益法學之爭，也導致了進一步就合法性與正當性所爲之區分，正當性乃是藉由對於價值之指涉而被定義。

由前述背景我們可以理解到，早期的法社會學是透過規範與事實之區分而得以運轉，並且被帶向一個與其他法理論有所區隔的層次。[39]就法律實務家而言，他們必須對事實與事實脈絡做出判斷，此乃不證自明之理。而當他們越是被期待去承擔「社會工程」，這件事情就越發明顯。在此範圍內，將法學化約爲一門規範科學的作法，就成了法社會學的補充性設準，而法社會學則被當作是法律制訂與法律適用之輔助科學——也就是一種「法律事實研究」，如同今天某些人所說的那樣。[40]在社會學本身的領域中，這樣的說法並未引起太多迴響。就社會學而言，當談到要貫徹該學門的獨立性主張時，指的是要將社會本身表述爲一個產生規範的、依存於諸規範取向（宗教、道德、法律）的事實。[41]無論如何，在社會學上（在法社會學上亦係如此），藉助規範與事實之區分來標明社會學之探究對象領域，是完全不可能的。

在這樣一段漫長的歷史中，人們使用了許多的區分，並在此過程中展現了它們的特點以及界限。在此之後，人們面臨的問題則是，要如何維持由這些區分所洞察到的東西，但卻同時能以新的方式提出法理論之論述。人們可能想到的方法是，藉著調和迄今爲止所使用過的區分，來達成上述目標。然而接下來的問題則是，哪一種具有超越地位的區分，具備這樣的能力？毫無疑問，法學家會關注其決定所帶來的後果，並且會根據此一決定對哪種利益有利，或者會損害哪種利益，而對其決定給予不同的評價。毫無疑問，法律會區分規範與事實、存有的事物與有效的事物。只不過很明顯的一點是，這些區分當中沒有任何一個可以以下述方式被運用：區分的其中一面標示著法律，另一面則標示著其他事物。很明顯地，這些區分當中，沒有任何一個可以在「作為觀察與描述之對象」這個意義下，來定義法律之形式。人們的出發點毋寧只能是，法律自己製造了這些區分，以便能夠藉助它們而使自身之運作獲得導向，並且使這些運作取得進行觀察的能力。傳統所帶給我們的，並不是一些建構著法律的區分，而是一些在法律實際運轉本身中被製造出來的區分，它們能夠運用個別情況中，並帶來有限的成果。

在我們到達要探求法律之區分的階段同時，我們也可以把手上的牌攤開在桌上了。唯有當我們能夠將法律描述為一個自我再製的、對自身進行區分的系統時，前述目標才能達成。此一理論綱領意味著，法律自己生產了所有它所運用的區分與關係，而法律的統一性所指的也正好就是Autopoiesis（自我再製）*這項事實。相應於此，全社會也必須被視為一個使上述情況成為可能、並且持續持存的社會性的環境，而加以處理。針對這一點，也許有人會馬上提出典型的反駁，認為這意味著將法律完全從社會中分離出來，並且最後恐怕會流為一種法律的獨我論。但情況正好相反。不過，這只能藉由完全採納晚近系統論的發展，才能展現出來，這也使得此處提出的理論進路，由於具有複雜且高度抽象的思考前提，而顯得負擔沉重。若與前此提及的所有法理論相互比較，就會發現，這種理論進路會使它們表現出一種全然古典的素樸性。但是，如果這真的就是它們的問題所在，亦即，如果正好就是這種是自身在一項原則、或者在一項界定著法律的區分上，獲得支撐的作法，顯得有所不足，那麼我們只能嘗試藉著具有較高規制力量的、具有較高結構上複雜性的理論，來進行探究，除此之外別無他途。在我們接下來的探討所畫出的軸線上，前述情況未必會發生；然而，一旦問題被如此界定，那麼各種理論選項也就必須照著這樣的界定，而逐漸形成。

IV

法學的、法哲學的或者其他性質的法理論，都是以在法律系統內部之使用爲目標，或者無論如何都想要接納那在法律系統中清楚明瞭的意義，並處理之。但法社會學則與此有別，它的訴求對象是科學本身，而非法律系統。即便它與法理論的論述具有親近性（因爲兩者到最後無論如何都是要處理法律），我們仍應時刻注意到此項差異。這所意味的主要是，接下來幾章的分析，必須嚴格地避免掉規範性的意涵。所有的陳述，都完全停留那被社會學確認作事實的層次。在這個意義下，所有的概念都有一個經驗上的指涉。這當然不意味著，我們只能將我們的陳述限縮在那些被經驗研究（在通常論述工具的意義下）所涵蓋，或者那些可能被其涵蓋的範圍內。對我們的論述而言，那些受到人們承認的方法，所具有的涵蓋範圍，實在太過狹隘了。【42】

---

*譯註：此概念首先是由智利的生物學家及神經生理學家瑪圖拉納與法芮拉所提出，用以描述生命體組織的特色。在系統理論中，自我再製意味著，系統是具有生命的構成體，它們自己生產並製造出構成它自己的組成部分。進一步而言，所有具有生命的事物，都是以自我再製的方式被組織起來的。這種組織原理，展現了循環式生產過程的統一性。系統的各個組成部分之間互動，形成了一個網絡，組成部分藉著它們的運作，持續生產出這個網絡，同時，網絡也反過來生產這些組成部分。也因此，自我再製系統具有封閉性。但就在封閉性的基礎上，自我再製系統也具有開放性，也就是說，系統藉由自身的結構，而決定它與環境之間的交換形式。可以說，自我再製系統具有組織上的封閉性，但是也有物質及能量上的開放性。參見Georg Kneer/Armin Nassehi著，魯貴顯譯，《盧曼社會系統理論導引》，台北：巨流，一九九八年，頁六十一以下。

如此一來，下面這點就更為重要了：在做概念之選擇時必須特別注意到，各項概念要能標示各種可被觀察的事態，而且，就算在藉著這些概念而陳述出來的命題層次上，這種限縮在經驗上可檢證之假設的作法，並非毫無例外地被遵守，此項要求仍然適用。換言之，在不具備經驗指涉的情況下，我們要避免提出一些關於理念世界，或者關於一個特殊的，由價值、規範，或者凱爾生理論意義下的「應然」所構成的層次的論述。（對於社會學家而言，）在法律之上，並不存在「法之理念」。（對於社會學家而言，）關於「超越制定法的法律」的想像，也早該揚棄。根據這種想像，在那獲得實際踐行的法秩序之上，還存在著一個特殊的效力層次，人們可以根據它來檢視法律到底是不是法律。[43]應該說，法律自己檢視著自己，而如果這件事沒發生，那麼它就是沒發生。因而，呈現在我們面前的情況是，那些在法律系統中可能被視為「超越制定法的法律」的事物，只能在憲法的諸實證規範上被辨識出來，倘若欠缺這些規範，那麼「超越制定法的法律」就不會被認定為法律。規範概念指涉著一個特定的、事實性期望的形式，此一形式必定要能在心理層面上，或者被視為溝通過程中被意指的以及可被理解的意義，而獲得觀察。這些期望或者實際上存在——或者，它們不存在。如果人們想要表述「它們應該存在」，那麼，他們不一定得追溯到一個在己存有的、由規範上應然所構成的層次，而是應該要再追溯到那些期望上；更清楚地說，就是關於「對那些在規範上應予期待的事物，抱持規範上的期待」這件事情的期望。

我們不以規範性的意義來理解效力概念，這樣應該是跨出了正確的一步。規範性意義的效力概念似乎意味著，那些具有效力的事物，其實本身就應該具有效力。我們則要翦除各種訴諸某個「較高層次」而對應然價值進行分配的作法。當法律藉著效力象徵而被標示為現行有效的時候，它就會被適用——若其未被如此標示，則不會被適用。

最後，功能概念也絕無摻雜規範性的、甚或僅僅是目的性的意義。這裡涉及的只是一個具有限縮性質的參照觀點，該概念之使用也不應超出此一範圍。從社會系統的角度來看，這涉及了一項問題，該問題的解決（藉著某一種或者另外一種法律的衍生），對於系統複雜性之較高程度演化而言，是一項前提要件。

法理論本身有時候也敢於嘗試提出一種接近於上述堅決以事實爲取向的自我描述，例如，當其受到二十世紀前半葉的行爲主義，或者「科學統一」運動的影響的時候。然而，一旦對其進行較爲精確的分析，便很快會發現其論證上的弱點，或至少會發現一些模稜兩可之處，它們出現的地方，正好就是人們期待這種法理論要進入到規範性事物中，而提出論述之處。例如，奧力弗克羅納就以「法律之拘束力」此一標題，作爲其綱領性著作《法律作爲事實》[44]之導論，並且嘗試過濾掉自然法理論以及那以國家意志爲基礎的實證主義理論，所具有的一切神祕觀念。但凡是嚴格地注意到「法律之發生」這件事情具有事實性的人，都絕不會用這樣的方式來陳述問題。法律並沒有所謂的拘束力，它只是由諸多溝通以及溝通形成的結構上沉澱所組成，這些溝通共同傳達了這樣的意義授與。的確，我們也將會談論到「時間上的拘束」——但我們對此一用語的理解是：在此種理解中，人們也可以說，語言是藉著對語詞的意義進行確立（這種確立，也要適用於未來對這些語詞的使用上），而對時間發生拘束。

當我們確定地指出，規範與事實的區分乃是法律系統內部的區分時，這其實只是另一種針對法理論——我們或許可說這是「對法律友善的」法理論——而劃清界限的作法。當法理論較爲完善地釐清此一區分時，它已經把自己劃歸法律系統，並且將自身整合到法律系統中。對於科學而言，此一區分——作爲一項區分！——則不具相關重要性。或者換句話說：當我們在這裡談論到規範與事實之區分時，我們所談論的其實是一項事實，亦即，在法律系統中，會基於各種可指明的理由而使用此一區分這件事實。科學系統處理的則僅止於事實，並且將事實與概念區分開來——就好像將異己指涉與自我指涉區分開來。也因此，我們最終似乎沒什麼必要去點明，在接下去的論述中提出的諸多概念與命題，均具有非規範性的性格。

V

一般的法社會學，主要是在使用經驗方法這點上，顯示出其對社會學的歸屬性，此外也將在社會學中使用的諸理論套用在法律上。我們的出發點則與此不同，而認爲法律系統乃全社會系統之次系統。[45]因而，以下的分析，也應被理解爲某種對全社會理論有所貢獻的東西，甚至我們首先就應明瞭這一點。同樣，與一般對法律所進行的社會科學分析相互對照之下，我們感興趣的主要也不是社會對法律產生了哪些影響。這種在「法律與社會」研究脈絡下一般會提出的問題，其實預設了，法律早就已經被建構爲某種或多或少會受到社會影響的事物。至於其先決問題——在社會中的法律究竟如何可能——則未被其提出或回答。

接下去的一章，主要就是用來對上述問題之提出，進行更深入的鋪陳。在這當中我們預設了，系統的統一性只能透過系統自身，而非透過其環境中的諸多因素，被生產與再生產。這點同時適用於全社會本身，也適用於它的法律系統。雖然我們在提出以下的分析時，全盤一致地以「法律系統」這個系統指涉作爲基礎，但必須事先指明的是，此一系統與那廣袤的全社會系統之間的關係，是具有歧義性的。一方面，全社會乃是其法律系統之環境，另一方面，法律系統的一切運作，卻一向也是全社會中的運作，也就是全社會的運作。法律系統藉著使自己在全社會中分化出來，而執行著全社會。換言之，法律系統藉著其固有之運作（這些同時也是全社會的運作），以其固有的方式切入到全社會中，正是藉由此種方式，在全社會中形成了法律所具有之內在於全社會的環境。也因此，我們可以追問，此一環境的影響是如何作用在法律上，而在提出此問題時，卻又不會導致一結論，認為法律與社會不再能夠被區分開來。

當我們從一個嚴格的運作上的基準點出發，那麼蘊含於法律與全社會所具有之歧義性關係中的問題，就會變得非常明顯。亦即：系統的統一性（這包括了系統的結構與界線）是透過系統的運作，而被生產與再生產。我們也將會談論系統的「運作上封閉性」。這同時適用於全社會系統與法律系統。能對全社會系統進行生產與再生產的運作方式，乃是有意義的溝通。[46]這允許我們主張，在下述範圍內，法律系統是全社會的次系統：它使用了溝通這個運作方式，亦即，除了在那藉助溝通而形成的、由意義所構成的媒介中建立形式（語句）之外，法律系統別無其他作法。這件事是可能的，並且在長期的社會結構演化流程中，它也變成自明之理，而這乃是全社會系統的貢獻。例如，它為法律系統提供擔保，使得無論是紙張或墨水，無論是人或其他有機體，無論是法院建築或其空間，或在該處使用的電話機或電腦，都不會成為系統的一部分。[47]這條外部界線，早就被全社會設定好了。誰要是嘗試著與電話溝通（「別再響了！」），其實就是做了一件混淆系統的事，因為人們頂多能藉助電話來進行溝通。

這樣一來，法律系統是在那些被全社會所劃定的界線的保障下，以溝通的形式來運作。接下來我們必須做的，當然是要標明出那些在系統中應該被視為特殊的法律上溝通的東西。我們也將會詳盡處理此一主題。當下會引起我們關注的一點是：符號學與語言分析長期以來一直在處理一項爭議問題，而且當人們將這些理論運用到法律上時，這項問題也會出現，[48]然而，藉助那關於運作上封閉系統的理論，我們到達了一個處於此項爭議之彼岸的立足點。在關於符號與語言的問題上，法國的傳統，也就是可上溯到索緒爾的傳統，強調的比較是結構主義面向；相對於此，美國的傳統，也就是可上溯到皮爾斯的傳統，強調的則是實用的面向。在前一個傳統中所強調的重點，比較是落在語言的符號使用所面臨的結構上強制（無論哲學家們把什麼事情看做是哲學的固有領域——例如思考之自主性——這些結構上的強制都是存在的）。[49]在後一個傳統中，則著重於說話者的意圖，也就是著重於奧斯丁與瑟爾理論意義下的「語言行動」。

到目前爲止，無論是結構主義，或者是語言行爲理論對法律的分析，都還看不出豐碩的成果。[50]很清楚的一點是，就牽涉到語音學與語法學（而這裡正好就是語言學的主要興趣所在）的面向而言，法學家使用的雖然是一般語言，但這種語言卻只能在具有一些特殊表達方式或者詞語的情況下被使用，這些特殊表達方式或詞語，在法律言說中具有偏離了日常語言的意義。單從語言的角度來看，我們絕對無法獲得將法律言說視爲「自主的」或具運作上封閉性的系統的想法；畢竟，法律言說也是出現在社會中。主要的問題其實只在於，若我們沒有爲此受過專門教育，就會經常無法理解法律言說。這不僅包含了對意義的理解，也包含了（而且正好應該包含）對於特定的告知所隱含之意圖與後果之理解。

唯有從語言理論（語言學）式的分析，過渡到溝通理論式的分析，才能爲法理論與法社會學開啓通往其眞正關心之問題的路徑。這個時候，原本存在於結構主義者與語言行爲理論者之間的爭論，其射程範圍也會被相對化。此一爭論的雙方，都只掌握到現象的部分面向而已。對於溝通而言，無論是告知行動或者結構，都是不可或缺的。但溝通本身不可被化約到告知行動上。它還包括了訊息與理解。在結構與運作之間，存在著一種循環關係，它使得諸結構只能透過下述這些運作而被建立，並且發生變異：這些運作本身又是透過諸結構才能具體確定。從這兩個角度看來，關於全社會作爲一個運作上封閉的溝通系統的理論，都是一個較爲寬廣的理論；而當人們將法律系統理解爲全社會系統的次系統的時候，無論實用主義或者結構主義立場所表現出的虛構的主導地位，都會因此被排除。

當這樣的理論，以前述方式深入到法理論、語言理論與符號學的爭議問題中時，它是否還能被蓋上社會學或法社會學的標記？對這個問題，我們大可以採取開放立場。這種類型的社會學，非常強調在各種跨學門的要求所形成的框架下來進行探討，這樣一來，對其做學科上的歸類，能夠告訴我們的無論如何都非常有限。勇於跨出抽象化的步伐，才應該是最關鍵的事情。在當前社會學研究本身中，這樣的作法很少得到鼓勵。

第二章　法律系統之運作上封閉性

I

本章的主題，在法理論的文獻中，一般是放在法律之「實證性」這個關鍵字底下來處理。自從邊沁針對普通法當中那些難以索解的奠基理論進行論戰，以及在法哲學領域中（費爾巴哈、胡果），針對那種想要以超驗理論方式，爲法律原理賦予基礎的不可行的嘗試進行論戰之後，現代法律一直將自身描述爲實證法律。[1]有爭議的只是，在法律具有效力的情況下，法律是否還需要一個指向其自身之外的理論基礎，或者「正當化」。然而，這樣一種理論基礎或正當化，在法律內部的地位卻一直是不清楚的。人們當然可以談論，對現行有效的法要給予何種政治上或道德上的評斷；但是當一個法律系統，在實證法律之旁，還包含了一些不需要被實證化的法律時，恐怕就得賦予反對實證法律的抵抗權，可想而知，除了某些極端主義者之外，人們對此一結果是心懷恐懼的。

理論上的討論，或許該處理這些問題，我們也會在談論法律系統之自我描述的章節中，回頭討論這些問題。不過，「法實證主義」的根本問題，並不在於正當化，更不在於其與自然法及理性法之區別。其問題毋寧出在，實證性這個概念，在理論上並不充分。或許，作爲一個概念，它能夠在關於法律系統之反思理論脈絡下，提供一些貢獻；但是就科學性的使用而言，它還欠缺充分的銜接能力。

實證性的概念，會建議人們透過決定概念來進行解說。實證法律乃是藉著決定而具有效力。這會導致「決斷論」之指責，也就是一種恣意的、僅以貫徹執行之權力爲依歸的決定可能性。這會引我們走進一條死巷，因爲到最後，每個人都知道，在法律中從來沒有、也絕對不會出現任意做決定的情況。在這樣的論證過程中，一定出現了某些差錯，而我們則推測，這差錯早就存在於實證性概念本身之不足。

的確，在自然法傳統的脈絡中，實證法律被稱爲是「任意的」；[2]但是這樣的稱呼，應該放在「可變更與不可變更的法律」這項主導區分的背景下來解讀。當可變更的法律被稱做「任意的」時候，其所意味的只是：其本身無法由不可變更的（神性的、自然的）法律當中推演出來，而是必須要適應各時代之情況與態勢。這樣的理論基礎，已經排除了它可以在任何情況中任意形成的可能性。[3]不可變更/可變更這項區分，仍然謹守著早期自然法的優位性——不過，卻是以一種本身早已不再能獲得證立的方式。當自然法/實證法之區分不再能維持，且不可變更性必須藉由「憲法」而在實證法當中被規定的時候，雖然在「自然」層次上運作的不可變更保障已經被取消，但這也並不意味著允許更多恣意的存在，而是意味著：法律爲了滿足其進行規制的任務，而提供其固有的可變更性以供運用。

人們可以追問，藉著實證性這個概念，到底什麼東西應該要被排除掉？這會把我們帶回到中世紀時關於一個被確保的宇宙、階層式的思想架構，在這個思想架構裡，除了那規制著偶然事物的實證法之外，還存在著自然法與神法。然而，當人們放棄了這樣的概念架構時，實證性的對立概念也跟著消失，留下來的，只是一種對於相關事物關係的不滿足感，這種不滿足感很難被充分表達出來。

自十八世紀以降，人們開始以法律與道德的區分取而代之，而區分的標準則是：其所涉及的是內在或外在的強制。[4]人們或許可以接受這樣的作法，但是，它並沒有爲法理論帶來任何東西——它最多只能確認，法律指的是實證法律，（而在欠缺直接法律效果的情況下）它可以在道德上受到評斷。但若（理論上的）不足性是隱藏在實證性概念本身當中，那麼這項關於法律與道德的（毫無疑問具有意義的）區分，正好沒有辦法提供我們進一步的協助，而是只會把我們帶向一些爭端，在這些爭端中，法律與道德的區分

「必須」被接納，而非「可能」被接納。[5]

無論人們會怎樣去評斷迄今爲止一切針對如何處理法律實證性之脈絡界定問題，而提出之各種嘗試，這些嘗試還是爲下述疑問留下了空間：如果我們能夠在概念上，以其他的方式來表述那個無法藉由「實證性」概念，而被充分標示出來的問題的話，那麼，是不是就能找到一條更爲穩妥的出路？在以下的探討中，我們就藉助系統論的工具，試圖達成前述目標。在「系統」這個概念底下，我們的理解和某些法學家不一樣，他們將系統理解爲一個由諸多相互協調的規則所構成的關聯，[6]我們則將系統理解爲一個由事實上被執行的諸運作所構成的關聯；這些運作，由於被認定爲社會的運作，因而它們必須是溝通，而在這種情況下，還可附帶地將它們標明爲法律溝通。這意味著，我們不應在規範或價值的類型學中，而是應該在系統與環境的區分中，找尋作爲出發點的區分。

這種向著系統/環境理論而過渡的作法，會要求我們提出第二個、也是需要事先釐清的區分。通常，法理論是指涉著諸結構（規則、規範、文本），它們是可以被歸類爲法律的事物。這點也特別適用在那些關於實證法的理論上，例如，它很明顯地適用於哈特法理論中的「承認規則」。[7]這樣一來，關於「什麼是法律，什麼不是」這個問題，就只有在對特定規則的具體明確性進行考察的情況中，才能被提出。與此相對，如果人們想要追隨晚近系統論激發的諸多新思考方式，那麼他們就必須從對於結構的關注，轉移到對運作的關注上。[8]這時候的出發點問題就變成，諸運作是如何製造出系統與環境的差異，以及——由於這件事情會要求要有遞迴性的存在——**諸運作**如何能夠認定，哪些**運作**屬於這類（能製造出上述差異），哪些不屬於此。爲了使運作彼此間能進行具有高度選擇性的連結，因而，結構的存在有其必要，但是，法律的實在性，並不是蘊含於任何一種穩定的理念性當中，而是完完全全只能蘊含於運作當中，這些運作則生產與再生產著具有法律專門性的意義。附帶提及一點，這必須一向是法律系統本身的運作（它們當然可以從外部被觀察）。我們即以此爲出發點。運作上封閉性的命題所要說的，不是別的，正好就是這件事情。倘若人們想要採納認識論上的術語，那麼或許也可以說這是「操作性建構主義」。

II

在系統論的研究當中，系統一詞——與環境有別——所意指的到底是什麼，一直是有爭議的。如果人們想要避開熱力學當中熵定律的泥淖，那麼系統論的所有陳述，都需要表現爲關於系統與環境之間差異的陳述，或者無論如何都要從此一區分之形式出發。就此而言，早先的系統理論一開始建議使用的是「開放系統」之形式。此一論題所要攻擊之點，就是熵定律，以及下述見解：諸系統——它們對於其環境而言具有封閉性——本身會逐漸與環境趨同，也就是逐漸解消，因爲它們不斷喪失能量，並且在熱力學上會不可逆轉地被暖化而遭到滅絕。因而，爲了建立複雜性以及製造並維持「反熵」，有必要持續地與環境進行交流——無論是能量或訊息。以更爲形式性的方式來說，這些系統依照轉化功能的方式，將輸入轉化爲輸出，此一轉化功能使得它們有可能在某種藉由演化而獲致之複雜性水平上，爲自身之持存留住一點盈餘。*

採納運作上封閉系統之理論，並非用來駁斥前述論點——雖然此種理論在概念構成上（例如關於「訊息」這個概念的內涵）經常有不同的強調重點。[9]其實輸入/輸出理論模式早就已經承認，系統可以將其自身之輸出當作輸入來使用。[10]後來的理論發展則將此種反饋迴路予以「內化」，並且認其爲必要。理論上的進展，其實是表現在下述認知上：唯有基於運作上的封閉性，系統的固有複雜性才有可能獲得建立——這也經常被表述爲「來自噪音的秩序」得以建立之條件。[11]有些人喜歡用大腦的運作封閉性作爲例子，而這可說是典型作法。更爲理論性的論據則或許會指出，超出最小限度的數目與元素多樣性這件事情，是有可能的，但這只有當人們不再堅持每個元素與其他元素之間的完整、隨時存在的連結時，才是可能的。它預設了要對實際被踐行的連結做出選擇，[12]而這又預設了要使選擇內在地條件化。唯有選擇性的連結，才有可能「鑑別」出一些元素，也是在這個階段，談論系統**固有的**要素、系統界線以及分出才有其意義。

運作上封閉系統的理論，同樣也是關於系統與環境之區別的理論。因而，封閉性不可以被理解爲隔絕狀態。系統與其環境之間，仍然存在著密切的因果關係，而且這種具有因果性質的交互依存狀態，對系統而言具有結構上的必然性。運作上封閉系統的理論非但不質疑此一論點，反而更以自己的方式強調之。我們只需要想一想地球上生命體具有之複雜且高度選擇性的物理關係，便可明瞭。提出有悖於此種日常見解的觀點，實屬無稽。因而，在物質或能量的基礎上所形成的開放性（環境依存性），與訊息上或語意上的封閉性命題，並不會互相排斥，這點在系統論中早已獲得釐清。[13]相應於此，我們需要區分因果上的隔絕

---

* 譯註：在熱力學裡，「熵」指的是那種在熱能機器中，沒有辦法被轉化爲機械性能量，而只會形成較低層次的餘熱（Abwärme）的熱能。根據熱力學第二定律（熵定律），一旦能量從某種形式轉換到另外一種形式，就必然會導致某些可供運用的能量的喪失。如此一來，無序狀態會增長，整體熵會升高，最後甚至會導致宇宙的「熱寂（Wärmetod）」。將「熵」概念運用到社會科學上，意味著「社會秩序準則的消失」。在那些具有反熵性質的（negentropisch）過程中，秩序可以獲得建立；在那些具有熵性質的過程中，秩序則會瓦解。但是，有許多過程，乍看之下具有熵的性質，然而進一步細究之，它們卻構成了更高層次的秩序得以建立（茁生）的基本前提條件。在複雜系統中，「自我組織」的概念就被用以稱呼那些爲對抗「熵」的趨勢而形成的系統建構成效。參見Theodor M. Bardmann/Alexander Lamprecht, Art. "Entropie", in: dies., Systemtheorie Verstehen, Opladen: Westdeutscher Verlag, 1999（CD-Rom）。

性（孤立性）與運作上的封閉性。關於諸系統之運作上封閉性的理論，在定義其探討對象時，會將自身抽離系統與環境之間的因果關係。

這是因爲我們首先必須（即便想要探究的是系統與環境之間的交互依存性）釐清，要觀察的究竟是什麼東西。只有下列系統可以被稱爲具有運作上封閉性：它們只能憑藉其固有運作之網絡，來製造固有之運作，並且在這個意義下再生產其自身。[14]如果我們使用某種比較不嚴謹的陳述方式，那麼可以說，系統必須要預設其自身，這樣它才可以藉由進一步的運作，在時間中進行自身之再生產，或者換句話說：系統是藉著追溯與先行取用其他固有的運作，來製造其固有的運作，並且也只能以這種方式來界定，哪些事物屬於系統，哪些屬於環境。

隨著自我再製概念而引進的創新，使得自我指涉建構的想像，被移轉到系統的基本（亦即，對系統而言，無法進一步被分解的）運作層次上，也就是那些在系統內部，爲系統作爲一個統一體這件事而發揮著作用的所有事物。這裡所涉及的，不再只是下述意義下的自我組織：要由系統自己來對結構進行界定與變更。亦即，所涉及的不再只是「自我規制」這種古老意義下的自主性概念。同時，藉由此種方式，在下面這個老問題的處理方式上也浮現了嶄新的視野：結構與運作（程序）、規範與行動，或者規則與決定之間，具有何種關係？

在自我再製這個概念上，非常容易造成困惑，並且也會爲廣泛的批判性討論提供誘因，這主要是因爲，此一概念的革命性效應，與其所具有的解釋價值之間，是處於一種顛倒的關係中。該概念僅說明了：唯有當系統能夠維繫其自我再製時，人們才能在此範圍內說，系統的諸多要素與結構是存在的。它完全沒有說明，從自我再製以及系統與環境間的結構耦合的共同作用中，會產生哪一種結構。自我再製也因此被引入而作爲「不變項」。在一切的生物種類、一切的溝通種類上，自我再製都一直是同樣的自我再製。而若法律系統是一個特定種類的自我再製系統，那麼這點必定在相同程度上適用於每個法秩序，而且它僅指涉著符碼，此一符碼則將系統之運作劃歸系統。但這仍然沒有說明，系統會構建出哪些規範性的綱要。[15]

如果我們從那些由自身生產的運作出發，那麼就可由此得出，所有發生的事物，都是在當下發生。這也意味著：所有發生的事物，都是同時發生。過去與未來不僅一向是同時地相關，它們也只能是如此，亦即，它們是每個當下運作的時間視域，而且，作爲此種時間視域，它們只能在當下被區分開來。它們的遞迴性連結，只能在每個實際的運作中被製造出來。因而，那些對於此種運作而言具必要性的結構，也只能是實際地被運用——或者根本不是如此。系統藉著它們的協助，使自身從一個運作擺盪到另一個運作——而且，這件事情**同時**表現在對執行所進行的各種不同的安排中。

同樣的說法，也適用於每項針對此一情境所做的觀察，而且是同樣地適用於系統外部以及系統內部的觀察。因爲觀察也同樣是運作；觀察者只有在進行觀察的時候，才是在觀察；當他不這麼做的時候，他沒有在觀察。他可以將恆常的結構從事件性質的運作當中區分開來，就好像將不動事物從變動事物區分開來一樣，但**唯有當**他如此做的時候，他才能記錄結構的改變。也就是說，他本身就是一個受到諸多時間條件拘束的系統，也就是被下面這一種時間所拘束：他在各個當下情境中，藉由其固有之諸多區分，而將此種時間建構爲其進行觀察時所具有之視域。

在這點上並不存在任何例外——無論是對科學，或者對法律系統而言。因而，對於規範之恆常性、有效期間及其變更之探問，涉及的其實是一完全次要的現象。其實，上述論點正好可以用以回答下述進一步的問題：法律系統在其自我再製當中（並且因而在其動態的穩定性當中），是否，以及在何種範圍內，係獨立於其結構之不斷改變，也就是說，它是否能夠歷經結構轉變而「存活」，或者甚至能夠利用其來執行自己的自我再製。這個問題也是在各個不同的時刻被決定（而不是透過結構選擇一勞永逸地解決），這不僅是典型的情況，而我們還可以毫無疑問地肯定，情況會繼續這樣下去。至於那些在可忍受之界線範圍內，必定需要予以維持的、可能出現的不確定性，所涉及的則是「**如何**」的問題。

結構之所以會具有實在性的價值，是因爲它們會爲銜接諸多溝通事件而被運用；規範之所以具有實在性的價值，是因爲它們會被明示或默示地援引；期望之所以具有實在性的價值，是因爲它們能在溝通中被表達出來。因而，系統所具有之最巨大的、也是最主要的適應能力，就蘊含於單純的遺忘，以及「不再使用那些能夠賦予結構的期望」這件事情中；然而，書寫文字的發明，在這件事情上造成了混淆的作用。一旦書寫文字被人們運用，而且文本的固定化也成爲可能時，系統就會發現自己暴露在自己固有之記憶下。遺忘變得更爲困難，而且人們也必須考慮到，諸多規範可能隨時、而且在偶然機遇下被引用。在中世紀以及現代早期，甚至出現了一種很明顯的對書寫形式的排斥態度，[16]並且，人們也針對這個新的問題發展出補償方案，亦即⑴爲了要對各種**可能的**文本進行處理，需要發展出法律專業學識以及精湛的專業技巧——也就是，要面對「法律案件可能出現」這樣的情況；⑵接受規範變更的方式。在系統中，此一作法係經由專門爲此設置之程序，而獲得執行。它被用來當作遺忘的功能等同項。

但是，上述現象完全沒有改變那作爲出發點的態勢——系統唯有在其諸運作中才具有實際性；唯有那些發生的事情，才是眞的發生了；一切發生的事情，都是同時發生的，無論在系統或其環境中均爲如此。

倘若人們想要執行這一套具有上述特性的、系統論的研究綱領，那麼就必須要標示出那執行著自我再製式的再生產的運作，並且在這點上要具有充分的精確性。在生物學領域中，基於生化研究的成果，我們已經可以預設在這點上存在著共識——許多生物學家甚至認爲，自我再製的概念根本就是多餘的，因爲人們需要在運作方式上提出更爲精確的描述，而此一概念只不過提出了一個名詞而已。[17]就諸社會系統的理論而言，則無法預設此種共識的存在；當人們試圖將法律系統描述爲一個自我再製的、運作上封閉的系統時，則前述說法更爲貼切。「法學本身是一門文本科學」這件事情，在這個角度下不需要任何說明。法社會學則大多以行動或行爲這樣的模糊概念爲滿足，並且用關於行動者的想像與意圖的預設——亦即行動所具有之「主觀意指的意義」（韋伯語）——來注入法律特有的意涵。但我們不能以此爲滿足。我們並不否認，那些指涉著法律的運作，也會在心理層面上產生等同項，而且它們在經驗上是可驗證的（不過，眾所周知，這並不可靠）。但是那些有意識地以法律爲取向的人，必須要先認知到，在這時候他們所想的到底是什麼。他們必須要先能指涉法律這個早已被建構出來的社會系統，或者指涉此一系統所沉澱下來的文本。針對「哪些運作可以生產出作爲法律的法律？」這個問題，我們必須預設已經有解答。諸心理系統只是觀察法律，它們無法製造法律，否則法律就會被深鎖在黑格爾曾經說過的「思想的最隱晦的內在」[18]當中。因此我們不可能將諸心理系統、意識或者甚至整個個人當作法律系統的一部分，哪怕僅僅作爲其內部的構成要素。[19]法律的自我再製只能在社會性的運作上被實現。

如此一來，自我再製的系統便受到其運作類型的拘束，這點同時表現在進一步運作之製造，以及結構之建立上。換句話說，在運作與結構之間，並不存在「本質的差異」或者「質料的差異」。在細胞的生命歷程中，攜就已經同時是資料、關於生產的因素，以及綱要。在全社會系統中，同樣的說法也適用在語言上。因而，對法律系統提出描述時，我們不能認爲規範（我們將區分符碼與綱要）具有不同於溝通的實體與性質，也不能以此爲出發點。指涉著法律的那些溝通，即爲法律系統之運作，它們具有雙重功能，即同時作爲生產要素以及結構維繫者。它們爲進一步的運作設定了銜接條件，並且藉此統一地確立或調整了對此而言具有準則性意義的限縮條件（結構）。在此範圍內，自我再製的系統也必定是歷史性的系統，這些歷史性的系統是以其將自身所放入的狀態作爲出發點。它們做了它們所做的事，而這是第一次也是最後一次。所有的反覆，只是要技術性地使結構穩固下來。此外，它們在下述意義下也是歷史性的：它們須將其結構歸功於其運作的序列，並且因而朝著分叉與多樣化的方向演化。[20]作為觀察者，人們可以對狀態界定的功能以與結構選擇功能，做出區分，但卻無法在運作上使它們分離。運作正好就是藉著為這兩種功能提供服務，而得以作為自我再製的要素，並具有統一性。

因而，運作的概念，相較於一般情況而言，會得到更多的關注。就時間上來看，諸運作其實是事件，亦即，它們使各種具有意義的可能性得以現實化，然而，一旦這些現實化得到了實現，卻又會隨即消失。由於諸運作被當作是事件，因而它們不具有存續性，即便它們仍得具備必要的最短存續時間（例如宣告判決的時間），好讓我們要能夠對運作進行觀察。由於其無法存續，它們也就無法被更改。所有的持存狀態、所有的可更動性、各種結構，都必須先在系統內被製造出來，而這是透過諸運作來達成的，它們是可被系統當作自身之事物，而予以運用的運作。換言之，並不存在外部的結構決定這回事。唯有法律自身才能夠說，什麼是法律。在這樣的情況下，結構之製造被設定為具有循環性的，因為諸運作為了能夠藉由遞迴性地*指涉其他運作，而使自身被界定，必須預設結構的存在。自我再製的執行，指的不僅是透過運作來生產運作，它更意味著要先透過運作來使結構獲得凝煉與確認，而這些運作又是以結構作為導向。在這樣的觀點下，我們也可以將法律系統稱為一個被（自身）結構決定的系統。

就事物角度而言，人們可以將諸運作描述為差異之製造。在運作出現後，某件事情會與先前有所不同，而且，由於該運作之出現，所造成的情況，也會不同於該運作未出現的情況。人們可以想一下，向法院提起告訴，或者單純提出法律問題這種在日常生活中會出現的關係。正是運作所具有的這種區辨性的效應——倘若它能具有足夠的持續時間，並且能夠與諸多運作結果形成遞迴網絡——製造出系統與環境的差異。或者就像我們所說的：系統的分出。這必須被理解為一項純粹事實性的發生事件，無論是誰在觀察此一發生事件，或者，該發生事件是藉助何種區分而被觀察與描述。一項運作可以用許多不同的方式，而被觀察與描述——例如，提出告訴可以被視爲一種侮辱、作爲確定終結某種社會關係的令人歡迎的理由、作爲統計上計算脈絡中的一個單位、作爲請求登記或要求交付簽署文件的手段等等。若人們想要知道一項運作是如何被觀察的，他們就必須對觀察者進行觀察。

由於區分之可能性與觀察之可能性，均具有多樣性，因而我們必須在概念上區分運作與觀察。撇開這點不談，其實觀察本身也是一種運作，而且所有我們在探討運作時所發現的性質，都適用在觀察上。[21]作爲運作，觀察造成了一個新的系統狀態。它也有助於那進行觀察的系統的自我再製與分出。我們還必須進一步考慮到下述事態，在其中，系統的最基本運作，總是蘊含著一項觀察，而這意味著：若缺少此種相互伴隨而運轉著的自我觀察，則這種運作根本無法成立。在這樣的情況中，觀察的圖式無法被任意選擇，它必須藉由運作的類型而加以確立。如此一來，唯有當在執行運作的過程中，對訊息、告知與理解做出了區

---

* 譯註：在系統論與操控學裡，遞迴性是諸多過程具有之性質。這些過程的運作，是以先行的、對那些相互銜接的運作進行生產的運作所帶來的結果，作爲基礎。在這裡，線性式的思考被循環式的思考取代，因爲每一項運動都會繞回到自己身上。Luhmann認爲，自我指涉的、自我再製的系統必定都具有遞迴性，它們只能藉著對其他運作進行追溯（Rückgriff）與先取（Vorgriff），才能夠生產出諸多個別的運作。也就是說，系統是在其固有的歷史狀態上，開啓自身的諸多運作。將這樣的想法運用到法律系統上，則意味著，對法律之使用，不能再被認爲是對一個被預設爲無漏洞的規則體的強制「適用」。反而應該說，法律溝通使用著系統的諸多結構，並且轉化了這些結構的意義，以便能夠在下一個運作中，重新使用這個先前已經被轉化的結構，也重新再轉化它。亦即，系統是在雙重的方向上運轉著：它淡化了過去諸多情境中無法被反覆使用的要素（此即「凝煉」）；另一方面，在運作的當下，諸多結構（符碼、綱要）展現爲具有保存價值，而在此範圍内獲得維持（此即「確認」）。參見Theodor M. Bardmann/Alexander Lamprecht, Art. "Rekursivität", in: dies., Systemtheorie Verstehen, Opladen: Westdeutscher Verlag, 1999（CD-Rom）；Thomas Vesting, Rechtstheorie, 2007, Müchen: C. H. Beck, Rn. 129-130。另請參照Georg Kneer/Armin Nassehi著，魯貴顯譯，《盧曼社會系統理論導引》，台北：巨流，一九九八年，頁三十三，註四（爲該書譯者所加之譯註）。

分，並且，唯有當溝通過程自己決定了，在進一步的運轉中要以這三個要素中的哪一個作為銜接點時，溝通才得以形成。[22]就法律專有的運作而言，我們認為，依照法與不法之區分標準所進行的自我觀察，是不可或缺的。

如果我們再做進一步的思考，那麼封閉的系統也可以被稱為自我指涉的系統。在這樣的用語中，指涉必須被瞭解為標示，也就在一項區分的脈絡中所做的標示，這樣的區分總是將另一個（同樣也是可指涉的）面維持在可運用的狀態。在此範圍內，自我指涉蘊含了異己指涉，反之亦然。透過運作上的區辨而形成的系統（它因此對觀察者而言是可見的），是在其與環境的區別中，標示自身，並且藉著觀察而趕上那些已經發生的事物。「觀察」這個動作本身，仍然是系統內的運作（否則就會涉及到外部觀察），它藉著運用此一區分（而非其他區分），而在其獲得執行的時候，僅僅做了區辨。此外，觀察（包括那種藉助自我指涉與異己指涉之區分而進行之觀察）一向都可被當作是運作，而具有「盲目性」，因為它們在執行區分與標示的時候，沒有辦法將其所使用的區分與其他區分區分開來，並加以標示。

觀察與自我指涉這兩個概念，係互相蘊含著彼此。因為一方面，唯有當觀察者能夠將自身與其觀察工具、其所使用的區分及標示，區別開來，亦即，唯有當他不會持續地與其觀察對象相互混淆的時候，他才能進行觀察。另一方面，對這一點而言，自我指涉正好是必需的。考夫曼的下面這段話頗有道理：「在自我指涉的現存狀態中，至少牽涉到一項區分。自我浮現了，而對於該自我的標示，同時可被視為『與自身分離開來』。任何一項區分，都牽涉到對那個進行區分者的自我指涉。因此，自我指涉以及區分的概念，是密不可分的（因而，它們在概念上具同一性）。」[23]然而觀察與自我指涉這兩個概念，可透過人們將其從各自不同的對立概念區分開來，而獲得不同的形式。概念界定上的循環，就此被打破。觀察係與標示區分開來（也就是將distinction與indication予以區分），而自我指涉則與異己指涉區分開來。在進行了將各自的兩個面向加以區分開來的這種運作之後，各個不同的概念就有了區別，而且我們能夠藉著觀察與自我指涉這兩個概念指出各自不同的事物。法律系統的諸運作，受到自我觀察的拘束；作爲這樣一個系統，它得以將系統與環境的差異——此差異是透過這樣的運作動作而被再製造——再度引入到系統中，並且能夠自己藉助系統（自我指涉）與環境（異己指涉）之區分進行觀察。所有對此一系統所進行的外部觀察以及描述，都必須注意到，系統本身使用著自我指涉與異己指涉的區分。

進一步要確立的是，「自我指涉」這個動作，總是將系統標示爲**客體**，而非**概念**。這裡要說的只是，系統係與**所有的他者**，而非僅與**特定的他者**有所區別。這正好對應於不特定的（並且只能藉由系統固有的、對複雜性的化約，才得以特定的）環境關係。因而，系統不僅將自身標示爲系統、社會系統、法律系統，以與其他實體有別，它更是將自身標示爲那自己執行著自我標示的事物，無論還會發生什麼事情。

最後，在前述導論式的思考框架下，還需要注意，自我指涉可以在不同的形式中被實現。系統的基本運作，倘若需要倚賴自我觀察，那麼在此範圍內，它們就已經會提出自我指涉應共同發揮作用的要求。一個自己面對著（用我們的說法則是：有意義地處理）那由諸多銜接可能性所形成的選擇領域的系統，在確立應銜接上何種運作的時候，必須要能夠將其自身固有之諸多運作，與其他事態區分開來。一個社會系統，在執行其自我再製的時候，必須同時讓一種鑑識程序共同運轉著，此一程序能夠確定，哪些稍早或稍晚發生的事件可算做溝通（更明白地說：作爲自身系統內的溝通），**哪些不行**。在這些情況中，自我指涉與異己指涉的區分，早就已經是進行自我再製所需要的東西，而這意味著：系統是在一種以餘光瞥見到一同時存在著的環境的情況下運作著，它並不會僅藉助於一種操控學式的控制方式，而以系統固有運作在系統內部所引發的效應爲導向。

應與此區分者，係那些具有更高要求的自我指涉形式，尤其是系統之**自我描述**的諸形式。這裡所指的事情，是要將系統指認爲一個單元，並且在系統內部描述其特質（其意義、功能等等）。所有一切事情，倘若眞的是自我描述，那麼它就只能作爲系統本身的運作，亦即作爲諸多運作當中之一種而發生。我們會將對於系統的這些模式與文本的構思，稱爲反思。基於這樣的理論模式，我們可以輕易地承認下面這件事：這種自我描述可能僅具有完全邊緣性的重要意義，其相關性會隨著系統的分出，以及全社會所允許的那些分化形式，而發生改變。

在所有前述預設下，唯有當那些對彼此進行著再生產的諸運作（它們也藉此對系統進行再生產），顯現出特定的特徵時，我們才能夠談論自我再製以及運作上的封閉性。**茁生的單元**就是由這些運作建立的，但它們唯有藉由系統的運作上封閉性，才得以存在。它們作爲這樣的單元，能夠提供**獨立的複雜性化約**——無論是針對系統的環境，或是系統自身。在「執行」所具有的事實性當中，已經可以看出，並非所有存在的事物都會被考慮到；取代這種建立完整關係的嘗試的，是那具有選擇性但也具有承載能力的耦合，以及由自我再製式的再生產所構成之遞迴的網絡。

III

如果人們以上述的理論建構作爲出發點，並且確立法律系統之自我指涉運作方式的特殊性，那麼就需要跟著做出一整套階層性的理論界定。[24]一種具有可操作性的理論出發點，不能將法律系統的統一性理解爲文本的統一性，或者大量文本的一貫性，[25]而是應該將其理解爲一個社會系統。那將諸社會系統從其環境界分開來的根本運作，可被理解爲溝通。[26]如此一來，全社會的概念也就同時被確立爲一個由所有溝通構成的廣袤系統，在此一系統的環境中則不存在溝通，只存在著其他類型的事件。

這樣的概念配置，帶來了深遠的影響。順著這樣的配置，人們必須將社會系統理解爲對全社會的執行。同樣，按照這樣的思考，法律系統是一個屬於全社會、並且執行著全社會的社會系統。如此一來，諸如「法律與社會」這樣的標題，[27]指涉的就不是兩個相互獨立、彼此對置的討論對象，應該說，這兩個對象必須以分化理論的方式予以重新鋪陳。爲了重複強調前述的一個重要論點，[28]我們說，法律系統乃全社會系統的次系統。因而，全社會並不僅只是法律系統的環境。它在某程度上意味著更多——亦即，它本身就涵括了法律系統的諸運作；它在某程度上也意味著更少——亦即，法律系統其實也會涉及全社會系統的環境，特別是人類心智與身體的實在狀態，此外也會涉及其他物理性、化學性、生物性的事態。至於哪些層面會被涉及到，則完全取決於，法律系統在何種程度上將其解釋爲具有法律上的相關性。

作爲社會系統，以及作爲對全社會之執行，法律系統的諸運作具有一些特徵，而這些特徵不僅會在法律系統中被實現。[29]這樣的說法，適用於所有會出現在溝通上的那些特徵，例如對於意義與可能性之實現，以及對於告知行動與訊息之間的差異的理解；它尤其可適用在溝通與意識之結構耦合的機制上、適用於對那些引起注意之事物的接收上，亦即，適用於語言上。[30]只要法律系統爲了溝通而使用語言，那麼它就總是預設了與系統外部的銜接可能性。媒體可能對新的法案與判決做報導。法律問題也有可能成爲日常生活對話的內容。法律系統，作爲一個系統，雖然無法與全社會進行交談；但是，就溝通而言，它的界線卻是可滲透的。因而，即便在全社會中，出現了某些並未將法律納入考量的說法，法律系統也可以理解、捕捉之，並且在內部對此進行進一步的處理。簡言之，它預設了，溝通運轉著、被理解或者被誤解，而且溝通可以建議系統接納它，或者激發系統抗拒它。

在這樣的背景下，探問法律運作的專有特徵，愈益顯得迫切。我們會想起，這門理論規定了：兌現在這個角度下的精確性主張，乃是一件具有必然性的事情。運作上封閉的、自我再製的法律系統理論，是否得以維繫，端賴此一問題是否能獲得圓滿解答。

接下來我們所做的整個研究，直接或間接地都與此一問題有所關聯。因而，在這裡我們只略微勾勒出一些基本特徵，並且在其脈絡中鋪陳之，而保留對其所做之更進一步的探討。此一探討的出發點，是一個純粹套套邏輯的、形式的、無具體內容的答案，它只告訴我們，所有進一步的分析，都是作為對此一套套邏輯的「開展」（而非作為由公理出發所進行之邏輯推論）而呈現出來。所謂的「開展」，如果我們扣連上塔斯基與洛夫格蘭的理論，那麼它就意味著：藉助區分來打破同一性狀態（法律即法律），在這個時候，區分本身的統一性（有別於那由被區分者所構成的區別）即取代了同一性的地位。[31]換言之，我們首先只確立了一點：運作上封閉的法律系統，其分出只能藉助法律運作對於法律運作的遞迴性指涉，才得以成就。如同所有的自我再製系統一樣，該系統是在持續的自我聯繫中運作著。為了要將其本身之運作鑑別為法律的運作，系統必須去發現，它到目前為止已經做了什麼，或者還要進一步做什麼，以便能夠將本身的運作鑑別為法律運作。

這種在其陳述方式上（也就是對於一個觀察者而言）採取套套邏輯形式的理論版本，對於法律實務而言完全不構成問題。它可以以現存的法律為導向。同樣，正好在處理關於法律變更的問題時，「什麼東西會被變更？」這個問題的答案，一向都會被假定為眾所周知的，或者是可以確定的事情。對於這個問題的答案，絕對不會是：全部！我們也無法在「革命」中尋求解答。而且，答案不會取決於起源，不會取決於對法律之歷史源頭的追溯。在正當化的神話，也就是在特定種類的自我描述脈絡中，法律的起源或許會具有打破循環的意義——例如神頒布的十誡作為部落社會的共同指標，或者依神意而設置貴族裁判會議，以打破復仇這種將法轉化為不法的惡性循環。法律實務總是在一個具有歷史上給定的法律的情境中運作著，因為若非如此，它就完全無法設想到將自身認定為法律實務，而造成區別。相應於此，就歷史角度來看，並不存在所謂法律的開端，而是只存在一些情境，在其中，我們能夠有充分的理由說，在此之前早已出現了依照法規範來運作的狀態，並且以此爲出發點。因而，法律作爲一自我再製的系統，其演化也就不成問題。爲演化所需要的時間，其實是一個在時間當中的、在每個當下中的建構；而在一位歷史學者的客觀化的視角下，最多也只能去追問，在何種條件下，這樣建構可以被認爲是說得通的，而被提出。例如，總是要出現一些衝突，衝突中的勝利者則將其勝利宣稱爲法律，並且因此具有向未來而發生的拘束力。或者，我們可以引用《論人類不平等的起源和基礎》第二部分的開頭：「第一個圈起一塊土地的人，無所顧忌地說，『這裡是我的』，並且找到很多頭腦簡單的人去相信他。這個人就是市民社會的眞正的創始人。」[32]

在另一個意義下，法律系統也是一部歷史的機器，而且是在下述範圍內具有此性質：每個自我再製的運作，都會改變系統，將這部機器推移到另一個狀態，並因此爲進一步運作創造出已經變更的起始條件。以佛斯特的術語來說，這裡涉及的並不是一台繁瑣機器，也就是一台總是以相同而且不斷反覆的方式，將輸入轉爲輸出的機器。這裡所涉及的，應該是這樣一台機器，它會將自身的狀態拉進到每個運作中，並且因此透過每個運作而建構出一台新機器。[33]唯有在此一背景下，才能顯示出下述設準之意義：法律系統或許是以可計算的方式運轉，它或許可以如同繁瑣機器一般運轉，並且在技術上（例如，藉著從時間中抽離出來）配置相當的配備。

這個將法律認知爲法律的可能性，已經充分地讓我們能夠將法律救濟途徑當作全社會的自我再製，而使其開始運轉。但它還不能讓我們充分地將法律系統封閉起來，也就是說：僅排他性地指涉著自我聯繫。法律一直是嵌入在一般社會秩序當中，它一直與各種同時服務於其他功能（例如家庭，例如一種具有宗教意涵的道德）的諸多結構，具有依存關係；最重要地，它是透過全社會的階層化，以及城市與鄉村此項具有深刻意涵的區別，而被共同界定。基於較古老的高等文化遺留給我們的資料，我們可以鑑別出一種對於此一依存性的觀察，以及一種反向運動。當窮人有正當法律理由時，國王或者城市法院應當要保護窮人來對抗富人。但是在村落裡，人們並不信任城市的司法，他們寧願信賴自己的刑事制裁、對於個人的認識以及地方性的強制力。而在城市裡，則很少可以看到，那些處於持續性依存關係（家族共同體、門客關係）的人，會去對其庇主提起訴訟，或提出對其不利之證據。甚至亞里斯多德爲立法與司法之分離，所提出之理據，都還清楚地展現出這些條件的存續，以及不斷想要使它們中立化的嘗試。他認爲，司法就其自身而言，會受到社會壓力、法官個人及其家族的好惡左右。在立法的層次上，則由於人們很難預見到未來法律適用的情況，所以幾乎不可能將這些特殊事項納入考量。因此必須要有立法活動之存在，並且讓法官受到制定法之拘束。[34]將法律嵌入到全社會預先給定的諸結構中這件事情，唯有藉著一項**法律專有**的區分，而不是透過統治者之權力主張，或者救贖機會這種宗教性的條件，才能被中立化。由這種批判性的刺激以及語意上的先行發展所展現出的事物來看，司法裁判必須在全社會的層次上去除連帶性。但這如何能發生呢？

首先最能夠被確定的方式是，法律本身承認那些具有主導地位的全社會結構，並且在具有法律上重要性的區分形式中摹寫它們。例如在舊歐洲，貴族不僅具有特殊的法律地位與特殊的權利——尤其是具有程序性質的地位與權利，當時甚至還適用一條通則，那就是，在貴族與市民之間的訴訟程序中，若出現不明確的情況，有疑問時應做有利於貴族之決定。[35]法秩序在一些形式中，會**由自身出發**而將全社會結構納入考量，這些形式則會隨著全社會結構而變遷。[36]在此過程中，隨著複雜性的不斷增加，同形異構以及語意上的符應會隨之遞減，規範的全社會指涉會被抽離出來，亦即，這種指涉一般而言不再能夠在規制目的上被辨認出來。但解決的形式仍然是：法律系統會分化出來，以便能由自身出發，將全社會結構納入考量，並且還會有下面這件事情伴隨著：要藉由法律系統內部可採用的因應措施，來對全社會的各種依存關係進行完整重構，而這會帶來一些後續問題。

就一個法律系統的分出以及運作上的封閉而言，似乎有兩個進一步的成就是非常重要的，而它們彼此間則會相互激盪，也就是⑴法律的功能上專門化，亦即：要針對全社會的某個專門的問題，以及⑵藉由一個固定圖式使系統二元符碼化，這個固定圖式則給定了一項正面價值（法）與一項負面價值（不法）。不同於那種較爲古老的、關於功能分化與專門化的理論——這種理論以分工所帶來的好處爲取向——所可能會抱持的臆測，我們認爲單純以功能爲取向的作法並不充分。這樣的說法，其基礎在於，以功能作爲指涉的觀點，總是會要求要去展望著功能上的等同項，也就是要跨過系統的界線。然而人們也可以看到，在實務上，「法律的功能」根本就不會被用來當作提供論理基礎的觀點。最接近這種觀點的，也許要算是民法上的「原因」概念；但是「債權與原因」在古老的法律裡只不過是訴權的要件，而後來發展到今日，原因也就只是在對個別法律制度做詮釋時所使用的一個觀點。法律本身並不需要任何原因。如果某位法學家想要鑑別，某個溝通是否屬於或不屬於法律系統，那麼他總是必須檢驗，這個溝通所涉及的，究竟是不是要對法與不法進行分派，亦即，是否涉及法律符碼的領域範圍。唯有將這兩項成果——功能與符碼——加以結合，我們才能夠將法律專門的運作與其他種類的溝通明確區分開來，並且可以說，這樣的區分是藉著由自身出發對自身進行再生產，才能出現，即便在一些較爲次要的地方，會出現一些使區分變得略微模糊的情況。

我們將在接下來的兩章中詳盡地介紹上述兩項成就，在這裡，我們只需概略地勾勒其特徵即可。功能上的專門化，爲「什麼事情可以作爲系統的運作而被納入考量」這個問題，提供了限縮條件。它指涉著系統的諸運作，而在這點上我們可以看出，它使得諸運作以規範爲導向。二元符碼化指涉的，則是對於系統之諸運作的觀察，在這點上我們可以看出，它將法或不法這樣的價值分派給諸運作。這個區分發揮著制式化的效應，它其實也是一種在系統本身內部被製造出來的、技術上的安排。（人們會注意到此處論證的循環。）隨著規範性，我們所能確定的只是，即便在特定的期望上出現了失落，這些期望卻仍然能被保持下來。在這當中，其實已經蘊含了一項指令，要依照期望/失落的圖式來做出相應的區分。在此範圍內，法律系統的每個運作，都早已是以形式爲導向的、受區分引導的觀察動作。它們並非單純地接納每件發生的事情。但是一直要到對這種觀察動作進行觀察，也就是依照法/不法這個圖式所構成的準則來進行評價的時候，那種對期望抱持著的固執的、反事實性的堅持的意向，才能被劃歸爲法。我們也可以說：運作上封閉的法律系統的分出，其實預設了，系統要能夠在二階觀察的層次上進行運作，並且不是偶爾爲之，而是要持續爲之。一切的固有運作，包括那些初步的區辨以及對期望之失落進行確認等等運作，都需要基於這個層次而被管控。[37]那些無法被法/不法這個管控圖式掌握的東西，就不屬於法律系統，而是屬於法律系統之內在於全社會的或外在於全社會的環境。

倘若上述的各項前提能夠獲得滿足，那麼法律系統便會將自身建立爲一個自我再製的系統。它建構並且再生產**茁生的單元**（包括它自己），但若不存在運作上的封閉性，那麼這些茁生的單元也不會存在。它以這樣的方式，提供了**對複雜性的獨特化約**，也就是在面對許多無論在什麼情況下都不會被納入考量（無論是被忽視或者是被排斥）的可能性時，進行選擇性的運作。但另一方面，對這類可能性不予考量，**卻又不會造成自我再製的中斷**。

伯爾曼提出了許多相關例證來證明，法律系統自主性生成的這項轉變，早在十一/十二世紀的時候，就已經藉由整體法律文化的「革命」此一形式，而獲得實現。[38]在做全世界的歷史比較時，這樣的論點或許也可用來解釋歐洲的「特殊情況」，亦即法律對於歐洲全社會日常生活以及全社會發展所具有之極不尋常的意義。

IV

跟隨法芮拉所提出之建議，人們可以將系統的運作上封閉性稱爲「自主性」。[39]帕斯克斷定：「計算系統之所以具有自主性，應該歸功於其對自身界線之計算」。[40]但在社會科學的探討上，這樣的概念使用方式毋寧會帶來一些混淆。[41]倘若我們在這樣的情況下，非但不打破自主性這個自我再製的概念，反而還要持守住它，那麼，這樣做其實是因爲，它所帶來的混淆會激發我們進行重新思考。

如果人們想要持守住此一概念之傳統的、與「nómos」相互扣連的版本，[42]那麼其所帶來的認知上獲利（或者，其他人可能會說：宣稱）就在於下述命題：系統的結構只能藉由系統的運作而被製造，並且只能在每個個案情況中被使用或者不被使用，被憶及或被遺忘。如此一來，自主性在字面上也可稱爲：自我限制。在這個觀點下，自主性與運作上的封閉性並不具有相同的意義，應該說，前者乃後者所帶來的後果。[43]

相較於此，傳統的法學學說則不是以運作，而是以個人爲出發點。如此一來，法律系統的自主性則需透過法官甚至律師[44]的獨立性來加以保障，而獨立性的定義則是，不受外部壓力干預。至於人們擺脫外部壓力的方法，若非以超驗的方式，就是透過在各個組織中的終身任期保障，以及不受任何指令拘束的地位。[45]沒有人會去爭執這種保障措施在制度上與政治上的重要性，人們不僅有一九三三年以後的經驗，更有來自全世界的經驗。就法律系統的自主性而言，政治在這些介入點上可能產生毀滅性的作用。但這一點並沒有說出任何關於此一概念的事情。（畢竟，當人們將鹽而不是將糖加進咖啡裡時，那麼讓人覺得味道不好的，並不是咖啡本身。）問題仍然在於，自主性究竟是什麼，以至於它可以用什麼樣的方式免受侵害，或者它必須要用什麼樣的方式獲得保障。（在我們所舉的咖啡的例子中，也許可以將糖和鹽分別收在標示清楚的容器內。）

作爲社會學家，人們或許會傾向於認爲，所謂個人相對於其社會環境之誘導或壓力而具有之自主性，不過是「神話」或者是一種意識型態。[46]然而，若無法提出概念上的澄清，那麼人們又會基於此一困境，而返回到那個不具可使用性的「相對自主性」概念上。[47]在社會學中，一種具有程度性的自主性概念是很常見的，[48]但是它對於經驗研究卻無法提供任何指引（此外，也無法避免荒謬性）。於是在晚近的社會學文獻中，人們藉著「由國家衍生（法律）」或者相似的激進馬克思主義的理論主張，來對這樣的失落進行回應。[49]根據這些理論，法律因爲由其固有的那些決定所構成的歷史，而變得複雜，而這也使得法律早已具有相對的自主性。[50]這對於釐清自主性**概念**一點幫助都沒有：依賴性與獨立性的程度，依然是開放的。至於因果關係，則絕對無法爲自主性概念提供任何準則，因爲如果是這樣的話，我們就必須對所有的內部運作提出外部原因（如果人們的視野夠寬闊的話），而這樣的方式其實會摧毀此一概念。到那個時候，人們其實也已經無法談論「相對的自主性」，而所有的事情則取決於，觀察者爲了做因果上的歸因，會把哪些原因和效果選擇出來。因而我們偏好一種在自我再製概念上變得強硬的自主性概念，也就是說，它或者存在，或者不存在，這當中沒有灰色地帶。我們還應該要小心地補充一點，那就是，「或多或少」這樣的用語並不會因此而被排除。但是在概念上，它必須用其他的方式，例如，必須要在系統的複雜性觀點下被帶入，而系統則是自我再製的、運作上封閉的並且自主地運作著的。

如果人們更精確地檢視，所謂「相對的自主性」究竟可能意味著什麼東西，那麼他們或許可以抓住藍伯特的下面這段陳述。他認爲，法律的相對自主性乃是去追問，「法律系統在何種程度上是注視著其自身，而不是注視著某些外部的社會、政治或道德系統的標準，以便在制定或適用法律的時候尋求指引」。[51]其實對此也可以再做出不同的詮釋。但無論如何，這裡所涉及到的，都是我們理論意義下的自主性，因爲「注視」其實是一種內在的運作。這時候的問題就只是，法律系統如何將自我指涉與異己指涉——它們其實都蘊含了彼此——帶到平衡狀態。我們所提出的論題則毋寧是，倘若法律系統不僅僅將環境認定爲一個由諸多事實構成的領域，而是也要它自己的諸多「標準」中，將環境視爲應予重視者，那麼它就需要對此提出內在的正當化理由。我們在底下第六節的地方會再回來討論這一點。

V

倘若人們以這樣的方式來描述運作上的封閉性、自我再製式的自我生產、以及法律系統的自主性，那麼我們要問：哪些溝通會因此而被納入，而系統又在哪裡劃下它本身的界線？

在那些使用法律系統此一概念的社會學文獻中，常常會見到的情況是，它們只針對那些組織化的法律實際運作，也就是法院與議會，進行思考，有時候也會及於那些基於授權規範來塑造法律關係的行政部門，以及那些爲尋求法律救濟者疏通法院救濟管道的律師事務所。如此一來，在法律系統中，其實只有法學家在活動著。[52]在相當程度上，這裡的難處在於，人們在使用此種系統概念時，通常會將「人」當作成員而加以思考，或者至少可說是對特定「角色」做思考。然而，「被一輛汽車撞倒」這件事，雖然很明顯地具有法律相關性，卻不是法律系統裡面的角色，甚至也不能算是法律系統裡面的事件；我們可以設想，也許那個人之所以被撞倒，是因爲他（誤以爲）具有權利，可以在劃有標線的行人穿越區內穿越馬路，並且讓汽車停下來。這究竟應不應該算是法律系統內的事件？契約是法律系統內部的運作嗎？即便當事人錯誤地認爲，締結契約須以書面行之，而未注意到其實契約已有效締結時，這仍然算是法律系統內的運作嗎？當犯罪嫌疑人躲避警方追捕時，這也是法律上的運作嗎？一項發明，是否因爲人們有可能爲其申請專利，而成爲一項法律上的行爲？這種類型的問題，其實是產生自法律上相關性所具有之普遍性質。所有的行爲，若非被允許，即係被禁止，然而我們仍無法因此就說，所有的行爲都是法律系統內部的運作。

唯有當我們想起，諸社會系統係由溝通所構成，而溝通則遞迴地指涉其他溝通，並藉此建構起它們固有的意義、它們固有的銜接能力，我們才能獲得堅實的基礎。爲了能夠宣稱一項法律上的運作出現，至少必須有一項溝通出現，而非僅僅存在著某項行爲、促使警察措施介入干預的建築物危險狀態、或者（在英格蘭和蘇格蘭會給予不同法律評價的）羊群在道路上的逗留。很明顯地，並非所有的溝通都足以構成法律上的運作，否則，法律系統就又會和全社會完全趨同。對法律概念的使用、對具有法律背景意義的用語的使用，也並非總是構成法律上的運作——例如：當我們在餐廳說「買單」的時候。在運用這些用語的情境中，法律只是日常生活中、或者只是其他功能系統中的接觸的其中一個面向。唯有以符碼爲導向的溝通，也就是做出分派「法」與「不法」這些價值之宣稱的溝通，才屬於法律系統本身；因爲唯有這樣的溝通才會去尋求並且宣稱法律系統內部的遞迴網絡；唯有這樣的溝通，才會運用符碼作爲自我再製的開放性的形式，以及作爲對於法律系統中其他進一步的溝通的需求形式。在日常生活中，這件事的發生可能出於許多緣由。例如，某位女士來到她先生的行政機關主管面前，爲丈夫的升遷而喉舌，因爲她很清楚丈夫由於無法升遷所承受的痛苦。主管則告訴該名女士：我沒有權利跟您討論職務上的事務。他其實是爲了擺脫該女士才這樣說；但這只是他的動機而已。就我們的理解，這項溝通是在法律系統內的溝通。同樣，關於修改某項法律的提議，只要它指明了應予修改的規範，那麼它也可以算做法律系統內部的溝通——即便這是由政治上團體、利益結合體或者社運勢力所提出。人們可以想想諸如爭取關於修改禁止墮胎之法令、環保條款入憲、以及美國民權運動等等的事例。

將能夠被納入法律系統概念中的事物予以擴張，[53]會帶來非常具有實際研究價值的後果。就純粹量化的觀點來說，法律系統在相當廣泛的程度上，是在組織性——專業性的內在核心範圍之外進行運作。在法律的日常運轉中，其實有其他的條件在支配著，它們完全不同於人們從法學家的角度所設想的條件。在這裡，由符碼所構成的僵硬秩序，也有其適用（否則，法律將無法被辨認為法律）：或者是法，或者是不法——而且必須由此出發，準備與其他建立在法律基礎上的事物取得協調。此外人們必須注意，法學知識並不是按照條文的形式來歸整的，應該說，它只能伴隨著具體特定的脈絡，而被學習與憶及。人們只能在有限的氛圍中，獲取關於「什麼事情在法律上是被許可的」的經驗，甚至關於人們極力避免的「棘手案件」的經驗。每位屋主都知道什麼是「非法勞動」——無論從稅法、社會給付的相關法律，或者單純基於省卻的官僚體系繁瑣程序這些觀點而言，它是否值得。此外，正由於符碼的二值性，法律在日常生活中是作為不確定的事物而被給定，並不是如法學家所想或所願望的那樣，作為確定的事物。每個關於法律的溝通，都馬上會把我們導入到不確定狀態中，即使訴諸律師或法院，也只會產生有條件的、尚不具明確可預見形式的確定性。因而程序本身也會被體驗為對於不明確性的處理，而所有的作為其實都能被用來證實這一點。（法學上的對應表述方式則是：法官的公正與超然。）在法學家之外的法律系統日常運轉中，其實也不存在任何規範/案件之類的關係；應該說，存在的是一些與法律進行周旋過程中——甚至有好一部分是為了避免相關的麻煩——而產生的一些經驗值。

然而這些也必須被理解為法律系統內部的事態，因為無論是不明確性，或者是對「在特殊背景下與法律發生聯繫」這件事所具有之依存性，都是二元符碼化的結果，也唯有當法律問題被提出時，它們才會出現。在系統內部存在著不同的視角，並且因此存在著那被納入系統中予以組織的、對諸多觀察者進行的觀察，而正是這些事情，使得系統的運作上閉合狀態獲得確認。法律系統會受到無數不同誘因的激發，它也一直會如此，但這一向只能出現在內部層面。用佛斯特的話來說，它乃是相對於那些因素而「無區辨地被符碼化」，或者更恰當地說「無差異地被符碼化」。[54]所謂將法律溝通輸入到法律系統中的情形，並不存在，因爲在法律系統之外，根本就不存在法律溝通。這是從輸入模式的描述轉型到封閉模式的描述，所帶來的後果之一（法芮拉）。[55]而此一命題所帶來的後果則是，唯有法律系統本身能夠造成它自己的閉合、對其運作進行再生產、並且界定其界線；**在全社會中，沒有任何其他機制可以宣稱：這是法律，那不是法律。**

需要注意的一點是：對於負面價值（不法）的指涉，與對於正面價值的指涉（法），具有相同的分派效應。具有關鍵性的事情是，溝通服膺於那透過符碼所進行之規制。但這當然不是取決於使用的詞語，而是取決於對所意指之意涵的理解。

爲了擔保系統能夠將諸運作劃歸其自身，並且形成系統之運作上閉合，我們需要唯一一組作爲二元圖式的符碼，此一符碼排除了其他的符碼化以及第三種、第四種、第五種符碼值，[56]但這當然不排除使所有進一步的區分遭到排除。至於「符碼在系統內再現了系統的統一性」這件事，則並不是透過一最高規範被擔保，因爲如果是這樣的話，最後就會形成一種無限追溯，或者——如同我們將看到的——一項弔詭。符碼本身並不是一種規範。它只不過是關於全社會自我再製的一種認知程序與分派程序的結構。唯有當出現了對於法或者不法的指涉的時候，這樣的溝通才能夠將自身劃歸法律系統。若非如此，它就不能被認知爲屬於法律系統，也無法被認定爲具有銜接能力。全社會的法律，是在符碼指涉上，而不是在一項（無論是假言的、定言令式的，或者事實性的）生產規則上獲得實現。

法／不法這組符碼，只有在二階觀察的層次上才能被處理，也就是透過對觀察者進行觀察。至於一階觀察者（也就是行爲人與受害人等）是否已經依照法或不法來對其實際世界之指涉進行分類，則對於這組符碼而言是無差異的。若他們自以爲是在法的範圍內或不法的範圍內，則觀察者仍然可以對同一事態做出不同評價。若他們根本就不是用法與不法這樣的方式來思考，而是想著其他事情，那麼二階觀察者仍然可以在此運用法或不法這樣的價值。符碼無論與期望的規範性（這種規範性在運作上當然是不可或缺的），或者針對歷史上存在的、可作爲法律而被詮釋的諸多結構的指涉，均有所不同，這表現在它的兩個特性上：對那些總是存在於溝通上的東西而言，它具有可被普遍地處理的特性，另外，它藉著對其作爲差異的統一性進行再陳述，使得系統的閉合成爲可能。

對期望進行規範性的處理，也具有機緣上的可能性。這樣的處理，是在對事態提出一致的描述而構成的直接狀態中，尋找共識。這在二階觀察的層次上，也是可能的與必要的。一個系統有可能觀察到，另一個系統對於特定的事態會採取規範性的態度，例如，關於海中藻類的的大量繁衍，可能在該系統內形成一結論，認爲必須要追查並找出幕後元凶。對此一觀察者進行觀察的觀察者，則可能由此得出自己的推論，例如認爲這種觀察方式的增加，在政治上是有所疑問的（或者值得注意的）。他可以依照自身系統脈絡的標準，而做出這樣的推論。藉此，他也透過其他的（包括那個被他觀察的）觀察者，而將自身融入到那由被觀察狀態所構成的網絡。但這只能導致全社會自我再製的持續推進，不會導致法律系統在全社會當中的運作上閉合。法律系統在全社會當中的運作上閉合，**只能**在二階的層次上，也**只能藉著一個圖式才得以形成，此一圖式只能在該層次上被運用**。[57]

一直要到此一二階觀察之形式（區分）的產物，遞迴性地指涉著彼此（並且彷彿這種情況早已形成，而能夠以這樣的方式彼此指涉）的時候，法律系統才會將自己凝聚爲一個自我再製的封閉性實體。[58]當然，在古代地中海世界的一些城邦文明中，這樣的情況早已出現，而之所以只出現在這些城邦中，毫無疑問並非基於偶然。「原始的」（有些人則稱之爲「自然形成的」）規範制定行爲，並未被排除——就好比在科學中出現的二階觀察層次，也並未使神祕色彩銷聲匿跡一樣。[59]由此可見，專注於對規範性期望做處理，而形成之法律功能上專門化，還不能爲法律系統之演化上分出提供充分說明，[60]即便這樣的分出，若缺少了法律專門的問題根本就不可能出現。唯有符碼化才爲法律的普遍化提供了一個相關項，[61]也就是說，它具有能夠被運用在所有事態上的可能性，而且，無論一階觀察者背後抱持著什麼動機，符碼化仍然可以藉著每個溝通而被激發。

法/不法這組符碼並不能被運用到自己身上，否則就會出現弔詭，而弔詭會阻斷進一步的觀察。但是符碼可以被區分並且被標示。將符碼之運用予以忽略，並且嘗試在系統外取得一致，這種作法是有可能的。「衝突」這個互動系統，以及參與其中的個人與組織所構成的統一性，爲做成「離開法律系統」這項決定，提供了基礎。然而法律系統仍然會爲了其自身之緣故，對此一決定進行規制。例如，我們不可能完全放棄對法律系統之參與（奴隸制），而法院之外所達成之合致，若要具有法律上效力，則其本身也必須滿足某些條件。個人、互動、組織使得「將溝通帶入到法律系統當中，以及將其再度從法律系統中取出」這件事情，成爲可能。與此相對，法律系統則顯現出無差異性。法律系統並不會依循一種帝國主義式的旨趣，而盡可能吸納更多溝通並且將其保留在系統中。它並不是一個具有吸引力的系統。它只是說：**如果要使用法律**，亦即：處理關於法與不法的問題，**那麼就要依照我的條件**。精確地說，只有在此一意義下，系統才是一個運作上封閉的，並且被結構所決定的系統。

最後還需要注意的是，即便溝通當中提及了法/不法這樣的符碼值，也並不必然會使該溝通成爲法律系統內部的運作。例如，人們可以在法學課程中探討案例，或者在媒體上報導法院審判程序與法院判決，在這樣的過程中，溝通不一定會就法律値的問題做出處置。顯而易見，它是處在其他的功能脈絡中，即便法學教師或記者能夠清楚讓人看到他們的眞正意見，也並不會改變此點。當法學教師或報紙明確地「基於自己處理的事物」而發言時，人們也能馬上注意到差別所在。

法律系統的**統一性**，並**不是**法律系統**運作上的前提**。這點和邏輯學家所必然會要求者，以及凱爾生的見解，均有所不同。統一性既不能被理解爲原則，也不能被理解爲規範。沒有任何的判決必須提到它，更不用說去證明它。沒有任何的制定法需要將它稱爲規定內容的組成部分。如果統一性眞的能夠形成的話，那麼它也是隨著每個運作而被再生產，如同生命系統的統一性是透過細胞的交換而形成一樣。然而，它自己不能**是**系統的一項運作，因爲每個這樣的運作都會藉由其自身之執行，而不斷改變那些屬於統一性（單元）的事物。因此就法律的運作上執行而言，它並不需要任何階層性的結構，也就是一個具有藉著一項可指涉的最高規範（基礎規範）、最高位階的制定法（憲法）或者最高等級的機制來確保統一性此等功能的結構。這樣的鋪陳方式，也許作爲在系統內對系統所進行的描述，而有其意義。我們還會再回頭討論此點。但是，法律系統內的溝通是否得以形成，亦即，它們是否能被理解與遵從，則與這樣的鋪陳不具關聯。系統**的**統一性不能被導入到系統中。

但這並不意味著，自我指涉根本不存在。對於統一性的指涉會被對於符碼的指涉，也就是對於法與不法之區分之指涉所替代、「再現」。這也包含了對於「假設下面這樣一些期望，具有規範上效力」這件事情，所爲之指涉：這些期望是爲了闡明符碼而被置入。間接的指涉取代了直接的指涉，但此種間接的指涉卻仍足以擔保，系統的諸運作在系統內具有銜接能力。換言之，存在著一些可供使用的關於統一性的指標，具有運作上封閉性的法律系統在全社會層次上的分出，則因此可以在這些指標的語意變遷上，被解讀出來，尤其是在從本體論與自然概念來爲法效力提供理論基礎，轉型到法律之完全實證化這樣的階段中。

在這裡，對於「法」、「不法」、「規範」等詞語的使用，當然也經常不是必須的。我們已經走出了形式主義的、具有近乎神祕性質的法律運轉方式的時代。但是人們至少必須能夠默示地告知與理解到，這裡涉及的是溝通，這樣的溝通需要主張一種反事實性的、受到法律支撐的效力，並且也需要預設，法與不法彼此是相互排除的。然而這可能會出現在幾乎所有的日常溝通中，因爲現代社會並無奴隸，所有的人都具有被涵括到法律中的權利，也就是具有使用法律象徵的權利。的確，要對法律問題做出具拘束力的決定這件事，只能藉著與具集體拘束力的決定所發揮的政治性功能產生關聯，才得以形成，這種政治性的功能確保人們可以訴諸執行力。但這絕不意味著，在議會與法院這種狹隘領域範圍之外，只會出現少量的法律溝通，以及，若不啓動上述這些機制，亦即在不設置政治上管控的情況下（例如透過契約），只會出現少量的實證法。

即便系統的統一性不能是系統運作之構成部分（而且，爲了此一目的，它必須藉由**專門的**區分而被再現），它仍然能被觀察與描述。這只能藉由一個觀察者才得以出現，此觀察者本身則必定是一個自我再製系統。此處所涉及的可能是一個外部的觀察者（例如科學），或者法律系統本身。相應於此，我們也需要區分異己觀察與自我觀察。不過這個主題必須留待稍後的章節才能予以詳盡探討。[62]眼前則必須釐清自我觀察／自我描述與系統之運作上封閉性的關係。

倘若法律的統一性（也就是法律作爲其諸運作與諸結構之整體）應該是能夠被觀察到的，那麼它也就必須跟其他某種事物區分開來。此外，對於統一性的標示，當然不可能是對於所有要素及該等要素之間關係之標示，它唯有採取減縮與簡化的方式，才能成功。這兩項要求，同等地適用於外部與內部的觀察。無論是爲此一目的而被選擇的區分，或者是簡化的成效，都屬於那進行觀察的系統的成效。人們也經常會說，觀察預設了法律系統的某種「模型」（那些藉由觀察而被決定的計畫、操控、理論反省等諸多運作，更是如此）。[63]無論如何，那些被描述的事物，並不是系統的完整現實狀態。爲了要標明出必要的化約，我們將那作爲觀察與描述對象的統一性，稱爲**同一性**。

外部的觀察者（例如克萊斯特、卡夫卡、班雅明等）可以用非常不同的方式，來指認法律系統。如果人們想知道他們如何這樣做，那麼就必須觀察觀察者。法律系統在進行自我觀察與自我描述的時候，比較不具自由，但另一方面卻也比較確定，並且具有較豐富資訊——這點或許可作爲補償。它必須用封閉系統之諸運作來執行觀察與描述，而這意味著：要賦予它們規範性的狀態，並且分派給法／不法此一符碼。例如它必須能夠說，對法與不法進行區分，是合法的，但對於外部觀察者而言，卻正好可能在此看到某種不法。在此範圍內，運作上封閉的自我指涉系統理論，並不是一門客體理論，應該說，它也掌握了那被如此描述的系統的反思成效；它將系統描述爲一個描述自身的系統。

VI

將系統描述爲具有運作上封閉性的作法，產生了一幅頗爲片面的圖像，因而我們現在必須進行一些矯正。藉由運作上的封閉，統一性得以在一個領域中被建構出來，**對它而言**，這個領域就成了環境。無論是環境的存在，或者是環境的重要性，均不應被否認。相反地，系統與環境的區分正好就是一個形式，好允許我們在參酌兩者彼此間的區別時，也能分別標示出系統或環境。換言之，當我們宣稱，就算缺少了全社會、人類，以及我們這個星球的特殊物理化學條件，法律仍然能存在時，我們並不是在頑固地堅持某種荒謬主張。我們要說的只是：系統唯有基於其固有之成效、也唯有在對其固有運作之執行中，製造其與此一環境的關係，這些運作是藉著遞迴性的網絡化而成爲可能，我們則將這樣的網絡化稱爲封閉性。或者簡單地說：唯有在封閉性的基礎上，開放性才是可能的。

在那些主張系統對環境具開放性的舊學說中，是以因果的方式來詮釋此種開放性，並且預設了一個獨立的觀察者，以便能夠認知到系統與環境間關係的規律性。這點是不被質疑的。很明顯地，觀察者可以依其固有的判準以及固有的歸因偏好，在系統與環境間的關係中，認定因果關係或者或然性，例如，他可能會認爲，法律對上級階層成員給予優惠待遇。我們採取的出發點則與此不同，亦即，我們由一個先決問題出發：法律究竟如何運作，它又如何觀察己身之運作及其效應？如此一來，關鍵問題就推移到對於下述問題的探究上：系統採取何種形式來使系統與環境間的區分「內在化」，或者採用更形式性的語言來表達：要探究區分如何再進入到被其所區分的事物當中，[64]以及，藉著此項運作，系統爲各種可能性開啓了什麼樣的想像空間？

爲了能清楚地突顯此種區分在系統內部被使用的方式，我們將區分**自我指涉**與**異己指涉**，亦即，我們要說，一個擁有著相應的觀察能力的系統，能夠在自我指涉與異己指涉之間做出區分。隨著這樣的用語（這與開放系統之舊學說有所不同），我們本身就已經是處在二階觀察的層次上。我們觀察到，系統是如何進行觀察，以及它在這樣的過程中，如何使自我指涉與異己指涉的區分運作化。

不同於一般對於自主性的理解，我們精確地區分關於因果上依賴性/獨立性的問題（觀察者可能依其所選擇的原因與結果，而做出或此或彼的判斷），與關於指涉的問題，後者總是預設系統作爲觀察者。對我們而言，異己指涉還不能算是對系統自主性的一種限制，因爲指涉總還是系統自身的一項運作，也就是在系統內、透過內部的網絡化，才成爲可能，這意味著：它必須在規範上，才能被清楚看到。[65]因而「觀察」這項運作，藉助自我指涉與異己指涉之區分，首先展現了系統本身的特性，並且這也正好展現了系統自身對自主性的處理。

當我們注意著那在期望的規範風格中被確立下來的功能，或者法/不法這組符碼時，我們就會發現各種不同的形式，法律系統藉之將自我指涉與異己指涉分離開來。就功能而言，我們可以確定的是，法律系統是以**規範上封閉**，另一方面又以**認知上開放**的方式在運作著。[66]對於此一簡短表述的分離公式的理解，卻會碰到相當大的困難，尤其是在自主性與因果上的環境依賴性等的討論脈絡下。[67]因此我們有必要對此一公式做深入解釋。

規範上封閉性此一命題所要針對的，是那種認爲道德在法律系統中具有直接效力的想法。在許多古老的法秩序中，這種現象可藉由形式主義而被排除——而後藉由正義與衡平之區分取得平衡。在現代社會中，將道德直接適用在法律系統中，更是不可能，理由也相當簡單明瞭。法律系統必須確保其所做成的決定，能維持充分的一貫，也就是在此範圍內，要能夠發揮其作爲一個統一體的功能。與此相對，道德的評價，就其典型情況而言，是多元地被給定，而當缺乏共識的時候，人們可以藉著區隔其支持者，亦即建立團體，取得奧援。[68]但這樣的說法只在一定條件下才成立，亦即，道德家尚無辦法賦予自己法律上的權力；另外，也唯有在區域和平的條件下，前述說法才成立。更精確地說，法律系統必須考量到一項事實，那就是，道德**符碼**作爲一種二元圖式，雖然在全社會範圍內是相同的，但是諸多道德**綱要**，也就是好與壞、善與惡的區分判準，則不再具有取得共識之能力了。人們依然有可能基於道德立場對法律做批判，而且，我們也不會去期待，在所有情況中，道德都會要求人們服從法律。[69]但這並不會導出「相關的論證在法律上都具有說服力」這樣的結論；人們更不可以預設，某種對法律採取抗拒態度的道德，會取得普遍的共識。這裡所涉及的毋寧是爭議性道德的典型情況。[70]

道德敏感度的細緻化，其實也需要仰賴「道德判斷無法直接引發法律上的後果」這件事情；否則的話，所有道德上的意見紛歧，恐怕都需要由法律系統親自來解決。自十八世紀以降，這樣的態勢已經非常明顯。不過，由於人們改用人類學的方式來陳述這樣的事態（例如藉助內在與外在強制之區分），因此它可能比較隱而未顯，乃至於其社會意義亦遭忽略。此外，我們當然不應否認，倫理上與法律上的奠基想像，有可能彼此交疊。但此種重疊所具有之實際意義（以及在根本意義上，各種相對應的論證），不應被高估。在大量的法院判決，乃至於在日常生活的法律取向中，這種重疊根本不具任何重要性。[71]

唯有當法律對抗著道德溝通所形成的難以捉摸的潮起潮落，逐漸分化，並且藉助法律固有的效力判準而能與之區分開來的時候，那些在法律脈絡中具有關鍵性的事實，才能夠被指明，並且與那種對個人所做之整體判斷，區隔開來。就認知問題而言所採取之開放性，正好有賴於系統的規範上封閉性，而且，唯有當系統自身中已經確立了對各種不同的事實所採取的相關性判準時，這樣的開放性才能往更高程度的分化與專門化的方向發展。

如果人們想要分析規範上與認知上期望的排列組合，亦即自我指涉與異己指涉的排列組合，那麼就必須要回到二階觀察的層次上，也就是提出下列問題：期望如何被期望？[72]當在一階觀察的層次上，由於法律問題之呈現，而出現規範上的期望時（否則的話，這項運作就無法劃歸法律系統），對於這項期望動作所進行的觀察，卻可能做出不同的選擇。只要能夠把觀察的層次區分開來，也就是指明各種不同的誘因，人們就可以以規範的方式或者以認知的方式，來對規範上的期望做出期望。一方面人們可以規範性地期待，規範上的期望應該要被持守並貫徹，而且，在相當大的程度上，全社會對於法律系統的支持，也有賴這件事情的發生。另一方面，人們卻可以期待，規範上的期望維持在一種具有學習能力的狀態上，亦即：可以在一個認知性的脈絡中（例如考量法律適用所引發的後果）被修正，或者，（從第三個觀察層面的角度來看）它根本就應該被修正。如同現代社會的所有功能系統一樣，法律系統也是在二階觀察的層次上才能獲得充分的複雜性。但這卻不會改變下面這件事：自我再製式的再生產的基本運作層面，係閉合於規範上期望的模式中。

據此，規範上的閉合所意味的其實不僅是，規範必須相對於失落而被穩定地維持住；我們甚至還應該說，這一點是不證自明的。單從對規範之違反，還不足以產生接受性的、對規範產生變更效應的學習。

這只會把我們帶到下述問題上：這種反事實性的、在失落的情況中仍保存著的穩定性，以及頑固性，如何在系統內部成爲可能並獲得確保？而答案即在於系統自我再製所形成之遞迴性的網絡。規範係藉由先前或稍後之實踐，也就是藉由運作上的序列，而被保持住，在其中，規範更加凝煉爲規範（無論被創設的解釋空間有多大）。具體而言，這並不會排除法律系統中的違法行爲或違法的法院判決。然而一旦將它們標示爲違法，其後果就可能是系統的進一步運作——無論是採取廢棄尚未確定之判決之形式，或者在後來實務上的判決先例援引中，不考慮引用該判決。如此一來，規範上的封閉性，其實就是系統在合法/違法這個圖式中不斷進行自我觀察，而形成的脈絡。同樣地，學習與規範之變更也仍然是可能的，無論它們是在內部，因爲不再被接受的法律後果，而被引發，或者在外部，因爲全社會對於某些特定規範之意義所抱持之評價有所改變，而被引發。但系統不應認爲自己的任務在於製造出一個**知識**的關聯，並且在認知上形成閉合狀態，而是應以製造**規範**的關聯爲任務。認知上的開放，總是處在自我再製條件之制約下，亦即，必須將個別案例或者被修正之規範，消化納入到系統之運轉中的、且不停運轉的決定實踐中。一項僅針對政治系統中的「權力主張」做出反應的恣意行爲，在系統中會被認知爲對法律之破壞——即便這樣的認定，可能由於缺乏權力的屏障而無法造成任何後果。

一個經常在各個廣泛散布的零星事物領域中，面臨到此種外力介入的法律系統——誰會想要否認，這種情況確實會發生呢[73]——就是在一種腐化的情況中運作著。法律系統會藉助其自身之規範而認知到，它無法抵抗政治性的壓力。它緊抓著合法性的假象；它也並未單純地棄絕自身之規範；但是它卻透過一個預先規定的區分來調和法/不法這組符碼，或者，如果我們套用根特的說法，透過一種拒斥值，這種價值允許以那些有能力使自己主張得到貫徹的菁英爲標準，做出機會主義式的的調適。如此一來，在基於此一目的而被挑選出來的案件中，就需要對「法律是否應予適用」此一問題，做先決審查。在這個過程中則可能達到邊界狀態，在其中，法律系統只能以機緣的、不具脈絡關聯的方式，繼續作為一個以自身為導向的系統而運轉，並且實際上無論就內在或外在層面而言，都被認定為單純的權力工具。至於界線到底在哪裡，則很難抽象地建構出來，因為信賴與不信賴也作為一般化的機制，而扮演著一定的角色。在極端情況中，則我們不再能說，這裡存在著自我再製式的閉合狀態，甚至也不再能說，這裡會出現指向規範的認知上學習。

即便在極端案例，或者在一些我們所處的法律文化中被視為此種情形的案例，我們也能清楚看到，對於常態性司法裁判之倚賴，其實是持續存在的常態情況。國家社會主義者，即便在政治上極力吹捧國家與法律的一體性，以及對元首原則之共同服膺，然而卻沒有廢止保障法院獨立性的法院組織法第一條規定。他們將該條規定的內容——法官受制定法之拘束——用新意識型態之拘束性作為補充，他們為翦除不為當局所喜的法官，創設了法律上的手段，並且也設置了特別法院；而這些措施已經為政治意志創設了在法律中宣稱其主張之充分途徑。它們的目的在於，在所有可想像的衝突情況中，為政治保留優勢地位。法院雖被視為實現元首意志的形式，且管轄權之劃分也因此蒙受政治干預——甚至可以就個案決定是否具有在特別法院起訴之可能；然而這並不意味著允許對進行中之程序施以政治干預。當時的一本權威教科書即指出，「就概念與本質而言，若無獨立之法官，即無裁判可言。若法院之獨立性遭排除或遭侵犯，則法院之聲望、人民對法官與法律之信賴也會崩盤」。[74]因此，這些措施的目的，並不是要廢除法律的運轉能力。即便我們認為，當時根本不存在獨立的司法裁判，然而當時的見解卻不這麼認為。它是以法律系統中的導向轉變，以及以自我再製方式執行此一轉變之可能性，作為出發點。[75]自我再製並不是關於法律之可接受性的政治上或倫理上判準。[76]

以上的分析顯示出，自我指涉與異己指涉，必須要在規範上閉合與認知上開放之形式中，交互作用，並且是在規範上閉合的基礎上如此開展。倘若系統有可能將變更當作對現行有效法律之變更而予以實踐，並且消化納入到由對其規範所做之交互參照解釋而形成之遞迴網絡中，那麼它就可以將其學習成效委諸偶然，也就是那尚未在系統中被規定的、來自外部的刺激。人們可以勉強嚥下壓力，並且事後地規制之——例如把對犯罪行爲之不起訴，上溯到檢察機關職權之便宜原則，或者把對於法院判決之不執行，上溯到避免造成社會不安這種較高的法律價值。系統的自我再製，無論在法律、在全社會或者在生命中，都是一項頗爲堅固的原則——這正好是因爲，它只能繼續運行，或者停止運行。但這並不意味著解構是不可能的，且人們正好可以從那些強加於系統的學習成效的種類上，解讀出警訊。自由國家伴隨著其不可能再度達到的法律文化，曾經廣爲散布一則傳奇，認爲絕對國家是透過君主的「權力主張」而被統治。[77]這麼做乃是了要對抗它以便能貫徹權力分立這項法律原則。而此種作法不是沒有道理的。

相對於大規模的歷史斷裂與危害，甚至相對於功能系統的分出原則由於在某些區域無法被執行或者無法被完全執行，所形成之問題，人們仍然不能捨棄對於常態狀況之理解，此種常態狀況可以和各種極其不同之結構，也就是與各種極其不同的規範內涵相容。規範上封閉性與認知上開放性之相互銜接所採用的典型形式，就是條件綱要的形式。[78]此種形式則要求，規範性的決定規則（它們本身只能**在系統內部**被奠基）應該要採取下述的陳述方式，以使得由事實（這些事實本身必須以認知的方式被查明）出發而演繹出決定這件事，成爲可能：若出現某一事實ａ，則決定ｘ就是合法的，反之則否。[79]對具有引發決定效應的事實之形式，所爲之規定，係藉由規範之陳述而得以發生，也就是透過系統內部的運作。這些運作在廣泛程度內係使用法學專業術語，這些術語與日常生活的語言使用方式有別，並且早在羅馬民法時期即已如此。[80]即便那些表面上看起來會導致採取道德評價之陳述，例如「誠實信用」，在法律中也會在法律專門的意義下被使用。[81]相對於此，那些能夠與條件綱要嵌合無礙的**事實**，究竟存在與否，此一問題則不會被規範預先斷定，它只能以認知的方式被查明。

如此一來，法律系統能夠認知到外部的事實，但它只能將其當作內部製造的訊息，亦即：只能當作「製造出差異的差異」（巴特森語），而在系統狀態中的差異，必須要指向法律之適用，也就是最終要指向符碼。換言之，法律系統無法使其規範指向環境，但卻可以使其知識指向環境。不過，這種從環境援引知識的作法，是一種純粹的內部運作，並非訊息的「輸送」過程。（這正好是巴特森的兩段式訊息概念所要說的——「一個會製造出差異的差異」——在其中表明了，訊息乃是存在於下述情況中：系統在關照一項差異的時候，也改變其自身的狀態。）[82]據此，「認知上開放」所指的，也不過就是系統在異己指涉的調整中所製造出來的相應訊息，並且使這些訊息指向其環境中的區分。

因而唯有在法律系統內部（而且正好不是：那作爲客觀被給定的事物狀態），規範上封閉性與認知上開放性的區分才會被實踐。法律系統將此一區分當成是自身的法則。如此一來，單純的道德就不具備任何法律上相關性——無論是作爲符碼（好/壞、善/惡），或者在其個別的價值觀當中。Non omne quod licet honestum est（並非所有被允許的事情，都是正直的事情），保羅早已明白這點。[83]霍姆斯也是。[84]法律雖然可以基於道德或其他全社會的來源，接納一些規範性的先在準則，但這必須藉由明確的轉化才會發生。[85]相反的情況，則適用於所有被當作知識來處理的事物。例如，在生態問題上，法律就需要仰賴依科學上結果而採取之導向。這樣的情況，甚至導致法律系統去追溯統計上計算結果與經驗研究方法上的差異。但在法律系統中，基於科學立場所做的錯誤判斷，只能作爲法律錯誤而產生相關性；至於在研究結果尚不確定的情況（科學完全可以承認這樣的情況），則法律系統可以自行選擇回溯到「政策決定」、舉證責任規則等等，也就是法律本身的工具上。[86]當事實具有法律相關性時，系統不能將它們當作非事實來處理。但事實不能改變規範。或者換句話說，由下述的單純事實——法律被違反了——並不能導出「法律並非法律」。正好就在此一規範上封閉性的基礎上，法律向無數的環境狀態與環境事件保持開放，這些狀態與事件則透過系統而在系統內獲得訊息値。系統可以，而且在必要時也必須學習，特定的行爲上異常狀態乃是心理疾病的徵兆，這些異常狀態意味著在法律上應有無歸責能力、無責任能力等等之適用。

藉此，在法律系統中，規範與事實之區分獲得了一項在其他功能系統中不曾出現的特別意義。[87]我們應注意一點：這裡所要說的並不是，單純的規範與事實扮演著某種角色，因爲在全社會所有的部門中，這樣的說法或多或少都成立。關鍵是在於，在其他系統中不會像法律系統這樣有賴於此一區分，也就是有賴於謹愼而精確地藉由此一區分的兩面來做出區辨，並且避免模糊。因爲此一區分在系統內代表了自我指涉與異己指涉之區分，亦即它代表了，系統與環境的差異係以何種方式在系統的每項運作中被反映出來。基於此點，那種從事實（這包括了：關於理性意識的事實）推論出規範的邏輯，或者反過來說，從規範推論出事實的邏輯，在這裡都不允許使用（即便眞有這樣的邏輯存在）。

如果人們考慮到，在使用自我指涉與異己指涉之區分時，其實涉及了一個在兩個面上都有銜接能力的形式所具有之統一性，那麼就很容易聯想到下述推論：對於不斷增加的全社會的複雜性，必定在兩個面上都要做出反應。法律系統一方面在其規範結構上變得更加複雜。有些人認爲，這可以在迴避對實質事物做一般化規範，並轉向程序規則的作法上（程序化）清楚看出。[88]但認知的面向，以及在此一領域中對於法律外部之判準所爲之參酌，也日益重要。在這點上，無論是對法律外部之規範（倫理判準、善良風俗、特定職業的地方習慣等等）或者是對於知識集合（科技發展狀況、科學研究發展狀況）的參酌，原則上並無區別。[89]至於這樣的參酌是否存在，則需要在個別情況中做謹愼的審查。我們不能僅因爲使用了某些在法律之外還具有道德意義而通行的用語（bona fides、誠實信用、理性實踐等），[90]就認爲有這樣的參酌存在。我們反而應該做出相反的推測。同樣的情況也適用於對知識集合（科技發展狀況、科學研究發展狀況）的參酌指示，在這裡，運用某些在諸科學中也被使用詞彙（例如「風險」），並不足以證明有這樣的參酌指示出現。然而當參酌指示存在的時候，則法律會基於**法律內在的**理由，被要求去注意諸科學的研究成果以及對於資料之科學性整理。法律系統也可能在不具明示的參酌指示情況下，認爲自己有充分誘因採取這樣的作法。當有統計學上的死亡年齡統計表可供使用時，法官即不可單依自己主觀臆測來估算可期待之生存期間。同樣地，自從那些可就法與不法做出決定的諸程序出現後，「習慣法」也就只是這種類型的法律內在性的承認與參酌指示；時至今日，習慣法僅於法官以之作爲判決基礎之範圍內，有其適用。在這裡所涉及的，一向是全盤引用那自身即具有高度複雜性的環境事態，並且這伴隨著一項結果，那就是，在法律程序中，專家或鑑定機構的意見有其分量，甚至經常取得左右訴訟程序的重要性。[91]

至於法律是否需要某種道德「基礎」，此一問題會不斷地被提出討論。尤其在美國的普通法當中，經常假定此種基礎之存在。碰到疑難問題時，法官必須探究，他認定的法律同儕的「道德意向」究竟爲何。[92]前面我們已指出與此相關的諸多問題。[93]很清楚的一點是，這裡並不會運用經驗性的意見調查方式，這裡所涉及的是，法官要問**自己**，他認爲**別人**所具有的道德觀爲何？具有指標意義的情況是（在這裡人們只能用弔詭的方式陳述之），法律是否承認那些並非源自法律自身而發展出來的、關於服從法律的道德上界線？然而，當法律承認這些界線時，它們即因此而成爲源出於法律的；若非如此，則法律就是不承認它們。人們唯有在再進入*的形態上，也就是要藉著將對於道德的外部指涉，承認爲法律系統自身的運作，才能擺脫此一弔詭。

到目前爲止，我們討論了那些法律會基於內在理由，偶爾去追溯的外部判準、標準、規範等等。相同的考量，也適用於對法律規範化之外部誘因、背後的利益、意圖與附隨意圖、動機等等的追溯，而這些主要是表現在立法的領域中。此處也會在法律內在層面上過濾出，對於規範的解釋而言，哪些事情在特定情況下可以納入考量，哪些則不行。並非所有立法者的「動機」，都可在法律上被運用。人們從來不會在法院判決中讀到這樣的敘述：某部制定法的誕生，應歸功於政黨政治下的各黨策略，或者應歸功於下述情況——近年來，針對大企業的政治影響力採取對抗立場，會帶來政治生涯上的好處。相同地，在美國，對於「制憲原意」做爲憲法解釋之標準，所提出之著名討論，也從沒有人會認眞地想到歷史研究，這裡所要處理的問題其實是，對於道德主義狂熱者所爲之積極解釋，人們可以爲其劃下何種界線。

如此一來，則無論是援引外在規則，或者是緊抓著可在事實上被認定的立法動機，都不能用來當作反駁法律系統之運作上封閉性與自主性命題之理由。當法院在解釋法律條文，並明白地援用日常語言用法的時候，同樣的說法也有其適用。[94]在這些情況中所涉及的，並不是要爲去分化的命題提供佐證，也並非象徵著法律喪失了社會重要性，而是涉及到詮釋的其中一種情況。這所意味著的應該是：法律預設了，環境可將複雜性予以結構化，以及化約，而法律自己則可以利用結構化與化約的結果，並且不需分析其形成之背景（如果它做了這樣的分析，則它也是在純粹法律的觀點下做的）。[95]這既不會導致系統界線之模糊

＊譯註：「再進入」指的是，在某項區分的內部再度使用該項區分。例如，當系統在「系統/環境」這項區分上，與環境區分開來的時候，系統正好就能夠在那被區分開來的領域中，再度使用該項區分。也就是說，系統可以依照他自己固有的溝通可能性，在自己身上反映出環境。另外，系統也可以將其所使用的主導區分（Leitunterscheidung），套回到該主導區分身上。例如，科學系統是藉助眞/非眞這組符碼來進行觀察。而當系統藉助這項區分來觀察這項區分（眞/非眞這組符碼，本身究竟是眞的或者不是眞的？）的時候，就出現了「再進入」。在此出現了符碼的「繁衍（verdoppeln）」：一方面，符碼不僅是觀察的基礎，也成了觀察的對象。Re-entry使得系統可以藉由內在的諸運作，而彷彿從外部來進行觀察，並且使系統獲得反思能力，可以對自己進行探問。參見Theodor M. Bardmann/Alexander Lamprecht, Art. "re-entry", in: dies., Systemtheorie Verstehen, Opladen: Westdeutscher Verlag, 1999（CD-Rom）。

化，或者諸系統之重疊，也不必然導致法律系統原本在整個全社會當中的分量，會從法律系統轉移到其他功能系統上。原則上，這裡所涉及的，是兩個系統的交流情況中，一種完全常態的、關於不確定性的吸收過程（正如同大腦一方面會利用神經細胞的化學歸整成效，但卻不需要將其歸爲自身固有之運作）。通常，正是那些法律**專門的**決定，才使得這種向外延伸成爲必要的，並且在法律系統中爲此種延伸提供說明，而在大多數情況中，這種延伸也僅被賦予非常狹隘的銜接值；此外，法律給予的准可，也經常隱藏了錯誤，例如關於追加預估成本時的技術上可實行性的錯誤——而實際上，在此種情況中，技術根本無法運轉。在前述的兩類事例上，人們可以清楚看到，法律的自主性並未受到侵犯。在所有認知性的運作中，法律必定有可能在具有法律效力的情況中犯錯，而與此相關的一件事是，當錯誤被證實的時候，法律也需要自己決定，是否要做些什麼，或者具體地提出作法。[96]

法律必須使在法律的決定中對於「不是法」的援用，能夠被正當化，這件事也正好顯示出，在異己指涉的認知情況中，涉及的總是法律系統內部諸運作的面向。就知識在法律中的運用所做的社會學研究，則又跨出了更爲長遠的一步。[97]它讓我們認知到，在法律上或政治——行政上的決定程序中，對於專家知識之運用，必定在過程中需要放棄此種知識之科學性當中的某些重要要素，並且需要對此種知識略加處理，使得它在在決定過程中的時間壓力與簡化必然性等情況下，能夠帶來結果。在法律系統中，這所意味的主要是，知識需要被宣告爲事實知識，由這樣的知識出發，人們就可以藉助法律規範，直接做成決定。換言之，知識被帶入到法律所規定的形式中。[98]它藉著一種鋪陳方式來支撐法律效力的要求，在此種鋪陳方式中，只要有給定的規則，決定就會**自事實中產生**。在實際的科學探討中，雖然也會出現個別研究者誇張呈現研究結果這樣的情況；[99]然而，形式與脈絡的區別卻會清楚展現在諸如下述的情況中：在純粹科學內部的呈現中，成果之適用範圍的精確化，以及對於仍然存在的不確定性的承認，正好是作爲確保研究成果之策略，而被用以對抗批判。相對於此，法律系統則主要把重心放在自身決定的可維持性上，它可以放棄對所有知識之基本上的不確定性，以及對理論上先在決定的依賴性等問題做鋪陳，因爲在這裡，唯有具法律相關性的細節才會引發興趣。而人們也會發現一些典型狀況，例如，當關於法律上責任、可罰性、損害賠償責任等問題，有賴於此種知識的時候，那麼人們就會對科學陳述之確定性／不確定性，提出較高的要求。這也就是說：針對事實所提出的要求程度，乃是預先地受到所欲適用之法律效果之規制。因而，使用的脈絡，區分出了科學性與法律性的知識使用，並且也會分別導向相應的不同鋪陳形式，亦即，依照知識是在哪一種遞迴性的網絡中，被指認爲可使用者，而爲區分。

最後，要先提醒大家注意的是，規範性／認知性的區分，與系統和環境的區分，並非同一。一方面，法律可以逕自將「環境當中存在著規範（例如宗教狂熱主義的規範）」這項事實，承認爲事實。另外，特別是在詮釋論證的領域，或者在立法自我修正的領域中，它也可以學習，亦即，以認知的方式來消化諸多訊息。但這卻不會對下面這件事情產生任何改變：自我指涉是透過對於「不可學習」、對於規範之反事實性穩定狀態之遞迴追溯，而獲得確保，無論那由此獲得基礎的學習態勢，究竟有多開放。唯有基於「契約應予遵守」這項規範之存在，才會產生關於契約內容、締約當事人眞意，以及錯誤之可辨認性等等的極高學習要求。[100]

此外，系統與環境總是同時被給定，系統形式的其中一面，從來不會沒有另一面的相伴。但藉著將此一區分內化爲自我指涉與異己指涉的差異，系統爲其固有（一向只是其固有！）之運作，取得能夠自由轉換具領導地位的指涉的能力，而使得重心可以從自我指涉移轉到異己指涉上，也可以再移轉回來。具體決定的關鍵問題，可以比較是在於對事實之調查，也可以比較是在規範之詮釋上。亦即，從運作到運作的推進過程中，系統可以在內在與外在的指涉之間擺盪，卻不必然會逾越其固有之界線。藉由此種方式，世界與運作所具有之無可避免被給定的同時性，就會藉由觀察之時間上的圖式化而被解消（但絕不會被揚棄！）。人們可以給予過去的或未來的事實當下的意義。系統則獲得了同步化的能力。法律的自我再製，會在期望之規範性風格的不可或缺性上，認識到其自身，而這些期望乃是對法律溝通進行處理的基礎。在實踐上，這種情況是發生在對於現存法律的指涉上，而關於人們在「哪些事情可以主張」，以及「哪些決定受到許可」這兩個問題上，應該採取什麼態度，現存法律也會提供指引。第二層的保障則在於則在於對法與不法此一二元圖式的指涉。然而，若在個別情況中對符碼各値進行明示或隱含的分派，都象徵著系統的封閉性的話，那麼自我指涉與異己指涉、封閉性與開放性的區別，又應如何被表述呢？

我們的回答是：藉助符碼化與綱要化的差異。

在符碼的層次上，系統的開放性只能存在於其短路的自我指涉，也就是在於，每項運作隨時都有法與不法這兩項價値可供利用。這裡所涉及到的——與各種以某種善的（自然的、完美的等等）目的爲依歸的目的論有所不同——是在時間面向中的開放性。人們無法封閉之，只能銜接之。正是基於這點，在關於法與不法之價値如何被分派，以及在此一觀點下什麼是正確或不正確等問題上，必然存在著開放性。就此做出決定時所依循的規則（無論在詮釋上有多麼大的空間），我們稱之爲綱要。在這裡我們會想到法律的制定法，但也會想到法律系統中的其他決定前提，例如法院實務中藉由判決先例而形成的自我拘束。系統的運作上封閉性在符碼化上獲得了確保。在綱要化的層次上，則可以接著確定，在哪些觀點中，系統會基於何種誘因，而必須對認知加以處理。在日漸複雜的諸多社會中，這導致的結果是，面對那無法預先確定的環境條件，會形成觸角非常廣泛的容受性。然而，只要在系統中，法律統一性可以藉由一組（而且只有一組）符碼被呈現出來，而這組符碼不會在全社會的其他地方被使用，那麼前述情況就絕對不會導致法律統一性的解體。

最後人們還可能提出這樣的問題：在某些很明顯的情況中，我們難道不能看出，全社會實際上強迫著它的法律系統去做一些改變？[101]人們會想到民權運動在美國所引發的效應，或者在勞動保障與消費者保護等領域中日漸增長的風險意識。[102]難道人們不該承認，法律系統基於對其「正當性」（這裡是嘗試用「批判法學」運動的風格來陳述）的顧慮，會認爲自己被強迫要向這種強大的社會壓力做出讓步嗎？[103]倘若這的確是一個關於權力的問題，而不僅僅是關於（認知上）學習的問題的話，那麼這樣的情狀就與人們在「法治」此一概念下所理解到的並不相容，而且它也不會讓與此相應的溝通表現爲法律系統的溝通。好在沒有任何社會運動或者媒體宣傳能夠改變法律。改變得以實現的唯一可能途徑是，法律系統自己對各種形式進行選擇，在這些形式中，它將公共輿論的變遷納入考量，例如禁止在公共設施中實行種族區隔，或者引入產品責任。在今日的大眾傳媒與電視的條件下，這樣的導向調整的發生速度，可以說遠較法律要適應於資本主義經營方式所構成的條件的那個時代而言，更爲快速。[104]與此相對應的是，擺盪的幅度也更爲不規則，並且更快地就需要再度修改，而這又與下述現象相對應：輿論變遷與法律修改之間的因果推論關係，更爲靠近。人們可以用因果的方式來描述這樣的事態，這點完全不須加以爭執。但這仍然總是需要預設論題轉換之發生，並且也不會排除下述情況：法律內部的適應困難（例如，是否允許就環保問題提起民眾訴訟），有可能非常之艱鉅，大過系統能夠對外部期許做出讓步之程度。當涉及到要將觀點之變遷帶入到法律形式中的問題時，法律系統本身就是全社會的機關，被用來處理此一問題。法律系統之自我再製並不會封鎖這件事，它只是必須以一種方式或另一種方式被繼續開展，倘若全社會用以執行法律改變的工具本身不應被解構的話。從法律系統的角度出發來看，則必須要內建一個篩選機制，此一機制是展現在，要將輿論變遷視爲學習之誘因，也就是以認知的方式去接納之，而不是將之直接當作新規範之設置。

VII

法律系統運作上封閉性之原則，係毫無例外地有其適用。它並非規範性的原則。在法律系統中並沒有就「違反此項原則者，應受制裁」這件事情，預設規定。若某項溝通並非在法/不法的符碼上顯示出其特質，那麼它並不會因此而成爲違法的，更不會是不具可能性的。它只不過不會被歸屬於法律系統，而是被視爲法律系統之環境的構成事實。（至於它會不會被歸屬於其他功能系統，則須視各該系統的符碼而定。）換言之，所謂的「制裁」完全在於系統與環境的差異上。即便法律系統依照「憲法/其他法律」這項差異而出現分化，這種無例外的性質仍有其適用。亦即，此種無例外的性質也將憲法涵括了進來——否則它怎麼能夠是法？即便憲法將合憲/違憲這組附帶的符碼加諸其他法律上，前述說法仍然成立。[105]不過，憲法在相當高的程度上仍有待解釋，而這也意味著，解釋必定會超出書面所確定的意義範圍之外。因而釋憲者會一再地追問，由憲法所給定的意義，應該由什麼角度來加以界定呢？人們會懷疑，在這裡是否也可以使用一般的解釋程序，抑或憲法/普通法律之差異同時也造成了解釋觀點上的差異。在此意義下，人們經常會採取指向更高位階標準的作法，例如指向道德或甚至倫理的標準，因爲若非如此（亦即若僅基於文本內在的層面），則完全無法做成決定。[106]情況看來是，既然釋憲者本來就已經是在處理較高位階的法律，那麼他們必定要追溯比這更高位階的事物，以便能夠使自己由自身的不確定性當中獲得解放。

人們會發現，「不得將憲法與世界觀的、宗教的、道德的、意識型態的社團理念予以等同」之原則，表面上看起來會與前述立場形成對比（而且正如同有些人所臆測的：這是意識型態上的對比）。[107]在德國，此一原則之吸引力，主要來自處理納粹主義的經驗。納粹主義認爲，法律與世界觀之區隔，乃自由法治國之餘毒，應予非難。[108]然而若對此問題做更仔細之分析，我們就會很快明瞭到，不得等同原則與對於價值之追溯之間的虛構矛盾，是可以被解消的。不得等同原則可以在其他名義下，作爲多元主義而被提出。的確，這首先意味的是，憲法在這裡是作爲政治的領域，而接納世界觀——政治上的諸多差異；它並不是作爲一份法律文本，而對其中一邊或另一邊做出選擇。但是人們也會附帶地在憲法文本中，發現到多數不同的價值，然而**對它們彼此間的衝突卻欠缺一貫的處理規則**。人們只需要想想自由原則與平等原則即可明瞭。這樣的情況必須被理解爲，憲法爲了對此種衝突做出決定，預設了一個可以運轉的法律系統，也就是說，在這種情況中，它是指向內部，不是指向外部。藉此，這種情況也間接證實了（而這在實務上也是無法迴避的），法律在所有其所論及的事物中，都是指向其自身，而所有的「擷取」，無論是針對社會通行的價值，或者是針對「較高位階的」價值所爲的擷取，都只是爲了要用來對須做成決定的態勢進行塑造。這些「擷取」是從法律出發，並且會再返回到法律中。

此種趨勢尤其展現在德意志聯邦共和國的發展中。憲法法院在這裡雖然避免拿自己的見解充當德國人民的道德信念；但它卻將具有古典自由色彩的基本權予以重新詮釋，而成爲一般性的價值綱領，以便在邁向具有目的綱領的福利國的發展過程裡，仍然不會失去法律上的控管手段。當在其他領域中，規範性的價值概念在語意層次上早已退了流行（當然這特別是展現在哲學領域），人們卻依然可以在憲法法院的裁判——以及政黨的黨綱宣示裡，發現這樣的概念。在這兩個地方，人們都利用那蘊含在諸價值概念中的可能性，以便藉著對於價值的指涉來爲自己創設正當性，並且同時爲自己保留對於價值衝突的決定權——而且是所有的決定！但是人們可以基於此一現象而推論出，在法律系統與政治系統的關係中，出現了一種去分化的過程嗎？

絕非如此！單在組織的層面上，這種分離狀態就已經被維持下來。同樣地，藉著使各種對意義進行的確立相互銜接，構成了以遞迴方式被置入的、自我指涉的網絡，而各個系統中形成的網絡也彼此有別。法律系統會在較高的程度上遵循一貫性的要求。政黨綱領所針對的則是對手，而採取的當然也是較爲表面的方式。無論在法律系統或者在政治系統中，都不斷需要對價值衝突做出決定，而系統的分化正好可以用來說明由此所產生的諸多問題。例如，這些問題即展現在對於憲法法院之「民主正當性」的質疑上。法律系統在此層次上，使自身脫離了諸多清晰的釋義學概念，並且以法院受其固有判決拘束之原則取代之，這些判決只能夠在非常謹慎周延的情況下加以修改。在政治系統的這一邊，也會產生類似的惰性效應——繼續採用已經熟稔的吸收不確定性的形式、廣爲人知的衝突路線、以及人們早已接納的風險等。[109]拿全世界的發展情況作爲對照，這種自我安排或許「還可差強人意地」維持住審查的機制。但人們基本上已經不太願意宣稱，藉由這種方式，可以窮盡系統之自身合理化的諸多可能性——這些可能性是隨著功能性的系統分化，才能夠被提出。

VIII

如同其他諸功能系統，法律系統也有一個象徵可供其運用，此象徵在其諸多運作的轉換中，製造出系統的統一性。與諸多反思理論有所不同的是——我們將在第十一章中詳盡探討這些理論——在這個象徵上涉及的，並不是對系統的描述，而是運作上的功能。換言之，象徵所成就的事情，並不是諸觀察的銜接，而是諸運作的銜接——雖然在系統中，所有的運作當然都可以被觀察以及被描述，因而系統的象徵也同樣可以如此。運作上的象徵化，起始於比觀察更爲深入的層次上，它對於從運作到運作的推進，也就是遞迴性指涉的生產，以及銜接運作之尋得而言，都是不可或缺的——無論觀察者可能在其上做出何種區分或者何種標示。我們之所以選擇「象徵」這個概念，是因爲其所涉及的是要在運作的差異性當中，維持並再生產系統的統一性。在法律系統中，這件事情就是由**法效力**這個象徵來成就的。[110]我們將把「法效力」簡稱爲「效力」，只要這樣的作法不會產生誤解。

效力跟貨幣一樣，都是不具內在價値的象徵。它並沒有以任何方式指出一部制定法、一則具有既判力之判決，或者一份契約的品質。它使自身抽離了各種品質上的估量，否則這必然會導致「較好的或較壞的」效力。同樣，布魯塞爾的歐洲共同體執委會，爲修正同一委員會制定的、關於私人豢養爬蟲類動物之性別鑑定程序之命令，而頒布的另一則命令，只能是有效力或者無效力，即便人們並不清楚，到底這則命令是否有可適用之案例，或者在動物園中豢養的爬蟲類動物是否屬於該命令之規範範圍。「效力」只是將對於溝通的接納，亦即法律系統溝通之自我再製，加以象徵化，這又跟貨幣有所相似。至於違反倫理的契約或者違憲的制定法，遭到剝奪其法效力的可能性，則絕對不會被排除[111]——但這卻又不是基於規範之內在品質，而是基於那針對法律效力之條件而做出規定的、現行有效的法律。

正是在這點上，我們也許可以跟哈伯瑪斯進行討論。[112]哈伯瑪斯堅持，法效力具有一種規範性的資格（也許人們可以這樣陳述：效力的有效性），因爲唯有如此，人們才能夠爲法律系統創造正當性，就如同政治系統一樣。首先，在相當高的程度上，這種說法是具有洞見的。然而人們要如何兌現這樣的要求呢？哈伯瑪斯在這裡引入了一種詳盡開展的「言說倫理」。其根本的前提爲：「恰好是下面這種行動形式才是有效的：所有可能的關係人，作爲理性言說的參與者，均能對其表示同意」。[113]然而這種就效力/無效力之區分所提出之判準，卻無法在法庭上被檢證。它並不具備可裁判性，在法律系統本身內也不具可實踐性。只需要很快地看一下「以生態問題」爲中介的那些相關者，即足以清楚看到這一點。[114]因而，這樣的判準只能作爲合法擬制而發揮其功能。[115]例如，人們可以認爲，當一般法治國的程序規則都被遵守時，就算是滿足這樣的要求了。由此出發還可以發展出某種程序法上的改善措施——不過很明顯的是，這些改善措施之引入／不引入，對於法律的**那份**效力不會有任何影響。很明顯地，一種適用於**每一項**規範的、具有系統普遍性的、規範性的效力／無效力檢驗，無法被轉化為具有可行性的綱要。效力需要藉著某種將不在場者予以理念化的作法，才能獲得基礎。

正當性具有合法擬制的性質，而且這一點是無法避免的。這正好證實了一件事：一種可以被條件化的、並且保持著不受規範拘束之性質的效力概念，對於系統與決定的複雜性分歧而言，是較為恰當的。就理論史的角度來看，這種將效力當作法律系統統一性象徵的見解，取代了對於法源的追問，並且因此成為所有「實證主義」法理論的出發點。[116]使用法源概念，會將整個問題拉到太高的層次上。例如，這種隱喻促使薩維尼認為，將契約想像為「法源」的見解，應堅決予以駁斥。[117]此外，法源的概念也隱含了一種外部的指涉（對薩維尼而言即「人民」，對於其他人而言則是在政治上被貫徹的「權威」＝職權上的權威），對於早期的法社會學則比較是諸如「人民的方式」、「活法」、被預先給定的期望秩序，這些期望秩序不能被成文法改變，而是最多能將其再制度化。[118]與此相對，在效力象徵這個概念上，人們確實可以想像一個純粹內在的、在系統中循環的意義統一性。最後，法源概念則是被用來當作論理基礎的型態。它會在下述適用法律的情況中，被用來當作判準：在這些情況裡，人們所援用的法律究竟實際上是否被視為法律，尚有疑問。相對於此，法效力這個運作上的象徵，則指向法律狀態的改變。因為，唯有當人們以「某項法律到目前為止並**不具效力**」作為出發點，改變才有可能獲得執行，無論是藉由立法或者藉由契約。

這樣一來，法律系統是否使用了法源這個論理基礎型態，來袪除疑慮，則成了經驗上的問題。人們有能力予以確認。然而，效力語義的意涵並未因此而窮盡。人們尚須追問，效力這個形式，亦即效力與無效力之區分，滿足了何種功能？在向著自我指涉、運作上封閉之諸系統理論而進行過渡的時候，必定要進行這種理論上的修正。效力乃是法律系統的一項「固有值」*，此固有值係產生於系統固有運作的遞迴執行中，[119]**並且不能在其他地方被使用**。

即便法源概念仍然繼續被法學家使用：在法理論中，此一概念很早即被其他的型態取代，人們或許可以將這些型態稱爲具有外部化傾向的弔詭之解消（或者套套邏輯之開展）。這裡涉及的問題是——與邏輯以及語言學之發展相銜接——要找出一個可運用的後設層次，在此層次上，諸規則規制著諸規則的效力。凱爾生的「基礎規範」就是這樣的一種理論構想，哈特的「次級承認規則」則是另外一種。若欲針對如此提出的問題，提出最具說服力的解答，那麼或許就需要去追溯法學家對語言的事實上使用方式。[120]出發點乃是下面這項思考：所有的法，都是現行有效的法。非現行有效法，即不是法。換言之，能夠鑑別出效力的規則，本身並不是現行有效的規則之一。在系統內，根本不可能存在著一項規制著所有規則之可適用性／不可適用性的規則。這個問題必須透過對外部基礎之參酌指涉，而被「不完全定理化」**。如此一來，語言，亦即一般而言的全社會，就是一條具有說服力的出路，因爲法律最終仍是全社會語言共同體的

---

* 譯註：固有值是那些進行觀察的系統的建構成效。系統是以弔詭的方式生產固有值：在那些已經被指認的事物上，將諸多認同指認出來。唯有當某個事物是具有同一性的時候，系統才能夠反覆遞迴地指向（rekurrieren）它。以這種方式而被認爲具有同一性的事物，就會凝煉爲一個值（Wert）可供系統運用。根據系統理論，觀察者本身即參與了世界的構建。這個時候，主要的問題不再是「觀察者觀察了什麼」，而是「觀察者如何觀察」，也就是要追問「觀察的主體如何參與了客體的構建」。申言之，在自我再製系統理論中，社會的事物，不會是它當下的那個樣子，它必須不斷地在時間中透過諸多事件來重新建立自己，並接受考驗。那麼在這個自身持續改變的過程中，如何能夠多次觀察到同一件事物？唯有當系統所觀察的東西，能夠凝煉成一項穩固的、具有可反覆性的固有值的時候，這件事情才有辦法成就，而系統也藉此穩定住期望，並限制複雜性及偶連意識。參見Theodor M. Bardmann/Alexander Lamprecht, Art. "Eigenwert", in: dies., Systemtheorie Verstehen, Opladen: Westdeutscher Verlag, 1999（CD-Rom）；Georg Kneer/Armin Nassehi著，魯貴顯譯，《盧曼社會系統理論導引》，台北：巨流，一九九八年，頁一九五以下。

部分領域，正如同所有的科學語言到最後也要嵌入日常語言中。透過若干規制層次的區分來開展「法即現行有效法」此一套套邏輯的作法，可在全社會分化的事實中，也就是在法律系統於全社會系統中之分出這件事情中，找到其實在基礎。

只不過，此種多層次構想本身在邏輯上並非合適的工具，因爲只要人們追問諸層次之多數性當中的統一性，那麼對於諸多語言層次或者規制層次的區分，本身就又會成爲弔詭。但是，此一問題只會出現在一個爲了標示出某事物（在此處即現行有效法），而必須使用諸區分的觀察者身上，而此一觀察者在使用區分時，無法一併觀察到區分之統一性。因而，我們將問題推延到運作的層次上，而且，在法效力這個象徵上，我們看到的事情，只是執行從一個法律狀態向著另一個法律狀態的過渡，亦即只是由先前與嗣後的現行有效法律狀態的差異，所構成之統一。[121]

作爲法律的統一性象徵，法效力這個象徵逸出了認知性與規範性問題的區分之外。在關於此一差異的問題上，它具有一種模糊的地位。在此種理解之下的效力，並不是認知的先驗條件（雖然若缺少了效力，則根本不會有法律認知之對象——亦即法律——之存在）。它根本不具有關於法律之認知上陳述的形式。[122]它也不是某種外部原因（某種超驗的、先驗的、或者內在——權威性的（國家性的）效力基礎）作用所造成之結果。它只是一個形式，諸運作在此形式中能夠指涉系統歸屬性，也使自己歸屬到由同一系統之其他運作所構成的脈絡中，並且再生產此脈絡。它是一種關於系統統一性之參與的形式。

同樣，效力也不是一種規範，[123]更不是基本規範，或後設規範。[124]這裡所涉及的並不是一種爲失落的情況而設計的、並且應該受保障而免於失落的期望。[125]那在法律系統中有效力的事物，並不是應然地有其效力：它要麼有效力——要麼沒有效力。因而法律系統可以變更那有效的事物，但卻不會與固有的規範發生牴觸。無論如何，法律的變更不會因爲法律之效力要求的緣故就被封鎖，它頂多會藉由一些程序規範被封鎖，這些程序規範規制著——並且因此限縮了——法律效力如何被製造，亦即法律如何能被變更。在憲法裡面甚至有些規範規定了，特定的規範，包括它們自身在內，不得被修改。由此會歸結到一個爲人廣泛討論的弔詭。[126]修改之禁止本身即有可能被修改——並且一直下去直到無限的追索。這個難題沒辦法以規範方式來予以控制。人們必須往政治的方向「哥德爾化」。這意味著，它要求要具有政治上的警覺性。換言之，人們可以經由下述方式，將此一修改的弔詭予以開展，亦即，藉由區分規範性與效力，並且**在政治層面上**考量到，藉著對憲法的禁止修改誡命進行修正，會創設出現行有效的法律（然而此一過程的性質卻是一種對規範的破壞，因而形成弔詭，並且不會帶來任何後果）。

如此一來，效力雖然不是規範，但卻是一種形式。作爲形式，效力象徵標示了由兩面所構成的差異：效力與無效力。用史賓塞—布朗的語言來說，效力是形式的內在面，無效力則是外在面。爲了能從其中一面跨越到另一面，系統需要時間——無論是要使規範從效力的狀態轉換到無效力的狀態，或者反過來；也無論是系統在對於規範的觀察與描述中，要從「它們有效力」這項確認命題，過渡到「它們不具效力」這項確定命題，或者反過來。在所有情況中，形式都只能作爲兩面的形式而存在，任何一面都不能缺少另一面。而且在所有情況中，這兩種標示——正面的或負面的——都是系統內部運作的結果，並且關聯到內部的狀態。即便是無效力，例如契約或制定法之無效，都是系統內部之狀態，而非其環境之狀態。如

**譯註：魯曼在這裡借用了數學家哥德爾於一九三一年提出的「不完全定理」。以通俗的語言來說，該定理要表達的是：數論的所有一致的公理化形式系統，都包含有不可判定的命題。換言之，人們無法從公理系統的內部，來證明公理系統的無矛盾性。此項定理駁斥了「希爾伯特方案」，該方案主張，每一個數論的眞陳述，都可以從羅素與懷特海合著的《數學原理》的框架中推導出來。亦即，可以用數學家自己的推理方法，來證明那一套推理方法是正確的。參見Douglas R. Hofstadter（侯世達）著，郭維德等譯，哥德爾、艾舍爾、巴赫——集異璧之大成，北京：商務，一九九七年，頁二十一以下。

同出現在所有象徵上的情形一樣，這裡也會產生幻覺性的反面情況。可能的情況是，諸運作在接納特定效力的前提下運轉，但後來卻發現，人們搞錯了。或者，在預設了特定效力的前提下做成決定，產生長期的約束（例如關於資金的約束），但法律旋即被修正，使原本有效的事情被導向無效。

此外還應該注意到，效力象徵會對法律系統的固有動態性做出反應，而且，唯有當法律系統已在非常廣泛的程度上分化出來，以至於它能夠改變自身的時候，我們才會需要這個效力象徵。在中世紀的時候，人們還認爲法律的法律性（如果人們可以這樣陳述的話）是已經被給定的，而且也被視爲認知上的問題——即便是涉及到立法活動的時候。[127]與此對應，法源亦存在於下述確信當中：某件事物是合乎法律的，並且爲人類共同生活必要秩序之一部分。某項具有法律意涵、由皇帝、諸侯或城市所頒布的規制實踐，其實已經可以被理解爲這種秩序必要性的一個事例，也就是說，它不會被視爲原則的例外，因而在此根本不存在任何誘因，使人們把效力（以及法源）的概念關聯到對於法的製造這件事上。[128]一直到中世紀晚期出現了神學上的意志論（以奧坎爲代表），才爲此一問題的另一種處理方式，也就是以意志與權威爲基礎的處理方式，預備了道路。今天所使用的法效力象徵，可說是現代的語意學上成就。

效力這個象徵，會附加到系統的諸多規範性期望上。它將諸規範分別鑑別爲有效力的或者無效力的。然而，唯有當法律狀態被改變的時候，這件事情才會發生。的確，觀察者可以自由地在他所選定的時間點上來確認，什麼法律具有效力而什麼法律不具效力。在此範圍內，他將效力**視爲**（在時間上受限的、可撤回的）**一段時間的延續**。諸效力**理論**，例如那些將效力追溯到一個起源、基礎、神意、或者其他具有權威性的機制上的理論，就是關於這種觀察者的理論。如此一來，法律系統可以觀察自己，例如在承擔持存性的脈絡，或者在改革的脈絡裡。然而在這個方式上，系統的統一性絕對無法被「認知」。每一項觀察都必須將已經被製造的複雜性加以化約，也就是必須要選擇性地進行。不斷地對有效力事物重新賦予效力的實際過程，是沒有辦法被觀察的，而我們也需要提出非常多理論上的努力，以便能夠合理地說明，效力的根源其實就在於此。

究其根本，效力其實不過是那在所有運作中共同運轉著的銜接象徵。它無法以點狀的方式，而是只能以遞迴的方式來肯定自身之效力，也就是要追溯現行有效的法律。[129]效力在系統中造就了銜接的能力。唯有基於這點，才有制裁的出現，此種制裁若是作爲法律上有效的制裁而被溝通的話，則當然必須在其他的制裁上被預設。在系統中，憑藉不具效力的規範，人們根本無法著手做任何事情。最好的證據是：根本沒有任何人會想要做這樣的嘗試；沒有人會去宣稱，某些特定法規範雖然不具效力，但卻可用來當作支持其權利主張的論據。以這種方式出現的波動，馬上會被轉換成關於法律之效力、或者關於修正現行有效法律之爭論。無效力此一負面價值，只能被用作反省價值，以便拿來釐清效力的條件，但卻無法用來製造自身的銜接可能性。藉此，效力/無效力的形式也與法/不法的符碼出現了區別，後者雖然也具有正面/負面的結構，但卻可以預見到，不法也會引發特定的法律上後果，例如刑罰、損害賠償責任或者特定行爲之法律上無效狀態。即使監獄受刑人都具有某些在必要情況時得以貫徹之權利，[130]此外，每個人都有權利要求，當他處在不法的情況中的時候，要以合法的方式來確認他是在不法的情況中。人們正好是爲了要跨越法/不法此一符碼之界線，才需要效力象徵。爲了要提供銜接的可能性，對於現行有效法律之指涉必須是能被製造出來的，這件事不僅是爲了要標示出特定的期望或行動，它也能夠運用在「不合法」此一相反情況中。

若連結到帕森斯的見解，則人們可以將效力稱爲一個循環性的象徵，此一象徵會隨著每次的使用，而被傳遞到其他的運作上——如同經濟裡面的支付能力與政治裡面的集體拘束。象徵會從運作移轉到運作上，並且只存續於這種恆常性的再生產當中。它不是一種「持存」的象徵，可以讓事實性的法律發生事件過程隨著它而流動。它是系統動態穩定性的象徵，這種動態穩定性展現於對過去事物與未來事物的回溯與展望中。明天所處理的效力，在象徵功能維持不變的情況下，其實是另外一種效力，因爲某件事情今天已經被決定。我們先前早已說過，法律是一部歷史的機器，它會隨著每個運作而轉變爲另外一台機器。

語言學上的「轉換詞」概念，要說的也是類似的東西。在這裡涉及到的是一個象徵（人們最喜歡提到的語言學例子，是人稱代名詞），它只能藉著參酌那使用著它的過程，而被使用，並且因而從一個時刻到另一個時刻裡不斷變換其指涉。[131]這要求的是要放棄固定不變的外部指涉，但正好也藉此表彰了一種在系統內的存在上的確定基礎，此系統使用著這樣的轉換詞，以便能夠在其與環境的差異中，賦予自身一種受管控的動態性。

不過，並非每一項法律溝通都傳遞著此種意義下的效力，例如，單純提出權利上的主張就不屬於此。（傳遞著效力的溝通），必須涉及具有法律上效果的決定。這不僅存在於立法者與法院的決定中，在最廣泛的範圍內也存在於成立社團與締結契約的行爲中，這些設立行爲能夠深入影響法律狀態，並改變之。[132]單方所爲之具有拘束力的意思表示（例如遺囑），就已經滿足這樣的要件，但是單純引發法律效果的事實，例如被繼承人之死亡或者某項犯罪行爲，則不屬於此。與經濟系統中的貨幣支付相似，法律系統中的效力傳遞，也不能等同於系統諸運作之整體；但這裡涉及的是那些執行著系統之自我再製的諸運作，若缺少了它們，運作上封閉的法律系統就不可能分化出來。

一門在系統中，爲了系統而被書寫的理論，總是會努力嘗試將那只能作爲循環而被描述的法效力，帶進一種非對稱的形式中。例如一七八七年美國憲法的立憲者，即便滿懷著自信放手提出此種憲法概念與文本的新構想，卻仍然強調，憲法只是「建構」了人民的統一性以及統治工具，沒有建構個人權利，但整部憲法其實就是爲了此一緣故被構思出來的。[133]這些權利只能被**承認**，並且爲了在系統中的使用而被**指明**。

但若人們對這樣的描述進行描述，那麼就很容易看出，這種描述也不過只是一項公式，使得在系統內能夠對效力做出處理。

哈特則嘗試尋找另一種出路。他看清了，法律內在的階層化（各種位階理論）是不夠充分的，也不具閉合能力，然而另一方面他也駁斥那種將效力問題外部化的作法，也就是使之指向外於法律的或自然法上的效力基礎。他提出的替代方案就在於區分兩種規則：義務規則與承認規則。然而這樣的解決方案所要付出的代價是，他必須放棄各種關於諸多承認規則的效力主張（否則就必須提出新的承認規則）。一項承認規則「既非有效，亦非無效，它只是單純被接受，而被認爲適合於這樣的使用方式」。[134]這樣的說法，承受了自休謨所開啓之理論史脈絡所具有之全部優缺點，而特別是在下述問題上，它沒有提出回答：一個由義務與習慣、由具有效力的與不具效力的（也包括了並非無效的）諸規則所構成的系統，其統一性（也就是哈特所說的「初級規則與次級規則之統一」）應如何被理解？這裡所引入的自我再製概念，要回答的正好就是此一問題。無論在何種情況中，它所處理的——而我們也因此比較偏好使用「承認之慣行」這個用語——都是系統內部的網絡化的諸運作，即便系統將其效力基礎外部化，這種外部化仍然是系統內部的運作。在二階觀察的層次上，我們無法避免提出循環式的定義，不過這裡只允許出現**時間上**的不對稱性。在每個時刻裡，先前被置放進效力中的事物，都會被視爲法或者不法，而有其適用。

古典的階層式效力理論，總是預設了一個序列，這個序列具有時間上的持存性，也就是能夠被多重地使用。觀察的角度可以由上往下游移，也可以反推回去，以便能尋找效力的基礎，並確認之。此處所主張的時間性效力理論，則不需要這樣的前提。效力是每一個時刻到另一個時刻都需要重新獲取的系統產物。因此，它只能透過諸運作遞迴性地網絡化，而藉著盡可能少量的訊息耗費（冗餘訊息）獲得確保。這也意味著，系統生產著其固有的個別性。因爲，時間基於其必然造成的選擇性，是一個個別化的因素：人們只能從1移到2一次，不能重複。

由階層轉換爲時間，這樣的作法使我們得以放棄在一項「最高」規範上，尋求效力的規範性基礎。每種規範性的效力奠基嘗試，最後都會形成無限的追索；或者換句話說：它必須要預設自身；它必須要預設它自身的「下一步」。因而，唯一無法割捨的效力基礎，就在於**時間**。更精確地說，此一效力基礎在於全社會系統之所有事實上運作，以及其環境之**同時性**。然而這意味著，人們**既不能促成，也無法知道什麼事情同時發生了**，人們總是有賴於推測、假設、擬制。效力象徵之效力也是植基於此種無能力狀態。除了以未經驗證的方式假設下面這件事以外，人們別無他法：在給定的時刻中，也有其他法律系統的運作，以及其社會性與心理性環境的運作，在證實著效力象徵。因而，唯一的效力檢驗，就在於系統效力狀態之不斷改變、從運作到運作的不斷銜接，也就是在於系統的自我再製。而被觀察者描述爲複雜性的事物，則是作爲系統這種不斷運轉的自我確證所形成的附帶產物。除了生產模式及對於生產模式之限制以外，並不存在其他的最終基礎。

IX

在法效力此一形式的象徵之外，法律系統還有第二種可能性可供使用，以便展現其運作上的封閉性，也就是展現在**平等原則**的形式中。[135]自古代以降，此一原則即屬於每個法律文化的根本想像之一。它是這樣地被人接受，彷彿其自身即具有不證自明的性質。平等乃系統具有之最抽象的偏好，也是在關於法與不法的爭議案件中，最終的分派判準。在此一功能上，它也採用了「正義」的名稱。[136]對此人們不能再追問更進一步的論理基礎，而這也提供了一項較爲確定的徵兆，使我們確知我們眼前浮現了一種具較高理論相關性的形態。然而：這跟運作上的封閉性有什麼關係？

首先會引起人們注意的是，在這裡並不會宣稱，所有的事物都是相等的，或者應該使所有的事物成爲相等。倒不如說平等是一個形式概念，它是憑藉著另一面的存在，才能繼續存續：不平等。缺少了不平等的平等，便不具任何意義——反之亦然。若相等的事物應予相等的對待，那麼不相等的事物也必須予以不相等的對待；否則的話，從某些角度看來不相等的事物，就可能無法在不同的個別情況中，在自身上承受相等的對待。如果人們能夠放棄一種平等的規範概念，就會獲致一條亞里斯多德式的規則：相等事物應予相等對待，不相等事物應予不相等對待。亦即，這裡涉及的是一個觀察圖式，它只會傾向於讓規範與偏好得到發展，卻不會直接自行確立對於平等的偏好。（如果有人想規定，所有的犯罪行爲人都應被課以相同的刑罰，那麼這樣的規定看起來似乎不太具有說服力。）據此，平等的形式，可被用來突顯諸多的不平等，這些不平等又會在那些被發現到的差別所形成的框架中，獲得相等的對待，直到這種平等又導致了對於不平等的觀察與標示。如同所有相對照的事物一樣，這種觀察與標示又會被用來發現不平等，如此就會導致銜接的問題，亦即，這些不平等會不會使人們無法對其給予相等對待？而這才是在法律發展中會獲致實際重要性的問題。

從這裡出發，平等又會由一個形式轉化成一項規範。這時候，平等對待就會被用來當作規則，而當諸案例的不平等性質已經造成必要情況的時候，從這規則中就可能出現例外。平等對待對其自身而言，已經算是充分的理由，不平等對待則與之相反，需要提出論理。雙面形式的對稱性，會因爲規則／例外的圖式而被非對稱化。

然而，使系統封閉起來的是形式，不是規範。「區分是絕佳的節制」。[137]平等／不平等這個區分，包含了所有事物，甚至包括它自己，因爲平等原則也必須同等地被運用在所有案例上。當人們更仔細地關注此事的時候，他們會辨認出一個解消弔詭的綱要。平等原則的普遍性（節制）意味著，在它自己被運用的情況中，只會存在相等的案例，而不會有不相等的案例。從這個角度來看，平等原則在系統內再現系統。它不需要任何進一步的理由，因爲它只是描述著系統的自我再製。邏輯上的竅門（或者，從弔詭到一個由可操作的規則所形成的不對稱狀態，而形成的邏輯上跳躍）即在於，將形式詮釋爲規範。[138]

平等的形式是如此地形式性，以致於它具有一種優勢，可以適應於全社會系統之不斷轉變的分化形式。在層級化的社會中，使不平等對待獲得證立的，毋寧是各種不同的社會地位。Unde oportet quod etiam leges imponantur hominibus secundum eorum conditionem（在必要範圍內，法律可以依據個人的出身，爲了個人而被制定）。[139]在功能分化的社會中，只不過是改變了參酌點。在這裡，不平等的事物，是那些在諸功能系統的內部運作過程中必須要被不平等地對待的事物，以便使這些功能系統能滿足其功能。這時候，平等的形式不再是要依照相似性與差別而辨別出本質，而是要透過持續反覆提出「某件事物是相等或者不相等」這個問題，而達到整體系統的動態化。[140]

此外，人們今天必須要區分平等原則之政治性使用與法律性使用。政治上要求的是，所有人都要被平等地對待。法律上要求的是，案件應該被同等地處理。作爲法規範的憲法上平等誡命，則會導致政治性的平等在法律上要被詮釋爲案件的平等／不平等；但在政治上從來沒有完全達到此種程度，因爲政治總是會期待自己接納更多新的平等的刺激，並且將之轉化到法律中（並且因此在這時候轉化爲法律案件）。

平等／不平等此一圖式，產生了對於判準的需求。它自己尚無法確立所需要的諸多判準。平等本身並不是平等的判準（正如同眞理也不是眞理的判準一樣）。在自然法傳統中，大多是以諸理性原則作爲出發點，而在普通法傳統中，則自十六世紀以降，就越來越以區辨的歷史連續性做爲基準。就此種方式而言，人們無論在過去或現在，都是以下面這件事作爲出發點：總是存在著一個由法律決定所構成的傳統，這些法律決定則已經將案件分類爲相等的或者不相等的處理。在此一傳統中，法官能夠在業已具體化的型態中，發現到平等/不平等的圖式。倘若他想要做成合法的裁判，他就必須要謹守此一傳統；但正好也是這個方式允許他得以自己做區辨，並且將那些需要給予不相等處理的案件挑選出來，倘若他能夠（也許人們能這樣說）發現到一個可爲相等對待的不相等狀態，並且以具說服力的方式闡明之。此種實務運作方式的「理性」，即在於對平等與不平等此一雙面形式的操作，而經驗顯示，這使得它有可能獲得不斷更新的、連續性與創新之間的連結。[141]至於那種建立在諸多原則基礎上的自然法（理性法）則與此相反，它是藉著諸原則在演繹上的貧乏以及詮釋上的確定性不足，而獲得同樣的結果，並且較傾向於期待立法者承擔法典化與創新的任務，而立法者則又需要大學學者所提供的諮詢。[142]但無論法律的演化採取哪種途徑，其結果都可藉助平等/不平等此一圖式而被觀察與細緻化。平等/不平等此一圖式是一個演化式分化的圖式，而這尤其意味著：它是一個會製造出更多平等與更多不平等的圖式。亦即在這個過程裡會有一些新的案例出現，它們會被認定爲不相等的案例，因而必須被帶到一條規則底下，使得人們有可能從這些案例中，再度將一系列相等的案例放在一起。平等/不平等這個圖式，會在自身中被複製。它可被用作系統分叉之原則。而分叉則總是意味著：建立一個在歷史上無可逆轉的秩序。對於此一進行過程的自我評價，就是藉著正義的概念而得到表述。它使得傳統取得了提出警告、稱許或斥責的可能性。

如果人們以系統論的概念結構作爲基礎，一些完全不同的面向就會浮現。這時候人們會理解到，法律系統的自我再製開始運轉了，也會理解這件事情是如何發生的，亦即，衝突的文獻資料、對個別案件中爭端之調解、被駁回或者被確認的主張等等，不再只是作爲歷史上的事件而被憶及，而是作爲進一步實踐的先在給定條件，而被連結起來，並得到反思。由於新的案件有可能被視爲相等，也有可能被視爲不相等，因而，單由傳統出發，尚未能確定稍後的決定爲何。然而應該要接受的一點是，同一系統中先前的決定，會與稍後的決定結成遞迴的網絡——這正好就是我們稱爲運作上封閉性的事物。什麼是法，什麼是不法，都只能在與先前決定進行辯難，並且在極小範圍內展望未來決定可能性的情況下，而被發現，平等此一兩面形式則爲此提供了主導線索。這意味著：就不同案例究竟應爲相等處理或者不相等處理此一問題做決定時，只應該注意到產生於系統內部的諸多區分。

在這個意義下，平等正好會對不相同的事物發生興趣，相應於此，不平等與不相同亦有所不同。不相同必定早就出現在天國或者在神話的原始社群中。根據古老的傳述，它是使創世得以完滿的要素。不平等則首先隨著罪惡的情境出現——根據自然法的理論，即隨著已告分化的財產用益。[143]平等/不平等此一觀察圖式與單純對於不相同狀態的承認有所區別，它是一個普遍的，也同時是高度專門性的圖式。它使系統的歷史開始運轉，並且導致諸多判準的建立（與修正），這些判準只適用於系統，系統則對應著判準而實現其自身之決定。在此範圍內，人們在運作上封閉的諸系統上能夠觀察到的下面這件事，也適用於此：這些系統無法由外部引進系統之諸多結構，而是只能藉助自身的運作來建立結構、使其變異或者遭到遺忘。

最後，前述的分析，也會使得我們能夠將對於平等的權利，歸屬於人權此種一般的規範領域，甚至將之視爲人權的典範。此時我們也脫離了法學上基於法律實務之目的所做的必要詮釋。人權與諸多關係之不可概觀性息息相關，亦即在本質上也與功能分化的效應息息相關。這些權利是現代社會之未來開放性的精確相關項，此種未來開放性則是現代社會基於結構因素所必然具有的。倘若個體必然會藉著各種不同方式，獲得通往所有功能系統的進路，同時他們的涵括也必須要在功能系統內部被規制，而這件事情又得透過藉助功能判準來決定什麼事情應被視爲相等，什麼事情應被視爲不相等，才能發生的話——若上述這些條件都屬於現代社會結構上的指令，那麼**人們就不能預先說出，什麼人應該說什麼話，或者什麼人應做出什麼貢獻**。在這樣的情況下，各種關於人類與法律「本質」的預設——也就是從這種「本質」中，以邏輯方式得出的合理推論——最多只能是決定之論理基礎中的一些裝飾性細節。就其功能而言，人權的用途在於，爲各該系統間不同的自我再製式的再生產，維持住對未來的開放狀態。沒有任何關於人類的劃分方式、任何分類方式、尤其是：沒有任何關於人類的政治性歸類方式，可以對未來做出限制。因爲人是屬於系統的環境，而未來——其無論如何在當下都是不可預測的——也是單獨產生自全社會的自我再製以及其結構飄移。

至目前爲止的分析，只涉及到平等問題的其中一個部分，或者可說只涉及平等形式的語意，此平等形式迫使系統去生產自身固有之諸多判準。還有第二個問題是獨立於上述問題的：系統中行動能力的平等。這裡所涉及的並不是自主性的問題，[144]而是涵括的問題。很明顯地，使用法庭的機會、影響立法的機會，會隨著社會的階層化而有所變異；而這是因爲在財力資源、語言的嫻熟度以及互動能力上，或者也在隱藏於這些現象之下的文明程度上，都出現了會隨著階層而變異的差別。[145]無論是從法律的功能角度，或者從系統自主性的角度來看，在法律的可接近性以及在法律中行動能力上所出現的差別，都不會具有功能。這些區別是否會，或者它們如何對系統的演化產生影響，都是很難確定的問題——除非所要處理的是個別的案例或者是專門的問題領域。[146]法律系統內部對於機會均等的追求嘗試（例如藉助在訴訟費用領域中無資力者之訴訟費用救助制度），會因爲階層化在現代社會中無所不在的性質，而受到限制。此外，所謂下層階級的利益，其實並不會因爲「下層階級的地位」，也不會因爲它們單純被認爲是利益，就得到證立。一樁法律案件，不得僅基於「當事人屬於處劣勢之階層」此一理由，就做出不同決定——除非法律自己對此做出規定。

X

我們已經花了相當的篇幅來描述法律系統的運作上封閉性。這樣的作法是無可避免的，因爲如果人們沒有充分明確地瞭解到，在這邊所談論的主旨爲何，他們就無法著手進行經驗研究，甚至提出因果解釋。系統理論首先提高了對於描述之精確性與分化性之要求。但這並不意味著，它能夠激發的潛能即窮盡於此，或者它的探究終止於此。[147]下一步，我們要追問的，是此種運作上封閉性的結構上條件。對此我們的出發點是下面這項推定：必定存在著一些結構上的預先安排，它們提高了使規範上期望得到滿足的或然性，因爲若非如此，則發展程度不可能脫離那些理所當然的事物，亦即必定會停留在人類彼此間交流的最原初結構上。[148]

我們只要探討兩項不同的條件，即已足夠，這兩項條件在法律演化的過程中，藉著極其不同的、在歷史上以及文化上變異著的連結形式，而彼此滲透。一方面，法律所要求的事物，必須要充分地專門化，以使得再探究、反覆，以及一種凝煉的、確認性的擴張，成爲可能。另一方面，法律必須要有獲得充分貫徹的希望，因爲若非如此，人們就只能向事實低頭，從中學習。對於那些在法律期望上蒙受失落的人，法律不能僅停留在確認他們已經正確地期望這個層次上。[149]就法律之貫徹——無論是實際的，或者是補償性的貫徹——而言，某件事情一定得發生。

法律期望的專門化，主要是一個關於社會的記憶的問題，但也越來越是一個關於限縮的問題，亦即，什麼東西必須作爲對未來案件處理之前提，而予以保存。它主要有賴於生存者的記憶、回憶以及書面的記載。記憶不僅僅是一個過去事實的貯藏庫，它最重要的意義，是對訊息之取用進行組織。在具體的運作（它們是在各個當下情境裡得到執行）中，應如何使用記憶，其實是由這樣的組織（而非過去事物在過去的眞實存有）來決定的。藉助當下與過去的區分而爲之時間性的重構，只能是一種輔助手段，並且也只是對記憶的一種建構。這樣一來，記憶使其自身之產物獲得正當化，並且在某些情況下指涉著起源、長時間之延續、禁得起考驗之性質等等；但它當然也可以用純粹事實性的方式發揮功能（例如人們不需要回想起，他們是什麼時候學會用門把來開門，或者——當他們沒辦法這樣做的時候——讓門鎖上；反正事情就是這樣）。因而人們也可以說：記憶使得系統之遞迴性生產方式的固有值，[150]維持在可供利用的狀態。

那些只能用口頭方式進行溝通的社會，在其記憶上勢必仰賴心理系統，這不僅包括心理系統的回憶能力，也包括心理系統使那些被憶及的、但是卻完全未被他者所體驗、或者已經被遺忘的事物，能夠合理地被溝通的能力。這時候，年紀較大的人，通常具有權威。很明顯地，這導致的結果是，規範觀會出現波動，也會針對新的事物狀態做調適。不過在這種情況中可期待的不確定性，卻不會非常高，因爲能夠透過規範化而被塑造的活動範圍，其實並沒有很大。

一旦文書能夠爲人所用，系統的記憶就不再能輕易遭到遺忘、無法輕易地不去重複探討某件事，或者輕易地重新建構出某種合用的過去狀態。這種記憶會因爲書寫而變得強硬，並且解消了在心理層面上的條件關係。針對書寫這個相當原始的問題，人們可在猶太法律中發現到最令人印象深刻的探討；[151]這些探討所採的形式，正好指向以此問題爲目標的諸多區分。摩西五書的法律是在西奈山上被揭示，換言之，它是一份藉由宗教而被決定的文本。它被揭示給摩西，並且讓他能**聽到**它，也被揭示給民眾，並且讓他們可以**看到**這個事件。它是爲了**書面**的以及**口頭**的流傳方式而被揭示，如此一來，無論是文本基礎的眞實性，或者持續的適應能力，以及其原本剛硬性的緩和，都得到了擔保。[152]而傳統則將共識與歧見都流傳了下來，亦即，無論是導致做成具拘束力之決定的多數意見，或者是同樣建立在被揭示的文本基礎上、但卻被駁回的見解，都被流傳下來，而這份文件的歧義性則爲其宗教特質提供了例證。[153]顯然，這些應該算是稍晚時代中出現的區分，尤其是在第二座聖殿被毀壞之後的時代。它們以非常令人印象深刻的方式，開展了法律的原始弔詭，並且正好是透過那些指涉著此一弔詭的諸多區分來開展，而倘若人們可以將此一歷經數千年的、並且終究必須在欠缺國家的情況下運轉的傳統，拿來當作經驗上的例證，那麼它就會顯示出，此處事實上已經在某些特殊條件下，尋得了一種穩定的問題解決方式。但是，每種針對此一問題的解決嘗試，都會被捲進此一弔詭中，也因此會被捲進一種採取問題解決態度的自由狀態中——無論持相同意見或不同意見。因而，在這樣的情況下，相較於其他人，正好是那些猶太作家能夠更容易地去承認法律所帶進的弔詭，而這件事也就不再那麼令人訝異了。[154]

如此一來，人們之所以要透過諸多區分來再度建立系統的統一性，但卻又能以弔詭的方式表述這種統一性，其原因似乎就在於書寫。即便在那些無法以此種清晰性掌握前述論點的地方，人們也能看到，法律系統會藉由一些矯正措施，針對書面上的確立做出反應——無論是透過詮釋上的自由、透過建立變更法律之程序，或者透過向迄今爲止法律並未觸及之領域的擴張。[155]因此，系統記憶的實質基體，對法律發展本身會產生相當明顯的作用[156]——但這當然只有當法律規範業已達到充分專門化的程度以後，才有可能發生。唯有那種能被證明，而非僅被宣稱的法，也唯有案件的規範面向，而非針對系爭事實成功提出之證據，才需要被憶及；簡言之，唯有那些能在事實層面上使法律之自我再製繼續推進，並且能夠爲此而一再被使用的事物，才能被憶及。相較於集體回憶與集體遺忘之偶發性質，那種具角色特定性、可制度化的保存方式，當它能夠被證明爲不可或缺，並且當它確實形成，又能在演化過程中使自身獲得貫徹時，其實是一種非常高度的選擇的成效。除了直接的爭端裁判之外，這其實是法官職務的一種較爲間接、長期性的功能。[157]如果人們已經取得如此的成就，他們就可以考慮進行立法工作，也就是使法官的諸多決定以具有拘束力的方式綱要化。

各種指明諸多值得保存的規範的作法，起先都會使這些規範在失落情況中能得到貫徹的機率非常低。因爲，當遭遇失落者的期望，已經如此精確地被界定，以至於沒有人能夠對相應的情況感同身受，並且也沒有人期待自己會處在這樣的情況中的時候，給予那些遭遇失落者支持的利益究竟何在，這種支持的熱情又要由何而生？因而，支持必須建立在一般化的參與基礎上，擴展爲支持者的支持義務，並且藉由使小團體階層性地隸屬於大團體之下而進一步開展，[158]最後還要被帶進分化出來的政治上確保方式的形式中。這會要求政治要在具集體拘束力的決定（包括對於無法律約束的空間，例如關於宣戰媾和之決定）上具有功能的專門化，並且要藉著掌控對於物理上強制力之使用，來確保這樣的專門化。

上述說法可能會與其給人們造成的第一印象正好相反，亦即，它並不意味著法律系統與政治系統只構成一個單一的系統。然而它們卻需要仰賴特殊的結構耦合形式，並且藉著這些形式扣連在一起。在這個領域中最具重要意義、對後來發展也最具影響的發明，就是羅馬的裁判官此一職位。裁判官必須陳明其賦予訴權之前提要件，也就是委任法庭進行爭端裁判並且賦予強制執行保障之前提要件。[159]隨著這些訴訟程式的重複使用，就逐漸發展出羅馬法以訴權爲核心的法律系統，並且由學說與案例實務對此種法律之詮釋，發展出今天我們所知的羅馬法。現代的各種憲政體制則構成了一個與此具功能等同性的機制，對此我們還會再做進一步詳細探討。

就結果而言，演化的此一分支，已經兌現了那深植於其中的承諾，並且把我們帶向一個由那些在法律上被涵蓋的規範性期望所構成的高度複雜系統，而且這些期望能夠得到政治性的貫徹保障。這當然不意味著，社會生活的幸福指標會顯著提高，更不意味著：法律已經妥適地反映了全社會在事實上能夠達到的狀態。光是規範性所具有的反事實性結構，就已經與此種走向形成對立，此外，爲法律而賦予的政治上保障，當然更不能確保所有的期望都會被滿足。人們必須爲不滿足的狀態另尋補償之道，這尤其表現在刑罰與罰金支付上。不過，毫無疑問已經成就的一件事情是，固有的複雜性業已被製造出來，而它的基礎就在於因法律系統之分出而形成的運作上封閉性。

第三章　法律之功能

I

對於法律功能之探問，在此處係關聯到全社會系統而提出。換言之，它要探討的是，全社會系統的什麼問題，會透過專門法律規範之分出，並且最後透過一個特殊的法律系統的分出，而獲得解決。如此一來，特別是心理學與人類學的提問方式，就會被排除。[1]這並不意味著，這些提問方式無法切中要害，故而應予駁斥。它們的問題是在於，它們在經驗上只能將人類當作諸多個體來加以探討，這樣一來，就人類、意識、人格而提出的一般化的陳述，便很難加以審查。相對於此，藉著全社會這個概念，我們所意指的是一個在經驗上全然可觀察的、在不斷運轉的諸多溝通中被具體給定的、然而卻也是高度複雜的個別系統。因而，我們不需要尋找與檢證任何可在無數不同性質的諸系統上，獲得一般化性質的陳述。

在關聯到全社會系統的情況下，人們可能會爭論，究竟是否、或者在何種意義下，存在著獨立於相應的諸運作、諸功能系統之分出的「指涉問題」，以及與此相關的功能。那種單純套套邏輯式的回答所帶來的危險，可以清楚被發現到（同樣的情況也會出現在功效主義式的，或者以需求為導向的解答嘗試）。我們則是透過抽象化來避開這個問題。我們是在不同於法律、並且比法律自身更為抽象的概念中，來描述法律功能的指涉問題。邏輯學家或許會將這樣的作法稱為對套套邏輯之「開展」，也就是：將一個自我指涉的循環，解消到諸多可彼此區辨的同一性當中。以下要闡明的假設是，法律解決了一個時間問題。每當當下剛完結的溝通本身並不夠充分——無論是作為一種表意，或者作為一種「práxis」（實踐）——而需要在其意義的時間上展延性當中，以期望作爲導向，並且明確地表達出期望的時候，這個時間問題就會在社會的溝通當中呈現出來。法律的功能與期望相關；而且，當人們針對的是社會，而非僅僅針對個人的時候，[2]那麼法律的功能也會與下述的可能性相關：對期望進行溝通，並且在溝通中表達對期望的承認。藉由「期望」這個用語，我們所意指的，並不是某個特定個體的實際意識狀態，而是諸溝通之意義的時間視域。

藉著將對於**時間**面向的強調，拿來當作法律功能的基礎，我們也發現我們與法社會學中那種較老的學說處於對立狀態。此種學說將重心放在法律的**社會**功能上，並且使用諸如「社會控制」或「整合」等概念。[3]隨著這些概念的選用——它們對於根本意義上的諸社會系統的理解而言，具有關鍵地位——人們卻會面臨到誤解法律特殊性之危險。[4]這種聚焦於單一（或者說：原初的）功能上的作法，馬上會因爲需要爲太多功能等同項提供說明而承受過重負擔，進而使其帶來的好處遭到抵銷。這麼做還會帶來一項後果，那就是，法律的分出只能繼續在專業或者組織的層面上被掌握。

一項不證自明的論點是，法律的社會相關性是無可爭執的，但其整合功能則甚有疑問。在這點上，特別是批判法學運動，以及其他那些受到馬克思啓發的批判者，已經一再提出論述。我們則藉著將問題推移到時間面向上，而迴避了這個爭論，並且在下面這點上看到了法律所具有之社會意義：當諸多期望能夠以具時間上穩定性的方式獲得確保，那麼法律就會帶來社會性的後果。

很明顯地，社會的諸運作需要用到時間。個別的溝通只在極短暫的時刻中延續，甚至根本沒有延續，而是在它實現的那一刻又告消逝，即便如此，它仍然有賴於透過那在時間中形成的遞迴性網絡化，使自身獲得界定，亦即：使自身關聯到業已運轉過的溝通，以及未來的銜接可能性。因而，時間決定了進一步的溝通應該以何種系統狀態作爲出發點，在此範圍內，溝通受到時間的拘束。[5]應與此區分者，係爲了反覆使用而爲之意義的固定化，例如爲詞彙、概念、蘊含眞理的陳述等劃定意義範圍。[6]我們擬將溝通系統的這種自我確定稱爲語意。一直要到那爲了反覆使用而形成的語意逐漸沉澱下來，才會導致狹義的時間拘束，而我們以下要探討的就是這種時間拘束。[7]

對被溝通的意義進行重複使用，需要依循一種雙重的必要前提，而語言上得到固定的意義，以及分化出來的社會溝通，最後就會作爲此種前提的結果而形成。這種重複使用一方面必須將被使用的標示加以凝煉，以便能藉此確定，此一標示在一個新的脈絡中，能夠持續被鑑別爲同一。透過這種方式，就會形成可被再指認的不變項。另一方面，這種重複使用必須能夠對被重複使用的意義進行確認，也就是要證明它也適合於其他脈絡中的使用。但如此一來，在直接經驗的層面上，就會導致參酌指引的過剩現象，這使得人們在具體情況中無法對固定的意義內涵提出界定，並且使所有進一步的運用都要受到選擇之強制。[8]藉此，我們以極爲抽象的形式，描述了意義的起源。[9]唯有那些能夠跟進這種凝煉與確認的邏輯者，才能參與語言上的溝通，並且使其意識與社會運作產生耦合。

有些人會以非常模糊的概念性用語，將前述的事態貶抑爲語言的權力或暴力。[10]然而決定性的問題在此仍有待回答：權力在一個高度複雜系統中的這種無所不在的性質，應如何予以解釋？我們避免使用如此強烈的字眼，以及在這些字眼中已經根深柢固的成見。但我們堅持的一點是，就連在這個層次上，時間的拘束都無法在不具社會性後果的情況下成立。而當我們更進一步審視規範性期望的領域，並因此也觸及法律之功能的時候，這樣的說法就更有其適用了。

那些使得反覆使用成爲可能的、並且伴隨著它們的凝煉與確認，會限縮那隨著記號與被標示者之間關係的恣意性本身，而被給定的活動空間。如此會產生正確言談的規範，此外也會產生關於那被接受與被遵循的語言的適當處理方式的規範，**雖然人們或許可以有其他的處理方式**。如同「俗民方法學」的研究顯示出來的，制裁起先只是作爲溝通的自我矯正嘗試而存在。[11]「對偶連性進行縮減」這件事情的偶連性*，亦即，使那些對任意的記號使用而提出的、並且被證實爲合用的限縮獲得確立的嘗試，本身就藉由規範受到限制。對於此種具根本地位的規範性的唯一替代選項，就是失範，正如同以涂爾幹爲代表的理論所強調的那樣。按照正確/錯誤、可接受/不可接受，或者最終按照法/不法而做的圖式化，其實早就藉著其區分的**兩個**面向，而存在於社會秩序**當中**。即便是區分當中被賦予負面評斷的那一面，也仍然處於可理解事物的領域；人們正好可以、也眞的會在其上進行溝通。對於那首先根本上是被規範所給定的偏離可能性，所做的負面評價，界定了時間拘束的社會成本，以及在必要情況下應該負擔此種成本者。這些社會成本應該**在**系統**當中**被安排，而非委諸環境並且因此遭到忽視。

在法律系統中所涉及到的，當然不只是對溝通進行溝通性的評價，而是——在這個基礎上！——也要對所有被法律所掌握並規範的行爲方式進行溝通。但這也是以標示之去任意化所形成的條件爲基礎，而且在這裡，人們必須以下述形式，爲時間拘束付出代價：「不法」獲得了建立，並且可以作爲歸類的範疇。

當人們爲了確保這種時間約束，也必定要支持下面這種期望的時候，在此範圍內就會驟然衍生出社會性的難題——這些期望根本不僅不符合實際，並且也需要承受各種可能的失落。誰要是承認支持這樣的期望，就必定要預先對衝突做出決定，並且是在不知道是誰，以及他是如何被牽扯到這樣的衝突的情況下，做出決定。時間約束針對社會的偏頗性預先做了判斷。行爲的自由已經預先被限縮了——即便不是在事實層面上，也是在期望的層面上。那些想要去違犯期望的人，無論是出於個人的、情境的或者實質的理由，都已經事先被分派到不利的地位。法律會進行歧視。它會決定支持其中一方，並對抗另外一方——而這麼做是爲了一個在細節上尚無法預見的未來。

這種時間拘束所形成的難題，通常會因爲法律賦予了自己一種促發性的功能，而被掩蓋起來。這其實也蘊含於法律的期望所具有之「應然」的象徵當中。那些被法律剝奪了特權的人，例如殺人犯或竊盜犯，會被人們期待要去學習、去適應，**雖然這並不涉及他們自己的生命，或者自己的財產，而是涉及他人的生命或財產**。[12]然而，這件事之所以會發生，是因爲人們在指向未來的情況中，鑑於那內含於未來當中的不確定性，而想要獲得某種穩定感。

法律功能對未來的指涉，也爲所有法秩序的象徵化需求提供了解釋。就法律規範而言，這涉及的是一個由**在象徵上**被一般化的諸多期望，所組成的架構。藉由此種方式，不僅會帶來一般化的、獨立於情境的指示，另一方面，各個象徵也總是表現了那些本身不可見的、也無法成爲可見的事物——這裡指的其實就是未來。藉著象徵化，全社會會製造出特定的穩定狀態以及特定的敏感度——人們可以從宗教領域中認識到此點。人們會仰賴象徵，而這正好是因爲他們無法看到藉由象徵所意指的東西。記號則爲我們界定了象徵的概念；記號之爲記號，是具有反身性的，也就是說，它會被標示爲記號。但是我們不能因此有效地排除這樣的可能性：以其他方式發展的現實，也可能得到貫徹，而人們最後看起來好像搞錯了情況。這時候，其所引發的效應，多半會遠遠越出最初引發這種情況的情境之外。

* 譯註：魯曼對偶連性的定義是：「若某事物既不是必然的，也不是不可能的，則此事物是偶連性的；也就是說，事物是如其現在所是（如其過去所是，如其未來所是），可以是如其當下所是，但也可能是另外那般」。申言之，在系統理論的觀點下，實在（Realität）一向指的是觀察者建構出來的實在。一旦獲取到的知識，並不是以客觀的實在爲指涉，而是以一項仰賴於區分的觀察動作爲基礎的時候，那麼，對特定區分的使用，就不再具有強制的必然性，也不具有客觀的基礎，它只是觀察者的抉擇行動（Wahlakt）。這時候人們就可以追問，爲何觀察者採取這項區分，而沒有採取其他區分。參見Georg Kneer/Armin Nassehi著，魯貴顯譯，《盧曼社會系統理論導引》，台北：巨流，一九九八年，頁一一五—一一六；Theodor M. Bardmann/Alexander Lamprecht, Art. "Kontingenz", in: dies., Systemtheorie Verstehen, Opladen: Westdeutscher Verlag, 1999（CD-Rom）。

法律對時間的指涉，無論在何種情況下，都並非僅蘊含於規範效力的延續中——這些規範係依照可變更／不可變更而被區分——也不是在法律的內在歷史性中。[13]它也不是蘊含於下面這件事情：法律的「素材」，亦即人類行爲，是在空間與時間中被給定。它是蘊含於規範的功能中，也就是在下面這件事情上：人們嘗試著至少在期望的層面上，針對一種尚屬未知、純粹不確定的未來，進行調整。也因爲如此，全社會本身究竟在什麼程度上，可以製造出的一種不確定的未來，其實就會隨著規範而變化。

很明顯地，在那種以反事實性方式被穩定下來的期望的軸線上，來提升時間拘束，這樣的作法會與人們在社會慣習領域中，可能預設爲任意偏好的事物，產生矛盾。無論是讓規範性的時間拘束獲得延伸，或者更爲密集，都會在社會面向上製造出新的共識／歧見的誘因。藉著將諸多情境界定爲，人們必須要針對「支持或反對期望」這件事做出決定，這種延伸或密集化會製造出其固有的決定態勢。如同「標記理論方法」之支持者所說的，它會製造出反抗。它當然也會製造出順從。其結果其實就是共識／歧見此一兩面形式，以及在其上引燃的社會緊張狀態。其結果是一種二分，一種分叉，並且具有分叉所帶來的典型後果：根據選擇走上哪條路徑，歷史就會以不同的方式而告形成；細微的出發原因，會因爲偏差狀態的強化，而產生巨大的作用。

用一般性的方式來表述，則上述分析顯示出，時間拘束不可能在沒有社會成本的情況下形成，或者更一般性地說：意義的時間面向與社會面向，由於係蘊含於每種具有意義的體驗中，因而，雖然在分析層面上可以將它們區分開來，但是在經驗層面上，兩者無法彼此隔絕。因此，法律對於我們來說是一種形式，此一形式關聯到時間面向與社會面向之間此種緊張狀態的問題，並且使得我們有可能在全社會複雜性以演化方式不斷提升而造成的條件下，仍然能承受住這樣的緊張狀態。但是這樣的承受係在何種限制下能夠持續，以及它能夠持續多久，則並未因此而被預先決定。然而法律的形式則是產生於兩種區分的結合，亦即期望的認知性/規範性的模式，以及法/不法此一符碼。法律當中所有針對全社會而做的適應，都是在此一框架中進行運作，並且使事物實質性的意義、法規範的「內涵」，以及那些規制著各種對法與不法這些價值進行「正確」分派的諸多綱領，產生變異，以便能夠在一個具有交互相容性的界域中，維持住時間拘束以及產生共識/歧見之能力。**而且正因爲事物面向承擔了此種平衡功能，因此並不存在任何對法律所做的事物實質性定義**。取而代之的是「法律系統」此一系統指涉。

II

藉由前一節當中所做的分析，對於法律功能的探問會在兩條不同的軌道上進行——這取決於人們如何陳述指涉問題。由抽象層次來看，法律與期望之時間拘束所造成之社會成本有關。具體而言，這裡涉及的是，要透過對規範性期望之時間上、事物上與社會上的一般化做出規制，來達成使規範性期望穩定化的功能。[14]法律使得人們有可能能夠知道，藉由哪些期望，人們能獲得社會性的支持，在哪些期望上則不行。倘若存在著此種期望的確定性，那麼人們就可在更大程度上坦然面對日常生活中的失落；至少，人們可以相信，他們不會因爲抱持這種期望而蒙羞。倘若人們能夠信賴法律的話，那麼他們就可以在更高程度上抱持具有風險的信賴或者不信賴。[15]而這尤其意味著：人們得以生活在一個較爲複雜的社會當中，在其中，就信賴保障所設置之個人的或者互動上的機制，已經不再是充分的。[16]但這樣一來，法律對於那種在象徵層次上被媒介的信賴危機，也就比較不具抵抗力。倘若法律不再受到尊重，或者，在可能範圍內，它不再能獲得貫徹，那麼這種情況所帶來的後果，會遠遠超過對法律之違犯所直接形成的狀態，而系統也就必須回溯到那些更具直接性的信賴保障形式上。

在各種情況中，我們的出發點都是，法律只會滿足一項功能，當然，人們可以從此一功能再細分出進一步的問題，並且架構出次功能。[17]就分析層面而言，人們或許可以依照其所採的參照對象，或者依照其所欲加以論題化的功能等同項，而指認出無數的指涉問題，並且因此指認出無數的功能。如此一來，法律在這個意義下最後甚至會具有一項功能，那就是，要讓法學家賺取每日之所需。然而若所要處理的問題，是一個全社會的功能系統的分出的話，那麼唯有採納單一功能的作法，才會帶來明確的結果。每一種採取多數功能的作法，都會導致那種不完整的交疊所引發的諸多問題，以及法律界線劃定上的不明確。

我們對於法律所做的功能性定義，也會對規範的概念（或者更繁瑣地說：諸多期望的規範性模式）產生特定的後果。不同於那種廣爲流傳的法理論文獻中的作法，我們並不會藉著指出一些特別的本質特徵，來界定此一概念，而是透過一項區分，也就是透過對失落情況中的行爲可能性做區分。[18]人們或者就是在失落的觀點下放棄其期望，或者他們仍然保留這些期望。如果人們已經預期這樣的分叉，並且預先確立了要採取這兩種可能性當中的哪一種，那麼，在第一種情況中，人們是將其期望界定爲認知性的，在另一種情況則是界定爲規範性的。[19]因而，規範概念標示出一個形式的其中一面，此一形式還具有另外一面。規範概念若缺少了另一面，即無法形成，它必須被設定爲反對這另外一面，並且還要對過渡的可能性保持開放狀態。它是一個觀察者所做的選擇的後果，並且就經驗層次而言，唯有當人們藉著此一形式而進行區分的時候，它才會實現。

在規範的功能性概念中——規範乃是作爲一種反事實性的、被穩定下來的並且關於行爲的期望——尚未蘊含任何關於規範會被遵守或者不被遵守，其背後所隱含的動機的先在決定。正好相反：倘若規範要滿足其功能，則這些動機不應被納入考量。規範或許會因爲它不爲人所知，而被遵守或不遵守（規範的公告可能會喚起抵抗或規避的動機）。規範可能因爲其給出了一些訊息，而被遵守或不遵守——例如關於交通法或環境法當中，事物狀態的危險性；它也有可能因爲人們比較信賴自己固有的訊息，勝過規範所傳達的訊息，而不被遵守。或許，「人們是否認爲規範是具有基礎的（正當的等等），或者不這麼認爲」；或者，「規範是否與道德上的價值觀處於協調狀態，或者它在這個觀點下是中立的，或甚至被給了違反道德的評斷」等等這些事情，會扮演著一定的角色，但這樣的情況卻很少見。一項行爲也有可能在不具任何規範上規制的情況下，例如出於互動的強制，而以人們希望它進行的方式進行著；而當人們想要對運轉的過程發揮影響時，他們最有可能想到的手段，其實不僅僅是規範，甚至反而會是積極的刺激，或者特殊的不確定性。

當然，對制裁抱持的期望也會發揮作用。今天，人們可說在下面這點上具有共識，那就是，規範概念不可以藉著制裁之威脅，當然更不可以藉著制裁之實施，來加以定義。但是，對於制裁的展望，正好就屬於一種象徵性的工具，人們在其上可以認識到，他們是否在法律的意義下做了期望，或者並沒有這樣；對應於此，制裁之失靈——倘若人們對於制裁之期望具有權利——則會產生嚴重的、超出個案作用範圍之外的後果，而每當關於某些就其自身而言不可見的事物（在此指的是未來）的象徵受到侵犯時，這樣的後果就會經常出現。

許多法理論提出了關於某種特定的或其他型態的遵守動機的主張，[20]但卻因此而陷入險境。即便我們不需要對此一問題的經驗上相關性，以及其對於規範政策的重要性，進行爭執，但仍然要堅持的一點是，規範的功能並非蘊含於對動機所進行之指引（在這個地方，有太多的偶然，以及太多功能上等同項參與作用著），而是蘊含於一種反事實性質的穩定化，這種反事實性的穩定化，正好確保著規則不需要進行此種指引。規範並不會保證會出現一項合乎規範的行爲，但它會去保障那些對此做出期望的人。它也因此同時爲那些人提供了在互動當中的優勢，尤其是在規範本身即非無爭議的那些情況中。它以多樣的方式使其自身之貫徹變得更加方便。至於諸規範是否能對抗大規模相反走向的實際情況，而被持守住，則是一個唯有在此一理論中才能有意義地被提出的問題。由人權的歷史可顯示出，這件事情是有可能發生的——這些人權在一個行奴隸制的、對政敵進行大規模財產徵收的，並且對宗教自由施加強烈限制的社會中，簡言之：在一七七六年代的美國社會中，廣爲流傳。

藉由此種方式，我們觸及了關於規範之可貫徹性的問題，此一問題可以作爲規範投射的穩定性條件而予以處理。倘若規範之獲得滿足，是一件毫無希望的事情，那麼它們就會變得難以維持。然而，若人們超出上述範圍之外，逕自將對行爲的調控視爲法律的第二項功能，[21]那麼，相較於單純將反事實性的期望保障視爲法律功能的見解，這樣的見解就又會拉進許多（也可說是其他非常不同的）功能等同項，來共同作用。如此一來，我們很難看出，在關聯到此種功能的情況下，自我生產的系統如何能被帶到運作上閉合的狀態。

同樣地，在另外一種觀點下，將法律之功能界定爲設置規範性期望並且使之穩定化的作法，對我們而言也並非一件已經確立的事，此一觀點亦與法律之行爲指涉有關。人們經常將法律想像爲對於行爲可能性的**限縮**。然而法律也同樣地能夠承擔起**賦予**爲某種行爲的**能力**此項功能，亦即，若缺少了法律，則此種行爲根本不具可能性。人們可以思考一下，在私法領域中，基於所有權、契約、具有限責任能力的法人等等型態，所產生的可能性。然而即便是（一向都是「法治國的」）行政法，也不太適合被理解爲對於主權性權力擁有者之恣意，所施之限制，毋寧說，在今天，行政法越來越是一種授與（條件化的）行動全權的法律，這種行動全權，若缺少了法律，則根本不會存在。在這兩種情況中（實際的情況其實是一種混和的情況），期望的規範性結構都已經被預設了——無論是在限縮的情況或者是在賦予能力的情況。其一致之處即在於下面這件事情的確定性上：要與各個個案中事實上發生的事情保持某種距離，並且在此情況下能夠建立起適當的期望。

還有在另外一個觀點下，我們也偏離了傳統法理論的探討方式。我們並不是透過一種特殊的規範來界定法律，亦即不是依照一個可劃分爲種與屬的本質宇宙的準則來界定。毋寧說，我們將規範視爲一種一般性穩定化功能的形式，此種形式之所以會獲得專門的法律性質，是因爲它作爲法律系統而被分化出來。這是自我再製的系統論所帶來的後果，此一後果確立了一件事，那就是，此種類型的系統會製造它們固有的諸多要素，並且在這些要素上製造其固有的諸多結構。[22]毫無疑問，存在著無數不具有法律性質的規範上期望——就如同存在著無數不具有科學性質的眞理，或者無數不具有經濟性質的財貨（例如乾淨的空氣），以及許多不具有政治性質的權力。功能系統的建構，只會從全社會的日常生活中，抽出那些以某種方式成爲問題的期望；此種建構只會對在演化過程中不斷升高的、關於溝通之成功的低或然性，做出反應。這時候，在指向那些早就在現存諸結構上可以被解讀出來的提升可能性的情況下，就會建立起諸多自我再製的系統。這些自我再製系統的演化式分出，需要以已經預備好的界域作爲預設，正如同我們將看到的那樣。正因如此，自我再製的諸系統會以相反於日常生活之理所當然的狀態，而使自身分化。

當法律有鑑於規範上期望所形成之無可爭辯的雜亂增長，（作爲習俗、作爲單純道德上的期待，或者作爲習慣，對於此種習慣的違反會引人注意）而有必要承擔起使規範上期望穩定化的功能時，這唯有藉著對具有保護價值的期望做出選擇，才能收效。主流的法理論確實也是由此點出發。產生更深刻作用的，其實是另外一項後果：道德（或者在一個被反思形式中的倫理）並不適合拿來當作法規範之效力基礎。[23]或許，當人們碰到詮釋問題的時候，若援引一種在社會中據說是不受爭執的道德價值觀的話，那麼這樣的作法或許會在個案中爲他帶來論證上的優勢。道德總是具有重要的修辭上性質。然而，當所涉及的問題是，要賦予規範上期望以成功機會與穩定性機會的時候，人們就無法援引道德。這個時候，人們必須將那應被引進此一安全地帶的規範，加以司法化；如果他們即便在具有此種可能性可供利用的情況下，仍然不這樣做，他們就必須準備面對下面這個問題：爲何不這樣做？

因而，某項規範究竟是否爲法規範，唯有透過對其製造狀態所形成之遞迴網絡進行觀察，才能爲人所確知；而這意味著：透過對這樣的一種生產脈絡進行觀察，此一生產脈絡藉由其諸運作，作爲系統而分化出來。一直要到對規範性/認知性此一圖式當中規範性的那一面加以（在系統中不斷重複的）利用的時候，規範上的期望，才相較於單純的投射、企圖、溝通嘗試等，獲得了某種確定性。要使穩定的期望能夠根本地凝聚出來——人們需要在生活處境中倚靠這樣的期望，因爲在生活處境中，既不存在針對對未來而爲之充分控制，也不存在那種具有學習性質的、採取替代選項的迂迴作法，以便爲人們提供充分的確定性——唯有藉由上述方式才能成就。我們知道，在常態性當中的期望，與在規範性當中的期望，彼此緊密依靠著，而且那些並非被確立爲具有毫無例外的確定性的諸多期望，也不會因爲個別的干擾，就被擊潰。在那種以絢爛夏日氣候著稱的地區，並不會因爲個別的豪雨，就迫使人們去修正這樣的印象。換言之，就對於學習可能性的拒斥而言，也存在著一些非規範性的形式。即便如此，一旦他人的行爲看來是出於自由選擇的時候——這也是不斷增加的複雜性必然會帶來的效應——在此範圍內，人們就不能再滿足於常態性/規範性這個混和模式。這個時候，必須要有一些規範分化出來，這些規範係被設定來對抗其他可被共同察覺的、關於行爲的諸多可能性，而被設定。在諸多社會的演化中，發展的門檻即繫於此種具有任意性質的規範化的可能性——這首先總是與規範確立過程中，將任意性的要素加以隱藏或者剝奪其正當性這件事情，具有密切關聯。而正因爲總是有常態性/規範性（與不熟悉的事物、不被期待的事物、驚訝的事物等，應予區別）此一混合形式之先行，使得法律總是能夠在這個發展的門檻上，對過去做這樣的解讀，彷彿法律好像總是已經存在一樣。法律完全不需要「開始」。它可以銜接於已經現存的傳統。倘若全社會已經使得法律的分出成爲可能，那麼法律就可以發展成一個自我指涉的系統而封閉起來，並且利用規範素材——這種規範素材總是已經現存的——來運轉。

將法律之功能認定爲將規範上的期望穩定化，這樣的界定方式，遠遠超出了人們用衝突規制此一概念所能掌握到的事物。諸多期望會涉入衝突這件事意味著，它們在溝通當中彼此相互處於矛盾狀態，但這其實是一種特殊情況，而且在相當範圍內，也是一種以外於法律的方式被規制的特殊情況。[24]某個人雖然根本不對其他人具有權利這件事情提出爭執，但卻還是做了某事，在這樣的情況下，他仍然是以造成失落的方式行動了。人們只需要想一下刑法這個領域，或者在欠缺給付能力情況下所爲之契約不履行。在這些情況裡，也同樣需要爲期望證實一件事情，那就是，這些期望是處在法律中——即便它們是藉著轉化爲另一種形式，例如刑罰，而處在這樣的狀態。倘若人們想要在這些情況中以衝突作爲探討主題，那麼這會使得衝突概念不必要地過度延伸。這個就受到爭執的與不受爭執的失落，所做的區別，對法律的演化而言具有極爲重要的意義，因爲法律是在對於法律進行爭執此一誘因下，發展出其專門的工具。其結果就是，法律不僅排除了衝突，也製造了衝突；因爲，藉著援引法律，人們可以排斥某些無理的要求，並且對抗某些社會壓力。[25]但法律總是預設了，偏差行爲，無論其建立在何種動機之基礎上，都應該具有被預先設想的可能性，而且，其對於期望之堅持能力可能造成的作用，也應該被否定。倘若人們捨棄了此一特定的規範要素，並且極爲一般性地將法律的功能描述爲對關係網絡的規制——也就是同樣包括了對非規範性手段的規制[26]——那麼他們就喪失了對法律之特殊性的洞察，這樣一來，他們同樣可能將對於超市中商品陳列櫥窗的規劃、對空中交通之電腦網路的規劃，或者甚至到最後也將語言本身，都視爲法秩序的一部分。

一旦人們改變了其所欲分析之指涉問題，則在視野中就會出現進一步的可能性，以及其他的功能等同項。我們已經談論過每一種時間拘束無可避免會產生的社會成本，或者更抽象地說，也就是關於時間面向中的安排，與社會面向中的安排，兩者之間的相容性問題。這樣的陳述方式讓我們清楚認識到，整個問題的負擔不應該全落在法律的肩頭。然而在此處，就較古老的社會而言，人們也必須假定一些混和形式的存在，這些混和形式一直要到演化式的複雜性提升的進程裡，才會在諸多分化中解消。對此我們可以舉兩個例子：

第一個功能等同項是在資源稀少這個概念下被組織起來的。當人們自己能設想到，財貨與輔助的給付都是被限制在一個恆定總量形式中的時候，那麼，每種對於稀少性的物質分子的攫取，都會與其他的攫取利益發生矛盾。誰要是出於己力獲取這些東西，他就是以他人爲代價而這麼做的。在古代世界的剩餘社會中，這樣的情況相對而言比較是無害的，在一些擴張社會中（例如歐洲中世紀的諸社會，或者已經殖民化的美國），則有可能可以藉由領域擴張的可能性，來緩和此一總量恆定的問題。然而，一旦經濟已經進入到使用貨幣的階段，並且藉此而作爲運作上封閉的系統分化出來的時候，在同樣程度上，上述條件也會產生變化。一方面，在貨幣形式中，正如同亞里斯多德已經提到的，對經濟上價值進行積累的可能性，已經不再具有任何界限。這也意味著，人們可以用貨幣來確保長期的、以及非常分殊化的眾多利益，並且不必然要考慮到他人當下所處之危急情況。不同於在實物所有權的情況，在此，未來已經可以藉由某種不特定的形式，而在當下受到束縛。那種在土地所有權基礎上結晶出來的政治——經濟性的道德，則會失去其影響力。另一方面，貨幣創造了新種類的總量恆定項，並且藉由通貨膨脹或通貨緊縮，來處理這些恆定項。這個時候，對於他人之社會考量，只剩下這樣的形式（當然就其本身而言是有強制性的）：人們必須要爲其所欲擁有的東西付錢。[27]

早在整個近代時期中，人們就已經在針對資源稀少之處理而提出之社會調節措施的諸多問題中，看到了一些法律問題。所有權——亦即，對攫取之機會加以細分，並且承認他人具有相應的機會——被認爲是一項法律制度，並且將社會視爲由所有權人所組成的社會，這些人在契約的形式中彼此共存。[28]在這樣的情況，薪資勞動總是只能在非常困難的情況下才能被帶入到此一圖式中；因爲——如同人們在這點上總是能聽到的論點——並不存在一種可與貨幣經濟相容的、對於勞動的權利。所有權的經濟功能也同樣抽離了法律的調控，雖然它跟所有的行爲一樣，均當然可作爲法律評價的對象。資源稀少，以及將行爲期望加以規範化，這兩者各自建構了關於時間拘束與社會性之間碰撞的不同形式，亦即，它們是完全不同種類的問題。在日益複雜的諸社會中，它們的分化會獲得貫徹。因而，經濟系統與法律系統乃是各自爲己封閉的、自我再製的功能系統，倘若全社會能夠爲自己而貢獻出它們的分出的話。

我們的第二個例子，還沒達到能夠對之作充分評斷的程度。一直到幾年前它才開始被討論，而它的語意也還處於一個前概念的階段。我們是在「風險」這個關鍵字底下來討論它。在這裡所意指的，是那些權衡了不利後果出現的可能性之後，做成的決定；這種決定之做成，並非採取一種相互抵銷成本的形式——這些成本的花費是可以被證立的——而是採取另一種形式，在其中，那些有可能出現的、但是多少只具低或然率的損害，當其眞的出現時，會使得該決定被烙上引發損害原因之標記，並且使其事後地面對懊悔的情況。

問題是在於，這些損害並非只影響到那些甘冒風險做出決定的人，也不僅牽涉到那些由此一決定之正面作用而有所獲利的人。在這裡我們也有一個具有社會成本的時間拘束形式，但是是一種完全不同類型的形式。規範化會照著順從/偏差的圖式而製造分叉，對於資源稀少此一概念的利用，則會依照有利/不利此一圖式而做出區隔，在這裡涉及的則是由決定者與利害關係人所形成的分叉。依照人們是否將自己視爲決定者或者視爲利害關係人，就已經會在對風險之感知、對風險行爲之可主張性的估算，以及風險的接受等問題上導致差異。只要現代社會對未來之感知，越來越深入到決定依賴性的視域中，那麼這個決定者與利害關係人之間的斷層，就越能被注意到；人們必然也會越來越清楚發現到，那些指向完全不一樣的問題的法律上與財政上的規制工具，在這裡無法產生充分的干預。【29】

在前面提過的所有情況中，尤其是在這裡，相對應的衝突都會被拉進當下。人們並不是單純等待未來的到來，人們早在現在就已經認爲自己是處於合法狀態或非法狀態，也在現在就已經是富有或貧窮；人們也早在現在，就已經依照他們是否處在決定的情境中，並且無法迴避如此或那般的風險，或者依照他們是否懷著對於下述事物的恐懼而生活著——這些事物係作爲「正常的突發事件」，【30】或者作爲突然的或不知不覺逼近的災難，而或多或少不可避免地被決定者製造出來，正如同情況所顯示的那樣——而擁有不同的風險感知。那個被我們稱爲時間視角與社會視角之間的緊張狀態，在各種情況下都是當下的現象。社會成本係與時間拘束同時形成，即便對於此時間拘束的評價，可能因爲後來的經驗而有所變動。

這些問題所帶來的差別，會在越來越大的程度上導致在對未來估算上的差別。如果我們暫時不考慮革命以及政治上的劇烈變革，那麼，在法律領域中，人們相當程度上可以確定地感受到，在各種法律變動的情況下，既得的權利都是受到尊重的。在經濟領域中，則有那透過經濟自身而受到調節的、從貧窮變得富有的，或者相反過來的流動性，此種流動性無論是在對於此一差異的維持或者使之尖銳化的狀態中，均能被發現到。與此相對，在風險的觀點下，未來係展現爲一完全不同的實體——這一方面在於其本身的不確定性，另一方面則在於那由劇烈的災難所構成的形式中，這些災難將所有「嗣後」的事物都推到無從認知的狀態。這些差別可以爲我們指出：對法律以及經濟而言，一種由分離且符碼化的、具運作上封閉性的諸系統所形成的分出狀態，業已成就；但這樣一來，人們便無法看出，就那些在類似的、具有系統建構作用的形式中的風險行爲而言，針對其社會性後果所帶來的問題，人們可以做出何種反應。

III

當我們要處理的問題，是要投射出那些即便無法相應地獲得實現，卻還是有效力的事物時，我們要問：誰能夠做這件事？而當問題涉及到要製造出、維持住那些不斷增加其預設的、反事實性的期望，並且使之具有效力時，人們必須要做出哪些預設？這個問題將我們從功能界定帶向其在系統內之實現，並且導致兩種彼此相互內建的系統指涉：全社會以及其法律系統。

對於該問題的回答，預設了一項由系統所建立的、關於系統與環境的區分。一個將諸多期望加以規範化的系統，會藉著將一項差異記入**到環境當中**，而**證實其自身**，這項差異只能按照預先勾勒的方式，並且無法在欠缺系統存在的情況下成立。這件事則是藉由規範之設置而發生，人們也可能在同樣地好/同樣地壞的情況下，偏離這些規則。這時候，**對於系統而言**，這件事情會產生**區別**：是否已經依照**在系統中**被預先勾勒的規範行動了，或者沒有這樣做。無論環境做了什麼樣的選擇，系統在其諸多可能性的界線內，仍然維持穩定狀態。

法律作爲自我再製的、運作上封閉的系統，被認定爲要獨立地去擔保自身之功能。當然，這件事不可能以下面這種方式發生：關於系統運作之再生產的所有經驗上條件，都要在系統當中自行被製造出來；因爲這不啻意味著：將世界納入到系統當中。但是，法律作爲一個具有結構決定性的功能系統，必須維持在具有運作能力的狀態，並且要在其內部規定對於其固有功能之利用的連續性。「內部」則意味著：藉由其固有之運作類型。

倘若人們作爲觀察者（無論是內部的或外部的），而試圖描述此一過程，那麼他們其實就只能提出套套邏輯式的陳述：法律就是法律界定爲法律的事物。不過這樣的套套邏輯可以被「開展」，也就是分派到諸多不同的期望上。如果人們關注著諸運作所具有之結構化的（使期望能夠確立的）效應，那麼就會察覺到反身的關係：「人們必須以規範性的方式去期望」這件事情，本身也會規範性地被期望。換言之，當法律面對其自身的時候，並不是漠然的。而且，它不僅要求自己要受到注意。它更將認知性與規範性期望此一區分本身，當成規範性期望的對象。它以反身的方式運作著。期望的模式不是取決於任意，也不是取決於單純的社會便利性。它會在法律系統本身中被預先給定。因而，法律在二階觀察的層次上調控自身——此一層次對於其他功能系統而言，也是分出與運作上閉合狀態的典型條件。[31]亦即，法律並不會單純藉由有力的政治上支持，而被主張並且或多或少被貫徹。應該說，究極而言，唯有當「規範性的期望能夠被規範性地期望」這件事情，能夠被期望的時候，法律才成其為法律。在此範圍內，法律也不是階層性地由上決定，而是個別地以平行的秩序、也就是並行的方式，在彼此相鄰的網絡狀態中被決定。如此一來，循環性的自我確證所具有之最一般的形式，無論如何就可以被陳述出來。然而，以此種方式所主張的事態，是否與經驗層面相符？當這只能伴隨著嚴格限縮才能成立時，情況又是如何？

我們必須藉由一項區分來對此問題提出回答。

在法律系統中會出現一塊由具有法律上拘束力之決定所構成的狹隘領域（無論是為了對法律進行確認，或者進行修正），以作為對觀察這個動作進行通盤觀察的條件，也作為一種普遍性的、可信賴地被期望的，並且按照法/不法而出現的符碼化之條件。這裡涉及到的是一個組織化的次系統，也就是一個透過成員/非成員之區分而分化出來的系統，而這些成員在其成員角色上，擔負著製造決定的義務，這些決定則需要以系統的諸多（在組織內部可修正的）綱要，也就是以法規範作為準則。[32]就法律系統的此一決定系統而言，我們只對那些接著又再度分化的次系統提供了稱謂，也就是法院與議會（以及在權力分立理論中的：司法與立法），而沒有對此一系統的統一性提供稱謂。因此，我們將要談論法律系統所具有的組織化的決定系統。

這個系統組織了一個由循環網絡化的諸運作所構成的固有領域。它展望著未來的法院裁判，而改變著法律，並且使自己以各個情況中適用的法律爲準則，由此則能夠再度得出一些觀察可能性，以及改變法律的誘因。[33]爲了使針對此一做成決定的關聯架構而進行的調節，能夠分化（並且也只爲了此一目的），系統會將其自身描述爲階層秩序——無論是由諸多機關，或者是由諸多規範所構成。無論在哪種情況中，法律決定的循環性、遞迴性的再生產，都是最原初的過程。

針對此一領域，針對法律系統的這個決定系統，會發展出反身性的一些被穩固建立的形式。這些形式會運用雙重模式化的形式，也會對「規範化」這個動作進行規範，並且使對於此種可能性之運用，限制在系統內部所必要之運用範圍內。最明顯的情況，就是程序規則的規範化，當此種規範化被注意到的時候，它所導致的結果就是，被製造出來的決定本身即具有規範化的力量。作爲法律主權原則之化身的單純權限規範，則是一種邊界情況：無論爲此目的而設置的決定者做了什麼樣的決定，它都會因此而成爲法律。從整件事情的另外一面看來，此種規範是不可或缺的：無論這個決定動作受到何種法律上先在規定的限制，剩下的不確定性（無論是法律詮釋中的，或者是事實認定上的不確定性）都只能透過權限規範予以排除。**在此範圍內，法律的整個決定系統，都是建立在規範化這個動作的反身性基礎上**。這所涉及到的，並不僅是一種與其他事態並立共存的事態。這所涉及的，其實是一種關於系統統一性在系統內的（化身於專門規範中的）呈現，也就是涉及到功能配置之普遍性的一個相關項。

顯而易見，此一結構具有運轉能力；在個人、房舍、文件與住址上，這種運轉能力清楚可見。非社會學式的法理論，即是聚焦於這些事情，並且構思出製造這些概念的過程的實證性。然而社會學家們或許會注意到，這裡只談論了法律系統的一個次系統，亦即，這裡僅以法律的決定系統作爲論題，規範化這個動作的其他雙重模式化領域，則仍處於未被注意的狀態。畢竟，同樣的現象也會出現在決定系統之外的競逐領域中。在那些並非法律組織之成員的日常生活中，也可能會建立起一些關聯到規範性期望的規範性期望。如此一來，特別是某個在主觀上認爲其權利受到侵害的人，就會規範性地期待他人要支持其訴求。至少，他不會接受其他人的漠然態度所帶來的教訓，因爲他們其實「應該」要積極選擇站在法律這一邊，以對抗不法。還有一種可能情況是，第三人會去期待，人們應介入協助該訴求者捍衛權利，而不應該單純沉默地接受權利被侵害之事實。[34]倘若我們將法律系統視爲一整體，那麼它其實是在「對規範性期望之規範性期望」所構成的穩定基礎上，進行運作。它是在其自身運作之反身性基礎上分化出來。唯有如此，對於法律之決定系統中的權限所爲之利用，才能具有社會的可感受性與可接受性。唯有如此，法律的諸多決定機制，才能夠相較於其他大部分高度發展的文化中的法律決定機制，而具有更多的內涵：在一個按照家族（家庭）而安排其秩序的社會中，大多會賦予一個集團性質的外部團體某種特殊地位，其結果則是，鄰人之間的相互諒解，或者村落、行會的自治司法裁判，相較於法院機制之採用，總是具有優先性。也唯有如此，對於形式法律的信賴，以及廣泛、分化地利用法律來使日常生活的諸多問題得到結構化這件事情，才能抵抗前述那種在演化過程中頗具或然性的結構，而發展起來。

然而：此一法律之基礎，在經驗上究竟呈現何種面貌？對於此一問題之回答，又繫諸哪些條件？

我們推測，有某種雙重效應存在著。一方面，現行有效法律所具有之組織上與專業上的緊湊性，會對規範投射之任意成長，產生限縮以及規訓的效應。人們可以確立或者讓人確立，法與不法的正式意義爲何。社會越是分化——在舊世界裡面，這件事情跟城市建立之過程有關聯——對於此種化約的依存狀態就會越強。另一方面，法律系統中決定系統之分出，也可能對一般性的、以規範性的方式來期望規範上期望的意願，產生負面作用，也就是會出現使那存在於反身性當中的固有基礎受到侵蝕的傾向，並且到最後只能夠繼續作爲一個以政治手段來支撐的組織，繼續持存。在較爲古老的高度文化當中，處處可以觀察到，那些的確是不可或缺的決定中心所形成的這種孤立狀態，而此種孤立狀態也和核心與邊緣此一分化形式，相互符應。然而即便在現代社會，即便日常生活中法律取向之貫徹已經在相當高的程度上獲得成功，系統的統一性也不會因此變得更具操作性、不會在「對規範上期望抱持規範性期望」這種透徹的反身性上，獲得成全。決定系統不能將規範性的共同期望此一條件，帶入到具拘束性的決定前提之形式當中。它雖然能夠賦予個人一些個別分派的權利與義務，卻不能保證所有其他人對此抱持共同期望（或者甚至說：關聯到此種共同期望的期望確定性）。它無法在規範性的期望中，看到由此種交互證實而形成的前提（此外，這裡涉及的並不只是「共識」，還涉及了強制要求），它無法將此種前提當作法律上的構成要件一般來處理。對於此種規範性期望的制度化，它保持漠然的態度。就法律而言，問題並非繫諸於此。沒有人可以將他人對於維繫規範性期望的堅持強度（或者強度之欠缺），拿來當作論證，甚至提起告訴。決定系統的界線，並不會允許這樣的訊息通行，反而會把它們過濾掉。如此一來，在「現行有效法律」的正式呈現狀態中，並不會出現此一要素。法律系統的諸多決定組織，無法掌控其自身能夠嵌入到那具有促發性的法律文化當中的程度；如此一來，當它們開始讓其固有活動之社會基礎，暴露於腐蝕過程下的時候，它們也就不會察覺到這件事。

相應於此，決定系統會在不考慮到此種雙重模式化的情況下，建立起自身的固有複雜性。既然沒有任何決定係取決於此種雙重模式化，那麼與此相應的諸多事實狀態就不會被記錄下來，也不會被憶及。即便是針對法律事物進行反思的法理論，也並未意識到這些事實狀態。它們頂多是被冠上一些模糊的稱謂，例如「法意識」，或者被套上同樣是模稜兩可的區分，例如成文法/活法此一區分，而被帶進討論的開端。對法律知識與法律意識在群眾當中之傳播所做的經驗研究，仍然欠缺一種對於我們的論題而言具有充分理論性的提問方式。[35]在邏輯上——也因此是就研究技術的層面而言——針對規範性期望所做的探問也頗爲不利，因爲一般的二值邏輯在二階觀察關係上，碰到了幾乎無法解決的困難，它最多只能在（迄今爲止尚未充分發展的）模態邏輯式的建構上，再現這些觀察關係。基於所有這些原因，此一問題就從溝通中被抽離出來——除非它被用來當作針對日常生活中的行爲方式所進行的意見爭論的基礎。

最後，在組織化的決定系統中建立起來的反身性，正好可用來減輕日常生活形成的負擔。人們既無法、也不需要尋求他對之規範性期望之支持，以便知道自己是處在法或者不法的情況中。關鍵點其實在於法官如何決定。面對來自他人的逼迫，人們可以援引訴訟的可能展望，或者舉證之困難性，以資應對——就如同律師與其當事人間之關係所顯示出來的一樣。在這裡能夠發揮效用的，是務實的態度，這種態度也進一步掌控了，是否根本要提出一項關聯到法律的溝通，或者不要這樣做。決定系統所承受的事物，其所形成之界線，會作爲預先被安置的界線，而對法律系統的外部界線產生作用，也會對提出關於法與不法等相關溝通的意向產生作用。如此一來，法律在抽離了其固有動機、其所遭受之壓力、或者反過來說：其本身之獨立存在狀態所具有之社會脈絡此一條件下，使其自身能夠爲個別的使用者所利用。

在這樣的情況中，全社會勢必會因其使法律脫離了法律原本所嵌入的社會脈絡，也會因爲其將個別的人解釋爲個體，而付出代價。對此具有平衡作用的效應則是，強固的規範性期望獲得了建立，這些規範性期望，藉著對規範上期望動作做出規範上期望動作，而獲得支撐，但是它們卻不能採用法律的形式。它們會以政治上訴求、或者在某些情況中以社會運動的姿態出現。它們的語意會使用價值概念，間或使用「倫理」這個頭銜——彷彿是以與法律保持距離作爲宗旨。所有在反事實性的對抗上具有可能性的事物，都在這裡找到了一個管道，此管道則直接導向政治上的決定中心。法律系統只能將這些現象歸類爲合法的或不法的行爲，它可以在內部，藉著「使利益與概念交互適應」此一具有彈性的工具，而對於自身之激擾做出反應。我們在稍後的章節中會探討此一工具。無論在政治上或者專業上，這件事情或多或少都已司空見慣。然而，對於法律建構過程所需要的眞正社會資源，以及對於那些指向規範上期望動作的諸多規範性期望，在這兩點上，人們迴避做出法律判斷。

IV

在規範形式中被設定的法律與政治的分化，可算是規範形式所帶來的最重要後果之一，法律之功能也是在此形式中獲得滿足。[36]這兩個系統彼此間的交互依存性非常明顯，這使得人們很難辨認出功能上的分化。法律爲了使自身能夠貫徹執行，必定有賴於政治，如果它不具有貫徹執行的希望，那麼也就不會出現能夠對所有人均產生說服力的（被預設的）規範穩定性。在政治這方面，則需要運用法律，使攫取政治上集中性的力量的途徑，變得多樣。然而，此種相互協力，正好就預設了各個系統的分化。

我們只需要依循一條極爲簡單的思路，就可以認識到此種分化的出發點。政治運用了權力這個媒介，政治權力則在那具有優越性的、以強制作爲脅迫的指令實力中，使自身獲得實現。一旦政治上的傾向，能夠在某種具轉換性的階段上（此一轉換階段可將諸多在計畫上的鬥爭，轉化爲可被貫徹執行的決定），整合爲一項具有集體拘束力的決定，那麼對於此一決定之遵守，就是可以被強制實現的。[37]與此相對，規範上的「應然」卻並未預設權力上的優越性，它尤其不會預設，那些明確表達了相應期望的人具有優越性。[38]早在古老的高度文化中，尤其是在伯里克立與尤里匹德時代的雅典，法律所具有的一項重要功能就是，要保障窮人來對抗富人與有權力者，或者至少可以提出這樣的主張。在中世紀時，人們偶爾也會區分君主的統治權力與權利照護。或許，用法律來抗衡權力，是一件看來沒什麼希望的事，也或許比較值得推薦的方式，是保持緘默並仰望蒼天：無論如何，法律與權力是兩種關聯到他人行爲的、關於期望的不同溝通形式。

自霍布斯以降，法律與政治的這種差異，就被表述爲（主權）國家與（先於國家被給定的，也就是「自然的」）個人權利之間的對立。然而這樣的表述並不充分。就釋義學的歷史來看，「自然」權利這樣的用語只不過是一種受到時代精神制約的、過渡性的語義，不過是爲**那種無法以政治手段控制的法律生成**而賦予的象徵，一旦在此種事態上發展出實證法的充分形式，這樣的象徵也就變得可有可無。上述情況迂迴地發生在對於契約自由、對可自由處分的所有權的承認上，以及那肇始於十八世紀的、對於那些並非透過政治上權力擁有者之特許而設立的法人之權利能力的承認上。若上列事項均獲得保障，那麼人們就可以使「主觀權利」去自然化，並且將它們當作客觀法律（包括憲法）的純粹反射，而予以重構。這件事情之所以可能，其實僅僅是因爲，對規範性期望所做的有效主張，並不需要仰賴優勢地位。而法學家所具有之專業興趣，也許正好就表現下面這件事情中：要維持住從劣勢地位出發而進行辯護的可能性。

知道人們有權利可以對他人（以及自己）抱持何種期待，這件事情事很重要的。法律的秩序功能的獨立性，也就是存立於此；或者用通俗一點的說法：人們要抱持何種期望，才不會讓自己難堪。期望的不確定性，遠比對驚訝與失落的體驗更無法讓人忍受。涂爾幹理論意義下的失範，其實指的就是期望的不確定性，而不是由他人之事實上行爲所構成的諸多事實。的確，期望與行爲會使彼此都更爲穩定，然而，相較那種從行爲的角度爲期望的動作提供證立的作法而言，規範才能在期望動作中製造出較大的確定性，而這也是規範對於社會溝通之自我再製的特殊貢獻。

隨著上述討論，關注的焦點也就會明顯地投射到**法律之執行**這個被多所討論的問題上。從政治角度來看，這裡涉及的問題是，一項被規定的行動或不作爲，是否也可藉由權力的使用，而強制獲得實現。其實那種主要以制裁力爲依歸的，並且按照產生於十八世紀的一種圖式，而將作爲外部強制的法律與作爲內在強制的道德區分開來的法社會學，在根本上也是依循此種政治視角。[39]當人們追隨諸如邊沁這樣的思想家，認爲期望的確定性是存在於人們依照期望而行爲這件事情上時，上述說法也同樣適用。然而，只要稍做反省，就會發現一些奇怪之處。倘若法律的功能，是存在於藉著受權力與制裁覆蓋的方式，來確保那些依照規定的行動或不作爲的話，那麼，事實上的法律運轉其實就是經常性地，甚至主要是在處理自身無法運轉之問題。法律會淪落到主要是對自身缺陷進行處理的境地；或者更恰當地說：它主要是在處理政治性計畫無法獲得充分實現的問題。那麼這時候，法／不法這個二元符碼又有何用？此外又爲何要決定使法律之執行繫諸私人原告的訴訟開啓（除了刑事法的領域以外）？爲何要有那個由諸多允許規範所構成的重要領域，這些允許規範將法律關係之形塑委諸私人意志，並且只不過讓它得以預期其可能的行爲會具有法律上的相關性？

這些事實，必定會使得關於法律執行的問題核心，由行爲推移到期望上，並且也藉由此一方式，在「使具集體拘束力之決定獲得有效執行」的意義下，鋪陳出法律與政治之區別。法律的功能僅僅在於，要使期望之安定性成爲可能，而且這需要關照到那些顯而易見的、無可避免的失落。不過這種對取向的重新定位，只部分地解決了問題。畢竟，當符合期望的行爲——雖然該期望係涵蓋於法律之下——無法獲得成就，甚至連最基本的、關於滿足期望的展望都不存在時，期望的安定性會遭到危害。法律不能老是說：雖然你有權利，但很可惜，我們無法幫助你。它至少要提供使法律上主張獲得滿足的替代品（刑罰、損害賠償等），並且要能夠使之貫徹執行。不過即便在這個時候，法律也無法擔保，敗訴的一方具有支付能力，[40]而政治系統則不會認爲自己具有一任務，要代替敗訴者來支付，以便協助法律取得勝利。

由此看來，法律與政治具有某種功能上的綜合，這件事是不可或缺的——然而這正好是奠基於各個不同的功能上。[41]若說政治事實上能夠達成它自身的目標——要有效而無例外地執行具有集體拘束力的決定，那麼法律系統就會處在一個弔詭的情況中。一方面，它不會再碰到任何難題，因爲它不需再面臨那些期望上的失落。然而在此同時，法律系統似乎也會因爲政治系統而在其固有的期望上遭受失落。換言之，我們有很好的理由認爲，應該將法律的執行，限制在使那些即使面臨失落仍能被固守的期望成爲可能的必要範圍內，此外，也應使此一事態維持作爲法律系統與政治系統的功能差異。

V

接下來，我們要以法律爲例，在功能分化的脈絡下，也就是間接在關於現代社會之描述的脈絡下，來討論關於功能理解的一般問題。人們經常會發現到關於「功能喪失」的探討——例如家庭或者宗教的功能喪失。然而，這樣的想法可能是單純基於一種視覺上的假象。人們其實是將一個非常廣泛的功能概念，投射到過去上，以便接著能夠藉由歷史性的對照，來確立一些限縮措施。這樣的功能概念，其實涵括了所有人們能夠歸攝到那被討論的各個社會領域中的事物。這樣的討論方法，掩蓋了那種具有功能專門性的成就的提升，這些成就是藉由諸多相應系統的分出而獲致。

就法律系統而言，人們可在麥修的理論中發現到這樣的構想，他的理論則又可銜接到帕森斯的理論構想。[42]法律的功能，在其階層結構中具有非常高的地位——這與帕森斯式理論架構中賦予規範性規制的一般意義，相互呼應。法律爲社會性的控制，以及爲個體被涵括到全社會當中，提供了保障（這主要是藉由平等這項規範）。當人們今天嘗試著要挽救那種藉著法律來進行全社會（即便是很有限的）調控（而不是主張由法律系統做自我調控）的構想時；[43]或者，當人們認爲，法律系統的變遷，不僅能在其綱要與其釋義學層次上，也可以、並且主要也可在其功能層次上被觀察到的時候，[44]同樣的問題也會以其他方式呈現出來。

根據人們各自明示或默示採納爲基礎的功能概念，現代法律系統之分出，也會展現爲一項難題。如果人們以傳統上對於全社會之法律上整合的期望來加以衡量，那麼這樣的分出就會表現爲一種功能喪失，亦即展現爲「欠缺對於全社會之其他分化系統的充分表達」。[45]如此一來，即便做出了明確的法律上評斷，法律也無法成功地面對經濟上、甚至家庭或鄰人等關係上的利益，而使民權運動，特別是其在種族平等領域上的展現，有效地獲得貫徹。[46]即便這樣的情況符合實際，問題仍然是，人們是否必須將此理解爲功能失靈，或者，難道比較正確的作法（即使在經驗觀點下也是這樣），不應該是去檢討那或爲傳統性、或爲未來性的功能界定嗎？倘若人們一直堅持一種廣泛而又強調實證性事物的功能界定，那麼這導致的結果很明顯會是：現有給定的諸多關係，必須受到譴責。人們也許會想要這樣的結果，甚至將其當作社會學的任務（與法學有別，法學在這個時候，會因爲其在一個本身就應該被拒斥的全社會中仍然要求著服從，而受到指責）。然而這種概念運用策略簡直一眼就可被看穿，也就是，它想要突顯結論而隱藏成見，人們乃是在這樣的成見上進行探究。倘若討論一直停留在這個層次上，那麼諸多對立的立場也就只能被表述爲其他的成見。[47]

要超脫這個被清楚突顯出來的論爭，確非易事。可能採取的途徑或許是，在對於功能的界定上更爲謹慎，以及在與此相關整體領域中，要求概念上的精確性。這也就是要要求人們，在面對諸如社會控制，或者涵括、應然、價值、平等、共識、強制、時間、反事實性的穩定化等或許有可能幫助我們對法律的功能做出界定的概念時，不應該僅將其當作未經分析的抽象概念而加以採納，而應要將其拆解並內建到更爲複雜的概念網絡中。這當然無法阻止任何人做出下述的可能論斷：這樣的要求，其實不過是一種（只是更爲複雜的）意識型態上的掩飾策略，或者將（他人的）理論化約到這樣的策略上。但無論如何，在這個時候，成見就會在一定程度上成爲可忍受的，也就是說，它也許也能在其附隨效應中，協助促進科學理論的進一步發展。

VI

針對「藉由法律進行調控」此一議題所做的討論，也許可以由另一項區分之引入，而獲得裨益。人們必須將法律的**功能**與**成就**區分開來，後者乃是法律爲其內在於全社會的環境，尤其是爲全社會的其他功能系統所提供的東西。功能是藉由指涉著那作爲統一體的全社會系統而得出的。法律系統是爲了一項特定的功能而分出，如前所述，這裡所涉及的問題是，人們可以將特定期望當作期望（而非當作行爲預測），而信賴之。這時候，此項功能就會與其他種類的成就期望相銜接，這些成就期望對於法律系統之內在於全社會的環境而言，或多或少是重要的，也或多或少是難以取代的。一直要到功能分化大行其道，功能與成就這兩個面向，才能夠彼此區分開來。即便現在功能系統的成就是在功能的基礎上被期待，而非在身分或者功能承載者的社會倫理基礎上，或者在一般社會道德的基礎上被期待，上述說法仍然適用。【48】

在對法律的功能進行分析時，有兩個觀點必須被擱置，這兩個觀點目前似乎可以當作法律的可能成就，而被探討，亦即關於**行爲的調控**以及**衝突的解決**。除了對於規範上期望的維繫之外，還有其他無數的社會功能，以及日常行爲之協調，都需要仰賴人們事實上依照法律之規定而行爲這件事情，例如：在旅館退房的時候，事實上也應該結清旅館費用，應該在事實上遵守道路交通的規定，以及（尤其是）應該在事實上放棄以物理強制力對他人施加脅迫。即便人們能夠確定這些期望是合法正當的，這也不足以達到使行爲之互補性形成一種符合更高要求的社會常態性的地步。在這個觀點下，全社會的其他互動系統、組織系統或功能系統都有賴於法律的輔助。

從下面這點我們也可以看出，前段當中提到的事情，只不過是法律的成就：外於法律的諸系統，具有眾多功能的等同項可供運用，以便確保那些被期許的行爲能夠實現，並且作爲其他行爲的前提。[49]例如，信用卡系統就有助於在外於法律審查的情況中，仍然能對支付提供保障手段。若缺少信用卡，甚至經常會被拒絕使用某些服務（例如租車）。或者，在美國的加油站，唯有事先支付相當的數額，才會輸送相當容量的汽油。然而我們很容易發現到，這些事情不過是一些形式，這些形式之所以能發展起來，是因爲法律無法保障、或者無法充分保障特定行爲之出現。自從人們發現並承認了原初群體的影響，以及非正式的組織之後，法律能夠爲行爲之界定而提供的貢獻，經常被評斷爲非常微小。[50]然而這樣的說法最多只能適用在非常特殊的情況。在現代的情況下，若說法律在相當廣泛的程度上可以基於這樣的動機來源而被取代，則殊爲不可想像。

此外，對於前述這種想法——亦即，將行爲調控理解爲法律對於其他功能系統提供的成就——而言，有一點很重要，那就是，這裡涉及的問題，絕非像霍布斯所認爲的那樣，只是關於對「自然狀態中的自由」施加的限制。實際上，法律自己也製造出了一些自由，也就是人爲的自由，這些人爲的自由則可以在其他的社會系統中被調節，亦即，在各該系統固有的方式上被限縮。例如，拒絕提供社會救助或者抗拒稅捐之徵收，反而進行資本累積的自由。或者例如拒絕接納被強行指定的、由家族依其喜好所選定的配偶，而將婚姻建立在「愛情」之上的自由。或者例如表達不當意見，並且使其面對（在這種情況下只能是事後的）批判的自由。從許多角度看來，那些在其他系統中被用來建立系統固有形式的「媒介」，其實是建立在一些受法律保障的抗拒可能性上，也就是不接受那些假道德或理性之名而施加的適應壓力的可能性。如此一來，當上述現象在十八與十九世紀時清楚呈現出來的時候，人們會認爲法律的眞正功能即在於對自由提供擔保，這樣的想法也就並非偶然。

類似的情形也出現在衝突管制的這項成就上。在這裡，全社會在其許多的社會系統中，當其處在衝突情況時，也需要仰賴法律系統之啓動。對於那種駁回無法律依據之期望的權利，以及那種指示權利主張者採取法律途徑之權利而言，這樣的說法尤其成立。另一方面也應指出，法律所解決的衝突，並不一定是原本問題所繫之衝突，反而可能只是一些法律自己建構出來的衝突。[51]日常衝突的深層結構以及衝突動機，以及關於誰先進行爭執等等問題，在相當程度上都不會被納入考量。因而，法律決定，或者法律上強制針對原先給定的衝突態勢所做的調解，其後續作用很難透過法律來加以控制。此外，對於受法律規制之衝突解決機制的利用，本身就具有非常狹隘的界限，特別當關係人非常重視其關係之持續，並且因此而對於其衝突之司法化心懷戒懼時。如此一來，人們在親密關係中，特別在家庭中，就經常可發現到物理上或心理上強制力的存在。也因爲同樣的原因，在社會性的依存關係中，例如在工作場所，關於可訴訟主張之權利的溝通，經常不被允許；或者人們會偏好採用其他的方式來取得相互諒解，或使衝突穩定化而成爲持續衝突，以便使每個參與者都能利用其機會。

在對於法律之外的衝突解決機制的廣泛使用上，日本可說是特別有名的例子。不過，在普通法當中，對於法院的利用也是非常有限的，而這只能夠從法律之外的衝突解決方式來加以解釋。[52]在英國，甚至連狩獵與盜獵等如此重要的事務，都不會導致必須勞煩法院的結果。不過，隨著制定法的增加，特別是公法上規制措施的增加，對於普通法當中法院體系的此種窄門策略以及高難度接近性的批評，也與日俱增。[53]根據推測，這種減輕法律負擔的作法，與「社會的階層性或者對於群體的忠誠性仍然被體認爲社會秩序，並且也被接受」這件事情有關。倘若情況不是這樣，那麼法院之不可接近性就會加深由「對少數群體之涵括」以及「對多數群體之排除」這兩者所造成的差異，並且不僅會因此成為關於法律成就的難題，也會成為關於法律功能的難題。[54]我們會在討論全社會與法律的章節中再度回到此問題上。

如此一來，關於功能與成就的區分，主要就存在於功能上等同項的射程範圍中。就針對規範性（在此範圍內，它也就並非不證自明的）期望提供保障這點而言，除了法律之外，幾乎沒有其他替代方案。不過，被期許的行為，在相當廣泛的範圍內，也可以藉由積極的誘因而達成，在這些誘因的情境中，法律形式唯有在那些由清算了結上的障礙所形成的例外情況中，才具有相關性。衝突會在極端多樣的方式上，被塑造成可忍受的型態，或者被帶入決定中加以解決；在這種情況中，法律只不過是眾多可能性之一，即便它是唯一能承擔所謂儲備貨幣功能的可能性，並且為自由提供某種最終的保障。功能與成就的分化，一直要到法律的分出完成後，才得以形成。因而，在前述關於行為調控與衝突解決的角度下，人們必須區分不具有已分出之法律系統的全社會，以及具有已分出之法律系統的全社會。這兩種情況非常不同，即便人們能夠想當然耳地在「爭端解決」的功能觀點下，將許多非常異質性的情況拿來做比較。[55]

在部落社會，以及「農民社會」的鄉村領域中，就通常情況而言，它們都必須在無法指涉形式法律與法院的情況下維持正常運轉。在這種情況下，法律問題通常會被帶進一種爭端調解的程序中，此一程序會使各種在溝通上被允許的觀點，從屬於該程序之目的下。這裡涉及到的是符合生存需求與具有貫徹執行能力的安排，而不是（或者只是次要地）涉及到將法與不法之價值分派給各項主張。[56]接著，在程序中就會引入符合地方共識的觀點，爭執的各方也會面臨到一個問題，即他們想要如何在地方上安排接下去的生活方式。相對於此，在現代脈絡下，調解程序則是在另一轉觀點下被執行，亦即，若不採用調解程序，即有引發法律爭訟之虞。爭執的各方好像都在玩火，都面對著爭訟結果的不確定性、費用以及時間上的拖延；不過在各種考量上，由法院給予法律保障的可能性都是現實存在的，而可能達成的合意形式，也是一種現行有效法律的形式，此種形式就其自身而言，又可能在需要時開啓訴訟可能性。調解程序是依附著法律的眞正功能而存在，也就是要使規範上的期望穩定化；但它可以從此一形式中贏得社會性的附加價值，這種附加價值，作爲法律的成就，對於相關的心理系統與社會系統均有所裨益。

倘若人們想要將法律系統的功能以及成就，關聯在一起而做出評斷，那麼，將法律視爲全社會的免疫系統，會是合適的作法。[57]隨著全社會系統的複雜性不斷增加，各種規範投射之間的歧異也會跟著擴大，在這同時，全社會越來越仰賴下面這件事：針對這樣的衝突，需要尋求「和平的」解決方案，因爲若非如此，則溝通媒介與功能系統的擴張，以及例如「城市」等的發展，都會全面停滯。這種情況當然完全是可能出現的，而且在多數情況中也是朝著這樣的方式運行。但是也存在著另外的可能性，使系統能夠對抗這種病狀，並且獲得較強的免疫力。某人何時，以及基於何種緣由，會想到要走上衝突的途徑，並且用某種規範投射來對抗另一種規範投射，這些問題都保持著開放性與不可預見性。正如同免疫學的一般情形，對於這些事件而言，並不存在任何具體的、預先準備好的答案。法律系統無法預見，這樣的事件何時會發生，情況看起來如何，有誰參與，而他們的投入又有多強烈。法律系統的機制，被設定爲「不顧個人情面」而發揮其作用。這些機制需要時間，以建立起免疫回應。整個實際情況已經過於複雜，以至於在那表現於心理的以及心理——情境的傾向當中的環境誘因，與社會系統中獲得貫徹的問題解決方案之間，無法存在點對點式的對應狀態。而一旦當被尋得的解決方案縮小了新的「感染」的或然性，或者縮短了處理此種感染的時間時，人們就可在此範圍內談論免疫系統的存在。

如此，則其實早在對於法律功能之探問的脈絡中，就已經有一系列的論證足以顯示出，一旦法律系統的分出步上軌道，它就會發揮實效。我們已經看到，當諸多無法協調的規範投射不斷增加，最後達到一個高點時，在這個點上，展現在對於「規範上期望」這個動作提出規範上期望的、幾乎是自然生長的那種反思性，就無法再提供任何解決方案，也必須以一個在法律中被組織起來的決定系統的分出，來予以取代。這個決定系統接著會將關注目光拉到自己身上，並且發展出一套由正式有效的現行規範所構成的網絡，它自己即以此一網絡作爲取向，只要它能夠獲得充足的政治上支持。另一項觀點則是，只要功能系統獲得建立，功能與成就就是可以分化開來的，接著，在成就領域內，有許多對於規範上期望的功能上的等同項，可供利用，在功能的領域中則與此相反，並不具有任何（或者只有實際上幾乎不可能實現的）這種功能上等同項。最後，那種事後啓動的免疫系統，具有較低的複雜性，它也參酌著先前在那些障礙事由中出現的不可預見的情況，建立起自身的歷史，並以這樣的方式運轉著。這種事後啓動的免疫系統所帶來的好處，也提供我們一些支持分出的理由。

邁向現代社會的發展，爲何是開始於歐洲，而不是開始於諸如中國或印度等地？當我們要處理這個經常被探討的問題時，我們需要更強烈地注意到上述這些觀點。如果人們專注於對照十二或十三世紀時的歐洲與中國，那麼無論就人口統計上的資料、科技發展、知識的普及或者生活水準而言，情況都對歐洲頗爲不利。但是歐洲在羅馬民法學成就基礎上，享有一種發展完備的法律文化。神職人員當中的一大部分，事實上都是（教會法的）法學家。在英國，則在此一基礎上，開始了普通法的獨特發展歷程。城市法被匯集、法典化，並且作爲模範而被接納。義大利諸城市的主權抗爭，主要也是在法律上的自我規制此一觀點下進行的。與其他地方相比，可訴諸司法的法律，更深入地被內建到日常生活的關係中。在做文明對比時，人們通常可以確定發現到那些以反事實方式獲得穩定化的行爲期望，即便人們仍然無法確定，事實上的行爲是否眞的會符合那些期望。社會秩序可以發展到具有更大的低或然性的情境中，只要人們至少能夠確定，他們在何種期望上可以援引法律，以及在哪些點上，衝突會顯現爲法律衝突，而這些衝突在必要時則須訴諸「最高的法庭」，也就是戰爭，而被決定。無論人們在此一脈絡下要如何去評價宗教、貨幣經濟、區域分化等等事情所具有之重要性，他們都不應該忽略，法律以及法律上面對更高度的複雜性與低或然性的能力，已經先預備好了重要的發展先驅。

即便人們將上述論點都銘記於心，他們也不能因此就說，功能上的專門化所帶來的優點，就如同演化機制所發揮的作用。關於歷史解釋，人們還需要一種以更為複雜的方式建立起來的演化理論。[58]此外，單由功能出發也還無法推論道，法律在事實上是作為一自我再製的系統而封閉著，並自己進行再生產。關於這點，我們還需要有更進一步被界定的結構發展。在下一章裡，我們將會在符碼化與綱要化（之分化）的觀點下來處理這個問題。

第四章　符碼化與綱要化

I

單純對功能提出說明，並不足以描述法律系統。在前一章中我們已經看到，單由功能出發，我們無法清楚得知，當法律系統自己進行在生產，並且針對環境做出劃界的動作時，它是以什麼作爲導向？也因此，在社會學的系統理論中，總是會一直談論到功能與結構，結構的確立因此也被認爲是無可避免的，因爲對功能所做的說明具有太大的開放性。[1]不過，在法理論中，人們也會碰到這個問題。例如，在邊沁看來，法律的功能最終是在於期望的穩定性上；但作爲導向的價值，則是透過「命令」來加以確立：也就是透過一個在政治上獲得授權，並且具有執行能力的立法者。命令製造了服從與不服從的差異。或者我們可以引用一段古老文獻：當西塞羅問到，法律究竟是什麼的時候，他（在諮詢過專業人士之後）最先想到的是：「ratio summa insita in natura, quae iubet ea quae facienda sunt, prohibetque contraria」（〔法律〕是內含於自然中的最高理性，它規定了什麼是應該做的，並禁止與此相反的事情）。[2]很明顯地，這裡涉及到的是一項對法律而言爲專門的區分。在我們以下的討論中，將使用符碼這個概念來承擔此一角色。相較於「命令」，符碼在效力來源的問題上保持開放，因爲如同我們已經看到的，法律效力的來源其實是法律系統自身。符碼概念的範圍也相較於結構概念而被給予較爲狹隘的界定（雖然符碼完完全全就是結構），並且，它藉助符碼化與綱要化的區分，使關注焦點更加集中在結構的發展上。

前章當中描述的法律功能，製造了一個二元圖式，依照此圖式，各種規範性的期望，無論其來源爲何，不是獲得滿足，就是獲得失落。兩種情況都可能出現，法律也會相應於此而做出不同反應。不過，當造成失落的行爲，本身卻投射出規範，並且主張其係處於合法狀態時，在這種情況下應如何處置，仍然是一個開放的問題；更不用說，當對於權利之侵害僅只是被宣稱，或者，將行動歸責於特定行爲人仍然會產生爭議時，也會出現相同情況。在這樣的情況裡，其中一種或另外一種規範投射可能會得到社會支持，或者人們可以訴諸偶然機制（例如神意裁判等），以便能在具有社會支持的情形下，爲兩造進行衝突管制。[3]但這時候，法律功能的滿足就總是有賴於社會結構，而社會結構則不受法律之任意處置，或者，法律的功能將有賴於詭計，藉由這樣的詭計法律可以擺脫依賴性，但卻需要以法律之可計算性以及其可能的規制密度做爲代價。

全社會的演化，藉由抽象化的一步，而越出此一範圍之外。此一抽象化的步數，則藉著另一種區分，而對那顯而易見的、與各種期望相連的關於滿足與失落的分叉，進行超越性的形塑。無論如何，規範上的期望獲得滿足或者失落，都是一個具有關鍵性的問題。正是在此一觀點下對事態的直接觀察，承載著法律的功能，並且無法被消除。不過，此一觀察會藉由一項二階觀察獲得補充，這也是爲何我們要說「超越性的形塑」的原因，此種二階觀察，會以那爲此目的而分化出來的法律符碼作爲導向，並且爲自己保留對下述問題做審查的權利：期望，或者造成失落的行爲，是（曾經是、將會是）合法的或者不合法的。

即便法與不法這個二元圖式，由於其爲法律的可指認性提供了基礎，而在邏輯上具有最優先的位階，它在歷史上還是一項晚進的成就，並且預設了某種已經先在的規範持存狀態。[4]選擇二元的符碼化作爲解決方案，並且使其在演化中獲得貫徹，這絕不是一件理所當然的事。也有可能出現的情況是，將此種符碼化視爲危險並規避之，而且，在某些高度發展的文化中，比較建議在規範投射這件事情上採取保守態度，並因此對那種堅守法律的作法採取負面評價。[5]接著，在政治上則會偏好均衡妥協，並且將社會的統一性描述爲和諧狀態，而非分化。這時候，法律系統就只是一種爲無法馴化的案件所提供之技術性的緊急解決方案，但卻無法分化出來而成爲一個獨立自主的功能系統。它的重心也會放在刑法以及支配官僚體系的組織法與行政法上。對全社會的一般成員而言，比較明智的作法，是儘量避免跟法律有所牽扯，並且將這樣的牽扯視爲厄運。

規範上的衝突總是會出現，而鑑於其後果所帶來的損害性，也會促使人們努力尋求衝突解決方案。然而從上述觀點看來，我們無法單純由此事實來爲嚴格的二值符碼化提出解釋。相反地，每個爭端的調解者都會努力嘗試消弭對立，也迴避對整個情況做清楚界定，因爲依此情況，只有其中一方或者另外一方的主張具有正當法律依據。其相對於爭執雙方的優越性，以及其超然公正的立場，正好就表現在，他被認爲不應該最後選擇站在其中一方那邊，而反對他方。[6]此種衝突的出現，以及獨立（並且大多具有優勢地位的）第三者由此所獲得的重要性，正好使得法律的嚴格二值符碼化，一開始看起來僅具有極低的或然性，而倘若演化過程在此卻仍然貫徹了二元的符碼化，那麼它就是採取相反於或然性的方式進行著，這樣的情況經常發生在它身上。

歐洲的傳統，正好在這點上突顯了其特色：人們在法律中安置了一個二階觀察的層次，由此出發，他們並不是要去對直接的規範投射進行調解，而是使這些規範投射從屬於進一步的區分之下。這項區分給了法律一個符碼化的形式，並且也是因爲它，法律才能只在其自身所設定的條件之下，供人使用。

人們可以將那藉此方式而具有事實上可能性的發展，在以邏輯爲主導觀點的回顧下，描述爲對法律之套套邏輯的開展，或者對於法律之弔詭的解消。我們也可以將其簡稱爲法律之去套套邏輯化或者去弔詭化。人們幾乎可以說，這是依照下述步驟發生的。

那早就一直作爲法律而被設置進入到世界中的事物，被標示並且也因此與其他事物區分開來(1)。這樣的事物會繁殖，並且再度以強調的方式被證實，也因此而轉化為「法律是法律」這樣的套套邏輯(2)。這個套套邏輯會因為一項否定的引入，而轉變為弔詭：法是不法(3)；在社會系統中，這首先意味著，兩者會走到無可避免的連結情境中：一方的法，對另一方來說是不法，但雙方都是社會共同體的成員。此一形式會藉由一項進一步的否定，而被帶入到一種對立的形式中：法並非不法(4)，如此一來，那些處在合法情境或者不法情境當中的人，也就可以/必須在時間以及社會觀點下，仰賴此一狀態。「某個處在合法情境中的人，又是處在不法情境」這樣的論斷，乃是邏輯上被禁止的矛盾。這個矛盾最後(5)會藉著條件化而被排除，到了這裡，套套邏輯才獲得開展，弔詭也才被解消。唯有當那些在法律系統的綱要中被宣示的條件獲得滿足，法才是法，而且法才不是不法。在綱要化(自我結構化)的層次上，系統就能面對時間上的變異，並且藉此使自己獨立於因衝突出現而形成的偶發狀況。在這個過程裡，系統自己界定了，什麼東西可以被當作可裁決的衝突而予以處理，並且因此而作為諸多案件所構成的演化上的「引力因子」而作用著。在稍後的章節中我們將指出，這最後會歸結到系統變異性的提升，以及變異性與冗餘性之間關係的持續困難化。

為了更清楚呈現上述論點，我們將這個開展序列以圖示方式予以歸納：(見下圖)

為保險起見，我們需要再補充一點，那就是，前面的論述當然絕非系統建構的經驗上步驟，更不是法律系統的歷史狀

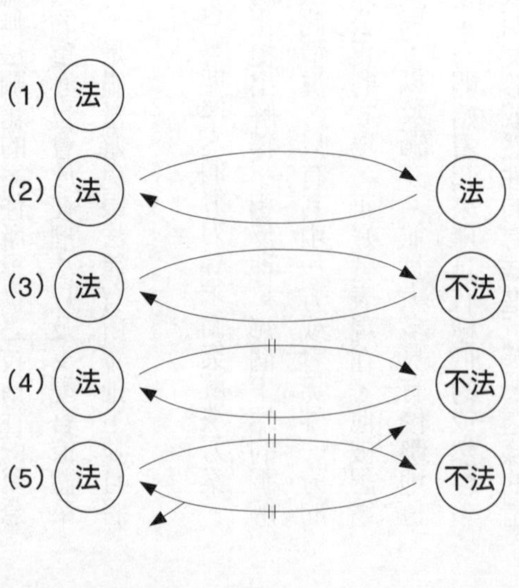

態。這裡要處理的問題，是對系統的自我再製進行邏輯上的重構，而且這樣的重構正好是要清楚指出，系統建構不具有邏輯上的可推導性，以及它在經驗上只具有低或然性。法律系統不是因爲其可由邏輯上被要求的公理演繹出來，[7]而具有可能性，應該說，它是因爲系統的自我再製在極其例外的歷史條件下開始進行，才具有可能性。藉由此種方式，系統才會被建立起來，而且會藉助那些被宣示的區分而描述其自身。

因而，「法與不法在根本上可以如此截然並且無可妥協地區分開來」這件事情，首先必須被人們當成是值得注意的，而非理所當然的事情。接著人們就會看到，在何種範圍內，法律的演化是衍生自對於蘊含其中的這種挑釁因素所採取之態度。羅馬民法當中最重要的其中一個範疇——債——似乎就是產生於此，亦即某人處在**不法**情況當中，無論是基於侵權行爲，或者是基於契約，而這種不法必須被帶進法律形式中，以便使其臣服於**合法的**處置之下——這被比喻爲拘束、鎖鍊、收束，而債也被更清楚地界定爲應予履行之給付。[8]侵權行爲法與契約法即依照其類型化的形式，而作爲這種債的開展形式，亦即作爲債法。

這並不意味著，法與不法會互相融合。正好相反：在每一種債上，又必須重新界定出，哪種行爲是法，哪種是不法。也就是說，人們必須將法律符碼的二值——正值與負值——斷然分開，即便它們一直都是牽扯在一起，而且，這種分離也必須作爲連接的模式而發揮功能。人們必須用差異來進行探究，即便他們既不能提出，也不能回答下面這個問題（因爲這個問題會導致弔詭）：法與不法此一區分之持存，本身屬於法或者屬於不法？正好在這裡，極力避免並遮掩此一弔詭的作法，反而使它驟然變成一項具創造力的原則。[9]人們必須藉由諸多進一步的區分，來執行法與不法的區分。例如，在某些情況中，人們需要爲他人財產上的損害擔負法律責任。當造成損害者做了違法行爲，這一點就很容易被理解——可以直接將其視爲諸如「casum sentit dominus」（偶發事變應由所有權人承擔）或者「qui suo iure utitur neminem laedit」（行使自己固有權利者，並未對他人構成損害）等常態規則的例外。換言之，法律不能禁止、懲罰其自身之被使用，也不能對其課與法律責任後果。唯有當某人「不法造成損害」的時候，才能追究其責任。[10]剛開始的時候，這看起來是理所當然，也是非常明顯的。不過，當法律在法律政策上的流動性越來越強的時候，就會產生疑慮，亦即，在這種清楚的切割之下，是否有太多行爲必定要被禁止，倘若人們擬將其帶進必要時的補償義務領域中的話。換言之：那直接執行著法/不法之圖式的釋義學，與風險此一現象之間並不具有可相容性。[11]作爲對於此一難題的回應，則發展出了危險責任之法律制度，[12]此一制度使得人們可以爲合法行爲所造成的損害進行分配，並且爲此提出條件、規則與論理，亦即使某人爲其在法律上被允許之行爲，負法律責任。這時候的論理基礎是：對可能增加損害機率的行爲所給予之允許，必須以損害責任之承擔作爲對價。

我們可以由國家對於違法行爲之容忍所構成的領域，發現到另外一個例子。[13]「國家理性」學說當中反覆堅持的其中一點就是，君主必須刻意忽略某些不法，倘若對於此種不法之訴追會導致無法控制的動盪，也就是會危及和平狀態與統治地位的話。[14]一直到十九世紀，人們都還可以讀到這樣的話：和平是建立在「將絕對的法律要求予以緩和」[15]之基礎上，而究其實際，人們可以將浪漫主義運動，視爲一種以反對法/不法此一二元符碼作爲其目的的嘗試，並且至目前爲止也暫時是最後一種反對嘗試。[16]不過，所謂的「非利己性的犯罪」，[17]也就是那些基於特定理念之緣故，而針對作爲二值圖示的法律符碼的攻擊活動，其實已經可以被視爲那個時代的奇特現象。在今天的相同難題態勢中，人們會推薦採取「市民不服從」這種小規模的不法行爲。倘若不僅僅是任何一種外在的理念或者機制在抗拒法律符碼，而是對這件事情所抱的期待已經落在法律自身之上的時候，這個對符碼的拒斥的難題，就會更尖銳地突顯出來。這件事如何發生？難道某個長時間、並且在管轄機關知情的情況下，爲違法行爲的人，最後可以主張某種消滅時效或者信賴保障？此處這個問題也會在歷史發展的進程中變得益發尖銳，這些歷史發展愈來愈會導致一種情形，亦即，主管機關對於法律（或者案件事實）並不具有充分的認識，或者它們無法完全執行法律，或者，它們必須不顧法律上的強制結果，以便引進一整套的行動安排，它們則唯有藉此才能夠達成在其他方式上無法達成的事情。[18]在此種法與不法匯流（混淆）的觀點下，人們又必須重新界定，在此種情況中，哪種法/不法的混合才是法或者不法。不過這時候，法律卻會變得依賴於特定時間點：因爲一直要到法院做成決定的時間點，人們才能認知到，在法律上應該怎樣評斷此種行爲。

很明顯地，當法律系統自己想要跨越法與不法的符碼界線，也就是想要破壞此二值的相互排除狀態時，它在這裡會需要使用到時間，也就是說，它必須要能夠藉助其自身固有之諸多綱要，來區分先前的與稍後的法律態勢。由此看來，效力象徵的時間化，是與對於二元符碼之嚴格效力的貫徹關聯在一起的：爲了使法律系統能夠分化出來，必須要使用到時間，也就是前後狀態之不同性，來對那種在非此即彼之實質嚴格性上所強制造成的事物，提供補償。分出要求系統需具有動態性。

人們不能由這樣的狀況——附帶一提，這些狀況總是伴隨著法律的發展[19]——就推論道，法與不法的嚴格對立只具有極小的重要性。如果人們這麼做了，那麼這不啻意味著，當法律使其自身的弔詭變得不可見的時候，其實就可以推論道，這個弔詭並不存在。唯有當人們認爲，由二元符碼化的區分所構成的風險形式，是如同系統自身所造成的持續激擾一般而作用著，並以此爲出發點，在上述情況中清晰可見的演化動力，才能爲人所理解。

II

在實際的觀點下，二元符碼相當容易處理。若非因爲此一長處，它們也不會具有可被制度化的性質。人們僅需憑藉對於形式的一般注視程度，就可以同時在視野中看到兩種價值，並且其中一種會排除另外一種。這時候，人們只不過還需要一項補充規則，就可以把系統封閉起來，亦即，所有不是法的東西，都是不法，反之亦然。此種圖式所具有的長處，卻會掩蓋住諸多複雜的邏輯結構。我們則擬使用邏輯——數學上的再進入概念，將這些邏輯結構稱為使形式以雙重方式再進入到形式中。

在一般情況中，形式是這樣被建立的，亦即，再進入只能在其中一面上（也就是形式的內在面）被納入考量，因為另一面，作為未被標明的狀態，只不過是為了劃定界線的緣故，才會被拉進討論中。就其原型而論，前述說法適用於系統與環境之間的區分，這個區分只能在系統內，不能在環境內被執行。[20]然而在邏輯上，這種不對稱狀態卻不具有強制性，因為再進入的概念只不過提到了，一個空間藉著一步驟（形式的標示）而被劃分為兩半，也唯有藉著此一方式，一個特殊的、再現著世界的空間才能根本被製造出來，這個空間則可以用以使區分再進入到那被區分的事物之中。[21]對於符碼化的功能而言，只在一個面上為再進入是不充分的；因為就運作的觀點來看，這意味著形式的界線是不可跨越的，而人們可以說只能在法律的處境中夢想著不法。這樣一來，每個跨越界線的動作，都會使自己迷失在異己性的無限空間中，並且一去不返。唯有當人們在形式的兩面上都提供了再進入的可能性，才有可能從自我指涉當中形成對稱狀態，然後，在系統內，這個對稱狀態又可藉著條件化，而被再不對稱化。[22]

系統形式的不對稱性以及符碼形式的對稱性，必須在系統中共同發揮作用。系統形式的不對稱性，即使當系統的諸運作以環境作為導向時，仍然確保了系統的封閉性。符碼的對稱性則為持續性地跨越那由符碼所標示之界線的動作，提供了保障。當系統確知某種不法情況的時候，它不能單純讓此種不法任憑自身處置，而是必須要找到一些可能性，以便能合法地處理此種不法。換言之，不法對於合法之諸運作而言，其實是一種必要的引信。不僅「法」這項價值，就連「不法」這項價值，都必須被理解為對於符碼化領域中整體符碼的實現，也必須被理解爲針對其中一項對立值的對立值。有人則將這樣的結構稱爲「相互堆疊的對立」。[23]如同我們將會看到的，由其中一項價值邁向另一項價值的過渡階段所具有之方便性與技術性，以及在符碼化領域內部對於所有價值衝突的避免，都是建立在前述說法的基礎上。（換言之，符碼值之間的衝突，會變成是系統間的衝突，而不是諸系統內部的衝突。）

前述的所有思考，都預設了自我指涉與區分之間的關聯。其中一者只能隨著另一者而被給定，反之亦然。唯有自我指涉的諸系統才能做出區分（觀察），因爲爲了達到這個目的，諸系統必須由自身來對區分做區分，以及對於那藉助區分而被標示出來的事物做區分；反過來說，自我指涉當然也預設了自我指涉與異己指涉的區分。人們可以在考夫曼的著作中讀到：「因此，自我指涉與區分的觀念是不可分的（也因此，它們在概念上是同一的）」。[24]沒有任何補充性的複雜論述，可以廢除這項基本的條件，也沒有任何論述可以「辯證地」揚棄它，也就是說，這些論述只能指明它。結果，每當我們嘗試要在世界中，或者在區分的統一性（觀察是建立在此區分之基礎上）中來觀察世界統一體時，最後都會落入一種弔詭。因而，法律只能藉著對弔詭進行開展，也就是藉著引入那些能夠發揮指認作用的區分，進行開展。[25]

因而，二元符碼化系統的統一性，只能在弔詭的形式中被描述。在運作上，這個統一不斷被再製造，但它無法在系統內被觀察到——除非是在具有簡化作用的建構形式中被觀察，關於這點我們將在第十一章中探討之。它之所以無法被觀察，乃是因爲，爲了要達到此一目的，必須將符碼套用到自身上；也就是要對下述問題做出決定：法與不法之區分，本身是合法或者不法被做成？無論在法律中，或者在邏輯中（不過是以不同方式呈現），系統的弔詭都是系統的盲點，而且最早到底也是這個盲點，才使得觀察這種運作成爲可能。[26]人們或許可以說，弔詭在系統中代表了那同樣是不可觀察的世界。它是那必須保持在不可見狀態的基礎，並且導致一後果，那就是，所有的論理都具有獨斷的特質——包括下述命題：法與不法的區分，理所當然是以合法的方式被引入，否則的話，根本就不可能出現有秩序的司法裁判。

如此一來，其實符碼已經是使弔詭解消的第一步，雖然弔詭其實只能作爲一種專屬於符碼的觀察問題而存在。符碼要求人們必須將它當作區分，而不是當作被區分事物之統一，來予以實踐。在符碼之下我們所理解到的是，法律使用了一個二值圖式，以便能使自身之諸運作結構化，並且與其他事態有所區別。[27]符碼是具有許多預設的結構，如果我們用大幅簡化的說法來說明，則這種結構可以回溯到**雙元穩定性**的成就上。在此所設想的是這樣的系統，它們可以接納兩種狀態（正／負、0／1、開／關等等），其進一步的運作亦係以此爲出發點。這些系統具有內建的區分、內建的形式、以及如下運作的可能性：這些運作將對於進一步的自身固有運作的銜接點，由其中一面推移到另一面——用史賓塞—布朗的術語來說就是：「跨越」的運作。此處所取得的成就就在於，有兩個銜接點被預備好了，而且這兩個銜接點是不能同時被使用的。這項成就並未預設，系統要具有觀察、自我觀察、區分自我指涉與異己指涉之可能性可供其利用（不過在法律系統的情況中，這些很顯然都已經被給定）。其實雙元穩定性已經可以使系統具有其自身固有之運作，並且以完全確定的態勢對高度複雜的環境做出反應，而**不必然需要使自身適應於環境**。這樣的態勢在所有接下去的後續發展中，會獲得貫徹，並且不再被更改。諸如法與不法這樣的二元符碼，也因此可說已經具有雙元穩定性的形式，並且藉此而擔保，系統只會以做成合法的確定命題，或者做成不法的確定命題這種方式，來開展其進一步之運作。這裡不需要考量到正／負的差異，此一差異乃意味著，人們只能用法，而不能用不法，在系統內建立起各種立場。

就邏輯而言，雙元穩定性預設了對於第三種價值（或者標示）的排除，這樣的價值沒有辦法被歸屬到其中一種或另一種價值之下。在這樣的預設下，這兩種價值可由單純的否定而相互轉換，而這並不會要求人們對此種價值提出「詮釋」。在運作上，這種排除係藉著製造出一個環境而達成，對於此環境而言，前述的「既非／亦非」是可以被假定的。不同於對史賓塞—布朗之公式所爲之原初使用方式，在這裡，區分的另一面並非藉著其自身而作爲一種持續無法被指明的「未被標明的空間」，應該說，系統將其符碼，也就是其作爲雙面形式的主導區分，設定到這種「未被標明的空間」中。也就是說，系統可以指明其符碼的雙面形式；不過，它只能以下述方式做這件事：藉著符碼的雙面形式而製造出排除效應，此種排除效應也會使世界在系統中變得無法被指明，而必須被當成系統的環境。[28]

憑藉二元符碼，就產生了一個正值，我們稱之爲法，以及一個負值，我們稱之爲不法。當某個事態符合系統的諸多規範時，我們就會適用正值。當某個事態違反系統的諸規範時，我們就會適用負值。那被我們稱爲「事態」的東西，是由系統自己建構的。系統不會承認有任何外在機制可以爲其規定所謂的事態究竟爲何，即便此一概念同樣可被用來標示系統內部以及系統外部的給定狀態。以分派法與不法之價值作爲實際運轉方式的「審判權」，也屬於系統內部的事務。在法律之外，不存在任何關於法與不法的處置。另外，這其實是一項完全無關緊要的確定陳述（不過，在其理論上被充分利用的脈絡中，此一確定陳述卻具有並非無關緊要的後果）。人們亦可用下述之確定陳述來總括以上所談的事情：只要某項運作就法與不法做出了處置，系統就會將其認知爲系統固有的運作，並將其彙整到由其他進一步運作所構成的遞迴網絡中。這時候的問題頂多是，一致性（或者說，訊息上的冗餘）可以在何種範圍內獲得確保——例如，在中世紀時，由於欠缺統一的裁判權，因而教會法、民法與地方法律習慣之間的關係就頗成問題。

符碼化所具有之規整與劃分效應，就是建立在其二值性的基礎上。這首先意味著，系統不會是一個以目標爲導向、或者說是目的論取向的系統，這種（目的論取向的）系統乃是朝著一個好的結局運轉著，並且在達成目的的時候就終止其運作。換言之，系統的**統一性**，在系統內並非被**當作目標**，或者被當作一個應該達成的終極狀態，而具有可被再現的性質。在系統內可以存在著一些目標取向，但它們只適用於各個情節，例如個別的、會導致制定法或者法院判決的程序，或者以契約之締結爲目標的契約協商過程。隨著其目標之達成，這些以互動方式開展的程序或協商，亦旋即終止。然而，此種目標設定以及終止的前提就在於，法律本身不會因此即抵達終點，並且停止運轉。相反地，在法律當中，情節的形成、目標的標明，以及時間上的分化，都是建立在下面這點的基礎上：法律系統本身會繼續運作，諸程序與協商所獲致的結果，則會被帶進進一步運作的條件關聯中，予以整合。[29]倘若法律本身會隨著程序而抵達終點，那麼人們根本就不會去開啓程序。也就是說，法律是一部無止盡的歷史，一個自我再製的系統，這個系統之所以會去製造諸元素，只是爲了能夠製造進一步的諸元素；二元的符碼化，則是保障著這件事情的結構形式。

前述現象也會清楚表現在這樣的情況中：每個證實著法或不法的決定，本身又可以在其進一步被運用的狀態中，製造出合法的或者不法的構成事實。若某個因爲具有既判力之判決，而處於法的狀態的人，卻以己力來執行判決，那麼這件事情即屬不法；或者，在監獄裡，人們有權請求食物供給、人道對待等，雖然他們是因爲不法才會進監獄。藉此方式，每項已經選擇了某個值或者另一值的的運作，也就重新開啓了符碼，並使之具有再次依照其中一值或者另外一值來評斷相銜接運作的可能性。因而，這裡要說的其實不過是，在時間的觀點下，系統也是一個在其封閉性基礎上具有開放性的系統。自我再製式的再生產，在這樣的觀點下，其實就是對於符碼之可再度使用性的再生產。一個已經分化出來的、以自身固有符碼爲導向的法律系統，能夠使合法行爲與不法之間不斷出現的銜接，以及「在利用法律的情況中卻陷入不法」這種總是會重新出現的可能性，都從屬於**內在的管制措施**之下，並且將其**用於對自身進行確證**。法律系統的特徵即展現於此。在這樣的情況下，要處理的問題已經不同於部落法律秩序當中涉及的關鍵問題，亦即，已經不是要對被害人提供獲取補償的途徑，也不是要針對群體衝突的調解提供協助。

二值性不僅僅是（有別於單值性）使運作上封閉系統維持開放性的最低條件。它同時也是（有別於多值性）決定能力的條件，並因此也是裁判權的條件（見第七章）。每一種爲了把其他選項放入符碼值清單，而使之擴張的嘗試，都會立刻使決定的態勢變得如此複雜化，以至於就經驗層面而言，系統不再能夠充分穩當地運作下去，無論從「多值邏輯」的角度會如何來看待這件事。此種走向的嘗試，特別是出現在中世紀以及近代早期。在其中一種情況，人們承認，教會的更高層次利益，或者世俗統治階層的更高層次利益，享有「廢棄」法律的地位——彷彿在這種情況下存在著三種價值：法、不法與共同利益。有爭議的問題是，這樣的見解是否爲一項自然法上的規範，以及，如果答案是肯定的話，那麼這樣的見解是否也會爲違反自然法的情況提供證立？[30]另一個情況是產生於「國家理性」的誡命，亦即，當對於那些破壞法律的行爲進行訴追，在政治上會造成過大的危險，也就是可能引發動亂、內戰或者有力貴族階層的抵抗的時候，就應該放棄訴追並且忽略此種對於法律的破壞（或者掩飾知情之事實）——在這裡彷彿存在著三種價值：法、不法以及政治上統治地位之維繫。[31]不過，這些例子也同時顯現出，整個結構並沒有被擴充爲某種由獲得承認的三值性所構成的形式，因爲採取這樣的作法，很明顯地會導致使法律實務完全喪失導向的後果。這問題反而會在法律內在層面上被攔截，並且在一種無論如何都可說是有漏洞的法律執行背景下被制服——無論是以所謂違法性的合法性這種被接納的弔詭形式，或者是以特殊權利、例外權利、關於某種類型的ius eminens（國家上級所有權）*的特許等形式。欲競逐第三值地位的選項，不能直接就納入價值

* 譯註：ius eminens的字面意義是「優越的權利」，最早是由格老秀斯（Grotius）提出，其相對概念是ius vulgare（平民權）。在近代早期，它具有相當於現代「徵收（Enteignung）」概念的功能。它指的是，君主在必要的時候可以基於公共利益與共同福祉，對臣民的生命與財產（主要是財產）施以干預。換言之，它爲剝奪私有財產提供了法律上的正當性。參見Thomas Simon, Art. "ius eminens", in: Enzyklopädie der Neuzeit, Bd. 5, hrsg. von Friedrich Jäger, Darmstadt: Wiss. Buchges., 2007, Sp. 1145-1147。

清單，而置放在法與不法之側。對這種候選選項而言，其所具有的可能性只能是，要去面對二元符碼，但相對於該符碼而索求某種拒斥值[32]的地位，也就是這樣一種價值，它使得在特定情況中，拒斥在法與不法之間做成的決定，以及抗拒此種選擇強制的拘束性這件事情，成爲可能。在這裡，我們發現自己處在古代與中世紀對於「法律是否可使其自身豁免於其自身的適用」這個問題的討論脈絡中。在今天，特別是在引進禁止拒絕審判的誡命，並使其獲得貫徹之後，對此問題必須給予否定答案。而就算是一種拒斥值，也並不會體現爲一種具有較高位階的價值——如同在羅馬的修辭學或者中世紀的法理論中所採取的作法一樣。[33]人們不能夠藉著拒斥符碼，而強加某些更高位階的標準於其上。毋寧說，這裡涉及的問題是，當全社會系統必須妥適面對眾多以不同方式符碼化的系統，並且其自身並不具有任何更優位的符碼可供利用的時候，它所選擇的邏輯形式爲何。[34]

對於符碼拒斥其自身這件事情之允許，是以弔詭的方式建構出來的，因爲此種允許又會要求，自我拒斥這件事情應該具有合法性（而不是違法性）。正因如此，人們才能藉由區分法效力的各個層次，來開展弔詭。與此應有所區別的是另外一種情況，在其中，直接的觀察採取了套套邏輯的形式。每個功能系統都被允許將自身固有的二值性，表述爲對於第三值的排除，而在全社會的脈絡下這意味著，在下述預設之下，拒斥**其他**功能系統的符碼：它無條件地接受了自身固有的符碼。但這樣一來，只有運作的可能性被限制了，在個別點上可以觀察到的諸多價值所具有之相關性，則並未受到限制。在法律系統中，這正好對應於符碼化與綱要化的分化，如同我們將會清楚看到的一樣。藉著這個分化，那些在符碼層次上被排除的「其他價值」，就會在綱要的層次上被提出來；當然，在這裡預設了，這些價值之運用，只能以使那在法與不法之間做出之決定獲得條件化，爲其目的。

在對於其中一值做出決定的時候，不能不考慮到另外一值，而符碼的統一性也就展現在這點上。如此一來，直接的法意識（如果人們可以這樣說的話），就被打破了。在某個特定情況中，無論人們對於法或對於不法具有如何堅定的確信，他們仍然得認爲另一值是有可能被帶入的，並且以此爲出發點。因而，「將各值分派到諸事態上」這件事情預設了，要對相反的可能性進行審查，並予以駁斥——就如同在科學系統當中的一個語句，唯有當人們同時宣稱已經對「此一語句並非爲假」做了審查時，才可以被標示爲眞。想當然耳，在這樣的問題上，並不存在絕對的確定性，也沒有任何機制——人們幾乎必定想說，它獨立於其自身——可以確定，對每種可能的論點而言，怎樣才是妥適的。不過在系統內，此種終局確定性的欠缺，可以獲得補償——無論是透過由所有科學陳述所構成之被承認的假說，或者透過既判力之制度，此種既判力以合法方式封鎖了在相同前提下對審查之再度啓動。

在這個方式上，符碼「開展」了弔詭，而這個弔詭是展現於下面這件事情，亦即，系統的統一性是存立於兩種互不相容的價值中，也就是說，一**個**區分具有**兩**面，就時間上來看，這兩面**同時**是具有相關性的，但是卻**無法同時**被使用。然後，置入第二值所帶來的結果是，人們不能不加思索地即跟隨第一眼的直覺（或者只能憑自身之風險來跟隨）——這個第一眼的直覺，嘗試使進一步的諸運作銜接到那被人們認爲是合法的事物。因而，第二值是一種否定值，一種控制值，這種價值帶來的結果是，當不法也被涵括進來的時候，所有的法都會成爲偶連性的。這個時候，每種對於價值的分派，都是偶連性的諸運作所帶來的偶連性結果，並因而必定將其自身展現爲決定，這個決定原本原則上可以採用另一個方案，並且**也考量過這一點**。

此一命題可以用下列宣稱予以再陳述：符碼化預設了，在系統中有二階觀察的可能性。這並不會排除一階層次上的運作，亦即那些未經反思的關於法或不法的宣稱。這些也是系統中的系統運作。不過，正如同我們在第二章當中已經探討過的一樣，唯有當所有的觀察動作，在系統中都面臨二階觀察的時候，系統的閉合狀態才能藉此而形成。

在這樣的情況下，從其中一值過渡到另外一值，也就是對於界線之「跨越」，就變得比較容易，符碼的閉合狀態也藉此而達成。這時候，法就與不法這個值，而不是與其他值（例如愛）具有比較密切的關聯。我們可以把這種關於具有實效的符碼化的要求，稱爲符碼的技術化。這其實意味著，跨越這個動作就如同一項技術性的運作一樣可獲得執行，此種技術性運作之獲得成就，僅有賴於少數的條件，而且它不會有賴於世界整體的意義，或者那執行著過渡的「主體」之特殊特徵。[35]如前所述，符碼值本身並不需要任何詮釋。即便人們不具有關於世界與人類的知識，他們也可能知道並且預見到，在個別案件中，某件事情爲合法或不法，關鍵係繫於何處；人們只是需要知道，哪些東西在法律系統本身當中會被界定爲具有決定性，接著，他們必須注意到這些條件，並且要能夠使世界知識與人類知識當中的那些相應片段變得動態化。人們首先必須查閱法典，而接下來的問題只是：要找哪裡？

然而正因如此，法/不法此一符碼的技術化，卻具有非常人性的一面。因爲對大部分擁有合法地位並欲保持此一地位的那些人而言，單純使這件事獲得證實是不夠的。他們也會想置對手於不法的境地；人們經常難以說出，在這裡所抱持的原始動機究竟爲何。符碼則藉著價值與負值之間順暢的（也就是技術性的）耦合，使得這件事以近乎自動的方式發生，並且使人們不需要特別將自己表明爲那種意在使對手獲得不法處境的人。

技術化可以被理解爲合理決定的條件，以及對於合理決定的要求。不過這樣一來，合理性的要求卻會因爲符碼之形式而受到限制。人們可以談論某種專門的「法律的合理性」，[36]不過由此卻無法導出一結論，認爲這裡所涉及的是一種適用於整體社會的合理性。如此一來，在此脈絡下使用「理性」概念也是頗有疑問的。不過有一件事情是可以達成的，那就是，在模糊的容忍地帶內有辦法可以確定，在分派法與不法這些價值時，是否因疏忽而犯下一些錯誤。這件事情則又提供了前提要件，使下面這件事成爲有意義的：將一個對錯誤進行管控的階層秩序，亦即一個以此爲專門任務的審級序列納入到系統中加以組織。最後，唯有如此，人們才有辦法想像，許多程序是同時並列地進行著，但卻可以以同等的方式做成決定，以至於無論是由哪個法院、哪個合議庭、哪個法官來做成決定，對於結果都不會產生影響，或者只在極小的程度上產生影響。的確，這個問題在實務工作者以及在法社會學中引起廣泛注意，而且很明顯地在某些情況下，它確實是個重要問題。但即便如此，符碼的技術化在一定範圍內仍然是站得住腳的，因爲這樣的問題被當作一種反常狀態來處理，而且人們可以基於對法律與案件事實的認識明確指出，由誰來做決定是否會產生差別，以及在何種觀點下會產生差別。[37]

與諸多直接的規範投射有所不同，符碼使我們得以將各式各樣不同的性質化約到一個形式上。這使得法律的評價獨立於各種全社會性的評價，並且同時也爲諸多特質的結合空間，開啓了新的門路。例如，可能會存在善良、但是無能，或者有能力但卻邪惡的人[38]——這有別於前述以和諧爲取向的諸多高度發展的文化所提供的可能性（也有別於歐洲傳統中的完美/美德概念，此一傳統仰賴諸多善與惡的特質之連結。）[39]這當然不意味著，對於全社會價值觀之「汲取」不再是可能的；不過這樣的汲取必須可在系統內部被正當化、可在系統內部被銜接，也必須能以自我生產的方式被運用。

即使假定了上述立場，對於符碼而言，仍然有兩種可能的詮釋。其中一種是把符碼當作將世界區分爲兩半的作法，而加以處理：亦即法與不法。無論出現何種情況，都只能歸屬於法或不法。在這樣的觀察與描述下，人們指明了符碼的其中一邊，並且附帶地提及另一邊作爲剩餘範疇，亦即，當法律之形式已經被設置時，即被保持爲「未被標明的空間」（史賓塞—布朗語）的那種事物。接著，對此會產生兩種闡述方式。人們可能將法或不法的其中一者看做是符碼的「內面」，並因此將另外一面看做是「外面」，亦即剩餘範疇。其中一種選擇所造成的問題，跟另外一種選擇所造成的問題一樣，都可以藉著將那些允許某事或者禁止某事的規範，以相對不明確的方式加以陳述，而獲得矯正。也就是說，系統的諸多「綱要」（我們馬上會回到這個問題上）可以用較側重於符碼的其中一面，或者較側重於另一面的作法，來開啓其自身之指明成效，亦即，以較偏重於民法的方式來對權利擁有之狀態加以條件化，或者以較偏重於刑法方式，來對不法狀態加以條件化。[40]這時候，那並未浮上檯面獲得界定的一面，可說是作爲「變異的儲蓄池」，而被利用於解釋或論證的目的上。雖然在各種態勢間存在著對映圖像的關係，但人們究竟是以允許或者禁止爲出發點，仍然會造成呈現上的差別、政治上的差別、語意上的差別，以及對於邊界案例之法律處理方式上的差別。

然而，這種將符碼當作對於世界之劃分、亦即當作普遍符碼的理解版本，並不是唯一的可能版本。此處所涉及的版本，是一種在法律系統自身當中被實行的版本，而且它也唯有藉著法律系統的媒介，才能使諸多社會運作（溝通）結構化。當人們以那個作爲涵蓋並納入所有溝通的系統的全社會作爲出發點時，就會出現另一種版本可供選擇。倘若人們以這樣的系統指涉作爲基礎，就會存在眾多具有各自不同符碼的次系統，人們也只能在次系統的觀點下主張，這些符碼具有功能上的優先性以及普遍的效力。爲了能更清楚指明此一區分領域，人們可以思考一下經濟系統的所有權符碼、教育系統的選擇符碼，或者政治系統的權力符碼。唯有伴隨著對各該功能系統的指涉，這些符碼才能適用於全社會。全社會只要求，人們要能夠藉著這諸多區分當中各自特殊的正值與負值，而將它們區分開來。它自己則不需要任何固有的符碼，因爲只要人們能夠將溝通與非溝通區分開來，它就可以藉此方式來保障其自身之運作上封閉性以及界線，並且在各種情況中使之獲得確立。然而相較於此，今天全社會卻面臨著一個問題，那就是，它要如何將自身描述爲一個系統，一個已經規定了若干各自爲己而具有普遍性的符碼化的系統。傳統上是使用二值邏輯，以及那按照存有/非存有之圖式，使得觀察動作獲得結構化的本體論，來作爲描述工具，但是面臨前述問題時，這樣的作法已經不再是充分的。同樣地，這裡也並非意味著要將科學系統的眞/非眞符碼，採納作爲全社會自我描述之形式（當然這裡並不排除，科學系統自己正描述著全社會），因爲即便這個符碼也只不過是全社會其中一個功能系統的符碼。因此而造成的情況，經常會以純粹否定的方式被描繪爲不可能以任何一種方式提出整體報告之狀態，就如同李歐塔的後現代構想一樣。然而若銜接到根特的理論，則人們或許可以推測，全社會爲了要做自我描述，必須使用諸多跨連結的運作，並且具有將情況以下列方式予以呈現的可能性：每個功能系統，當其排斥其他系統符碼的相關性的時候，也必須同時接納一項拒斥值。[41]有別於那些嚴格採取多值取向的系統，這裡的呈現方式並不能被理解爲對於第三值的採納，而是必須被理解爲一種二階觀察，也就是對於法律之利用、對於其固有符碼而非其他符碼的使用，即便在全社會中顯然還存在著其他符碼。換言之，這裡呈現出來的不過是，在全社會系統之諸多次系統層次上，對全社會系統的功能分化進行反思。

III

法律系統的符碼具有一些特質，可以防止法律系統全然僅以符碼本身作爲導向。換言之，符碼的概念並不是用來繼承舊的原則概念的概念；或者最多可以說，它只部分地承擔了這個繼承的地位。我們可嘗試在兩個觀點下來討論純粹符碼化所具有的這種不充分性：時間的與事物的觀點。

就時間觀點來看，符碼是維持不變的。倘若人們使它跟其他的價值互換，例如與利益或者政治權力之維持等價值互換，那麼人們其實就是處在另一個系統中。同樣，添加進一步的其他價值這種作法，即便是出於實際的理由，也得被排除。在此範圍內，符碼再現了系統生產與再生產其固有統一性時，所採取之方式。它再現了系統的自我再製，這種自我再製，若非成功，即爲不成功。它也具有相應於此的強硬性。換言之：符碼並沒有爲系統提供一種可能性，使其能夠對環境做出調適。一個符碼化的系統，是已經被調整好的——或者，它跟本就不存在。一個全社會可以自己成就一個分化出來的法律系統——或者它無法如此。在這個觀點下，並不存在任何折衷的解決方案。

由事物觀點來看，符碼是一種套套邏輯，而且，在自我套用的情況中，也是一種弔詭。這意味著：單純憑藉符碼，並不足以製造出訊息。符碼的各值，可以藉助否定而互換，這個否定除此之外並不具有任何意涵，而套套邏輯即產生於此。法不是不法。不法不是法。然而否定是這樣的一些運作，它們預設了被否定者的同一性，並且不可以改變這一點。在此範圍內，人們可以將符碼稱爲對於偏好值的一種單純重製。它告訴我們，法不能是不法，不法也不能是法。唯有當這一點獲得確保（在這裡，希臘悲劇一直是絕佳的反例，它們或許正好在相反的情況裡反映出這項成就），人們才能在上述處理方式的意義下，來討論技術化這個概念。當人們將符碼套用到其自身上，也就是提出「在法與不法之間做出決定這件事情，本身究竟爲合法或者不法」此一問題的時候，弔詭就出現了。對於法學家（以及邏輯學家）而言爲瑣碎的那個答案——亦即，這件事是合法的——仍然沒有回答，在這種情況中，什麼東西可以發揮作爲法的對立概念，並且同時作爲可能的不法的功能。另一種答案——亦即這件事是不法的——也在相反過來的意義下造成了同樣的難題。在其中一種情況中，法被宣稱爲合法地正當，在另一種情況中則被宣稱爲合法地不正當。但是對於這兩種宣稱的**統一性**的追問，亦即關於符碼統一性的問題，卻從來沒被提出過。我們可以說，這個問題被隱藏起來了。前面所說的這些，只是以另一種方式呈現了一項更爲一般性的命題，亦即，那項被人們**用以**進行觀察的區分，**其本身不能被標示**，而是只能作爲盲點而爲觀察所用，也就是作爲其自身固有可能性的（非理性的）條件。對於此一觀察者進行觀察，並且不願意承認上面這一點的觀察者（在法律系統中，這件事可以透過理論上的反省而發生），就只能看到各種套套邏輯與弔詭。[42]也就是說，他解構了他自身固有的觀察可能性，並且正好也就只能觀察到這件事。

由這些問題衍生出一套長久的傳統，嘗試藉由追溯「較高」階層的意義促成，也就是透過階序化的方式來解決這些問題，此一傳統也一直都還找得到支持者。這些被牽引進來的最高機制或者最高價值，應該一方面展現爲某種不變的理念（永恆性、自我維持能力），另一方面也以某種形式的放射而在較低的階層上製造出諸多差異。在邏輯學與語言學中，這種非對稱化的技術也獲得支持，並且以「後設」這個前綴詞獲得表述。不過到今天，這條出路已經不再是不受批判地獲得接納。[43]因而，我們要找尋一個原則上採取不同出發點的形式，以爲此問題提出解決方案。

我們在**系統內部**關於**符碼化**與**綱要化**的區分中找到了答案。符碼化本身就已經可被視爲對法律之套套邏輯/弔詭加以開展的形式，不過它只是一種將問題予以再陳述的形式。符碼藉助其二值性，而作爲進一步條件化的前提要件，也就是諸多條件之可能性的條件，這些條件規制著，對二值當中的哪個值加以適用才是妥切的。[44]若缺少了它們，則綱要無法具有任何對象。然而由符碼化只會產生出一項補充需求，也就是對於德希達理論意義下的「補充物」的需求、[45]對於充分明確的指示的需求。由於法與不法這些值，本身無法爲關於確立法與不法的陳述提供判準，[46]因而必須要有一些進一步的觀點能夠宣示，是否法與不法這些符碼值被**正確**或者**錯誤**地分派了。我們擬將此種補充的語意（無論在法律，或者在其他符碼化系統的情況中）稱爲**綱要**。

因而，符碼不具有單純憑藉自身而生存的能力。當一項運作被帶到符碼之下，並因而被分派到某個系統的時候，就會無可避免地出現一個問題——兩個值當中的哪一個應該被分派。這意味著，一個符碼化的系統，會製造出對諸多進一步觀點的追尋。它會在這個角度下獲得成功——或者，他就會獨自固定在其符碼的套套邏輯／弔詭當中運轉，並且消逝。因此，「任何一種」觀點，都足以在去套套邏輯化／去弔詭化這點上，維持自我再製之進行。當然，那些取自傳統，或者可作為傳統被重構出來的觀點，比較受到偏愛。[47]一直要到一種充分發展的綱要架構出現後，才會使「批判性的」討論成為可能，並使之具有一可能性，能夠在進一步的判準之下，對諸多判準採取接受或拒斥的態度。[48]

據此，人們可採用簡潔的陳述方式說：符碼衍生了綱要。[49]或者更妥當地說：諸符碼是一些區分，它們唯有藉助一項進一步的區分，才能以自我再製的方式具有生產性，亦即藉助符碼化／綱要化之區分。它們是一個形式的其中一面，系統的諸綱要則是形式的另一面。也唯有在對於**系統內的**諸區分而做的這種複雜性的區辨上，那可能被觀察者描述為對系統的套套邏輯／弔詭所為之開展的東西，才能開始運轉並且跑完全程。諸符碼使系統的每一項自我確證，均面臨著相反狀態的可能性，亦即，它們不會允許任何的終局確定性與完美性。在此範圍內，它們擔保了系統的自我再製。然而，單獨就其自身而言，它們還無法使這樣的自我確證成為可能，因為它們允許所有事物。系統的自我再製式的自我決定，唯有透過符碼化與綱要化的差異，才得以形成。

即便在前現代的諸多社會中，人們也可以發現到這種符碼化與綱要化的分化。然而在這裡，此種分化具有一特殊的使用脈絡。在二元圖式化裡，蘊含著抽象化以及將嚴厲的非此即彼理念予以強行貫徹的風險，在社會層面上，這種風險是很難被忍受的，甚至到今天（尤其是在遠東地區的國家），這還導致人們建議，在一般情況中應避免使用二元圖式化。這當中蘊含了一種想法，就是要放棄對全社會系統的諸運作進行通盤的司法化。自中世紀以降，歐洲即走上了另一條道路。法／不法此種符碼化所造成的風險被接受了，[50]不過，綱要化的層次則是為了使法律能夠再整合到全社會當中，才被使用。這時候，綱要化的層次，是作爲那爲了法律與全社會之間各種可能出現之分歧才出現之平衡層次，而發揮其作用。對應於此而形成的產物稱爲「自然法」。[51]在自然這個概念上——自然本身採納了一種規範性的形式（亦即允許就完美與腐化做出區分）——全社會的一些不證自明的道理，被引導進入法律中，特別是那些關於社會分化，或者關於分工與所有權劃分之優勢的道理。無論是貴族體制，或者是所有權，雖然都因其非常明顯地受到特殊規定之拘束，而作爲實證法上的制度獲得了貫徹，但是那使其獲得證立的論證，卻是奠立在人類社會共同生活的本質基礎上。一直要到十七世紀的社會契約學說，才提示了另一種理論進路，此種理論進路能從特定的社會形式中抽離，並且不同於先前的理論，而以那些在契約上不可任意處置的人權，或者以設定法律的權力之固有合理性與自我持存所具有的那些界限，作爲準則。

當邁向一個具有完全擴展的功能分化的全社會系統而進行過渡時，人們將能夠放棄此一意義下的自然法。這時候，綱要層次就能夠用來滿足那些在符碼本身當中被指明的諸多要求。其作爲符碼化的補充物，有助於在一組、而且只在一組符碼上，對那發揮著條件化作用的語意，進行安排。因而在這個時候，就只有那在法律系統自身內被生產的「實證法」還存在著。關於進行全社會性整合的要求，會被放寬，並且被導向分配到決定過程中。此外，其他諸多功能系統，也會在其固有符碼，以及以之爲導向而專門化的諸多綱要的導引下，形成運作上的封閉狀態。在這裡則蘊含著一項矯正機制。

就其根本，唯有在二元符碼化的預設下，才能處理法律上專門的正確性問題，因爲，唯有在此預設下，才會存在法律上專門的偶連性。那些具有正確性的東西，唯有藉著諸多固有的綱要，才能夠被固定下來。的確，拒斥法律符碼自身，並且將判斷委諸其他脈絡——例如科學的或者道德的符碼——一直是具有可能性的。但是由此出發，並不會造成訴諸法律的途徑。倘若眞的需要進行某種科學上或者道德上的（或者經濟上的、美學上等等的）再評價，那麼法律簡直就可以說是完全被廢止了。因而，對於法律而言，也不存在任何不應由其自身加以解決的正當化問題。在諸綱要彼此間的關係上，存在著各式各樣的相容性問題。例如存在著一項規則，使新法可廢棄舊法，此外，也存在著一項基於憲法優先地位之利益的、關於此規則的例外。然而這些事情只是再度顯示出，一切都要以法律之綱要結構中的諸多要素爲依歸。對於如此存在的綱要性所具有之正確性的探問，並不具有任何可明顯被認知的意義——除非（此處只是再重述一遍）是在對於法律符碼之拒斥的脈絡下提出。[52]

據此，藉由符碼化與綱要化的分化，關於系統在時間上的不變性，以及其適應能力的問題，也就獲得了解決。系統唯有在其符碼的結構形式中，才具有不變性，並且總是已經被調整好的。與此相對，在其綱要的層次上，系統可以對可變更性做出讓步，並且在此不須害怕喪失其同一性。這也同時包括了針對不可變更性所做的決定（例如關於憲法規範）。也就是說，正如同正確/錯誤的面向一樣，可變更/不可變更的面向也只能在系統的綱要層次上被納入考量。在符碼化的層次上，這樣的區分便喪失其意義，因爲這裡涉及的，只是屬於/不屬於系統的問題。

爲了綱要化的目的，那僅蘊含於符碼二元性當中的符碼明確性，必須被打破。符碼值必須被詮釋爲**諸多可能性**，或者用其他詞彙來表述：**媒介**，此媒介可以採用各種不同的形式。在這裡，很明顯地，並不能以任意的方式來進行。由於媒介是在它自己的諸多形式上對自身進行再生產，因而總是有某種歷史上的起始態勢已經被給定。如此一來，每一種對於形式的確立，都是對法律的變更，而且每種對綱要的所做變更，也必定要注意那些由歷史上特定化了的（已經預先存在的）系統歸屬性當中所產生的諸多限制。諸綱要必須使自己適合於（但在這裡，適合性是一個廣泛的概念）就法或不法等價值的分派作出指示。顯然，在法律中的綱要層次上，也總是涉及到法律的功能，亦即涉及到對規範上期望之穩定性的維繫。在這種呈現方式上，我們不再認爲整個問題與永恆法、自然法與實證的（可變更的）法律所形成的階層秩序，有任何關聯，但是在此勾勒出的理論，也以某種方式對此提供了一項替代方案：由系統的符碼來代表不變性與不可或缺性，由系統的綱要來代表可變更性，以及在此意義下的實證性。在這邊的各種情況裡，所涉及的都是系統內部的諸多設置，不過這些設置係依存於廣泛的全社會系統，以及全社會系統那作爲其諸多可能性之條件的環境。而關於調適的問題，人們可以用下述的方式加以陳述：系統在其調適能力的條件中——此種能力係藉由綱要的變異，而獲得實現——其實早就被調整好了。

最後，符碼化與綱要化的區分，也允許我們就法安定性此一一般問題的兩個變體，做出區分。法安定性首先必定是存在於下述的安定性中：在被期許的情況下，相關的事務應該單獨按照法律符碼加以處理，而不是按照諸如權力符碼，或者任何一種無法被法律所把握的利益來處理。在所有較古老的社會中，這個問題是非常尖銳的，並且當今在一些發展國家中也是呈現出相同情況，包括那些已經明顯跨過工業化門檻的第三世界國家。[53]與此應有所區別的，是下面這個問題：在系統綱要的基礎上，法院的決定是否具有可預見性。在這裡，人們可以承受相當程度的不確定性，並且在必要情況中偏好「替代性的」衝突解決途徑，只要「讓法律案件依照法律符碼而被決定」此一可能性能夠獲得擔保即可。

IV

相對於那些可預期的抗爭意見，以及自本世紀初之「社會工程學進路」和六〇年代對於計畫性思想的熱衷以降，所有那些已經成爲法學家思考習慣的東西，有一點必須予以堅持：法律系統的諸綱要，一直都是條件式綱要。[54]唯有條件式的綱要，才能爲自我指涉與異己指涉間持續進行的銜接，提供指引；[55]唯有它們才能給予系統的環境導向一種認知性的、並且同時在系統內可以演繹方式給予評價性運用的形式。羅馬法的程式訴訟*，即係以「si paret……」（若能證明……）這樣的指令作爲開頭。而目的綱要所構成的對立模式，則適合用於諸如投資決定、醫師的決定，或者行政機關的計畫決定等情況。然而，目的綱要並沒有辦法使人們對那些在法律程序中應予考量的事實，做出充分的限制。[56]就法律系統的情況而言，並不會將目的綱要化的方案納入考量，或者，如同我們將看到的，最多只是在某個條件綱要的脈絡中，才會將其納入考量。[57]

條件式綱要可以對已經預先存在的「自然」因果性，提供補充。它們使得更多製造出差異（偏離之強化）的原因，在下列預設前提下能夠被利用：諸多效應的生產，係透過相應諸系統之分出，而獲得確保。法律系統藉著讓自己以條件化方式綱要化，而將自己建構爲一種瑣碎機器，[58]雖然——或者說正好因爲——它的出發點必須是，環境並不會跟它產生對應關係，而且全社會本身是如同一台歷史性的、反映著各個情況中固有狀態的機器，而非如同一部瑣碎的機器一般運作著。[59]

條件式綱要的形式，乃是全社會發展過程中其中一項重大的演化上成就。在美索不達米亞地區引進文字之後不久，人們就已經可以發現到此一形式，即便是在格言教導的占卜文獻中，或者是在醫藥文獻與法律文獻中。[60]在一個快速擴張的世界中，它們提供了一種可能性，使人們能夠在固定耦合的形式中來設想秩序，而這正好就展現在那些（依照今天的概念）有賴於知識或規範性規制的領域當中。遠在那種將陳述以邏輯上具解釋力的方式回溯到法則或原則上的可能性出現之前，遠在此種二階層思考方式出現之前，那種採取「若——則」形式的、警語式的的秩序保障機制，就已經成爲通例，這些秩序保障機制可使得可能性事物的領域獲得通盤架構，並且可由相關的專家來加以處理。如此一來，則可形成法律判決的早期形式，此一形式係以上述方式關聯到一個已經被預設的秩序，而且——如果人們可以這樣說的話——也會藉著在一個知識所構成的一般性宇宙中的形式相似性，使自身獲得正當化。

此一條件式綱要的形式，在歷經所有進一步的全社會分化之後，仍然藉由脈絡轉換的方式而保存了下來。它使得一個二元符碼化的法律系統的分出，成爲可能，並且在此一系統內，承擔了規制對諸多案件進行符碼值分派之功能。即使在這個時候，它仍然維持著「若——則」的形式。[61]條件式綱要確立了，某件事情是法或者不法所賴以決定的條件。藉著這些條件，它對那些已經過去的、但在當下可被確定的事實，提出了鑑定。法律事實也可歸屬於此，例如可藉由提出下述問題：某項制定法是否被有效公布了，而這件事是發生在哪個時間點上。具有決定性的一點是，對於法與不法此等價值之分派，有賴於那在決定的時點上，被視爲是過去的事物。在此範圍內，法律系統一向是作爲一個事後的、嗣後被形塑出來的系統，而運作著。這並不排除將未來保留在視野中，而且，它也無法排除這件事，因爲，至少按照近代的理解，時間一向是過去與未來之差異的統一。展望性的、預防性的法律諮詢，一直是存在的，例如在擬定制定法或者契約之陳述的過程中。不過在這個時候，時間是以modo futuri exacti（根據將要實現〔或發生〕的未來）的方式而被利用。這意味著：人們可以想像，一項關聯到此文本而將會被引發的法律爭端，應如何被決定，然後嘗試著事先地爲此一決定確立其條件。

條件式綱要當然不意味著，「條件會獲得成就」這件事情事先就已被確定。許多法律是蘊含於允許規範中，這些規範在「是否會被人們使用」這個問題上，維持著開放性。不過這種法律也是條件式綱要，因

＊譯註：在羅馬法上，程式訴訟指的是，訴訟當事人的陳述經過裁判官（praetor）審查認可後，做成程式書狀（formula），交由承審員（iudex）根據程式所載爭點和指示進行審判的程序。此種訴訟形式取代了早先的法定訴訟（legis actio）。在法定訴訟中，原告必須根據法律規定的訴權起訴，當事人在訴訟中必須嚴格遵循法定的言詞和動作，稍有出入就會遭致敗訴。程式訴訟放棄了嚴格的形式主義，讓當事人可以在裁判官面前自由陳述意見。參見周枏，羅馬法原論（下冊），北京：商務，二〇〇五，頁九二七，九四九以下。

爲它們確立了，一項行爲究係合法或不法，乃是繫諸下列問題：當一個可能適用的案件發生時，此一允許（在注意到、或者未遵守附加的限縮條件的情況下）**將會如何被**使用。因而，條件式綱要絕非關於傳統的確定描述。依照各種情況中所選定的條件，它們在相當高的程度上也可以是對未來開放的綱要。

藉由條件式綱要之形式所要排除的事情只是，使未來的、在決定時間點上尚未確定形成的事實，在關於法與不法之間的決定上，發揮關鍵影響。這件事情卻正好是讓目的式綱要能確立於其中的形式。然而近代對於目的概念的主體化，卻導致了一項簡化觀點，這種觀點需要迫切地予以修正，因爲若不如此，就無法理解，爲何對於那種將目的式綱要引進法律中的作法，要採取保留態度。這種簡化觀點就在於，只將目的視爲當下的想像（意向），而在論爭方式中摒棄了舊歐洲的（亞里斯多德主義的）傳統，此一傳統將目的設想爲運動的終點狀態，並且因此將之設想爲由運動之觀點而被觀察到的未來。[62]由於全社會的演化使得未來需面向更多的可能性而開放，因而在同一範圍內，前面這種自然式的目的構想也應該被取代，這一點是很容易就能被洞察到的。然而，在這種情況下被接納的、也就是意向性的目的概念形式，其本身卻無法妥適地面對時間面向上的諸多複雜性；它只能藉著將目的描述爲一個目的導向的系統的**當下**狀態，而由一個視角來掌握這些複雜性。這種作法所帶來的主要好處是，人們可以使目的的設定有別於傳統，而呈現爲具有可選擇性的、也就是具有偶連性的。然而，藉著將目的概念意向化（心靈化），這種構想卻掩蓋了當下的未來與未來的當下之間所具有的差異；而當對進步的信心，以及隨之而來的對於目的的合理性的問題解決方案的信賴，均告消逝的時候，這樣的差異也會在同樣程度上變得越來越重要。因而可以說，目的綱要要蒙蔽了那隱含於未來之中的問題：未來的當下，與當下可投射出來的未來，兩者並非一致的。韋伯與當代一些學者（例如哈伯瑪斯），都反對讓目的合理性具有獨一無二的優先地位，並且對其展現了不信任，這樣的想法可說是完全正當的，即便人們可以懷疑，解決方案是否在於用其他合理性類型來補充。

我們不擬（至少暫時如此）放棄採納「目的概念具有對當下之指涉」這項決定，因而，我們打算將目的**綱要**稱爲引導運作的系統結構。接著，人們必定會更清楚看到，目的概念係關聯到一項雙重的差異，這項差異只能藉著一種被雙重模式化的時間概念而獲得表述，亦即，目的概念關聯到可達成的狀態，與不可達成時會以其他方式出現的狀態，這兩者之間的差異，**以及**（在可達成事物之領域內）關聯到當下的未來與未來的當下之間的差異。人們或許可以說：目的概念標明了這些差異的統一性。無論如何，它都掩蓋了相應的諸區分，並且藉此使一項合理性的（不過這時候卻是具有目的相對性的）決定動作成爲可能。如此一來，諸目的綱要就把使當下的未來與未來的當下撕裂開來的風險，拉進了當下。它們所冒的風險是，未來的當下，可能與那作爲當下的未來而被預設的東西，不相一致。爲了要平衡這樣的風險，有一些工具可供利用，例如進行中的事後調控、準備金的建立（流動準備）、或者在對各個替代選項做選擇時，對較安全選項之偏好。今天人們將此稱爲「風險管理」。法律系統的諸綱要，則從一開始就是以另一種方式建立起來的。它們既不具有甘冒風險的功能（也就是說，不具有實現那些只能在承擔風險的情況下才可掌握的機會的功能），[63]也不具有在此種情況中，能夠擔保系統合理性維持在可接受程度上的工具。

條件式綱要形式所具有之拘束性，與法律之功能，亦即與反事實性期望之穩定化，具有密切關聯。期望正好就是在其無法獲得滿足的情況下，被帶進規範的形式中。這種以（期望上的）安定性來替換（滿足上的）不確定性的作法，需要獲得結構上的補償。這時候，在關於「諸多期望——人們是在現在就必須對這些期望做出肯認——在未來是否能夠成爲正當」這個問題上，人們就不再能夠仰賴未來而做成決定。人們現在就會想要知道，或者在決定時點上就已經想確定之，而這件事情只能在條件式綱要的形式中獲得保障。

即便做了上述說明，人們還是能在法律中發現到目的綱要，而以經驗爲取向的法社會學家們，或許因此就將此處所建議的理論，視爲「已被駁斥」。[64]然而在下這樣的結論之前，人們似乎應該對發現到的東西做更精確的分析。

很明顯地，這裡所涉及的，絕非「眞正的」目的綱要，所謂「眞正的」，意謂要由未來來決定，什麼東西是法，什麼是不法。正好就是在那個越來越由無知狀態承擔的、以生態爲導向的立法部門中，所有的措施，當其被證明，以其所規定之方式無法達成其目的，或者，就新發現的補充性事物知識看來，這種手段上的耗費看起來是無法獲得證立的時候，倘若人們因此就必定要將這些措施視爲違法，那麼這最後會走向法學的災難。整個問題的其中一邊——亦即下述提問方式：未來的當下將會帶來什麼？——反而是會逐漸淡出。法官可以（也必須）忽略未來的這個面向。他是按照法律，而將其決定單獨建立在那被他在決定之當下認定爲未來，而會出現的事物的基礎上，也就是那對他來說，在履行了所有應盡的注意義務之後，被認定的事實狀態，其所呈現的當下的未來爲何。可寄予希望的事情是，法官或許可以援用經驗法則，或者無論如何在統計學上獲得保證的高度或然性，來作爲基礎，這些東西可以告訴他一些事情，例如，在離婚後，子女最好是由那個與他已經發展出強固關係的父母之一方來扶養。隨著那針對此種科學性理論而提出的批判，那由諸多確定性之等同項所構成的世界，亦宣告崩潰。[65]在反覆經歷此種經驗之後，人們的確會懷疑，科學是否能夠在充分範圍內，預先給定過去與未來之間的充分固定關聯，使得法官可以以此作爲準則——就好像他們以規範作爲準則一樣！——如果他們不想讓自己的決定成爲錯誤（或者可撤銷）的話。但是，倘若這樣的解決途徑根本就不存在的話：那麼，當法律使得那在法與不法之間所做的決定——這個決定必須當下立即做成——取決於「一個預先被給定的目的，如何能最佳地被實現」（在我們所舉的例子中，這裡指的是子女的福利）這樣的問題的時候，其所意謂的又是什麼？

法官可以讓自己搖身一變成爲治療師，試圖將失敗的婚姻帶到一個狀態中，使得子女至少還能獲得共同照顧。本世紀的諸多少年法庭改革案，也是在這個道德——治療的觀點下開展的。[66]或者，法官承擔了企業顧問的角色，試圖防止那些已經獲准合併的公司，獲取能支配市場的地位。但是人們馬上會注意到，在這個時候，雖然他是法官，他卻彷彿不再是在法律系統中運作著。[67]那種具有事後調控機能的模控學的目的綱要，並不會成爲法律系統的配備，而與法律系統相容；或者，這樣的配備只會在每個決定做成的時候，一再反覆呈現下面這個問題：關於某件事情現在已經是合法或者違法，未來並沒有給出充分的訊息。

特別是那些邁向福利國的政治傾向，導致了下述現象的形成：立法者爲公共行政部門，並且在遠較此爲狹隘的範圍內，也爲法院預先給定了一些目的性的陳述。[68]目的取向或許是一個非常具有意義的政治視角。然而，當其要透過法律而被適用時，卻會產生許多排斥的情況：一方面，目的綱要對於目的達成之情狀所具有之敏感性，是無法被窮盡的。另一方面，就法律技術而言，目的綱要不夠精確，以便使人能夠有效排除濫用的情況，或者排除對目的的達成的阻礙。這樣的說法正好就適用於那些僅以標明目的爲限的制定法。[69]就法學角度來看，對於目的的標舉，只不過意謂著，相關措施唯有**當**其滿足了諸多目的的取向的判準（例如因果上妥適性的判準，或者手段選擇上的可正當化判準）**的時候**，才是合法的。在制定法中，或者在司法實務中綜合得出的目的的設定，只能是一種主導線索，使人們得以查明，那些能夠承載在法與不法之間所做的決定的條件，究竟爲何。這時候，條件式綱要必須以個案方式被組裝起來，而經驗讓人們可以推斷，法官在這時候只會考慮那些已經典型化的、被其假定具有妥適性的「措施」。目的允許法官不去計算那些附隨後果。在相當明顯的程度上，這種說法適用於少年刑法當中，那些可用來取代刑罰的措施。只要這種合目的性的權衡在越來越大的程度上成爲支撐判決的載體，那麼該判決爲錯誤的機率就會越高；因爲對於法官而言，未來也一直是不可知的。目的考量使得法官暴露在經驗性的批判之下，而這個時候，唯有職務上的權威，以及必須做成決定之強制，才使得該決定成爲有效。

法律的決定框架，從來不會是一種目的綱要，此一目的綱要會要求爲目的——無論是自由選擇的，或者是被預先給定的——尋找適當手段，並且要遵守內建於綱要中的諸多限制，例如被允許的成本或者法律上的界線。「若—則」的結構，一直都被用來當作現行有效文本的基礎。正如同我們將要詳細考察的那樣，唯有在那些產生於文本詮釋的諸多問題上，法律系統才會由權衡的方式出發，來考量該綱要係用來輔助哪種目的。正是在這裡，條件式綱要使人們在對目的進行想像時享有自由，這樣的自由，在目的綱要化之下，並不會賦予給任何人。[70]

在極端情況中，條件化可以化約爲一項權限規範。法律就是那些法官以最終具拘束力的方式，認定爲對目的具有適當性的手段的那些東西。不過這也仍然是一項條件式綱要，因爲，唯有當法官合法地行使這樣的權限，也就是，唯有當他是做爲一位法官的時候，那些被認定的東西才會是法。這個時候，法律實務就會退回到那個或許會被觀察者稱爲套套邏輯的狀態：法律就是那些被法律標示爲法律的東西。綱要化的功能或許也就趨近於零。即便在這個時候法律系統的自我再製也不會被危及，因爲下面這件事情一直是很清楚的：當人們想要知道什麼東西是法、什麼東西是不法的時候，他們必須要觀察誰？自我再製是透過系統的符碼，而不是透過系統的綱要獲得保障。因而，要提出的問題只能是，倘若法律綱要的細節條件化，被內建的目的綱要取代時，這件事在法律系統內，以及在對其全社會環境中之諸系統的詮釋關係上，會帶來什麼結構上的後續作用。

此外，將法律確立在條件式綱要上，這樣的作法絕沒有排除，其他功能系統的目的綱要可以追溯到法律上，例如，政治的目的綱要可以追溯到憲法上，教育系統的目的綱要可以追溯到義務教育、營造物規章、父母的權利與義務上，經濟的目的綱要則可追溯到所有權上。但這並不意味著，目的本身可以被司法化。應該說，法律只提供了諸多條件性的穩定性事物（而且，若它們沒有被條件化，那麼它們就不會是穩定性事物），以便使得「爲其他系統提供目的選擇的較大射程範圍」這件事情，成爲可能。就全社會的角度來看，成果的豐碩性就在於目的綱要與條件綱要的相互協力中。[71]不過這樣的相互協力卻預設了，諸系統及其綱要類型，必須維持在分離狀態。也因爲如此，它才能帶來豐碩成果。

V

綱要化補充了符碼化。它以內容填充了符碼化。符碼化與綱要化的區分，允許符碼可以讓自身套套邏輯化，也使得符碼可以作爲諸價值的形式上交換關係而被處理，然而系統在此情況下卻仍然取得了決定能力。它使得不變性與可變更性連結在一起，也可以說使不變性與成長可能性連結在一起。當符碼一旦如其所是的（特別是透過法院組織）被建立起來，那麼一種規則建構的過程也就開始運轉，此一過程採用了自我再製的形式，也就是由自己來供養自己。

在這當中，人們可以看到二元符碼化之原始弔詭的開展。法學家可以只謹守著規則，而忘卻自己是在一二元符碼化的系統中工作著。不過他無法完全如此。符碼之價值差異的統一性，所造成的問題，會返回到系統中。這件事可能會在無可決定性的形式中發生，就如同雅典娜必須爲諸神法庭提供協助一樣。隨著後來的發展，這個難題已經藉著禁止拒絕審判之誡命，而被內建到法院體制之中，它本身是作爲成長原則而發揮作用，並且也衍生了法官法。我們將在第七章再回到這個問題上。除了這種較具程序法性質的情形之外，還有一種具實體法性質的問題，在這個問題上可以顯示出，那被排除的弔詭會返回到系統內，以及這件事情如何發生——此一問題就是關於權利**濫用**的問題。

這裡所涉及到的，並不是某種關於不確定性的、惱人的附隨問題，而可在案例實務中被拉到規則上，並因此成爲雞毛蒜皮的小事——如同在瀏覽了法學文獻之後可能讓我們產生的推測一樣。這個問題會在關於法律主權的問題上浮現，[72]單單此一事實就已經暗示了某些深刻理由的存在。實際上，在權利濫用的問題上，那在系統中由差異之同一性所構成的弔詭，會再度使自己被注意到，並且使人們意識到，所有對於原初弔詭所爲之排除、開展或解消，其實都只是自我欺騙。

我們需要再一次勞駕史賓塞—布朗：就《形式的法則》一書所使用的術語而言，這裡所要處理的，是那由形式之「再進入」到形式中，所造成的無法計算的情況。法/不法此一區分，會在法的這一面上，再度進入到自身中。它會兩度獲得實現，不過這不是兩次相互並立的，或者兩次前後排列的實現，而是在一項運作中實現**兩次**。如同此一概念的名稱所暗示的，史賓塞—布朗在這裡所設想的，似乎是諸運作在時間上的序列化。不過，將諸運作在時間順序上彼此拉開，其實已經是解決方案的一部分，亦即對於問題的去弔詭化。因爲「再進入」是藉著將自身拷貝**到自身當中**，而引用並運用著起始的區分。

這種對於那被排除的弔詭遺留下來之「足跡」，所爲之「反覆動作」，也同時反覆了此一弔詭的難題。[73]不過它卻採用了法學上比較容易上手的形式。正如同在史賓塞—布朗的理論中，對原始區分的「跨越」，可以在不被觀察到（純粹的運作）的情況下，獲得執行，但那進入到自身當中的區分的「標示者」，則無法如此，因而，法學家也可以不加思索地指出，**每項**關於法的設定，都會製造出相應的不法，但即便如此他仍然能看到，存在著一些關於權利行使的情況，這些情況在法律上是有疑問的，而且在必要時也必須被標示爲不法。法律必須顧慮到其適用情況之不可預見性，而被配置以某程度的可能性的剩餘，並且必須一直保持在這樣的狀態。那被濫用的權利，也會保持爲一項被法律所承認的權利。只有一些特定的適用形式必須被排除。例如，這件事可以藉助規則/例外之圖式而發生，或者藉由下述命題：法律形式可被利用來達成特定目的，而且也可以有意義地爲了附隨目的被使用，不過只可以在眞正目的能獲得維護的範圍內這樣做。由此看來，爲了經濟政策的或生態上的導引功能，而使用稅收，是可被允許的，也是正當的，只要使國家獲得充足資金此一稅收之主要目的能夠被維護。（另外，人們由此一例證也可看出，在次等層級上被置入的目的範疇，可以提供相當高度的、但並非毫無限制的詮釋上彈性。）同樣，一齣劇碼的觀眾，或者一部小說的讀者，也可以觀察到或清楚洞悉到，在被呈現出來的故事中，各個故事中人物是在欺騙自己或者彼此欺騙；他甚至可以知道，（在偵探小說的情況裡）他自己被錯誤的線索誘導了。但是，唯有當他並未同時考慮到，故事的敘述本身就是一種欺騙，並且完全不符實際的時候，他才能觀察到上面所說的。在形式中的形式，代表著形式，而此種再現的弔詭就在於，其所涉及的既是這同一項區分，也同時不是這同一項區分。

VI

那藉著將符碼運用到自己身上，而製造出來的弔詭，並不會單獨因爲綱要化，就被消除。那由符碼化而引發的綱要化，藉著第二項區分，而補充了系統的首要區分，這第二項區分即是，對分派法與不法之判準做出了正確的、或者錯誤的運用。如此一來，事物上的複雜性就生成了。系統可以學著去學習、可以去測試諸多判準，並且也可能把它們替換掉。它在意義的事物面向中成長著（即便它在次級的位置上使用了時間概念，例如消滅時效的概念）。然而單獨藉由此方式，仍無法讓人們掌握決定之做成（更不會是以邏輯——演繹的方式）。[74]這把我們引到下述問題上：人們是否可以用一種完全不同的方式，將做成決定的必要性加以利用，以便使弔詭得以開展。

這件事情事實上也發生了。法律系統具有可將決定推延，並且於一段時間內在不明確的狀態下運作的可能性，可供利用。[75]由於未來在眼前呈現出來的總是不明確狀態，因而法律系統便充分利用此一時間界域，以便能夠自己製造並且維持不明確性，並且寄望在稍後能做成（現在還不能做成決定的）決定。這裡牽涉到的問題，與在科學系統的認知領域中所碰到的問題非常類似，都是關於自己造成的不明確性，因爲並不是世界本身被質疑，而是對於符碼值的分派，被認爲是一件在當下還不清楚的事情，而予以處理。法律系統能夠容許這樣的不明確性，因爲它自己承諾了，要在相當的時間內排除此種不明確性。也因此，它能夠確立一些具法律上明確性的條件，用來在暫時無法做決定的情境的前提下，對處理方式做出規制。

如同人們所看到的那樣，我們談論的是那些在法律上受到規制的**程序**。程序是在那時間上受有限制的情節的形式中，被組織起來，此一形式是藉由起訴而被導入，藉由判決而告終止。如此一來，開始與結束就是每個程序系統的構成性要素，這個程序系統藉著它們而使自己個體化。在這當中，開始與結束是一些標記，這些標記是透過程序本身被製造出來，也就是說，可以在程序的推進當中，遞迴性地被指認出來。很明顯地，存在著一些觀察者（原告、被告、法官、法院、書記處、報紙、各式各樣好奇的人），他們的存續，超越了程序之延續時間，並且可以在事前，也可在事後觀察到，某件事情開始了，或者結束了。但是，外部觀察者可以觀察到的事物，只是程序的自我組織，此一自我組織包括了程序本身的開啓與終止。換言之，並不是那些在程序外部的世界事件——意外事故、個人的憤怒、犯罪行爲等——引進了程序。就程序的引進而言，確實存在著一些外部的促動因素，但是這些因素只能在一種形式中，也就是那在程序中可以被指認爲開始的那個形式中，才能獲得成果；唯有這個才是程序的開始。如果在程序內無法確定程序已經開始，那麼程序根本就不會開始。

我們之所以特別側重這個人爲刻意的性質，是因爲，它將開始與結束從衝突中提取了出來，而整個程序要處理的就是這個衝突。無論如何，對於法律爭訟而言，「由誰開啓爭訟」這件事情，大都是無關緊要的。關鍵是在於，誰處於合法的地位。正因如此，程序也必須要自己製造其固有的時間自主性。訴訟之提起，本身不得作爲罪責，或者作爲法律狀態的指標，而被拉進程序中（即便在法律系統的環境中，經常會出現這樣的判斷）。

唯有當這件事情被充分而嚴格地遵守了，人們才能釐清，系統的符碼化與程序是如何聯繫在一起的。唯有那使得法與不法之分派成爲可能，但是卻對此保持開放的符碼，才能製造出程序賴以存續的不明確性。但是程序是將此種不明確性當作其固有之自我再製媒介，而予以充分利用。它利用這樣的不明確性，來促發貢獻、鼓勵參與、使機會（而不是結果）具有可展望性，並且因此促使參與者共同協力，也就是促使他們對其給予承認，到最後，他們則會成爲其自身固有參與狀態的俘虜，並且不會有太大的希望能事後地對程序的正當性提出爭執。[76]無論在哪個具體的切面中，剩下來的不明確性，一向都只是那對於程序之延續而言一直保持在被共同預設狀態的事物——它是在開始與結束與文件案號之外，唯一的不變項。

在這個方式上，法律系統的嚴格二元符碼，就會隨著第三種價值而獲得充實，也就是價值分派之不明確性的價值。[77]也就是說，由法與不法之差異的統一性，所形成的弔詭，不會藉由在正值上將正值雙倍化而被解消（法院有權對法與不法進行確立），也不會像在「悲劇性的選擇」的情況中一樣，藉由在負值上將負值雙倍化，而被解消（無論是法或者不法——在所有情況中，如此做成決定都是不法）。應該說，藉著決定之不明確性此一價值，符碼被標示爲一個統一體，這是嚴格意義下的自我標示。這件事情正好就是藉著將時間差異予以內建，才會發生，也就是藉著未來化；亦即，它並不是作爲法律系統的效力確定而發生，而是只會爲了那些作爲個別程序而分化出來的情節而發生，這些情節的結束一直是可以預期的。

藉著決定的延遲，程序具有製造不明確性的功能，而這樣的程序也算是最重要的演化上成就之一。它們使二元符碼保持完好，也就是說，它們並沒有將任何進一步的價值或者超越價值（例如宗教上的觀點、神意裁判等等）引進到系統中。相反地，它們使得將法與不法此一符碼區分運用到程序自己身上這件事情，成為可能。為了規制程序的進行，一套特別的程序法被創造了出來，這套程序法被小心地與實體法區別了開來。這套法律在積極的觀點下，置入了其自己之規範，以便能在考慮到做成實體正義判決的目標下，促進程序之進行；也因此，程序上之不法，其實就是對那些為此而被規定的諸多規範的違反。不過此一程序規範之形式，也具有另一面，那就是對於不明確性的維繫。這件事情或許可以用積極的方式獲得規範化，例如，藉由關於法官超然中立之諸多判準；不過在具根本重要性的層面上，所有那些對程序有促進作用的規範與措施，其實也都是用來呈顯出某種「尚未如此」的狀態。它們清楚表現出，程序尚未終結，結果也還不明朗——這一直會持續到程序最後宣告自己被終結時。

這裡又出現一項區分，這次是關於實體法與程序法的區分。這時候，法律的統一性，必須要能證明自己有能力作為此一區分之統一性。這通常是透過一種目的論的、以目標為導向的程序概念，才得以發生。然而如此一來，人們就陷入到目的論式概念所具有之所有弱點，這些概念無法為其自身之失靈，或者其自身之反面，賦予任何意義。存在於程序中的、關於結果的不明確性，這時候就只能是一種令人遺憾的附隨現象，此種現象是以做成合理決定之困難性為其條件。但這樣一來，那個使程序在其中繪入其形式的媒介，就從視野中消失了。因而，一套只具有目標導向的、工具主義色彩的關於法律程序的理論，無論在何種情況，能捕捉到的東西都太粗淺。不過即使是那些已經理想化的版本——依照這些版本，程序應當是為了實現正義而努力，或者應當是為了確立達成理性共識的條件而存在——也僅只是指明了諸程序系統最醒目的一面而已。所有這種類型的理論版本，都會陷入下述問題中：那些無法滿足這樣的積極期望的程序，到底還算不算是程序？然而，倘若它們不是程序——那麼它們又是什麼呢？唯有在那對法律系統所提出的自我描述之內，人們才能接受諸多此一類型的理論，這些理論可以在規範化的形式中表達其善意，並且因此而滿足於將偏離的情況標明爲對規範之違反，或者對程序理念之違反。社會學式的分析則不能停留在這個階段。它必須一直追問形式的另外一面，也就是要一直追問，當某個觀察者將某件事情標示爲程序的時候，他所使用的區分爲何？這又會將我們帶回到弔詭的形式上，這裡所涉及的是這樣一種弔詭，它是用來將符碼的弔詭轉化爲一種較小規模的、情節式的規格。這個時候，人們就會看到一些他們在規範與偏差的圖式中，或者在理想性與現實性的圖式中所無法看到的事情：透視角度的特有多樣性；一種不需要起始共識或結局共識的處理方式，也就是一種不需要任何觀察者之意義體驗的同一性的處理方式；更進一步，還有那蘊含於不明確性當中的易受刺激的性質；並且，隨著前面這些事情，人們又會獲得那將諸多前提予以創造性轉化的機會，法律系統乃是由這些前提出發，而邁向下一步。

沒有任何其他的規範秩序，能夠發展出這樣一種在程序上運行著的反身性。人們只能在法律中發現到這種反身性，而無法在諸如道德的領域中發現到它。或許，這兩種符碼化之間的決定性界分判準，即蘊含於此，此一界分判準使得法律有別於道德，而能成爲一個自我再製的系統。[78]唯有法律具有那自哈特以來即被多所討論的諸多次級規則可供運用，唯有法律能夠合法地質疑自己，唯有法律才在其程序中具有一些可供利用的形式，這些形式使得人們得以合法地確證某人的不法，也唯有法律才能認知到各種由法律問題之暫時未決性所構成的、既未被納入亦未被排除的邊界值。道德則只能在論理言說的形式中，也就是只能在倫理的形式中、只能在諸多語義上抽象化的形式中（這些形式的導引性價值，一直是不確定的），對於將符碼運用到自身上所形成的諸多難題，進行處理。

VII

在本章結尾處，應該要特別突顯出一個前面已多次觸及的面向。法律的自我再製，是建立在一種統一的運作方式上，在這種運作方式裡，生產與結構維持（結構改變）雖然可予以區分，但不可互相分離。[79] 因而，人們並非發現到那些符碼與綱要（規範）已先在地作爲具固有性質的事態，彷彿高懸於溝通之上的理念，自己維繫著自己的存在。符碼與綱要只能在溝通上被觀察到。符碼使得在關聯到系統的情況下，區分出屬於／不屬於系統這件事情，成爲可能；分派法與不法之綱要，則是那些就效力／非效力所做之判斷的對象。觀察者可以將其稱爲或描述爲結構。但就經驗層面來看，它們一直是藉由系統的諸運作而被給定。它們是系統之自我再製之諸要素，不是一些爲己存在的構成狀態。與此相反的見解，例如整套柏拉圖的理型論，其所以能夠形成，都要歸功於書面文字的出現。事實上，書面文本使得人們更容易產生一種想像，認爲那在紙張此一物質基礎上被寫下來的東西，彷彿事實上是某種爲己存在的東西，而這時候，理型論就恰當地記錄了下述的洞見：人們完全不能將世界的本質標示爲紙張，也不能將其化約到紙張上。然而事實上，書面文字對於諸社會系統而言，不過就是關於溝通的一種生產方式——它對於那些在此過程中被一同製造出來的諸結構所具有之形式，會產生顯著後果。「生產與結構之建立，只能合而爲一獲得執行（因爲系統自身就是自己的統一體，並且使此統一體成爲可能）」這件事情，唯有當人們將時間也拉進考察時，才能被理解。爲了爲自己創造時間（並且因此而創造未來，也因此創造不明確性），法律系統設置了程序。系統是在將個別事件予以串連的形式中運作著，並且爲此建構了一種固有時間，這種固有時間或多或少能夠與環境時間形成良好的同步化。因而，法律系統的分出，也藉著符碼化與綱要化，而具有嚴格的時間面。它將那些會在法律系統中被處理的發生事件，放到規則底下，這些規則使得法律程序不會有賴於下面這樣的問題：某件事情是何時或者如何開始的，以及某件事情是何時或如何終止的。例如，具有關鍵地位的問題（或者最多可藉由特殊的法律規定成爲具關鍵性），並不是爭訟何時開始，或者誰開啓爭訟。具關鍵性的問題只能是，誰處在合法情境或者不法情境中。否則的話，人們就會糾纏在無止盡的先前歷史中，就如同治療師所言，每個人會以特有的方式在這裡「頓點」。如此一來，時間意義下的分出所需的條件就是：過去事實及其序列所具有之相關性，完完全全有賴於，法律系統的綱要自己把什麼東西劃入界線內，又把什麼東西劃出界線外。什麼事情開始了、以及某件事情如何開始，都是法律系統自身的建構。（人們只需要設想一下土地登記簿，或者消滅時效等等制度，它們減輕了法律上的舉證負擔，並將對於先前歷史的追溯，維持在非常狹隘的界線內。）[80]

能夠適用於過去的事物，同樣也適用於未來。至少在下述範圍內是如此：當取決於系統固有的界線界定時，過去與未來彼此間的關係是對稱的。關於未來，人們尤其可以設想一下既判力的制度。當然，前面已花相當篇幅討論過的、關於目的論式剖析角度的無法使用性，也可歸屬於此一脈絡，因爲，倘若這些剖析角度被認眞看待的話，那麼它們在其所追求的狀態得以形成之前，都必須推遲各種的約束作用。藉著此種無條件之必然的、時間性的自我裁判，法律系統阻擋了外部條件所產生的無法預見的、無法控制的干擾。或者由另一個方向來做陳述：一個試圖達到分出狀態以及運作上封閉狀態的法秩序（此一法秩序也因此試圖將自己建構爲法律系統），唯有當它將社會性交互依存狀態的時間上指涉領域，帶到其管控之下，並且依照自身固有之規則來剪裁此一指涉領域時，它才能達成這件事情。這也意味著，其必須在與全社會中的環境的關係上，以相當程度的時間上的裂解作爲代價。相較於全社會的其他領域，在法律中存在著諸多另外的過去與另外的未來。

不過這時候，對此又有些的補償性的設置會形成。屬於這類設置者，主要包括法律系統的**隨時可攀談**

性，以及與此有所關聯的，**細節化的專門發展**，在其底下，法律問題才有可能被把握並且被解決。在情境的不斷轉換中，這使得人們總是能夠重新開始，並且在另外的觀點下，再度掌握那些已經解決的事情。

第五章　正義作爲偶連性公式

I

法律系統的統一性，在法律系統內，首先是於運作上序列的形式中被給予，這些運作上序列以自我再製的方式複製著系統。諸運作可以觀察它們的系統歸屬性，也就是可以將系統與環境予以區別。這個區別動作實現了自我指涉，也就是對於那標示著自己的系統所爲之標示，以有別於其他所有系統。

然而，那在此形式中，將自己標示爲「在環境中的法律系統」的事物，是如此地複雜，以至於無法在完全實現的意義下來掌握它——其原因即在於，它是存在於那些時間位置上具有差異的諸運作中。那隨著每項運作而被給定的、自我指涉的循環，必須從一個時刻到另一個時刻不斷被反覆。藉此，這個循環就在同一系統不斷的進一步運作所構成的線性無止盡狀態中，開展自己。也是在這個方式上，系統使自身關聯到自身上，並且在這時候，展現爲一個自我指涉的系統，其具有那些拷貝到自身當中的諸多運作上的自我指涉。[1]

爲了要透過反覆而使此一形式成爲可能，系統必須將那些運作認知爲反覆的，也就是說，必須要能夠指認出它們。它也必須要在各種其他情況中做這件事，亦即，要貢獻出一般化的成效。史賓塞—布朗將這個複雜的過程理解爲，系統之遞迴運作的凝煉與確認所構成的統一性。[2]凝煉預設了，也留下了諸多的認同。對於這些認同所進行的確認，則會造成與各種總是不同的情況間的相容性。在意義此一媒介中，上面這件事使得某種由同一性與界域所構成的體驗單元成爲可能，也就是由那被意義界定的現實性核心，與眾多對其他可能性之指示，所構成的體驗單元。這又會在對意義的處理過程中，帶來「經驗」，此種經驗無法毫無保留地被帶進那些可被定義的概念中。正如同已經在意識理論中一再獲得確定的情況一樣，系統是依存於自我關係的，而這種自我關係是無法在反思當中被完全掌握的，因爲它自己執行著所有的反思，也就是說，它早就在運行著，也必須維持著運行。在各種情況中，此一難題的解決之道，都只在於那些「區域性的」指涉中，也就是關聯到各個情況中特定的、發揮著作爲「現行有效法」之功能的文本。在這當中，如同前面[3]已經提出之論述，法效力的形式象徵則中介了系統指涉，並且不需要同時標明出系統之內容上特徵。

進一步的思考也會將我們帶向類似的結果。由於每項觀察都必須以一項區分作爲基礎，以便能夠標示其對象，因而，觀察的統一性本身就從觀察中被抽離了——除非藉著置入另一項區分，不過這時候相同的說法也適用在此一區分上。[4]觀察——接下來也可以說，觀察者——對自己本身而言，只能作爲弔詭而具有可接近性，也就是只能作爲下面這種事物的統一體——這種事物必須作爲具有差異性的事物，而發揮功能。

如此一來，二元符碼的統一性，總是只能以弔詭的方式被想像。弔詭可以在不同的方式上被「開展」，也就是可以被轉譯爲新的區分。例如，這件事情就發生在二階觀察的形式中，也就是藉由一名（另一名）觀察者以及其所使用之工具的區分。接著人們可以說（正如同我們已經做的那樣），法律系統——而且唯有法律系統——使用了法／不法此一符碼。這項解決方案具有重要的長處。尤其是，它使得那些關於觀察者（法律系統）及其符碼（法／不法這項區分）的陳述，有可能依照需求而專門化，以便使人們最後能夠忘記，區分動作的最終統一性，一向都只能作爲弔詭而被給定。弔詭在其開展與界定的過程中，被隱藏了起來。

第一種使之充實的方式，是在於符碼化與綱要化之補充性區分中。人們可以將諸多條件式綱要當作「補充物」（德希達），而添加進來。如同前章所指出的，這樣的作法允許人們得以將符碼技術化，也就是將符碼化約爲二値（正／負）的形式交換關係，因爲這時候，在一個可與此區分開來的區分所構成的意義領域中，對「被賦予正値或負値」此一問題而言，形成了一些實質判準可供利用。在這裡，整個的法理論都現身說法，以便能釐清，就每一項關於正確的或不正確的價値分派的區分而言，應適用哪些判準。在此種方式上，人們獲致了一套在理論上系統化的、以規則與原則作爲框架的實證法——並且可以滿足於此。如此一來，傳統上對於法律之正義性的追問，就喪失了各種實際的重要意義。它既不能作爲法與不法之外的第三値，而被添加進來，它也不能用來標示系統之任何一項綱要——例如，彷彿在建築法與道路交通法、繼承法與著作權法之旁，還存在著一種正當法。其結果就是：人們只能將法律之正義性問題，繼續視爲倫理上的問題，也就是繼續視爲在道德的媒介中，對法律進行奠基的問題；此外，這個時候，人們會以更多的努力去展望，要在法律中爲倫理留下一個位置。[5]或者，人們將正義視爲一項整體全社會的原則，此原則適用於所有生活領域，並且在法律中只不過採取了一特殊的形式。[6]

關於正義之道德上要求，具有倫理的性質，這一點或許可以維持在如此無可爭執的狀態——法理論卻不能滿足於此種解決方案。它可說是把正義理念交給了倫理學，然後迫使自己要將倫理學整合進來。我們已經全盤承認，在法律系統中，會引用道德規範，並且因此而使其司法化；不過，我們得專門藉助於法律文本，來確證事情的確是如此。其並非僅導因於法律決定必須具有論理基礎這件事情。用一種令人驚恐的說法，這裡的問題，其實跟對於科技標準的援引，或者在法律系統的個別規定中對於具最佳可能性的專家知識的援引，其實是處在同一個層次上。

但是法律系統並不必然就得因此放棄正義理念。只不過對此一理念在理論當中的位置安排，應該重新予以思索。這裡涉及的問題是，要在系統內再現系統的統一性，也因爲如此，才需要大費周章對此問題做一導論。在「效力」的情形中所意指的，乃是一個在系統中流通著的、銜接諸運作的象徵，這個象徵能使人們爲了遞迴性的再利用，而回憶起諸運作的結果；在正義的情形，涉及的則是系統的自我觀察與自我描述。在二元符碼層次上進行的自我觀察與自我描述，最後會形成弔詭的結果（因爲它必定得宣稱法與不法是同一件事）；但在系統的綱要層次上，是否可以存在著一種統一性的投射，亦即適用於所有綱要的綱要，則仍然是具有開放性的問題。人們很容易聯想到，要在這裡推敲正義理念的意義。此外，在其他觀點中，自我描述是以理論的形式（這也意味著其具有可討論性）被製作完成的，[7]但正義的理念則明白地主張其具有規範的性質。在舊歐洲的傳統中，此一規範被理解爲社會和諧，並且是指涉著整體意義下的全社會，而全社會本身這時候則會被理解爲在法律上受規制的共同生活。這並沒有帶來任何可具體化的指令，因爲那項關於在法律上被建構的全社會的前提，顯然並不切實際。然而，就算人們爲了一個已分化出來的法律系統，而將正義規範量身剪裁，對於此一規範而爲之再指明也都是不確定的。法律系統試圖讓自己本身成爲正義的，無論事實爲何。隨著「正義」這項論題，有一項觀點其實也被標示了出來，在這個觀點上，傳統類型的自然法式與實證主義式法理論間所具有之差異，也就可以隨著追問法律**固有**的（但這既非自然的，亦非透過決定而被導入、並且因而可透過決定予以撤銷的）法律系統自我控制的形式，而被超克。[8]然而，當系統自己藉著這項規範而標示自己的時候，它並沒有辦法指明，在這裡所意指的是什麼東西，除非它將**自己固有的**運作鑑定爲**不屬於系統**。

換言之，我們首先是透過區分，來限制正義這個問題：自我指涉，但它不是作爲運作，而是作爲觀察；不是在符碼的層次上，而是在綱要的層次上；不是在理論的形式中，而是在一種（會受到失落之侵襲的）規範的形式中。所有這些都意味著，可能會存在著不正義的（或者，或多或少正義的）法律系統。無論是系統的運作上自我再製，或者那必然不變的符碼，都不會是「正義」的。這樣的界分，對於提問方式的精確性而言是非常重要的。但是：藉著這樣的作法，到底什麼東西被積極確定了？這種藉著自我指涉性的規範而提出之自我質問，要如何被指明？系統要如何在一規範性綱要中表述其固有之**統一性**，而此一規範性綱要同時可**在**系統**中**被運用，而且是**在**每個地方都可被運用？

II

在爲這些問題找尋答案時，我們的出發點是，正義的理念可以被理解爲法律系統的**偶連性公式**。這樣一來，我們不用勞駕價值概念，就可以將此一公式推到一個層次上，使其可以與其他功能系統中不同種類的偶連性公式，做一對比——例如科學系統中的有限性（＝否定所構成之多產性）原則，[9]經濟系統中的稀少性原則，[10]宗教系統中的一神理念，[11]或者教育系統中的教導或學習能力理念。[12]藉此方式，偶連性公式取代了眾多在正義之定義中被使用的其他上位概念——例如美德、原則、理念、價值。[13]不過它並未完全替代這些宣示方式；因爲正如同我們將要指出的，唯有外部的觀察者才能夠談論偶連性公式，系統本身則只能以下面這樣的方式來標示正義：這種方式清楚的表達出，正義是被要求的誡命，而且系統藉著那作爲理念、原則或價值的正義，來指認其自身。在系統內部，偶連性公式是以不具爭議性的方式被設定的；人們或許可以銜接到阿萊達與揚·阿斯曼的理論而說，它被「典律化」。[14]

藉著偶連性公式的概念，我們會認知到，自然法式的正義概念的諸多前提，都已消失，而我們也首先可由此做出一些推論。[15]自然本身，並不會在任何可理解的意義下，具有正義的性質。或者換句話說：從「合乎自然」並不能推論到「正義」，如同在自然法傳統中默示地用來作爲基礎的那項推論一樣。作爲演化的結果，或許，在自然中，存在著某種在相容性意義下的均衡性。倘若將這樣的說法套用到法律系統上，那麼這意味的可能是，法律的實際運作可以對正常程度的痛苦與侵犯行爲，做出調適。然而，由此並不能推論出，那些指涉著上述命題的諸多規範與決定，是「正義的」。秩序是演化的一項事實性結果。每一種規範性的理念，都必須與那些原本就會發生的（合乎自然的）事情，保持相當程度的獨立性，也就是要要求更多的事物。[16]否則，它們作爲規範，簡直就是多餘的。[17]鑑於此種態勢，倘若——如同那些自然法的擁護者一直想要讓我們相信的一樣——對於自然之援引，被當作是針對現行有效實證法律提出批判的唯一可能性的話，那麼，後果將會是毀滅性的。[18]自然法藉著這招詭計，爲自己巧取了某程度的承認，但我們不需要隨之起舞。偶連性公式的概念，爲我們指出了另一條路。

關於自然的諸多假設，被關於此一公式之自我指明特性的諸多假設取代了。申言之，偶連性公式具有循環論證的形式——這裡正好蘊含了它們所具有的將自身置入的、無法進一步被解消的原始性。[19]它們使自身關聯到不可界定性與可界定性之差異。它們的功能在於，要跨越這條界線，並且需要利用到爲此目的而在歷史上被給定的貫通性。人們也可以利用對弔詭或套套邏輯之開展此一邏輯概念，來表達同一件事。或者也可由進行觀察的諸系統的理論當中，借用一個概念，亦即，藉著區分來取代統一性（此種統一性只能夠以弔詭的方式或者套套邏輯的方式被描述），使無法被觀察的事物變得可被觀察。

藉著不可界定性/可界定性此一面向，我們要指涉的，不是實際存在的（可掌握的、被標示的）諸多事實，而是指涉著對這些事實進行處理的諸多其他可能性。因此才使用「偶連性」公式之用語。一個使其內部運作在訊息上運行的系統，總是在視野內也保留了其他的可能性。在法律系統的情況裡，此種偶連性取向，則隨著系統逐漸過渡到法律實證化的狀態，而在同一程度上獲得強化。畢竟如此一來，就等於是承認了，所有的法規範與所有的決定、所有的理由與論證，都可能採取其他的形式——但在這個過程裡，有一點是無可爭辯的，那就是，那些發生的事情，就是如其發生的那樣子發生了。

偶連性公式無法使自己在其功能上獲得正當化。對於從不可界定性到可界定性這條界線的跨越，必須在不被察覺或者不被提及的情況下，獲得執行。換句話說，這項功能必須以潛伏的方式被滿足。倘若將此功能予以公開呈現，那麼這將會指向那個起始的弔詭，以及存在於下面這件事情中的弔詭：將不可界定性與可界定性框在一項、而且是同一項公式中，也就是當成同一件事來處理。將此種基礎弔詭予以隱藏，此一作法所具有之功能，本身也必須被隱藏起來，而這件事情是藉由下述方式發生的：偶連性公式將自身予以置入，並且在其系統妥適性上證明自己的用處。

同樣的情形也出現在正義上。[20]

由於法律承擔了「使規範上期望穩定化」的功能，這使得人們很容易想到，要讓正義以規範的姿態出現。但在這麼做的時候，人們必須避免將這項規範視爲一種選擇的判準（用我們的語言來說則是：一項特定的綱要）；[21]因爲如此一來，正義之規範就會被定位在其他諸多選擇判準之旁而出現，並且喪失了其在系統中再現系統之功能。這也意味著，正義之規範必須被採納，但是卻無法預先看出，由此可以得出何種決定，或者它比較偏向哪種利益；而從個別案件的決定實務，一直到立法者所提之問題解決方案建議，都比較是以關於某些特定規範之不正義性之印象爲導向，而不是以正義規範之適用爲導向。[22]

在對正義進行思索的傳統中，偶連性公式與選擇判準的這種分離狀態，經常被忽略——尤其當正義被呈現爲美德，而且每個人都被期待要具有此種美德，並被要求要去實現它的時候。然而稀少性對於經濟決定合理性之評斷而言，也並非一項判準。最後，神其實是「分歧的製造者」，[23]而不是那分歧世界中的眾多要素的其中之一——除非人們所意指的，是要在世界中尊崇神，或者意指著神職人員關於「爲神所喜愛」（並且因此是特定的）的生活方式的教導。

同樣地，偶連性公式也不能被理解爲成長公式，或者一種關於系統之被期許的發展走向的宣示——例如下述意義下之宣示：更多的正義、更多的教導、較低的稀少性等。這樣的形塑，在特定時代裡（尤其是十八世紀後半葉），或許還被認爲是有道理的。然而它們其實早已是某種特定的歷史詮釋，這種詮釋，唯有當人們傾向於忽略系統中的成本、負面效應、官能障礙、風險、偏離的強化等等事情時，才能夠成立，這些事情其實是與各種對於特定選擇走向的強行貫徹緊密相連的。

在這種情況中所意指的規範，其實也不過就是一種反事實性的、在失落的情況中也應予以持守的效力要求。正義此一規範的特殊問題，是存在於一般化與再指明的關係中。沒有任何個別的系統運作，更沒有任何的結構，可以從「應當合乎正義」這項期望中抽離出來；否則的話，規範就會喪失對於系統統一性的指涉。另一方面，正義之規範也必須在個別案件中提供指引，而且人們不能單由某運作之歸屬於法律系統的狀態，就推論道，該運作是合乎正義的。

在其最一般性的形式中，正義這項偶連性公式，在一個漫長的、到今天還一直具有拘束性的傳統中，被規定爲**平等**。在平等這個用語中，人們看到的，是一個一般性的、形式的要素，所有的正義概念都包含了這個要素，但是它所意謂的僅僅相當於「按規則行事」或者一致性等性質。[24]在這裡，平等被視爲一項能使自身獲得正當化的「原則」，就如同對偶連性公式而言所必要的那樣。亦即，正義不需要讓自己獲得更進一步的論理基礎。此外，藉著「偶連性公式」所要說的事情其實是，正義既未包含關於法律之本體或本質的宣稱，它也不是爲法律效力奠基的原則，最後，它更不是一項使得法律看起來好像更值得偏愛的價值。相較於所有這些假設，偶連性公式的概念提出了一種抽象化的貢獻——它也正好藉此而對應於平等這項形式性原則，此一原則同樣既未標示出事物之本體，亦未標示出一項理由，或者一項價值。偶連性公式只是一項由對於理由與價值之追尋，所構成的圖式，這樣的追尋，唯有在諸綱要的形式中，才能獲得法效力。針對藉由此種方式而被提出的問題，所做的每一種解答，都必須在法律系統中，藉由其遞迴性之流動化，才能被尋得。它不能從外部被輸入進來。伴隨著平等，首先只有一項形式概念被標示出來，這項形式概念也附帶意指著不平等，並且排除之。在一種進一步的、隨著亞里斯多德而開啓的發展中，此一形式的另外一面——亦即不平等——也被置放到正義原則之下，也就是作爲一項要求，要對不相等的案件做不相等的處理。到了這裡，系統的公式才隨之完整，也就是對於法律系統的所有決定都具有相關重要性。[25]當然在這個時候，那個被偶連性公式遮蓋起來的弔詭，也應該會清楚顯現出來；因爲系統的統一性這時候要求，對相等的事物做相等處理，對不相等事物做不相等處理，而如此一來，**統一性**就在相等與不相等所構成的差異中，獲得表述。

無論是作爲對那由差異性事物之統一構成之弔詭，所爲之開展，或者作爲形式概念——此形式概念使得藉由不標示區分之另外一面，而標示出其中一面的作法，成爲可能——正義原則（如果人們可以這樣說的話）都對系統著進行全面管轄。此一公式也能夠按照各式各樣的歷史狀態，而採取各種非常不同的表達方式。所有的偶連性公式，都具有這樣的一種核心含意，此種含意接著會在不同的全社會結構條件下，隨同選擇各種不同的再指明方式。例如，亞里斯多德思想中關於分配正義的概念，就預設了一種階層化的全社會，在這樣的全社會裡有一點是無可爭執的，那就是，人們藉由其出身，而按照自由/不自由，以及按照其社會位階，而被區分開來。[26]如果可以由此出發，那麼關於「某人可以享有何種事物」這樣的問題，就會有清楚的判準。這個時候，「使各得其分」這樣的敘述方式也才具有意義，[27]因爲一個人可享有的事物，並非對於所有人而言均爲相同。如果這樣的結構前提不復存在，[28]那麼偶連性公式就必須再被導回到一種近似於後設歷史性的抽象化態勢中，而且這時候人們就會想到，要去尋找新的依循點——例如以對於功能系統之指涉，來取代對於位階之指涉。[29]

這種關於一致性決定的要求，所具有之歷史上與全社會結構上的相對性，使得人們有必要用進一步的特徵來補充之。倘若只存在著少數幾種決定方式，那麼一致性就可藉由相對簡單的手段來達成。然而，在業已發達的、具有已分化出來的法律運作體的各個全社會裡面，情況並非如此。因而，正義唯有在一致性決定之充分複雜性的意義下，才能被討論。[30]這種充分性是產生自法律系統與全社會系統之關係。也有人在此意義下談論過法律系統的「回應」。[31]在關於諸多自我再製系統的理論內部，或許「激擾性」（可干擾性、敏感性、共振）才是恰當的用語。的確，法律系統在其自身固有的複雜性中，無法考量到所有全社會的事態。它必須要化約複雜性，就如同每個系統在對於其環境的關係上所必須做的一樣，並且要藉由無差異性的高牆，來保護其固有之複雜性架構。但這時候，在內部對環境所做的重構，還是會或多或少地變得複雜。而且這種內部的複雜性，唯有當其能夠與決定的一致性相容的時候，它才能夠對應於正義的要求。我們將在關於論證的章節中，藉著變異性／冗餘性這對概念，再回來討論這個問題。

III

在歷史的發展進程中，正義的問題最早似乎是出現在相互給付的關係中。人們所能要求的東西，不能超過他們透過自己之給付而應得的，或者超過其加害人所應負擔之責任程度。這種理解方式，是衍生自片段式社會[32]當中的相互性規範的意涵。一直到亞里斯多德，都還承接了此一原則，並將其當作雙務（自中世紀以降則稱爲：交換的）正義的特殊類型繼續開展，[33]而今天的論述者也都還維持此種觀點。[34]在貴族社會中，相互性之準則則可透過下述方式而適應於已經改變了的結構：具較高位階之人的給付，被認爲是一種施恩的方式，而被給予較高之評價，並且，若將這樣的說法推到極致，就會認爲，沒有任何人眞的值得享受神的恩典。[35]相對於此，在那些較爲複雜的全社會中，對於給付價值之估算，倘若無法在市場價格上被確定，那麼可以說，相互性之規範也就隨之喪失了實際的意涵。此外，有許多的角色，主要是專業的角色，也包括法官的角色，必須從相互性準則之適用範圍中劃分出來。[36]這時候，若將這些角色納入到適用範圍中，就會被稱做「貪汙」。也就是說，在這裡，相互性不再能夠在一項準則裡，再現系統的統一性。

同時，那以文本、概念、教條爲導向的法律實際運作，也使得另一種關於正義問題之理解版本成爲可能。這時候，正義可以以另一種方式，與平等之形式扣連在一起，也就是在「對相等案件做相等決定（並且可得出對不相等案件做不相等決定之結果）」此一規則的形式中扣連在一起。簡言之，人們也可以將正義標示爲決定的一致性。

在與交換正義以及與那處於平行地位的分配正義的關係上，這裡跨出了抽象化的一步，這一步的跨出，預設了一個業已分化出來的法律系統的存在，此一法律系統則建構了諸多法律案件。這裡涉及的問題已經不再是，某人所得到的東西——無論在交換中或者分配中——是否合乎正義地被衡量了。這裡的問題是在於，一個法律系統所要處理的具體案件，是否合乎正義地被決定了。如此一來，舊時關於正當範圍以及在極端主張間取其中道的要求，就喪失了它們的意義。對照的觀點，已經從對於給付之「或多或少」的衡量，推移到下面這點上：在系統當中那個對於諸多決定之再生產的遞迴性網絡裡，什麼事情應該被視爲相等、什麼事情應該被視爲不相等，而予以處理。這個對照觀點也必須相應於此而被抽象化。法律案件，在各種情況中，都是指涉著那特定的、有待詮釋的文本出處，並且是在雙方當事人的關係中（當事人之間的衝突，需要做成決定來解決），才具有其統一性。對於法律案件之決定，是以對於其他案件之參酌，並與系爭案件做出區辨，作爲其基礎，它也因此是建立在那些決定規則的基礎上，這些決定規則本身，當其能夠一貫地就相等與不相等案例做出分類時，就可以視爲是合乎正義的。這意味著，正義不再能被設想爲一種「美德」，或者，它只能爲了道德或倫理的目的，而被如此設想。

決定一致性之原則，與其他在全社會中通行的價值判斷，是拆解開來的，例如，它與「參與者係富有或者貧窮」、「是否具備道德上無瑕疵的行事風格」、「是否迫切地仰賴協助」等等問題，是相互分離開來的。[37]這樣的觀點，唯有當它們在實證法的綱要結構中被列舉出來的時候，也就是作爲「構成要件特徵」而應予考慮的時候，始應予注意。否則的話便不需這樣做。[38]只要這種綱要結構尚不具備足夠的價值敏感性、分化性與複雜性而獲得發展，那麼人們就會附帶地舉出衡平這項補償概念。然而這項概念預設了在君主之一般性裁判權內部的一些特殊權限（或者，在宗教的平行結構中，聖母瑪麗亞的可促發性）。[39]也就是說，「主權性」決定者的最終統一性，在一個已開展的弔詭的形式中——正義與衡平，或者以美德的概念來表示：公義與仁慈——被綱要化。如同在英國的情況一樣，它有可能導致彼此不同的裁判權的並存，這些裁判權的其中之一，在特殊範圍內有助於法律發展，並且被稱爲「衡平法」。然而，當法律的持續發展，已經逐漸邁向立法的階段，並且同時也使法院具有更大程度的詮釋自由可資運用時，這樣的作法也會在同樣程度上顯得過時。[40]

在今天的發展階段中，正當立法活動逐漸增長之時，也出現了對於正義的重新思考。由於立法改變著法律，因而，它必定會與對於一致性決定之要求產生矛盾。它使得下面這件事情成爲可能：依照決定是在制定法生效前或者生效後做成，而對相等案件予以不相等之處理，或者對不相等案件予以相等之處理。對於此種一致性之斷裂之執行，存在著一些預防措施，例如關於轉型階段的準備措施；然而原則上，立法需仰賴全社會，而全社會自己的諸多結構，變化得則是如此迅速，以至於時間上的分歧不會（或者幾乎不會）被認知爲不正義。爲此所提出之論理基礎，則被推移到政治系統中，人們信賴政治系統會以積極的企圖來執行諸多改變（例如在「改革」這樣的名義下）。

或許，今天的發展傾向——亦即仍然僅將正義視爲倫理上的或訴諸情感的原則，或者僅將之視爲一項價值，當這項價值與其他價值相互衝突，在必要時它必須退讓——自己也會對這種在法律系統中出現的時間上不正義，做出反應。如此一來，關於一致性的以及充分複雜的決定的要求，就不被認爲是對正義理念之特徵提出了充分的說明[41]（不過這樣的說法並不能使人正當地主張，根本不需注意到上述的要求）。如此一來，那些試圖爲正義理念尋找一種表述方式，使之可以同時橫跨法律系統與政治系統的諸多嘗試，就變得可以理解。不過，在「價值」這樣的語意中，正義只能被規定爲諸多價值當中的其中一項，而這意味著，它只能委諸個案衡量。對於法律系統而言，偶連性公式的問題無法在這個方式上獲得解決。

一條可能的出路或許是，根本就只把偶連性公式歸給法律系統的中心，也就是裁判權的核心領域，因爲唯有在這裡，那由「不可被決定之事物之可被決定性」所構成的弔詭，才具有現實的意義。[42]關於法效力之製造的諸多邊緣性形式，包括契約之締結以及立法，這個時候似乎就會因爲其與其他系統動力的緊密聯繫，例如與經濟或政治，而被劃分出去，雖然它們在法律系統內部製造著法效力。它們倚靠著其他系統領域的規訓化運作，換言之，即使沒有正義的控制，它們也絕不會以恣意的方式形成。這個時候，或許諸如「法律保障之不可排除性」以及「禁止拒絕審判之誡命」等具有法律內在性的原則，就已經足夠爲正義原則在整個系統範圍內創造實在基礎。

還有一項進一步的原因，促使人們要重新校準正義理念，以確保其能在當前的條件下平順運轉。此項原因即產生自福利國提出諸多目的綱要的傾向。目的綱要使得手段的選擇得以正當化，並且因而創造不平等。它們的政治上正當化，係蘊含於涵括原則中。每個因爲綱要而獲得有利地位者，他就是獲得了有利地位；而獲得不利地位的，又只有可能是全部的人——也就是作爲納稅人。人們可能會想到，要將這個關於重分配的巨大平衡機制視爲「分配正義」的一個案例；不過在這裡其實就欠缺了自然法的基礎，取而代之的，是政治決定的偶連性，這樣的偶連性，不會僅因爲重分配之原則，即可被視爲合乎正義。這正好對應著一項在社會心理學研究上已經反映出來的、也廣爲流傳的信念，亦即，若非罪有應得，那麼不幸就可以當作請求協助的理由。[43]但是，這種對複雜的，尤其是具有結構依賴性的問題態勢，所做的簡單二分法，很明顯地已經對干預國家提出過高的要求。不過無論如何，這樣的二分法似乎都已經爲相應的政策建立了個人主義式的相關項，並且可以用來說明，爲何福利國家在政治上不會有任何接受上的難題。只不過，這樣的正義觀念，比較會讓人想起萊布尼茲關於ordo seu perfectio circa mentes（秩序，或者說心靈上的成全）[44]的想法，而不是某種法律系統有能力兌現的東西。

由此所引發的諸多問題，是由憲法裁判權的部門來處理，至少在德國是如此。[45]此一部門將自己理解爲對於價值衡量的控制機制，然而它只不過藉著這種方式，用（可能是）另一種主觀判斷來取代原本的主觀判斷。政治系統與法律系統之間的界線——憲法裁判權的正當化本身即有賴於此（無論是從法律上來說，或者從政治上來說）[46]——也隨之變得模糊。在此處，我們可以再度提請注意（這樣的作法在這裡或許會有所助益），法／不法這組符碼的「補充化」，以及對於正義此一偶連性公式的再指明（也會因此都需要條件綱要。[47]對那些具有法律相關性的諸多條件所做的抽象化，乃是得以區辨「相等」與「不相等」這件事情的條件，也是得就此賦予不同後果之條件。它提供了條件，使得正義理念得以根本地被帶進到平等（＝合規則性）的形式中。因此，人們不能在諸多條件所參酌的那些關係當中，尋找平等[48]——既不能在古老的交換正義或報復正義的意義下，也不能在案件事實與構成要件特徵之對照的意義下。[49]平等是蘊含於對條件化了的諸多關係進行關係化的形式中，也就是在條件綱要的諸多「若……」之間所具有之相等性／不相等性當中。

倘若這樣的說法成立，那麼便不排除，目的綱要也可以受正義的管控。但這並不會導致要做價值衡量，而是會需要做再條件化。這時候，正義並不會蘊含於目的綱要的合目的性當中，也不會蘊含於其內在的諸多限制中（例如成本的優惠或者手段的合比例性）。它應當是蘊含於附加的條件化當中，例如那種確立了適用目的綱要所必須具備的特徵的條件化。以更具體的事例來說，正義不是蘊含於諸多法律措施（允許、禁止等等）的環境相容性，而是在於環境政策的法律相容性中。

無論是對於法律之立法上的干預，或者是目的綱要化，都因政治因素而呈現出顯著增長。鑑於由此引發的諸多問題，人們便可以理解那個不再可用自然法加以化解的、關於正義原則的危機。不過這項危機既無法藉著對於倫理之回溯，也無法藉著價值衡量而被排除。這樣的作法只會將整個問題關鍵推移到實證法律的「正當化」問題上。正由於唯有實證法本身才「具有效力」，也就是說，唯有實證法才能夠使用法效力這個象徵，因而人們並不必然要去探究法律外部的諸多判準，反而是必須去探究法律內在的諸多判準。[50]這些判準會藉著下述問題而被明白列舉出來：人們如何在法律當中複雜性不斷增長的情況下，仍能一直以一致的方式做成決定，也就是說，要將相等的案件與不相等的案件區分開來？很明顯地，在此意義下為正義的法律，也有可能在倫理上較受偏好。但是正如同漫長的傳統所啓示給我們的，這件事情絕非理所當然。使正義與道德判斷或倫理反省清楚分離開來，不僅是一項關於法律系統自主性的問題。這樣的分離也保障了，針對法律所做之道德判斷，具有獨立於法律的性質，並同時顯示出，在對於法律問題做評斷時，出現道德上歧見的可能性。另外，它也提供了人們一項條件，使人們得以知道，當對於正義所具有之道德——倫理上性質的探問被提出時，實際上所涉及的究竟是什麼問題。

IV

對於平等/不平等進行探究之形式，貫穿了一個漫長的、前後延伸超過兩千年的傳統。作為一個人們可在文本中發現到的形式，它一直保持著同一性。這使得人們很難辨認出，當此一公式從那些舊的全社會中，被導引到那以完全不同方式被建立起來的現代全社會的歷史發展進程裡，有哪些改變必定得獲得貫徹。為了要將我們的分析加以綜合歸納，我們需要再回過頭來探討自然法的問題。

在自然法的脈絡裡，人們可以以下述立場為出發點：諸多事物可依其本質而被區分開來，亦即，從其自身出發，它們或者是相等的，或者是不相等的。這些本質不能被任意處置。它們被視為是可被認知到的，而且是在一階觀察的模式中可被認知到。誰若是做了與此不同的判斷，他就是處在謬誤當中；這時候所涉及的問題，就只是要去確立（例如藉助辯證法或者中世紀的質問術），誰的主張是謬誤的，誰主張了正確的、藉由事物知識與權威而被發現的見解。

那仍然將自己理解為自然法的近代理性法，其實已經與上述傳統產生斷裂。理性法讓個別的自由權和平等權一般化，也分別指明這些權利，而使之成為基本的、天賦的「人權」。那現在被假設為「自然」的事物，並沒有包含任何關於內在於自然中的限縮條件的訊息（這與自然科學的自然概念正好相互對立）。正好相反：那種認為特定人相對於其他人具有自然的優越性的想法（就經驗而言，這樣的觀念其實是很容易想像的），已經隨著天賦自由與平等之原則而遭致駁斥。然而，這些原則卻不適於用來對現行有效法律進行詮釋。[51]它們反而會陷入到與整體法秩序產生矛盾的情境中，因為法規範根本就只能作為對自由之限制，[52]以及作為不平等處理之導因，而獲得表述。自由否定了必然性，以便能藉此獲得一可能性，使自己得以藉由諸多偶然事件，亦即藉由諸多歷史上的偶然機緣，而獲得界定。但這預設了諸多受規制的，也就是受限制的系統的存在，這些系統可以由各種事務之誘因出發，以便自己界定自己。完全的自由與必然性是相同的，也就是說，它是個弔詭的概念。而平等就各種觀點看來，則會揚棄同一性，此種同一性，係人們爲做成關於相等或不相等之決定時所必須，也就是說它同樣也是一種弔詭的、會將自己解釋爲不具可能性的觀念。

在現代中，對於此種弔詭進行開展的最重要形式，是以一項歷史性的差異來操作的。這項差異是以自然狀態與文明狀態之區分作爲其表述。在一般人權的層次上，自由其實就是對於外在限制的排除，平等則是對於不平等的排除。唯有如此，這些權利才能在抽象意義下，作爲區分與標示而被理解。不過這又會將我們帶回到舊自然法的弔詭中，亦即，法律只能作爲對於法律的偏離而出現。這時候，對於弔詭的解消，就在於使區分再進入到被區分之事物中。自由必須要接受那些在法律上被接受的諸多限縮，平等則必須接受那些在法律上被接受的諸多不平等。自由與平等的「另外一面」會被涵括到法律中，差異本身即爲法律規制之對象，此種規制可以使用該二項區分各自之二個面向。如此一來，法律系統的分出就獲得了確認，因爲規制必定是發生在法律系統內部；這裡所涉及的，必定是以具有法效力的方式而被引進的諸多限制（而不是那些對於理性的限制），亦即，涉及的是諸多法律案件的不平等，而不是人類的不平等。然而隨著這種對弔詭所做的開展，法律也成爲偶連性的，也就是以實證方式被設置的，而那種將出發點表述爲諸原則、權利或價值的作法，只不過能夠用來遮蓋這件事而已。[53]法律的基礎，並不是一項能夠作爲原則而發揮著作用的理念，而是一項弔詭。

倘若人們揭開了這塊遮蓋著弔詭的面紗，就會清楚看到，正義的設準乃是被用以當作偶連性公式，以及，這件事情究竟如何發生。人們必須接納在各種情況中最後被陳述出來的偶連性，不過他們也因此可以透過變更法律的手段以獲得協助。相應於此，法律也使其自身暴露於二階觀察之下，以便能夠在自由／

限制或者平等/不平等的脈絡中，做出不同處置。與此相對應的情況，也一般性地適用於現代全社會，作爲其運作上自我界定之通用形式。諸功能系統的分出乃是具主導性的分化形式，全社會也與此種分出處於嚴格的平行對應關係，並且使自己針對二階觀察的模式而做出調整。人們爲了使自己能夠在充滿挑戰的、甚至可說是人爲的諸情境中，找到妥適的處理方式，必須要對觀察者進行觀察。這點適用於所有的功能系統。[54]它也適用於那些或許可被人們稱爲現代之智識言說的事物。而且它適用於法律系統。

對法律問題所做的每項決定（我們將在討論論證的章節中，深入地探討這項議題），必須在諸多其他決定的脈絡中，爲自己進行定位。也就是說，它必須去觀察，法律如何透過其他觀察者被觀察。這裡涉及到的有可能是立法者，並且這時候的關鍵問題，就會是其修正意旨；或者也有可能涉及到法院裁判，而這時候的關鍵即在於，法院裁判如何定義案件的爭議問題，以及，它們使用哪些權衡考量，來作爲其裁判意見之基礎。對於這種「判決理由」所爲之考察，並且由此而形成之嚴謹的、在理論上被討論的文化，主要是在普通法的傳統中獲得發展，而這樣的發展是基於適用於此一傳統中的判決先例拘束原則。在此一脈絡中，平等/不平等的區分，也就是關於合乎正義的個案解決方案的問題，就獲得了一項嶄新的、合乎時宜的功能。人們或許首先會推定，這樣一個在二階觀察層次上運作著的系統，會傾向於變得保守；也就是說，它會如同那被觀察的觀察者所做成的決定一樣，來做決定。因爲，從事物本質的角度來說，不會期待矛盾的出現；而倘若所有事物都是偶連性的，亦即，所有事物都可能以另一種方式存在，那麼用目前爲止所使用的方法來處理事情，也因此正好是非常有可能的。將這點運用在法律系統上，會發現它更爲貼切。法律系統在制定法與契約所構成的形式中，使其修正機制分化出來，並且在其法院組織中具有一種階層秩序，此一秩序會引導甚至強制下級審要以最高審級的裁判意見爲準則。正好是這項在法律中特別根深柢固的傾向——以先前決定爲準則——會因爲正義這項偶連性公式而獲得矯正。

正因爲諸決定必須作爲偶連的、也就是正好作爲決定而被做成，因而在下述問題中便出現某種挑釁的意味：在與先前決定的關係中，就那待決的案件而言，存在著的是一種相等的關係，或者是一種不相等的關係？相等/不相等此一圖式，在某程度上將一項分叉引進到那有很好理由（例如法安定性）傾向於反覆的系統中。一個向外具有運作上封閉性的系統，正好必須在內部阻止封閉狀態。當然，這件事情主要是藉由那些改變著決定之效力基礎的諸多機制而發生，也就是藉由制定法與契約。不過，這些機制卻需要仰賴一些關於非常不確定的未來的、不確定的假設。因此有需要提出第二種矯正機制、一種攔截式的矯正機制，它參酌著諸多具體案例——這些案例藉著那早已成爲過往性的事物，而被呈顯出來——而重新製造出開放性的決定態勢。那指涉著諸多必須重新被做成的區分，而在相等/不相等觀點下進行的對比，似乎可以滿足此項功能。這時候，對立法者或締約者之意向所進行之檢視，就只是一項可能的感應指標，運用這項指標，人們可以檢視，某種針對塑造法律者之（一向是被重構出來的）「意志」所做的解釋，是否仍然與其原本意向處在同一條線索上（也就是與之「相等」），或者並非如此。另外還可附帶提出各種回溯性或前瞻性的決定對照，以便能夠在變遷中保持住一致性，並且使諸多決定暴露在進一步的被觀察狀態中。

換言之，在此種理解之下的正義，乃是完全專門針對二階觀察模式而進行調整；並且這個時候才能夠有意義地說，它是一個爲各個法院所設想出來的觀察圖式，而立法者則總是爲此觀察圖式提供了更新的檢驗素材。

第六章 法律之演化

I

關於古代以降的法律史，人們知之甚詳。然而，可供利用的文獻來源，卻尚未從理論的視角來加工處理過。按照今天的看法，要完成這樣的任務，唯有演化論式的構想才是唯一的選項。但是在一般文獻中（包括那些具有法律關聯的、使用到此一概念的文獻）[1]的演化概念，卻是以非常不精確的方式被置入，而在那些針對演化論之理論出發點進行批判的文獻中，尤其對此種理論走向做了扭曲的呈現。早在十八世紀時，人們就可以在休謨、肯斯以及弗格森的理論中，發現到關於法律演化的論述，這些論述尚且具有一些與現代演化論甚爲接近的特徵（例如：無計畫性、對於諸多成就的事後認知、漸進的發展、意外的碰撞、基於個案裁判之緣由而累積之智慧），但是卻錯失了一種清楚的差異理論式的結構。類似的情況也出現在十九世紀前半葉歷史法學派的探討工作中。[2]在今日的文獻中，有一點值得注意，那就是，那些主要是在探討具有相對具體性質的法律問題、或者那些處理個別法律制度之「演化」的文獻，[3]都在不具備任何理論精確度的情況下使用演化概念，然而另一方面，關於達爾文式的變異／選擇／穩定化此一圖式[4]在關聯到法律系統時的運用情況，卻沒有被充分指明。我們將憑藉達爾文的演化論來使用演化概念，此一理論雖然有許多有待改善之處，但它仍然屬於近代思想的最重要成果之一。[5]我們並非將這種對於理論來源的標明，理解爲一種類比論證，而是將它理解爲一種關於一般演化論的提示，這種演化論可以有許多種不同的適用方式。[6]我們之所以偏好此種理論，是因爲它是以差異理論的方式作爲出發點。它的主題，並不是那作爲從起初到今日的發展的歷史統一性；其所涉及的問題，毋寧是一種被大幅限縮的，也就是關於非計畫性的結構變遷的可能性，以及對分歧或複雜性之提升所提出之說明。

系統論的晚近發展，並沒有使得問題之提出與解決變得更容易，反而是使它們變得更困難了。因爲，倘若人們是面對著系統的封閉性，並且必須以結構之被決定性作爲出發點的話，那麼就會更難理解，⑴結構的改變究竟是如何發生的，以及，⑵爲何有時候（並非必然，不過或許是必然的？）變遷的走向是可以被認知到的，例如在生命物種的多樣化的意義下，或者在全社會系統之複雜性提升之意義下？不過，隨著問題提出方式之簡潔性，對於理論配備之要求亦隨之提升，這些理論配備其實根本是爲了尋求問題解決方案之緣故，才會被納入考量，而判準也會隨之增加，也是在這些判準下，某個理論才能被稱爲演化論，並提供解決方案。顯然，唯有當在系統與環境的關係中，差異與調適同時都被保存下來時，才有可能出現演化，否則的話，演化的對象早就已經消失。但這並沒有完整指出，演化究竟如何可能。

那使得問題能夠獲得闡明的形式，是關於變異與選擇之區分。此項區分，若能夠作爲實在的差異（例如，一方面是由基因突變與基因之重新組合所構成的差異，另一方面則是由存活的長度所構成）而被建置，那麼它就必然會製造出形式的多樣性，此種多樣性既會在出發點態勢上，也會在諸物種彼此間的關係上，製造偏差，這些偏差則會作爲分化的環境條件，再度對演化本身產生影響。至於其他的理論教條，甚至達爾文自己認爲非常重要的「自然選擇」教條，在我們看來都是次要的。因爲在今天，針對演化論的這個面向或其他面向做詳盡探討所帶來的難題，越來越被推移到演化論與系統論之關係的問題上，或者更精確地說：變異/選擇與系統/環境間之關係之問題，涉及到的是一門理論之各自不同的、有待校正的形式選擇。[7]在外在於系統之選擇之意義下，來討論「自然選擇」，這樣的作法，唯有當人們能夠說明「什麼東西是作爲系統，而暴露在由環境所進行之選擇下」這件事情應當如何被把握時，才能成立。

如此一來也出現了一個問題：系統的哪些特質會使得演化成爲可能。我們擬藉由參酌選擇壓力來回答這個問題，此種選擇壓力係產生自諸系統之運作上封閉性，以及諸系統在其與世界之關係中，所具有之有限的固有複雜性。我們不需要對進一步的問題進行深入探討，亦即，不需要深入去探討人們是否可說在物理的領域中（例如原子、恆星、銀河系、化學分子等之形成）也會出現演化，而是應該用自我再製系統之概念作爲主導線索。因爲在這裡很容易看出，自我再製的維繫，乃是所有演化的必要條件，它也可以藉助諸結構之改變而被達成，並且可與諸結構之改變相容。據此，當諸多不同條件獲得滿足，並且有條件地（而非必然地）彼此耦合的時候，演化就有可能出現；也就是說：

(1) 某個具自我再製性質的元素，相較於其迄今爲止在再生產上所具有之固定模式，而出現了**變異**；

(2) 對於如此一來而具有可能性之**結構**進行**選擇**，以作爲進一步再生產之條件；並且

(3) 在動態穩定性的意義下，使**系統保持穩定**；也就是要在此一已經改變的形式中，繼續進行自我再製式的、具有結構決定性的再生產。

若我們用更具抽象性的形式來表述，則這意味著：**變異**牽涉到的是**諸元素**，**選擇**牽涉到的是**諸結構**，**穩定化**牽涉到的則是**系統的統一性**，這個系統是以自我再製的方式再生產自己。這三個構成要素合起來建立了一項必然的關聯（並不存在任何不具有元素的系統，也不存在不具有系統的元素），而所有演化的低或然性最後則是在於，對這些構成要素的分化性的掌握，**即便在這種情況下仍然是有可能的**。然而要如何做呢？

在這裡我們無法探討，人們是否可用這套理論來呈現出全社會的演化。我們是已經預設了這件事。[8]然而這樣一來問題就會變成，在這樣一個演化著的全社會系統中，是否可能存在著諸多進一步的演化，例如法律系統的演化。[9]此一問題正好與下述問題具有平行對應關係：就嚴格的意義而言，在自我再製的

系統內，是否還可能存在著自我再製系統？或者說，在這種情況下被給定的、對環境的依賴性——此種環境本身就是一個自我再製系統中的內在環境——是否與自我再製的概念相互矛盾？用更具體的陳述方式來說：全社會進行著溝通，並且藉此方式與外在環境分隔開來。法律系統也進行著溝通，並且在此範圍內執行著全社會的自我再製。全社會使用語言，法律系統亦然——只不過在可理解性的條件上，有少許的變異。全社會需要依存於其與諸意識系統的結構耦合。法律系統亦然。那麼這樣的依賴性會不會導致人們必須排除法律系統之獨立演化的假設？[10]

法律系統之獨立自我再製之命題，會導致我們去肯定法律系統之獨立演化。[11]在此處，我們只想再度強調，運作上封閉性的概念，並不會排除演化。演化並不是一種關於複雜性的漸進式的、連續的、無斷裂的提升，而是一種結構變遷的模式，此一模式與跳躍性的劇烈改變（「災難」），以及與長時間的停滯（「靜止」），都是相容的。[12]的確，對於一種突然的重新塑造而言，有眾多的前提必須被滿足，也必須有一些「預先調適的進展」被給出。[13]法律系統具有一種可能性，也就是可以應對著已經長久累積的、關於藉著法/不法之符碼化來調解規範上衝突的經驗，而在一個二階自我觀察的層次上使自己獲得穩固建立。上述的情況也適用於此種可能性。早在法律符碼嚴格地二元化並且因此而在邏輯上技術化之前很久，就已經存在著豐富的法律素材，而且這種素材是在條件綱要的形式中被記錄下來。[14]也就是說，人可以知道，當觀察者獲得指示要持守著法律系統時，這所意謂的是什麼（以及什麼事情不在意指範圍內），那些已經被實踐的條件綱要，也會因此而獲得一項功能，那就是，要去規制對於法與不法所做之分派，並且接著在此一功能上獲得充實。而當法律系統必須在一個由全社會系統之功能分化所構成的嶄新脈絡中，宣稱其自主性時，那預設了所有這些事情的進一步的演化推進力，才會出現。[15]無論什麼時候，當自我再製的系統終於封閉起來，或者在一個被徹底改變的全社會脈絡中，必須宣稱並且重新塑造其閉合狀態的時候，這件事情並不是作爲合計畫性的再組織而發生，而是透過對現存設置機制之演化式改造，才有可能。[16]

但是光具備系統論與演化論的這種相容性，當然是不足的。人們還必須能夠指出，演化論是**如何**在這個系統層次上被實現。而當這點能獲得成功時，這當中就同時會出現另一種進一步的論證，能夠用來支持「法律系統具有獨立的自我再製」這項假設。

II

在開始探討法律系統之情況中，變異、選擇與穩定化這些演化的功能，是如何分化開來之前，我們必須先釐清，法律系統的諸結構究竟是如何固定下來的，以至於它們可以被置放在演化的效應之下。在這裡，人們很容易想到文字上的固定，但是在進一步的追問之後會發現，這裡其實有許多頗爲複雜的問題尚待討論。[17]

文字是作爲社會的記憶而發揮其功能，並且有一項優點，就是使知識在未被預見的、隨意選擇的情況中，仍然能夠保持著可被汲取的狀態。當然，在文字被發明之前，在全社會此一社會系統中，也存在著某些記憶成效。許多人認爲，在這樣的全社會裡，完全需要仰賴個人心理層面上的記憶。實則不然。應該說，社會記憶是存在於知識的傳遞中，也就是在利用心理層面的記憶成效時所具有之時間上的遲延中、在使此種記憶成效活化而形成的先後相續狀態中，亦即在於時間的獲得中，此種時間的獲得使得知識的保持成爲可能，即便時間流逝。[18]然而這種暫時性的記憶形式也具有許多重大缺失，這些缺失尤其會在下列領域中清楚可見：在這些領域裡，只能夠指涉著那由無可爭議的知識所形成的複雜構成狀態，來排除不確定性或爭議，占卜與法律即屬此種領域。在這樣的領域裡，人們很早即邁向儲存知識之其他形式，亦即文字記載，這些記載能夠在諸多未被預見的情況中，以特定取用的方式而被再度活化。

文字，就如同口語溝通的語音這種轉瞬即逝的呈現方式一樣，都是結構耦合的機制，這種耦合是由物理、感知的意識，以及溝通所共同構成，也就是由物理的、心理的以及社會的實在所構成。在這樣的觀點下，文字可以做出遠較其所表達的事情更多的貢獻，亦即特別是諸多文本的分出，這時候，這些文本可以被用來當作建構不同意見的同一性基礎。在此，文字預設了一份文件、一種「espace blanc」（空白的空間）的存在，以作爲「infinité marqué et marquable」（已標記和可標記的無限性），[19]亦即一種被特別預備的「未被標明的空間」，這個未被標明的空間會跨越到「被標明的空間」，而這種跨越是藉著標明之被製造與被區分，才得以達成。[20]唯有在那由諸多可能的標明所構成的媒介中，標明才是可能的，這些標明所具有之連接可能性，爲那種本身展現爲文本的形式建構，給出了一項媒介。

媒介／形式這種物理性的形式，也附帶地賦予文字以恆常性，這種恆常性完全獨立於其溝通上的使用方式而存續著——或者解消。就其物理性的特徵而言，文字屬於溝通系統的環境。單憑此一特徵，它尚不足以成爲社會溝通的任何一項構成要素。借用皮亞傑的說法，溝通系統只是藉著將文字當作訊息來加以使用，而將之「同化」了。[21]同化指涉的是文字的意義，而不是文字的物理性。[22]正是基於此一原因，文字才能夠爲恆常性提供擔保，這些恆常性不會阻撓在系統之封閉的溝通關聯中的那種分化的訊息讀取，並且也使得系統有可能在對於意義的重複使用中，使其固有的諸多指認凝煉。文字使得對於意義內涵的再度汲取變得較爲容易，也使得遺忘（就其自身而言，遺忘有可能全然是件好事）變得困難。[23]

文字使得溝通得以獨立於告知的時間點，並且也因此在廣泛程度上獨立於告知者的意圖。某項特定的意圖是否具有關鍵地位，這時候就成了一項詮釋上的問題。情境上與意圖上的證據都失去了重要性，並且必須被陳述的明確性以及詮釋上的指令所替代。溝通的所有參與者，包括告知者本身，都必須被視爲是

「不在場的」。[24]

早在文字被用於溝通目的之前許久，它就已經被用來記載那些值得回憶的訊息，而就文字之發展與運用而言，法律的事態也屬於那些最早展現爲適合於引入文字使用的情況之一。[25]按照今天的認知，這樣的說法並不怎麼適用於制定法——因爲在一個已經使用文字的文化中，似乎必須先發展出一個關於制定法的概念——而是首先只適用於各種具有法律相關性的交易——例如關於履行給付義務之確定記錄、契約、遺囑，簡言之，就是我們前面納入到法律當中效力變更概念下的所有事物。較晚近的研究顯示出，早期的文字與占卜之執行[26]具有相當緊密的關聯，這些占卜之執行嘗試著爲各種極其不同的生活狀況中對於未知事物的追問，提供解答。[27]一方面人們假定，文字根本就是基於要使占卜的意義賦予所採用的形式固定化，才得以產生；[28]另一方面，文字在占卜脈絡中的使用，也爲其自身帶來了首次全社會範圍的傳布，這包括了美索不達米亞地區文字邁向語音化的過渡階段。[29]在這些早期的高度發展的文化中，法律問題是展現爲占卜問題，也就是說，它們是展現爲這樣一些問題：要去發現發生了什麼事情，以及去發現，在與有利和不利情況進行的緊密類比中，罪與無罪如何被分派。[30]藉由這樣的方式，在那些爲了占卜目的而發展起來的複雜化、合理化以及專業鑑定知識上，就有了法律的參與；在其中一項或者另一項脈絡中，文字則被用來記載當中所必需的知識。已經被發現的書面資料，例如著名的漢摩拉比法典，並不是我們今天意義下的制定法，亦即，它們並非要使那藉著它們而獲得效力的法，獲得固定化。它們在其「若─則」的形式中，正好對應著占卜的通常規則，並且在這樣的脈絡中，用來輔助個案問題的解決，也用以輔助法庭實務。[31]具有一般化作用的個案決疑，以及使二元符碼化劃分爲有利與不利的記號，起先都是爲了占卜目的而被創造出來，而這時候，與此對應的複雜性推進力，連同其在文字上顯現出的豐富教益，則同時有利於法律的發展。

換言之，早在人們將文字上的固定視爲效力條件之前許久，就已經存在著一種藉助文字而發展起來的法律文化，以及對應於此的專業知識。就連羅馬法上的要式口約，就其形式而言，都還是一種以口頭方式做成的具有單方拘束性的表示，但其亦可爲了證據目的而被記錄下來。同樣，文字上的固定並不會立刻導致廢棄證人在場的要求。[32]但是文字卻具有一大優勢——這或許可用來解釋，爲何它很早就在法律事務中獲得採用——那就是，它**使得偏離現象清楚可見**，這些偏離現象，若是在口頭爭執式溝通的劇烈性質中，恐怕很容易就消失無蹤。在此一觀點下，文書也可用來輔助做成預先的固定化，並有助於衝突之避免。（不過，在古代的討論中，卻一再提及，相較於在場者之間的口頭上溝通，文書爲僞造與詐欺提供了較佳的可能性）。一直到相當晚的時期，文書之撰寫才承擔了「公示」以及使法律向所有人公開的功能。就「使偏離現象具體可見」這一點而言，只要有一些具有文書知識的專家，即已足夠。公示功能則需要預設充分廣泛流傳的識字能力。

口語式的文化，在其記憶上需仰賴嚴格的（而且在這種情況下也總是擬制性的）反覆，例如在儀式形式中的反覆，而書面文本則在那些未被預先設想到的情境中，在使用上則給出了較大的自由空間，不過這必須以書面本身在撰寫上所具有之更高的謹愼程度，作爲條件。它們必須由其自身出發即具有可理解性，並且必須爲詮釋空間設下界限。更重要的是，它們必須避免矛盾，並且努力維持充分的一致性。揚．阿斯曼則稱之爲「由反覆來主導過渡到由回憶之清楚再現來主導，以及由儀式上的融貫過渡到文本上的融貫。」[33]早在相當古早的時代，也就是回溯到文字文化之開端的時代，在法律事務中就已經使用了書面文字，而如前所述，這主要是用於澄清的目的，以及使各種可能的偏離現象清楚可見。在所有使用書面文字的文化中，其實也停留在這樣的發展階段上。就這樣的目的而言，只需要在一段相對短期的延續期間中——在這段延續期間，這些文件的脈絡仍然具有現實意義——把文件保存下來，即已足夠。因而，書面形式剛開始的時候並不具有下述意義：使文本準備好面對那些難以預料的、未來的使用方式，亦即自由的、積極的詮釋。[34]一直到後來，文書才具有進一步的功能，也就是用於使法律變更或者法律確認清楚可見，而且也是藉由這種方式，它才基於其相對容易辨認的性質，而成爲法律的效力條件。唯有在此意義下，成文法與不成文法才能被區分開來，而那些書面記載、法庭演說、法庭紀錄、鑑定書彙編等等，正好就得以在此區分上存在。[35]

早在各種精緻化的法律文化出現前，就已經有「制定法」以書面文字的方式，並且也因此在字面上固定了下來——可以想一下十誡的例子。對此需要採取一些附加的措施，以便排除質疑——在採取書面文字的提出方式時，這些質疑幾乎是無法避免的（光是因爲書面文字形式使得人們有時間對此進行思索，就已經會導致這種結果）。爲了解決此一難題，人們就將一種宗教性的補充語意注入到諸文本中，它主要是作爲對於某種不可企及的（或者已經過去的，也就是說：不再能企及的）效力來源的指涉，此種效力來源還具有相對應的起源神話。適用於所有占卜的、在已知事物中尋求未知事物的那些慣行上的背景語意，就被一個新的宗教取而代之，這個宗教以神的意志來衡量人類行動，並且對之表達接納或拒斥。與在俗世交易行爲中的情況不同，對此一宗教而言，書面文字成了熟悉的文本，這種文本使不熟悉的事物在熟悉的事物中、使奧祕在啓示中、使超越的事物在內在的事物中，獲得象徵化。[36]

相對於此，將「政治性的」制定法（例如梭倫的法律）以書面文字方式固定下來，這樣的作法乃是演化的晚期產物。它預設了一個能夠使其獲得正當化的程序，而且它也引發了產生自下述現象的所有問題：那以文字記述的文本，在用字上過於明確，因而使得那能夠作爲法而被援引的事物，無法被充分把握。緊接著梭倫的制定法，即發展出一套ágraphoi nómoi（不成文規則）的學說，這些不成文規則被賦予較高的位階，[37]在此之後則銜接上了一個追尋「較高位階的」、「超越制定法的」法律基礎的長久傳統。很明顯地，唯有在書面文字出現後，也就是在書面的／口頭的此一區分可供利用之後，人們才能夠去談論一種總是需要對其做評價的口頭流傳的傳統；[38]在此範圍內，各種對於口頭流傳傳統的刻意強調，或者使其典律化的作法，都是已使用文字的全社會的一種歷史倒敘（例如，Torah〔摩西五書〕的口語部分就是對於Talmud〔口語解經〕的一種回溯投射）。

「法律作爲文書而具有效力」（我所謂的「效力」，其意義見諸第二章〔VIII〕部分的討論）這件事情，必定是對立於所有在此之前的諸多口語式全社會的法律慣行，而成爲一種「災難」，這意味著，要調整到以另一項穩定性的原理爲依歸，並且這會伴隨著所有意義界域的深刻轉變，其中包括了對於宗教的一種全新的利用方式，以便排除與再度允許偶連性。一件顯而易見的事情是，文書之使用，與全社會由片段式分化調整到層級式分化，具有平行對應的性質，也因爲這樣的調整而獲得更有利的條件。在這當中，會出現一種使實質性與象徵性（修辭性）資源集中於最高階層手中的現象，或者，在比較不具有如此深刻的階層化的地方，則是集中於統治官僚階層手中，而這樣的現象是前所未見的。[39]然而藉此方式所能獲得的，只是一種相當粗淺的解釋，這種解釋對於今日的諸多關係而言，只能提供少許說明。畢竟，所有的溝通形式都與全社會系統各階段的分化形式具有密切關聯，這一點可說是再清楚不過了。正如同將法律問題納入到占卜脈絡中這種作法所顯示出來的一樣，向城市建立以及向階層化之過渡、向帝國建立以及向具有階層特定性的通婚制的過渡，都遠不足以作爲使一特殊之法律系統分化出來之充分原因，這種分出要一直到羅馬民法，並且後來則是重新隨著中世紀法律的體系化，才得以達成。但是，當文字能夠在可輕易掌握的（語音的、字母的）形式中供人使用時，也唯有在這種情況中，才形成了一項媒介，在此媒介中，法律文本可以相對於其他文本種類而被分化開來。唯有到了這個時候，法律才能在下述意義上具有自主性：它不僅使用文字，而且還是建立在可以跟其他事物界分開來的特殊種類文本的基礎上。在此一晚期歷史階段的觀點下，我們必須更精確地分析，藉著法律的文字化，究竟有什麼事物獲得成就。

當一項意義內涵在文字上固定下來時，它也會因此而邁入一個由對其意義所爲之反覆解讀、凝煉與擴張所構成的過程。「原始的記號加上對其之解讀，構成了一項擴張的結構。擴張的結構是由記號以及某種對其做回應之形式所構成。這是文化演化的核心。」[40]正好是藉著這種擴張，演化的諸多機制才得以介入並進行揀選。關於文本詮釋（詮釋學）與演化（在達爾文理論的意義下）之間的條件關聯，確實可說還沒出現什麼研究成果；[41]但是不難想見，在詮釋學的意義開展的循環性中，就如同在諸系統的自我生產當中一樣，人們可以看出一些可能性，來對環境的（同樣是突然的）改變做出相對迅速的反應。

無論如何，藉著文字，對於法律的取用，一方面是擴張了，但另一方面也限縮並集中化了——自此以降，就不斷有下列問題之提出：誰能取用？法律被涵括到文字形式中，並且藉此而作爲形式分化了出來。這個時候，人們可以將其輕易地**區辨**出來，但這並不直接意味著，「確認何種事物係作爲法律而具有效力」這件事情也變得簡單。對於那些人們可以在社會情境中爲其尋得支持的規範上期望而言，法律不再能夠自由地被用來爲其賦予基礎。法律不再能夠在一方當事人能徵召的「誓約輔助人」的數目上，被解讀出來。「法典將法律轉譯成符碼，它將法律隔絕在一個新的形式中，並且用一個新的詮釋者階級來守護它。」[42]另一方面，文字的功能正好是建立在這樣的基礎上：人們能夠看清，文字符號並不是法律本身，它只是使法律獲得表述。正如同語言的演化一般，文字的演化也製造出一項差異。這樣的演化有賴於區分之發揮功能、符號與意義之混淆能夠被避免，以及人們在社會交易中能夠去預期，其他人也能運用這項差異。文書太容易被複製或者銷毀，以至於符號這項人造物不會取得關鍵地位。那麼，爲何要使用文字？爲何要將業已說出來的語言，複製成那些符號？或者以更精確的方式來提問：此項**差異**的「固有值」——此固有值是在文字**與**口頭的溝通中被穩定下來——究竟何在？

首先，提出下列問題，是值得的：人們藉由文字所要回應的需求為何？接著我們會看到，除了預先汲取回憶所能帶來的利益之外，還有就是**規範典型的**諸多難題引發了這項需求。這項需求與**對於失落的展望**具有關聯，究極而言，是這樣的展望提供了要在規範性的風格中對期望進行溝通的誘因。如此一來，時間差異會變得劇烈，並且必須獲得彌補。一項表明著「某項特定的期望符合法律或者不符合法律」的訊息，必須要能夠有兩次（或者多次）被拿來當作訊息使用：在其投射出來的那個時間點上，以及每當具有失落效應的行動突然出現的時候。因而，即便是在印加的結繩文字裡，給付都會被記錄下來，以避免稍後對給付之已獲履行產生疑義。也因此制定法具有一效用，亦即它們能夠一**直反覆**被用來當作訊息，相對於此，在常態情況裡，當某項訊息一再重複被用來溝通的時候，它就會喪失訊息價值。換言之，能夠藉由文字形式而獲得平衡的，乃是規範上期望為自身所期許的那種脆弱的、反事實性的穩定性。由於人們不知道，是否諸多期望獲得了滿足，也由於人們在期望遭受失落的時候，不願意以學習的態度就此做出讓步，因而，使那種傳達著「何種事情為合法」的訊息，在具有需求的情況下能夠獲得重申，似乎就是一種比較有利的作法。

如果人們打算滿足於僅指出文字符號的穩定性，那麼這就會造成一種過度簡略的感知方式。在一個動態穩定的、由社會溝通所構成的自我生產系統中，並不存在任何固有的、對於意義穩定性的利益。問題是在於，「對於**同一項**訊息具有**重複更新的**利益」這件事是否具有展望，而不是在於「持續性的事物優於消逝性的事物」此一命題。正好是在諸多規範的投射上，當下與之後之間的耦合需求最先突現出來。對於認知上期望（此處是在 alétheia〔眞理〕的意義下使用此概念：使其免於遭到遺忘）的領域而言，文字的使用則甚晚出現，並且還需要預設文字符號針對口語語言之表述多樣性，而做出之高度調適，例如藉由語音文字所做的調適。

前面的所有論點，並不是要說，文字爲法律賦予了其所追求的安定性。倘若是處在這樣的條件下，則根本不可能出現諸法律系統的演化。規範上的期望——即便其面臨無法獲得滿足的情況，或者人們對此進行權衡的情況——是否在後來會被承認爲合法，這個問題所帶來的不確定性，是無法被排除的；此一不確定性只是被轉化了。文字只是用一項新的差異來取代，也就是由符號與意義所構成的差異。被寫下來的文本，一旦在具有意義的溝通脈絡中被採納，也就是被閱讀、被引用等等的時候，它除了開啓對於可能意義的參酌指引並且將其予以組織以外，即別無他途。而這同時也是一個由複雜性之化約與製造所構成的雙重過程，也就是一個透過化約來製造複雜性的過程。在意義這項媒介中，由媒介與形式所構成的差異，複製了自身。諸多新的區分浮現了出來，在各項區分中，文本占據了區分的其中一面，並且開啓了通往另外一面的路徑：文本與詮釋的區分、文本與脈絡的區分、字面意義與意指的意義的區分。正好是這些彼此強烈交錯的區分，使得那在文字上固定下來的法律（包括那種原封不動流傳下來的文書大全的情況，而且特別是在這種情況）暴露於演化之下。

在文字上固定的文本，爲藉助諸多新的區分而對法律進行持續的再觀察，提供了誘因。隨著這些區分，詮釋的任務也有了一些限制。在這個形式中，法律之效力會被納入考量。例如，此一形式就不能藉由詮釋，來修改一項已明確固定下來的意義（例如期限之規定）。另一方面，「是否涉及了一項已明確固定下來的意義」此一問題，本身就是一項詮釋上的問題。[43]因而，即便在其自我限制的範圍內，詮釋仍然具有最高性。它適用於整體法律，而非僅適用於那些未清楚固定下來的部分。

因而，所有在文字上固定下來的法律，都是有待詮釋的法律。一旦人們認識到這一點，就會期待文本要能用來批准對文本自身所做之詮釋，例如，要去確立誰能夠被請求來做出詮釋，以及詮釋如何能被成就。在這個「誰」以及這個「如何」的選擇上，法律（包括固定文本的情況）使其自身能夠隨著全社會的演化性變遷而做出調適。就算是當立法手段能夠被用來在文本的文字形式中，對文本進行變更時，前述說法依然成立。[44]每個實際上現行有效的文本，都會暴露在詮釋之下，它只能是在詮釋脈絡下的文本。在此範圍內，文本建構了一項新的媒介，也就是由那些指涉著它的諸多詮釋所構成的整體，而在這項媒介中，可以凝煉出諸多新的形式，無論是那些引發熱烈探討的、幾乎可說是壟斷了關注焦點的爭議問題（例如，人們可以回想一下在美國憲法解釋上關於「制憲者原意」的爭論），或者是那些獲得「通說見解」接納的、在文本詮釋之途徑上所獲致之諸多理論。

一直到現代社會——在其中，立法途徑開始以其尚難清楚概觀的效應，主導著法律的演化——爲止，所有的法律演化，尤其是那獨一無二的、前後延續兩千年的羅馬民法的演化，都是藉由文本與詮釋所構成的差異，才成爲可能，而這點也決定性地塑造著演化結果的形式。

III

正如同諸多自我再製的系統本身一樣，演化的諸條件也是演化的產物。同樣的說法也適用於剛剛探討過的文本與詮釋的差異。但是，對於諸元素所產生的效應（變異）、對於諸結構所產生的效應（選擇），以及納入到複雜系統之再生產脈絡的自我再製中而進行之調適（再穩定化），這三者間之分裂與伸展，也是作爲全社會演化之產物而出現。法律演化之自主性的門檻，即在於法律系統在運作上的閉合。當我們對個別的演化機制進行鋪陳時，必須隨時注意到歷史的歷史性。

對法律之演化具有關鍵性的變異，牽涉到對那些未被預期的規範上期望所進行的溝通。當然，這件事情大多是事後發生，也就是基於一項行爲——在事後回顧之下，該行爲展現爲某種期望之失落——之緣故而發生。此種情況使得一項規則清楚可見，該規則在此情況出現之前，則並未作爲全社會溝通之結構而存在。[45] Ex facto ius oritur（法律係產生自事實）。只要一有規範上期望的動作出現——也就是說，在那些人們能夠於歷史性的回顧中對之進行想像的所有全社會中——就會出現這樣的事情。此種變異，並不需要仰賴全社會能夠在規則與行動之間做出區分。只要人們能夠在該行爲的性質上，鑑別出一項拒斥之理由，並且成功地將此予以表述，即已足夠。只要是在那些結構性的回溯作用可被確認的情況中，結構的建立與結構的改變幾乎都是不可分離的。在那些單純而未分化的全社會中，此一問題可藉著建構出一套適應著該問題的歷史，而獲得解決。變異與選擇則無法彼此區分開來，至於什麼事情可以作爲期望獲得貫徹，則繫於眾多情境上的與全社會結構上的條件。即便在今天，當那針對著現行有效法律的取向，無論基於何種原因，被暫時擱置時，人們也正好會發現到相同的結構——亦即這樣的傾向：藉著指控與反控、將其他進一步的事實牽扯進來、在因果歸責中進行重新安排等手段，首先製造出模糊性，也就是說，要反對下面這項假設：必然只有一方在法律上站得住腳，另一方則無合法根據。[46]其原因即在於，那位於形式之另外一面的指控，必定是同時作爲自我證立——反之亦然。這項基本的機制，會不自覺地浮現於那表面上看來是固定不變的、客觀的法/不法之符碼中，並且在「在當下案件中，究竟應適用哪一項規範」這項疑問中，製造模糊性。在這樣一種使規範指涉模糊化的傾向中，或許就存在著演化的起點，演化則是要嘗試去化解那由此而生的闡明壓力。

在非常簡單的關係中，人們幾乎無法區分，那個干擾秩序者，無論是出於何種動機，究竟是單純做了這件事，或者他是因爲相信自己具有權利才這樣做。一旦被查獲，他就會嘗試以某種方式爲自己提出辯護，並且藉此而參與某種可期望的秩序之重建，或者參與其修改。[47]然而，倘若欠缺一種已經分化出來的、在書寫文本中固定下來的法律文化，那麼法律衝突就很難與單純的失落區分開來，在後面這種情況中，並不需要就那顯現爲干擾者之權利，提出主張。由所有社會設施所構成的多重功能的脈絡性，會使得穩固的規則建立變得困難，因爲讓這些設施能在其中被人們利用的諸多情境，彼此間具有強烈之區別，並且因此展現爲無法對比的。[48]這起先與那不完備的程序規則，以及使程序成爲機緣性的爭端調解機制的傾向，並不具有任何關係，反而應該說，這兩個現象應該是那種將所有可能提供支持的觀點都以多功能的方式予以嵌入的作法，所造成的後果。基於這個緣故，才會形成當代觀察者可能會獲得的一種印象：在這樣的全社會中，並不存在任何法律，或者只存在壓制性的法律，亦即刑法。[49]因而，書寫的運用，並非「由上層」開始，也就是說，並不是開始於最重要規則或制定法的固定化，而是「由下層」開始，亦即開始於使諸多事件（例如承諾或給付之履行）能夠以具有證據力的方式確定保存下來。正好是在這樣的背景下，小亞細亞地區早期交易法的發展，以及（在相當廣泛程度上明顯獨立於前者的）羅馬民法的發展，才更使人印象深刻。

法律的演化，是建立在那種起先幾乎無法被實現的、關於無爭議性的與有爭議性的失落情況的區分基礎上。畢竟唯有當衝突在言語上被表達出來，唯有當干擾者爲自己提出辯護、嘗試使例外狀態達到獲得承認的程度，或者甚至主張自身固有之權利時，才有可能出現二階觀察，因爲唯有在這個時候，人們才必須決定，誰處在合法狀態、誰處在不法狀態中。唯有這樣的情境，才會一再導致問題之提出上的敏銳呈現，或者導致規則/例外此一圖式的發展。早在部落社會中，就已經爲此而產生了審理程序，並且隨著這些程序而出現了一種對決定的需求，即便在當時，具集體拘束力的決定，尚不具備任何「政治上的」權威，也還未出現任何以成文之文本爲取向的論證所構成的遞迴網絡。

在一種較爲抽象的論述版本中，人們也可以如此鋪陳此一起始態勢：語言與法律的演化上成果，不僅如同生物族群一樣，會使全社會**在結構上**針對環境做出調適，它更進一步使得那種針對**暫時性**態勢而做出的**暫時性**調適，成爲可能。突然爆發的衝突，必須以個案方式加以解決，或者至少予以緩和。這件事情，並不必然會要求要具有一些被嚴格持守的、由個案傳遞到個案的決定規則，更不用說會去要求要具有一些對環境做出調適的規範。一直要到累積了足夠的問題密度之後，才會導致一種對於穩定取向的需求，而這些穩定的取向，可以在許多方式上被建立起來，例如在一門以情境、實用方式而被鋪陳出來的占卜知識的形式中，或者也可以在那由規範性基本原則所構成的形式中。在這兩種情況裡，就會產生出前面討論過的、演化與書寫之間所具有之關聯。那些現在被證明爲妥當的諸多演化上成就，必須爲那些暫時性的問題提供可傳遞的（冗餘的）解決範式，也就是要能夠連結變異性與穩定性。

因而，各種進一步演化的前提條件，就是要有諸多互動系統之分出，在其中，可以對規範上衝突之解決進行審理。[50]這個時候，下述這種溝通就成爲可能：它起先或許單純是爲了追求調解目標（這種情況與爲了邁向締結契約而進行之磋商，並無太大差別），[51]但在諸多進一步的條件下，它也可以追求另一項目標，也就是要去確認，誰處在合法狀態、誰處在不法狀態。這時，所涉及到的，就不再是要去安撫阿基里斯的憤怒。此處涉及到的是程序，這些程序可以帶來一項就法與不法而做成的決定。在這項任務上，就得以建立起那些具有情境上不變性的、可重複使用的諸多觀點的意義，藉著這些觀點，人們就可以基於變異的緣故而對法律進行確認。在這個觀點下，諸期望的堅持能力，也是關鍵性的。唯有在偏離的情況中，諸期望才能根本地成爲規範，唯有在變異的情況中，才使得對可重複使用的選擇觀點所具有之利益，得以根本地形成。

就這件事情而言，在人們的腦子裡，其實並不存在所謂的「自然」觀點，如同較古老的自然法理論中所假設的那樣。倘若所謂共識指的是，在任何時候，所有人都對每項規範表示贊同的話，那麼，沒有任何全社會可將其法律建立在此種共識基礎上。這種將意識狀態加以固定的作法，根本無法企及，或者，就算假設可以達到這樣的狀態，這種固定的狀態也是無法被確認的。也就是說，共識不能拿來當作法效力的條件，此外，它也可能會對各種演化產生排擠效果。演化係取決於下列問題：**在不採取共識途徑的情況**，社會協調的問題應如何加以解決？權限規範的演化，以及那些限縮著權限規範的程序的演化，正好就是以此爲目標。在這之前，人們是必須以共識之假設，並且也藉著成功地忽略歧見，來進行運作。應附帶提及的是，程序使得一件事情成爲可能，那就是，當一**些人**（法官、立法者）將規範的有效性視爲**對所有人**均有拘束力，並且做出相應之決定時，即已足夠。相較於單純的共識假設，這項「由一些人爲所有人決定」的原則，使得諸規範之較高程度的專門化成爲可能，並且藉此也使得一種周全思考的、對法律問題的意識，以及對既有規範態勢的不充分性的意識，成爲可能。共識的假設並不會因此成爲多餘，這裡只是要去澄清（也可能因而在此種情況下顯得頗有疑問），誰提出了此種論述，以及這樣的共識假設關聯到何種事物。

很明顯地，程序以及隨著程序而出現的「由一些人爲所有人做決定」之原則，並非產生於全無預設的情況。它們至少需要預設那種具有某些特殊地位角色的等級社會，或者更進一步預設那具有特殊地位的家族的層級化狀態，以及預設在具領導地位的社會階層（貴族、城市中的顯要家族等）中，交替承擔特殊角色的可能性。此外還出現了書寫以及對書寫之精通的進一步演化進程。一直要到中世紀，迂迴地藉助寺院僧侶的結構，法學家的角色才變得越來越獨立於個人出身，也就是向晉身到上層的個人開放。而一直要到功能性的全社會分化獲得貫徹，並構成一種堅實屏障時，「由一些人爲所有人做決定」的原則，才會被具有人格中立性的原則取代：亦即爲全社會而存在的法律系統。

但我們講得太快了。首先，程序的演化（這裡所謂的程序，是在那以目標爲取向而分化出來的、尋求一決定的法律系統中諸多情節的意義下被使用的），會導致選擇過程具有明確的可見性。這樣一來，變異與選擇這兩項演化上的功能，就彼此分離了。變異所要關照的是法律的（大多是沒有結果的、但偶爾會具有可獲證實之能力的）突變。缺少了它，就不可能出現演化上的改變。選擇所關照的事情，則是要去界定，哪種見解是符合法律的。

當在那些爲了決定選擇的緣故而分化出來的程序中，**不再僅以針對個案與針對個人的方式**進行論證的時候，與那些較古老的全社會塑造形式的決定性斷裂就會出現。這種對於衝突之解決，以及對於對暫時性的態勢做出暫時性調適而言具有妥當性的論證，倘若不是被禁絕，也會被貶抑。它們會被認爲是不符合法律的，並遭到駁斥。如此一來，透過誓約與誓約輔助人來對法律上的主張進行確認的制度，也就消失了。這時候人們必然會看到，雖然針對暫時性的態勢做出暫時的調適，或許會帶來彈性上的優勢，但人們卻放棄了這些彈性上的優勢，而他們也必定會給予這件事情正面評價。可以說，壓制針對個案與針對個人進行論證的作法，起先僅具有低或然性——正因如此，在這裡蘊含了演化的決定性門檻。因爲，使用法律專門性的概念與決定規則而提出的論述（接著則是對於此種論述的回憶），取代了上述兩種論證方式。援引古老「法律」之作法——例如梭倫的改革法案或者羅馬民眾會議制定的法律——或許有所幫助，但是馬上會在法律運作體中或多或少展現爲一種虛幻的指涉。具有決定性的，並不是正當化的模式，而是以某種方式達成的、對於那種針對個案與針對個人之論證所爲之排擠。因爲如此一來，就可防止那些外於法律的社會結構，對法律運作體產生過於直接的影響，當然這其中特別包括了：基於階層而形成的身分，以及親屬關係、友誼關係、門客關係的聯繫等等。相較於其他地方，在被允許的論證形式上，以及，在對於論證形式所提出的限制（起先總是形式主義與傳統主義上的限制）上，人們可以更清楚認知到法律系統的分出。法律程序的分出，只不過是演化可能性的一項條件；將法律系統中，如何以論證的方式參酌指涉法律素材之方法，予以指明，這樣的作法才是法律系統演化的眞正載體，也才得以獲得突破，邁向一種自主的、同時可對抗道德與常識，也可對抗文字用語之日常意義而具有可分化性的法律文化。[52]

總結上述論點，我們可以說，當人們不得以針對個案與針對個人的方式進行論證的時候，就會產生一種須以其他方式獲得滿足的論理需求，這樣的需求會導致特定的走向，尤其是會使可指認的規範現存狀態具有拘束性，以及使概念與決定規則獲得發展——對於其他案件而言，這些概念與決定規則也可被假定為是有效的。一直要到此種實踐方式為人熟知，人們才能在法律系統中接受一種正義概念，此一概念要求，對相等的案件應做成相等的決定，對不相同等案件則應做成不相等的決定，並且委由法律系統來查明，什麼東西，以及藉助何種規則，可以使某件事情被視為是相等的或者是不相等的。[53]長期來看，其結果則是使得對於概念、準則、原則以及決定規則的堅持，獲得明確突顯，而這些東西（有部分是以形式主義的方式，也有部分是以批判的方式被運用）建立了一套素材，使法官得以駁斥那些針對個案所做的論證，或者針對個人所做的論證。[54]

唯有在羅馬民法這獨一無二的情況中，才在這個基礎上達到了概念的抽象化，這些概念的抽象化，使法律在其自我指涉的概念性中，得以獨立於直觀的事物構成狀態，並藉此方式而使演化成為可能。[55]唯有與此銜接，才能邁向一種無論在小亞細亞的法律文化，或者在雅典都無法尋得的發展：也就是一種使法律專家、法學家的特殊角色得以分化出來的發展傾向。這樣的分出傾向，首先是在羅馬的貴族當中獲得成就，也就是不需要以具有特定官職，或者以具有角色關聯的所得基礎作為前提。[56]至於一種完全的、在經濟意義上的、以及被授與職權上壟斷地位的專業化發展，則要到比這更晚得多的時代才出現，並且特別是出現在中世紀教會法、普通法的領域，以及現代早期的領土國家。

此種偏離常軌的發展趨勢——它為法律所特有的演化建立了出發點——其背後的推動因素，早已蘊藏於羅馬法個案實務的分化性質中，尤其是那些由具管轄權的執法官為其所任命之審判員規定作為判決前提的各種不同指示中。由於這種指令素材被收錄於告示的形式中，因而它可以基於實際的緣故，被重新校訂與細緻化。一直要到這種逐漸增加的複雜性出現之後，才會使得一門相應的專業知識成爲必要，這些專業知識則可供當事人（當然，他們並不是今天任何一種意義下的法學家）運用。因而，法律知識（法學）起先不過是一種對於當下發生的事情的知識，並且可以在分類的作法上、或者後來也可以藉助警語式的敘述（規則），對此獲得概觀。這個時候並不必然需要預設，在那些頗有助益的抽象概念構成的領域中，存在一種出於自身而清楚明瞭的秩序，雖然在中世紀的時候，人們的確開始以這種方式來解讀如此生產出來的文本素材，並且一再將新的一致性檢驗標準套用於其上（也就是脫離了個案實務的需求）。類似「藉由體系而具有效力」這樣的想法，對羅馬民法而言是陌生的。但無論如何，概念素材，連同將概念素材加以凝煉成爲法律命題的傾向，都已經獲得了長足發展，以至於在中世紀時人們還可以嘗試與此進行銜接；而一直要到這個階段以後，法釋義學才成爲一項**能夠開始對法律本身之演化產生回溯性效果**的穩定化因素。[57]

羅馬民法之獲得突破進展，發展成更爲複雜的、使概念指向個案並同時使個案指向概念的法律，這個現象尤其展現在那些爲法律系統與經濟系統之結構耦合，提供適當條件的法律概念上，也就是所有權與契約——當然，這並非出於偶然。[58]只要一切具生活上重要性的構成要素（妻子與子女、奴隸與牲畜、房舍與土地等），都還可以被歸納在「家庭」這個概念下，那麼在這種情況，一個特殊的所有權概念，幾乎可說是不具必要性。[59]而且，在相當長的時間中，下述想法或許都尚稱充分：所有權被理解爲占有，也就是被理解爲對於已有物之支配，並且被賦予對抗侵入行爲之保障，也就是得調查爲侵入行爲之人並懲罰之，並且得強制其爲物之返還或損害賠償。一直要到相當晚的時期，才出現了所有權與占有這項具有決定性的區分，也就是在可見的占有關係背後，提出一套純粹法學上的建構，而這個時候，占有關係也同樣獲得了適合於其性質的保障。到了這個時候，才能夠藉助對純粹事實性占有之保障，來貫徹下面這件事：諸權利不會賦予人們法律上理由，採取武力方式建立（主觀上臆測的）權利狀態。它們只能依循法律途徑獲得貫徹，而這點是毫無例外的。藉此方式，權利之依據才脫離了權利擁有者的強勢與爭鬥力，而獲得獨立性。【60】唯有如此，才能導致民法與刑法的明確分離，並且也才使得所有權有可能被用來當作許多不同種類的契約關係塑造的指涉點，尤其是可被用來作爲信用的指涉點。也是在這個時候，人們才可以在程序中，獨立於占有之問題，而對「誰是系爭物之所有權人」這件事情進行爭執。

人們不僅是指涉著干擾者而作爲所有權人，也是指涉著每個人、指涉著法律系統的任何一個參與者而作爲所有權人，這些參與者有義務尊重所有權，並且具有後來取得所有權，或者取得其他依契約而成立之權利的可能性，例如用益權等。也就是說，所有權的普遍性，以及與此相應的、所有權對法律系統之指涉，並不是蘊含於處置（包括濫用）個人所有物的任意性。這樣的性質其實正好是被那作爲事物支配地位的manus（支配權，夫權）所保障（或者說是作爲事實而獲得承認）。應該說，普遍性就蘊含於對系統的指涉中，也就是在於下述命題：每個人都必須將所有權人當作所有權人而予以尊重，只要法律系統本身沒有做出任何限縮規定。普遍性就在於，針對每個所有權而言，一切其他人都是非所有權人。

類似的分解現象，也在契約法的領域中演化了出來。在此，不合於直觀的現象在於，契約到了最後被視爲是債的形成原因，而不再單純被視爲現貨交易。人們或許可以說，契約被雙務化了；它成了契約當事人間關係的規制原則，尤其是在給付障礙情況中的規制原則。交易本身不再具有關鍵地位，或者最多是作爲特定種類契約之成立的法律上條件（要物契約）。契約本身取代了交換的地位，它規制著它自己的執行。

到了今天，這種方式大致上仍維持了其原本的型態而繼續運轉著，而且，由於人們現在以對於現行有效制定法之援引，取代了對那些由法律實務中發展出來的、不斷有待改善的決定規則的援引，因而這樣的運作方式就更顯輕易。就此而言並沒有什麼好質疑的。不過，這種理所當然的感覺，卻也使得人們鬆懈了警覺性，而未正視到那些以頗有疑問的方式，又採取那些趨近於針對個案與針對個人之論證的論證形式——例如在各種類型的法釋義學當中，作爲特洛伊木馬的「利益衡量」。

無論是在變異、或者是在選擇的情況中，都不涉及由外在層面引發的法律革新。演化並不是一種有計畫的程序。引發法律爭端的緣由，各有不同，但經常（如果不是大部分情況的話）是導因於未經澄清的事實狀態。就引發爭端、並且使得決定具有迫切性的那些緣由而言，法律無法對其進行管制。法律程序也不是用以輔助法律之變更，而是用以輔助法律之闡明。就如同在普通法領域中人們所說的：它們宣示了法律。即便需要尋找、或者已經尋獲一些就法院的觀點而言具有新穎性的決定規則，即便人們已經意識到，迄今爲止的法律實務，由於在其中所預設的事物環境已經改變，而不再能夠滿足需求，在這些情況中仍然只會出現零星的結構變動，而不會出現對於系統作爲一系統而進行之計畫與操控。據此，法律的漸進式轉變，並不是某種具有目的導向的活動的後果。它是產生自那由變異與選擇所構成的、持續被再生產的差異；它可說是由演化性差異之成爲有效，而形成的沉澱物。因而，在剛開始的時候，人們並不需要將法律之可變更性，採納到對於法律所進行的自我描述中；人們並不需要對其進行反思。它是由其自身而產生。

相應於此，對爭端所進行的決定，絕非全然是一種在舊法與新法間所做的決定。安蒂岡妮的神話刻畫的是一種例外情況。認爲新法可能較舊法更爲良善，這種想法是晚近的、對一種已經行之久遠的實務運作所進行的反思。就算是在相當豐富的法律知識業已存在的情況中，首先最多也只能採取謹慎的擴張，也就是用類推方式進行論證、[61]將對於某些個案的處理經驗擴用到新的案例上。在這裡，跟在其他地方一樣，演化不是某種具有目標導向的過程所帶來的結果，而是一種非刻意造成的附帶產物，也就是一種以非基因突變方式出現的結果。[62]在一個使此種法律運作體獲得成就的全社會系統中，二階觀察的層次早就已經被內建於其中，此一層次使得法律系統之分出成爲可能。在法院程序的形式中，早就已經有一個能夠依規範上期望是否符合法律，而對其加以確認或駁回的層次。法/不法這組符碼，早就已經被使用，可預期地，[63]此種符碼化的效應也會浮現出來：在法律系統中，會有一套綱要性的語意沉澱下來，當人們需要爲符碼值的分派尋求判準時，就可以回溯到這套語意學上。然而，選擇的功能尚無法與系統之再穩定化的問題區分開來。選擇的功能是指涉著一套被假定爲穩定的法律而進行運作，會以舊法來取得證立，或者，當此種方式並不充分時，還會指涉著自然或者指涉著一套由神所給予的秩序。即便如同羅馬帝政晚期的時候，以皇帝敕令來對法律進行干預的實務運作，已經累積了相當廣泛的程度，法律系統在面對此一現象而給予其特殊地位時，仍然展現了至爲明顯的遲疑態度。[64]

然而，獨立於那在概念上僅以拙劣方式被表述的、對於立法途徑之取用以外，那在法院中實際運行的實務，以及準備爲實務所用的學說，卻也都逐漸解消了對於既存法律之穩定性的回溯指涉。此一現象始於共和晚期的法學家斯凱沃拉，在此之前，則早就有一個世代的法學家，逐漸過渡到將其法律諮詢活動的成果以書寫方式記載下來的階段。這時候出現了最早的概念建構上的努力——特別是以辯證法的方式（也就是透過「種屬」範疇的抽象化）——並且同時伴隨著一種不再以個別案例爲導向的學說。[65]多虧了法律見解（不僅僅是制定法）能藉由書寫方式固定下來，人們注意到，流傳下來的法律不再合乎時宜，[66]並且嘗試藉由概念上的系統化來保存它——關於演化上革新的保守傾向，這乃是一項典型例證。[67]這項努力，隨著羅馬法學古典時期快速增長的文本材料，以及對於法律概念與決定規則之探討——這些概念與規則應當有助於法律對具體案件的適用——而逐漸擴張。倘若在一個全社會中，法律規範與法律見解雖然藉書寫而固定下來，但是它們的傳遞卻在相當大的程度上是以口語方式來進行——因爲在印刷術普及之前的全社會裡，並不具備充分的書籍——那麼這個時候，這種法律知識就經常採取記憶規則、思考成語等格言體形式，這種格言體形式可以被彙編於書面全集中，並且可以基於口語式法庭修辭術使用上的需要，而被學習。[68]如此一來，那些部分來自民法大全、部分借用自其他權威的法諺，就成了可學習的法律準則，並且可以在法律實務中，作爲表面上古老的思想遺產，而被用來執行革新的主張。[69]

爲實務帶來穩定性的法律知識，是藉助將舊的、已經被決定的案件，跟新案件做小心之對比而獲得的案例處理經驗，而發展起來的。概念上的分類、將案件歸屬於各項法律制度，以及早已具有論理基礎、並且被證明爲妥當而一再被重複使用的那些決定規則，都可用來作爲對比的觀點。究其本質，此處的方法，就是對類比論證的射程範圍不斷進行新的測試——換句話說，它既不是由諸原則進行演繹，也並非一種歸納性的一般化嘗試，因爲這裡的目標並不是要找到可一般化的規則，而是要做成可具論理基礎的個案決定。在這樣的處理過程中，有待做成的新決定，並不必然已經被既存的法律知識確定了下來。非常有可能的情況甚至會是，正好是在現存的案件貯存庫上，當下待決的案件所具有之新穎性才得以被認知。正如同在演化脈絡中的典型情況一樣，已被確立的結果，同時是某個演化階段的終結，也是進一步變異之可認知性與可指明性的條件。

倘若法律實務能夠將自己封閉而走向時間上的連續性，倘若它能夠受其自己獲取的規則導引，並且，倘若個別案件中的任務，是在於使案件按照規則來衡量，也使規則按照案件來衡量，那麼，演化上的選擇就獲得了一種非常特定的形式。這時候，在各種情況中都需要追問，從規則的角度來看，系爭案件與其他案件究竟是相等或者不相等？倘若它們是相等的，那麼這時候（而且也只有在這時候）它們就可以「被涵攝」。倘若它們是不相等的，那麼就必須由案件中發展出一條新的規則。正好是這種實務運作方式提供了誘因，使得人們不會僅將正義當作是正義之**理念**來加以掌握，而是當作正義之規範性形式來掌握，也就是下述誡命：對相等與不相等做出區分，並且對相等者給予相等處理，對不相等者給予不相等處理。

根據這種（而且正好是這種）決定所帶來的結果，法律演化會以模控學的方式被導引到負面的或者正面的反饋走向上。法律系統或者會在現存規則的基礎上保持穩定，這些現存規則總是會一再被適用，而這種情況則可能引發外於法律之領域中的緊張狀態。或者，法律系統會偏離既存的出發點，而藉著不斷更新的區辨與否決（這裡想要借用普通法的術語來說明），來建立更高的複雜性。唯有在後面這種情況中，才會形成結構上（而非僅是程序上的）再穩定化的問題，也就是形成下述疑問：在不斷提升的複雜性中，系統是否，以及如何，還能夠以自我生產的方式運轉，並且對於其使用者（舉例而言）還維持了充分的吸引力，以至於確實還會出現法律案件之製造。

具有關鍵力量的法律知識，起先受到口頭傳遞方式與作用方式之拘束，而具有公式般的性質，這樣的性質隨著印刷文獻不斷增長的影響力，而告消失。中世紀的法律，伴隨著其眾多的註解與註釋、其眾多的特權與經協議之個別義務、其令狀與訴權所構成之程序結構（實體法律是以此一程序結構爲基準）等，逐漸成爲可見但無法概觀的。印刷術爲其他種類的文本帶來了傳布的機會。這些文本其實就是爲了印刷目的而寫。此外，印刷術也使得對那些迄今爲止只透過口頭方式流傳下來的法律素材而進行之彙編、選擇性的固定化與傳布，成爲可能。[70]一直要到印刷術出現，才引發了簡化、體系化與進行方法上處理之可能性、以及對其之需求，此一需求自此以降即塑造著大陸法系的法學。[71]同時，印刷術也給出了一種可能性，此一可能性是特別在普通法領域中被運用：對以個案爲導向的法律實務的獨特性與人爲性，以及對歷史性與合理性的正當化脈絡，進行縝密思考，也就是逐步走向此種實務運作的自我觀察階段，以及其意識型態上的、後來在十八世紀也成爲「國族的」自我誇耀感的階段。[72]

總結上述論點，這時候人們就可以談論一門關注到體系性與歷史上融貫性的法釋義學。這種由案件實務抽離出來的（但針對案件實務而言，它絕非不具敏感性的）語意學素材，提供了對建構問題進行探討的可能性。人們可以運用這樣的素材，來駁斥那些不具可建構性的決定；但是它也可以被用來爲決定賦予論理基礎，並且證明這些決定符合於長期通用的概念用法。藉著這種方式，在許多情況中，那些在概念上可被列舉出來的法律制度，[73]就會在其射程範圍上出現漸進式的擴張，也就是顯現在「偏離之強化效應」這種典型的演化過程中：由細微的、可展現自身效用的開端，會形成一些具有廣泛射程範圍的設置；由於它們歸納了無數的個案經驗，因而它們的含意幾乎無法在定義的形式中獲得描述。唯有執行實務者才能「理解」其相關性。

一直要到將近十九世紀末，人們才邁入另一階段，將上述的作法稱爲概念法學，而予以駁斥，並且愈來愈不設防地將革新當作是權限規範之行使——無論是立法者的，或者是（在逐漸增長的範圍內）法官的權限規範——而予以證立。這時候，做出區分這種一般性的工具，就會以更爲自由的方式被運用，不過這對於那些接下來會在法律語意學上——它具有諸多綱要功能——沉澱下來的事物，則會產生相當可觀的效應。

藉由法釋義學之分出——法釋義學具有一些無可混淆的特性，而屬於法律系統內部（並且不可與那在拉丁文學校中傳授的自然法，相互混淆）——穩定化的功能也分化了出來。法律程序或許會接納變異，並且在未來的裁判上賦予它們結構性的含意。不過就算這件事情獲得成就，仍然存在著一項疑問：它是否會對法釋義學產生影響，抑或它只是作爲隨時可更改的法律，或者在法院裁判的先例拘束作用上，進入到法律系統中？換言之，這會導致選擇功能與穩定化功能的分化，在這當中，那些有助於穩定化的事物，會傳達出其自身特有的革新刺激。一直到十七世紀，政治系統都還被鄭重警告要提防革新，因爲革新總是會伴隨著自身帶來反抗、動亂與內戰的危險。[74]但是法律系統卻早已獲致動態的穩定性，這使得那些具有廣泛效應的革新，成爲可能——例如在所有權概念中、在主觀權利概念中、在採取非典型方式締結之契約的可訴性中，以及，在那相對於中世紀學說而具有革新性的「公法」觀念中。[75]

唯有在一套發展完備的法釋義學上，法律的穩定化與再穩定化，才能由特定規範的單純（而且大多是藉宗教而獲得基礎的）效力，推移到它們的**一致性**上。釋義學擔保了，法律系統在其自身的變動中，仍然持續**作爲體系**而發揮作用。因而人們也會談論「體系方法」。[76]然而，這並不必然要求要對系統的統一性進行反思，也不要求在系統內要以系統的整體意義作爲導向，[77]而是只要求要努力使「類似的」個案問題獲得一致的解決方案。人們不應當誤認這一點。當流傳下來的以及被變更的法律，在那由彼此相扣連的法律觀念所構成的脈絡中能夠站得住腳時，它們就是具有效力的。這時候，問題解決方案所具有之釋義學上的可建構性，就可被用來當作一致性的徵兆。當所獲致的結果，與業已改變的法感，或者與學院觀點中可接受的個案解決方式產生衝突時，上述說法則又使得人們得以認識到不可建構性，並且察覺到它是作爲一項難題。正好是法釋義學，或者在眾多法院裁判中，那對應於法釋義學的、已在相當程度上發展成熟的對於判決理由的知識，使得人們有可能察覺到缺陷，並且嘗試尋求較好的建構可能性，雖然這並不總是成功的。法律獲得了在缺陷上邁向成熟的可能性，例如原則上承認，法定的過失責任原則，在有限的範圍內允許無過失責任的存在——無論其理由是基於主觀上無過失之人製造了危險的情況，或者是基於唯有他才具備控制可能性以及替代方案，能有助於避免損害。[78]基於釋義學上的重構，在中世紀時人們提出了一項理念，認爲誠實信用原則，能夠塡補流傳下來的體系的所有漏洞，該體系是由羅馬法上契約類型與相應之訴權所構成。如此一來，各種契約，只要不牴觸法律，就可以被承認爲權利依據：ex nudo pacto oritur obligato（債可產生於單純的簡約）。同樣地，在十八世紀時，出於資本累積與責任限制所具有之利益，才會去尋求並且發現法人之法律形式，此種法律形式則無法單純被納入到舊式的團體特許權底下。人們可以將此理解爲，法律針對那自身改變著的需求態勢，而做出調適，但這絕不意味著，環境可以決定法律系統。應該說，法律系統只能在其己身固有的螢幕上認識到缺陷，並且也只能運用固有的、適當的手段，來作爲修補之輔助工具。[79]環境或許可以刺激法律系統，並且在對法律的感知當中引發干擾：但是這樣的激擾其實早就已經是系統內在層面的問題提出之形式，而對此之解決方案當然也就基於人們在現行法之框架下能夠建構的事物，而受到拘束。

從法律系統的角度看來，立法手段也會被納入到此種透過修補缺陷而進行革新的形式中。人們注意到了某種弊端。接下來的問題則是：人們可以不需藉由法律之變更，或者只能藉由法律之變更，來排除這項弊端？在普通法裡面，這種「寬免意圖定律」至少到今天都還被採納爲詮釋準則。[80]這種詮釋方式要求人們將法律視爲體系，也就是一個由眾多一致實踐的問題解決方案所構成的整體，並且由這些解決方案中，爲那些被給定的問題而挑選其一；在對制定法做解釋時則假定了，立法者原本即欲採此處理方式，或者最後，當法官無法尋得適合於系爭案件的可一般化規則時，他應該自己置入這樣一條規則。在此意義下，現行法自己促使自己邁向革新，但是也促使自己基於穩定性＝一致性＝正義之利益，而拒斥革新。無論如何，以這種方式而出現的法律演化，既不能被理解爲盲目的，也不能被理解爲全然意向性的，[81]更不能被理解爲對於外在衝擊之點對點式的反應。演化是以循環的方式運作著，它部分是藉著變異而對外在衝擊做出反應，另一部分則是重複使用穩定化，作爲革新的促動因素：

此種非序列性的、而是循環性的演化模式，允許我們能夠去追問法律演化之條件在演化上的轉變。尤其應注意的一點是，促使法律之穩定化或再穩定化的那些設置，本身就已經變得具動態性，並且以自己的方式驅動著法律的變異。法律不再等著人們進行爭執，以便接著尋找一種正義的、符合於法律的解決途徑。應該說，法律透過對日常生活進行規制性的介入，而爲自己製造了一些能夠成爲衝突誘因的情境。它驅動著自己。

關於演化的這種形式改變，或許可具體地在十九與二十世紀時，立法部門成爲具有巨大實效此一現象當中，去尋找其誘因。這又與政治系統的民主化，以及政治對於立法的影響在合憲性層面上的疏導，具有密切關聯。政治藉著大量不斷更新的指令，在法律系統中引發陣陣衝擊，這些指令冀望能被接納、理解與消化。的確，在各個情況中，會在程序裡以具專業能力的方式來審查，政治上的願望是否可藉助現行法而獲得滿足，或者需要以現行法的修正爲預設。在此範圍內，法律系統一如往常，仍然是作爲一系統而參與其中，另外，在此範圍內，也是一如往常，只有那些可被系統感知爲激擾的事物，才能作爲變異，而讓法律系統爲其尋找一形式。但是變異的機制本身即已改變。政治的「雜音」已成爲一種進一步的、在今天具有主導地位的變異誘因。這裡的情況，不再是出現了一些衝突而使法律產生變異，並且在必要情況時給予法律偏好創設新規則之誘因；應該說，政治追求著其固有的目標，並且藉此方式才創造了一些在必要情況時能成爲衝突的差異。例如當一個國家在旅客入境時要求填具表格，如同在美國的作法一樣，並且要求對查詢本身種族之問題提出回答，則這樣的作法並不是某種對衝突的解決方案，而是爲某個人創造了不利的地位，這個人則可能在此問題上走入衝突情境。倘若不存在規範，則根本不會有衝突。法律的變異機制，藉著其自我製造的衝突而循環地獲得加溫，而規範本身則早就已經說明了衝突應以何種方式加以解決。

在這樣的態勢中，法律的演化必須以詮釋來加以支撐。詮釋執行著一種一致性的檢驗，也就是要去審查，對於某項規範的何種理解，能夠適合於由其他規範所構成的脈絡。諸多制定法大多不再對一致性的問題抱持興趣，這跟十八與十九世紀時的大規模法典化運動有所不同。相對於此，裁判權部門則執行著較大的詮釋自由。然而，鑑於那些被預先給定的文本，它幾乎無法利用此種自由來再度獲取一致性。爲此出現了關於制定法詮釋方法的廣泛討論，[82]但這些討論在個別判決的論理中，幾乎沒有取得任何重要意義（法院爲還要隨著其判決，而同時確立某種特定的方法？），此一現象也呈現出一道業已開啓的裂縫。此一難題的出路，在於對模糊性的更高程度容忍、使傳統釋義學軟化、採取不確定法律概念以及權衡公式，藉由這些公式，法院可以獲致看起來合適的個案解決方案，但卻也不再能獲致一種通盤一致性的法律實務。而立法者也接受了這些公式，因爲它自己無法認識到，在何種限制條件下，即便制定了新規範，一致性仍然能獲得保存。

「規範幾乎不會體現一致性的利益」這件事情說明了，它們也可以輕易地——亦即作爲個別規範——被更改。法律的修正成爲常態，規範的平均效力延續期間逐漸縮短，甚至規範只是暫時地、或者爲期待更完善的洞見而在稍晚的時間點才被賦予效力，這樣的事情屢見不鮮。在實質事物的一致性層次上無法獲致之事物，會透過時間上的不一致（這樣或許會帶來較少痛苦或者不正義）而獲得補償。

拉度爾[83]認爲，在這樣的情況下，法律的統一性不再能夠被維繫住，它會被一種（價值與利益的）多元主義的法律構想取代。但是，法律系統一如往常，以自我再製的方式進行再生產，並且也不會與其他諸多秩序產生混淆。這可用來反駁拉度爾的說法。我們可以先套用在第八章才要介紹的術語，將這樣的情況表述爲，法律系統藉此而在變異性（可能的運作所具有之數量，及其彼此間之相異性）上有所增益，在冗餘性（訊息之節約、可推斷性、失誤之可鑑別性等）上有所損失。法律也許會因此變得更爲強固，也在此意義下變得「更能容受失誤」。[84]然而，對那些在環境中的、想要運用法律的諸多系統而言，法律卻也喪失了透明性與可靠性。因而，對於法律之正當化一再提出之追問，一方面很切合實際，但卻又毫無展望；一方面承載著價值與憤怒，但卻又是不精確的。

作爲演化的結果，對於法律系統而言，只剩下實證法的存在——道德哲學或許可以對此點做出不同評斷。這意味著：只存在那些透過對法效力此一象徵之運用，而被法律系統自己賦予效力的法律。這點係獨立於諸多法律傳統的具體形塑，而有其適用。它既適用於大陸民法法系，也適用於英國的普通法系；它也獨立於立法者在創設新法，或者將舊法加以法典化時的活動範圍，而有其適用。例如，在普通法系中，這一點就展現在十九世紀關於判決先例拘束原則的確立上，也就是在邊沁與奧斯丁等人所倡導的制定法實證主義未能獲得貫徹的那些地方。[85]現行法並不能被理解為一個邏輯上封閉的系統，這一點無可爭執，因為沒有任何邏輯系統可以為其自身的無矛盾性賦予論理基礎。但是，此項關於不完整性的問題的答案，並非蘊含於某種外部的效力擔保中，而是在於持續運轉的法律文本生產，在這些文本上，可以於各個情況中鑑別出，何種事物是作為法律而具有效力，何種事物則並非如此。這個時候，系統的「理性」並不是在於那透過諸多原則而獲得保障的良善性，而是那在各個情況中都會提出來的疑問：現行法在那業已成為關鍵問題的參酌觀點下，是否應該予以變更？據此，則法效力並不是建立在統一性，而是建立在差異的基礎上。它並不能被看到，也不能被「尋得」，它是蘊含於持續運轉的再生產中。

IV

在論述範圍頗為廣泛的前一節中，我們是將法律的演化鋪陳為一種具有系統性——運作性的封閉狀態。在一項重要的觀點下，這樣的看法需要做修正。下述命題依然是可以成立的：法律是由自身演化出來的，全社會的環境則提供了一些偶然衝擊，這些偶然衝擊引發了變異，以及可能具有革新作用的選擇。這個時候，指涉著環境的回應性，在本質上則是展現於個別的法律制度中，例如在刑法中被記錄下來的敏感性裡，在那些被賦予訴訟可能性、並且因此具有優勢的民法形式中，或者最後——平行對應於現代領土國家的發展──則是在（起初幾乎無法與民法和自然法區別開來的）公法的形成中──公法則在現代的憲法中獲得了發展的高潮點。但是，難道不存在一些全社會的條件，這些條件超越了法律的種類多樣性，更進一步發揮決定性作用，使法律系統夠根本地在運作上封閉起來，並且完完全全藉由其自身固有之運作，來指明自身固有的諸多結構，並且在出現內部層面上可鑑別的誘因時，得以改變這些結構嗎？

我們推測，霍布斯提出的關於物理性強制力所具有之無所不在的性質的問題，即表現了這樣的條件。以正面的方式來表述，則是說，倘若法律想要做出比單純使物理性強制力獲得條件化還要更多的貢獻，那麼它就必須預設一種受保障的和平狀態。而這會指向法律演化對於政治系統那種與之平行運轉的演化的依賴性──政治系統藉著某種原初的徵收方式，從全社會手中奪得了對於物理性強制力這種權力工具的處分地位，並且在這個基礎上鞏固其固有之權力。[86]

在一個非常原始的意義上，法律總是牽涉到，要爲某種可能需要以強制力來解決的衝突，提供解決方案；當法律經常引發衝突，並且衝突的雙方都援引法律的時候，它本身就是首要的衝突來源，而且隨著法律不斷的進一步發展，這樣的衝突就會更常出現。在這種情況下，前述法就更顯得眞切。正是這件事情導向了程序這項演化上的成就，在程序中，法律在相當程度上成了自己的裁判者。然而單憑此點，尚無法允許刑法與民法的分離，而且它會使得程序在其判決之做成上，仰賴於下述問題：哪一種決定會是具有可執行性的？當事人雙方所能號召的「誓約輔助人」的單純數目，以及爲法律之執行而爲準備介入態勢之單純可見性，都可視爲前述現象之指標。倘若人們不考慮古代城邦當中少數具有法律和平狀態的孤立個案，以及羅馬帝國的情況，那麼這種將強制力以具有法律上徵兆的方式內建到法律中的作法，一直到中古盛期都還被視爲常態，並且爲法律語意學與法律自我指涉性之進一步發展，造成了限制。[87]在此意義下，法律在其預備使用強制力的態勢上，受到那些在其全社會環境中，無法以法律手段被控制的結構的束縛，並且一直是如此，而這些結構主要當然包括了片段式社會中的家族與氏族構造。這必定會阻撓法律語意學的精緻化、個案經驗在不斷出現的其他案例中的凝煉與確認，以及法學上爲（對法律決定會產生作用的）概念——釋義學的一致性所盡之注意。

唯有當政治承擔了對於物理性強制力的控制（但是在中世紀，起先是那宗教性的、並且藉助教會法之手段而被組織起來的教會，來做這件事），並且對和平做出許諾的時候，才有可能跨越進一步演化的障礙門檻；這同時蘊含了，法律上的主張，當其合法性獲得確認的時候，也能夠獲得執行。[88]這時候，結構耦合的問題，就可以被指明，並且被限制在政治與法律之關係上——無論人們是將這些功能系統理解爲在頂端相互匯集的統一體，或者人們是藉由憲法這項特殊制度來使它們進行耦合。[89]人們可以說，演化會爲法律系統的結構耦合問題，「尋找」解決方案，此一解決方案不會阻礙法律系統的演化；或者換另一種結論相同的說法：該解決方案會使得那藉由法律系統之特殊演化，而對法律固有的複雜性所爲之構築，成爲可能。

倘若此一開端是在強制力的問題上碰到其關鍵點，那麼人們就必定能夠觀察到，在此一演化的推進趨勢之後，對於強制力的依存狀態，會採取另外一種形式。而事實上也是如此。可罰的行爲，這時候不會被單純理解爲對受害者的傷害——受害人可以自行抵抗，或者請求補償——而是被理解爲對刑事法律的違犯。藉由此種方式，在十七世紀、尤其是十八世紀時，一種在無法預見的程度上出現的使犯罪行爲刑罰化的推進趨勢，就成爲可能——也可以說是合乎公共利益的——這時候，此一推進趨勢本身會有計畫地催生現代犯罪理論（例如貝加里雅等），要求建立刑罰殖民地，並且促使市民社會自己藉著工作倫理與道德義憤來整頓自身。唯有透過立法者的媒介，法益的應受保障性才會進入到法律中。在這個時候才會說：nulla poena sine lege（無法律即無刑罰）。以強制力來對付強制力的原始法律，就被打破了——或者說，這樣的方式被讓渡給國家，由其作爲唯一有正當權利採取此種方式的行動者。起先國家爲自己宣稱「raisons des executions sans proces」（不經程序執行之理由），並且爲此提出了近乎醫學式的理由：「le mal se guarist par le mal」（以暴制暴）。[90]但是，隨著在十七世紀中獲得貫徹的國家領土上的常態和平狀態，這種不經審判程序而做成判決的非常保留權也顯示爲多餘的——只要法律和平狀態能夠被維繫住。

人們可以說，一個自己演化的法律系統的分出過程中，法律藉著強制力而打破了自身的和平嗎？這時候，那指向其自身的法律，無論如何都是作爲弔詭而具有可見性——而且也被如此表述。[91]外部的指涉——對事實上具主導性的強制力的指涉——必須被剪斷，並且代之以自我指涉，而這個時候，自我指涉必須以其他方式，與環境（這時候環境指的是政治權力擁有者的集中性意志）取得協調。

在歐洲，自十一世紀以降，就在羅馬法文本基礎上發展出一門與刑法分離的民法，其起初係依照相應的裁判權，又被劃分爲教會法與世俗民法。[92]在這個領域裡，某個覺得自己權利受到侵害的人，同樣也被禁止直接訴諸自身武力來解決問題。原本欲透過其武力來解決的問題，現在必須透過法院程序之使用來解決，否則的話，沒有任何法律文化能夠獲得開展。當然，唯有當法院判決能夠獲得執行，並且判決之做成不會由於某種對權力態勢的預期而遭致扭曲時，這樣的替換才具有說服力。倘若人們想要辨認出此種發展在演化上的低或然性，那麼就應該要注意到下面這件不尋常的事情：**法律**必須要能自己確認**對法律之違反**，並排除之。它必須要以諸多自我規制的證明程序來取代那種能夠使其針對環境所做之調適獲得確保的權力檢驗——這是一項在系統中被承擔下來的、由於須按照法律的規則來確定不法，而形成的弔詭。法/不法這組二元符碼之統一所形成的弔詭，並不需要被「不完全定理化」，也就是不須透過外部化而被解消。它必須在法律內部獲得開展。

這樣的解決方式，對我們而言是如此熟悉，以至於此一問題幾乎不會被人認知到。然而，即使在近代早期（例如一五二五年農民戰爭所引發的問題，以及路德對此之反應），能夠正常運轉的/無法正常運轉的裁判權部門，與武力式的法尋求之間的關聯，都還是非常實際的。[93]到了今天，人們都還可以在正當防衛權/緊急避難權這種存留下來的非常態狀態中，再度認知到此一問題。仍然存在著一些剩餘案例、邊界案例，在其中，法律在法律上受規制的條件下，允許某些對法律之違反。無獨有偶地，這些案例也正好就是允許運用物理上強制力的案例，在其中，依循法院程序尋求解決的這種典型法律上的指令，失去了作用。**只要強制力被牽扯進來，就必定會出現法律符碼化的弔詭——但是是以另外一種形式出現，此一形式馬上會在法律內在的層面上獲得開展、透過條件化而受規制，並且也因而作爲一項弔詭被隱匿起來。**

倘若我們將這些講法轉譯回演化論的語言，那麼，上述分析證實了，自我再製與結構耦合之間的關聯，是各種演化的前提。演化只能運用自我再製，演化也必須預設自我再製。因而，在古典演化理論的變異/選擇/再穩定這些區分內部，無法避免循環式的論述，而環境的衝擊，也就展現爲一些牽涉到一個早就在演化的系統的偶發事件，它們會被系統徹底轉化爲具有方向性的發展。如果人們再補充引入結構耦合的概念（我們將在稍後的章節中，以系統性的方式回來處理此一問題），那麼就可以另外再描述出，這些「偶發事件」可以藉由哪些形式，獲得疏導，它們也會在系統中作爲激擾而得以引起注意，並且作爲問題而得以藉由具系統妥當性的（以自我再製方式進行運轉的）問題解決方案，獲得抒解。對法律之演化而言，物理性強制力的問題，似乎就滿足了這種批判性的、使演化成爲可能的、或者使演化受到封鎖的功能。

V

前面提出的思考，並沒有爲下述疑問提供解答：在藉由演化而建立或拆解結構的過程裡，是否會呈現出一些特定的模式，或者它完全是任意進行的？在演化論的討論裡，此一問題扮演相當重要的角色。在過去，它是借用進步概念來加以回答的。當人們放棄將演化評價爲進步的時候，這個問題就會被重新提出。因爲這時候，人們就面臨了提供後繼概念建構的必要性，或者，他們就需要使演化論與各種對演化所形成的秩序的描述，完全拆解開來。

跟隨達爾文的典範，人們經常滿足於用演化論的方式來說明，全社會究竟如何帶來這樣一種高度發展的、分化的法律文化。[94]在這當中，那些以演化方式形成的諸多制度（所有權、契約、法人之權利能力、主觀權利、法院程序形式等等），都作爲已被給定之事物而被預設，也不會進一步被分析。演化論則需要爲下述現象提出解釋：這些具有如此低或然性的成就、與起始狀態距離如此遙遠的偏離狀態，終究還是成爲可能的，而且也可以作爲事物常態而被實踐。同時，這樣的解釋也蘊含了一種推論，那就是，演化是不可避免的，而且所有對法律進行計畫或改良之意圖，雖然可能促成演化，卻無法關鍵性地（就算有，也比較是在毀滅性的意義下）決定演化的結果。

那些嘗試說出更多東西的理論，經常很明顯地具有類似於進步的性格。演化論證也經常被利用來當作偽裝，以掩飾某種無論如何都會被採納的理論偏好。人們宣稱那些對應於某理論的結構，因爲演化而獲得有利條件，並以此來作爲證明該種理論的方法。海納爲解決不完整資訊之問題，而提出之說明，即爲如此。[95]克拉克所持之見解，亦即，演化會促成那些能夠節省交易成本與其他成本之設置，也可作爲一項例證。[96]然而，在這裡會出現許多早已爲人熟知的問題（或許也因爲如此，在今天，經濟學的法律演化論經常在社會生物學上找尋支持），尤其是下列事實：參與者根本不會在被規定的意義下進行計算，而人們也就無法正確得知，在他們的腦袋裡，量化的推論結果是如何建構起來的，[97]以及所有與未來的未知性以及因各種時間拘束無可避免而造成的社會成本，具有關聯的那些事物，所形成之問題。[98]

藉由系統論的出發點，人們雖然不會與自己的理論產生疏遠，但卻會獲得一套更爲複雜的分析工具。[99]人們的出發點可以是（這樣的立場也是很普遍的），演化使得那些具高度複雜性的系統之建立與維繫，成爲可能，不過在這些系統旁邊（或者在它們裡面），那些具有較簡單結構的系統，當然還是有存活機會。演化會導致諸系統的形態創生，這些形態創生，即使在高度的結構複雜性，以及在相應於此的、諸運作之多樣性與相異性中，仍然能夠執行系統的自我再製，而這件事情也未必需要被賦予特殊意義或目的。它們必須要能夠在相應的程度上，於內部做出區辨。因此而很明顯可以認知到的一點是——法律系統的演化正好可在此被用來當作例證——較高的複雜性以未被意願的方式被引發，並得以形成，其結果則主要是，人們也會開始抱怨法律中的複雜性，並且爲此尋找排解之道。演化開始爲其自己固有之結果做出反應。但這件事情，除了它就是這樣發生了之外，還具有任何一種「較高的意義」嗎？在這樣的方式上，「文明」（如同十八世紀時的通行見解）或者甚至「精神」獲得了實現嗎？

在今天，幾乎不再有人宣稱，如是的複雜性使得系統具有較佳的適應機會。倘若人們想要抱持此種假設，就必須爲此尋找補充論證，這些補充論證需要將由複雜性所造成的自我危害納入考量。我們僅以一項無可爭執之事實爲滿足，那就是，高度的複雜性已成爲可能，此外，現代社會的法律，即便提出了各種新發展出來的抽象概念、一般化概念以及簡化嘗試，仍然比舊社會構造中的法律複雜得多，而這件事同樣也是無可爭執的。

當人們說，演化——在許可之範圍內——使得那些低或然性的事物常態化的時候，這樣的說法不過是前述事態的另一種版本。低或然性應該被理解爲，從起始狀態偏離開來的程度。[100]然而，藉著這樣的說法，人們除了能獲得進一步研究的提問方式之外，大概也不會得到更多，這些進一步的研究則需要釐清，系統如何使其固有之設置適應於不斷增加的複雜性；或者換句話說：複雜性如何作爲選擇壓力而發揮作用，並且爲此製造出適當的、適合於複雜性的結構——或者阻撓進一步的演化。

系統的運作上封閉狀態，以及對環境具有無差異性的符碼化，乃是對此問題提出之初步回答。環境被排除了——除非系統本身依照其對固有的訊息處理可能性的標準，認爲應當予以關注。爲此，系統必須發展出區分自我指涉與異己指涉之能力。我們還將看到，[101]在今天，這件事情是發生在概念與利益之區分形式中，[102]並且具有一項預設，那就是，一種相應的、具有發揮有效作用能力的法釋義學，已經發展了起來。

關於那些適合於複雜性的演化成就當中，還進一步包括了，要讓法效力之象徵與歷史起源（在arché〔根源〕、基礎的意義下），以及與外部指涉（在自然，或者在那作爲自然而被給定的理性之意義下）均相互脫勾。我們已經基於放棄直觀性之觀點，鋪陳了占有與所有權之分化，以及交易與契約之分化。在自我描述的領域裡，法律系統也使自己成爲具有自主性的。在此一脈絡下，那以系統內部關於立法與司法之區分作爲導向的作法，扮演著重要角色，它使得對外在之友誼、特殊聯繫、地位之考量等因素做出讓步這件事，在立法者那邊變得困難，在忠於法律的法官那邊則爲不可能。[103]君主的「裁判權」（iurisdictio）此種統一性概念的解消，以及十八世紀中邁向權力分立學說的過渡走向，都使得上述傾向繼續推進，也以新的方式來對法律系統內部關於立法與司法的反饋迴路，加以組織，並且一方面在制定法中允許越來越多的不確定法律概念以及政治性的「妥協公式」的存在，另一方面則在參酌各該相關立法之指令下，拒斥由法官所爲之法律革新。這些演化成就所帶來的結果是，整體法律被鋪陳爲由自身製作的、實證的法律，而法源學說（無論此一概念現在所要表達的是什麼）則在十九與二十世紀時被重新表述，亦即，不僅立法可以被當作是法源，司法裁判以及習慣法（在獲得法院採納之範圍內），最後甚至法釋義學本身[104]都可以以法源之姿態出現。

進一步的深入考察，則會爲我們開啓複雜性的時間化此一關鍵概念。從許多角度看來，藉著指涉個人或者藉著指涉空間而做的界分，會被藉著指涉時間而做之界分取代。[105]新法可廢止舊法，[106]因而，即使是具有深刻影響的時間上的不一致性，也不會被認爲是不正義。由此一事態所引發的諸多討論，都會被政治化。

另一個能夠容受複雜性的機制，可藉變異性與冗餘性之區分來加以描述。我們打算到第八章再深入探討此點。目前我們暫時滿足於指出下述論點：倘若法律系統能夠放棄對個案決定之一致性的嚴格要求（此即冗餘性），並且爲此找到一些新的、能夠相容於較高的變異性的形式，它就能夠處理更多的、而且是各具不同性質的案件。此項脈絡一直以來都具有一重要之規制措施，那就是，是否要訴諸法院，完全係委由關係人決定。此外，在羅馬法上，還對可訴諸法庭之訴訟數量與類型，提出了限制。至於所有權利主張之可訴性（這是十九世紀時才出現的概念），以及在法律上對私人意志之相關重要性給予廣泛承認，這些都使得法律能夠更適應於現代社會的要求。一旦私人意志被視爲是界定諸多權利之基礎時，人們即認爲，他們能夠放棄對於一致性的謹愼維護（換句話說就是正義）。風起雲湧針對此一趨勢而出現的抗議浪潮，則導致了政治上的壓力以及眾多限制自由權的制定法；人們只需要想到勞動法，或者社會政策之立法，即可明瞭。然而其結果卻是，自此以後，無數個別制定法之間的一致性，就成了個難題。當人們還來不及完整地試驗出（其實還差得很遠），在前述條件下，人們可以在何種形式中再度贏回冗餘性時，卻又出現了一項新的問題，那就是關於由熱心獻身之個人，基於公共利益，尤其是基於對生態問題進行積極處理之利益，而提出之「民眾訴訟」的問題。

在今天的法律系統中，存在著一些結構，它們已經顯著地偏離了人們在部落社會中能夠發現到的那些結構。它們是作爲此種演化的結果，演化則使得複雜性之分出與建立成爲可能，並且，一旦達到此一狀態，就會藉由進一步的演化而標明出此種分出與建立。人們可以將此決定性的差異，稱爲法律態勢之**人格化**。在此即可銜接上近代法律演化的最重要成就：主觀權利之構造。[107]在此一構造上，人們就可以使自由弔詭（亦即，對自由進行限制之必要性，乃是自由之條件）[108]獲得一種在法律技術上具實用性的開展，也就是，將被排除的事物予以涵括，以及使恣意得以司法化。在其諸多主觀權利所構成之框架內，每個人都可以任意行動；在法律上，並不會對其動機進行審查；倘若人們想對此進行限縮，就必須（也可以）爲此一計畫賦予對主觀權利進行限縮之法律形式。十八世紀末時發展出來的其他進一步成就，而可供人們利用者，都預設了這一點，並且也爲了諸多與此銜接的一般化嘗試，而徹底地運用了這點——例如那獨立於等級與出身的一般權利能力，以及法律的實證化，藉著此種實證化，當有需要時，自由這項空白形式在法律上的界線，就可以被推移。同樣地，法律程序之一般可接近使用性（以及藉此而達成的、將全體人民都同等地涵括到法律中這件事情），也是建立在此基礎上。因爲對於實體法與程序法之分化與扣連而言，有一件事情是無可迴避的，那就是人們需要依據實體法，來找出誰是作爲原告而出現，誰又是被起訴者。同樣地，刑法也摒棄了部落社會中通常會採用的作法，亦即集體責任、集體補償義務或補償請求等。各種大小規模的組織，也可納入到此種發展中；因爲當它們面臨到想要使自己作爲一單元而參與法律系統的情況時，它們也有法「人」這個法律形式可供運用。

由於我們已經對此形式習以爲常，因而當人們想要清楚呈現出此一形式不尋常之處，以及其在演化上的低或然性時，就得要花費相當的精力。因爲，法律首先要爲反事實性的期望，取得社會的支持；而一種對衝突所做之規制其實是不尋常的，它剝奪了個人原本透過可能的共同鬥爭者、親朋好友，或者透過其所屬的、並在其中能夠獲得聲望與功績的某些團體（例如行會），而取得之各種社會支持。他首先被孤立起來，單獨與法庭周旋，並且這時候只能完完全全訴諸法律系統本身，以尋求協助。各種矯正性的設置（例如實體法上的遺產信託，此一制度爲了保障家族利益，而限制了個人的處分權，又例如在程序的領域中，對法律保障所爲之保證，或者職業倫理的觀念以及對此所爲之團體式的監督），也都必須預設此種人格化，並且與之銜接。倘若無法藉著法律態勢之人格化，而與社會裙帶、義務和協助期望等等分解開來，那麼法律系統的分出便無法獲得成就。唯有當這個模式在演化中獲得貫徹，人們才會將施於法官之直接的社會影響，視爲腐敗，並且在完全一般性的意義下，將施於法律上的那些藉由社會學統計方法所發現到的、無法被法律化的社會影響，[109]視爲問題。在這裡，就如同在其他功能系統中的情況一樣，那種迂迴地藉著「個人」的個體化，以及現代個人主義的語意學上相關物，而形成的途徑，會展現爲前提要件，使得功能系統能夠建立固有複雜性，並且能夠將那就涵括/排除所做之決定，納入其掌管範圍。

當政治系統嘗試將法律系統當作統治工具而予以利用的時候，那些在法律系統中演化出來的、並且大致上而言能令人滿意的事物——倘若人們能夠將基本模式的嚴峻性予以緩和的話——就會在相同程度上成爲問題。這時候，政治上的簡明目標必須被解消，並且在那些能夠指涉具有權利能力的個人的形式中，遭到分解。在生態問題的轉化，以及生態法的規制目標上，尤其會顯示出，那具有無可避免性質的人格化，與實際事態之間是如何的格格不入。這主要是在於，那受全社會制約的行動的生態效應，在因果歸責上具有困難性，也就是說，倘若人們必須在那對個人具有促動性意義的義務與權利上，推導出所有事物的話，這樣的作法就會排除任何實質效果之達成。因此，舉例來說，就那種基於對公共利益所具有之利益，而提出之「民眾訴訟」而言，倘若沒有在實體法中，使那些已被清楚界定的立場，能夠對應於此種利益的話，那麼就此所進行的討論也就不會獲得太多成果。[110]此一事例尤其清楚指出，人格化的形式確實是作爲法律演化的特有產物，而不是一種透過環境之指示而設立之形式——無論是內在於全社會的，或者是外在於全社會的環境。這也正好對應於我們的理論假設，亦即，自我再製的系統的演化，主要是有助於探測，自我再製爲諸多複雜秩序之建立，給出了多少自由活動空間，而不是要協助系統針對某個已被給定的環境做出調適。

此處之理論鋪陳，必須停留在概略提示的階段，並且不應在進行細部研究之前，預先下定結論。或許，在這裡只要引入一項理論假設就夠了，亦即，能夠對演化上結構轉變之執行發生中介作用，而使之轉化爲系統內部的調適成果的中間變項，並不是經濟效益，而是複雜性。

VI

在對法律進行歷史觀察時，會遇到的其中一項最困難的問題，我們把它留到本章的結論部分來處理。人們是否可以說，鑑於那種以演化方式形成的法律系統的固有動態性，法律系統在全社會層次上的重要性，尤其是它的規模，也擴大了呢？如果人們使此一問題關聯到那些絕對的統計數字的話，那麼，情況當然看起來是如此。相較於之前，現在有更多的法學家與更多的制定法，（即便各地區的情況均有所不同，例如，當人們將日本與美國的情況做一比較，即可得知）。[111]相應於此，則出現了一種不斷增加的厭倦感、對所有那些使自由創新提案窒息的眾多法律上管制所提出之抱怨，以及追尋解管制化、法院外的衝突解決途徑、去官僚化等等的訴求。人們可以很輕易地對此提出反面論證，也就是說，這樣的肥大化——或者至少它看起來是如此——可以在所有功能系統裡被觀察到（從政治系統一直到教育系統，從科學上的研究一直到經濟領域中的貨幣媒介）。哈伯瑪斯曾經談論過所謂生活世界的殖民化，不過這是在某種不同於此處之脈絡提及的。換言之：功能系統的日常重要性日益增長，因之在許多視角下，就出現了以「返回自然生活」爲訴求之對立運動，然而這些運動幾乎無法達成其目標。在一般的層次上，則由此產生出一弔詭現象，亦即，對立運動本身又必須要運用功能系統的結構工具，就好比適用於栽種有機植物的情形一樣。行政領域的簡化，會要求要具備一些檢驗規定與檢驗程序，這些規定與程序則又附帶地增加了行政領域的負擔。

對於這種「過多狀態」的印象，可以在粗淺的層次上獲得確認，但是，問題比較不是在於絕對的數字，而是在於諸多關係。由於某些資源只能在有限程度內被運用——當然，特別是時間——因而人們必須要能夠確定，個別功能系統的成長，是否會要求要用到更多時間、更多金錢、更多自然資源、能源、積極行動等等，並且犧牲了這些東西的其他使用方式。這樣的作法將經驗研究帶向了一些幾乎無法解決的難題。因爲，人們要怎樣確知，倘若那些資源並沒有因爲法律的肥大，而負擔如此沉重的話，那麼，可能會出現何種其他的使用方式呢？在進行此種研究設計時，倘若是以總量恆定的假設爲出發點的話，則尤爲不切實際。因爲總體說來，全社會也在規模以及複雜性上有所增長。隨著全社會溝通可能性之增長，能夠滿足需求的可能性，也會隨之成長。

對於一般的經驗社會學而言，或許很容易聯想到的探究方式，是以人口數量爲出發點，然後去檢驗，法學家的數量以及法律事件（例如制定法、法院程序等）的數量，與人口數平均計算之後，是否也有所增加。[112]但這也會導致顯著的困難，因爲人們只能以恣意的方式，來確立各個應該建立相互關聯的單元（某個法學家的執業範圍有多廣？某項法案的重要性有多高？某項法院程序有多複雜？）。尤其是，有鑑於溝通媒體與技術的發展，人口數量其實根本就不是具相關性的指標。具有重要地位的，或許是溝通單元的數量，而在這裡，那種以純粹量化的方式，並且未將性質與後果納入考量，即對上述溝通單元進行評估的作法，其實也可說無甚意義。即便目前主流的印象是，法律系統以爆炸性的方式成長著，並且侵入到越來越多生活領域中——這些領域原本是藉由習慣、替代方案之欠缺狀態、社會化、社會控制等等而被決定的——即使在這種情況下，也幾乎不存在將此一印象用來當作科學假設，並予以檢證之可能性。

以上所述，應該可促使人們於目前既有的研究狀態中，在演化上變遷的脈絡裡，放棄那些指涉著法律系統之統一性的陳述。的確，人們可以確定，在法律系統的演化中，諸結構會改變，新的演化上成就會獲得建立，甚至對事物狀態之司法化的期望，也會改變，例如，隨著改良的程序技術與證據技術，可以減少各種形式主義的設置，而「內在的」事實構成要素（動機等等）也可以具有法律上的相關性。人們也應該在此意義下去理解弗里曼[113]所提出的命題：對於正義的期望，會推移到承擔某種抵銷命運之功能此一意義上。如果再更強烈地將這種說法加以一般化，則人們也可以說，法律系統的完全分出，會導致其自身固有符碼之普遍化，並且也不會認爲存在著一些就事物本質而言（例如家庭內部的事務），無法接受法律規制的事態。[114]哪些事情可施以法律規制，哪些事情則不需要，又何種方式的規制可以取得法律效力，這些問題現在都完全屬於法律系統本身之事務；將此一說法做必要修改，即可適用於其他已分化出來的功能系統。諸多的限制，只能夠作爲自我設限，才具有可實現性。但所有這些陳述都是，也一直會保持爲關於系統諸多結構之陳述，以及關於其變異之陳述。它們不允許由此而回溯推論，法律在全社會當中的重要性是增加或者減少了。就連在最後一章中，當我們再度回來討論這些問題時，[115]我們也不會做出任何預測。演化概念本身即排除了提出預測。

第七章　法院在法律系統中的地位

I

無論是一般系統理論式的思考，或者是經驗研究，都傾向於採取下面這項假設：某個系統的分出，須以某種同時發展著的內部分化，爲必要條件。[1]一個以溝通爲基礎的全社會系統，唯有當人們能夠將在場者之間的互動與全社會區分開來時，這個全社會系統本身才有可能在它最原初的開端中（在所有片段性質的家族建立階段以前）分化出來；也就是說，在這種情況下，雖然那些發生於不在場者之間的事情所具有的全社會的相關重要性，也必須在互動中被考慮到，但它卻只能以極度選擇性的方式被考慮到。因而我們必須推定，法律系統只能作爲一個分化的系統，而分化出來。但這個時候，關於它內部分化所採取的形式，則還沒有確定的結論。

所謂「內部分化的形式」，指的是那些使得次系統之間的關係，能夠彰顯出整體系統秩序的形式，例如將其表彰爲階層式的層級秩序。內部的分化也意味著，從每個次系統的角度來看，所有那些不屬於系統的事物，都屬於環境。但它的含意不限於此。這個命題其實早已伴隨著系統的概念而被給定，也就是說，對於系統理論而言，它是不證自明的。除此之外，一個爲系統所固有的、關於內部分化的秩序也要求了，次系統彼此間的關係，同樣需要受到規制，這個規制方式可能是建立在平等的基礎上（例如片段化），也可能採用各種不同的不平等形式（層級秩序只是這些形式當中的一種）。一個涵蓋範圍廣大的系統（在我們當前探討的主題中，這指的是法律系統），它的整體秩序就表現在，各個次系統之間一般性的系統／

環境關係，會受到那些關於系統對系統之關係的先在秩序準則所框限。這些先在秩序準則，則可能視複雜性——複雜性是隨著整體系統的演化而獲致，並且有待克服——而提供各不相同的自由程度，也就是各不相同的整合密度。藉著片段化的方式，只能滿足非常低度的複雜性等級需求。例如，可能存在著若干彼此處於相同位階的法院，而且這些法院也必須被當作是同位階的，而相互尊重。但除此之外，長久以來，各種不同的分化形式，早已經在不平等性的基礎上，建立了起來——例如法院與律師、法院與立法的國會等等。這些分化形式，在不平等性的基礎上，將更多的區分以及隨之而來的更大的自由程度，引入到系統中。這個例子顯示出，不同的分化形式彼此之間並不會相互排除。[2]這樣一來，不平等性這個在各個階段中具有主導地位的形式，就具有一項任務，要去規定在什麼情況、以及哪些其他的分化形式，是必要的而且是被允許的——例如，在貴族社會中，是依照階層來進行分化，但是在每個階層中，則存在著諸多具有相同位階的家族。

我們從這些先在準則出發，追問法律系統的內在分化形式。這個問題，沒有辦法藉著指向各個不同的法律領域，以及藉著指向在各項相應於此的區分上所表現的歷史變遷，而獲得解答。也就是說，這邊並不涉及諸如公法與私法、行政法與憲法、物權法與債法等等的區別，更不涉及對於法律素材的原則性劃分，例如採用羅馬法上的人法/物法/訴訟這種圖式。這種語意上的劃分，雖然並不是獨立於系統的複雜性程度就能夠獲得發展，但這些劃分還不能告訴我們，法律系統在運作上如何進行系統建構。

此外，我們也不採用一般慣常使用的制定法與法官法的劃分方式。依其形式，這項區分是被實證法的理論所決定，並且是在下述討論情況中被使用：人們是否應以單一的，或者複數的法源當作出發點。人們可以在這點上進行討論，但是，倘若沒有追溯到較爲抽象的理論基礎上，那麼似乎看不出能夠就此做成決定的可能性；人們也可以推測道，理論上的抽象化，反而會使得這項提問被相對化，而比較不是在關於法源的問題上提供進一步的幫助。我們在這邊也是以分化理論的方式進行論述，甚至我們首先就將法院的地位，界定爲一個在法律系統中分化出來的次系統。但這時候問題就是，當法律系統讓法院分化出來的時候，它又給自己加諸了什麼**分化的形式**。

II

藉著立法與司法這項對於系統的自我描述而言具有顯著意義的區分，我們可以獲得初步的論據。這一點是不難理解的，因爲在古老歐洲的傳統中，該項區分早已隨著系統的分出而獲得了證立。從中世紀對亞里斯多德一份文本所進行的重新探討看來，[3]他早已考量到司法應獨立於法官的親族上與交誼上裙帶關係，也就是說，在一個早已階層化地、依照城市/鄉村此一圖式而分化的社會中，裁判應獨立於片段式的分化，而亞里斯多德就是從此一角度出發考察上述問題。對亞里斯多德而言，解決之道就在於，法律救濟途徑應該依照立法與司法之區分，而進行特有的分化。因爲，立法者必須預先規定若干一般性的規範，然而正由於規範的一般性以及未來適用情況的不明確性，它反而很難全盤考量到這些規範對敵友、親疏產生的後續效應。這時候，只要使法官受到制定法的約束，就足以防止其圖利友人、構陷敵人。「不顧個人情面」這句套語，其實也就是在說這件事。

眾所周知，在羅馬法上出現了一種附帶的分化，那就是民眾立法，以及由具有相關管轄權的執法官（裁判官）來行使裁判權以形成條件化的這項分化；也就是說，政治權力在特定條件下可供法律使用，而這些條件已經獲得了法律形式上的確立。如此一來，階層的影響，在相當大的程度上就推移到了關於法律的知識上，也就是轉移到由法律專家（一開始的時候，他們是由貴族階級壟斷）來提供釋答諮詢這件事情上。於是，下述觀點一直得以維持到近代後期：立法與司法是一項一體性任務——也就是裁判權——的兩個層面，而裁判權原則上是由政治權力（在領土國家裡，這指的就是君主）來統轄。[4]在此範圍內，法律在對抗著階層化與諸多家族所形成的主導秩序時，所產生的分化，就依存於個別情況中政治系統的脆弱自主性。[5]法律是否、以及可以針對誰而獲得貫徹，就成了一項關於個別情境態勢的問題，而且，地方的裁判權，無論如何都是掌握在（即便是經常不在場的）貴族與城市法院手中。[6]

到了十六世紀下半葉，尤其是十七世紀以後，整個態勢轉變的徵兆，才變得清楚可見。這些徵兆就展現於，「立法權能」獲得了更高的地位，而被認為是現代早期主權概念的構成要素；相應於此，貫徹現代領土國家秩序理念的權限，也越來越被強化而廣泛運用。[7]對於立法的理解方式，幾乎以未被察覺到的方式，從「法權」的脈絡中（制定法「說出」了，什麼事情是合法的），被推移到了「主權」的脈絡中，而在這個過程裡，關於法律主權與政治主權的各種觀念，就相互融合在一起，持續了好幾個世紀。制定法概念的突出性也同時要求了，應該要將諸多的部分權限）涵括在立法權限當中——例如宣告無效或者修正的權限、在個案中允許突破制定法框限（廢止）的權限、賦予能夠突破制定法的「特權」的權限，以及（尤其是）在今天所謂的「困難案件」中對制定法做出解釋的權限。[8]從這樣的發展中，特別是產生了領土國家改革、以及司法體系一體化的必要性。

起先出現的情況不過是，人們原本對承擔執司法律的責任的想像，具有一元性，而這種一元性的想像卻被重新界定了。從等級國家邁向絕對君主統治的國家的這個政治上的推移過程，製造了術語上的突變，並且利用這些突變，逐步掏空舊式的參與權。一直要到十八世紀，整個情況才發生了根本的轉變，也是到這個時候，立法與司法的分化，才獲得了今天已經為人習慣的顯著性。特別值得一提的是邊沁，他在對於法律改革具有明顯興趣的脈絡下，主張立法與司法應明確區隔，不過這項主張實際上卻未對普通法造成衝擊。[9]「法權」這個概括性的權限概念，這時候被刪去，而且沒有任何替代概念。這時候，無論自然或理性這類具有賦予論理基礎的型態還能夠說出什麼東西，人們都已經是一貫地從實證法的角度來進行思考。從事後的觀點看來，下述印象可說已經深植人心：由各種法律的決定依存性所產生的風險，被分派給兩個機制，並且或許因而以更能被人承受的方式獲得塑造。成為問題的，並不是分出，而是已分出的系統的偶連性；立法與司法的區分就是在對這個問題做出回應。

立法與司法的區分，是以與之相應的程序的分化作為基礎，也就是以權限規範的演化及其限制性的條件化為前提。在這個基礎上，它們可以分別從區分的兩面被審視，亦即，可以被構思為具有雙面可利用性的非對稱狀態；藉著這種內在的依託，法律系統就可以放棄外部的依託（但卻不因此而必須脫離全社會），並且實行其固有的自主性。於是，法官適用制定法，聽從立法者的指示。至於立法者，若其未注意到應使新的制定法嵌合於由法院的諸多裁判前提所構成的整體，以及如何達成這個目標的話，那麼它無異於「盲目行進」（艾瑟）。這樣的情況，最後會允許我們將司法與立法的這項分化，表述為一種模控學的循環，在其中，法律系統觀察自身，而且是在二階觀察的層次上做這件事。法官必須試著去認知，立法者想的是什麼，亦即，立法者是怎麼觀察世界的。於是，對立法者意志的「解釋」，就對應著這樣的情況而發展了出來。但立法者也必須要能夠設想到，案件會以什麼樣的形式來到法院，並在那裡被審視、處理。不過，十八世紀的思潮卻採用了另一種表述形式，因為它是建立在一個還沒有相對於全社會而獲得分化的、「市民社會的」國家概念基礎上。在這裡，舊式天文學的階層性世界架構圖像，仍然籠罩著，而且在這個框架下，法律與治權也還沒有辦法區隔開來而被思考。立法與司法之間的關係，係依照一種階層結構而被建構，而階層結構則被理解為指令式的階層結構（而不是一種涵括式的階層結構，亦即，不是一種整體與部分的關係）。法院被理解為立法的執行機關，而法學方法則被理解為演繹。整體關聯是藉由邏輯，並且因此也是藉由規範脈絡的公理化，而獲得擔保。與此對應的思想計畫，自萊布尼茲以降便一直被討論。然而此種鋪陳方式與實際情況並不相符，這一點如今已廣爲所知；[10]但在這同時，人們也很容易就能理解到，唯有藉助一項相對應的統一性構思，他們才能夠承擔立法與裁判此一區分所具有之新的尖銳性，也才有可能去推薦它。正因如此，人們才會強調，在某種基於一項原則而建構出來的多樣性的意義下，法律被認爲是一個體系，也正因如此，方法才會被認爲是一種無法容忍偏差的演繹。因爲如此，當在某些案件中（如同人們所設想的：例外地）出現了詮釋的問題時，人們才會主張要以所謂的référé législatif（請示立法）作爲輔助手段，也因爲如此，對他們來說，以精準地平行於政治秩序的方式來構思法律系統（或甚至可說：將其視爲同一），並無困難之處。

然而，以一元論方式來構思分化，很快便與實際情況產生扞格。[11]這種對於權力分立的階層架構式理解，頂多只能在最高層級的法院的裁判理由風格中，發現到一點殘存的影響——法國的發展情況可用來作爲主要例證。[12]對制定法所做的詮釋，以及因此而帶來的恣意性，無法從法院這裡予以剝奪。即便是「受制定法拘束」這項命題，本身也是司法解釋的對象。法院可以決定，在什麼樣的範圍內，可以藉由解釋來爲個案提供解決途徑，以及在什麼範圍內，當解決問題的方式無法令人滿意時，它們必須要求立法者進行法律變更。**唯有在這種對於司法任務的認知下，才有可能將「禁止拒絕審判」這項命題加以規範化，並且要求法院必須對所有向其提出的案件，自行做成裁判。**

自十九世紀以降，又出現了更多的變遷，促成了階層模式的解消，不過人們基本上卻沒有對此種模式提出質疑，更沒有藉著邁向另一種分化形式，而取代此一模式。法官相對於立法者而獲得的解釋授權被擴張了——這特別可說是大型法典老化而帶來的後果。此外，法院也越來越頻繁地處理契約解釋（締約當事人意思的解釋）的問題。許多制定法的解釋方法獲得了討論，而人們越來越少談論嚴格的演繹。法官發現自己面對了雙重的要求：要對每個個案進行裁判，而且要公正地裁判；這意味著：在個案中，讓平等原則發揮主導功能，也就是要適用相同的規則。但在此同時，對制定法所做的解釋，也必須與法官在其司法裁判中自己發展出來的諸多規則，相互協調。做成裁判的**強制**，以及隨之出現的、並且因此而造成的在爲（越來越成爲問題的）裁判尋找理由上的**自由**，都會因爲那些基於正義原則的觀點而**遭到限縮**。正是這個由強制、自由與限縮所構成的三角關係，產生了法。在出現越來越多制定法的同時，也會形成越來越多的法官法。

針對這樣的發展，在十九世紀時，起先是有人提出了一項保護性的假說，認爲立法者是以合理的方式來行動，相應於此，它所制定的文本也應該以這種方式被解釋。[13]這樣的假說，使得立法與司法之間關係的階層性形式，得以獲得保存，但它同時也使法官得以參與文本的生產。其所強調的重點在於方法，亦即將方法視爲對於從上到下的一致性的一種擔保。接著則又出現了其他種類的釋義學建構方式——尤其是關於法秩序的完整性（「無漏洞性」）學說，此一學說的形式，提供了一種有用的擬制；還有就是對制定法的字義與精神所提出的區分，這項區分的功能在於，它悄悄地開啓了司法部門對法律的塑造活動。到後來，連論題學與修辭學都被視爲方法的時候，就出現了一種批判立場，認爲法理論對方法給予了過度的強調。[14]一項逐漸獲得確立的論點（尤其是在美國的「唯實論」法律學說中）認爲，只有那些被法院認定爲法律的事物，才終究是法律。「法官法」被視爲一種特有的法源，獲得了承認。[15]此後，人們逐漸認知到，立法與司法之間的關係，並不是非對稱的——線性的關係，而應該要被理解爲一種循環式的關係，也就是相互對於決定的裁量空間加以限縮的關係。[16]即便如此，立法者就階層地位而言較法官更具優越性的想法，仍然保持了主導地位，因爲法官（但在這裡，難道不應該補充說道：就如同一般人，以及立法者自身一樣？）受到制定法的約束。倘若情況不是這樣，我們怎麼能說具有「民主」？

這種存在於實際關係及對其所做之描述之間的落差，應該如何解釋？我們推測：法院在法律系統中的特殊地位，並沒有獲得充分的理解。因此，以下我們先考察這個問題。

III

立法與司法這項區分的重要意義還包括下面這一點：法院活動的獨特性，主要（即便不是完全地）是在這項區分當中獲得界定。相較於立法，司法所處理的事情是，透過對於個案所做的裁判，來「適用」法律。[17]倘若因爲做出這些裁判的緣由，而使得一般性的裁判規則、準則、原則或者法律理論獲得了發展或確認，那麼這其實只是間接的後果，而且只是爲了要遵守制定法當中關於裁判須附理由的規定（德國民事訴訟法第三一三條）。沒有任何法院可以自行開啓審判程序，即便周遭的險峻情勢逐漸升高，亦無不同。這樣一來就可以保證，法院的裁判活動會維持「具體性」，規則的發展只是附帶產生的。雖然如此，人們還是可以清楚看到，在某些領域中，「法官法」可能遠比制定法更具重大意義！

倘若人們必須承認，法院所「適用」的法律，其實是它自己「創設」的，那麼這裡就產生了一個循環。然而，藉助立法與司法之間關係的這種不對稱性，以及藉助隸屬於此的各種概念工具，例如關於法源的學說，人們就可以避免揭露此一循環。[18]將法院裁判的活動風格界定爲對於法律之「認定」——法源學說本身就將法源視爲認知的泉源[19]——其實就是要用來讓立法與司法的關係變得具有不對稱性，若非如此，則此種關係必定會被表述爲具有循環性。的確，如果法院在無法「發現」法律的情況中，根本就不須做成決定，而可以滿足於將系爭問題稱爲「法無明文」的話，那麼，根本就不會產生循環。然而法院並不被允許這麼做——而且是**依法**不被允許。就系統內在的層面而言，做出決定的必要性，正好對應著系統的運作上閉合，亦即，使系統脫離任何對於環境的直接參與。系統的狀態，無法以其作爲世界狀態而呈現的方式，獲得接納。系統/環境這項差異，在系統內部就已經是作爲一項開放的問題而被察覺到；最後，當這項轉折長期獲得察覺，並且發展出了一些法律設置，使得此種轉折之處理成爲可能之後，系統自己就會將自己置放在做成決定之強制的狀態下。

但是，法院必須去做的這件事，究竟是什麼：做出決定？

由於決定之做成，被認爲是一項行爲，而被託付給每個人，而且除此之外，法院更是要明確地、公開地，以及——如果人們可以這樣說——有尊嚴地做出決定，因而，對於此項過程之特質進行探究，便很少被提及。決定理論的相關文獻，也沒有帶來太多的成果，因爲它們處理的重點幾乎都放在合理性的問題，以及決定過程的經驗性問題上（而且往往是在所謂最小程度決定的順序意義下來探討）。關於法學論證的文獻，則可以說已經預設了，其所處理的問題就是關於決定的論理問題，或者決定所產生之影響的問題。但決定本身並非進一步的（終局的？）論據。那麼，它是什麼？

倘若人們想要在此處加進一門發展完備的決定理論，那麼，對法律系統所進行的探究框架，將會過度延伸。但是，由於法院裁判在整個系統裡面具有關鍵地位，因而，適當地認知到「系統本身在這一點上被自己迷惑」這件事，其實是相當重要的。

當然，決定總是涉及了替代選項，這替代選項至少是由兩種，而且經常是由更多種可供選擇的路徑所構成，而這些路徑本身又可能包含了各種狀態、事件，以及藉由該決定而成爲可能的諸多進一步的決定，也就是說，倘若缺少了該決定，這些決定就不會獲得實現，但是它們只在有限的程度上是可被預見的，而且，倘若這裡所涉及的，是進一步的決定的話，那麼它們原則上是無法被預見的。但是，決定本身並不是那已經爲其存在的替代選項的構成要素，也不是另一個進一步的路徑。因而，人們必須推定，它是那因爲替代選項的替代性，而遭到排除的第三者。它是構成這種替代性的差異；或者更精確地說：它是這項差異的統一。亦即，它是一個弔詭。唯有當存在著某種原則上無可決定的事物時（不只是未被決定的事物），才可能出現決定。[20]若非如此，則決定早已被決定，它只不過需要被「認知」而已。[21]

這項弔詭，存在於被排除的第三者與替代選項之間的實質關係當中；被排除的第三者建構了這項弔詭，好能成爲被排除者（＝以便能夠做成決定）——就好比觀察者不能是那一項它自己藉以標明某件事物而使用的區分，而是必須作爲它自己觀察動作的盲點，遭到排除。此外，還得加進時間問題。[22]一般而言，可以說，系統只在其運作的時間點上存在著，而且這個時候，系統能夠以在這個時間點上**同時**存在的（這總是意味著：無法控制的）世界作爲出發點。[23]時間上的延伸，唯有當人們藉著置入當下作爲區分，也就是作爲過去與未來這組差異的統一，才成爲可能。另外，人們也因此讓當下成爲一段時間的盲點，這段時間則使自己延伸進入到非現實性的領域。由於這件事情是可能的，因而人們能夠把當下當作決定的時間點加以利用，讓不再能更動的事物凝結成過去，讓仍然可更動的事物凝結成未來，並且將同時性的世界帶到一個由給定的替代選項所構成的形式中。就過去/未來這些時間界域而言，**正因爲它們必定是非現實性的**，因此人們就能夠採取選擇性的態度，並且藉著這種選擇性來建構一套替代選項，然後這套替代選項本身又使得人們能夠將所處的情境理解爲決定情境。唯有當藉著此種方式，形成了時間化，決定才有可能出現。否則人們就會以世界在每個當下呈現出來的樣子，漫無拘束地體驗世界。

這種對決定動作所提出之分析，具有非常重大的後果，尤其是對於法學家而言，這些後果恐怕是無法接受的。這種分析意味著：決定**並不會因爲過去**（這當然包括了：已經頒布的法令、已經發生的行爲）**就已經被確立**。決定是在它固有的、對它而言只在當下具有可能性的建構當中運作著。另一方面，決定會爲**未來當中的諸多當下造成若干後果**。它開啓或封閉了各種缺少了它就不會存在的可能性。決定預設了過去是不可變更的，未來是可變更的，**並且正因如此，它翻轉了做成決定的關係**。它並不能藉由過去而被確定，但卻嘗試著爲未來造成一項區別，然而這項區別無法發揮決定性的作用，因爲在未來，還有諸多進一步的決定有待做成。有鑑於人們在這一點上可能會遭遇到的所有問題，人們也就很能夠理解，爲何法院會關注它們的決定所帶來的後果，會嘗試藉著後果的評估來使決定正當化。只不過，在嚴格的意義下，法院無法認知它們的決定會帶來的後果（因爲其他進一步的決定會介入作用，而各種訊息只能夠停留在不完整的狀態）；或許正是這個情況，比其他因素更會促使人們形成一種假象，認爲至少在法律系統中，決定應該、也能夠藉由在程序中所掌握的過去，而獲得確立。

總的來說，決定是一個弔詭，這個弔詭不能使自身論題化，它頂多能使自身神祕化。權威、尊榮、對於接近奧祕所設之限制、能夠爲人們所援用的文本，開庭與退庭的莊嚴等等——所有這些東西都是用來作爲替代品，以便在任何情況下都能阻止下面這件事情發生：決定的弔詭，作爲弔詭而顯現出來，並且因此而揭露，「能夠**依**法而做成關於法**與**不法的**決定**」這件事情的前提，同樣是一項弔詭，**系統的統一性**根本就只能作爲弔詭而被觀察。

或許，爲何系統只能藉助諸區分才能將其固有的統一性轉化爲諸運作，以及，爲何人們不能在系統中將諸如法與不法、規範與事實的區分，或者也可以說：效力（藉由決定）與理由（藉由論證）的區分，化約到一項原則、一項起源、一個理性上，其道理就在於此。其結果也意味著，系統只能在決定動作的這種神祕的形式中，對其效力象徵進行處置；這進一步還意味著，系統雖然能夠放任許多決定自由展開，但是，每當法=不法這項弔詭，無法以其他方式獲得解決的時候，它也必須準備好強迫自己做出決定的可能性。

IV

這樣的論點，把我們帶向一條更深入的線索，並且使得迄今爲止的討論狀態遭到瓦解。契約未必得締結，制定法未必得頒布（只要憲法沒有對此一個別情況做成規定），但是法院必須爲每個在它面前提出案件做成裁判。人們將相應於此的規則稱爲「禁止拒絕審判」——這種陳述方式當中的雙重否定，在邏輯上意味深遠。[24]

在羅馬法以及中世紀法律當中，只爲具有明確定義的訴權提供法律保障，[25]但是一旦過渡到近代，「針對每件訴訟，都須以裁判做出回應」的想法，就變得理所當然，即便這樣的想法沒有在制定法當中成爲明確的規定（例如著名的法國民法典第四條）。[26]一直要到這項措施——司法救濟**必**須以承擔固有責任的方式而**被授與**——確立之後，法官才能從舊時的帝國監督制度下獲得解放，而得到政治上的獨立性。[27]也是到了這個時候，使法院的權限逐漸擴張到公法事務上的作法，才會顯現爲一件有意義的事情。[28]就事實層面來看，衡諸法律問題出現於日常生活中頻繁性，可以說，人們只在極小範圍內，會在爲爭端尋求裁決這件事情上，訴諸法院，而這樣的情況已在許多地方獲得確認；[29]但是這並不能用來當作一項理據，以駁斥在法院提起訴訟的**可能性**，在**結構上**的重要意義。因爲正是訴諸法院的可能性，才使得放棄這項可能性，以及各種訴訟外的和解，展現爲更具有吸引力的問題解決方式——無論人們要怎麼評斷這種「自願性」。[30]

當康德哲學宣告，實踐無論如何都具有相較於認知的優先地位時，關於法院做成決定的強制，正好也是在這個時期獲得表述。這樣的發展，或許只是純粹偶然，或者無論如何都可以說並不容易看出兩者間的直接影響。然而，隨著現代全社會的諸結構變得明確可見，也就逐漸出現一種關於複雜性的意識，這個複雜性的意識排除了那種以邏輯方式或者單純以理論方式來掌握世界問題的主張。生存態勢迫使人們必須採取簡約作法。對於世界或者文本所進行的詮釋，雖然本質上是無止境的，但仍然必須被截斷。面對更完備知識存在的可能性，人們必須假定，彷彿存在著某種他們可以用來作爲依託的事物；或著無論如何都存在著某種事物，可以使行動的介入獲得證立。對世界的描述，就具有這種走向實用主義的傾向，而在這樣的背景下，「禁止拒絕審判」這項特殊形式，也就不需要更深一層的論理基礎了。此外還應提出一點：這項特殊形式也能與正在興起中的法實證主義取得協調。因爲當行動的壓力迫使人們減縮對知識的追尋時，決定就不再能夠在效力上要求任何時間上的持久性，而且人們也必須爲新的疑問、更妥適的見解、以及規則的更改，保持開放態度。[31]

時至今日，人們或許無法質疑，「法無明文」這樣的決定，純就邏輯而言是無法被排除的。[32]世界並沒有爲邏輯秩序與可推演性提供任何擔保。「禁止拒絕審判」這項誡命之所以會形成，也並不是因爲制定法的拘束，迫使人們無法做出其他的選擇。因爲一旦在尋找法律與做出解釋的過程中，出現了無法解決的問題時，法官在此原本有可能僅宣告出現了「法律漏洞」，而拒絕做成決定。也就是說，倘若法律系統應該要以具有**普遍性**的權能，**同時**也要以**具有決定能力**的方式被設置，那麼它就需要有一項制度性的預防措施。由普遍性與決定能力所構成的這個組合式的問題，就在「禁止拒絕審判」這項誡命中，也就是在一個由規範所構成的、適合於法律系統的形式中獲得表述，而這意味著：在必要時，要提出反事實性的效力主張。

有些文獻探討了產生自禁止拒絕審判此一誡命，在實務上所引發的難題。顯而易見，唯有當某些或多或少具有形式性的、不對實質爭議問題本身進行深入探討的決定方式——這些決定方式，特別是在舉證責任規則、期限之遲誤、管轄權之不具備、程序規定上，或者在權宜性（裁判官無須關心瑣碎事務）這種實質規則上，或者是在美國憲法中著名的「政治問題」學說[33]上，得到運用——獲得允許時，這樣的規則才有可能得到實踐。這樣的情況，可能會促使法學家探討下列問題：運用此類規避的可能途徑，在何種情況下會構成對禁止拒絕審判此一誡命之違反（三重否定！）。[34]那些嘗試將法官的法律續造任務，與此一禁止誡命關聯在一起，而提出之分析，則更爲重要。[35]人們甚至還可以將這種觀點往前再推一步，而把關於「法律原則」的現代言說（這種東西對於羅馬人來說尚非必要），視爲禁止拒絕審判此一誡命的附帶產物。[36]

在普通法中，類似的問題是在「困難案件」這個關鍵字眼底下獲得討論。[37]作爲一位社會學家，我們必須先看清一點：此處所涉及的案件，在須待法院做成決定的整體案件數量中，僅佔極小的一部分。然而對於法律發展，以及法律發展所伴隨並賦予證立基礎的法理論而言，正好是這些「困難案件」取得了關鍵性的重要意義。因爲這裡所涉及的案件中，那些現有的、毫無疑問具備效力的法規範，在運用了邏輯上正確演繹的方法的情況下，卻無法得出明確的決定；也就是說，涉及的是這樣的案件，在其中，對於那些毫無爭議、具備效力的法所具有之認識，不夠充分，乃至於無法敘明「誰處於合法、誰處於不法狀態」此一問題所繫之諸多事實。**然而即便如此，法院仍然必須爲這些案件做出決定**。這意味著：爲了確立它們的裁判並且爲其賦予論理基礎，法院必須發展出裁判規則，這些裁判規則的效力則是有爭議的，而且可以停留在這種受到爭議的狀態中。它們無法援引不具爭議的、現行有效的法律，反而必須去創設、設定、預設這種法律，而在這種情況下，卻又不能確保，這樣的法律能夠超出個案裁判的既判力之外，也在它們的決定綱領中獲得適用。正因如此，人們才會發展出受裁判先例「判決理由」拘束的制度；但這只能部分地解決困難，而且將困難推轉移到另一個問題上：「判決理由」是什麼，人們如何能確立其內容？[38]在這個脈絡中，道德論理基礎對於「困難案件」裁判的影響，獲得了討論。[39]這雖然能使得裁判規則獲得「可辯護性」，但是在當今的條件下，卻幾乎無法使裁判規則的效力基礎獲得無可爭議的性質。[40]此外，訴諸道德的作法，帶來了一項（難以忍受）的不利之處，那就是，那些在決定強制造成的壓力下，被駁斥的法律見解，其道德上的正當性也必定會遭到否認。[41]

即使在法律系統分出之前，都已經存在「困難案件」這樣的問題。[42]那時候，這類案件是透過神意判決來予以裁決。時至今日，情況看起來則是，法官對於人民的道德確信所具有的道德確信，爲此提供了功能上的等同項——它同樣不具備可預見性，但是它遠比神意判決更有可能促成法律續造，並且因此而將不可預見性轉化爲可預見性。無論法理論會怎樣看待這種道德性的僞裝：一旦人們讓法院面臨了做成決定的強制，那麼他們就不能同時讓法院的論證邏輯面臨無限追索或者邏輯上的循環。倘若法院謹守著一些原則，那麼人們也必須事後地對法院的這種作法給予理解。

在實務上，法院習慣將論述限於判決論理所必要的範圍內。每當有必要做成決定並提出論理的時候，那麼法院會藉由最小程度的自我確認來做成這些事，所謂最小範圍，是爲具體案件做成裁判所不可或缺的事物。無用的贅詞，應予避免。所謂的「傍論」，也就是藉此機會表達的意見，則有可能出現在裁判中，而且具有意義，也就是藉之闡明法院的政治性意向。這樣的情況尤其適用於最高層級的法院，而且幾乎可以說是爲將來的案件提出了警示性的實務解決方案。但是在那些採用先例拘束原則的法秩序中，可以明顯看出（即便是藉由事後分析而得），在「判決理由」與「傍論」之間是有區分的，此區分的意義在於將拘束力限縮在那些眞的能夠製造法律效力的事物上。另外，這種「聚焦於本質重要性事物」上而展現的自制，也能從做成決定的強制的脈絡，以及因此而造成的、將法官法區隔出來的必要性中，獲得解釋。

在做成決定的強制，與做出具有說服力的決定的可能性之間，存在著分歧，這項分歧特別是在**既判力**的制度中獲得展現。既判力本身是形成於一個**特定的時間點**。就算決定可能有，或者一直有值得質疑之處，它也會藉由既判力，而被免除了持續處在遭到質疑的境況中。如此一來，在做成裁判以及爲裁判提出論理的過程中，將裁判的後果納入考量的作法，就同時是無害的，卻也是有風險的——它之所以無害，是因爲在做成獲得既判力的裁判的時點上，後果尙處在未知的未來當中；它之所以有風險，也是基於同一原因。那些違反了期待，而出現或者未出現的後果，無法對裁判造成任何改變。裁判雖然可能事後被證明爲一種錯誤臆測，但卻仍然具有效力，而且它跟制定法不一樣，亦即，不能因爲考量到新的後果態勢形成，就對裁判進行更動。

這樣一來，僅僅對「法官法」給予承認，其實還只是停留在問題的表面。同樣，將古典的階層體系予以解消，而代之以一種由交互影響而形成的循環關係，也是如此。顯然，這裡所涉及到的問題是，法律系統如何能夠接收它自身對自身提出的過高要求，而這個問題包含了「如何」與「在哪裡」兩個層面。這又重新把我們帶回到「禁止拒絕審判」這項誡命所具有的邏輯上與結構上的重要意義。這樣一項牽動這麼多環節的禁止誡命，究爲何物？它所涉及的難道就只是眾多規範中的其中一項，抑或只是一項程序法上的規定？

這樣的理解，是不夠的。下述論點即可清楚顯示出其不足：它所涉及的其實是一項**自我套用式的***規定，這種規定將它自己引進了它的適用領域中。一項宣稱，當其能夠適用在自己身上時，它就是自我套用式的。當存在著做成決定的強制時，「不做決定」就因爲違反了這樣的規定，而遭排除。或者，人們至少得要能夠援用此項規定，而強制使它本身的適用獲得實現。[43]但這件事要由誰來做？由法院自己來做？

這種自我套用式的事態，指向一個深層的弔詭。法院即便處在無法做出決定（或者，至少可以說，當它們無法在可主張的合理性標準範圍內做成決定）的情境中，它們終究必須做成決定。而且，當它們無法做決定的時候，它們就必須強迫自己能去做出決定。當法律無法被尋得時，它就必須被發明。我們還會看到，以人們無從知悉的後果進行論證——因爲這些後果要在未來才會出現，或者不會出現——就被用來當作一條出路。由不具可決定性的決定，所形成的弔詭，必須以某種方式獲得開展。這意思是：它必須被轉譯成各種能夠被人們處理的區分，例如關於決定與後果的區分，或者法律原則與適用的區分。

「法院必須做成決定」這件事，就是建構法學宇宙的出發點，也是法律思考、法學論證的出發點。[44] **因此**，倘若「正當化」具有某種超越法律的價值指涉，那麼它在法律中終究無立身之地。**因此**，全部的關鍵就在於，倘若人們能夠以之爲導向的那些先前的決定，未被變更，那麼它們就一直存續著。**因此**，「已決案」是無可指摘的，除非法律上對此另設例外規定。也因此，法律必須被理解爲一個由自身出發的封閉宇宙，在其中，即便處在極端的社會緊張狀態下，「純粹法學性質的論證」都能夠獲得實踐，這樣的論證活動自己決定了能夠給予自己多大的解釋空間，以及在什麼情況中，必須對扭曲解釋的要求予以拒絕。在訴訟程序進行的形式上——英美法上的交互詰問制度可說其中一種極端情況——人們絕對可以清楚看到做成決定之強制所帶來的後果。兩個面向主導了這裡的場景：被選用的觀點具有高度的選擇性，以及，訴訟結果的不確定性被小心謹慎地維持住了。[45]以系統的決定規則（綱要）作爲取向這件事，引導著被選用觀點的具體確定。訴訟結果的不確定性則說明了，法院所做的決定，僅關乎法與不法這組符碼值，在此之

---

* 譯註：自我套用指的是，觀察理論所陳述的一切，亦適用於觀察理論本身。當一個觀察者在他的觀察對象當中發現自身，並且由此開始對自身提出回溯推論的時候，就出現了自我套用。自我套用式的社會學會察覺到，它自己也是它嘗試觀察並提出描述的全社會的一部分，而且它只是諸多觀察者當中的其中一個。另外，它也將其觀察對象當作是一個超複雜的（hyperkomplex）的對象，並且藉此調整自己的抽象程度與複雜性程度。參見Theodor M. Bardmann/Alexander Lamprecht, Art. "Autologie", in: dies., Systemtheorie Verstehen, Opladen: Westdeutscher Verlag, 1999（CD-Rom）；Georg Kneer/Armin Nassehi著，魯貴顯譯，《盧曼社會系統理論導引》，台北：巨流，一九九八年，頁一三五以下。

外，它不須處理各種諸如道德、政治或者以效用爲取向的觀點。嫌疑人在被定罪之前，被假定爲無罪；法官與律師都必須注意到，應該避免對此形成道德上的預判。[46]人們所期待於律師者，就是要在法庭前爲其當事人之利益進行辯護，無論他怎麼看待當事人。同時，法律系統得以分出的條件，以及有待做成的決定——在這樣的決定中，唯獨是以系統符碼與綱要之間的關係爲依歸——的預備結構，也在於此。對應於此，在憲法中爲法律系統提供的確保措施，其最終的意義其實就在於程序保障；因爲，這樣的確保措施顯然無法爲每個人保證，可以照他所設想的樣子來賦予其法律保障。

方法上的軟弱無力、「確定性的喪失」，[47]釋義學上主導線索的瓦解、以權衡公式來取代這些主導線索的作法，還有立法與司法之界分的逐漸模糊，以及在規制問題上，以這些問題是否、或者在何種情境下能夠被政治化等等考量，來推託責任——這些現象都是做成決定之強制這件事情所帶來的晚期後果，而做成決定之強制，則是在一個變得較爲複雜的全社會當中，鑑於幾乎所有的全社會領域的結構轉變均加速進行，而不斷地增強作用。針對法院而提出之批評，以及社會學上的司法研究的晚進研究重點，都在此一觀察角度下獲得了顯著的重要意義。同樣的說法也適用於老早就有人提出的、關於法院負擔過重、訴訟程序曠日費時的批評，以及晚近關於接近使用法律的研究（因爲它其實意味著接近使用法院，而不是接近使用契約或者接近使用立法機關）。同樣的說法也適用於下述問題：當只有極爲狹隘的論題範圍（這些論題，是從引發、升高或者降低爭端的諸多因素中節選出來的，而這些因素所構成的光譜，原本經常是相當廣泛的）能夠在裁判中獲得考量時（此乃做成決定之強制這件事情的直接結果），對爭端之解決而言，法院程序究竟是不是一項合適的機制？最後，同樣的說法也適用於那種將原告被告角色分配的想像方式，倘限在個別的（無論是有生命的、或者是團體性的）「個人」上的想法，這種想法並未注意到一件事實，那就是，訴訟參與者往往是作爲相同情境案件種類的代表，而出現在訴訟程序中，只不過這些參與者也可以作爲個體來進行訴訟而已。眾多關於替代方案與改革可能性的討論，就是從這裡出發；[48]但它們卻鮮少有勇氣碰觸整件事情的核心：做成決定的強制。正是這項強制，使得法院具有相較於法律系統中其他設置的顯著地位。

由不具備可決定性的決定活動所造成的弔詭，會去——或許可以這麼說——搜尋並且找到可接受的解消形式。我們用以描繪此種發展而使用的論述方式，聽起來是負面的（彷彿存在著更好的、然而人們卻沒有及時把握的可能性），但它其實沒有這個意思。更重要的問題應該是，在法律系統中，當其自我奠基的弔詭越來越明顯地展現出來，而去弔詭化的問題出現的地方——司法——也變得清楚可見的時候，這樣的法律系統應該要如何被描述？

V

首先，我們再強調一遍：無論是制定法，或者是契約，都沒有處在法律上做成決定之強制下。人們可以藉著選擇這些形式，來變更法律系統中的效力態勢——或者讓它保持原狀。在這個角度下，唯有法院具有一種例外的地位。基於政治上或經濟上的理由，制定法或契約或許會造成必須做成決定的態勢，但這些卻是不同種類的強制，而且當法律系統面對它們時，法律系統還能夠自由決定，是否，或者在什麼脈絡下，它們具有、或者不具有法律上的相關性。相對於此，法院卻必須基於法律上的理由，而對在其面前提出的所有訴訟，做出裁判。唯有它們才能負擔系統的弔詭管理責任——如同人們一貫採取的明確稱呼方式。唯有它們必須在必要的時候，將不可界定性轉化爲可界定性，只不過它們也必須在這些必要的情況中去擬制，各種原則均不具備可運用性。唯有法院才會被強迫去做出決定，並且因此而享有能夠將強制轉化爲自由的特權。沒有任何其他的法律救濟機關，能夠具有這樣的地位。

但弔詭卻是系統的聖地，它的神性具有多種形態：作爲多重的統一、作爲形式對形式之再進入、作爲被區分的事物的相同者、作爲不可界定性的可界定性、作爲自我正當化。系統的統一性，可以在系統中，藉由因此種功能而成爲主導區分的那些區分，而獲得表述，這些區分掩蓋了它們所揭露的事情。在結構上，這件事情則是藉由分化、藉著在系統中複製系統與其環境所具有之區分，而得以出現。也因此，對弔詭開展進行探問，就成了分化問題的關鍵；從分化形式的角度出發才能確定，哪一種語意贏得或喪失了說服力。[49]

倘若這樣的說法有道理，亦即，法院承擔了爲法律系統去弔詭化的任務，就如同禁止拒絕審判這項誡命所要求於法院，並同時爲法院提供掩飾的那樣，那麼這樣的說法就同時使得將法律系統的分化描述爲一種指令階層體系的可能性，遭到幻滅。因爲，法院無法向立法者下達任何指令。法院頂多能夠預先提出由法院所理解的、接納的事情，以及實務上採用的作法，所構成的背景條件；藉由這樣的方式，它們所宣稱的只不過是自己的存在。因而人們就不得不以中心與邊陲的分化，來取代階層架構的模式。[50]

據此，關於裁判權的組織，在法律系統中，就是其法律系統中心所在的那個次系統。唯有在這裡，人們才能運用各種組織系統所具有的特殊性——亦即，針對成員的涵括與排除做成決定——以便能製造出對法官的特殊約束。因爲，承擔法官的職務，同時也就意味著，人們要服膺一些並不適用於一般人的行爲限制措施，這主要包括了：在製造新的法律規範時，應該遵守與此相關的方法上與內容上標準。[51]權限的普遍性——亦即，必須/能夠對所有的法律問題做出決定——唯有透過組織，才能獲得保障。法律系統中所有其他的、不屬於法院工作領域的部分，都屬於邊陲。這樣的說法適用於那些通常被人們稱爲「私人」的行爲，也就是契約的締結。然而它也適用於立法。對於邊陲而言，並不存在運作的強制。在這裡，每一種利益都可以獲得表述，這些利益也可以依照其實力而獲得貫徹，而且在這個時候並不需要取決於合法／非法利益這組區分。正因爲如此，邊陲就適合於備用來當作與全社會其他功能的接觸地帶——無論是經濟、關於家事的家庭生活，或者政治。許多新的、由私人創設的法律建構，經常是間接地銜接上契約法，並且蓬勃地發展著。這主要表現在各種組織的內部法律、還有作爲諸多利益團體或其他大型組織之間暫時性集體協議結果的法律、明顯基於市場取向而對一般規制措施提出的解釋、關於定型化契約的法律，以及其他相同種類的法律等等。[52]同樣地，立法會因爲屈從於政治的影響，而擴張其作用範圍，並且在不斷增長的範圍內，滲透到原本的「法外空間」當中——例如進入到家庭生活、或者學校與大學、或者醫生／病人關係的內部領域。在邊陲地帶，各種激擾會被帶入——或者不會被帶入——到法律形式中。在這裡，系統是藉由「不須做成決定」來確保其自主性。在這裡也能夠確立一件事，那就是，法律不能單純被擬制爲對那些外於法律的諸多運作的一種無意志性的繼續執行。中心需要這樣的保障——這正好是因爲，它是在與此相對立的前提條件下運作著。因而，相較於立法者與締約者，法院是在更強烈的、認知性的自我孤立狀態下運轉著。我們只需要想想關於證明程序的形式性就夠了。此外，接近使用法律的途徑，必須保持暢通，也必須以高度選擇性的方式被組織。在所有的法律問題中，只有極小的比例會被提請法院做成決定。然而一旦這件事情發生了，一旦參與其中的當事人堅持繼續進行，那麼就必須爲此做成決定，無論案件是多麼的簡單或困難，也無論出現的結果是多麼的保守或創新。

進一步而言，中心與邊陲的這項分化形式，所具有之意義，就在於能夠獲致一種爲全社會所必要的、充分的共識（或者說，在於維繫一個相應於此的擬制）。[53]當法院被置放在做成決定的強制之下時，它們就無法同時仰賴於共識；因爲它們必須爲所有案件做出決定，包括下面這類案件：在其中，法效力無法建立在穩固的共識基礎上。被法院所使用的那些共識套語（人民的道德感、所有抱持公平正義思想者的正直感等），不僅讓人覺得是陳腔濫調、了無新意，更有甚者，這些套語在程序中也不會被審查，而是被用來當作一種合法的擬制。對於共識的要求，被推移到邊陲，它或許是在契約的形式中，或許是在制定法（制定法是在政治性的共識建構上才得以成立）的形式中被導入。不過這預設了，在針對契約與制定法提出新的解釋時，需要採取保留態度，也就是說，在建立新的法官法上，須有所保留，但卻不需要同時爲這樣的保留提出一般性的判準。

由於中心無法在欠缺邊陲的情況下，邊陲也無法在欠缺中心的情況下，進行運作，因而這樣的區分，並非要表達一種階序上的，或者全社會重要性上的差異。哈伯瑪斯將法院程序稱爲「對法律系統所進行的分析當中的遁點」，[54]這樣的表述方式的確有些道理。這裡要說的絕對不是，在階層式的結構模型中，出現了一種逆轉，而造成一項後果，使得法院被認爲比立法者更爲重要。我們正好就必須避免這樣的想法。因爲，正如同在每一種分化形式中的情況一樣，在這裡只是要確立一件事：相對立的事物（做成決定的強制，以及不具備做成決定之強制）有可能同時發生，而且相互補充。分化的形式擔保了弔詭的開展——它也就只具備這樣的意味。然而，在全社會系統中，若法律系統承擔並運用了關於某項個別特殊功能的普遍權限，那麼，其運作上的封閉就有賴於前述的分化形式。

最後，中心/邊陲這個分化形式具有較高的位階，而此種較高位階具有一項特徵，那就是，在中心裡面，允許出現其他種類的分化形式——無論是片段分化或者上下位階的分化。唯有法院能夠構成一個階層體系，唯有它們能夠依照不同的地域管轄權或者專業管轄權，而進行水平式的分化。而這也助長了分化形式的非對稱性。因爲，無論處理的事務分量有多麼繁重，邊陲都無法進行進一步的分化。的確，很明顯地會出現委任立法的情況，並且因此在這個次系統裡面形成一個階層秩序。但這只不過是發出了委託，而沒有製造出一個獨立的、自我再製的次系統。相對於此，即便不存在邦法院，地方法院仍然能夠運轉；上級法院係依照其固有的法律來進行審判，無論是基於其特殊的權限，或者是基於作爲審級法院的資格，而審理從下級法院上訴的事務。無論中心的內部分化是怎麼被規劃的，它都不能抵觸中心權限的統一性，而是必須以此爲預設，並強化之。

對分化理論進行改造，而從階層體系的圖式（具有循環性的反饋）轉變爲中心／邊陲的圖式，其所帶來的最大收穫或許就在於，制定法上的以及契約上的效力生產，成了平行的關係，並且構成一個網絡。[55]這樣的想法，非常明顯地抵觸了通常的、同時也被法院所採納的法源學說（無論是否採用了「法官法」的制度）。根據此種法源學說，契約（在這裡，契約概念總是把其他類似的、私人性質的製造法律手段包含在內，諸如遺囑、組織的設立等等）只不過是諸多法律制度當中的一種。它在某程度上屬於法律系統的語意，但卻不屬於法律系統的語法。然而，這種觀點老早就無法對應於現實情況。早在二〇年代的時候，人們就已經注意到關於「一般條款」的法律，並且談論了「由經濟領域自行創設的法律」。[56]從那時候到現在，組織內部以及組織之間的關係、大型集團之間的關係、這些集團與國家及地方團體之間的關係等等所構成的複雜集合體，已經藉由這種方式而被帶到一種形式中，這種形式在必要的時候，可以被法律系統解讀爲具有拘束力的法律。此外，在這段期間中，立法活動當中相當可觀的一部分（例如反壟斷法）就是指涉著這個製造法律的領域。缺少了這領域，那麼法學對於日常生活的滲透，就完全無法被理解；而且，若對於這種領域的想像竟然是，兩個彼此遭遇的私人個體，依照民法提供的類型化綱要，而簽訂個別契約的話，那麼這樣的想法眞的完全可說是食古不化。

當然，制定法與契約之間，仍然依其各自之法律形式與法律效力而有所區分；否則的話，將兩者區分開來並無意義。不過，同樣重要，或者更爲重要的問題是：在這種邊陲的敏感性上，法律是對哪些功能系統做出調適。在這裡具有關鍵性的，是對於不均衡性的較高容忍度，以及對於做成決定之強制的放棄，此種放棄，構成了法律邊陲的特徵。

VI

現在，我們已經可以清楚看出做成決定之強制、法院組織，以及法院在法律系統中的中心地位這三者之間的明顯關聯，這些關聯可以讓我們在時間性與事物性的觀點下，對法律系統的運作上封閉性形成新的認識。

以完全抽象的方式來說，決定可以被理解爲一個形式，藉著這個形式，過去與未來之間的關聯可以被截斷，或者重新被建立。無論在什麼地方，只要是做成了決定，那麼就可以說，在這裡，過去並非可以自動地延伸至未來（無論是因爲其本質或性質、因爲其不可能性或者必要性）。應該說，這樣的連結是被截斷了，且係委諸一個決定來處理，這個決定只有可能存在於當下，而且總是存在著其他的可能性。這樣一來就得追問，全社會如何能夠承擔這樣一種斷裂的風險？進一步還得問：將這樣的風險託付給全社會的其中一個次系統來處理（這裡所指的就是法律系統），如何可能？

在相當程度上，能夠提出的理由是：無論如何，爭端都會出現。不管怎樣，輸或贏都是一個開放的問題。爭端的起因，迫使人們採取行動。但在這個時候，運作上封閉的系統如何能夠造成過去與未來之間的再度銜接，仍未得到說明。

法院在當下案件的規格中，對過去進行重構。爲案件判決所必須的事物，都會獲得考量——在此範圍之外的事物則不會被考量。現行有效的法律，協助法院對訊息需求進行限縮。它被預設爲給定項，也就是說，同樣被視爲過去的產物。認爲人們可以從法律當中演繹出對個案的決定的想法，其實只是一種理想，而這種理想對於實務運作的意義是，單純滿足於對過去進行利用，而將未來委諸邏輯上的必然性／不可能性。根據這樣的想法，人們可以計算出未來，也就是完全不需要做成決定。然而，眾所周知，事情不是這樣的。就事實層面而言，法院被迫去設計出一個未來。上述情況，係在決定規則之設計當中，得以形成，而法院則會在未來的同類案件中，遵循這些決定規則。這些規則有可能是對制定法進行解釋而獲得之規則，但也有可能是從對案例進行抽象化而直接獲得之規則，就如同普通法所提供的著例。[57]在這個過程中所涉及的，都是一些限制，這些限制則應該也要對未來產生拘束力。這意味著：藉著將當下（無論如何，這個當下都會隨著決定之做成而消逝）建構爲一個「未來當下的過去」，系統在時間層面上獲得封閉性。決定會「根據將要實現（或發生）的未來」，而被置放於規則底下，並且因此獲得紀律。

這種中介了過去與未來的形式，還需要第二種時間，這是一種以當下爲中心、在當下被建構，並且隨著當下而轉變的時間。這樣的說法並不會改變下列事實：事實上，被擬制而放入當下的裁量空間，根本就不存在，因爲實際情況一向是：只有那發生的事物，才是發生了，而所有現實發生的事物，都是同時發生的。這個事實也同時顯示出，那被視爲一項差異的時間，其實一直是觀察者所提出的建構。這意味著，全社會必須對各種不同的時間觀察，進行同步化；而唯有對那些藉著遞迴性而產生的銜接可能性，進行限縮，以作爲依託，才有可能成就這件事。如果我們完全撇開邏輯演繹所帶來的問題，那麼或許可以說，法院之所以會被要求要不斷爲未來的決定活動製造出規則，其原因主要即在於此。「『爲爭端提出解決方案』這件事所具有的功能，係面對著當事人與過去。充實法律規則之供給這件事所具有之功能，則係面對著整個社會與未來。」[58]

在事物面向的觀點下我們注意到，唯有法院承擔了監控法律決定一致性的任務。[59]這件事情是在二階觀察的模式、也就是在對法律決定進行觀察（無論是由制定法、由契約或者由法院裁判）的模式中，才得以發生，而這些法律決定本身就已經在對法律進行觀察。爲這件事情所賦予的專業術語是：解釋。的確，就連在形塑制定法或契約，而進行思考時，對現行有效法律之解釋都扮演著一定的角色；但在這裡只是爲了要找出此種形塑的活動範圍界線。法院是在另一種意義之下進行解釋，也就是，在論證的意義下：爲了要鋪陳其自身所做之決定之理由。二階觀察的層次在這裡獲得使用，以便去檢測，迄今爲止對法律的觀察所構成的一致性，如何能夠與對新訊息的消化，或者與偏好的改變，結合在一起。而倘若學術上的學說，以及在「法律諸科學」領域中所進行的研究，是在類似的方向上進行努力，那麼可以說，它們想要做的，其實是重構那些由法院所做成的正確的法律決定。雖然不斷有新的嘗試被提出，[60]但一門具有說服力的、法學性質的立法科學，卻仍未發展成形——不過，無論法學家或者非法律專業人士（例如哈伯瑪斯）直到今天都還堅持，制定法是所有法律決定的合理性基礎。

VII

「演化」之神顯然相當有勇氣——比所有對後果進行過考量的計畫者，都還要有勇氣。它把全社會當中關於法律決定的先在準則，都切斷了——但卻沒有取代這些先在準則。然而即便如此，法院仍然必須做出決定。其決定之做成，無法以想到某種具啓發性的解決方案，甚至無法以自己能夠確定地知道該如何做成決定，作爲條件。那麼，事情該如何進行下去？

形式上，法院所採取的行爲方式是：它們的決定——也就是在法律系統中（這點無可質疑）做成的決定——完全受現行有效的法律所界定。決定被當作是對法律的認知，或者被當作是對法律的適用，而由法院頒布。法律則包含了充足的規則（例如關於舉證責任的規則），以便能夠擔保這樣的想法在所有案件中都是可能的。也就是說，「這種想法是可能的」**這件事情**，不能被質疑。在那些已經被製作出來的文本中，人們可以發現這一點。但這樣的說法還無法對進一步延伸的問題——這件事情**如何**可能？——提出回答。

一個社會學家，必須更具體地問道：全社會為法律決定所提供的那些先在準則——例如對於當事人社會地位，或者對當事人社會關係網絡的考量等等——會**被什麼**取代？眾所周知，通常的答案是（在這裡，尤其會想到批判法學運動以及與其平行的新馬克思主義思潮的主要論調）：它們並沒有被取代，它們一直都發揮著作用。但這樣的論調做得太快了，或者至少可以說，它們沒有進行過歷史比較。無論人們藉著「潛在結構分析」或者藉著將各種現象直接歸因到各種原因上，能夠發現什麼事情或讓某件事情突顯出來：[61]在這裡的關鍵問題仍然是，若人們想要在社會層面上，確保法院的獨立性並且禁止法院拒絕做成決定，那麼，有哪些社會性的設置是必要的，或者是合用的？

在這個地方，主流的法社會學其實已經看到法律系統的界線。按照這樣的觀點，系統是藉由組織以及專業性，才得以分化出來。據此，接近使用系統，其實就是接近使用組織化的程序，以及接近使用專業的、在系統中發揮著作用的諮詢。然而，若我們放棄這樣的構思方式，而以對系統建構之純粹封閉式的理解，以及界線的劃定，來取代這樣的構思，[62]那麼，組織與專業這兩種現象在某程度上，就可以在其他理論性的討論中獲得自由運用。一般的見解，將人們的觀察角度導向全社會對其法律系統所發揮之潛在的、而且主要是以階層化作為條件的深入作用。這樣一來，人們還能夠怎麼設想出可以造成限制作用的來源？相對於此，若人們以一種在自我再製建構物的意義下，獲得了擴張的系統概念作為基礎，他們就能夠發掘到其他完全不一樣的，對決定的裁量空間進行限制的來源——而這同樣是基於組織與專業而形成的。

組織這項事實所產生的作用，首先是表現在：法官由於作為組織之成員，而被賦予進行工作的義務。他們被期待（部分是藉由職務監督，部分是藉由合議）要去解決他們的「案件配額」。[63]這樣一來，一種時間的結構也與此扣連在一起：一個環節接著另一個。由此會產生由約定的（或者「指定的」）互動所構成的期日。組織成員的身分也同時意味著，在互動的進行中，會形成一些限制，倘若逾越了這些限制，那麼就有可能提出職務監督上的申訴。組織則意味著，謬誤必須要被保持在「法學上可主張」的框架範圍內。人們可以反抗通說，可以挑戰上級法院，但是只能藉由可被接受的論證來做這件事。（在這裡，我們已經可以先點出，組織與專業之間必然出現共同作用。）此外，如果上級法院不願意接受，那麼人們也無法只爲了要迫使當事人在每個個案中都得向上級法院提出上訴，而一直主張同樣一項反對意見。人們可以讓測試氣球往上高飛，但是當氣球破掉的時候，也必須接受現實。最後，組織也意味著有各種不同的職位、各種不同的薪資，也就是各種不同的職業生涯的存在。當作成關於生涯的決定時，這些決定是在何處做成，又是如何做成，情況各有不同——這些決定，在每一次的運動中，總是仰賴著自我選擇與異己選擇的共同作用——由此則會產生對於各種意見，以及工作動機的考量，這些考量超出了人們能夠期待於組織成員的那些事情的範圍。

此外，組織也能夠過濾掉，決定的做成對於法官的收入與地位，會產生什麼樣的後續效應，因而它具有重要性。法官即便面對著媒體的炒作，也不需擔心會丟掉工作，或者遭受財物上的損害。尤其是，當後果估計在晚近的實務運作中，取得重要意義時，有一件事情非常重要，那就是，**不能讓法官來爲其決定所造成的後果負責**。組織吸收了在此出現的風險。[64]因而我們可以說，在一種複雜的方式上，因爲法官不需負責之原則，在組織層面上獲得了擔保，因而決定活動所形成之負擔也就被減輕了。

在下述問題的觀點下，組織與專業具有功能上的等同性：如何能夠形成對可能性空間的限縮，而這些限縮同時又使得獨立性、法律文本依存性（亦即，只受現行有效法律之拘束），以及禁止拒絕審判這三者之間的結合，成爲可能？這同時也讓人們瞭解到，當他們在做區域比較時，會發現許多非常不同的組織形式，而專業性的表現方式，也非常不同；[65]而且這個時候，當組織上的忠誠性以及專業上的連帶性的相對比重，隨著時間的運轉而有所推移時，也就顯得很合理——當前的走向大致是，法律相關職業所形成的各種不同分支，均具有組織依存性。[66]

專業作爲社會生活的規制形式，所具有的特殊重要意義，以及法學探討方式的專業性，經常被人提及，而且也有詳盡的論述提出。[67]因而，我們在此不需重複。人們若是考量到法院活動一方面具有獨立性，另一方面也負擔做成決定之強制，而在這個特殊觀點下，對現實情況與研究現況進行考察，那麼他們就會注意到兩點特徵：專家的聲望——它使得法學家有可能在法學相關事物所構成的高度選擇性的、狹隘的框架下進行運作，並且拒絕考量在此範圍外的、當事人或爭訟雙方的願望；[68]還有就是，即便當事人或者爭訟雙方的爭執，已經到了無法控制的程度時，法學家之間仍然具有進行形式上平和接觸的能力。[69]此外，以法院爲指涉的功能，具有兩個面向，其中，第二個面向變得越來越重要。一方面，法學家爲關於法律爭訟的形式上決定，進行準備（主要是律師，但也包括法官自己）。另一方面，他們卻在預防性的實務運作框架中，而且還是在相當廣泛的範圍中，以防止爭端出現的角度，來處理對法律工具的運用方式，而且，在許多的律師實務工作中，特別是在那些服務於私人組織或政府公職的法學家身上，這種預防性的活動反而更爲重要得多。[70]另外，社會的階層化，會反映在律師職業活動中（即便是在較爲縮減的範圍內）——例如以所得差別之形式，或者基於典型當事人所處之社會階層等等。[71]對於社會學家而言，這件事並不令人訝異。就其他方面而言，雖然律師對獨立地位具有相當程度的主觀感受，但仍有可能持續維繫政治上的連帶關係，支持特定政黨的重點訴求。[72]

倘若人們不要再那麼注意法律系統自我再製的制度面向，轉而更加關注其運作的面向，那麼，制度性與專業性的因素對於那些被溝通或者未被溝通的事物，所產生的影響，就清楚展現了出來，而且它們就好像圍繞在固有法院活動旁邊的緩衝區。在它們的保護之下，法院才能夠將它自己的決定（這決定會造成法效力態勢的變更），表述為對於現行有效法律的解釋與適用。

最後，法院程序也是在這個走向上，發揮其作用。[73]在法院程序開啓時，人們就已經接受決定的不明確性，甚至還會強調、維持這一點，並且藉此誘使人們參與程序，使角色分配、費用、爭點都獲得具體確定，乃至於最後能直接從程序進行的結果，「邏輯地」得出決定。隨著在當事人的參與下，對溝通進行減縮，各種抗議方式也就同時被吸收了。其結果則是，在做成了決定之後，在仍然存在法律救濟手段的範圍內，就只能對決定本身進行挑戰，在此範圍外，則只能嘗試藉由政治途徑，促使法律系統對現行有效的法律進行變更。

VIII

若人們單純以全社會的整體系統為取向，那麼，中心/邊陲的分化所涉及的，看來就會是一種很古老的、毫無疑問具有前現代性的分化形式。人們會想到關於城市與鄉村的分化——並且因此讓自己的思路受地理學牽引。[74]這樣的牽引當然會讓人們正確地發現到，全社會系統的分化，不再依循著中心與邊陲的圖式——除非人們是從經濟發展與科技發展的角度，來界定社會；[75]而且即便在這種情況中，都還需要以這些中心在地理上具有的微弱穩定性，作為條件。[76]所有的徵象都顯示出，以中心與邊陲的圖式來對世界社會進行劃分，其實是受功能分化的原初形式所主導，並追隨之。

但這並不會妨礙，反而還有可能促成中心與邊陲的分化形式在諸功能系統的內部層面中，開展出新的成果；而且在這裡，即便階層結構的形式顯得太具有侷限性，前面這件事情仍能在此程度內獲得實現。假如這樣的說法能夠成立，那麼，我們對法律系統所做出的評斷，就不會只是個案；而且人們可以藉著與其他功能系統中相對應的發展進行比較，而爲此種分析提供論據。

爲了做個開始，我們先看看經濟系統。在其中，人們會遇到諸多完全可相提並論的結構。在這裡，風險管理係由銀行來承擔。[77]唯有銀行才有可能出賣自己的債務，牟取利潤。唯有它們才會面臨到下列問題：經濟領域同時必須刺激節約，也需要刺激貨幣支出。經濟的功能是建立在一個基礎性的事態上：經濟性的事務是以支付來進行運作，而各種支付則對應著其貨幣價值，而同時製造出「支付能力」與「無支付能力」。與此相關聯的時間問題，則藉由支付允諾的交易，而取得平衡，亦即藉由下述方式：銀行允諾存款之償付，也接受關於信用償付之允諾，並且藉著價差而牟取利潤，自負盈虧。藉由這樣的方式，就可以扣連上貨幣總量的增長所具有之功能，也就是一個進一步的弔詭：在經濟系統中，貨幣總量同時被當作是一個恆定的總額，也被當作是可變的總額。而且，確實可以依照這樣的方式運轉——在各種邊緣條件的框架中運轉，這些邊緣條件主要受中央銀行的觀察。

與法理論當中的情況類似，上述事態在經濟理論中，同樣沒有獲得充分的認知。自古以來，人們就推測，此系統的重點在於交易，自十九世紀後，則又加進市場取向的生產。在這樣的情況下，貨幣理論遭到忽視。實際上，儲蓄銀行是一種相對新穎的組織（在這一點上，它們有別於法院）。在十八世紀的時候，貨幣的增長，主要還是藉由國債來促成。可以說，法院的設置，其實標示著法律系統分出的開端，而銀行則應該被理解爲經濟系統分化的完結，亦即，銀行造就了經濟領域（這也包括金融市場的領域）的一種無法由外部操控的（只能被激擾——當然，也能夠被解構的）自我再製。

在政治系統中，也能夠發現到諸多與此相對應的關係。在這裡，系統的中心係由國家組織所占據。

它所承擔的任務，是去製造出具有集體拘束力的決定。在這個過程中，主權弔詭被解消，也就是透過下述（隱藏在「集體的」這個字眼裡的）期望而被解消：決定同時也拘束決定者本身。決定者必須能夠拘束其自身，但同時也必須能夠脫離這種拘束，也就是要有能力來改變它自己原本已確立的東西。在今天，這件事情是藉著時間距離的內建、藉著事物面向上的（特別是依照程序的）條件化，以及藉著對變更之進行提出關於必要政治性共識的最低要求。[78]正因爲如此，國家才不再如同十八世紀當中的情形一般，作爲與市民社會相等同者；也不再如同十九世紀當中的情形一般，作爲政治系統。它只能繼續作爲政治系統的中心，這個中心預設了各種政治上的群體化與規訓化（以政黨爲形式）所構成邊陲性過程，進一步還預設了形成共識的過程與具各種政治相關性的利益彼此間的日常中介。政治性的邊陲，爲了要能夠滿足其供給的功能，必須具有相較於國家更自由的地位。千萬不能形成的情況是，讓任何一種被表達出來的意見、任何一種造成壓力的嘗試，或者任何一種政治上的手腕運用，馬上就凝結成爲一項具有集體拘束力的決定。換言之，在這裡，相互對立的事物也是同時在系統中成爲可能，並且相互補充，而且，在這裡爲此而找尋出來的分化形式，也是中心與邊陲。

使此種秩序獲得維繫的關鍵，就在於維繫中心與邊陲所構成的差異。它們在系統內部層面上的界線，是藉由「擔任公職」而獲得標明，並且在政治權力的那種跨出系統界線的循環中被再生產。否則的話，就不可能出現國家與政黨的差異、執政與在野的差異，也不可能在政治性職務的分派上出現競爭，簡而言之，即不可能出現民主。但是人們也能夠反過來看：政治系統的民主化，在相當範圍內提高了系統的複雜性，使得系統只能在其「國家性」的核心領域中，繼續維持階層式的組織，而且，作爲一個整體的系統，它必須過渡到中心與邊陲的分化形式。

我們其實還可以舉出更多同類的例證，[79]但是在這裡，只需要對形式有所認知，即已足夠。看來，藉著回溯到「原初的」分化形式上，也就是藉著承認中心與邊陲的差異，眾多複雜性的問題就能夠獲得解決。當然，說中心「再現」了系統的統一性（就如同在希臘文化中，認爲城邦體現了良善生活方式的可能性以及人性完滿的可能性），恐怕並不恰當。在這裡涉及的並不是對於統一性的再現，而是對系統弔詭的開展。在這件事情上，對於組織與階層結構等形式的運用，發揮了輔助的作用——這些形式並不是作爲整體系統的諸形式，而獲得實現；與此緊密相關一件事則是，那些無法與此相容的功能與過程，亦即對於變異，以及對環境壓力進行調適這件事情，所抱持之開放性，就被推移到系統的邊陲。現代社會的諸多功能系統，並不是全部都遵循這個模型；但此一模型的妥適性，也不是只在法律系統中通過了試驗。也就是說，我們不能基於那些只能在法律當中發現到的特點，來說明這種妥適性。

第八章　法律論證

I

論證也是一種具有兩面的形式。這個形式當然並非涉及諸如好的與壞的、有說服力的與無說服力的論證的區別；因爲在這兩種情況中，其實都已經是在做論證。應該說，就對於論證之理解而言，首先具有決定性的一點，是要去看出，人們**無法**藉此獲致什麼事情，以及**無法**藉此造成什麼事情。對此之回答則是：論證無法對法律的效力象徵做任何變動。沒有任何的論證能夠像諸如制定法、契約、遺囑，或者具既判力之法院裁判一般，去改變現行有效的法律、爲新的權利與義務創設效力，並且因此而確立了一些其本身能夠再被改變的前提。**沒有**能力做這些事，對論證而言其實是減輕了負擔，並且使其獲得自由，得以創設另一類專業。同時，這種對於效力的依賴性，也構成一項前提，使法律論證能夠限制在針對那被法律過濾過的法律之範圍上，而不會因爲道德或者其他類型的偏見，出現脫軌狀況。[1]

效力的推移與論證，當然不是彼此獨立地運作，否則的話，人們就無法認識到，在這兩者中其實涉及的是一個、而且是同一個系統的運作。它們會藉由結構耦合而彼此扣連，也就是藉由**文本**。在文本的形式中，法律系統獲得一可能性，能夠透過固有的結構來進行協調，而不需要預先確定，有多少的運作，以及有哪些運作，會引發對特定結構的再使用，以及對特定文本的引用，或者會去改變它們。而唯有在這個時候，人們也才可以樹立並承受「相等之案件應該予以相等處理（即正義）」這項理念上的要求。

正由於文本，尤其是制定法的文本，爲論證中介了對效力之指涉，因而在其通常的（或者專業上特定的）意義上，它們對法律論證具有無比的重要性。[2]文本使得一種簡化了的自我觀察成爲可能。在通常的決定流程裡，系統並非將自己當作（在環境中的）系統來加以觀察，而是當作由彼此交互指涉的法律文本的集合。法學家即明白地將此稱爲「體系」。近來還有人以較爲寬鬆的方式談論到所謂「互文性」。至於什麼東西能夠作爲文本而納入考量，就是藉由這個在系統內再現系統的功能來予以規制。它可能牽涉到制定法與制定法之註釋書，但當然也可能涉及到法院裁判，或者其他關於已穩固確立的法律實務的文獻。[3]具有決定性的一點是，系統能夠不斷地使內在的關聯「具像化」，也就是藉此而限縮在各個情況中，進行當下運作的可能性。找尋對決定而言具有相關性的文本，必定會要求要具備專業能力，而且它也是法學專業技巧的一項核心（但經常被忽略的）要素。[4]因爲，唯有當人們已經尋得相關的文本時，他們才能進行詮釋與論證。

作爲一階觀察——人們或許可以說，這是位於法律系統的「利基」裡面——法律系統的諸運作藉著文本而獲取（相對的）穩定性，能對案件做出正確的決定，或者說，可以給出正確的法律資訊，可以以法學上明智的方式（即jurisprudent）做出處置。人們受到一種觀念所導引，亦即，要在由那些被給定的規範所構成的、受文本決定的形式中，正確地適用法律。在這當中，現行法本身即足以作爲充分理由，使人們依照其意義來做決定。文本的字義即已夠充分。那作爲詮釋而運轉著的事物，這時候會被理解爲一種對文本進行的事後合理化；或者可以視爲是兌現了「立法者自己已經以合理方式做了決定」此一前提。[5]較早期的詮釋學說的出發點是，在做詮釋時，文本保持了同一性。一直到今天，人們還可以讀到這樣的話：「詮釋可以被理解爲，在其他的符號中，對『同一件事情』進行闡明。」[6]不過，文本基礎的同一性本身就已經是一項關於詮釋的事情（只要人們無法滿足於純粹的物質型態）。因而在今天，詮釋比較是被理解爲要藉助舊文本來生產新文本，也就是被理解爲文本基礎之擴張，在這裡，作爲出發點的文本只是被用來當作指涉。在各種情況中，詮釋所意謂的都是「更多文本的製造」。

這兩種版本——無論是不變項的設定，或者是在其他文本中對文本進行擴充與重新塑造——都可以在一階觀察的層次上獲得執行。一直要到提出論證時，也就是當浮現了「在溝通中應該如何對文本進行處理」這個問題的時候，人們才來到二階觀察的層次上。[7]要在二階觀察的層次上，才有可能提出諸如「文本不應純粹從字面，而應以合乎其意義之方式來加以理解」這樣的規則。[8]這時候，人們才會在閱讀文本時，觀察自己（或者他者），並且碰到疑問。其背後的緣由大多是，能在文本中找得到的決定，會導致不令人滿意的結果——無論是因爲其自身之利益不能充分地獲得貫徹；或者是因爲，人們不會眞的認定，其所引出的後果是文本作者所意欲者。接著，人們就必須鑑於若干可能性，而尋找一項具有說服力的論理。人們必須找到ratio（理由），也就是文本賴以爲基礎之決定規則，並且爲之賦予論理基礎。[9]

在對文本做詮釋時，亦即，當人們問道（並且以此爲滿足）「文本所意味者爲何？」的時候，其實就已經有可能過渡到二階觀察的階段。[10]在這個時候，文本必須被當作是溝通，文本之有待推定的合理性，也必須被認爲是創造文本之意圖（尤其是立法者的意旨）的合理性。[11]論證理論則又跨出了更遠的一步。它基於論證對溝通過程所產生的說服力的角度，也就是基於論證在溝通中所具有之穿透力的角度，而對諸論證進行評價。[12]在許多情況中，是很容易對此做出評估的：例如，在某項行政命令裡雖然只提到，應以繩索繫住犬隻；但沒有人會認眞地去懷疑，這時候飼主必須牽住繩索的另一端。然而，疑問通常只能在溝通（即便是提前做成的溝通）當中被排除。這預設了溝通作爲一種觀察著自己的過程，並且指涉著此過程而安置二階觀察。人們這時候必須接受某些前提，亦即由對於文本現存狀態，以及對於合理的意義賦予此一任務之先前理解，所構成的前提，但是在此之外，並不受到那被人們假定爲文本作者意旨（他們並不需要實際地具有觀察該作者之能力）之事物所拘束。藉立法者意旨來進行論證仍然是可能的，但這只是眾多論證形式當中的其中一種。

法律爲了以論證方式而對其自身固有之諸多處分進行觀察，並進行評價，需要使用一些區分，但是正由於文本依賴性，這些初步的區分無法以一種單一性的公式來表達。這一方面涉及到在閱讀那些呈現著現行法的文本時所犯的**錯誤**，另一方面又涉及到某一種或者另外一種詮釋的**理由**。對於法學家而言，隨著論證之**概念**，早就已經確立了，在關於論證的論述上，只涉及前述第二種情況，也就是只能處理論理的問題，而對這點也不需要做進一步的思索。[13]我們必須在此種觀察方式上稍做停留，因爲那些通常使用著「論證理論」的論述，並沒有跨出此一觀察層次之外。它們僅致力於在此層次上獲取理解論證理由之品質。

在第一眼就會引起注意的事情是，這裡處理的是一種性質上的二元性，類似於喜好（理由）與厭惡（錯誤）。這時候牽涉到的，就不是一種對稱的交換關係，在其中人們可藉由對另一面的單純否定，製造出其中一面。（錯誤之避免，仍然不算是一種好的理由，而好的理由也很有可能隱含了邏輯上的錯誤，即便人們不太願意承認這點。）[14]此二元性當中的各個構成要素，本身都又是進行觀察時所採用之形式，亦即，它們各自都是一項區分。在錯誤的情況裡，人們馬上可以看清這一點。在這裡，人們可以區分有錯誤的/無錯誤的論證，接著，他們或者是在對邏輯之違反，或者是在那些被證明爲無法成立的事實前提上，看到錯誤。由於在這裡（而且唯有在這裡），邏輯是作爲對錯誤進行監督的工具，而扮演著某種角色，因而，將理由與錯誤之區分描述爲性質上的二元性這種作法，也就同時默示地蘊含了一項關於邏輯在法律論證中所扮演之角色的陳述。邏輯既不能被用於爲決定賦予論理基礎，然其亦不會基於此項理由而喪失重要性；它具有另一項功能，並且關聯到另外一種形式。

當人們在關於理由之處，追問一個具有雙面的形式的時候，在這裡，要提出關於理由的陳述，就比較困難了。某個理由的另外一面是什麼？是一項非理由嗎？是某個唯一的非理由嗎？人們究竟能否跨過形式的界線，而到達無理由的那一面，以便使自己能夠停留在那裡？或者，這個另外一面只不過是一項「反省值」，它使得那標示出它的事物，有可能去反映出所有論理的偶連性，或者甚至反映出論理動作的無可論理性，也就是論理動作的弔詭？倘若情況眞是如此，那麼，此種作爲關於理由的宣示的一階觀察動作，所具有之形式，豈不是就有一項缺點，亦即，它使得論證動作太快地遭遇到其固有的弔詭？太快了嗎？

無論如何我們都可以看到，論證動作（以及那用於輔助論證動作的、一般的論證理論）本身即以一項**替代區分**爲滿足，這項替代區分不僅隱藏了弔詭，更製造出一些其他的混淆，亦即就好的與壞的（或者爲了有禮貌一點，可說是比較沒有那麼好的）理由所做的區分。此一區分引發了人們去探問，好的與比較沒那麼好的理由之區分所採用之判準爲何，而藉助此種對於判準之探問，論證理論也把自己帶進到論證這項發生的事件當中來——可想而知，當然是到好的那一面上。顯然，判準也必須被賦予論理基礎。就此而言，「理性」此一建構即有助於這件事情，它被賦予了「能給予自身論理基礎」之性質。

這樣的結構，連同其特有的自我套用（理性本身就是理性的，它就是它自己固有的謂語），目前已變得如此顯而易見，以至於在此一脈絡當中，實在沒有太多可說的。人們可以沉浸於其中，並且享受之。不過這樣一來，他們必定要錯過許多已經屬於現代思想之確定成就的產物。在邏輯上的錯誤檢查領域中，人們或許必定會一如以往地相信，邏輯的公理能夠作爲先驗事物而明白地獲得遵循，而不是只作爲某種特定盤算的要素，這項盤算甚至可能被其他的盤算取代。在經驗上的錯誤檢查領域中，人們或許必定會繼續以古典的諸自然科學學門作爲出發點，它們預設了客觀上可確定的自然定律，並且不允許在（科學的）觀察動作，與藉由觀察動作而建構出來的實在之間，存在循環性的網絡連結。[15]在論理活動本身的領域中，人們或許也必定會放棄去獲取關於所有原則的腐蝕、以及關於以弔詭與／或者作爲出發點的區分，來取代這些原則之作法的認識。爲了迴避這些問題，關於論理的論證理論似乎就越來越轉入到程序原則上。[16]那些以「論證理論」姿態出現的事物，這時候本質上其實就是在推薦自己就妥當程序而提出之論證，並且不太會去顧慮到，在實際情況中法學家事實上是如何進行論證的。[17]在此其間也已經出現了關於「程序化」的廣泛討論，這種討論公然表明信奉這樣的綱領。[18]這樣的現象並不是意味著要使探討主題從理論轉進到方法上，就算所意指的是方法，此種方法的意義也絕對不會是，要使各個論證步驟的確定性（無問題性）受到擔保，並且要能夠事先確立論證的順序，藉由這些論證，人們可以達到其預先想像的目標。正如同在古老的修辭學中的情況一樣，在這裡有許多事情是取決於高超的技巧以及當下的決定，或甚至單純取決於偶然。

具有決定性的事情，毋寧是將時間與序列、策略以及學習可能性，帶進到對情境所做的界定中。就連那些以舊有方式出現的諸多原則，似乎也越來越展現爲隱蔽式的行爲規定。例如，當古茵特．克勞斯推薦在適用法律的情況中，以「適當性」來當作進行規範檢驗的原則時，他其實是藉此將中立性的規則，以及對情境中所有（！）狀況的考量，歸納在一起。[19]然而這兩者其實都不再是實質事物性的判準，而僅僅是爲了製造出那藉由此方式而在內容上尚未確定的，或者只不過是已被界分出來的決定，所提出之程序規定與行爲規定。此外還有一件事情會引起注意，那就是，這些規則的合理說服力，其實也與其「無可運用性」頗爲直接地相關。因爲，人們要如何才能考慮到某個情境中（而且只是這個情境中）的所有事態呢？[20]

如同人們實際上會發現到的，這些理論在法律論證本身上面，還沒留下什麼深刻印象就已經慘遭失敗。法律論證是從諸多案件的相異性當中汲取養分，並且藉此達到高度的明確個殊性，這個性質不能被解消爲各種一般的原則（例如正義）。它會獲致高度的問題敏感度與區分敏感度，但卻不會在實務中將自己理解為「應用方法論」（因為若採取這樣的看法，就會製造出許多不必要的意見差別），而是將自己理解為在現有案件上進行運作的、使區分動作清晰可見的動作。[21]同樣，無論是什麼種類的倫理學理論，或者近來流行的經濟分析，幾乎也可說無法掌握實務上的論理觀點。[22]論理基礎雖然經常是在頗為一般性的概念上進行，例如債，或者責任，或者契約，或者不當得利等等；但這些概念是憑藉著在無數不同脈絡下所具有之可重複使用性，才得以保存下來，它們使得人們有可能將具體的決定理由，嵌入到熟悉的後設文本中，然而它們卻不是某種「毋庸置疑」的東西，亦即並非不需具體釋明即可使用。這個時候，類比推論就在諸案件的相異性當中搭建橋樑。[23]藉著這種方式，個案經驗，以及那些早已經獲得確立的期望，就能夠被保存下來、重新被確認，並且也謹慎地擴張適用到新類型的事物狀態上，或者，當這種作法不具說服力時，它就可以被用來當作認知到新穎性的理由，並且被認為是為那些未受規制的情境建立規則的一種自由，而供人運用。[24]法律論證或許可以將其活動的整體產物認定為「有理性的」，但這並不意味著，它可以由理性原則而演繹出來；另外，它也不意味著，它援引一種對所有人類而言均可同等支配的思考潛能作為基礎。例如，當寇克基於其自身之理性，駁回國王的上訴時，他在那則後來聲名大噪的駁回理由中提到：在這種情況中所涉及的必定是「人為技術的論理」，亦即涉及到專業的經驗與能力。[25]

誰若是將論理理解為對於理由之援引，他就會發現到，有必要對理由再提出論理。誰若是需要對理由提出論理，他就會需要一些站得住腳的原則。[26]誰若是指出了一些原則，他其實最後就是指涉著系統的環境，這些被提出的原則，在該環境中同樣獲得承認。當這些原則被冠以「道德的」或「倫理的」或「理性的」等等補充性質時，上述說法尤其適用。當某種論證理論採取這種建構方式時，它就無法接受「法律系統具有運作上封閉性」此一命題，並且傾向於從論證實務本身中，獲取一些可用來反對此命題的理由。這樣的思考進路，會同時在經驗上與道德上獲得強化，而這或許也說明了，為何針對運作上封閉性這項定理，會出現如此熱烈的討論。[27]但是，原則能夠放棄掉在彼此間做出區分的必然性嗎？如果不行的話，那麼，倘若不是由法律系統自身來做出區分，會是由誰來做區分？人們也可以預知到，藉由同一項原則（合比例性、適當性、價值權衡等），經常（倘若不是一向如此的話）可以爲彼此相互對立的決定賦予論理基礎。這時候，對某項原則的宣示其實只意味著，將區分動作委派回到系統當中。最後，原則則會在其表述的靜止性中，掩蓋系統諸運作的時間性，也就是在系統的日常實踐中，不斷進行著的反覆與修正、凝煉與確認、區辨與駁斥。或許，這樣的作法有助於在那些於時間流動中不斷出現規則變更的地方，製造出統一的假象，也就是將不一致性宣稱爲一致性。[28]即便人們以法律系統之運作上封閉性定理爲出發點，他們仍然能夠在論理實踐中，將原則之使用納入考量；正如同我們底下將繼續進行的分析，會清楚突顯出來的情況一樣，人們或許可以將原則視爲冗餘性的公式，這些公式會在各種規模上，展現出與系統之變異性相容的狀態。

當人們能夠認識到原則信仰的時空錯置性，以及逃避到程序指令中這種不具充分性的作法所顯現出來的「不具可行性」的性質時，在相同程度上，就只剩下兩個選項：堅決順服於法蘭克福學派的風格，或者探尋其他具有較豐富結構的觀察可能性。人們或許可對下面這件事進行思考：針對論證動作的「可能性條件」提出探問，並且在同一個過程中，用一種具有較強烈疏離感的工具，來取代理性的自我套用邏輯。如果這件事情能獲得成就，人們自然必定能以充分精確的方式揭示出，它是如何（亦即，藉助何種區分）發生的。

II

如果人們抱持著具有明顯特徵的理論興趣，而回顧在過去幾十年間在「論證理論」這個稱謂下所帶來的成就，那麼他們會發現，其實當中有用的東西很少。[29]在法學方法論當中會被注意到的那些刺激思考的要素，主要都是處理那種已經脫離脈絡的、古代的與早期現代的思想遺產，例如論題學、修辭學、辯證術，以及最後的詮釋學等概念。這時候，這些形式學說，與那起先以口語為基礎的（即便已經開始利用書面文本的）的文化之間的關聯，以及其與那針對產生於書寫的可質疑性所做的初步反應之間的關聯，就被忽略掉了。我們則不再處於此種情況中。諸多關於規範性論證活動的規範性理論，乃是藉由哲學之「語言學轉向」而引發的第二股潮流，它們則幾乎可說還沒觸及法學本身，而是使自己維持在與實務疏遠的批判地位上。雖然全盤拒斥這些理論上的努力，也同樣不會帶來什麼成果，但這至少仍然具有意義，那就是，要去展望其他的可能性。

首先，我們需要一個在定義上尚未包含論理要素的論證概念，而且這個概念還為我們提供了一項可能性，去追問論理之可能性條件，以及其功能。[30]我們暫且停留在將論證視為「提供據說有說服力的決定理由」這種自我表述上。接著則需要澄清，這些理由必須是為了反覆的使用而被提供，而這一點是甚有助益的。早在個別案件中，早在這些理由被發明之時，它們就必須指涉著一個由可作為其支撐論據之諸權衡所形成的遞迴性網絡。個別案件必須在那由先前與稍後的諸決定所構成的脈絡中，使其自身獲得定位。這件事情的發生，可能是透過類比式的建構，也有可能是透過區分。而有待解決的問題，相較於人們迄今為止所想過的那些問題，也具有不同的型態。在這兩種情況（類比式的建構以及區分）當中，進行法學論證時會浮現在眼前的東西，都不會是系統（這也使它與反思理論有所區別）。如果用古老的亞里斯多德哲學術語來說，論證的進行，並不是由整體到個別事物，而是由某個部分到另一部分。[31]用同樣古老的語言來說，這意味著：人們利用在效果技術層面上有利的、在修辭學與教學法上顯示爲合宜的那種對於例證的取向。[32]人們會基於要爲待決案件做成決定，而尋找這樣的例證，在必要的時候，甚至是藉由任意的解讀方式來建構這樣的例證，但這無論如何不會是以體系的方式演繹出來的。規則的建立，是這種論證方式的結果，而非其前提。

正因爲個別案件是在其自身論證的遞迴性網絡中，來理解自己，因而它無論是向後回溯或是向前展望，都不會撲空。它必須預設，在它之前早有一些案件被決定，而在它之後也將會繼續有一些案件獲得決定。在這個意義下（有別於對系統之**統一性**的指涉），這種使用例證進行論證的技巧，也全然是系統性的；或者，如果人們願意的話，可以說：在它自己的層次上，這項技巧將自身建立爲一種對於系統之自我再製的貢獻。諸多情境自身，連同其遞迴性（它選擇性地利用了過去的與未來的事物），都會隨著時間的進行而出現變化。唯有在這個前提下，人們才能說，諸規則必定係反覆地被適用，類似的案例也必定會反覆地獲得決定。也因此，在進一步的考察之下，就會顯示出，反覆其實是一種頗爲困難的、與單純複製有明顯區別的過程。[33]

因爲反覆總是出現在每次都不一樣的情境當中。諸案件或許會根據正義要求之標準，即相等事物應予相等處理，不相等事物則應予不相等處理此一標準，而被建構爲具有可比較性。但這個相等／不相等的探針，必須被引入到一種實際中，在其中，每個具體的情境都是不同的；而這是因爲它必須要顧及到其他在此之前的決定，以及另一個不同的歷史情境。因而，反覆乃是處於一種雙重要求下（在此雙重要求中，清楚地反映出了正義所要求的事物）：要指認出規則，並且，即便案件態勢具有非同一性，仍然要證實此種指認。反覆要求要具備凝煉與確認，以及要化約到可界定的諸指認以及一般化上。法院的案件實務正好就是以這種方式進行，而且這既表現在對於判決先例拘束原則的處理方式上，也表現在對於制定法文本的詮釋上。[34]

因而，人們不能期待，上述論點所帶來的結果，會是某種將法院實務理解為對固定規則（即便它們是法官自己創設的法律）進行適用的理論，所必須預設的那些東西。應該說，論證的取向是處在持續的運動中，因為對其所進行之遞迴性的確保，本身也是從某個情境到另一個情境中，不斷變動。[35]也正是基於這個原因，法院的論證實務，是在一種特定法律語意學之分出的走向上運行著，也就是說，它在正面反饋之模控學意義下，驅動著偏離之強化，或者說，在語言學的意義下，驅動對於一般通常語言使用方式所進行之過度矯正。我們不僅會在對於法效力進行處置的層次上，也會在論證的層次上，發現到運作上封閉性的過程。這裡也涉及到演化。

由此出發，其實與藉助那些不適合用來作為論證，也根本無法進入到論證性溝通中的概念，來鋪陳法律論證的作法，也已相去不遠。接下來，我們即可以完全獨立於「論證的理由有多好」這個問題，並且藉助三項區分，來表述論證的概念：⑴運作／觀察；⑵異己觀察／自我觀察；以及⑶爭議的／無爭議的。據此，法律論證是這些區分當中個別一面的結合，也就是法律系統的自我觀察，這種自我觀察在其遞迴性——自我再製的脈絡中，對於那些就分派法與不法之符碼值而形成的、過去的或可預期的意見差異，做出回應。[36]這涉及到的是觀察，因為它處理的問題是，要藉助諸區分來區辨諸案件或案件群。它涉及到自我觀察，因為觀察運作是在法律系統本身中進行。而單純對效力象徵所做的處置，或者單純對制定法之解讀，都必須被排除到論證概念之外。在此範圍內，它涉及了會誘發爭執的溝通。

即便做出了這些限縮，此一概念仍然包含了某些無法相容於論證功能的論證——例如下面這種論證：領主總是對的、黨總是對的、軍隊總是對的。因而，我們還必須補充追問，有哪些條件，可使得論證之系統功能的滿足，成為可能？[37]

一如往常，當涉及到「可能性之條件」或者「功能」時，二階觀察者就會登場。[38]在這個二階觀察的層次上，我們可以問道，系統如何使其固有的自我再製，包含其自我觀察，成為可能（也就是使它自己成為可能），而這個問題需要由另一套理論工具來加以回答，這套理論工具無法有意義地在一階觀察的層次上被運用。

我們借用原本出自具有科技上旨趣的訊息理論思考方式，而區分**訊息與冗餘**。訊息乃是消息在數量上有限制或無限制的其他可能性被給定的情況下，所具有之驚訝值。冗餘是（循環地）產生於，訊息在自我再製系統之運作進行中被使用。一項運作會使得其他運作的選擇值遭到縮減，例如當一個句子存在時，與之相適合的各種增補，也會在選擇領域上遭到縮減。這件事情所帶來的效應是，對於諸多銜接運作的選擇，同時變得簡單，也變得困難——當選擇領域很小的時候，是簡單的，而之所以會是困難的，則是因為，這時候可能會導入一些具有較高要求的選擇判準，這些判準不太容易獲得滿足，甚至在某些情況中，只能藉由小心地使選擇領域再度擴張，也就是藉著允許使用更多的訊息，才能獲得滿足。作為對進一步訊息之需求（與興趣）的排除，冗餘本身**並非任何訊息**。它使得漠然性成為可能，這種漠然性既存在於系統運作彼此間的關係中，也存在於（而且特別在於）對環境之關係中。

法律的語言風格，發展出了高程度的冗餘性（公式性、可反覆性），這件事情已有許多人為之提出註解。[39]但這些首先不過是修辭的——表意的手段。無論如何，風格性的事物不可以與概念上的可精確性，或者實質妥當的可界定性，混為一談，而法律概念經常欠缺這兩種性質。毋寧說，語言形式，是系統固有的語言使用方式所造成的效應。它就好像是由自身而產生，好比公式會一再獲得反覆，並且在一個同一性的核心上凝煉，但卻又同時負載了不斷出現的其他情境的意涵界域。如同人們在古典的表述方式中會讀到的：「法學這門科學……（是）世代累積的理性，結合了原初的正義原則與人類關懷的無窮無盡的多變性。」[40]

夏皮洛已經指出冗餘性對法律系統中諸多獨立做成的決定之間的協調（並非藉由一指令階層體系而在組織層面上進行協調），所具有之重要意義，[41]不過他卻沒有將一階觀察與二階觀察區分開來。如此一來，對於諸一階運作而言爲重要的視角，也就是關於對錯誤之認知與避免，就成了關注焦點。倘若欠缺冗餘性，那麼，在訊息上的損失（這是因爲傳導系統之不良運轉所造成）或許就無法被認識到，並且因此無法被矯正。系統所需要處理的訊息越多，它就越需要依存於充分的冗餘性，以便能採取「對不重要的訊息，不予考慮」此一形式，來避免錯誤——但人們難道不能也說，如此可使其正當化嗎？藉此方式，人們可以認知到，系統在業已建立的冗餘性上，抵擋了訊息的過量負擔，但正是在這種方式上，它也能獲得區分與標示上的精緻度。也就是說，冗餘性不僅排除了訊息，它也藉著使系統的敏感性明確特定化，而生產了訊息。藉由這種方式，在系統內就會出現一些訊息，這些訊息在那尚未做好相應準備的環境中，則並不存在。複雜性的化約，其實有助於複雜性的提升。

當然，這樣的發展，會要求要對系統的環境採取高度的漠然態度。在環境中流通的那些溝通，只有少數能夠在法律系統中具有訊息值。然而，如果僅將對於冗餘性的需求，解釋爲對環境雜音的抵禦，則又過於簡單。系統的諸個別運作，也同樣必須相對於彼此而孤立，然後才選擇性地彼此銜接。畢竟，即使是具有較小規模的諸系統，也不可能使全部的運作與其他全部的運作相互銜接，而這樣的情況也適用於法律系統，自不待言。結構化的複雜性，總是仰賴於元素間的選擇性銜接，也就是說——這其實是一體的兩面——需仰賴於對內部生產出來的雜音所爲之抵禦。訊息總是一項區別，這種區別爲系統帶來了一項能改變系統狀態的區別（巴特森）。而冗餘性的功能即在於，要去挑選出具有此種能力的訊息。系統的諸運作，雖然就其意圖而言是要用來對訊息進行加工，而這意味著：要對諸訊息進行持續性的再塑造，使其成爲其他諸運作承載的其他訊息；但是，系統冗餘性之再生產，則如影隨形地伴隨著此一過程。夏皮洛提及了「再保證之流道」，此一流道只能在極小的數量上接受新的差異。[42]若使用其他具有演化論的、或者神經生理學與感知理論（建構論）背景的概念用語，則也可將諸冗餘性稱爲「引力子」，這些引力子將對訊息之處理加以組織。[43]這個概念雖然沒有非常清楚地被定義，但從理論脈絡上來看，有兩件事是很明顯的：在那些可被預設爲「渾沌」的諸多條件下進行運作的能力，以及一種定位式的指涉，這種指涉使得重點的建構成爲可能，但爲此卻又不需要仰賴對系統統一性，或者對系統整體性的指涉。在演化論的脈絡中，這意味著，引力子的建構無法追溯到某個能夠賦予意義的開端或原因，而是如同偶然一般出現，但接著卻能夠在其後果中被確定保存下來。在此範圍內，系統是一個歷史的系統，並且不需要爲其之所以然，提出最終的理由。而在意識理論或溝通理論的脈絡中，則這意味著，引力子係作爲「價值」而發揮功能，亦即，人們會較偏好於遵從之，因爲若非如此，則秩序之流失——也就是「渾沌」——會變得無法承受。

據此，在協調的角度下來看，則冗餘性就是系統的那隻「看不見的手」。[44]但組織性的指令階層體系這隻看得見的手，卻並非如同此種隱喻所可能產生的揣測一般，而作爲一反例；它反而是冗餘性的一種運用情況；因爲即使是出自最高層級機制的指令，也是使自己被冗餘性承載，並且只爲那些在系統中流通的諸訊息，給出一個明確特定的形式（其中一種是：當人們可以被涵蓋在指令之下時，則毋須爲選擇負責任）。如此一來，看得見的手（例如立法者）其實也是用來服務於看不見的手。在所有運作上，都應該要能區分出那出於意圖的選擇，與那非出於意圖的、對系統之冗餘性所進行之再生產。倘若某項運作無法顯示出此一雙重面向，則它就無法作爲一項屬於系統，並且對諸運作之銜接所構成之遞迴網絡進行再生產的運作，而被鑑別出來。別的法理論學者採用**制度**之概念，以便標示出對法律問題進行處理時，所出現之法律內在層面上的限縮。[45]然而在這裡，限縮與論理並未清楚區分開來。「習慣」與「實踐理性」均歸屬於制度之概念，它標示出了以理性爲導向的實踐論證所形成之習慣。在此範圍內，對法律實踐之自我闡明之概念，都還持守著一階觀察。當我們論及冗餘性的時候，這樣做會帶來一項好處，也就是以一個可變項，來替代制度性的推論此項事實，此一可變項則會對其他可變項（如同我們馬上會看到的：那些期望獲得決定的諸案件，所具有之變異性）做出回應。此外，我們也能夠避免將「習慣」與「實踐理性」放到同一個概念中加以融合，並且在更有距離的狀況下，來觀察法律論證的論理貢獻。這時候，人們就可以一直持守下述立場：對諸多可能的結合的領域進行限縮（制度），乃是各種論理（制度）之可能性的條件，亦即，冗餘性是法律論證可能性之條件。

在做了這些澄清之後，我們可以放棄那種只在對錯誤進行認知與避免的層面上，來看待問題的作法，即便這可能是法學家們的首要關懷。從二階觀察者的觀點來看——二階觀察者追求的是要在法律系統的運作方式中，將法律系統論題化——這裡涉及的是，要在大量決定彼此間的關係中，製造出充分的一致性，但在此同時，沒有任何決定有能力去對那由其他決定所形成的整體集合，做出定義、界分，更不用說要在內容上對其進行認知。某件事情必須「取而代之」發生，以防止系統之解體，而成爲諸多個別決定的單純集合，這些個別決定對彼此均無置喙餘地，而且對一個觀察者而言，它們唯有在被某個觀察者選定的諸多特徵之下，才能作爲一個可界分的集合（例如：屬或種）而被認知到。提出以充分冗餘性爲內容之設置，即爲對此一問題所做的回答。倘若正義是存立於諸多決定的一致性中，[46]那麼我們就可以說：正義即冗餘性。[47]而它也藉此與其他的決定理念有所區別，例如那些在盡可能利用眾多訊息的情況下，追求個別決定之極佳化的理念。

關於正義的系統概念，當然不會以點狀的方式，在諸多個別決定中獲得實現。它也因此而擺脫了道德上的歸因，以及對其所爲之倫理評價——這種見解幾乎與所有處理此意見的學者所持之意見相反。取而代之（此處再次提及：「取而代之」）的作法，是以錯誤之避免爲依歸，而這時候它意味著：避免那些可被認知到的不一致。[48]如此看來，則錯誤是系統中各種可能的不正義狀態，在運作上的指標。但它們同時也能被用來當作認知的形式，這使得人們得以對那些被視爲具有錯誤的決定，抱持保留態度，也就是能夠對所有決定之絕對一致狀態的不可能性，做出回應。[49]一直以來，錯誤都是一階觀察的認知圖式，在這裡，人們嘗試著避免錯誤，或者使別人來擔負這些錯誤，但是卻並未追問其可能性之條件，也沒有去追問冗餘性之構造。然而對於一個二階觀察者而言，則這個關於製造與維繫充分冗餘性的問題，就成了探究興趣的中心，此外他也可以認知到，除了「維繫冗餘性」這項系統指令之外，還存在著其他的系統指令。若非如此，人們要如何才能解釋系統的成長，或者全社會對於其法律所抱持之（不斷透過批判而修改的）寬容？

但是，難道問題只存在於那些針對訊息處理能力而施加的限制，而每個系統則必須能夠與其協調？在這裡是否涉及到西蒙[50]理論意義下的有限理性，或者海耶克[51]或林博隆[52]理論意義下的，以去中心化方式處理複雜性的必要性？難道因爲無法在任何位置上能夠享有對於一致性的必要訊息（這些訊息必須包括關於所有與之具依賴關係的決定，以及所有的替代方案），就得說一致性是不可企及的？如果情況眞是如此，那麼解決之道就是在於對系統所處理的那些論題，進行徹底的簡化。

當人們洞察到，冗餘性並不是系統之自我再製所仰賴的唯一條件時，前面這種出路也就會清楚顯示爲不可行的。還有第二項條件的存在，我們稱之爲變異性，其所意指的是諸多運作——系統可將它們認知爲其所固有，並執行之——的數量與多樣性。[53]乍看之下，冗餘性與變異性似乎是正好相反的要求：冗餘性是人們已有的訊息，以便能夠對諸多訊息進行處理，而變異性則是進行訊息處理時仍欠缺的訊息。[54]系統的變異性愈大，就愈難能僅憑藉少量的訊息補充，即從一項運作扣連到其他運作上；要在對系統固有運作之認知基礎上，指認出系統，或者甚至妥適地描述系統，也會變得更困難；更多的驚訝必須被製造與消化；各種鍊接途徑會變得更漫長；系統也會需要更多的時間。然而這樣的對照太過簡短。企業管理學早已採納了規則拘束與可變性之間的替換關係；[55]但我們還可以再向前跨出一步。因為存在著各種不同的、能製造出冗餘性的可能性，故而某種形式的冗餘性，可能相較於其他形式的冗餘性而言，可以相容於更多的變異性。例如，這樣的說法就適用於類型的諸多序列化的條件綱要：當具備了x、y、z等要件時，就能成立具有法律上人格的公司；基於藉此種方式而被賦予的權利能力，公司就能夠在滿足相關必要條件的情況下，取得權利（如同每個具有權利能力之人）；誰若是就權利提出主張，就能夠提起訴訟，並且在程序上獲得勝訴或敗訴。正如同這個例子所顯示出來的，綱要的序列化會導致諸多條件之部分性的、「水平分散式」的網絡化，這些條件亦各自得被其他的連結情況使用（在我們的例子中可以說，人們之所以成立具權利能力的公司，並不是為了要以其名義進行訴訟，而是為了諸如資本累積或者責任限制等目的）。

法律系統或許可以在案例類型上、在法律制度上，或者在原則上來組織其記憶，而這些東西也可以彼此並列、嵌合，但無論在何種情況中，對於各種關聯的製造而言，限制在「鬆散耦合」上的作法，都是必需的。[56]一個次複合體中的諸多決定，只能在少數觀點下，對其他決定進行滲透，就好比當我們反過來看的時候，在所有決定中，關於法律的必要資訊，都必須在狹隘的限縮條件下被持守，因為若非如此，則人們無法為不同的事態準備不同的決定可能性。不過，這項要求並非固定不變的系統標準——例如在消極正義的意義下。應該說，它會隨著系統的複雜性而變異，系統的複雜性則仍然與自我再製具相容性，並且也只能在鬆散的耦合上保持相容性。

換言之，變異性與冗餘性乃是對彼此具有提升能力的事態。如同前面已經說過的，人們可以藉由類比建構來探勘新的提升可能性，在這當中有可能會導致現存諸多規則的一般化，或者也有可能針對那些被視為新穎的、未被掌握的情境，而建構出新的規則。在演化的進程中，偶爾會成功發現到一些能實現較高連結潛力的法律形式。[57]在這當中，總會在某個時候發現到，系統的那些能夠如此成功地在高度變異性上獲得展現的冗餘性，還需顧慮到一些已經喪失重要意義的運作類型（例如那些個別的權利主張的形式），或者反過來說，尚未能妥適看待那些已在發展過程中取得主導性重要意義的問題（例如關於「公共財」的問題，或者對可接受的環境條件所具有之集體利益）。[58]或者，用其他的、較適於獲得一般化的界分觀點，來替代那些在變異性壓力下而製造出過多疑難案例的界分觀點，這樣的作法也有可能被證明為具有合目的性——例如：以危險責任來當作為那些自身具有危害的客體擔負責任的標準，以取代人們在非採取此種措施的情況下，或許會制頒的禁令。[59]因而，變異性與冗餘性的關係，乃是一種不穩固的、並且同時是在歷史上被塑造的秩序，而法律系統就是在這種關係（而比較不是個別法律制度）的轉變上，再生產出其針對環境所做的（在某種程度上說，總是已經被給定的）調適。

冗餘性與變異性這兩個概念，已經越出了法律論證所能使用的框架之外。它們表述了相互對立的要求，這些要求不能被放到諸多決定理由間所具有之矛盾此種形式中。它們藉著某種不協調的視角，點明了藉由法律論證而被溝通的事物。它們也因此拓寬了那對於批判法學運動而言典型的論證方式：法律系統為了己身的理由，而以矛盾方式預先給出了一些原則，以便能使自己更好地適應於資本主義下的諸多關係。以更一般性的方式來說，下述說法應有其適用：一個業已分化出來的法律系統，必須同時擔保運作上的封閉性與高度的可激擾性，以及——在自我觀察的層次上——冗餘性與變異性。然而，這種在要求的切面上所形成的對立，其展現出來明顯性，正好就無法被帶進到一種持續反覆出現的論理矛盾的形式中。在導引到可能的論證方式的過程中，這樣的出發點多半會被遮蓋起來，並且在一個由諸多原則與規則所構成的網絡上被重新表述出來，以至於決定之間的衝突只會局部地出現，並且也只能在個別案件或案例群組當中獲得解決。因而，那些將自己限制在處理系統的內部觀察與自我描述上的法理論，就可以放棄掉諸如冗餘性與變異性這類的概念。但如此一來，它們也放棄了一種對運作上建構主義的理解，而在這當中也隱藏了一項危險，那就是，論理上的術語，可能會與那些在法律系統之外通行的稱謂，發生混淆。我們將在「利益」這個例子上，再度回來討論這點。

III

的確，冗餘性不是某種可以在邏輯上查明的確定性質。用黑格爾的術語來說，它並不屬於必然性的領域，而是屬於偶然性的領域，因為，某項訊息之明確界定狀態，並不能同時設定另一項訊息之明確界定狀態。但這裡卻涉及到一種具非常強烈預備性的偶然事件，並且在此範圍內，也涉及到某種只需仰賴少量訊息，即可對系統做成之確立。以相同方式，則可以說，文字也並不是一種已具有決定成熟性的、對法律而提出之界定。我們早在討論文本概念時，即已對此種偏見（假如它是偏見的話）進行了矯正。[60]文字只是一種形式，它製造出了文本體與詮釋之差異，以及制定法之字面與精神之差異。沒有任何一種對於現行法所進行的文字上的固定，不會在此過程中也同時產生詮釋的需求。兩者是相伴而生，是作為一種兩面形式而被製造出來。因而，一旦文本被寫下來，就會出現詮釋問題。

即便存在著大量關於詮釋之觀點與程序的文獻，而且它們就歷史層面來看也可上溯到很古早的時期，我們也可以不用在此名稱下，來處理此一論題。當人們談論到詮釋的時候，他們所設想的，總是某個讀者的社會行為，這個讀者專注於文本上，並且顯然不希望受到干擾。除非人們強迫他中斷對於文本的解讀，否則他們無法將其捲進溝通當中。這個讀者或者只能閱讀，或者只能參與溝通。在今天，人們則通常是以沉默的方式閱讀。誰若是向他人朗讀文本，則只是表明自己作爲文本的喉舌——而正好就不是作爲其詮釋者。

每當文本讀者找到時間空檔，將注目焦點從文本上移開時，其內心幽微處究竟抱持何種想法，吾人不需關注之。當他開始做詮釋時，則他就需要準備論證。[61]他首先可藉著在自我對話的形式中（不是在「與文本進行對話」此種形式中），或者在清楚表達的、行諸言語的形式中，對溝通進行沉思，甚至可說是試驗性地進行溝通，而做出這個動作。但這個時候，那些用以判定人們的哪些說法具有說服力的判準，早就已經對其產生支配作用。然後，所要處理的就不再是「隱含之眞意」的問題，而是下述問題：在何種脈絡下，人們可以在溝通中指涉著何種文本。[62]因而，當我們將各種推論，包括那種具嚴格邏輯性的證據引述，都視爲社會行爲的時候，我們並不會錯失任何東西。[63]即使是那些完全以讀者與文本之間的關係爲依歸的詮釋理論，也都嘗試在社會關係中尋找對詮釋「客觀性」的第二重保障。[64]

因此，關於詮釋學、辯證術（對話術）與修辭學之古典區分，會使人摸不著頭緒。其所強調的是一些可以被我們忽略的區別。[65]人們可以假定，所謂的詮釋，只能將那些可在溝通中以論證方式被使用的東西，讀進文本中，或者只能從文本中獲得那些東西。倘若文本自身能夠保證，所有讀者在所有情境中，都會對該文本之意義抱持相同之理解，那麼文本根本就不需要詮釋。人們之所以進行詮釋，並不是爲了自我闡明，而是爲了要在溝通的脈絡中予以再使用，無論結果、理由、論證等之提出，是如何地具有選擇性，也無論藉由推遲諸多進一步論證所能帶來的穩定性，是如何地能夠有助於運用權威並使權威獲得承認。這時候人們假定了，他們眼前所看到的，是**同一份**參與溝通的文本。文本採用了書寫形式，並不必然保證會對詮釋之冒進設下界線，但卻可以保證**某個溝通情節的社會關聯的統一**。它構成了一種社會媒介，使人們可以獲取新的形式，也就是可以爲文本的某種特定解釋取得好的理由。[66]只要人們有辦法偏離字面意義，他們就可以偏離文本的字面意義。藉此方式，人們建構了字面理解與合意義性理解之間的差異，而只要詮釋並沒有擊破文本之促成統一性的功能，則此種差異之建立也是可能的。

對法律的詮釋／論證而言，還有另一項特殊性適用著，此特殊性使上面的論述脈絡更獲得強化。法律的詮釋／論證必須要能夠就關於法與不法之決定，提出建議，或賦予理由。因爲，在法律系統中，決定是可以強制被做成的，亦即法院不得拒絕做成決定（這也爲其在系統中所具有之中心地位，賦予了基礎）。因而，所有提出了文本詮釋的法律論證，都具有一項**決定**指涉，而且是指涉著對**他人**事務所做之決定。因此，它必須以溝通爲導向。[67]

此外這也說明了，論證理論特別會在普通法領域中，獲得肥沃土壤。那些對制定法做出解釋，並且在註釋書中查找「通說見解」的歐陸法學家，則總是感受到自己主要是作爲讀者以及詮釋者。與此相對，在英美法中涉及到的則主要是，要對判決先例中的決定做出評斷。人們必須首先找出，先前已決案例中的判決理由[68]爲何，因爲，作爲詮釋者，人們當然不是受到判決之既判力的拘束。接下來則是要對下列問題做出決定，並以論證方式提出理由：當下的案件與先前案件是否可區分開來？這個決定之做成，並不是產生於決定規則，而是產生於對事物狀態進行的比較。也就是說，人們並非單純地對某項可能具有解釋需求的規則進行適用，而是**必須去決定**，是否要**做出區分**，或者不做區分；而人們必須對這個在區分與不區分之間做成的決定，賦予論理基礎。

然而，這個存在於歐陸法律文化與英美法律文化之間的區別，卻不應被過分高估。在英美法領域當中，人們當然也會處理到與制定法之詮釋相關的問題，[69]而在歐陸法領域當中，對不斷出現的、總是有所不同的新案件進行論理時，論證也一直是作爲一項要求。單單是法院的組織，在其許可上訴的制度上，就已經迫使要與現有的其他法院裁判進行持續的論辯。[70]此處總是同時涉及那些可**普遍性地**與**個殊性地**運用的決定理由。這時候普遍性意味的只是，要將決定規則運用於特定類型的所有案件上，以及，該項規則必須遞迴性地被增補到現行有效法律中，而且未來需要依此規則做成決定的案件數量，也維持爲不確定的。[71]另一方面，這裡也涉及到那些高度個殊性的規則，這些規則只能夠逐漸地被一般化，或者它們根本無法如此。[72]在這當中，無論是詮釋，或者是論證，就其本身而言，都不會對現行有效法律狀態上的任何事物造成改變。這裡並非涉及諸多對法效力象徵的處置形式，而是涉及那些能夠澄清在何種情況下得採取此種處置之溝通（當然，這裡需要將那些可能用來支持契約的經濟上理由，以及那些可用來支持立法的政治上理由，存而不論）。鑑於這種預備性的功能，論證便被允許具有較大的自由程度。它僅僅對責任進行測試，卻尚未承擔責任。然而，當其被用以限縮那些終究必須一次性被做成的決定所具有之選擇領域時，它們仍然涉及到系統的諸運作。由現行有效文本與論證式的論理所構成之雙重結構，允許人們能夠將論證動作之規範上模糊性加以引導，成爲一項區分（這正好不是黑格爾理論意義下的「揚棄」）：論證本身並不是規範性的過程，它可以造成失落，並且從失落中學習。但它所獲致的成果可以凝結成規範性的規則或者原則，乃至於在回顧的觀點下，法釋義學本身也可以被視爲「法源」。

依其自我理解，論證提供了某種詮釋之所以享有優先於其他詮釋的地位的理由，而這點與前述說法正好相互對應。在這裡，無論諸多理由是否取得了關鍵性的成果，它們都會被鋪陳爲好理由、或者理性的理由。在傳統上，它們也被稱做「rationes」（理由、理性）（rationes decidendi〔判決理由〕、reasons〔理由〕等等）。正如同前面已經指出的，關於這些理由的可論理性，到最後只有「理性」能夠藉著使自身參與到這整個流程中，而帶來一點指引。這種理性論證的實踐方式，所造成的結果則是，法律被認爲具有某種通盤思考過的理性的性格，也就是由被檢證過的好理由所凝煉下來的結晶這樣的性格。麥考密克將這樣的脈絡稱爲「制度」。[73]在這裡也隱含了，對於某種論理的縝密性而言，除了那些在理由本身當中被提出的判準（例如專業性、優雅性、簡潔性，以及——也包括了——避免落人笑柄等等）之外，還需要提出更進一步的判準。[74]其結果則是，從所有這些管控過程中，形成了一個由原則、決定規則、學說、（但也包括）諸多被拒斥的替代性建構所構成的傳統，這個傳統建立了一個儲藏庫，而立法以及（特別是）司法的法律建構，就在其中獲得創生。其所帶來的成果，則又是書寫——也就是，它又再度可被詮釋。此一結構上的指涉骨架所具有之實在性，並不是在於一個爲已持存的理念領域中，而是完全在於系統之諸多事實上的溝通性運作中，這些運作利用著此一指涉骨架，或者將其遺忘。

這種由諸多決定觀點交織而成的網絡——我們將其稱爲法釋義學——也可以以創新的方式加以利用。[75]人們可以在事後認知到，先前在對規則進行確認時，忽略了特定的事態構成態樣，或者根本就犯了論證上的錯誤。這或許會構成一項誘因，使人們對當時所意指的意義進行重構，或者引進新的規則。過失責任受危險責任之補充，[76]而且，當人們看到，即便採取這樣的作法，仍不足以對損害進行有意義的分配時，它就還會進一步受到下述責任標準的補充：使對於損害之防免具有最佳控制能力者，來擔負責任。對於那些已經證明爲合用的原則與規則的援引，本身首先就可用來當作論理基礎，而那種展現於對傳統所進行之保存中的一貫性，則又附帶地增加了它的分量。但這種作爲好理由，而附著在現行有效法律上的性格，並非某種不得棄守的性格。它可能會因爲論證，特別是因爲新的區分，而遭受質疑，即便法律是成文的法律，如同我們所熟知的那樣。通常，規則與理由是作爲一個統一單元而出現，但當新出現的諸多問題，或者全社會的「價值變遷」，對法律系統造成了充分刺激的時候，它們也可能相互脫離。新的問題解決方案，當其作爲建議而被提出時，總是顯示爲較佳的解決方案；否則的話，它就無法取代舊的方案。而這種說法也總是以某種系統內部的評價作爲基礎，因爲唯有如此，法律才能明白表述出其在自身之上的優越性。[77]援引外在刺激的作法，並不充分。即便是制定法，也並非在論證的形式中做這件事，因爲它們只不過確立了，何種事物應該對未來具有效力。法律論證也完全是一種系統內部的溝通動作。法律外部的肆意思考，並不能為自己主張任何相關性——而且單單基於下述理由，情況就已經是如此：法律總是受到強制，而必須生產出關於法與不法之決定，並且為其負責。

雖然前述思考可以在廣泛的法理論、法律史與方法論的討論上，尋得論據，但迄今為止幾乎沒有人注意到，論證理由會製造出差異，[78]並且在那些它們所排除的事物上，指向它們自身。魯登[79]將此稱為「內建的後果」，但卻沒有對此一想法提出太多進一步的說明。或許，那種對論證理由所持有的太過點狀式的把握方式，使得對於此一事態的洞悉，更為困難。因為，論證理由並不是某種僅需單純標示出來的**觀點**，而是複雜的思考進路，這些思考進路也嘗試附帶使它們的排除效應獲得證立。[80]唯有在其再度使用的角度下，或者作為此種再度使用的後果，它們才會凝煉為規則，對它們的指認也才能藉此而保持為可認知與可援引的。同時，再度使用也會對理由進行確認，使之顯示為適合於用在其他決定，並藉此而賦予其某種一般化的、充實的意義。[81]這種確認所獲得的果實，本身又會被凝煉成**原則**，這些原則在其「與何種事物區分開來」的問題上，保持開放性，它們毋寧是被視為/被用作最終的決定觀點。[82]為了使這些原則獲得成熟，需要經過一段時間，尤其是需要累積對許多案例的經驗。藉著在各種不同的事物態勢中證明為合用，它們的說服力也會隨之增長。當所有這些事情都發展成熟，要拒斥那些傳統上已經穩固建立的理由，並且以新理由取而代之，就不再是那麼容易了。傳統會非常清楚地突顯出，當人們要以完全不同的方式做決定時，他們所需要做的事情是何其之多。因而，新的觀點大都只是被添加進來——無論是作為對那些繼續適用的規則而創設之例外，或者是作為對迄今為止尚未被掌握、或者以錯誤方式被掌握的那些案例，而提出的新原則。現存的法律，並非眞的是在其諸多原則中，而是在那些看起來被這些原則所排除的事物中，獲得繼續發展。那些早就有效適用的事物，會在其背面獲得修正。論證使系統變得更為複雜，並且對接下來介入運作的概念上（法釋義學上）體系化，具有重大後果。

普通法的法律技術，藉著對那些決定了應做成何種決定的規則（而不只是制定法）給予極高程度之注意，而使得此種排除效應特別能清楚突顯出來。雙方辯護人（大律師）彼此爭論之辯詞，即是針對上述事情思考後而提出，並且各自有助於在判決論理中對相互對立的諸規則的優缺點，進行權衡。在法官合議庭的當中出現的意見紛歧，並不會被掩蓋，反而會被公開，[83]以便使諸論證理由的衝突結構，能夠為未來的援引所用。相較於此，歐陸法秩序中的法律論證，則較具有那種試圖作為「正確主張的註釋」的特徵。但這項差別不應被過度高估，尤其是在較為晚近的時代；[84]此外應該要考慮到，那些已經被確定的個案爭議，絕對無法使某項已具妥當論理基礎的規則所形成的排除效應，整體清楚呈現出來。

隨著所有這些論點，應該已經可以清楚瞭解到，論證理由必須對某件事情，也就是對其冗餘性，保持沉默。它們是在區分之被標示出來的那一面，而非未被標示出來的那一面上，來使用區分。沒有被標示出來的事物，也就無法被利用。那未被標示的事物，作為因沉默而隱匿的事物，並不能承擔作為判準之功能。或者它可以如此？[85]這會導致下述問題之出現：那被沉默所隱匿的事物，是否可以，以及如何能被用來對法律論證進行批判，倘若它完全不是被用來「解構」法律論證的話？[86]

無論如何，人們不能僅以「我不知道事情如何進行」這樣的說法作為託詞。解構並不會導致重構，它最多只會依循「打擊底部」的規則，而導致對治療的需求。人們要等到了相當腸思枯竭的程度時，才不再拒絕啟迪。但應該由誰來治療法律系統？誰會在過渡時期承擔這項功能？

倘若人們注意到，所有的標示，包括對「解構」的標示，都有賴於區分，那麼人們就已經踩在一塊較為堅實的基礎上。[87]區分允許「跨越」。人們可以追問，哪些決定會被哪些決定而排除，哪些理由會被哪些理由排除。人們可以在區分的另一面上做出標示，並且藉此而將區分本身區分成一個在兩面上個殊化的觀察工具。的確，這只會導致對區分的標示，並且接著對此一標示所必須的、區分的另一面，保持沉默。人們可以不斷進一步追問，立法與司法的區分，到底在哪一點上區分開來了？解構論者永遠不會失業。但法律系統可以在他們的觀點下，逐步發展出區分之構築，藉由此一構築，法律系統得以在各個情況中，滿足對變異性與冗餘性進行中介的任務。當區分在兩面上都能夠被個殊化，並且那個引發這件事情者又藉此認知到，其本身亦對某件事情保持沉默的時候，進一步問題之提出，總是受到允許的。這只是以另一種方式表述「系統只能在系統當中，不能在環境當中進行運作」。

IV

理由乃觀察者所提出之諸區分。在法律論證的脈絡中，觀察者對某文本進行觀察，並且藉由對之作詮釋，而為自己創造了提出獨特論理計畫的自由空間，這個論理計畫則又將進一步具有再限制作用的觀點，納入考量。也就是說，觀察者不能僅滿足於介紹他認為較佳的見解。即便是抽象的價值權衡，都必須由文本出發而獲得證立；否則，它在法律上就是缺手缺腳的。而且它只能在藉助法律而對自身進行再限縮的意圖中，為自己創造詮釋自由。單純提出好理由還不夠，人們必須也要證明，它們與現行有效法律具有一致性——例如可藉由下述方法：人們可將某項規範劃分成兩種不同解釋，然後接著主張兩種解釋中的其中一種，以便能夠將理由呈現為具有論理基礎的。唯有當與現行有效法律的一致性獲得證明時，所謂好的理由究竟有多好，才會成為具有利害關係的問題。

但藉由上述說法，卻完全尚未澄清，以理由進行論證，究竟能夠滿足何種功能？文本的觀察者將整個情況呈現為，彷彿它是涉及到要為較佳理由之勝利，提供協助。觀察者保持著作為法律系統參與者的地位，要將其所偏好的傾向呈現爲可爲決定採納的狀態。他不能僅滿足於使其偏好或利益獲得注意。他處在一種具系統特殊性的形式強制下，此種形式強制是產生於，系統是二元符碼化的，以及，它只承認法與不法之價值作爲符碼。作爲系統的內部成員，上述說法或許能夠妥當地適用在他身上，然其卻未針對論證功能之探問，提供任何闡釋。爲了尋找此一問題之解答，我們藉助前面已引入之變異性與冗餘性之區分，來對文本的觀察者進行觀察。藉此，我們到達了三階觀察的層次。我們觀察著，那些觀察著「當文本的字義無法爲一階觀察者提供滿意的決定時，人們**如何**能對文本取得最佳理解」這件事情者，是**如何**進行觀察的。這時候，我們不再能滿足於那些或多或少妥適的理由，而是必須要問道：究竟爲何要提出論理？爲了繼續對此問題進行追蹤，而必須提出之區分，無法適用在系統內部的二階觀察層次上，因爲它的解消力太過強大。這樣的區分應係蘊含於變異性與冗餘性這項指涉著系統的區分當中。

理由乃是冗餘性的象徵。[88]就如同效力使自我再製（的統一性）象徵化，並且因而使系統的統一成爲具有運作能力，好的理由也使得系統的一致性（或者以價值術語來表達，即正義）得以運作化。這樣的確定命題，幾乎找不到任何反對命題。然而它卻需要進一步予以闡述。

隨著對理由的追問，效力象徵之套套邏輯式的自我指涉就被解消、開展、去套套邏輯化。起先可以說，那具有效力的事物，就是具有效力，因爲它具有效力。然後人們會假定，爲此應該要能提出一項充分理由。接著人們可以藉由追問「那具有效力的事物，是否以具有論理基礎之方式發生效力」，來繼續對上述推測進行探究。從那種將效力當作諸多相應規範之適用理由，而在語意上予以複製的作法，發展出了對於效力理由的探問，這個問題則在諸如「法源」學說中獲得回答。然而人們卻一直認爲，那些不具理由而對效力提出主張的事物，正好就不具效力，而且人們也一直停留在這個階段上。

倘若人們將聚焦在正義這項超級判準上進行考察，他們就能夠越出對賦予論理基礎的論證動作進行自我描述的範圍。然而在法效力的問題中，此項判準並不適合用於輔助決定之做成，也因此，它（只能）被視爲一項倫理的判準。效力問題被解消爲法律與倫理之區分，並且帶來一項後果，那就是，在法律實務中，正義的要求可以被認定爲在法律上無關痛癢，在論證上無法運用。相對於此，倘若人們將正義的判準，詮釋爲決定一致性之判準（對相等案件給予相等處理，對不相等案件給予不相等處理），[89]那麼人們就可以將一致性理解爲冗餘性，並且也因此將其視爲區分之其中一面，該區分之另一面——亦即變異性——顯然會妨礙法律的世界以正義的方式運轉無阻。藉由變異性與冗餘性之區分可額外獲得的，是下面這項洞見：事情還有另外一面。這一面恐怕並非如同文本詮釋者所想的那樣，是一些較差的理由，或者不具論理基礎的（「決斷論式的」）決定，而是關於系統之充分（並且在現代的條件下，應該是「高度的」）變異性的必要需求。

那些要求要做出決定的法律案件，在各種情況中都是以具體方式出現，並且因此而各有不同之處。它們挑動系統要考量到它們的區別性。論證則承擔了這樣的挑唆，並且將其轉化爲冗餘性——無論是單純指涉著那些應予適用的決定綱要，或者是藉由規則而作爲一種補充，這些規則是在具有多數決定可能性的角度下被檢驗、凝煉與確認。換言之，論證是一種對冗餘性、對訊息與驚訝的節約性的選擇；但它是在對那些展現於案件實務中的諸問題的特殊性質進行思辯的情況下，來做這件事的。就其結果而言，這可能引發一種演化，其具有能開發出兼顧高度變異性與充分冗餘性的形式的走向，並且近似於追求最佳可能世界的萊布尼茲公式。

一個完全受固有冗餘性支配的系統，其實就是放棄了對那些由環境引發的激擾與驚訝做出反應的可能性。在這個角度下，變異性對系統進行了補充，並且防止了在習慣軌道網絡中的固著運行方式。然而溝通所具有之大量性與殊異性（法律案件與其所帶來之諸多特殊問題，會爲此提供誘因）等這些東西，卻不是直接憑藉著自己而使諸如系統之環境再現。唯有在系統中，才會為了系統而出現法律案件，以及指涉著它們的溝通。變異性就如同冗餘性一樣，都是系統的變項。變異性與冗餘性的差異是一種形式，在其中，系統是作為環境中的系統而運作著。至於系統如何在語意上建構其環境，這個問題我們將藉助其他概念再回過頭來探討。[90]

對於法律系統的諸運作而言，有必要對較佳理由之說服力進行溝通，無論參與者在這裡所獲得的心理層次上體驗為何，也無論這件事情是以多麼「虛偽」的方式發生。即使是法官所具有之心理動機，亦應予以忽略[91]——除非法律本身將其視為相關，例如在出現偏頗嫌疑的情況（即便是在這樣的情況中，也很明顯可以看出，要證明的並不是偏頗，只是嫌疑的可能性）。律師倫理也是藉由下述方式而獲得穩定化，亦即，看起來在溝通中所出現的情況必定會是，律師認為那些有利於其當事人的理由具有說服力；這件事情不可能藉著任意的理由，而是只能在法律論證的限制下出現。對此種溝通方式進行觀察者（也就是我們），卻能夠以雙重方式看待這件事：同時將其視為必然的與偶連的——對系統而言是必然的，在下述範圍內是偶連的：諸案件的變異性迫使人們進行持續的重新思考，而且系統不能僅仰賴冗餘性。藉此方式，人們就獲得了關於所有理由之非必然性的必然性，並且因而理解書寫所具有之弔詭的與豐碩的效應。

誰若是將論證僅理解為，在避免錯誤的情況下追尋好的理由，那麼他就是在描述一個藉由論證而確立其自身的系統。唯有當人們將那些經由法律案件所引入的變異性納入考量時，他們才能將系統理解為自我組織的，以及具有學習性的。[92]這個時候，早期的法律系統應該被理解為具有高度的冗餘性——無論是基於其極端形式的概念性，配上與之相應的、對具有法律形式的衝突解決方式的准許/拒絕；或者是基於其極端模糊的概念性，這種概念性同樣使得所有事物有可能以不造成驚訝的方式，與所有其他事物相銜接。[93]不過，一旦自我組織與學習開始進行，那麼系統也就會開始以冗餘性與變異性的差異來運轉，並且藉此建立自身之複雜性。我們將會看到，這個過程接著會透過與其他功能系統之結構耦合，而獲得加速，並且最後會導致自我指涉（概念）與異己指涉（利益）之差異的內化。

從論理基礎之探尋過渡到變異性/冗餘性之圖式，也就是說，從二階觀察過渡到三階觀察，會對持守行動理論前提——論證理論通常就是在這些前提中獲得表述——的作法，造成排除效應，並且強制造成邁向系統理論之過渡。這時候，論證不再展現爲或多或少成功的行動（雖然我們必須承認，在二階觀察的層次上，可以用這種方式進行描述），而是展現爲某個複雜系統當中大量與同時的發生事件——這並不具有明確的路線引導，而是藉助特定文本來建構群組，並且就指涉著整體系統的角度而言，也不需藉助階層秩序之建立或目的論。這就好像人們從飛機上向外眺望，看到諸多論證所構成的大海產生些許波浪。整體意義並不能從諸多個別運作目標的角度而被認知，也不能作爲這些個別目標的累積，而是只能作爲「確實出現了論證」這項事實之功能。而這一點正好就必須在變異性與冗餘性的概念中獲得表述。

V

理由必須具有論理基礎，這一點是確定的，因爲存在著各種較好或較差的理由。此外，它們也會排除某些事情，而這也需要論理基礎。[94]但藉由這樣的方式則尚未能確定，理由如何能獲得論理基礎。只要文本具有充分明確的字義（時速限制一百公里），那麼在此範圍內就不會產生問題。然而當越出此一範圍，而需要提出各種詮釋性的論證時，就會出現「如何」的問題。[95]

在舊歐洲的法律中，這個問題是藉由追溯神的智慧與意志（也就是藉著以神學家的原初管轄，而對神所進行之觀察）而獲得解決。或者，當人們不願採此作法——這樣的傾向在現代早期逐漸增強——的時候，就會藉由某種規範性的自然概念來尋求解決，而就人類自身而言，這樣的自然乃是指向人類固有的理性。在這當中，對於格老秀斯、普芬朵夫、洛克及其同時代的人而言，有一點是不證自明的（而且，當人們在與當代的想法做對比時，也必須想到此點），人性之自然可以以經驗方式（自然方式）被認知，但它同時被當作是永恆法與跨區域的現行有效法的認知來源。法效力與法知識尚未完全歷史化，如同在肯斯與休謨的理論中那樣。人性之自然，仍然如同所有的自然一樣，都是獲取關於神意之認知來源。而在這樣的階段中，人們同時也援引理性作爲人性之自然，並且早就已經引發明顯的國族法律發展。[96]

即便在今天，自然與理性也仍然被用來當作事後裝飾論理基礎的榮譽頭銜，但實際上的論證卻是以對於法律決定後果所爲之判斷，作爲基礎，而且從經驗上來看，對這一點不會存在任何疑問。或者更精確一點說：以對於採納不同規則而可能出現的不同後果，所爲之判斷，作爲基礎。在自然法學說當中，早就已經出現了以法規範之社會效益爲依歸的作法，[97]然而這卻是建立在法定推定的基礎上，也就是說，在有疑問的情況下，這樣的效益是推定存在的。[98]效益不過就是一項關於歷來常見的替代方案思考方式的概括公式，其具有下述形式：倘若不適用這項規則，而適用另一項規則，那麼情況會是如何？[99]早在君主的裁判權框架中，衡平也早就被用來當作對嚴格法律適用所造成之無法接受的後果，而採取之矯正措施。[100]然而，從特定法律建構之個別後果的角度來看，這卻幾乎沒有爲釋義學上的塑造，提供任何裁量空間，它毋寧是被用來當作不可變更的與可變更的法律之間區分的相關項。此後，以可欲或不可欲之後果當作唯一具有說服力的原則，而對法律進行管控的作法，逐漸獲得主導地位，也在法理論中獲得一致的接納，[101]並且藉著對決定進行謹慎分析，而獲得證實。[102]即便如此，仍然存在著一個問題：當我們對這件事進行觀察時，我們是在觀察什麼？

這種在論證上對決定之後果進行展望的作法，經常與法律決定之目的綱要化相互混淆。然而這是一種很容易就可以避免掉的概念混淆，因爲就追求目的所需要的條件而言，法官既不具有相當的手段可供運用，也不具備承擔風險的準備。[103]就法律技術而言，在立法者那裡的情況亦無二致，雖然在其對政治系統的參與範圍內，它當然可以追求政治上的目標，並承擔相應的政治風險。[104]相對於此，系統理論式的描述則會建議，首先要對系統內部與系統外部的後果做出區分。[105]

系統內部的後果，就是法律後果，而人們當然有義務對其加以注意。對所有有待賦予論理基礎的法律決定而言，此乃其遞迴性之通常要素，而這些法律決定不僅需要將過去的，也需要將未來的決定納入考量。當針對諸多決定理由以及使其一般化的諸規則進行討論時，其所需要考察的其中一項問題，就是要去審查，在採納某項這樣的規則的情況中，哪些行爲會是合法的，哪些則是違法的。[106]例如當所涉及的問題是，在自助商店中，將商品陳列於架上的行爲是否早已構成契約之要約，而將商品由架上取下，是否因此構成契約之締結的時候，就需要去考慮，在這種情況中，將商品放回架上的行爲，是否爲法律所不許，另一方面也要考慮到下列問題，亦即，將未付款之貨物取走之行爲，可能並不構成竊盜，僅構成契約義務之不履行。[107]此種建構之後果，會被法學家認爲不可採，而且他們在這時候完全不需要去考慮到下述經驗性的問題，亦即：倘若適用了某一種或另一種法律建構，那麼在經驗層次上，人們會如何在自助商店中爲其行爲？這種判斷不需要做任何經驗上的預測。它並不具有相對應的穩定性上的負擔。這樣的判斷，在做決定的時間點上，已經基於可供使用的法律知識，而可以以具有法律見解之通常穩定性的方式被做成。這裡所涉及的，不外乎就是對於一致性的通常維護，以及確定保有充分之冗餘性。

然而問題是，判斷是否可停留在這個階段；或者從經驗層面來看：法律系統是否可滿足於此。在以論證方式賦予論理基礎的大部分情況中，該問題並沒有以如此精確的方式被提出。這種就內部/外部後果所做的區分，標明了一項重大門檻，但這點卻全然遭到忽略。就算人們在各個情況中都做出了這樣的區分，仍然會存在一項問題，那就是，當人們要在不同的法律建構之間進行選擇時，這樣的選擇是否可以只藉助法律後果，就被做成？然後又會銜接到下述問題：當行動者以某一項或另一項規則爲圭臬，並且在此種情況中，他們是否會這麼做的概率，已經達到很難全然忽略的時候，其所帶來的事實上效應又是如何？在碰到援救他人生命財產的冒險行動問題時，有可能會要面對一個問題，那就是，若救援者自己會遭受損害時，他是否會獲得補償，或者不會獲得？情況看來是，引入這樣的規則，可能會符合利害關係人的利益，因爲若救援者需要甘冒自身之風險進行救援，那麼他恐怕會躊躇不前，或者，就會如同在著名的油輪受損案中的拖船船長一樣，要先就各項條件進行協商，直到事情已經來不及爲止。但是：誰能夠保證，法官提出的關於救援者行爲的業餘者理論，確實符合實際情況？人們只需要想一下，在自己過去經歷的事情中，要使各個後果回溯歸結到各個原因上，有多麼困難（例如，將意外事故統計的結果，歸結到對許可的駕駛速限所進行的修正上），他們就能夠明白，在這裡，法官簡直就是如履薄冰。倘若人們以各該相關科學的標準爲基礎，則可以說，在經驗上獲得擔保的預測，幾乎總是不可能的，[108]或者只會帶來微不足道結果。[109]因而我們也幾乎無法想像，法官能夠有意義地在爲達成目的而採取手段的觀點下，對制定法進行審查，或者甚至只是做出解釋。即便如此，法院仍然正好有這麼做的傾向，而且毫無疑問的一件事情是：它們有賦予其推測以法律效力之權限。從經驗研究標準的角度來看，後果導向不過就是一種具有既判力的想像。

從法理論的角度來看，很容易傾向於認爲，使法律面向著社會政策的諸功能而調整之作法，即使不需使人爲之痛心，也應該被描述爲一種特殊法律合理性的衰敗。[110]即便在法律文獻當中，也偶爾會有人指出，對後果考量之後果，所提出之考量，是相當不足的。[111]在這裡，社會學家——與有義務固守法律系統的法學家不同——之處境則頗爲幸運，因爲他們可以選擇不採取那些被推薦的方案。[112]他可以在二階觀察者的角度下，對論理趨勢進行觀察，並且可以推斷，提出經驗上後果預測的趨勢，比較是有利於系統的變異性，而非其冗餘性。此外，在那些已於全社會中廣爲流傳並不斷交替的偏好的角度下，他也可以在相對應的比例程度上，以對於這些偏好之回應，來取代傳統上被稱爲正義的那些事物。

在針對論理提出反省的漫長歷史中，法律系統對此之反應，就某種程度而言似乎頗爲乖戾：人們越是想探詢必然性，他們所發現到的就越會是偶連性。[113]人們越是必須避免採納論理的弔詭，或者承認理由之無可論理性，則論證就越來越會從確定性推移到不確定性，從過去推移到未來，從可確知的事物推移到僅具或然性的事物。倘若到最後所涉及的問題，只是對後果進行評價，則每個人都可以確知，其他人並沒有辦法做出更具確定性的判斷。這個時候，論理的弔詭就會採取時間弔詭這個比較容易被接受的形式，在這裡，這意味著：使未來呈現於當下而採用之形式。然而事實上隨之發生的事情——在此可以不需要使用進一步的、或者較佳的理由這類語彙——卻是系統變異性的提高，以及對存留下來的冗餘性進行重新形塑這項挑戰。

人們或許可以推斷，在未來當中，隱藏著一項應該被二元符碼化所排除的第三項價值。正如同人們從對未來的偶然所進行的前後超過兩千年的討論中可以得知的情況一樣，前面這樣的說法適用於眞/非眞此一圖式，而那種將「無法界定」這項價值當作第三項價值，而導入到邏輯中的首次嘗試，也可在此找到其根源。在法律中，「倘若……則情況會是怎樣」這樣的算計，似乎也會撞上類似的難題（當然，這個時候，這個問題沒有辦法藉著援引科學而加以排除）。科學係以（可被矯正的）預測爲輔助手段，相對於此，法律則是以（不可被矯正的）決定爲輔助手段。這一點既不能被迴避，也不能透過轉移問題焦點而被輕鬆帶過。同樣值得懷疑的事情是，將這個時間結構表述爲法律的正當化問題，並且以爲這樣就彷彿可以將精靈囚禁在瓶子裡。相對於此，比較恰當的作法應該是，要將各種二元符碼化的人爲性，清楚呈現在眼前。世界並不是以這樣的方式被安排的——它不會因爲其創生之行爲、邏各斯，或者文本，就變成是這樣。在每個使用區分的觀察當中，世界總是退居到無法被觀察的事物裡。這樣的審視角度，至少具有一項優點：它允許人們能夠看清楚變異的脈絡，而在那些不採此種審視方式的情況中，這只會被認爲是具危害性的厄運在作祟。法律二元符碼化的人爲性，必定要在「倘若……則情況會是如何」這個模式中付出代價，亦即，它必須要在這種算計的形式中，被再引入到系統中。而這也是一種弔詭管理的形式：二值的符碼化，其實需要的不只是兩個值。

VI

我們已經說過，好的理由總是必須作爲某份文本的可能詮釋，而被提出，並且需要主張其具有無可置疑的法效力。所有的法律論證都必須證明其與現行有效法具有一致性，而且也只有在某份適合於此用途的（或者被塑造成適合於此用途、被妥善詮釋過的）文本基礎上，它們才能再使其理由的品質取得相關性，並且以涵攝邏輯的方式，呈現其結果。「唯有在完成了論證這個有意思的部分——它也確立了一項法律上的裁決——之後，才會發生演繹。」[114]倘若人們擬將此過程描述爲，法學家是從諸多概念出發進行演繹，則這樣的說法恐怕是對此一複雜過程之過於簡短的描述。

應該說，諸概念是在這種論證過程的進行中，才得以形成，尤其是：於各種略微不同的決定態勢而出現之多次反覆的過程中。文本並不是概念，而是客體（雖然說，當然可能存在著一種文本的概念）。諸概念是以下列方式，而在對文本進行處理的過程中得以形成：那些界定著概念的區分，本身獲得了精確化，也就是說，它們本身就被區分開來。在論證中發生的，正好就是這件事。在特定觀點下具有關鍵性的準則，會與那些不具關鍵性的準則區分開來；而那些不具關鍵性的準則，並不是所謂的「其他所有事情」，而是對問題的另一種理解、另一種詮釋、另一項決定規則，它會導致其他的法律後果。論證製造出了一個由理由與推論所構成的序列，而就如同各種序列一般，它也有助於諸區分之保存與再使用。[115]諸概念使得某種自由選擇的、對業已證明爲合用的區分之汲取，成爲可能，而人們在此同時卻又不需要回溯這些區分被研擬提出之時的構思序列；諸概念也能夠在其自身層次上組織起新的、茁生的諸區分。以這種方式，人們就可以提出種種結論，例如契約之撤銷與契約之解除，兩者是在各自的條件下才有可能，也具有不同的後果，又如占有與所有權、故意與過失、違法性與罪責必須區分開來，因爲唯有如此，才有可能使諸多條件與後果（各種「若……」與「則……」）以不同的方式扣連起來。

藉助概念，區分得以被儲存，並且維持在可供大量決定運用的狀態。換言之，概念凝聚了訊息，並且藉此而製造了在系統中所必須的冗餘性。[116]當有人爲打碎之花瓶，向法官訴請損害賠償時，倘若法官在法典中尋找「花瓶」這個字的話，他恐怕要徒勞無功。[117]法律系統是以對於諸多冗餘所進行之較高層級的組織，來處理事情，爲此，它也需要一種法律特有的概念性。在已經發展起來的法概念文化中，那些新的、有待陳述的文本，就不得不以明晰的概念爲其經緯，蓋非如此則不足以避免理解上之謬誤。這樣一來，法律語言也就越來越偏離日常語言。

據此，則概念實乃純粹歷史性的人造物，爲處理法律案件而需反覆採納歷史經驗時，所運用之輔助立足點。相應於此，以概念來進行的論證，就是歷史性的論證（即便其並未援引任何舊文本），而概念法學，就是歷史法學。概念所具有之強化冗餘的功能，正好就是建立在這一點上。相對於此，對概念所進行之分析，則會受到創新的刺激。它是產生於一項疑問，亦即，諸案件是否可藉由涵攝，而在通用概念意義下，妥適地被決定。[118]相較於大陸民法法系，在普通法當中，[119]這樣的事態可以很明顯地被認知到，但這樣的說法卻是同樣地適用於這兩種法秩序中。

正如同規則一般，下述說法亦適用於概念：在其重複使用之運轉過程中，概念之製造會跟隨著凝煉與確認這種雙重的途徑。概念必須基於可再鑑別性的目的，而具有可被指認之性質。它獲得了特定名稱：判決理由、傍論、權限授與、重罪、行政處分、直接責任、基本權之第三人效力——這樣的概念數以千計。同時，在其重複使用的過程中，概念的意義也會獲得充實——尤其是透過那些藉助概念而獲得表述之諸多規則，或者由於那些在適用概念之過程中產生的法律問題，而這些問題接著則會共同標明出此概念，並且以某種方式獲得解決。例如，就權限授與的概念而言，需要釐清的是，若未移轉某項權能，則該權能整體範圍之完全授與是否仍爲可能；是否，或者在何範圍內，將授與權限加以明訂，爲法律效力之獲得上所必須，以及人們如何能一般性地（！）對此種關於充分明確性的要求予以描述；是否被授與之權能，得再轉爲授與等等。這時候，此種規制性之決定就會成爲概念的構成要素；倘若人們不願將其視爲共同構成概念之要素，那麼他們就會以合目的的方式選則另一個用語，以及（只要有可能）另外一項概念。在這個意義下，可以說，在概念中，諸多經驗就被儲存起來，而且保持在可供讀取的狀態，即便概念本身並沒有表述出這些經驗（否則的話，就會由此衍生出新的文本），而是只在被給定的誘因出現時，才再度獲得更新。

諸概念被認爲是被各項可宣示的特徵所界定，並且也因此而以完全點狀的方式被掌握，這件事使得關於法學概念的討論多受蒙蔽。相應於此，諸概念的效力基礎也就被認爲是寓於其所處之「體系」脈絡中，或者是寓於那標明了體系統一性之原理中。這可能導致一種印象，彷彿概念是由其自身而獲得效力，而且在十九世紀時出現的一種想法，認爲法釋義學本身就是一項法源，則又使這種印象獲得強化。因而在法理論已經放棄了法源概念之後，諸多法律概念與法釋義學之間的關係，需要予以釐清。

當然，釋義學絕非「體系」——既非社會學意義下的系統，亦非在法學意義下，由一項原理出發所進行之建構。應該說，人們可以將其稱爲，在法律中，爲概念論證之必要性所提出的整體表述；或者說，它是作爲防止概念遭受持續的、最終乃至於無界線的法政策上「追問」，而形成的機制，也就是說，它爲那不斷追尋理由的論理，設下了攔阻規則。[120]可以想見，這種爲一致性所進行的努力，最後可能會歸結爲「非政治性實務運作的夢想」，並且「很容易陷入到對事態與利益狀態抱持法律上疏離態度，而形成之危險境地中」，[121]但這樣的說法並不能用來反對概念，只能說，它指出了排他性的概念取向，亦即，排他性的自我指涉取向，具有調和的需求。

概念，就其自身而言，尚非對決定所下之指示。它們是法律建構之基石，這些建構本身則需要深入探討諸多條件綱要，而條件綱要的實踐上相關性，則又會回溯作用到概念的輪廓上。爲概念（例如「侵權行爲」、「不當得利」等）所提出之表述，或許會清楚表達出不盡完善之處，並且引發一些行動上的要求；然而，進一步的事情，總是有賴於下列問題：哪些條件規制著概念之使用。在此範圍內，法釋義學並非僅堅守著其獨斷性。它不僅奠基在自身之上，也不是奠基在其歷史的合用性，或者對於批判的敏感性上。它也是藉著某種使用脈絡而被固守下來，這個使用脈絡，倘若缺少了概念上的確立，就很難被表述爲具有可重複使用性。因而，對概念所進行之批判，就要求人們要回溯到那有待規制的難題上，而這樣的批判也會將人們帶向對具功能上等同性的諸多建構的探問。

同時，這也會清楚顯示出，法概念並不直接，或者，尤其可以說，它不僅僅承擔「使邏輯推論成爲可能」這項功能。應該說，它們不過就是區分，而人們至遲在索緒爾的語言學以後就應該能夠提出這樣的論述。它們使差異獲得注意，並且藉著對「哪些事物可被視爲相似，並因而得以類推適用」這件事情提出限縮，而導引著法律論證。薩維尼的《論占有》（1803），[122]比之其他任何文獻，都可說對後來所稱之「概念法學」貢獻最著，它也是一本經典論文，其貢獻即在於，使所有權與占有之區分的意義與功能，獲得完善論述。在這種方式上，概念使那些作爲對法律之探問而得以成爲問題的事物，獲得了精確化，但卻又未因此而設置某種自動機制，使人們不需進行進一步思索即可邁向決定。這件事情與邏輯幾乎沒有什麼關係。一個在概念上精緻發展出來的網絡，會使得錯誤能被鑑別出來，但這裡所涉及的並非邏輯上的錯誤，而是對某項概念之已獲確立的意義之偏離。換言之，概念使得對錯誤之管控成爲可能，不過，它們所貢獻的，其實主要是一種超出了字義範圍之外、而對諸運作之成就條件所施加之限制。它們必須維持著相同的形式，也就是說，必須與自身以及與那些被它們所標明出來的區分，共同以一致的方式被使用（就如同語言中之詞語一樣）。它們爲系統的冗餘，構成了一個第二性的、可在後設文本層次上供使用的穩定性網絡。一旦它們發展完備，一旦法律文本利用了概念語言，那麼，在法律中，不以概念來進行論證的作法，幾乎就是不可能的。人們可以引進新的區分、可使概念更精緻化、或者將其解構，或者可以尋找新的上位概念——這可以「類婚姻的生活共同體」爲例。然而，對概念進行反抗，就如同各種試圖僅以價值判斷或利益判斷爲依歸的作法一樣，均毫無意義。

VII

或許，在現代社會法律實證化的進程中，法律在概念上的固定化所帶來的利益，被過度渲染了，就如同對抗外在影響的免疫反應一樣。或許，系統的決定問題，會使得人們察覺到對於更多變異性的需求。無論如何，在一九〇〇年左右的時代中，一門新的法理論登上了舞台，它伴隨著熱情，並且受到一股活潑的智識上運動所驅策，此一運動走向較強調實用主義，而忽略概念明確性，較強調目的合用性，而忽略規則。在德國，這種走向宣稱以耶林學說爲基礎，而表現爲「利益法學」。[123]在美國，此種學說馬上就被複製，[124]並且與社會工程學、社會政策、工具主義，以及後來的「法唯實論」，相互結合。[125]法律之功能

（法律之「目的」）被導向利益保障——可想而知，這指的是合法利益之保障——也就是說，被導向了一種套套邏輯的公式。[126]伴隨著對於美國法官法的指涉，法效力被看待爲某種對法律之自我預測，這種自我預測使那些有經驗的參與者有可能預見到，哪些利益可以被引進到法律之動態性中、被引進到哪裡、以及如何引進。我們很容易看出，這裡所關心的不過就是充分的冗餘性。在德國，鑑於民法法典化業已完成，所涉及之問題則是一種關於民法釋義學的新版本，這種釋義學面對著具有頗大自由空間的詮釋學說，很快就找到一項誘因去強調釋義學須受制定法拘束。

隨著這項運動，出現了一些新的區分，而且，就前此那種具主導地位的法理論而言，也出現了依照此運動而進行調適的觀點。在德國，它被貼上「概念法學」的標籤；正如今天人們所知[127]：這其實已經對論戰型的論述進行了大幅的簡化。[128]在美國，這項運動同樣也對抗著分析式的建構主義，但同時它也附帶著強烈的「社會」意涵，以對抗社會達爾文主義，並且對抗那種認爲法律之功能係在於保障最大可能個人自由的論題。[129]重要的事情是，在面對概念法學與利益法學的此種簡化的對立時，要隨時考慮到關於自由的論爭：因爲這個時候，人們才會看到，這種理論的轉換，只不過是將法律之外部決定性公式，由其中一項替換爲另外一項，也就是以利益來取代自由。

利益這個概念是在理論爭議的形式中被引入，而在今天，即便理論史是以較爲和緩的形式被寫就，卻仍然掩蓋了一項重要的事態。一切事情當然都不可能單純取決於利益，尤其當人們一再強調，法律並沒有創造利益，只不過對利益給予承認的時候。[130]這時候的問題就是，法律將哪些利益視爲值得保障，以及法律如何對各種可能的利益衝突做出決定。然而，倘若人們想要知道這些事情，他們就必須對法律本身進行觀察（唯實論者可能會說：要預見到法官的態度），而不**是對利益進行觀察**。人們必須要查明爲此所需的諸多冗餘性。他們或許不願意承認這點，然而與此對應的是，那些規避的遁詞公式，其結果也都是模糊不清的。一位法官如此提出他的想法：「如果你要問，他（即法官）如何知道某項利益的比重超過另一項，我只能回答道，他必須以與立法者相同的方式取得此種知識，簡而言之，就是從生活本身取得」。[131]我們早已看到，對後果進行展望，雖然會使此一問題更具複雜性，但原則上也同樣無法解決問題。利益公式使得法律實務，向著那些由環境所形成的先在條件而傾斜，依照此種看法，最佳的法律，應該是在於要使利益獲得最大可能性的實現。這樣的法律就不具備固有值。[132]然而這樣一來，當人們不願意將援引法官生活經驗這種模糊的作法（誰願意聽任這種經驗的擺布！），拿來當作有效標準時，法律究竟要將什麼東西當作利益的對立概念、當作形式的另一面，而使兩者相互對置，則並不清楚。

人們當然可以說：公共利益、共同福祉、「公共財」的整體性，其實也都是一種利益。但這樣一來，還有什麼東西不能算做利益？最終，連法律本身都成了利益。我們可以再次引用卡多佐：「最根本的社會利益的其中一項是，法律應該具有一體性與中立性。」[133]這個時候，在其環境中，法律就使其自身反映為環境的利益。它觀察著，它是如何被利益關係者所觀察。然後，它必須使自己能夠為某項利益權衡所使用。但在這裡，法官的常識與生活經驗，要如何發揮輔助作用？此外，它如何能夠以下述方式發揮輔助作用：使環境之利益，能夠在法律上獲得考量，並且使其他諸多利益也能獲得妥適對待？其結果則是，法釋義學上的嚴格性，以及概念上的可控制性，在相當大的程度上被犧牲掉了，因為對法律實務之彈性與回應性的要求，不斷增加。艾瑟曾經就最高司法機關裁判實務提出這樣的考察：「那種並未耗費太多釋義學上功夫，而僅利用關於妥適的責任與義務要求、並具有純粹情境性、標記性的討論，來作為論理基礎的裁判，在數量上不斷地增加。」[134]或者也可看看同一作者在另一個脈絡下的見解：「顯然，人們無法在對價值觀進行字面探討的階段上，找到出路。」[135]

藉助系統論的工具，要對上面揭露的問題進行重構，並不困難。在一個非常一般性的意義上，人們可以對形式性與實質性的論證進行區分。[136]形式論證係以對於系統之指涉爲其終點，也就是指涉著文本，或者也可說指涉著形式性的規定（例如公證人的文書認證），這些東西的用意在於防止向實質事物論證偏移。相對於此，實質論證則將那些也能夠在系統外部獲得承認的（如同在系統內所認爲的那樣）權衡，納入考量。[137]因而，藉著**形式**論證，系統實踐著**自我指涉**，藉著**實質**論證，系統則實踐著**異己指涉**。最終，形式論證在其所有階層上，都是受到下述事情之必然性所左右：要做成決定，並且防止深入到世界事態之完全複雜性中。實質論證則防止系統在這個方式上將自己孤立起來。倘若人們在二階觀察者的角度上，對此一區分進行觀察，他們就會看到，確實存在著一些可用來支持形式論證的實質理由，但這些理由並不會在論理當中獲得採納；另外，即便是實質的論證，也有若干攔阻規則可供使用，並且會回過頭來訴諸直接的可理解性與說服力，也就是訴諸那些在下一個時刻隨即又可能遭到質疑的條件。

藉助這個區分，我們可以將對於概念的指涉，稱爲形式的論證；相對於此，將對於利益的指涉，稱爲實質的論證。概念乃是藉著處理諸多法律案件而累積儲存的經驗，不過這些經驗不再被視爲經驗，也不會再被批判地討論。與此相對，利益指涉的則是諸多催化著環境相關項之自我組織的要素。很明顯地，即便有這種雙重的指涉，論證仍然是作爲系統內部的運作——無論它是一種形式的或概念性的觀察，或者是一種實質的或具有利益指涉的觀察。因而，在法律系統中，爲了其運作之緣故，利益必須被處理過，以及被鋪陳過，以便使其能夠爲具有論理基礎之決定，提供可能性條件——即使在衝突情況（而且正好就是在這種情況）中，亦係如此。那些以其他形式就利益進行溝通者——例如將其當作單純之願望或偏好——無法使其自身作爲法律系統之參與者，而被鑑別出來。在法律系統的觀點下，各種利益在其自然狀態中，都是等值的，這也就是說，系統使得那些被其感知爲關於利益之訊息的事物，都均質化了，而它自己則是以做決定爲導向，並且只對下列問題感興趣：在這裡是否涉及到值得保障的利益，以及，在衝突情況中，哪些利益必須被犧牲。而這件事情——也唯有這件事情——必須以論證方式來展現。

藉著利益這個概念，系統爲其諸多內在的目的建構了一種異己指涉。這個概念指向某種必須被預設作爲環境事物，但卻是以攫取之簡潔性的方式被預設，這種簡潔性符應著系統內部的訊息處理可能性。利益之統一性總是可以被進一步分解（例如爲了治療的目的），它一直是作爲一種系統內部的建構物。[138]這項見解也適用於反身式的說法，也就是適用於下列情況：法律建構出了一種環境對於法律所具有之利益，亦即那種對於司法途徑之可靠性、制式性、可預測性、中立性等所具有之利益。

人們也同樣可以以系統諸運作之自我指涉作爲出發點。自我指涉是在諸多法律概念的形式中獲得表述，這些法律概念對那些在系統內具有銜接能力的建構提出了限制，並且也可以與效力象徵之流通相互扣連。這並不意味著，人們總是藉著對概念之指涉，而進行循環式的論證。[139]雖然這些概念最終是以套套邏輯，以及系統諸運作之一般遞迴性作爲基礎，但概念正好就對套套邏輯進行了開展，將套套邏輯分解爲諸多可區分開來的指認，人們需要指涉著這些指認，以便對法律問題進行區分。

如果說每個在系統中被使用的概念都是法律概念，而且它們都是在滿足使自我指涉去套套邏輯化的功能，那麼很清楚的一件事情就是，對法律系統而言，利益概念也是一項法律概念，它會迫使系統對具法律正當性與不具法律正當性的利益做出區分。當系統有充足的觀察形式（區分）可資運用時，它就可以從環境的角度來觀察自己，也可以從自己的角度觀察環境。它可以以其中一種或者另一種指涉作爲基礎。雖然它不能將這兩種可能性化約爲一種（也就是所謂的「客觀的」可能性），但卻可以在二者間擺盪，[140]以便從兩者當中的另外一方獲取限制性的觀點，這些限制性的觀點則能夠導向具有論理基礎的決定。

概念法學/利益法學之論爭，其實與更早的理性論（笛卡兒類型）和經驗論（培根類型）間的知識論上論爭，有一些類似之處。在這裡，人們不太願意放棄「論爭」，他們費了不少力氣才得出一結論，承認此一區分的兩面均乃科學系統之事實上運作所必需。同樣的情況也適用於法律系統。

早在耶林理論中就已經明確顯示出，對於利益保障之強調，絕對不能被理解爲一種推薦無概念式司法獨斷的見解。對於「概念法學」的批判，更多地是針對其體系思想，而較少針對概念本身作爲運用工具這件事。在這個角度下，人們將焦點從體系演繹轉換到法學技術上——這裡同時有貶抑與承認的意味在。[141]眾所周知——或者至少在過去如此——單從利益態勢中並不能推衍出決定。[142]然而在論爭中沒有被突顯出來的，是區分之意義。最終，這裡涉及到的是對諸區分所進行之區分。相較於諸利益，諸概念是以不同的方式被區分；但在這兩種情況中，區分都是在系統內部的層面上被提出，而且也只對法律系統諸運作的本身具有意義。概念是以使「對法律之探問」精緻化，並且對類比論證進行限縮爲目標。相對於此，在關於利益的情況中，則首先要處理關於法律上被偏好與法律上被壓抑的利益的區分。這項區分的貢獻在於，它也能夠將被壓抑的利益儲存到系統的記憶中，乃至於人們在需要時可以審查，新的事物態勢是否還能繼續用來證立這樣的壓抑。[143]借用巴羅爾的概念，則可以說這裡涉及諸利益的「潛在化」。[144]這爲整體決定賦予了一項最終弔詭的意義。在其中一個層面上，就利益衝突做出了決定，在另一個層面上，被壓抑的利益卻因可能取得優勢而被憶起，並且這種回憶也正好就是藉由其被壓抑的狀態而產生，藉此方式，利益衝突則又被視爲是未決的。即便（而且正因爲如此）利益法學將立法者的決定，理解爲贊成或反對某些利益之決定，此一學說也藉著利益公式，爲自己保留了在新的、未被立法者設想到的事物配置狀態中，做出新評價的可能性。在此範圍內，利益法學又與那種嚴格目的論式的法律解釋學有所區分，後者只追問立法者之目的，以便接著在衝突情況中尋求這些目的的實現。此種保留做出新評價可能性的作法卻預設了，法律系統首先要將利益想像爲某種從其自身出發而具有促動性的偏好，這些偏好一直要到法律評價中，才會被區分爲具有優勢的或者被壓抑的。

特別是在釋義學或方法層次上，基於上述思考可以得出一結論，亦即人們必須要放棄將「利益衡量」這個公式當作法律原則。[145]人們或許可以套用一句拉丁文俗諺：「在這樣的用語中，所有規則都變得模糊」（in hac verbi copula stupet omnis regula）。在方法上，此一公式無論如何都是失敗的，因爲在其中，對具操作性之指示的期待，並未獲得兌現。在實務上，它也只能被用來當作韋伯所說的卡地裁判這種東西的開端而已。[146]在憲法上，即便它並非違憲，其性質亦甚有疑問。因爲，從基本法第一條至第三條的價值觀當中可以推知，法官必須將諸多利益視爲具有相同位階，只要法律自身（而這正好就不是法官自己！）並未就諸多衝突情況做出不同的評價。以另一種方式來說，「利益衡量」此一公式並非現行有效之法。它指涉著對於事物狀態之掌握的問題，[147]然而卻非指涉著決定之法律上論理的問題。換言之，它完全是位於系統之異己指涉的領域，而正好沒有提供每個決定必定會要求的東西：異己指涉與自我指涉的中介。由利益法學向價值法學，[148]以及由利益衡量向法益衡量之過渡，至少在下述範圍內有將此種批判納入考量：不能從利益中汲取價值觀，而應該要說，價值觀必須由法官基於法律規定本身而予以查明。[149]或者人們應該說：原本必須以此種方式查明之；因爲在碰到價值衝突情況而需要查明法律之價值觀的時候，每個研究決定的理論家都馬上會清楚看到，法律實務完全可說已經負擔過重，並且又會再度仰賴於以利益爲導向的這種作法。另一方面，人們也會發現到對於一些無法被檢證的價值觀所爲之形式性的字面運用，也就是說，這裡出現了一種不具有進一步論理基礎的、對嚇阻概念的操弄（例如「社會損害性」），以及過於急切地與體系論證切割開來，尤其是與那些可供法釋義學使用的，爲使法釋義學能夠適應於新型態案件決定中所追求之結果，而提出努力嘗試、架構等等。而在通常情況下，「實質的」合理性也會指涉著可被全社會接受的諸多價值觀，而被定義。[150]在決定論理中的修辭學要素，逐漸增加。人們會試著去討人喜歡，而這也符合於政治當中的「民主」風格。

至於在異己指涉的（工具性的、實質的、指涉著利益的）法律實務具優先地位的走向中，或者在自我指涉的（形式的、分析的、概念的）法律實務具優先地位的走向中，是否存在著歷史性的非平衡狀態，這一點必須留待進一步的研究來予以探討。[151]無論如何，沒有任何系統可以在異己/自我這個形式中，完全將另一面拋諸腦後；因爲若是這樣，那麼形式本身就會被揚棄。當人們使論證的可能活動空間，追溯到自我指涉（＝形式的）與異己指涉（＝實質的）這組區分時，他們就會清楚發現到，對於自我指涉的「自然」（自然法的？）偏好，並不存在。關於conservatio sui（自我持存）的古老學說，在其所處的時代中，具有對抗亞里斯多德理論傳統下的自然學說的取向，而就系統論而言，它是被安放在自我生產的概念中（這個概念所標明的，並不是系統之偏好，而是系統之存在）。這件事情給與了在自我指涉/異己指涉當中看出系統的一項持續性問題的自由，此項問題允許做出不同的比重分配。關鍵乃是在於區分。這時候，人們就可以指涉著法律系統（或者其他系統）的特定歷史態勢而探討，是否可以期待趨勢之轉移——如同韋伯所預言的，從形式合理性向實質合理性的轉移，或者正好相反的走向：在今日，經常會有人主張要返回到具有更強烈形式性的、以法與正義（平等/不平等）爲取向的決定判準上。[152]

異己指涉與自我指涉的關係——人們可以在個人意識這個眾所周知的檢測模式上，解讀出這件事——並是那些高度發展的、在意義這個媒介中運作的諸系統所面臨的基本問題。它與變異和冗餘之間的關係，並非同一。然而即便如此，人們可以推測，相較於某種到最後會變成空轉的概念上區辨技巧，經由利益這種異己指涉——系統甚至可以藉之使自己「異己化」，也就是化約到利益上——就能夠將更多的變異導入到系統中。倘若這樣的說法切合實際，而且在全社會、或者宗教、或者政治層面上已然先存的、在可溝通性上的限縮走向，並沒有帶來其他的轉向的話，那麼人們就能夠毫無困難地理解到，利益語意的出現，象徵著對於某種具更高變異性的秩序的需求——在經濟理論中，很早就出現這樣的情況，在政治理論中則是十七世紀以降，以及在十八世紀的美學；而在法理論中，這個情況卻甚晚出現，也就是一直要到法律的全盤實證化開始發揮擴散效應的時候才出現。

IX

倘若人們將詮釋、論證與論理看做是法律系統的一項運作，那麼邏輯推論也會被放到這個概念底下。邏輯推論是因爲一種特殊的穩定性而顯得突出，或者更精確一點說：因爲邏輯上必然性/邏輯上謬誤此一形式。在這裡，運作的邏輯是以這樣的方式來進行操控：在各個情況中，對區分的其中一面或者另外一面做出明確分派，都是具有可能性的。但對此卻又必須具備一些可資運用的前提，而這使得「能用邏輯來論理（奠基）」這件事情遭到阻礙。從哥德爾以降，這件事情即已在邏輯的研究上顯示了出來。然而倘若人們就此推論出（推論！）某種針對邏輯推論而提出之批判，或者甚至推論出演繹不具有法學相關性的話，則這樣的見解又是不妥的。不過，人們必須以另一種方式來論述邏輯所具有之任務。

在系統論的脈絡中，並且更細緻一點說：在對冗餘進行組織的脈絡中，邏輯具有一項特殊功能。以反面的方式來表述，則關鍵性的一點是，它（在其形式的另外一面上）使得謬誤的**證實**成爲可能。它對謬誤具有敏感性，並且也使謬誤被察覺到。因而，對一項法律論證所進行之邏輯上重構，其實是一種駁斥的技巧、一種對論理進行重新調度的技巧，其主要在於爲另一種決定營造有利條件。除此之外，邏輯還有一項正面的功能。它和那些關於決定結果的預言相似，均有助於對諸多激擾進行疏通。倘若——無論基於何種原因——規範性的期望受到了干擾，並且遭到質疑，則邏輯就可以展示出，在變更規範性期望的情況中，還有哪些事情也必須跟著變更。的確，正如同人們所熟知的那樣，將認知性的期望轉化為規範性的期望這種事情，在邏輯上並不具有強制性。人們無法從事實推論出規範。然而當規範因為事實而獲得充足的刺激的時候，人們就能夠藉助邏輯而認識到，規範的變更，或者「推翻成規」等等，在系統中可能會引發什麼後果。邏輯提供了導引網絡以供運用，這個網絡經常會導向那些直覺上清楚可見的事物之外，並且正好藉著此種方式，為反對基於某一具體案例之緣故而進行規範變更，提供論證。

這件事情同樣也有另一面。因為人們也可以藉助邏輯而看清哪些事情未被涉及。將經濟狀況良好的婦女對丈夫所具有之鎖鑰權*，予以擴張，或許會造成婚姻法上的後果。但對於買賣法也會造成某些後果嗎？換句話說，邏輯可以提升系統應付那些因變更而造成之完全無法概觀的遙遠作用的能力。藉此方式，它使得變更的引入，更為容易。它使得系統成為具有艾許比理論意義下的「超穩定性」。[153]

隨著由「邏各斯中心主義」證明方法所構成的古典式想像，那種以為能將合理論證投射到系統統一性，也就是能夠為「正當法」提出擔保的想法，也就跟著一起崩潰了。在其對案件與文本的依賴性上，論證最多能達到「場合的」合理性。同樣，政治的合理性也一向只是策略上的合理性。同樣，經濟上的合理性則受到資產負債表或者預算的拘束，它們極端地限縮了可以達成的事物以及有意義的訊息耗費的範圍。即便論證已具有極高的敏銳度，它也不能擔保總是有某種特定的問題解決方案，可被視為明顯的最佳方案而通過試煉，並且因而導向一項唯一正確的決定。在法院諮議的實務運作中，正好就經常顯示出，各種不同的決定可以在近乎相等的程度上，獲得良好的論理基礎。這時候，人們就處在一種未能透過論證而被明確決定的處境；應該說，這樣的處境允許採取某種「差強人意的行為」的若干變異——這裡我們使用了西蒙的術語。[154]決定可以，甚至必須經由第二階層的判準（或者在不具統一判準的情況下，作爲多數決議）而被尋得。換言之：即便在合宜地被挑選出來的判準基礎上，系統也無法在整體或在細節上，爲某種合理的固有狀態提供保證——這種情況正好就出現在對盡可能良好的、深入洞察的、專業的論證提出了高度要求的情況中。忽略了這一點的言說理論（例如哈伯瑪斯的理論），既無法妥適看待法學說服工具所具有之高度發展的特質，該理論亦無法達到其自己設定的目標。它無法將那種因爲論證而引發的訊息需求再度引入到系統中，而是認爲必須要使用一項合法性擬制來進行探討，亦即認爲只要遵守特定的程序條件，理性最終就會取得勝利。

針對那種關於運作上可達到的、可累積的合理性的假設，我們抱持保留態度，這樣的態度與演化論的下述命題是相互協調的：複雜性並非演化的自然目標或理性目標，而是一種伴隨著演化而出現的附帶產物。[155]因而，論證也就與那種對複雜性這項資源的工具性徹底利用不具關聯，而是與下述問題具有關聯：在演化上不斷增長的複雜性中，系統如何仍能一直正常運轉，而這意思則是：在與環境之間所存在的具有繼續進行能力的關係中，一直維持著以具有運作上封閉性的方式來進行再生產。

---

* 譯註：鎖鑰權是一種以鑰匙爲象徵的行爲權力。其典故出自《聖經．馬太福音》第十六章第十九節：「我要給你天國的鑰匙，你在地上所禁止的，在天上也要禁止；你在地上所准許的，在天上也要准許」。根據中世紀的法律，妻子在婚姻關係中，爲家庭生活之所需而爲之事務處理，其效力及於配偶。現代的法律則承認夫妻雙方都有這樣的權力（參照我國民法第一〇〇三條第一項：「夫妻於日常家務，互爲代理人」；以及德國民法第一三五七條之規定）。參見Gerhard Köbler, Lexikon der europäischen Rechtsgeschichte, Müchen: C. H. Beck, 1997, S. 524。

X

最後，我們再度回過頭來探討一項已經多次提及的觀點。我們曾經提過：論證總是在二階觀察的脈絡中去理解自己。此處涉及到的一向是，要構思出一項論證——這麼做是爲了其他的觀察者。當法律系統是面向著（無論在實務運作上是如何簡短的）論證動作而被建置的時候，它同時也藉著這種方式，展現了一些對諸功能系統而言具有一般典型性的特徵。[156]經濟系統會使其諸運作以價格爲導向，因爲這樣的作法給出了一項可能性，以便能夠觀察到，觀察者是如何觀察市場的。政治系統使其諸運作以公共輿論爲導向，以便能夠在映照著公共輿論的狀態下，去觀察其諸多行動在其他觀察者眼中產生的共振。藝術家藉著選擇某種能對作品發生界定作用的形式，而建置藝術作品，以便使觀察者能夠觀察到，他是如何觀察這件作品的。教育家則總是被假定爲具有教育之意圖，蓋若非如此，人們即無法以具系統明確性的方式來觀察，他是如何觀察其門生的；反過來說，門生則會被想像爲孩童，這樣一來才能夠設想出一項媒介，而在此媒介中才能去觀察，教育家如何選擇那些其欲以之爲取向的形式。我們還可以舉出更多事例。這樣一來，下述現象或許也就並非偶然：十八世紀時，功能系統的多數狀態所具有之顯赫意義，不斷地增長著，相對於此，互動理論（例如採用對話規定的形式）也平行地被調整爲一種對觀察者所進行的觀察。

倘若這個將核心運作推移到二階層次上的作法，以上述方式而與諸功能系統的分出相互關聯在一起，那麼人們可能會推測，從全社會理論的角度來看，這件事情屬於現代的結構特徵。[157]這時候，個別功能系統的特殊性就會退居幕後。「這件事是**如何**達成的？」這項問題，在各個不同系統會給出不一樣的（但可參照的）答案。與此相對，「在某一種以及其他情況中，這件事情已經獲致成就（或者至少還在追求中）」**這項命題**，則似乎屬於系統分出之條件。因而，在法律系統中，必須進行論證；因爲在分出的條件下，系統必須尋找對其自身之支點（而不是對世界之支點），這件事則會要求要在二階觀察的層次上，具有遞迴的閉合狀態。

上述認知導致人們追問，相應諸系統的反身理論是以何種方式來描述這樣的事態。或者更精確一點地說：它們要如何確知，它們是有意義地在進行觀察，即便只是對它們自己的觀察進行觀察？這種就自我描述與自我意義賦予所進行之協調，需要以某些不會再遭受質疑的強調重點爲前提；也就是說：要有「未被違反的層次」（侯世達）的確立。基於這個緣故，經濟領域（或者說經濟理論，倘若它引用的是海耶克的見解）使受市場制約的價格，與訊息處理的合理性相互關聯在一起；政治領域則將公共輿論與民主關聯在一起；教育系統則將教育的意圖與良善意圖關聯在一起。同樣，法律系統的論證文化，在其對自身提出的自我描述中，也是以這種終結規則作爲基礎。這些終結規則具有非對稱性的形式，對這些非對稱性，我們無法再進一步提出質問。這裡涉及的是「某項規範之適用」，而在這當中，只要有必要提出論證，則我們也可以說，此處涉及的是「對某個文本的解釋」。也就是說，這裡涉及了非常專門的區分。當人們對實際的運轉方式進行仔細觀察時，就會發現到某種循環。規範根本就是藉由其適用，才被製造出來，或者至少可以說，它是在這個時候才負載了意義。而解釋則是先確定了，要去解釋的是什麼東西，藉此方式，它執行著一種詮釋學的循環；它也在這時候將那有待詮釋的東西擺在適當的位置，乃至於可以爲「爲何有必要提出解釋」這件事情提供論理基礎。

到這裡爲止，我們都還是處在現代方法學討論的通常範圍內。但倘若所有這些事情——在這裡出現循環、在那裡也出現循環——只是爲了使二階觀察成爲可能而被採用，那麼情況又是怎樣？倘若這項推測能獲得證實，那麼這裡最終所涉及到的，或許就可以說是要爲觀察關係的組織化而製造出規範文本。這時候，人們似乎就要處理「抽離於時間」的諸文本，這些文本雖然完全無法保證所有的觀察者會採取某種相同思考下的觀察方式，但它們仍然能夠爲特定明確形式（區分）的採用，提出充分的先在準則，並藉此排除恣意性（也就是崩解、熵）。這樣的規範文本，就好比複雜的電腦程式，雖然可能不再允許人們去清楚地深入認識那些具體運轉的諸運作，它們或許也不再能保障各個觀察結果會採取任何一致的想法；但是它們能在一定範圍內被具體指明，以至於當存在著某項理由，使人們需要將文本本身的變更也納入考量中的時候，他們也能夠認知到這樣的情況。這些文本也許可使系統在不對其諸運作進行全面控制的情況下，仍有可能對相關的激擾做出反應。

倘若上述思考能夠正確地在我們心裡獲得迴響，那麼我們就能發現到，過去幾年中關於方法論的討論，其實早已在尋求類似的途徑。這樣的說法，可適用於早期針對司法機關基於合憲性角度對制定法進行之審查，所提出之思考——這樣的審查方式，是藉由解釋而迴避掉採取立法途徑這種較爲困難的途徑，來進行廢止或重新修正；[158]這樣的說法也適用於那些與穆勒之結構化法學相互扣連的諸多論述；[159]它尤其適用於拉度爾發展出來的，以多元脈絡的、相對主義的、特定言說與特定組織的想像，來處理法律的理論。[160]倘若人們想要再進一步延伸到社會學當中，則可以思考一下紀登斯的「結構化」概念，或者，若他們想要延伸到哲學當中，則可以思考一下維根斯坦的語言遊戲概念（不過，語言遊戲在此須被理解爲「爲觀察者設置觀察者」）。我們並不缺乏各式各樣的傾向指引。然而關鍵點應該在於：相較於單純在古典的規範正典、文本正典與方法正典上看出解消的現象，我們應該要看出更多事情。或許我們可以看到一種新的秩序形式正在生成，此一形式完全被推移到二階觀察的層次上，並且是從那裡開始來界定，哪些事情對它而言具有銜接價值，並因而被視爲現實。

不過對此仍應補充一點，那就是，法學家的專業，高估了詮釋/論證所具有之重要性，而這或許正是因爲它使系統遷移到了二階觀察的層次上。人們必須要重新考慮到，在這裡涉及的是一個二元符碼化的系統，而關於效力／非效力的決定才是最終具有指標意義的運作。一方面，法學專業能力的重大貢獻，即在於由文本生產出文本，也就是在於詮釋與論證；而當所處理的事情，是要對事實或證據問題等等進行確認時，同樣的說法在此範圍內也能成立。另一方面，當法學家在兩面上都進行了論證以後，他們在其所處理的程序中其實也已經輸掉了一半。正如同在疾病治療的系統中，總是有一些病患會死亡，另一些則會經過治療而存活，而該項專業的風險即蘊含於此；同樣地，法學家也必須要與一項事實共存，那就是，無論其論證經過了如何通盤的思考，都仍然無法為具最終決定性的決定，進行界定。因而，在此項專業的發展態勢中，人們偶爾能觀察到某種對理念與論證工具所採取之反諷式的保留態度，而這同時伴隨著對於那最終承載著決定的事物（例如法院之慣例與傳統），所給予之關注。所謂最終的理由，其實一向不過是倒數第二個最終理由。

第九章　政治與法律

I

一般而言，系統論者的出發點是，人們必須在法律系統與政治系統間做出區分。[1]這裡涉及的是全社會系統中的不同次系統。唯有當人們接受了自我再製的概念，並且堅持所有社會系統的自主性與歷史個體性時，這個命題才得以成立。不過，其他大多數的社會學者，卻基於政治與法律之間各種緊密而明顯的關聯，而對這一點提出爭執。

一門關於自我再製的、運作上封閉的法律系統的理論會去預設，這個系統會將自己與全社會的所有其他功能系統區分開來；這樣一來，對這個系統進行觀察的外部觀察者，若想要進行符合實際事物的觀察與描述，就必然會遭遇到這個在系統中被製造出來的差別。這樣的構思，雖然大致上很容易理解，但是卻會在一個討論角度下為我們帶來困難，那就是在政治與法律的關係中。在這裡，那個流傳已久、從近代早期就已經獲得確立的傳統，會促使我們將政治與法律視為一個統一的系統。這種看法的最主要源頭，同時表現在關於國家的政治性概念與法律性概念上。[2]自從蘇亞雷、霍布斯與普芬朵夫以降，這種觀點其實也表現在已經獲得確立的自然法理論中。但另一方面，我們早在討論法律的功能的章節中，已經觸及一項論點，那就是，政治與法律的功能，及其獲得貫徹的模式，必須被區分開來。

使歐洲的發展情況，得以在全世界嶄露頭角的一項特殊之處就在於，在羅馬帝國發展成形的民法，以及從自然法角度為民法的基礎所提出的論述，構成了社會共同生活的法律上前提要件，而且，這一點獲得了特別的強調。在中世紀的時候，這樣的態勢，使得一種關於政治與法律具有一體性的想像，遭到排除。倘若欠缺這個基礎，那麼，以教皇爲首而組織起來的教會，爲對抗具有發展爲神權政體傾向的帝國所發動的革命，就不會發生，而且「立憲國家」概念所具有之憲法上拘束力，也不會被發明出來。[3]當現代國家才剛開始在政治上逐漸獲得強化的時候，法律可說早已存在在那兒，而且它部分地表現爲可在地方上查明的習慣，也部分地表現爲一種形式上發展完備的、分化爲許多法律制度的、以書面形式固定下來的，並且可被教導也可被學習的法律。當時已經出現封建法與城市法、王室法，而到了中世紀盛期以後，則以教會法與世俗民法的區隔，最爲重要，這種區隔也表現在相應於此而分化的裁判權當中。就法學而言，十六世紀時尚未出現「公法」，也沒有一個統一的、能夠反映當時正在追求的領土權力統一性的法概念（支配權、治權、裁判權等）。但無論如何，人們無法把最高法權與治權予以分離，而進行思考，因爲在那個時代，若是這麼做了，那麼這在具體思考上所意味的，就是一個存在於法外空間的治權，以及一個不具備執行能力的裁判權。在相當不尋常的程度上，法律滲透到了諸多具社會相關性的問題之中，而這個現象同時也削弱了這項區分所具有的意義。同樣，「權能」這個概念，在相當程度上雖然彌補了這個縫隙，但卻沒能在細節上滲透到各個法律工具當中；同樣的說法也適用於新出現的、關於「主權」的理解。

在這個地方，歐洲各個區域之間彼此有所差別的各個法秩序，就已經在下面這一點上，產生了區別：法律的發展，是否主要銜接著法院的實務運作、或者更傾向於與大學的教學相銜接，或者更傾向於與那些提供給立法者的法律諮詢意見相銜接，也就是說，是否更著重於法官法、或者更著重於學者法，抑或更著重於那種採用了制定法形式，而被法典化的法。這樣的區別，在後來的時代中更爲明顯。對於這些選擇而言，在同時期的政治演化中，也許或多或少存在著某些直接的原因；但是法律自身固有的動態性，以及法律問題態勢的專門性，排除了那種將政治上的秩序想像直接拷貝到法律當中的想法。[4]當然，政治會影響到個別的決定，但是就結構而言，政治主要是在對特定角色類型的偏好上，產生影響，而法律系統則是藉著這些角色類型，來對自身提供刺激。

鑑於快速增長的複雜性，以及與此相連的法律不安定性，近代早期的領土國家起先將自己的任務界定爲，要在它的領土上把現行有效的法律，連同爲法律救濟而設之組織，予以統一；要將法律置放在一種集中性的管控之下，以便讓固有的國家統一性穩固確立。[5]領土國家對於主權的理解方式（有別於中世紀時對主權理解的方式），以及其在政治上所獲得之確立，就表現在這裡。主權或者高權「權能」的概念，掩蓋了一件事，那就是，在這裡有兩種不同的關於（政治性）權力的概念在交互作用著，其中一種是觀念是，國家能爲其指令贏得服從的**一般化的**能力；另一種觀念則是關於法律權力的，這種法律權力在下面這件事情上能夠被人們所認知：權力是在法律的形式中，也就是在一種早已**專門化的**形式中，獲得呈現並獲得貫徹。統治權的這兩個面向的結合是必要的，這主要是因爲，當時的地方治理，是以裁判權爲唯一的表現形式。也因此，自十六世紀後半葉以降，主權的實際意義主要是表現於：在政治上對裁判權施以集中化的管控，取消地主的、教會的，或者團體的，也就是建立在各該固有法律基礎上的裁判權；這種集中管控意味著要在運用印刷出版的條件下，對區域性的特別法律進行記載與統一；它意味著，要繼受羅馬民法的語言及其在概念上獲致的成果——即便不是作爲現行有效的法律，也要作爲法律學術的基礎；它還意味著立法活動的日益增加。[6]借用諾伊曼提出的一項幸運地流傳下來的表述方式，則人們可以說這裡形成了「政治性的制定法概念」，[7]並且還可以在其中看到一種存在於政治理性與法律效力之間的傳導構想。因而，在理論層面上，最晚自十六世紀後半葉以降，人們就開始追隨波丹、蘇亞雷、普芬朵夫等人所提出的，關於政治與法律在自然法上具統一性的想像。[8]這種想像是建立在下述想法的基礎上：唯有藉著這種想像，個體才能被建構爲權利主體，並且作爲權利主體，而成爲那建立在分工與契約之基礎上的經濟領域得以形成之前提條件。霍布斯為此提供了最為犀利的表述。起先，個體不過是一種形體，他們有可能殺害別人，也有可能被殺害，而且由於他們具備理性，因此他們會基於算計而搶先一步去做這件事。但是，藉著對主權者進行「授權」，而使其可以恣意地創設法律，他們卻成了第二本性、也就是人為本性意義下的個體。唯有藉著此種方式，權利與義務的對應關係，才能獲得建立。也因此，個體之所以具有公民的個體性，應歸功於法律與政治的統一性，而這種統一性也藉著上述方式，與個體的個體性存在緊密結合，無法切割。十八與十九世紀的大規模法典化運動，以及最後，那種認為國家的功能在於依法律規定（亦即在法律框架中）而為自由提供保障的想法，則可說完結了這種嘗試將政治與法律整合在一起的、組織性的與語意上的運動。

關於這種將政治與法律結合在一起的想法，其核心的動機或許就表現在**抵抗權**這個問題上，它曾使歐洲陷入百年內戰的浩劫中。沒有其他文獻能夠像霍布斯的著作一樣，那麼清楚地掌握了這項關聯。[9]他的洞見在於：法律若僅從自身出發，運用其不成文傳統所構成的固有資源，也就是法學家的「技術理性」，以及為此種理性所賦予之論理基礎，那麼，它還不足以為和平提供保障。正好就在每個參與者都能夠援用其自然理性，或者在法律素材中——印刷術的發明，讓這些素材呈現在人們眼前——找尋論理基礎的時候，法律也摧毀了其自身的前提條件，亦即和平。尤其當我們看到下面這種已經在消逝中的社會結構性的前提要件時，前述說法就能獲得證實：基於其固有的（武裝的）家業，貴族原本有能力自行做成關於法與不法的判決，並以之為自身之支柱。甚至，當人們看到，在中世紀思想的末期開展中，宗教、法律與政治不再能鮮明地區隔開來，而是被整合進一個賦予意義的脈絡中，以至於，宗教問題與道德問題馬上就能被轉化為法律問題，並且在這塊領域上進行攻防，求取結果時，則前述說法就更得突顯。[10]到這裡才能夠說，當人們懂得利用其可支配的理論提議時，那麼抵抗權已經掌握在他們手裡——無論是主張，君主也是公民，並且作爲公民而受到法律拘束；或者是在君主與暴君之間做出區分，並且委由貴族階層中的黨派結構來決定，具體情況當中出現的君主或暴君。諸多問題因此而顯示出來，而除了將政治與法律視爲同一體，也就是將法效力的基礎建立在政治性的執行力上（這個時候，此種執行力爲其所具有之法律上的目的，而獲得了「權威」這個名稱），還能有其他解決方案嗎？[11]除了以在政治上獲得保障的法效力爲基礎，進行其固有的活動，法律還能怎麼應付那些彼此間相互頡抗競逐者所具有之恣意？

即便後來有人針對契約建構方式的循環論證，提出了批評，他們也無法避免讓抵抗權再度活化。例如，休謨就將對於政府的拘束，建立在允諾的基礎上，此種拘束雖然基於約定而取得效力，但另一方面，它的基礎也同時深植於人性當中。[12]論證方式被推移到由經濟性的財產利益所構成的領域上；但是——根據這種論證方式——若某個政府不主張或者不保障這些利益（它們被認爲是社會自身的基礎），那麼它就得面對具有正當法律依據的抵抗。一如既往，這種論證方式的基礎，是美德與腐敗這組古老的圖式，[13]不過，它從這裡所得出的不再是實證法上的結論，而是政治性的結論。在此同時也出現了一種傾向，那就是，將此類「腐敗」的實際情況描述爲「違憲」——即便在剛開始的時候，關於這一點文本基礎還有所欠缺。[14]

只要還沒出現現代字面意義下的憲法，那麼關於抵抗的問題就一直會是現代國家的核心問題，也就是法律會起而對抗政治的情況；所有以法律與政治的統一性作爲堅實基礎的理論，其背後隱藏的動機都在於此。或者以另一種方式來說：在當時具有主流地位的前提條件下，法律系統與政治系統的差異只能被理解爲，以正當合法的抵抗權來對抗政治性的權力行使。

除了「消除抵抗權」這項實際政治上的目標之外，關於法律和政治具有統一性的想法，還能夠滿足下列需求：爲法律的自我改正找到立足點，無論是藉助嚴格法與衡平理念的區分，[15]或者是藉助某種一般性的權限，而在豁免權、特權、甚至所謂「受許可的法律破棄」等形式中，使那些偏離法律的事情獲得正當化。[16]若採用更一般性的表述方式，則可以說，法與不法這一組自己置入的差異所形成的弔詭，不再能基於個別情境中被給定的權力態勢觀點，而單純地被外部化；情況應該是，這個弔詭是被法律與政治之間的那種具有更高位階的統一性所承接，這個統一性，則在主權者的「人格」中取得其形體。然而這顯然仍是一種斷裂的、不穩定的解決方式，它的說服力需要仰賴於下面這項命題：主權者是其所應是者：敬畏神明、理性、爲法律本身灌輸給他的東西，保持開放性。

然而，政治性溝通與法律性溝通之間的運作上差別，實際上並不能藉著這種方式獲得整合。從抵抗權的角度出發，領土國家的現代政治系統無法接受其臣民援用法律而對政治施以干預，亦即：破壞和平。政治系統必須宣稱具有封閉性，也就是指涉著那些由於關聯到政治的符碼與功能，被認定爲具有政治性質的事物，而具有封閉性。然而，同樣的說法正好也適用於法律系統。法律系統同樣無法接受任何一種例外狀態。倫敦國會在寇克的領導下，與斯圖亞特王室發生的爭執，其關鍵問題就在於此。因爲，倘若只能存在一個機制，以獨立於法律的方式而對生命、身體、財產進行支配，那麼就沒有法律存在的餘地；因爲從這個角度看來，各種關於法安定性的想法，都失去了著力點。在這個論據裡，人們可以發現到普通法當中公民權的形成原因；在這裡涉及的，不過就是功能系統的運作上封閉性。

起先，封閉性的要求（或者：閉合的嘗試）彼此間會發生對立。但在這種對立中，具有關鍵性的的各種觀點，也同時會突顯出來。藉由此種方式而獲致的對於政治與法律之間關聯的理解，最後就會被歸結到「法治國」這個圖式中，並且被超克。在「法治國」這個圖式中，法律與自由之間的條件關聯，以及法律與自由彼此互相提升的能力，會被確立下來，並且因此而可爲溝通所運用。[17]人們藉著這種方式，對全社會系統的一個歷史情境做出反應（具體說來，就是在法國大革命之後），此一情境再明白不過地顯示出，人們無法藉由理性之運用或者道德等判準，得出任何的共識。取而代之的，是必然性與自由這組差異，以及將兩者予以結合的表現方式：有部分是表現在教育的圖式（作爲託付給國家的任務），[18]也有部分是表現在法治國的圖式中。國家，作爲一個法治國，同時是一項法律上的設置，也是一個爲法律承擔政治責任的機制，這意味著：要承擔貫徹法律以及讓法律繼續發展之責，以便使法律能夠面對不斷變遷的社會關係，以及政治上可貫徹的目標，而做出調適。

這種對法律政治系統進行描述的模式，在一些幾乎無法被察覺到的、只能藉著「憲法問題」而被標明出來的過渡階段中，使自己獲得了民主化。將「公民」涵括到諸多法律性與政治性的關聯當中的各種形式，開始產生分歧——這樣的發展正好是因爲在這個時候，這些形式是以諸如權利能力、國籍資格、選舉權等歸屬於特定系統的一般性概念作爲基礎。[19]與此牽連在一起的政治性與法律性爭議，貫穿了十九世紀。這些爭議所指涉的問題是，關於政治對法律之影響，形成了哪些法律形式；同時，公民在面對那一直在政治領域中獲得執行的高權時，享有何種法律保障？它們起先並沒有觸及到關於法律與政治之所以會具有國家性這件事情的諸多前提，反而是藉著這些前提才能被提出。自十九世紀以降，幾乎可以說，政治性的概念完全是在指涉著國家的角度下被理解。這種情況，使得那組織性的、以成員身分劃定界線的政黨的出現，成爲可能，而且這些政黨展望著藉由取得國家公職來貫徹其政策目標。在此同時，法律提供了一個由政治性的各種形塑可能性所構成的領域。法律伴隨在藉由稅捐而獲得資金的預算之旁，而成了貫徹政策目標的一種具有本質重要性的工具。將立法與司法的關係視爲上位/下位關係的這種階層結構式的想像，也正好對應著前述發展。[20]其結果則是規範素材的大幅增長。法規範成了過往政治的沉澱物，想要爲了新的政治抱負而使法律再度發生流動，變得越來越困難。這個時候，被視爲有效法律的事物，不再是產生自衝突之出現而造成的機緣（爲了對這些衝突做出決定，必須發展出一般化的規則）；應該說，是因爲嘗試著要實現政治上的目標，法律才製造了衝突，然後又爲了衝突之解決而被人援用。由於那種爲了變更法律而在政治上進行動員的可能性，在社會溝通中會持續地被再生產，另外，也由於法律本身是藉著國會立法的合法化過程，來使此種可能性正當化，因而，在法律實務中會不斷產生做成下述區分的必要性：藉由「積極」解釋以獲致法律變更，抑或要等待新的政治意見的形成。總而言之，法律的實證化以及政治的民主化，相互支撐著對方；這兩者強烈地塑造了今天作爲政治系統與法律系統的那些事物，乃至於人們很難將它們想像爲兩個不同的系統，或者更進一步地說：兩個運作上封閉的、彼此沒有重疊的系統。然而到了最後，正好也是政治的民主化，會要求要爲個人提供更多個體性的法律保障，而且這特別是展現在對個人之諸多合憲權利進行考量的角度下。

事實上，這個統一性的命題，從來沒有被推展到這樣一個地步，以至於人們必須說：在政治領域中，那些受法律許可的事情，完全是基於政治性的觀點，而由政治自己來界定；這個統一性的命題也從來沒有被推展到下面這種觀點上：法律只不過是一種政治領域所固有的慣性要素，它能夠遏止政治去追隨那些轉瞬即逝的情緒。只要看看普通法與羅馬民法的傳統，只要根據一般的意識而考量到，在這些傳統當中所涉及的，都是各式各樣歷史性的、出自對各種法理念進行測試的歷史而獲得理論基礎的結構，那麼，若還認爲法律所涉及的只是昨日的政治的話，就顯得相當荒謬。然而，倘若情況並非如此，那麼，在統一性的系統中，對政治所施予之法律上的限制，又應該如何被設想？「法治國」這樣的套語，顯然遮蓋了這個問題。不過，這種不明確性，或許也比其他的方法更能夠促成自然法思想之繼續存活，或者爲那些不相信自然法思想的人，提供關於政權正當性之主張基礎。不過，到了今天，這樣的概念建構幾乎已經找不到具有說服力的論據，而且，一旦人們願意嘗試將法律與政治視爲兩個相互分離的功能系統，那麼它們就有可能放棄這樣的建構，或者對其進行改寫。

在這一章與下一章的論述中，我們的出發點與那種已經在傳統上難以撼動的一貫見解，正好形成對立：我們認爲在這裡涉及的不是一個唯一的、可被稱做國家概念的系統，而是涉及兩個不同的系統，這兩個系統當中每一個都是運作上封閉的，具有各自不同的功能、各自不同的符碼化，以及各自不同的、依存於符碼的綱要。在國家的概念當中，特別是在「法治國」這個圖式當中被構想的統一性見解，就歷史而言是可被理解的。此種統一性，或多或少可以妥當地用來說明一個發展階段，在其中，藉著一種指涉著（政治性的）國家的法源學說，法律的實證化在法律系統中獲得貫徹；也是在這個階段中，政治系統必須爲自己爭得一塊活動領域，並且對抗原已穩固確立的各種（尤其是等級的）結構，以便使政治能被當作一個持續性的、對具有集體拘束力的決定進行處理的過程，而獲得實踐。然而，就在這件事情獲得成就的相同程度上，統一性的觀點也喪失了說服力。即便是在「法治國」的形式中，法律系統也可以在缺少主權者的情況下進行運轉；的確，它根本就無法安置主權者，它也不需要主權者，因爲它以其他的方式來解消它自己的諸多弔詭。[21]但只要對它提出質問，它就必須做出決定。政治系統則是讓其自身符碼之弔詭，在主權的程式中，最後則是在國民主權的程式中，展現其極致。但主權者並不需要做成決定，這一點其實屬於其概念之意涵；即便在決定/不決定的問題中，主權者仍然具有至高性。國民的概念，則將弔詭轉移到一個根本不能做決定的主權者身上。在這裡，是否，或者如何做成決定，屬於政治問題。國家概念成了一個人爲技術性的括弧，把政治系統與法律系統當中那些在固有動態性上表現出來的事物，都放了進來。就算製造「談話」[22]也算是政治目標當中的一種，甚至有可能取得憲法條款（例如：環境保護作爲國家任務）的形式，而爲進一步的「談話」所運用，那種將政治當作是對憲法（這憲法是在法律層面上獲得確立的）不斷提出的解釋的想法，也已經完全遭到排除。雖然法律決定有可能以一些政治上可欲的後果作爲取向，但即便如此，倘若人們將那些事實上在法律系統中發生的事情，理解爲對於政治綱領的執行，那麼他們還是無法獲得任何符合法律系統實際情形的理論。即便在法官的政治性選舉或任命的情況中，也只有那些具適當資格的候選人會獲得考量，而且，想要藉這種方式來讓法院走上某條理想中的政治路線的希望，必須委由法院內部的層面來予以貫徹，而在這個時候，這種希望往往會在法律系統內部的論證文化上，慘遭幻滅。[23]就算在這裡眞的建立了某種較爲保守的、以冗餘性爲取向的發展趨勢，或者某種較爲進步的、向變異性而開放的趨勢，此類發展也鮮少與不斷運轉的政治以及其政黨光譜發生什麼關聯。

在任何情況下，將政治問題（例如德國統一的時間點與條件、生活條件的同質化等等）提交法律系統做出決定，都是不可能的；對婚姻關係中的爭執、學術或宗教上的爭端、經濟上的投資等領域，法律系統也同樣不太可能做成決定。套用美國憲法（第三條）的陳述方式，法律系統只接受「案件與爭端」，並對之作成決定。各式各樣的問題，若是要取得進入法律系統的途徑，就必須要獲得一個可供司法裁判的形式；具體而言，這意味著：它們必須遞迴地指涉著法律系統的歷史狀態、法律的效力態勢，而獲得界定。法律系統既不是被用來當作查明事實眞相的機器，也不是被用來發現聰明的問題解決方式。倘若「杜登辭典」要取得拘束力，那麼在出版契約中，就必須要有相對應的條款來規定這件事。下述情況更可說是此類限制的典型情況：人們必須基於「對於主觀權利之侵害」此一形式，才能宣稱對獲得法院裁判具有利益。[24]的確，無可否認，國家的行政，以遠超出前述討論範圍之外的方式，在法律形式中獲得綱要化——尤其是藉由預算法律。但唯有當「案件與爭議」在這個領域中出現的時候，法律系統才能積極地從事活動。

也有人認爲，在法律上具主權地位的國家，建置了個體的權利主體性，並且藉著這種方式，爲一個分工的、以市場爲取向而運作著的經濟領域，奠定了基礎。這樣的想法同樣早就被放棄了。人們或許可以跟隨海耶克或西蒙的見解，認爲經濟的問題就在於訊息處理，或者跟隨偶發事件分析與交易成本分析的方法，而認爲經濟的問題在於組織：無論如何，它都是一個具有經濟專門性的問題，而無法從那種爲具有權利能力的個體性所提供的理論基礎中，推導出來，即便這個理論基礎仍然被認為是另一個功能系統的固有成效，且被其所預設。

「制定法的實證主義」在十九世紀之獲得貫徹，以及新法典頒布的快速增長，起先都被看做是政治系統逐步增加對法律系統之支配的指標，但後來卻走向了完全不同的發展，而使得兩者的分離被人們所意識到。在普通法與大陸法當中，都出現了與此平行的發展。只要考察一下普通法中對法令的理解，以及在大陸法中的情況，人們就會意識到，即便否認法官有創制法律的權力，賦予法官解釋自由也是無可避免的。就算是在單純對制定法提出解釋的情況，也很明顯可以看出，在這種情況中所涉及的事情，並不是要將那些已經在政治上獲得解決的爭議（在針對這些爭議，而做成制定特定法律文本的決定時，這些爭議已經被了結），重新搬上台面；其所涉及的事情，也不是要在疑難案件中，藉由法院來提供證據，以為該等決定的政治動機做出澄清。[25]其實，無論是認為政治上的意見形成具有妥協性或者「契約化」[26]的性質，抑或是站在新統合主義的政治條件下，那種想在政治領域中尋找一個可為法學所運用的「立法者意旨」的想法，都已經遭到排除。[27]取而代之的走向是，法律系統發展出了法律固有的各種解釋理論，在其中，立法的意圖只扮演非常有限的角色，而且其所扮演的角色，必須在文本上被建構出來。

這兩個功能系統的分離，特別是在其各自不同的符碼化上，獲得展現。即便在權力還是以政治性——階層結構性的方式獲得符碼化情況中，人們仍能夠想像，藉由國家公職的組織，可以對法律之貫徹產生關鍵作用，也就是說，法律與政治都可以在國家的形式中，找到它們的自由，那麼，很明顯地，當權力是以民主的（在執政/在野的這個圖式中的）方式獲得符碼化[28]的時候，在法律系統中，找不到可與此種符碼化相對應的事物。一旦政治系統在「做出具有集體拘束性的決定」的角度下，對自己進行觀察，那麼在政治系統中，就會出現關於決定的替代選項的想像，而只要這些對立的立場能夠讓自己從一項決定到另一項決定中，持續地被傳遞，那麼這些替代選項的密度會逐漸增加而形成反對勢力。在採用絕對主義統治方式的國家，人們早就可以在宮廷政治的那種具有強烈私人互動性質的「黨派」中，觀察到這件事，而在議會民主制的席次安排方式中，就更不用說了。最後，隨著政黨體系在組織層面上的確立，無論決定所牽涉的主題是什麼，總是會有反對意見的存在，而且這件事情還享有組織性的保障。這時候，反對勢力就不是從各式各樣的決定替代選項的角度而獲得紀律，而是藉著隨時準備承擔執政任務，並且爲此提出一項（可執行的，或者至少能獲得多數同意的、在政治上可接受的）綱領的態勢，來獲得紀律。執政/在野成了系統的「形式」，也就是說，在下述意義下成了政治系統的「符碼」：形式具有一個內在面向，符碼具備一個積極的、有銜接能力的面向——「行動所在的地方」；但這個內在面向之所以是內在面向，只能藉由另一個外在面向的存在才能獲得彰顯，在這個外在面向中，有各種替代選項蓄勢待發。相較於此，在法律系統中，替代選項則是以完全不同的方式被處理，它們一直是零星的、仰賴於個案、仰賴於規則的，而且在這裡完全不會出現任何可能成爲「穩固確立的」反對勢力的契機。就算出現了這樣的契機，人們也不會將它們認知爲法律的形式，而是會認知爲政治的形式。

存在於各個系統之間密集的因果關係，並不會隨著它們彼此的分離，而遭到排除，自不待言；甚至，唯有當人們能夠將某個系統與另一個系統區分開來的時候，他們才能確認有這樣的因果關係存在（我們還要補充一點，那就是，唯有當諸系統彼此能夠區分開來的時候，這件事情才會以一種指涉著實際的方式，成爲可能）。也是在這項分離命題的基礎上，我們能夠爲下面這項洞見提出更好的說明：諸系統只能在其各自固有的「結構飄移」，也就是在其結構的發展中，彼此產生依存性。爲了說明這一點，我們在下一章當中將引入結構耦合的概念。

II

現在，我們必須更精確地審視「法治國」這個概括性的概念。[29]此概念被用來當作圖式，使得兩個**相對立的**視角得以被稱爲**統一體**：對政治性的權力施以法律上的束縛，以及，使法律成爲政治上可運用的工具。它也因此被認爲是一項文明成就，而爲人津津樂道。

從法律系統及其功能的角度來看，則根本不存在法外空間，不存在法律無法觸及的行爲方式，也不存在由無法規制的恣意與暴力所構成的例外領域。在英美法系裡，這件事被稱爲「法治」，[30]我們可以借用范納的表述方式：「法律與（由法律來——魯曼增補）統治，涵蓋的範圍是一樣的。」[31]雖然人們必須允許法律上不明確性的存在，但這種不明確性至少要具有法律的性質。這個時候，它就被宣示作爲一種由法律所規定的自由——有可能是私人進行經濟上行爲（對財產之使用、締結契約）的自由；有可能是政治決定上的自由，例如展現在所謂「政治問題」學說[32]這種形式中的自由；最後，它也可能表現在法律對其自身進行處理的自由此種形式中，也就是做成關於是否爲維護權利而提起訴訟的決定。換言之，從法律的角度看來，法治國是法律取得了全社會普遍的相關性，而帶來的後果（或者也可以採用其他的表述方式：法律的自主性、法律系統的分出）。相應於此，又發展出一種爲國家決定而賦予的法律「框架」，最後還形成了法學上的國家概念，爲那些從政治系統角度看來，應該發揮集體拘束效果的各種決定，提供歸因點。從法律系統的角度看來，唯有當這些決定合法的時候，它們才具備此種效果；倘若它們違反法律，就不能享有此種效果。

特別是在德國的法治國學說中，幾乎沒有對固有意義下的政治，以及政治的立憲民主化所造成的問題，進行過處理；此種學說的強調的是爲個人權利提供保障，以及使行政部門受制定法之拘束。因而，在一部聲譽卓著的教科書中，是這樣說的（根據該書的索引，這還是其中唯一對法治國這個主題進行探討的地方）：「在一個國家裡面，若行政部門的權限，在制定法上獲得了確定的界線，並且只能在符合制定法的範圍內被行使，那麼，我們將這樣的國家稱爲法治國。」[33]也因此有人會說，在德國，對於法治國的理解方式，表現出某種遠離權力的特質，而成爲一種「侷限性的思考」，甚至對政治系統的民主化多所保留。[34]這或許與下述事實的必要性，密切相關：在十九世紀的時候，法治國的思想也必須要能爲保守勢力所接受。[35]從事後回顧的角度來看，這種使用國家概念的方式，同時表現出對政治的排擠，這一點的確引人注目，但我們也可以爲此提出解釋：在這裡，只有法律系統的立場，獲得了清楚表達。

政治系統則是在一塊完全不同的領域上進行活動。由於有可能做成具集體拘束力的決定，於是政治系統就嘗試用這種方式，使意見的建立逐漸得到凝結。這些決定，是在政治可能性的媒介中，按照政治性的判準而尋找一個形式，在此形式中，政治能夠解決它的問題，亦即，與這個問題脫勾。爲了這種可能性，法律則準備好了這些問題在形式上獲得確立，以及去政治化的方式，而這得歸功於法律將實證性等同於可變更性。可以確定的一件事情是，在特定的法律判準下，各種事務可以繼續獲得處理，即便政治領域在這個時候已經轉而處理其他問題。按照一般流行的想法，這樣的轉換是在國會裡面獲得成就。但它其實也能在行政部門的實務處置中、也在那些對內國法具有拘束力的國家條約實務中，獲得成就，而且後者的重要性日益突顯。在上述所有情況中，從做成具有集體拘束力的決定這件事情所具有的政治功能來看，還不能得出此項決定究係合法或非法之結論。對這件事情可以進行事前審查，而且它通常也會在事前受審查。但這種由法學家進行的事前審查，其實已經是一種法律系統內部的運作，無論這個運作是在哪一種制度性的或者組織性的脈絡下獲得執行。而且我們也非常容易可以設想到，政治系統可能在非其所意願的情況下，做出違法的決定，或者它也有可能在某件事情上甘冒法律風險（這類情況經常發生）。風險則提供了一項很好的指標，它可以指出，系統的界線被跨越了。

從法律系統的角度出發，法治國這項程式其實是一種宏大的套套邏輯（我們再引述一遍：「法律與統治，涵蓋的範圍是一樣的」），即便它是一種「反抗的」、為對抗政治干預而建立的套套邏輯；但是從政治系統的角度出發，則會把法律當作一種使政治上的目標成為可能並且得以實現的工具。[36]成為可能與獲得實現——藉著這兩件事情，我們可以說，倘若不是法律系統已經準備好了媒介與形式的差異，並且使諸形式能夠在這項差異中，基於政治上的推動，而被確立為現行有效的法律，以及獲得變更，那麼政治系統根本就不會是以我們所熟知的那種形式存在著。在這個角度下，雖然法律是以自主的方式運轉著，也就是說，法律只是做它自己所做的事情，但是就從事政治活動這件事情而言，除了經濟領域的貨幣以外，法律可說是使這件事情獲得可能性的最重要條件。這裡所謂「從事政治活動」，指的是：在政治層面上去決定，哪一種法律應該有效（或者還可以指出與此平行的事情：在政治層面上去決定，人們想要怎麼支出那一筆在政治上可供運用的錢款）。人們若無視於這項條件，那麼作為系統的政治，就會崩解。倘若在政黨與遊說組織所形成的龐大構造之上，只不過要去決定，物理性的強制力是為了何種目的而被使用，以及如何被使用的話，那麼，根本沒有必要建立這麼龐大的構造。政治的可能性所取得的活動範圍，其實出現了急速的擴張，而這得歸功於法律與貨幣。而且，政治領域的自我鋪陳、政治上的修辭、對良善意圖與對手惡行所進行的描繪等，都是從這些「葡萄」當中獲取佳釀。

藉著法治國的公式，法律系統只標明了它自己，這個時候，實際上，「法治」或許是更好的說法。對國家的指涉，點出了一件事，那就是，唯有當政治上的和平能夠獲得確保，亦即當自由行使強制力的現象能被阻絕時，法律（尤其是私法）才能得到發展。有鑑於許多地區的狀況，尤其是美洲大陸上大城市的狀況，人們的確有相當實際的理由，去指出這一點。此外，也可能存在一種由法律的毀棄與政治上的腐敗所形成的對立脈絡，這個時候，在較爲縮減的宣稱範圍內，此種對立脈絡有可能承擔維繫社會秩序之責。

對於那將自己標示爲國家的政治系統而言，法治國的程式同樣表達出了一項使複雜性獲得提升的條件。唯有當政治系統讓法律作爲法律，並且謹守不違法使用強制力之原則，法律才能在此範圍內被用來作爲使政治獲得印證的領域。換言之，隨著不同的系統指涉，法治國的公式也具有各自不同的意涵。但它卻將這些不同的事物，放到一項公式中——或者，人們這時候也可以說：用一項圖式——來加以表述，而且使得下面這件事情成爲可能，也能夠被標示出來：無論是政治系統或者法律系統，只要其中一者缺少了另一者，那麼它們就不會是它們現在所是的樣子。

總而言之，人們也可以說，法治國的公式表述了政治與法律所具有的一種交互寄生的關係。在法律當中，法與不法的差異被符碼化，並得到管理，而政治系統也由於這件事情是發生在它自己以外的地方，從中獲益。反過來看，法律系統也從下面這件事情中獲益：和平、具明確意涵並且被固定下來的權力差異，以及隨著此項差異而形成的、決定之可強制實現等事情，都是在其他地方，亦即在政治系統中，獲得確保。在這裡，「寄生的」這個字眼所指的不過就是，在各種外在的差異上獲得成長的可能性。[37]

III

透過功能分化，各個功能系統獲得了自由，而能夠自行界定自身的各種狀態與結構。這也意味著各種系統固有的時間的形成。什麼東西，以及這些東西在哪些時間段裡面，會被憶起或者被預期，這個問題的答案會隨著每個不同的系統而有所變化。在使一個溝通銜接上另一個溝通的預期速度上，以及在對此做出反應的、關於匆促與較不匆促的區分上，前述的說法也同樣適用。只要是在溝通被組織起來的地方，這些區別就能使自己被察覺到。在那些橫跨組織之間的時間順序上，也同樣會出現這些區別。經濟領域藉由價格變動而對價格變動做出反應，並且在此展現了快速性，而這正好以獨特的方式與科學領域的情況形成對比：科學領域在提出人們渴求的新研究成果這件事情上，展現了緩慢性——在這個領域中，由長期性與驚訝（亦即事後性）之關係所構成之取向，比較具有主導地位。

在現代社會中的這種由時間上不協調性所構成的一般問題，在法律與政治的關係上取得了特殊的重要意義。在現代政治系統中，政治處在沉重的時間壓力下——而且就事物面向而言，這裡所涉及的議題廣度，幾乎是漫無限制的（但是，議題的廣度其實是政治自己來界定的）。政治是以加速或者拖延來做出反應，並且以關於這項差異的圈內人知識，以及它的權力依存性，來處置這項差異。相較於此，在關乎法院活動的意義下，法律系統顯得相當緩慢，總是會受小心謹慎與提出論理基礎等要求所牽絆。這樣的說法不僅適用於個案裁判的製造上，更適用於這些裁判在結構上的後續效應，以及藉由法院活動來變更法律的這種情況上。藉著概念與規則來建立並傳遞經驗，往往需要好幾個世紀的時間。在這裡，議題的廣度同樣也很大，而且重複出現類似案件的情況，會隨著複雜性的不斷增加，而漸漸減少。政治領域中的自我啓發，不斷地在推進，並且會藉由大眾媒體而加速。人們只要拿它來和法官法的發展來比較一下，就可以明顯地察覺到，兩者間存在著無法克服的時間分歧。兩個系統之間的聯繫，實際上早有可能基於時間原因而發生斷裂。

倘若法律同時也是形塑政治領域的其中一項最重要的要素，而且政治系統會受到其他功能系統的影響，而不斷得面對一些新的、需要迅速做出決定的態勢的話，那麼前述斷裂的情況當然就不被允許。在這個態勢中，立法就變成獲致全社會整體時間均衡的一項重要機制。在充分的政治壓力下，立法活動相對比較容易被啓動與了結。對政治領域而言，某項制定法的頒布（亦即：法律系統在受政治所期許的走向上，所做的反應），就已經是各個情況中具主導地位的團體化獲致成果的象徵。法律系統也相對比較不會對新的制定法做出抵抗，因爲這裡所涉及的並不是對諸多自身固有經驗的處理，也不涉及對已通過檢驗而被認爲合適的法律進行改造，而是涉及新的法律。立法活動的加速機制（這指的一向都是：運用或者不運用這項機制），當然需要仰賴下面這件事：人們並不知道，也無從知悉，在法律實務中會伴隨著這項制定法發生什麼事情。[38]立法者會對制定法的「後續效應」有所想像；但這只是想像，不是訊息。對於各種的「加速」而言，「人們無法認知到未來」這件事情，都是具有本質重要性的前提要件，而在此處，該前提要件同樣有其適用。[39]

時間這項要素，在相當顯著的範圍中指導了，也扭曲了對諸系統所進行的觀察與描述。在對於新事物的感知上，存在著偏好，而在大眾媒體的時代中，情況尤爲如此。日常生活不會被報導。因而，（除非基於特殊研究的理由，或者基於非常專門的社會背景知識，否則）在制定法頒布後，我們知道的事情並不是，這些制定法如何產生後續效應（這也包括了對「誰沒有利用與此相應的形塑可能性」此一問題的認知）。我們聽到的總是，新的制定法公布了。這很容易導致在立法的觀點下對法律系統進行感知的偏好，甚至還有可能使立法與司法的階層關係成爲探討的出發點。[40]而這又會導致一直以來存在著的「視覺上」的困難，使得人們無法將政治系統與法律系統視爲相分離的兩個系統。不過，法社會學的任務或許就是要矯正這種感知上的錯覺。這絕非意味著要否認諸系統間關係中的交互依存性，或者貶損這些交互依存性的重要地位。情況正好相反：人們必須找到各種具體特定的描述形式，以便能夠清楚表述出，在現代社會的政治與法律中，兩者彼此間如何，以及爲何要求取平衡，並因而在兩個系統中引發結構漂移（但在各個系統中，這些結構漂移又是非常不同的）。我們將立法視爲一個使政治轉化而進入到法律當中的地點，也視爲對政治施加法律上限制的地點，而讓它承擔了求取全社會整體時間平衡的重要功能。這樣的命題，或許有助於上述任務之達成。

這個由上而下提出的觀點，也可以透過一項由下而上的觀點獲得補充。[41]在法學觀點中表現爲對制定法進行適用的那些事情，也會被政治上的行政部門當作是那種以目標爲取向的、解決問題的行爲，而被實踐。[42]尤其是，當行政的範圍被大幅擴張，而及於福利國的與最新的、生態環境的任務之後，所涉及的就越來越少是那種以個案方式出現的法律問題，反而越來越多是涉及那些人們會嘗試去影響與改變的狀態：關於水與空氣的純淨度，關於工業聚落、關於逃學、關於酗酒、關於交通的的便捷或者交通量的減少；倘若這件事情是在法律的觀點下被觀察，那麼這裡所涉及的，就不能說是對於法律的個別違反，而是某程度上涉及了持續性的抗拒，或者某些會使違反法律的事情每天不斷重複出現的狀態。因而，時間在這裡也是具有相關重要性的，而且這種相關重要性的表現方式，在法律系統的各個範疇中，找不到對應事物。

於是，行政部門與利害關係者圈子的接觸（因爲這個圈子的行爲應該受到影響），就會發展出自身固有的、關於成功或失敗的判準。這些接觸，會以使自己獲得重複作爲目標，而進行調整。在這個過程裡，特別會產生關於可期待性與相互尊重、合作的條件與界線、相互理解的範圍等道德判準。直到在這種可取的合作網絡中，出現了緊張狀態與裂痕時，法律才會被啓動而介入，以便去指明，什麼事情可以依法強制實現，而且是可以獲得強制實現的。在這裡以及在其他情況中，當原初關係遭到失敗時，法律就被用來當作一張網，予以全盤接收。這樣的傳導之所以會形成，或許是出於某些在法學上完全不具事物關聯性的、而且經常也無法獲得承認的動機——例如，因爲缺少相互尊重的徵兆（在這裡，存在於官僚階層及其當事人之間的、社會身分上的差別，特別容易挑動敏感性）。但動機不能用來當作論據。無論在法律化之前或之後，它們都只能潛藏於溝通中，而且最多能夠在社會學的分析當中獲得闡明。

進一步言之，行政官署也會清楚意識到，法律上強制實現的事物，倘若涉及了一些在政治上可被主張的利益，那麼它們在政治上就會帶來影響深遠的後果。地方上的工業或者農民、葡萄農或者漁民，即便在立法者做成的一項後果難以預料的決定之後，都還是能要求，應該對其他那些可以顯示出來的利益進行考慮；這個時候，行政部門針對這種情況能夠採取的較佳對策，是去發展出政治上的敏感度——在下述類型案例中，尤爲如此：在這些案例中，違反法律與造成損害之間的關聯，並非立即可見，也無法藉由技術測量而得知。於是，對於那些較低的層級而言（所謂「基層官僚」），就出現了通達上司的「第二條職務上的途徑」，這條途徑是經由媒體或者具有影響力的利益關係者而運作的。在這種情況下，較合適的作法是採取一些保護性的策略，尤其是文字報導或例行文件的形式，這些保護性的策略能夠確保，當某件事情發生的時候，不會有事。[43]就法律而言，立法與對制定法之適用的關聯，是在解釋的問題與證明的問題等中介上，獲得建立，但是就政治而言，這兩個決定層級的視域之間的斷裂，卻已無法彌補。

鑑於此種事態，倘若還認爲政治性的行政部門的本質，是在於對制定法進行適用的話，顯然就錯失了焦點。我們不再身處於現代早期的情境中——在其中，除了法院之外，幾乎沒有其他的機關可被認爲是地方行政部門。使行政部門受制定法拘束的原則，是在十九世紀時發展完備，而它仍然是無可爭議的；但它只不過意味著，當棘手的情況出現時，訴諸法律的可能性已經被預備好了。在今天，有些人提出的分析，是要探究對那些具有法律形式而表決通過的綱領所進行的「執行」，並且對相應於此的各種缺失提出控訴，或者將其歸結到某種典型的官僚行爲缺失上。即便是這樣的分析，都還是追隨著「制定法必須被『貫徹』」這項偏見。然而，國家的統治部門與行政部門，從上到下都是政治系統的一個組織。它實現的是政治，而不是法律——即便在這裡可以提出一項保留條件，那就是，人們隨時可以提出「這件事是以合法或不合法的方式發生的」這項問題。但是，隨著這項問題，溝通也就轉換了它的系統指涉。

IV

就經驗層面而言，我們可以藉著考察法學家所發揮的政治影響，來檢視政治系統與法律系統關係當中的分離命題，以及接觸密集化的命題。但是，這樣的考察基礎，必須謹慎地在理論層面上做好準備，而且必須將這種考察主要安置在運作的層面上，而不是人事的層面上。法學家是否因爲其所得到的教育與執業經驗，而特別能勝任政治活動，這是一個問題。但他們在政治的脈絡中，是否也是作爲法學家而發揮影響，亦即，他們在這裡是否首先要注意到，要在決定中對法與不法這組價值進行分派，這就是另一個問題了。

政治實際上是掌握在法學家的手中。對這件事情，雖然經常有人提出揣測性的說法，卻很少有人提出明顯佐證。有人指出，在行政體系的職業生涯中，出現了所謂「法學家壟斷」，也有人指出一件事實：在華盛頓特區，有影響力的遊說團體是由（有影響力的？）律師事務所來代理的。[44]但單純指出這些事情還不足以澄清，法學家的影響是以哪一種熟練技能作爲基礎，以及，這種影響究竟是在什麼功能系統中具有作用。人們可以認知到，法學家在爭端協商這件事情上，習慣於（職業性地）對對造給予承認，這使得他們相較於其他學術性的職業而言，對政治能具有一種更爲開放的關係。[45]但這並不意味著：他們之所以能對政治產生任何影響的基礎是在於，法律問題會在政治上發揮關鍵作用。如同在企業的較高職位，或者在各個公司對特定律師或律師事務所的偏好上所顯示出來的情況一樣，在這裡，應對的技巧、在互動或者在電話交談中讓自己意見被接納的能力、對氛圍的認知、對組織的認知（這包括了，讓自己在合適的位置上打開知名度）等等，其重要性往往超過了法律知識本身。我們或許可以說——顯然，情況也經常是這樣的——法律問題爲政治上的可能性事物，劃定了框架，而當人們碰觸這些界線的時候，他們需要法學論證與法律決定的協助。即便這個時候，「人們已經準備要承擔什麼樣的法律風險」仍然是一個政治上的問題。[46]我們一方面應該注意到，法學家在政治與法律的接觸領域中提供諮詢時，就相關的法律問題，可能會提供簡潔的談論方式與理解方式，並且避免使政治不必要地一直在這些問題上懸置。但另一方面我們也應注意到，這裡涉及的其實是不一樣的事情。

針對華盛頓特區的法律事務所進行的調查研究也顯示出，它們對於政治的影響，其實被高估了。[47]毫無疑問，有資力的當事人能夠去挑選「較傑出的」律師事務所，但在這時候，這些事務所發揮之影響，究竟應該被歸結到法律論證（如果眞的涉及到這個領域的話）上，抑或被歸結到當事人在政治上所具有之重要性上，仍不得而知。[48]這說明了，爲了政治上的聯繫而動用律師，比較應該被定位於政治系統中，而不是法律系統，而且無論如何，在這種情況中，法學專業知識也沒有在特別顯著的程度上獲得運用。經驗研究證明了，在專業上的自我表述與事實上的聯繫網絡之間，存在著巨大分歧，[49]但這絕不會導致一項結論，認爲律師無法區分政治問題與法律問題。藉助對這些聯繫網絡進行之分析，人們也看到了各種明顯的政治上的片面性，這樣的片面性是無法藉由法律問題而獲得界定的，它們毋寧爲那些非法律性質的自我選擇，提供了佐證，而這些自我選擇正好與那無預設成見的律師圖像有所矛盾。[50]總而言之，單純作爲法學家的這種身分，還沒有辦法提供可靠的指標去回答，某個溝通究竟比較是在政治系統中，抑或是在法律系統中進行的。無論如何，在這塊領域上，倘若某個法學家無法將法律問題與政治問題區分開來，或者還抱持著政治問題應該被當作法律問題一樣予以解決的這種錯誤想法，那麼他就無法有所施展。

另一種對系統間分離狀態的假設，進行經驗上驗證的可能途徑，是去標舉出重要的法釋義學上的發明，並且追問，這些發明究竟是否，或者在什麼條件下，能夠在政黨政治體系中構成一項政治性的議題。例如表見代理——表見代理成立的基礎事實是，某人的行爲構成了一種表象，讓第三人以爲他已經授與代理權給另一人，而這樣的表象是由他自己造成的、被他容忍的，或者，他並未認知到此表象在事實上之形成（三種可能情況！）。或者以締約上過失爲例——藉由這項制度，即便當事人根據約定的契約內容，無法提起訴訟主張權利，法律仍然賦予提起訴訟之可能性。在提出這些發明的時間點上，想要毫無困難地將相關問題歸類爲政治問題，幾乎是不可能的；同樣，要法院在這些情況中，放棄讓法律自己獲得發展的機會，而將問題交給那個要以政治途徑來促發的立法機關，也幾乎是不可能的。

綜上所述，無論一個共通性的「國家」所造成的形象，能引發什麼想像，在運作的層面上都出現了許多重大的區別，而與這種形象發生齟齬。這樣一來，接受兩個系統在運作上閉合的想法，或許是一條更好的途徑。這個時候，倘若在個別情況中，出現了一些清楚可見的相互關聯，那麼它們也應該被當作是兩個系統內部選擇模式的偶發巧合，並且在這個意義下被解釋爲（無論多麼經常出現的）偶然。當然，在事實層面上，必須透過個別系統內在性的分析，才能做出這樣的解釋，否則這種理論構想最後得到的結果就會是，它在未加檢驗的情況下，就把與自己對立的情況，亦即針對它自己提出的反駁，也包含進去了。

V

在做了上述說明後還應指出，政治與法律之間無可爭辯的密切關聯，使得那種只談論一個系統的作法，無法獲得證立。反過來說：爲了要對它們提出妥適的闡述，必須要以兩個區別開來的系統指涉作爲出發點。

在這種情況，人們並不需要（也不可能）排除下面這件事：對於一個觀察者而言，諸多個別的運作同時具有政治性與法律性的意義。某部制定法在國會中得到表決通過這件事，可以被記載爲一項政治上的成果，隨著它，對於一項紮實的共識的漫長追尋，得以終結；它同時也改變了法律的效力狀態，並且被用來當作對法院的指示，除此之外，對於在各個相對應的意義領域中想要知道什麼東西是法，什麼東西是不法的人而言，它同樣也提供了指示。在這裡，一個觀察者能夠將一項發生事件指認爲一個單元，但就諸系統的統一性而言，這還沒有提出什麼說明。一旦人們考慮到，各種相關的運作均與其他運作構成了遞迴性的網絡，那麼個別行動的統一性就又被解消了。它只不過是一種沒有考慮到時間的、虛擬的統一性。因爲，某項制定法在政治上的背景來歷，相較於先前存在的法律態勢（該制定法介入了這種法律態勢，同時也確立了這種法律變更的可能性的條件）而言，可說是一件完全不同的事情。就政治而言，它是一種由「談話」[51]、立場策略、在執政與在野的圖式中所進行的運作、協商、公開表明的意圖（但背後其實也有測試公眾輿論的次要意圖）等等所構成的歷史。就政治而言，隨著立法這項象徵性的行動，相關事務得到了結，而且還有可能在某個政黨或某個政府的成果報告中被提及。但這卻完全獨立於制定法在法律上的、或者在事實上透過法律之中介所引發的後續效應。[52]除此之外也應該考慮到，即便某項計畫中的、並且獲得提案的法律變更無法成立，它仍然在政治上具有相關重要性，但在法律系統本身當中，則不存在此一相關重要性的等同項。

即使在法律上對立法程序進行了詳盡的規制——無論是由立法者，或者是由憲法法院來做這件事[53]——也完全無法對諸系統的非同一性造成任何改變。作爲法律上的規制，它一直只是法律系統中的結構。它或許能夠激發與激擾政治上的溝通，並且爲此指出法律上的建議。但對於政治而言，對法律上模糊之處進行任何可能的利用，都一直是一種政治性的風險，而即便某種違法狀態已經清楚展現出來，它也不是因爲作爲違法狀態而具有重要性，而是因爲這樣的狀態同時涉及到政治上的挫敗，或者能爲政敵加分。形成這種差異的原因，就在於諸系統的自我再製，也就是說，每個系統是透過其固有運作的網絡來界定，在這些運作的網絡中，什麼東西可以作爲元素而共同作用。在關涉到法律，以及與此對應的、在政治上獲得基礎的制定法實證主義理論這個面向上，關於國家及其主權的古典學說，持有完全不同的看法。這個時候，人們必須將此種學說當作是對諸系統進行觀察的觀察者，而予以觀察，並且將其觀點當作問題——例如，就歷史層面而言，應該要考慮到，是全社會系統當時的態勢，爲這些簡要的描述提供了合理性。相對於此，若人們接受了系統論的描述方式，並且以關於運作上封閉的諸系統的理論作爲此種描述方式之基礎，那麼它們就無可避免地必須以系統間的分離作爲出發點。

各個系統的各項運作，是彼此分開地被指認，因爲諸系統會對自身進行化約，並且藉此就它們的界線做出決定。這件事情是藉助它們各自固有的符碼而發生。在政治系統中，被用來成就這件事情的，是那由各個情況中具有優越性的權力（職務權力）與其從屬者所構成的區分（統治者／被統治者的區分），以及職務權力在執政／在野這項圖式中的符碼化。在法律系統中，符碼化則是建立在一個完全不同的基礎上，也就是在法與不法的區分上。相應於此，那規制著正負值之分派的眾多綱要，也會分道揚鑣；同樣，對系統歸屬性、對在同一系統內的銜接能力的認知條件，以及爲那些從系統的角度出發而被認爲是屬於系統或屬於環境的東西，所提供之確認等，也會分道揚鑣。倘若進行這種區分，並且以各個系統作爲歸因點的能力，無法運轉，那麼結果就是渾沌與極端的簡化。這樣一來，每一項法律決定、每一次契約締結，都會是一項政治行動，同樣，反過來說，一個政治家藉著他所做的溝通，也只能夠對法律態勢進行解釋或變更，並且必須對應於此而小心謹慎地從事活動。

在系統內部被使用的、使系統統一性獲得象徵化的各種方法，也會彼此區分開來。倘若人們想要讓「歸屬於法律系統」這件事情獲得象徵化——這也包括了那些涉及企圖變更法律的情況，而且這正好也是最主要的情況——那麼他們會以「現行有效的」法律作爲基礎。我們在前面（第二章〔VIII〕）已經探討過這一點。相對於此，若涉及的是政治系統，那麼在這裡的指認程式就是「國家」；[54]同樣，當人們想要向著系統而為各種變更的意向進行疏通時，這件事情就特別具有相關重要性。「國家概念同時也可以是現行有效法律上的概念」這項命題，則並沒有因此遭到排除。但當人們將法官與警察、教師與醫官都稱作國家公務員的時候，他們所想到的事情，不只是那些對此種關係進行規制的制定法，而是同時也想到了：他們的行為可以在政治上被製造為議題——有別於自由執業的醫師或者私人「保鏢」，也就是說，若在這裡發生了醜聞，最多只會導致人們在政治上要求對此進行制定法上的規制，而且這時候訴求的對象是國家。

倘若人們從這樣的立場出發，重新對國家的傳統語意進行探本溯源，那麼他們就會相應地認知到政治與法律之間各個形成斷裂的地方，尤其是在那些涉及到避免動盪與騷亂的情況中，也就是涉及到（內部）和平的那些情況中。早在關於國家理性的較古老學說中，就已經容許君主基於維繫自身權力（並且因此維繫和平）之利益，而自行做出破壞法律之事，或者對這些事情視而不見，換言之，他不會因此而遭到制裁。[55]這個學說被嵌入到一個倫理性的——自然法的脈絡中，在這種脈絡中（鑑於各種已經被給定的關係），對和平進行維護這件事被賦予相當高的價值，而且高於偶爾出現的違反法律的情況。這種寬泛的正當化的語意，在十八世紀末期崩潰了，而同樣的問題也就再度被提出。休謨就已經提到過：「以正義為名的個別單一行動，經常有悖於公共利益；如果這樣的行動是孤立的，而沒有其他行動作為後繼，那麼它本身對社會造成的危害可能就非常大。」[56]又例如在克萊斯特的小說《米夏爾·柯勒哈斯》當中有提及，對自身固有權利的絕對堅持，就算不能被視為不法，也有可能被視為對和平之干擾，並帶來可怕的後果。[57]在施雷葛的《時代的印記》中則出現下面這段話：「……若不是在絕對的法律要求上，出現了相互退讓的情況，……那麼任何一種持續性的、以自主性為基礎的和平形式，都是不可想像的。」[58]在這種較為古老的、以「緩和」作為要求的正義概念中，被綜合在一起的東西，早在中世紀——現代早期的「和平與正義」程式中，就已經相互分離，而且隨著倫理性的——自然法的論證以及作爲其訴求對象之君主統治的崩潰，而喪失了任何對於最終統一性的指涉。「對立」如其所是地得到了穩固確立，即便浪漫主義還再次試圖扭轉這種情況。用蘇聯軍機強行帶走何內克，試圖讓他因此規避德國司法審判，到頭來還是會遭到德國方面的抗議（一九九一年三月。而且人們可以說，這種抗議的確是很容易被理解的），而這也顯示出，上述問題到現在還沒有失去現實意義。

這不必然意味著，對立就是最終的結論。倘若人們能從和平與正義這類的目標公式，轉換到系統分析上，就會得出更豐富的連結可能性。這個時候，各個系統的分離就能被視爲是提升其彼此間交互依存性的條件，而全社會則可被視爲此種關聯之可能性的條件。唯有在交互作爲可能條件，以及爲彼此提供刺激的情況下，政治系統的民主化與法律的實證化才得以發展。在下一章中，我們將會看到，這件事情預設了諸系統之分離，以及一種結構耦合機制之存在。

第十章　結構耦合

I

系統論倘若愈是強調自我再製系統運作上的封閉性，那麼下列問題也就會愈迫切地被提出：在這樣的條件下，系統的環境關係究應如何被塑造？畢竟，環境的實在性及其因果上的相關性這兩者都無法被否認（否則，我們就完全無法談論差異、分出等概念）。運作上的封閉性要說的只是，系統的自我生產只能夠藉由其自身之運作而被執行，系統的統一性也只能夠藉由其自身之運作而被再生產；另外也可以反過來說：系統無法在環境中運作，亦即，它無法透過自身之運作而使自己與其環境連結在一起。

此一出發點所具有的理論優點是，要求以迄今少有的精準度，說明那些關於「系統與環境之關係」的陳述。[1]「結構耦合」的概念即是針對此點而提出的回答。[2]此概念可說是運作上耦合（經由諸運作而生的諸運作間的耦合）的對立概念，也有別於進行著的諸因果關聯，這種關聯——如果我們可以這樣說的話——無知於或者漠視了系統的界線。

就運作上耦合而言，可能出現兩種變體。其中一種稱爲自我再製。自我再製表現在「以系統的諸運作生產出系統的運作」。另一種則是奠基在始終要被當作前提的系統與環境的同時性。此種變體允許系統的諸運作片刻地與那些被系統歸因給環境的諸運作相耦合，也就是允許例如以下的可能性——透過支付，一項法律上的約束獲得履行，或者，隨著某項法律之公布，政治上的共識/歧見獲得象徵化。透過這類事件的指認而形成的系統與環境間的運作耦合，只能在事件存在的那一刻當中有其可能性。這些運作耦合無法持存，而且它們是立基於某種事件之指認的模糊性的基礎上。因爲基本上，個別事件的同一性，一向是透過個別系統的遞迴性網絡而被製造出來。因此，經濟上因貨幣之一再被使用的角度而出現的支付，是完全異於法律上依重塑法律態勢的角度下——這個重塑是因爲經濟裡的支付而生——所看到的支付。

相對於上述，若一個系統持續地以它的環境的某些特質爲前提，並且在結構上信賴於此，那麼就得談到結構耦合——例如：貨幣終究會被採納；或者，我們可以期待，人類能夠確定標準時間。此外，結構耦合也因而是一種形式；亦即：一種雙面形式；這也意味著：它是一項區分。它所涵括進來的事物（也就是它要與之耦合的事物），與它所排除的事物，兩者是一樣重要的。結構耦合的形式因而**限制**並且**藉此減輕**了環境對系統的影響。細胞透過細胞膜接納了特定的離子（例如鈉與鈣），也拒絕接納其他的離子（例如鈀與鋰）。[3]大腦藉助眼睛與耳朵而在相當狹隘的物理頻寬之內與其環境進行耦合（而這無論如何不是透過其自身之神經生理運作造成的）。然而，大腦正因此使得整體器官保持著對環境極其罕見的高度敏感。限縮乃是共振能力的條件，複雜性之化約則是建構複雜性的條件。

結構耦合既使得諸系統相互分離，也使其相互連結。對此，我們可以以一個針對著時間性而來的「**類比的／數位的**過程化」區別加以表述。[4]諸系統在一段共同的時間中一同老化，而又毋須依賴於時間的測度。在這個意義下，它們是類比性的。於此同時，它們各自數位地、且因而快慢不同地對自己的時間關係加以過程化，這是藉助或長或短地往過去或未來的時間點延展，以及藉助於那些在系統中被建構爲單一事件者所具有的各種可能的時間長度。據此，時間本身對於所有系統而言是同等地進行著，這保障了系統能夠在獨立於運作的情況下，獲取結構耦合；然而於此同時，也有不同的區分可能被帶入到此一時間中，並且造成一些後果。例如，法律程序對於經濟領域中（或者在政治領域中也是如此）的目的而言，經常是過於緩慢的。也因此，就其作爲導致決定的機制而言，它們幾乎可以說是不堪使用的。

由於系統是被其固有的結構所決定，並且只能透過其固有之運作而使自己數位化（＝專門化），因此，環境事件，無論其固有之系統屬性爲何，都無法作爲「輸入」而延伸進系統中，也無法進入結構耦合的領域。或者換一種說法：系統並不承擔任何的轉換功能，使輸入一直以相同的方式轉換爲輸出；即便系統透過條件式綱領來架構其自身，這樣的說法仍然成立。[5]在系統本身內部，結構耦合只能夠引發激擾、驚訝、干擾。「結構耦合」與「激擾」這兩個概念是彼此互爲條件的。[6]

激擾乃是系統的感知形式，而且是一種**不具環境相關物**的感知形式。當環境激擾著系統的時候，它本身並未受到激擾，而且只有觀察者才能夠聲稱「環境激擾著系統」。系統本身只能夠在其固有結構的螢幕上，把激擾記錄下來——例如在「系爭案件中誰的主張爲合法」這個問題的形式當中。非常狀態、驚訝與失落，均預設了期望的存在，它們也是在期望上獲得展現，而這些結構都是系統的歷史所帶來的結果。激擾的概念，並未與系統之自我再製上的封閉性和結構決定性等命題形成矛盾，毋寧說，它預設了這些命題的存在。

這時候的問題就只是，系統如何發展出可激擾性，亦即，它如何能夠察覺到有些事情不對勁？就這點而言，內部的就緒狀態乃是必要的，因爲，如果人們無法期待激擾的出現，那麼人們也就無法將激擾鑑別爲激擾。然而可期待性本身又預設了，人們能夠以充分迅速的方式，爲干擾情況尋求解決之道，這些解決之道不會阻斷，而是會導向繼續的運轉。

最主要地，激擾概念讓我們注意到，即便存在著結構耦合，或者說，正由於存在著結構耦合，彼此耦合的諸系統會對激擾採取**快慢不同的**反應。共振的速度繫於系統的結構，它們也因此繫於系統的歷史。換言之，結構耦合只擔保系統與環境在個別事件發生狀態中的同時性，**但卻不擔保其同步化**。[7]同樣地，在彼此耦合的諸系統中，共振的波長也可能具有不同的長度與不同的複雜性。正如同我們接下來將要指出的，即便法律系統透過具有高度特定性的設置（憲法、所有權、契約）而與政治系統和經濟系統進行耦合，但是在這種情況中，並不存在對於時間上無變異的協調狀態的擔保，而是只存在對於交互的驚訝所具有之充分的特定性的擔保。

結構耦合具有包含與排除之雙重效應，這樣一來，當它們要將激擾能力予以集中，並且在其可能性的領域中使其自身準備要面對可能事件時，其負擔也會被減輕。唯有在這樣的基礎上，系統才能發展出敏感性，這些敏感性則仍然位於可控制的運作領域內。在大腦以及所有有賴於此的系統建構活動（諸心理系統、諸社會系統等）情況中，甚至會演變成具有內生性不安狀態的系統，這些系統持續地被激擾，甚至，在激擾停止出現以後，它們大都仍停留在此一狀態中。此外，正是在這種情況中，需要預設系統之無差異的符碼化，及其對於那些不會被提供給結構耦合處理的環境刺激所產生的抗拒效應。

全社會這個溝通系統，在此一意義下仰賴於其與意識系統所進行之結構耦合。[8]唯有在意識層次上（而不是以諸如化學的、生化的、神經生理的方式），全社會才會被其環境影響。唯有以此種方式，全社會這個建立在溝通基礎上的、運作上封閉的系統，才能建立起高度的複雜性，而溝通這個運作甚至還包含了一個組成部分，這個組成部分只在驚訝的形式，也就是訊息中，獲得實現。生命與意識在物理上的滅絕，恐怕不是會對溝通造成激擾，而是會使溝通終結。

期望這個規範性的形式，很明顯地會隨著驚訝而有所調整。它預設了意識系統之間的耦合（也因此它並沒有預設它們之間的重合）以及溝通，並且也由此而算計著，期望的失落會在運轉的過程中不斷產生。它在法律的形式中，備妥了接收的結構，這些結構發揮了預防的效果，使得持續出現的失落不會導致結構的完全失靈。藉此我們也再度重提並確認了前面就法律之功能所提出之論點。法律之建立乃是全社會系統的一項功能，它指涉著一項問題，該問題係產生於該系統與其環境之間所進行的結構耦合。

當一個特殊的法律系統，爲了滿足此一功能而分化出來的時候，情況也隨之改變。與前此的情況一樣，全社會的溝通仍會與諸意識系統進行耦合，而在這些系統當中出現的事物，也會一直對全社會的溝通產生激擾。然而，透過法律系統之分出，在全社會系統的內部卻會附帶地形成一種新的系統/環境關係，也就是法律系統與其處於全社會內部的環境之間的關係。的確，在法律系統中也有溝通進行著，法律系統也會受到諸意識系統之激擾，但在此時卻會附帶形成一些新的可能性：對法律系統而言，在其與處於全社會內部的環境中的其他社會系統的關係上，可能會發展出結構耦合的新形式。

無論複雜性的進展是如何獲得成就的，結構耦合從來不會將環境的規範導入法律系統中。它們只能引發激擾。在此可以正確地說，「結構耦合」這個形式，並非某種彷彿可以預先規定好的規範主題。雖然從系統的角度來看，其爲進行結構耦合而提供的那些設置（我們即將要談論的所有權、契約與憲法），有可能採取法律形式——**但卻不是基於其結構耦合之功能，而採取這種形式**。這項功能必須被假設爲已經被給定的事物。它與那些建立起系統固有之結構，並且使自身以之爲導向的諸運作，形成垂直關係。

在此亦有一項一般性的規則適用著：一旦法律系統在毫無限縮的情況下，暴露於其全社會環境的壓力之前，它就無法使其自身專注於特定的干擾。所有可想像的壓力，都會使法律變形，換言之，它們有可能忽略法律、規避現行有效之法，也有可能在某些情況中，誘發系統將法解釋爲不法，或將不法解釋爲法。在全社會的諸多次系統彼此間的關係中，倘若缺少結構耦合，那麼現代語言使用方式意義下的法律，就會停留在腐化的狀態。

腐化這個概念很明顯地帶有輕蔑的意味。然而除此之外我們還需注意到，此處的問題並不完全在於要對抗腐化，也不完全在於那些對抗腐化的規範，或者那些規範之執行。更深刻的問題毋寧是，在與其他次系統的關係中，有哪些結構耦合的形式，使得腐化現象有可能被替代，並且有可能較少地、卻又同時（藉由耦合來促進而）較多地讓環境的影響被允許進入法律系統。

II

某個全社會會設置何種結構耦合，以便使其諸多次系統能相互連結，但又同時限制這樣的連結，俾能使分化獲得維持？此一問題很明顯地取決於分化之形式。因而，唯有當全社會系統的功能分化已經獲得長足進展，以至於諸功能系統的分離與關聯業已構成一項問題，以及由整體事物——整體事物是由各個部分組成的——的統一所形成的弔詭，能夠被轉載到結構耦合上，並且藉此而能夠獲得形式的時候，那些使得法律系統得以和全社會的其他功能系統相連結的結構耦合，才得以形成。當人們能夠確定，在功能分化的實現過程中，事實上有一些新的結構耦合機制也獲得建立的時候，這時此一理論就是在經驗上可驗證的。[9]

只要全社會仍然是以片段（部落）的方式進行分化，那麼似乎就只會存在著由法律與強制力之結構耦合所形成的一般機制，我們已經在討論法律演化的章節中處理過這個問題。[10]規範上的期望，倘若沒有附帶注意到可執行性的問題，則它們就無法獲得實行，而可執行性則隨著參與者所構成的群體，在各個情況中均有所不同。「誓約輔助人」可以對此宣誓（也只能對此宣誓）。占有必須要能被捍衛，而法律則是其中一項手段。也因此，人們無法發現到經濟與法律間結構耦合的特殊問題。所有權尙無法與親屬聯繫區分開來，[11]契約——如果人們眞的能夠說這裡已經有契約之出現——則深埋在互補關係框架當中的一般平衡義務。[12]甚至早期希臘與羅馬的法律都還展現出此種狀態的跡象。一種特別的所有權概念仍然是可有可無的，因爲只要有oikos/familia（家族共同體）就夠了。就契約而言，除了那些已被高度形式化的例外類型之外，基本上都是存在於交易本身當中，在此交易獲得執行之後，不需再去期望會出現什麼法律問題，因爲很明顯的，社會風俗已經做出了它該有的貢獻。[13]

當全社會過渡到一種主要以層級方式進行分化的階段時，此一種類的結構耦合，即存在於分化模式自身當中，但只在有限程度內發揮作用。這些結構耦合爲上級階層賦予優先地位——包括接近使用法律的地位，就如同在其他事情上一樣。人們只能追問，那作爲政治權力基礎的地產以及與之相應的「舊式財富」，在何種程度上可以與那種以貿易方式，也就是快速取得的財富，彼此共生？這個問題沒有辦法在法律內部做成決定，而相應於此，在羅馬民法這個獨一無二的例外情形中，法律的發展正好就在令人驚訝的程度上獨立於這個問題。[14]至於對不同層級間互動聯繫的規制，本質上則是一項家族經濟（包括莊園經濟）的問題，在此範圍內，全社會中這種類型的結構耦合的主要負擔，就屬於「整體家族」需承擔者。一直要等過渡到了功能分化的階段，才能爲不同功能系統間的結構耦合創造條件。[15]

這件事情的前提要件，似乎是在於經濟系統與政治系統的分化這件似乎與層級化無法相容的事情中。一直到中世紀的時候，政治與經濟都還是共同仰賴於地產這項資源。有許多結構上重要的特徵，在土地上獲得體現：(1)人爲的與可修正的可劃分性；(2)存續的長久性；(3)收益與收益盈餘的自我更新；(4)構成在世代間延伸的家族延續性的基礎，以及(5)可能遭受武力侵犯，但不會受竊盜或詐欺之侵犯。這些結構上優點的融合，說明了那有賴於此的「政治經濟學」的顯著穩定性。然而，在中世紀時，由於貨幣經濟的迅速發展，而開始出現此種統一性的急速腐蝕過程。例如這時候，土地迫切需要被用來當作對信用提供之擔保，而這則改變了所有權的法律形式，並且迫使可轉讓性出現。[16]然而，在中世紀的贈與經濟與捐助經濟中，無論是教會，或者是世俗的統治者，都對地產具有攸關生死的利益，它們也相應地各自建立了彼此競合的裁判權領域與法律系統。這件事使得所有權這項法律制度的**概念上**發展，遭受阻礙。但經濟發展仍然橫跨了這樣的衝突，並且在其下藉著將經濟利益由土地轉移到貨幣上，以及藉著將地產視爲收入來源與信用基礎，並以純粹經濟的方式評價之，而巧妙地擊潰了它。

自中世紀晚期以降，在歐洲，（貨幣）經濟發展所帶來的問題，早就不是在領土國家的層次上能獲得解決的。[17]一直到十八世紀爲止，這個現象都是藉由提出關於人類本性的假設而被描述，並且用個別國家爲增進福祉而採取的「重商」政策來予以回應。經濟系統的自主性首先是在（國際）貿易上清楚可見。也因此，貨幣的流通、工作的取得、產品的品質、福祉等等，都被認爲是具有依賴性的可變項。一旦它們能夠對王室的財政發揮作用——財政本身又意味著政治上的行動自由——那麼，在此範圍內，貿易也可以被描述爲「politique exchange」。[18]但在那件因威爾坡而起的、引起廣泛注意的倫敦國會「貪汙」案當中，卻很清楚地突顯出，這種金錢對政治、並且藉此對法律所造成的影響，必須予以禁止，[19]而另一方面取而代之的則是，經濟利益在對於所有物的權利、團體之設立以及契約自由上的影響，則獲得開啓。這時候至爲關鍵的事情是，要建立起正確的管道，並使其可被利用。一直要到這件事情在某程度上獲得成就，也就是一直要到十八世紀下半葉，人們才認識到，並且接受經濟系統與政治系統原則上具有非同一性，也唯有在這個脈絡下，各種設置才能找尋到那使得次系統的結構耦合成爲可能的形式。

一直要到十八世紀下半葉，一種特定的經濟觀察方式才獲得貫徹，在此之前，所有權與契約都是奠基在自然上而取得理論基礎。[20]倘若人們仔細端詳之，那麼就會發現，在這兩個情況中，同等/不同等這個圖式，在某程度上是作爲那使自然所要求的事物得以運作化的區分。就所有權而言，人們會說，人類在受造的時候雖然是平等的，也就是無「財產」的，但社會的發展則會爲了獲得更大優勢的緣故，走向不平等。[21]不平等有部分是在經濟上（分工、隨動機強度而獲得的酬勞），有部分則是在政治上（統治者與被統治者分化之必要性），獲得奠基。與此相對，在契約思想上，則謹守著締約當事人間的平等，[22]而如此一來也同時意味著意志決定之自由上的平等（但當然不會意指資產關係上的平等）。一直到十九世紀，在社會主義陣營中，人們才去質疑，在工廠組織以及無資產階級對於勞動的依存性背景下，這樣的自由究竟如何可能？相對於此，在自然法的傳統，以及那受其決定的經濟理論中，人們則對那種能結合所有權上的不平等以及締結契約者之間的平等的全社會結構，感到讚嘆。在舊歐洲的語意學中，這件事情正好也被視為秩序之正義所具有的記號。

不過，我們仍應該提及相應於此的限縮考量。一直到十八世紀時，所有權概念都並未包含自由且無限制地利用市場機會的想法。[23]在「civil society」（市民社會）裡，這個概念的政治意味仍然過於強烈。所有權雖然不再被視爲是獲得統治權之不可獲缺的條件，但卻被認爲是公民對透過代表機制而爲政治參與這件事情所具有之唯一正當利益。正如同我們將在以下部分所要說明的，一直要到一八〇〇年左右，所有權與契約才逐漸被調整，以便使它們適於與經濟系統進行耦合。也差不多在同一時間，在政治系統與法律系統的關係上，出現了一項新式的憲法概念。只要等級關係仍然具有主導地位，那麼在法律系統與政治系統的關係上，就不可能出現任何結構耦合。在這樣的情況裡，只存在著對等級區別所給予之法律上承認，以及下述規則：在貴族與市民階級間的審判程序裡，倘若碰到無法釐清的事物狀態或法律狀態，則必定是由貴族取得程序上的勝利。[24]在法秩序與那早已分化出來的政治上支配之間所發生的衝突，則是在契約這個法律形式中獲得規制（或者在必要時，還可將此詮釋爲，彷彿這件事自古以來即已發生）。憲法則取代了社會契約或國家契約這類語意上的構造，連同在「大憲章」類型中的契約式安排的傳統。[25]一直到這個時候，人們才能自由地發現到，舊式的社會契約學說執行了一項冠冕堂皇的套套邏輯：法律上的拘束，是在諸契約的法律上拘束的前提下，被創設出來的。[26]

值得注意的是，這兩種耦合——在所有權／契約上的耦合以及在憲法上的耦合——都是指涉著法律系統，而法律系統則在這樣的方式上促進了經濟系統與政治系統的分化。而一直要到二十世紀才清楚顯示出，在經濟系統與政治系統間也存在著結構耦合。人們可以在中央銀行這項制度中（在一八〇〇年左右，中央銀行這個制度，仍然因爲國家以承擔債信爲資金籌措的手段，隱而未顯），以及在稅收中（稅收使得人們有可能在政治上（也就是非營利性地），對具有經濟上後果的貨幣流通的部分，進行調節）。但這個題目已經超出了目前的探討脈絡。我們在此僅限於討論經濟與法律的結構耦合（Ⅲ），以及政治與法律的結構耦合（Ⅳ）。

III

當法律對經濟類的需求與利益做出回應的時候，其實它已經是在第二個層次上對經濟進行處理。正如同我們在探討所謂的利益法學時所看到的，[27]法律可以爲了探討「利益」而提供一項自身固有的概念來加以運用，但這件事情早已是發生在其固有之諸運作所構成的網絡中。藉此方式，經濟上的利益就被「均質化了，它們褪去了特定明確的經濟上相關性（例如它們的貨幣價值），並且幾乎可說是被抽象化成爲單純的利益，然後它們會對應於法律符碼，而被分類爲法律上受保障的/法律上不受保障的利益。這預設了，經濟系統與法律系統可以在上述討論的意義下，形成結構上的耦合，但是卻沒有說明這件事如何發生。利益這個概念，比主觀權利的概念還更清楚地指明了，[28]法律系統爲來自於經濟的信息建構了一個高度敏感的接收站與轉化站，不過它卻完全沒有說明，應該要藉由何種方式，來擔保在這兩個系統中出現的高度交互激擾，能夠被吸收。一門僅在此層次上進行探討，以便研究出經濟利益對法律的影響，或者反過來，研究如何藉由法律來箝制經濟利益的的法社會學，就錯失了經濟與法律之間的構成性的關係，特別是錯失了此種分化可能性之全社會條件。[29]

問題是在於各個不同功能系統的自我再製間的分化與耦合。對於一個獨立的自我再製的經濟系統的分出而言，貨幣這項在象徵上被一般化的溝通媒介，是具關鍵性的條件。[30]一旦諸多交易在貨幣中取得平衡，並且只要這件事情發生，那麼貨幣所具有之完全而同等的可再使用性（與那些貨物與給付所具有之少量的、不同等的可再使用性有所區別），就會使一種自我再製的網絡成爲可能，在此網絡中，既有可能藉由支付來拋出支付能力，亦有可能在他人手中對其進行再生產。無論貨幣最初是基於什麼樣的目的被發明的，它都只在這個支付網絡中具有溝通性的意義。在這裡，必須要給定一個關於再使用之可能性的廣泛量度表，也就是多數的貨物、給付、最後則包括市場等等，藉著這些事物，接受貨幣成爲一件划算的事。這時候，貨幣支付成了一項明確可指認的信號，指明了與經濟系統之運作所具有的關聯，無論在各個特定交易的脈絡中貨幣是用來支付什麼東西。那些並未指涉著貨幣而進行的事情，也就不屬於經濟系統——從在自家花園掘土這件費力的工作，一直到在自家廚房清洗餐具——除非，人們是爲了節省人事成本與器材成本才這麼做。

一種已分出的貨幣經濟，對法律提出了高度的、但卻是（這點是很關鍵性的！）**不可支付**的要求。爲了使經濟在其固有的自我再製形式中成爲可能，法律必須要有效地滿足其固有的功能，而不是去滿足經濟的功能。也就是說，法律不能夠歸屬於經濟系統的那些可被購買的貨物或服務，否則的話，在貨幣的使用中就會出現下面這種惡性循環：那些以貨幣爲媒介的交易可能性所需具備的條件，本身就必須被討價還價，並且被支付。藉由結構耦合之機制所要滿足的，正好就是這項負面的（在此範圍內也是低或然性的）條件，這種結構耦合則必須與諸系統的分離以及其各自固有的運作上封閉性相容。而爲此所找到的形式則是所有權與契約。

一如在法律系統中的情況，在經濟系統中，也存在著自我再製的最低程度條件，倘若自我再製式的再生產還要能夠繼續發生的話，則這些條件必須比諸結構（例如價格）的轉變更具持久性。在這裡涉及到的是事實性的，而不是規範性的條件。在法律系統中，法與不法必須能夠以相互排除的方式被區別開來。在經濟系統裡，則需要在各個情況中得以確定，當關聯到特定財貨（在最廣泛的、包含貨幣與服務的意義下）的時候，誰具有處分的能力，誰則不具備此能力。正如同法律符碼是作為系統之可條件化的前提，而超越所有的綱要，經濟的符碼化也形成了一項要求，該要求必須與各個種類的財貨分配能夠相容，因為若非如此，則財貨就會喪失其作為財貨之性質。

將這種經濟上可條件化的前提稱為「所有權」——或者更恰當地說，稱為英語中的「property」（財產），因其所涵蓋的範圍更廣——是一種很常見的作法。所有權是建立在一項特定明確區分基礎上、對於對象的觀察形式——該區分其實就是不同所有權人間的區分，無論這指的是對事物的支配、處分可能性，或者其他事情。這樣一來，所有權的意義就在於**切斷對共識之要求**。對特定的溝通成果而言，所有權人的同意成了關鍵因素，而**並非仰賴其他任何人**。至於以這種方式被特定出來的溝通領域為何，則需要藉由所有權的內涵來予以確定，而這又是藉著對特定客體的指涉，或者藉由其他方式。以系統論的方式來表述，則應該說，具決定性的一點是對稱性的打破。

在所有權人之間做出區分的其中一項要求是，必須禁止武力的侵奪，而且只能透過法律，在必要時執行這種剝奪。[31]在這當中並不必然已經蘊含了對於某個特定法律概念的確立。應該說，所有權這個觀察圖式，在法律系統與經濟系統中允許對其進行各自不同的塑造，而正是因為這點，它適合於用來承擔經濟與法律之間的結構耦合。經濟系統的符碼化，建構了此系統的固有值，並且維繫著系統的持續運轉，無論法律系統使所有權概念連結於何種限縮、無論法律系統採取的是（以及如何採取）古典的人法／物法／訴訟法圖式之區分（學說彙編Digesten 1.5.1），或者採取今日物權法與債法的區分，這些問題都不會納入考量範圍。經濟很單純地就是藉著使用其所有權符碼，來使此符碼獲得確立，而倘若做出相應區分之可能性已經不存在，則只會導致一項結果，那就是，不會存在著任何經濟系統。

因而，唯有藉著這種雙重的、既具有經濟系統內在性的、亦具有法律系統內在性的含意，而作為結構耦合的機制，所有權才能夠被妥當地理解。妥當性在此意味著：從全社會的角度來看。耦合使得經濟上固有的諸運作，作為激擾而對法律系統產生作用，也使得法律上固有的諸運作，成為對經濟系統的激擾。但這並不會對上述兩個系統的封閉性產生任何改變。也就是說，即使因為法律而形成一些更困難的條件，經濟仍然會尋求獲利，或者可獲利的資本投入；即使因為經濟而造成一些更困難的條件，法律系統仍然會追求正義，或者具充分一致性的個案決定。這件事不會因為相互激擾而發生任何改變。在古典的自然法理論中，洛克早就明白說過，所有權使得每個法秩序變得不正義，但人們卻可以藉此獲得經濟上利益。

是故，對所有權提供的單純擔保，單就其本身而言，尚非一項機制，使得邁向市場經濟的（「資本主義的」）經濟秩序之過渡階段得以被導入。[32]經濟必須自己進行轉化，以便能夠提供那些與法律系統相遭遇並且引發激擾的問題素材與案例素材。

但即便不考慮上述論點，所有權也只不過是提供了作為出發點的區分。除此之外，在所有經濟上的交易中，還必須要能夠對交易前與交易後的所有權狀態加以區分。交易要求要對諸區分進行區分（而並非僅是諸客體的一種運動而已）。這種對諸區分進行之區分，本身必須具有時間上固定的可穩定性，雖然（而且正因如此）它自己也是一項短暫時間性的區分。更簡單地說：「在交易之後，誰有別於先前的狀態而成為所有權人，誰則不是？」這個問題，必須是能夠被確定的，而且在接下去的時間運行中，也一直保持在可確定的狀態。這項要求也具有一個法律名稱，亦即「契約」。在經濟中，人們所說的則是交換。並不存在任何具有系統中立性的稱謂。在這裡也存在著一項結構耦合的機制，因為，倘若這種諸區分的可區分性不再能夠運轉，則在這裡，經濟系統與法律系統會在廣泛的範圍上萎縮（也就是，會被化約到那些不具可處分性的剩餘財產上）。

自我再製乃是以運作為基礎的系統動態性，在此意義下，它是一種動態的穩定性。據此，經濟之分出之所以可能，並不是因為單純對占有狀態賦予保障——這是層級化全社會的主導利益——而是在諸交易所構成的遞迴網絡上成為可能，這也意味著：要藉助貨幣。其所導致的後果是，在所有交易中必須被預設的所有權，本身也必須在貨幣中評定其價值。因而，當經濟的分出已經成形的時候，貨幣這第二項符碼，就對所有權這原初符碼產生主導作用，而所有權也越來越會在可能的交易上利用方式的觀點下，或者在一種僅具暫時不可流通性的固定狀態觀點下，作為被投入的資本而被評定價值。這樣的發展，剝奪了土地所有權原本作為一種類似於家族式的政治支配形式，而具有之政治相關性，它也迫使那在同時期形成的國家，轉向稅捐之徵收。[33]

這樣的思考，把人們帶向一種對經濟系統與法律系統之結構耦合所進行的歷史——動態性的分析，並且也藉此帶向法律史的研究。法律相當猶豫地用其自己固有的諸概念與綱要，對那以貨幣為基礎的經濟系統做出回應；它之所以會猶豫，相當程度是因為，在現代國家尚未擴建成形之前，它還必須順帶滿足所有權的諸多政治上功能。[34]尤其是：土地所有權在等級分化的情形中，被用於供應那些在傳統界線中，為維持生活所必要之財貨；與此相對應的，則是指涉著一塊、而且是同一塊土地的各種各樣的法律狀態。[35]在英國，早在十一世紀末就已經開始出現一項特殊發展——它仍然是形成於封建法律秩序框架中，並且是藉由國王的上級所有權而獲得正當性——亦即，將土地所有權分配給個人、採用書面登記、並且使其成為可買賣的權利集合體。[36]很明顯地，這種發展所需具備的前提，是一種強勢的、對於稅捐收入與裁判權之掌控具有興趣的王權。但在歐洲大陸，人們也可以尋得類似的發展，即便這樣的發展前後延宕了更長的時間——而且是在未受到羅馬法直接影響的情況下！[37]概念上的調適，一直要到後來才發生——而且是在別的地方發生。到了中世紀晚期，在巴托魯斯的學說中，才明白地使「處分這個特徵——其可說是貨幣經濟的特洛伊木馬——滲入到所有權概念當中，並且由此概念之內部著手對其進行改造。這件事情的出現，起初看來或許有點荒謬：在所有權上所爲之收益與利用（在fruitio, usus〔收益，利用〕的意義下），也可能蘊含於人們對所有權的放棄當中。而這又唯有當人們能自由地就這件事情之條件進行交涉時，才會在相同程度上清楚顯現。處分指向了在法律上更難進行調適的契約法的諸結構。

民法上所有權概念朝向可標示性與個別所有權人之處分權力的發展走向，以及將此種所有權的權利擴張到土地財產上，這樣的發展過程前後大約歷時兩千年，但此一過程的劇烈推進，卻是在十九／二十世紀當中前後將近一百年的殖民時期裡，特別能被清楚察覺到。土地利用原本具有經常被細分的、藉由習慣獲得正當化的、名目上長期定居的形式，但當處分權利，以及稅捐義務與設定信用之可能性需要被規制的時候，卻必須清楚指明所有權人是誰，並且要能夠在書面上予以標明，而上述形式也就因此而被去除了正當性。[38]這個時候，即使所有權人對此不具有具體的使用利益，這件事情仍然會發生，而且其後果是，無論是以舊的方式或新的方式添加進來的土地利用者，都成了無法享有法律保障的強占者——無法享有法律保障，也就因此無法與貨幣經濟銜接。這個時候，結構耦合也成爲必要的，它們既把某些事情納入界線中，也把某些事情排出界線外。[39]

當人們將關注的目光移到那可被稱爲「契約之司法化」的發展時，也能夠提出類似於上述的觀察。與其他的相互性形式——無論是在古代的合夥，或者現代的「幕僚關係」[40]中——均有所不同，契約雙方當事人的不平等狀態，並不會被納入到對於給付的評價中。契約的法律效力是獨立於這件事情的，正因如此，契約就適合被用來當作結構耦合的機制。

契約是社會史中最具有重大意義的演化成就之一。舉個例子，倘若缺少了契約，則經濟就不可能在企業的形式中進行分化，亦即，人們就無法以經濟的、合理性的方式來行動。[41]但契約所涉及的究竟是什麼事情，它又是什麼樣的一種成就？

契約在時間上使某個**特定的差異**獲得穩定化，並且同時針對其他所有的事情抱持**漠然性**，包括那些未參與契約的人與行爲所產生的利害關係。爲了差異的緣故而抱持漠然性——這就是契約在形式上爲我們帶來的好處，也就是它的一種特定的觀察關係，這是一種能夠帶來一項區別的區別，也就是訊息。[42]法院監督著這種漠然性之製造所引發的效應——這也是爲何法律系統很難接受讓契約自由開展的作法的主要原因，只要其他專業的工具（也就是市場）還沒進來發揮其影響。

無論人們能夠對古代東方的交易法律取得何種認識、抱持何種見解，均無法否認，各種雙務契約，一如吾人之認識，是羅馬民法兩千年來演化的產物，而且，就如同人們在其上可發現到的，它是法學家們所能夠想到的最困難的想法之一。尤其值得注意的是，買賣契約的問題，從物權法的脈絡中（得對抗第三人之介入而受保障的所有權移轉方式），被推移到債法的脈絡中。這時候的問題就是，要藉助某種法律上的建構（就事後回溯的的觀點來看，這樣的建構有可能被理解爲契約）而去承受並分配各種障礙事由及其後果。這樣一來，契約的概念就在債之發生原因觀點下，變得具有相關重要性，並且也會在這個體系位置上被放進業已完整發展的契約理論中加以探討。[43]究其本質，這裡牽涉到的問題是，要公平地對相互性關係當中的給付障礙事由進行清算，而且這還應該要與雙方當事人在此種情況中所具有之標準期望取得一致。[44]因而，早先其實根本就不存在任何一般性的契約概念，而是只去處理「爲給付關係中的哪些障礙事由，應給予契約之訴」這個問題，亦即，要去建構出一項實體法上的責任，作爲判決基礎。畢竟無論是在古希臘[45]或者羅馬法當中，對於不具形式的約定（單純簡約），[46]均並未給予一般性的法律承認，而且，在那種具有民法上有效性的買賣契約，尚未在羅馬法上被發明出來之前，根本就不存在基於未被履行的買賣契約而賦予訴權這件事。[47]甚至在中世紀之後的一段時間裡，契約法都還停留在作爲諸多訴訟程式與契約類型之集合概念的階段，這些契約類型有其各自固有之名稱，並且也依照各自特別的條件而被處理。對此而言，「原因」不過是另一項稱謂。契約乃是「conventio nomen habens a iure civili vel causa」（基於市民法或原因而獲得名稱的合意）。[48]因而，近代針對變動中的經濟關係，而對契約法所做之調整，其進行之方式，就是採取改變「原因」理解之形式，並走向契約目的與締約當事人所具有之相應於此的拘束意思。到後來，在德國的普通法當中，則摒除了獨立的原因學說，並完全取決於締約當事人之意思表示與動機。*

---

* 譯註：魯曼此處的論述涉及到羅馬契約法的相關知識。羅馬法上的各種契約，原本並未構成一個有秩序的體系，其中包括了有名契約（主要可分爲要物契約、諾成契約、口頭契約與文書契約）、無名契約（contractus innominati），此外尚有所謂簡約（pactum）。簡約指的是，當事人之間雖然具有合意，但是並未踐行一定的形式。這類簡約起初並不受法律保障，除非當事人之間就違約的罰金締結要式口約（stipulatio）。但是後來有些簡約被賦予法律保障，例如，若當事人之間締結買賣契約，而同時以簡約約定，買受人可供擔保而分期給付買賣價金，這個時候，出賣人可依出賣訴（actio venditi）要求買受人履行該項簡約。此種簡約稱爲「附加簡約」（pacta in continenti adiecta）。

中世紀的註釋法學家（Glossatores）卻在簡約的概念上，發展出一般的契約概念。他們首先區分了不享有訴權保障的pacta nuda（單純簡約，或照其字面意思譯爲「裸體簡約」）與享有訴權保障的pacta vestita（穿衣簡約）。註釋法學家將羅馬法上的各種有名契約、無名契約與附加簡約，都放在「穿衣簡約」的範疇下，並且逐漸擴張此概念的涵蓋範圍。最後，在教會法學家的影響之下，「契約應予遵守」（pacta sunt servanda）的原則逐漸得到貫徹。

在這種擴張契約概念的發展傾向中，「單純（裸體）簡約」的概念仍然被保留了下來，因爲法學家認爲，唯有經過當事人審慎考慮過的締約內容，才應該被賦予訴權，成爲「穿衣簡約」。中世紀的法學家在這邊借用了亞里斯多德與多瑪斯哲學中的原因學說來當作簡約的「衣服」。根據這種學說，每一項結果，都必然出自一項原因，而原因則是某件事情之所以出現的不可或缺的條

這時候，契約是以極端形式性的方式被定義，它被認爲不過是締約當事人意思表示之合致。[49]

這項發展，一直要到十九世紀才獲得完結。人們可以發現：法院原本使用一些概念技術上的工具，以利其能在契約締結後，出現給付障礙事由而需對之爲清算時，做成一致判決；而法院這時候對於交出這些概念技術工具，抱持著相當遲疑的態度。但最後，法院卻以藉助締約當事人之推定利益，而對其意思做出解釋的作法，來取代上述概念技術工具。這整個發展歷程，是肇始於教會法，並且最後使得純粹的合意契約（但這從來不包括那僅作爲形式上合致表示的單純簡約）具有可訴訟性，而其最終之法律原因則是一項一般「自然法」上的規則，即人們必須信守自己說過的話（信義）。

在普通法裡，與此對應的發展比較不是以那麼一貫性的方式進行。這也可以拿來當作一項明顯例證，說明法律演化的獨立性，亦即，相較於在市場經濟與商業貿易上較爲進步的英國，在尙屬較低度開發的領域（例如德意志帝國）內，卻得出了更徹底的結果。這主要可以藉由下述說法獲得解釋：契約自由的眞正限制，並不是因爲私法工具的欠缺，而是因爲基於國家權威而對土地交易、貨物生產、貿易與公職法律所實施的管制。也因此，在德國，人們首先是謹愼地使特許權獲得一般化，來作爲輔助手段。[50]相較於歐洲大陸，英國在更早的時候就已經取消了這些限制。[51]據此，則私法上契約法所帶來的差別，起先幾乎沒有產生任何影響。就普通法而言，這些差別之產生，或許是因爲法院具有較強勢的地位，並且試圖維繫其傳統上的管控工具，然而當然也可能是因爲大學教育以及教科書傳統僅具有較低的重要性。平行於中世紀的商業發展，在這裡也開始發展出契約這項法律制度，其發展的方式則是，將權利侵害之問題，由侵權行爲法引入到一門被賦予訴權的契約法[52]領域中。在十六世紀末，則伴隨著「約因」學說之提出，而將一項動機因素引入到契約法當中，亦即基於一項業已履行的、或者具可期待性的對待給付，而認定一項承諾具有拘束力。[53]休謨對於法學的概念性採取明顯的保留態度，並且主張一種在歷史性社會發展理論脈絡中的，進步的契約構想。不過即使在他的理論中，也基於認知心理上的理由而認爲下述論點具必要性：「通常民法以及自然法，會要求要出現客體之交付，或者某種可感知的移轉」。[54]一直要到十九世紀初，那種完全以未來爲取向的、不會藉助任何已形成之事實而被預先判斷的、並且完全基於締約當事人之意思而成立之契約，才在英國獲得承認。[55]也是到了這個時候，英國才接受了那種用以取代舊式訴訟法性質的契約學說，而提出的法律建構：契約係透過兩個彼此合致的意思表示，亦即要約與承諾，而得以成立。[56]到了這個時候，才出現了眞正意義上的**向未來發生拘束力的契約，這些契約，即便當締約當事人的任何一方均尚未基於對契約之信賴，而做出任何處置的時候，在法律上仍然有效**。也是到了這個時候，契約法才成了一項內涵廣泛的、可採教科書之規模予以探討的主題。[57]

隨著契約自由的制度化，經濟與法律的結構耦合亦獲得其現代的（爲了避免說是完美的）形式。在這種情況中，經濟不需要將一個由諸多可能的契約類型所形成的狹隘網絡，納入考量，就已經可以對諸交易進行安排。[58]當法律問題出現在其視野中的時候，它就可以專注於「應該要注意或者迴避這些禁止誡命」的問題。反過來說，法律系統也爲其固有自我生產之繼續進行，取得了相對應的自由。它取得了在回溯觀點下對締約當事人意思進行詮釋的自由，可以將某種未被表明的想法詮釋進契約的意義中、[59]在「補充解

件。將這種學說套用到契約上則意味著，當事人之間的約定，應該出自合理的動機，才能被認爲是「穿衣簡約」。但由於「原因」的概念不甚明確，後來的法學家就逐漸放棄了這種理論建構方式，在十七、十八世紀時，德國法學家已經不採用原因的概念來界定契約概念。參見周枏，羅馬法原論（下冊），北京：商務，二〇〇五，頁七〇五以下，頁八一三以下；Reinhard Zimmermann, The Law of Obligations: Roman Foundations of the Civilian Tradition, Oxford University Press, 1996, pp. 537seq., 549seq。

釋」的方法上置入更多契約要素，或者也可藉著將某些事情認定爲違反「善良風俗」（德國民法第一五七條、第一三八條），而擴張契約之要素，並且將法院實務上那些貼近個案的規制措施的結論，加以法典化，例如表現在德國民法第二四二條的註解配備中。在這樣的方式上，人們又在可觀的範圍內，贏回了原本因爲「契約自由」而做出讓步時，所放棄的那些管控手段。這樣的解決方案，在一次世界大戰後的經濟危機中，通過了合用性的考驗。法院在相當可觀的範圍內，根據相關的關係，而對諸多契約做出調適——例如，採取將「經濟上不能」此一概念等同於「給付不能」概念之作法。[60]就法律系統的角度而言，契約就是，而且也維持作爲債之發生形式之一，在爭議情況中則應對此形式做事後之審查。另一方面，經濟系統則是在諸交易所構成的模式中，來改變其自身固有之狀態，並且造成一些後果，這些後果在事實上幾乎可說無法受法律控制，更不用說會受其「調控」。

在責任法領域中，關於在意圖造成之損害問題上，所採用的重要例外措施（這是一項引發許多重大後果的法律特權，它允許對他人施加故意之損害，倘若這些損害是在經濟競爭的框架下被造成），可說是經濟系統與法律系統間最值得注意的結構耦合之一，這些結構耦合本身係與所有權以及契約自由之制度化相銜接，而以幾乎未被注意到的方式出現。雖然人們知道，或者已經考量到，開啓某種生產程序，或者開某間店鋪，可能會使得其他人因而蒙受收入之減損，甚至必須結束其所爲之營業；也就是說，雖然某種對於已建立的並被實行的營利事業的權利，原則上已獲得法律之承認（在德國民法第八二三條的框架下），他們卻仍然能這麼做。之所以會賦予這種對他人施加損害的特權是因爲，經濟系統是在競爭之上建立起來的，倘若缺少了競爭，經濟系統恐怕就獲取不到什麼好的結果——至少人們是這麼推定。此外，這個例子也顯示出，此一事態在法律系統與經濟系統中，是以各自不同的形式出現。這裡所牽涉到的，幾乎可說是一項與所有權和契約等制度處在相同位階的原則，但法學家卻很難認知到此點；反過來，在經濟系統中，則是將競爭視為根本的結構。

此外，當人們注意到在經濟系統與法律系統中，對於所有權與契約之關聯所給予之不同處理方式時，就能夠認識到，結構耦合既做出分隔，又形成連結。在經濟系統中，基於貨幣經濟所形成之條件，所有權的價值，相當廣泛的程度上是（對於經濟理論而言，則幾乎完全是）在於其在交易上的利用。價值就是交換價值。相對於此，法學家則習慣將基於所有權的法律上請求權，與基於契約的法律上請求權分開來觀察。倘若人們放棄這種區隔，那麼這將會對民法產生革命性影響。不過人們仍然可以問道，憲法在其關於所有權保障的詮釋中，是否同樣必須使用這種區隔作法，或者，在這裡也許可以對經濟上的現實情況（無論其會帶來何種法律上的後果）採取較為強勢的開放態度？[61]但無論如何，諸系統的分離，都會阻止那種將經濟上的觀察方式直接移植到法律當中的作法（即使提出了各種關於「法律的經濟分析」的理論），人們最多可以問，在法律系統中，關於所有權的請求權，與契約請求權的嚴格分離，是否只不過是一項傳統，並且僅僅是因為懼怕改變所造成的後果可能具有無可概觀性，而拒絕改變，抑或人們能夠為採納這種改變，一直提出好的法律上理由？

使二者分離的其中一項理由可能是在於，將契約當作具法律上效力主張之來源，而讓私人意志取得能夠引入政治上強制力的權力。雖然政治上的強制力並未參與契約，但它必須要能在契約主張之執行上供人使用。當人們理解到，藉著這個方式，法律系統與政治系統（就使用物理上強制力這件事情而言）均受到私人意志——也就是經濟——的調節，這個時候，他們就會認知到此一形式的大膽之處。「法效力」這個象徵，當其被使用時，會改變法律系統本身的狀態，並且使政治系統也承擔涵蓋這種改變的義務。這樣一來，法效力也會為了各種調節的緣故而具有部分的開放性，這些調節，就其促發之因素而言，並不受到法律的控制。其後果則是，系統的變異性巨幅提高，相應於此，從純粹統計上來看，關於民事法律的訴訟也顯著地增加了。[62]一如以往，當涉及到契約是否在法律上有效成立此一問題時，法院總是保留了最終決定權。系統的開放性是奠基於其運作的封閉性上。此種開放性是藉由法律系統與經濟系統間的結構耦合的擴展，而被造成，並且，如同前面簡短指出的歷史發展所顯示的，這件事情是採取極端謹慎的步調而進行著，這種步調並不是立刻對問題所形成的壓力做出讓步，而是先蒐集在自身系統中對細微變異的處理經驗。即便如此，對所有權概念與契約法所進行的這種改造，其後續效應仍然是非常巨大的，而其中最重要的一項後果之一就是，那需要對民主做出回應的管制性國家，必須為其干預措施賦予那種頗為棘手的（因其為間接的）、對所有權之使用與契約自由進行限縮的形式。

倘若人們將政治系統當作另一個功能系統，而帶入考察，那麼就會顯示出，這個系統在相當顯著的程度上，受到經濟系統與法律系統結構耦合形式的影響，這是因為，對於一筆可觀的貨幣流通（關鍵字：稅收）以及立法所進行之政治上調節，可說是能對眾多無法概觀的細節事項發揮有效作用的最重要的，甚至是唯一的政治性工具。[63]在中世紀的時候，這個問題並不嚴重，因為dominium（所有權）所意味的，其實就相當於政治上的支配權，且在此範圍內並不會與iurisdictio（裁判權）區分開來。在十八世紀時，為了回應所有權在政治上的釋出，人們提出了兩種不同的、考量到新的實際關係的構想，也就是(1)重農主義者所提出的，對「專制的」政治性強制力做內容上的界定，將其視為對所有權之合理的、並且因此受有限制的管理；(2)繫諸所有權的、關於大不列顛人民（更清楚地說，也包含北美洲人民）的政治代表理論。[64]在歷史上一段很短的片刻中——在此片刻中，出現了現代的憲法概念——政治或許看起來可以使自己僅限於觀察法律與經濟之間的關係，並且在可能情況中做矯正。但是到後來，法律系統與經濟系統的開放、交互的激擾，卻會對政治系統產生無可抵擋的引力。一直要到十九世紀的時候，「契約自由」這個關鍵詞才開始廣為流傳，[65]在此之前，人們則只討論過契約上意思表示之拘束效果；這個新的概念看起來彷彿是為了要抵抗國家之干預而被發明，並且特別是展現在勞動法與卡特爾法當中。[66]法律系統與經濟系統的結構耦合，成了政治權力此一媒介之媒介，也就是說，它成了諸多可能性的鬆散耦合，這些可能性能夠透過具有集體拘束力的決定，而被帶進政治上可接受的形式中。爲了要獲致那些可欲的經濟效果，在法律上總是不斷加強對所有權的使用以及契約自由之限縮。自好一段時間以來，政治系統一直在試驗此種可能性的界線，亦即處理下述問題：在何種範圍內可以採取干預措施，但卻不會危害到這兩個系統的自我再製，也就是貨幣與法律之自我再生的力量。此外，目前爲止已經充分清楚展現的教訓是，在這種方式上所獲致的效果，從來就不會符合於政治上的意圖，因爲這些效果總是透過相關系統的自我指涉的運作方式，以及其結構決定性，而被決定。然而，這件事對於政治系統的自我生產而言，似乎不具有太大的關聯，因爲對於政治系統的自我生產而言，關鍵性的因素乃是對干預意圖所進行的具有集體拘束性的溝通，而不太會取決於後來出現的、或者不會出現的事實上效果。

IV

所有權與契約自由的擴張，只能用來掌握現代社會諸多問題中的一部分，也就是只能爲那被稱爲私法的領域，提供激擾。在政治系統與法律系統的關係中，則出現了完全不同的問題，相應於此，在現代領土國家型態獲得貫徹後，人們就開始對私法與公法進行了比之前更爲鮮明的區分。[67]政治系統，就其與法律之間的關係而言，可說具有全然不同的狀態，而這或許首先是在於，等級——階層式的分化即便面臨了對諸等級所進行之各式各樣的政治上權力剝奪，卻仍然對政治上的發展發揮了相較於對經濟領域更爲強烈的作用。只要在經濟領域中，農業關係仍然占有主導地位，那麼貴族對鄉村地區的勞動力組織，以及對價値之生產而言，便具有政治上的不可或缺性。莊園經濟，以及與之相連的地方性裁判權，自十一世紀以降便在整個歐洲擴展了開來（斯堪地那維亞地區是例外）。對貨幣經濟而言，「由誰來滿足這項裁判權的功能」這個問題，或許就不是那麼重要；但在政治上，貴族的這種地位卻不能夠被忽略，無論其是親自或者透過代理人來承擔這項功能。然而，在個別歐洲國家當中的情況，彼此間又大有差別——這恐怕與不同程度的商業化、資本建構與公債制度有關。在更進一步開展的關係態勢中，人們或許就已經可以提出關於代議憲政體制的思考，它們爲一般意義下的所有權人提供了發揮影響力的途徑。在德國，貴族院與等級議會之間的相互尊重，或多或少可說是無法避免的。[68]

自十六世紀以降，便形成了一些具有重要影響的發展方向，在其中，不僅貴族陷入財政上的窘境（這也使得他們必須依存於政治），整個層級式的秩序也因爲在它旁邊被建立起來的「國家」，而趨於沒落。這些發展方向是以政治、法律與社會在（前一章已經探討過的）語意上的統一性爲支撐基礎，但它們卻並未對諸功能領域之分化所帶來的各種新形式的啓動，構成阻礙。到最後，其結果則是，「國家」顯現爲政治系統與法律系統結構耦合的承載者——當然，這種說法只能在具備一項條件時才成立，那就是，國家具有一套憲政體制，它能夠使實證法成爲政治性的塑造手段，也同時讓憲法成爲使政治規訓化的法律上工具。這種藉由立憲國家而進行耦合的形式，**同時在兩面上**——無論對政治系統或法律系統而言——都爲**較高程度自由的實現**，以及**各自系統固有的動態性**之值得注意的**加速運轉**，提供了可能條件。

一直要到十八世紀末期，人們（在歐洲的邊緣，也就是在北美各州）才發明一種採用新方法來擔保法律系統與政治系統結構耦合的形式，也就是那自此以後被稱爲「憲法」的東西。[69]倘若諸憲法能夠成功地將法律與政治的交互影響，限制在國家憲法所規定的管道上，並且在這些耦合所形成的框架中，使各種可能性獲得提升，那麼它們就是作爲實際上的成就（有別於單純的文本）而存在著。在此種結構耦合的形式上，我們可以清楚看到，其他的可能性被有效地排除在外。其他的可能性——其所意指的範圍，可以下述事物爲例：對在經濟領域中的法律地位予以過分利用（財富、對政治上具有重要性的機會進行法律上控制），以便攫取政治上的權力；政治上的恐怖；[70]政治上的貪汙。只要政治系統（作爲其中一面）與法律系統（作爲另外一面），仍然是在「私人的」壓迫力量、恐怖與貪汙上相互銜接，那麼無論這兩個系統中的任何一者（倘若人們根本還能夠對它們做出區分的話），都無法達到高度的複雜性。也就是說，在憲法上，人們可以藉由對這兩面之接觸區域進行**限制**，而獲致交互激擾性的**大幅增長**——法律系統獲得更多可能性，得以在法律形式中記錄下政治決定，而政治系統也獲得更多可能性，能夠爲了政策執行之目的而運用法律。這個時候，在這兩面上所面對的問題都是，要用哪些結構形式才能應付如此高度增長的變異性。因而人們幾乎可以說：民主體制乃是法律實證化的後果，也可以說是法律實證化所帶來的、能夠隨時對法律進行變更的這些可能性，所造成的後果。

但這自然不是人們當初發明那自十八世紀最後三十年以降被稱爲憲法的機制時，所抱持的動機。人們根本就無法計畫，或者意欲這件事情的發生。承載著這個名稱、並且承擔著耦合功能的此項發明，應歸功於特殊的歷史情境，以及北美洲所具有之政治上的邊緣態勢——這件事並非偶然。[71]在北美洲的後革命時期情況中，所涉及的問題不僅僅是（甚至可說主要並不是）提出根本意義上的新法律，或進行法律上的革新。規範素材早已存在，其對自然法之指涉也被假設爲已經給定的條件。其實眞正涉及的問題是在於，要排除掉因爲脫離英國王室獨立而形成的眞空狀態。主權國家必須在各州的層次上，並且最後在國族的層次上，先獲得根本意義上的創生，在書面上固定下來的憲法，才能隨之成爲對此而言具有適合性的、充分明確性的以及立即有效性的工具。相較於兩千多年來民法的發展，這項突變乃驟然發生，並且具有觀念上革新的形式。的確，「onstitutio」（設置）這個概念本身就具有歷史上的根源。它一方面被用來指稱個人實體或政治實體的（健康或病態的）構成狀態，另一方面則被用來指稱皇帝的告示、君主的諭令、條例、法規等等被賦予制定法效力的事物。然而，政治上與法律上的語言使用方式，卻是平行地各自開展，唯有在英國，才形成了將「constitution」當作法律秩序與政治秩序的支撐性原則，而予以探討的習慣。[72]一直要到出現了政治上的轉變，例如發生在北美與巴黎的革命，以及發生在德國的，由帝國來對法律進行監督之權限的消失，才導致這兩種概念傳統的結合。從那時開始，人們才將憲法理解爲一種爲實證法自身進行奠基的實證制定法，並且因而界定了政治權力應如何被組織，以及如何在具有法律上所賦予之限制條件的法律形式中，獲得行使。[73]

從法律的角度來看，具有此種重要地位的憲法，只能是一份自我套用性質的文本，也就是一份將自身規定爲法律之一部分的文本。[74]舉例來說，這件事情可能採用衝突規則的形式，並且主要是藉由將憲法明訂爲「新法推翻舊法」此一規則之例外；進一步可能採取的途徑是，讓憲法自己來規制其自身之可變更性/不可變更性；還有可能更進一步採取的途徑是，由憲法自己來規定，是否、或者透過誰來對「法律合乎憲法，抑或違反憲法」此一問題，進行審查；最後還有可能採取的途徑是，使憲法包含對憲法自身之宣示，此項宣示係出自神意或者國民意志之基礎，並且藉此而象徵性地被外在化了。制憲當時的歷史情境與制憲意圖，倘若眞的還具有什麼地位，也只不過是藉著解釋規則被帶回到憲法中。[75]

上述的不尋常特點，最早是被美國人所提出，並且馬上就在司法裁判中獲得實踐，[76]但美國人原本也不熟悉這樣的運作方式。正好在自我套用的引申含意這一點上，並不存在任何的傳統典範。此外，憲法終結了法律之舊式的、對過去的開放性，並以對未來的開放性取而代之。這意味著，即使是那些主張歷史有效性的論證，現在也必須以憲法爲標準接受衡量，[77]另一方面，憲法使法律之持續變動的程序，獲得常態化。爲此，它設置了一種在議會中進行討論、並且以法律方式提出陳述的立法機制。[78]

法律系統看待憲法的方式是，將其視為一部應予解釋與適用的現行有效的制定法，而這樣的作法是很有道理的。從法律的角度來看，這裡的革新之處，即在於這部制定法的實證性，以及將憲法與其他法律之差異，內建到實證法當中的這種作法。此一說法同樣也適用於，而且特別適用於諸多衝突解決規則以及各種可能的禁止變更誡命。也就是說，實證法也能夠貫徹某種自我永久化——對於中世紀而言，這樣的思考實無法想像，而且在各種情況下都顯得可疑。傳統上由神法、永恆的或可變的自然法，以及實證法律所構成的法律階層結構，在這裡被揚棄。無論怎麼說，此階層結構之宇宙論上的以及宗教上的基礎，其實也早已崩潰。取而代之的則是，憲法清楚表明了，所有的法律都應該在法律系統自身當中，承擔責任。在這個過程裡，特別是在私法權利的領域，人們起初相信能從普通法或民法傳統的諸多穩定形式——這當然主要是指從諸如財產或民法上的所有權等形式中——獲得支持。特別是在十八世紀的時候，民法藉由此種方式維繫了與憲法所具有之非常密切的關係。然而，相對於這些先在條件，憲法卻越來越取得獨立性，包括在概念的層次上也是如此。這樣一來，它就只需要在自身之上獲得奠基，而諸多互相對立的原則也被內建到憲法本身當中——例如將不可變更性內建到一部原本在其他情況下可變更的法律當中；或者，它直接追溯援用各種「價值」或「道德」原則，而原本這些東西只能在現行有效法律規範的脈絡中，並且藉由這些法律規範的准可，才得以被法律所援用。[79]早在十八世紀時就已經出現了「違憲」的概念。[80]然而一旦人們開始將合憲/違憲從合法/非法當中區分開來的時候，憲法就獲得了突顯。這個時候，每項法規範都有可能是違憲的——無論是舊法或新法，行政命令或制定法；唯有憲法本身不會違憲。也就是說，法律在這個時候具有一種藉由自我豁免方式而獲得確保的機制，它可以運用這項機制宣告自身為違法。難怪傑弗遜起初會認為：國民就頒布憲法所為之委託範圍，並不及於這樣的程度；[81]人們必須停留在藉由一般制定法來進行一般法律變更的階段上。

此項成就，正好就因爲其法律專門性之內涵未被人們清楚認知，而變得較爲容易貫徹。該成就反而被當作主權問題，也就是被當作最高政治性權力的問題，而得到討論。這樣一來，人們就可以成功地主張，那些將個別制定法宣告爲違憲的法院，其本身並未將領導國家的任務，更從未將立法的任務，攬爲己有；[82]藉此方式，它們就仍然停留在專門司法功能的框架中。這種將問題推移到政治系統的作法——政治系統在主權的標題下，也會有其自身固有之自我指涉以及弔詭奠基的問題，並因而具有其自身固有之難解習題——使得法律系統的邏輯上革命，亦即向自我指涉的封閉性所進行的調整，能夠以不被察覺到的方式暗中進行；或者說，這樣的作法至少使得對系統之統一性所進行的反思，在專門的法律工具尚未爲新情勢發展出來之前，能夠不用承受立即將此種「災難」納入考量的負擔。

大約在此之前的兩百年，相關問題早已在政治系統中變得相當嚴重，而波丹的著作則經常被視爲引證的來源。在那裡，主權不再像中世紀時的情況一樣，只被理解爲皇帝與教皇彼此間在政治事務上的單純獨立性，而是被理解爲具有領土界線的國家權力的統一性，也就是被理解爲對內的主權。宗教性的內戰所造成的政治情勢，使得下面這件事情顯得必要：不能再將關於宗教、道德與法律的問題，委諸貴族階層自己的判斷。這樣的判斷在當時或許更可以說是被描述爲恣意，這時候它所帶來的後果，是形成了以恣意對抗恣意的狀態，而這又造成了進一步的後果，那就是，唯有當恣意係顯現爲主權性的恣意，也就是唯有當它只出現在國家的某個特定位置上的時候，它才是可被接受的。然而如此一來，人們就陷入到那自此以降一直作爲國家理論主要探討焦點的問題中，也就是，人們如何才能使那在最高處、不受約束的恣意，脫去其任意喜好的色彩（這時候，「quod principi placuit……」〔凡君主所喜好之事……〕），不再是從君主的美德角度來解讀，而是被理解爲對任意喜好之特許），以及，人們如何能使主權者受到合理性規則的拘束，尤其是受到其自身承諾之拘束。在這種情況下，國家理論就一直停滯在「對必然不受拘束的權力提出拘束」

的弔詭上。[83]或許，下面這種表述方式最能夠妥適掌握此種由諸系統在逐漸提升的可激擾狀態中所形成的動態穩定性，並且將此項成就視爲弔詭，而該項表述應該歸功於施雷葛：代議憲政體制「不過是……被固定下來的不安狀態、被遏止的革命、受拘束的絕對國家」。[84]

在這裡，我們無法進一步深入探討此一尖銳化發展的歷史細節。[85]我們只能夠確定，每個最頂端的位置——無論是神的最頂端位置，或者是主權國家的最頂端位置——都仰賴於一項無法被陳述的規則。只能說到這個程度。但這絕不意味著，在任何一種情況中，可以用恣意的方式做成決定（在絕對國家的時代，人們就是這麼認爲的）。正是這種將主權視爲恣意的詮釋方式，隨著現代的憲政國家而遭到摒棄，並且轉化爲一種按照各種不同之身分的地位，所進行的劃分。這件事情首先是藉由權力區分的原則而發生，但在事實層面上，它是藉由法律系統與政治系統的分化而發生，這兩個系統具有各自不同的弔詭處理方式。階層式層級分化的固定形式，（在這裡，就如同在邏輯當中一樣）必須予以放棄。它只能夠被內部／外部差異的模糊化取而代之。在某些點上，憲法的效力究竟是歸功於系統，或者歸功於環境，根本就無法清楚陳述出來，正是在這裡，憲法達到了它的極致。但這卻是系統內在的模糊性，而且它也只能具有這樣的性質，此一模糊性在法律系統與政治系統內，依照各該系統如何使這個爲激擾所開啓的接口位置獲得常態化的方式，而具有各自不同的意義。從社會學這種保持距離的角度來看，則可以說，一個結構耦合的機制藉由此種方式獲得了確立，這個機制只有在各自的系統內在性的詮釋中，才能爲各個參與的系統所運用。在近代語意學的較廣泛的框架中，這則會歸結到從上／下區分邁向內／外區分的調整。如此一來，所有的「原則」都具有系統依賴性，也就是都具有偶連性。這時候，它們的終極陳述，必須被「構成系統統一性的規則所具有之不可陳述性」這項規則取而代之。

對於我們所探討的脈絡而言，具有關鍵性的是下述認知：在各個系統中，諸多自我指涉的問題與弔詭，會以各自不同的方式呈現出來，例如在政治系統和法律系統中，呈現的方式就不一樣。這也就是爲什麼，各自的自我指涉的開展，以及各自的弔詭的解消，都是在結構耦合的機制上，而不是在那些系統自身內部可尋得的後設規則或邏輯解決方案上，獲得中介。這也意味著：在系統中，問題及其解決方案的論題化，所具有之不可見性、不可溝通性以及不可能性，的確非常受到關注，而這件事情，正好就是透過人們能稱之爲憲法的後設憲政意義的東西，才得以發生。

從這裡開始，我們可以概略地說，憲法嘗試爲法律的自我指涉問題尋求政治上的解決方案，爲政治的自我指涉問題尋求法律上的解決方案。它是「國家」的憲法，也就是說，它預設了國家作爲一個有待賦予憲政體制的實在客體。不能單憑文本，而是只能以憲政國家來滿足耦合的功能——無論它是被理解爲在形式中的人民、機構、組織，或者單純被理解爲「政府」。[86]在這裡，建構並界定著國家的憲法，在這兩個系統裡面獲得了各自不同的意義。對於法律系統而言，它是最高位階的制定法，也就是基本法。對於政治系統而言，它是政治的工具，而這又可在雙重意義下加以理解：工具性的（改變著現狀的）政治與象徵性的（不改變現狀的）政治。即便在語意上，這兩種理解方式看起來是相互矛盾的，然而由於各系統的運作上封閉性，它們實際上卻是相容的。唯有在各該系統固有的理解方式中，諸多狀態才有可能因爲各自系統的諸多運作，而遭受改變。或許，藉由這個方式，憲法的法律意義與政治意義，會相互分離而各自發展，而當兩邊的交互激擾不斷增加的時候，這件事情就會很明顯被察覺到。同樣地，我們也就能夠想像下述情況——這樣的情況可在許多發展中國家觀察到：憲法僅只是作爲工具，而服務於象徵性的政治，因爲法律在運作上尚未成功地閉合起來，並且因此無力阻絕來自政治或其他社會力量的直接影響。然而即便在這個時候，結構耦合的現代模型也能夠被辨識出來，雖然它只是眞實的（這裡的意思是：發揮著功能的）表象。對憲法的單純象徵性使用，可服務於政治，並且使其在彷彿受法律限制與激擾的情況下進行運轉，但實際上卻將眞正的權力關係委諸圈內人的溝通。[87]不過，唯有在政治系統與法律系統具有功能分化與運作上閉合狀態的預設下，「憲法」這項演化上的成就，才能在完整的意義上滿足其功能。然究極而言，正好就是此項前提、其潛在性，以及其所遭到之誤認，才使得此項成就的演化成爲可能。諸憲法——就此一概念的近代理解而言——是在「人們能夠將政治當作法律秩序，而予以建立」這個持續存在的（中世紀）假象的保護傘下，被發明出來。人們就這樣使憲法獲得實踐，並且使其具有隱藏下述實際情況之功能：政治系統主權的極限，其實是被政治菁英圈當中的權力鬥爭與權力算計所決定。

如此一來所啓動的事情，事實上是一部交互激擾的擴散作用所形成的歷史，從長期的觀點來看，這些激擾影響著諸耦合系統藉由拆解與建立結構，而發展自身之走向。政治系統會藉著激發法律變更之可能性，而承受自我激擾。法律的實證化，爲政治行動形成了一個廣大的潛在領域，政治也不斷地處理著對這些可能性所做的選擇。當某項法律變更被激發的時候，這件事情其實就是政治。政治系統可以採取各種不同方式來對這樣的契機做出回應，但絕不會是以拒絕將這些契機認定爲系統之固有運作之方式，來做回應。因而，對於政治系統而言，法律的實證化其實是對政治的一種過度要求，尤其當所做成的結構性決定是贊同民主體制的時候。

同樣，法律系統也面臨著政治性的提議，它必須在立法、行政規制以及司法裁判（包括憲法法院的裁判）等程序中，不斷地處理這些提議。正如同無可避免會顯示出來的情況一樣，這件事情會使得傳統上藉助法院個案判決來進行一致性審查的諸多形式，以及發展甚爲細密的法釋義學，產生變形。可以說，此一秩序會被一種憲法解釋所覆蓋與節制，此種憲法解釋是用「基本價値」或者（在美國）是用道德直觀來進行操作，並且因而從一個個案到另一個個案中，對價値衡量的變更採取開放態度。由法律命題所構成的、具表面固定性的秩序，會受到一種流動化的、總是具有暫時性質的權衡式司法裁判所操控，也就是說，用原則上不穩定的事物，來操控相對穩定的事物。[88]用前面引進的術語來說就是：系統的變異性增加，而冗餘性的維持則成爲問題。爲此，必須要對新的形式進行試驗——例如採行權衡條款。

具有決定性的一點是，交互激擾的強化，也一直依存於同一機制的排除效應——正是這件事情使得「結構耦合」的概念清楚可見。唯有交互的漠然，才使得「特定的交互依存性獲得提升」這件事情成爲可能。[89]在這個條件下——這項條件應該指涉著全社會系統，而被理解爲功能分化——使得諸系統藉由外部化的方式，而使其自我指涉的循環結構被解消。法律系統，透過立法此一可能性之備置，而暴露在政治性的影響下。政治系統本身也因爲民主化的緣故，而不斷面對著對法律之變更提議做出決定的引誘。這個時候，諸系統的自我指涉就走上了將環境納入系統而予以考量的迂迴途徑。藉此方式，階層式的非對稱化，就不再是必要的，反正仰賴天意的眼光也早已失去所有的依靠點。

這項發展所帶來的結果是，人們今天已開始討論，古典立憲主義的配備，是否、或者要如何才能夠適應於邁向福利國家的諸多發展傾向？[90]無論在一八〇〇年前後的普通法或者歐陸民法中，人們大致上可以說，民法的諸多形式具有明確性，然而現在這樣的明確性已不復存在。對於基本權意義與功能的想像，越來越多地指向著一般性的價值綱要，而不斷變遷著，這些價值綱要則被理解爲政治的準則。這時候，關於決定的問題，就不再是顯現於政治上對界限的逾越，而是在爲持續新浮現的價值衝突尋求解決時出現。憲法法院藉著對「應如何爲這些衝突做出決定」這個問題給出指示，而越來越多地對政治施以干預，甚至還可能會在原本應採節約措施的地方，指定增加支出。這樣的發展使福利國家的政治說服力，尤其是下述理念，獲得證實：無辜的命運處境，必須由共同體來加以平衡補償。[91]在這裡，憲法原本所具有之功能——爲政治劃定界限——就不再受到注意。人們雖然會發現，福利國家是一項熱門的政治產品，[92]但卻不會由此導出一項結論：就符合憲法功能的角度來看，必須去**對抗**這樣的趨勢。使憲法針對福利國家的給定條件而做出的調適，毋寧必定是顯現在對中央銀行獨立性的保障，以及對國家公債所預先規定的界線上。

V

過渡到全社會系統之原則上功能分化的走向，要求要在諸多功能系統的彼此關係中，具有新型式的結構耦合，也就是那些能夠考量到諸功能系統之自主性與運作上封閉性的耦合。藉由這些機制，諸功能系統會在全社會中獲得維持；但由於它們無論如何都必須作爲溝通系統而運作，因此它們根本就不可能脫離全社會。因而，結構耦合是與諸多新的功能自主性，一同發展起來的。缺少了其中一者，則另一者也不可能出現。

以上的論述尚未觸及到，對於全社會系統的外部關係，也就是對於全社會系統與諸心理系統的關係而言，也總是存在著結構耦合。心理系統對於溝通而言乃是必要的環境。由於法律系統本身就必定執行著溝通，因而，很清楚的一點是，法律系統也會維繫著與全社會系統的心理環境之間的直接關係。它會直接（而不是迂迴地藉由任何一種其他的全社會機制）烙印在參與者的意識中。由此說來，它必須要能夠促發體驗與行動，否則的話，相應於此的溝通就會由於缺乏資源而走向靜止狀態。能夠獲得權利、能夠使自己的法感獲得證實、或者不能獲得證實，這些事情足以決定一個人的命運；在任何情況中，這都不可能是瑣碎的小事。在這個角度下，走向功能分化的這種改造，也會要求要對耦合機制進行調整——這是因爲，每個功能系統現在都必須要自行界定對於意識，或者甚至對於（物理上）身體行爲（例如在法院訴訟程序中的到場、遵守紀律、動作上的限制、集中注意力等等）的涵括，它們幾乎無法再將這些事情委諸一般性的全社會先在秩序準則——除了語言之外。倘若法律系統必須將已經分化出來的諸多次系統，例如貨幣經濟、私人化的家庭、政治上獲得綱要化的國家組織等等，納入考量，並且需要以相應於此的結構耦合來成就這件事的話，它也就必須要重新表述它與諸意識系統的關係。[93]

近代的法律發展，是以下列方式將前述情形納入考量：它將一般性的、由全社會取得基礎的諸多相互性規範，予以抽象化，而成爲主觀權利這個法律構造。[94]法效力也就因此而在形式上獨立於具有地方性質的、會延伸至諸多功能脈絡的相互義務；相對於貴族所具有的「地方守護神」（genius loci）地位，以及鄰人所具有的壓制權力（現在則能夠藉助法律來對他們施以抵抗），它也獲得了獨立性。它用法律系統本身的法效力歷史，來取代上面這些東西，並且現在也只允許考慮這件事。舊式的相互性義務，則成爲一種獲得廣泛討論的感恩道德，而退居幕後。[95]權利與義務的具體混雜狀態，被解消掉了。A能夠對B主張的各項權利，不需要基於正義的緣故，而對應於B能夠對A主張的各項權利。這種相互的對稱性會被解消爲權利與義務所具有之套套邏輯式的對應關係——這具有一項前提（也因此在社會層面上會以極不均等的方式被實現），那就是，每個人都能夠獨立於等級上的先在條件，而獲得相應的各種權利，並且必須履行相應的各種義務。很容易就可以看出，這會要求要在那些先前被人們當作以公民身分爲條件的法律（也就是民法），而加以討論的各個領域中，形成私法與公法的分化。這也會要求要將古羅馬法中關於「ius」的概念前提予以解消——ius是在具體的法律關係中，來預定對應於各項權利的拘束。[96]

自十七世紀中葉以降，[97]過渡到「主觀權利」法律觀的走向，對於前面討論的結構耦合機制，亦即所有權，以及人們面對憲法所抱持的諸多期望等等，產生非常強烈的影響，這一點至爲明顯。只要人們仍然相信能夠用自然法的方式進行論述，人權（或者至少公民權、civil rights）就可以被視爲先在條件，而每個法秩序，倘若它確實看重法律這個頭銜，就必須要尊重這些先在條件。人們或許還會認爲，倘若沒有對這些自然法上的個人權利給予承認，則根本不會有法律的存在。在相當範圍內，對於十八世紀的革命運動而言，這個概念即以此種方式承擔了早先rex/tyrannus（君主／暴君）這組區分所具有之功能，也就是使反抗獲得正當化。在這個脈絡下，存在於所有權上的自然權利，作爲個體性的自我決定開展的基礎，就獲得了一個同時涵蓋了經濟政策上諸多要求的位階。下述想法也取代了所有權使用上的具體拘束：在所有權上的個人主義——合理式的用益，本身就會帶來一般性福祉的增長，因爲合理性現在意味著，要以經濟系統的諸多條件爲取向。然而，當對於「自然」的指涉逐漸淡化，或者只是作爲非反思性的、專門法學上的語言使用方式，而被繼續沿襲時，這樣的建構還能夠留下什麼東西？

在康德與薩維尼那裡，人們仍會遭逢相互性之古老規則，但在他們那個時候，此規則已經不再被表述爲感恩的誡命（因爲對於經濟上伙伴、對於國家，以及在眞理問題或者在愛當中，不知感恩正好就是具系統妥當性的行爲的一項誡命），而是被抽象化，成爲一項一般倫理性的法則，每個主體可以在自己心裡面（不需要接受各種外在權威）確立此項法則之拘束性。[98]舊的形式只不過是因爲要能妥適面對各種較爲複雜的條件，才被一般化。但這樣的解決方案並沒有維持很久，早在十九世紀中葉，當它碰上諸主觀權利與客觀法律的效力關係問題，也就是法律系統的統一性問題時，就已經分崩離析了。

因爲**主觀**權利之**客觀**效力這種想法，其實就是一個被隱藏的、並且被開展的弔詭——無論如何，只要人們認爲客觀／主觀這項區分具有重要性，情況就是如此。法與不法之相同性這個根本的弔詭，會被重新導引到另一項區分、另一項無害的弔詭上。只要它能夠在法律技術層面運作，而且，只要在正當性的脈絡中所涉及的問題，主要是「社會是否，以及如何能夠賦予個體以自由，使其自我實現」的時候，這樣的作法就能夠繼續順暢地運作。相對於此，法理論上的建構困難，則較少被考慮到。在其中，理論只察覺到了要提出合乎事物性質的建構這項任務。

一直要到法院裁判權必須在公法事務上對主觀權利進行重構，一直要到社會國獲得發展，一直要到相互性在「連帶性」這個新名稱之下成爲政治上的口號，並且成爲一項實際上不具明顯輪廓的法律原則之後，[99]釋義學中的裂縫才開始顯現出來，相互性的準則也才獲得更強化的主張，而非僅作爲倫理上的原則。當人們認知到，相互性理論的論理基礎想像，與這段期間裡業已固定下來了的諸社會結構，彼此間是多麼地能夠繼續相互對應，這時候人們就能理解，爲何它能夠被長久維持住。舉例而言，這種情況會展現在契約模式對經濟與現代婚姻而言，以及對於在「國家」之統治領域中，公民參與之設準而言，所具有之相對高度的妥適性上。但這樣的對應狀態，已經是處在法釋義學脈絡所能動用的語意的範圍之外。其實，釋義學只能夠報導自身所面臨的困難——有可能是藉由對自然概念進行澄清之嘗試（此一概念，在人們談論自然法時，已經被預設），[100]或者是藉著從與客觀法律區別開來的角度，來對主觀權利加以界定之嘗試。[101]關於那些已經被設想到，但是卻無法說出來的事情，我們可以藉由對各種系統指涉之區分，以及相應於此而彼此區分開來的各種結構耦合，來予以闡明。

意識/溝通的一般性耦合，連同其所帶來的後果——它們關聯著社會化、個人期望之維繫、可激擾性的深入尖銳狀態等——都是指涉著全社會系統的各個領域；因爲若缺少了溝通、缺少了對溝通的意識之參與，任何事情皆無法運轉。就此範圍而言，在現代個人主義的發展中，相較於那些規制並限制著個別功能系統間交互激擾的諸多設置，此一關係的各種轉化是處在更爲根本的層次上。這時候，在個體的意識中，諸多激擾匯集在一起，並出現社會化的效應，這些效應是出自全社會各個不同的功能領域，也會回過頭來對它們產生激擾，但是在這種情況下，卻不會使個人獲得一種與全社會作爲一個整體的關係，也不會使其將全社會視爲一種會照顧到所有生活關係的連帶共同體，而使自己解消於其中。從個人的角度看來，其與全社會之關係，最多只能以消極的方式來界定，這麼做完全可以將距離感以及自由所帶來的好處，包含在內。就法律而言，主觀權利這項法律制度就對應著這個事物狀態，契約這個法律形式也是如此，它使得個人有可能藉之暫時地滿足其暫時性的需求。在主觀權利的形式中——這個形式是在客觀法律中被規定——法律系統使自己在個人之涵括這個問題上，獲得注意——這個問題正好就是產生自下述命題：藉由系統之建立，來融合心理性的與社會性的運作的作法，須予排除。

倘若情況的確是如此，那麼——完全獨立於那些可作爲執行上述轉向之工具的諸多歷史上術語——它就可以用來說明下面這件事：那些尚待嶄新發展出來的、將個別功能系統連結在一起的耦合形式，也需要與個人權利此一法律制度取得協調。憲法除了具有作爲「統治工具」的功能之外，還是明確地作爲「權利法案」之實行，而被引入。在十八世紀時，所有權是以個人主義的方式被重新構思，這一點也已經經常被提出。新式的個人主義，以及權利與義務在法律上的去耦合化，特別也在徵稅的理論基礎上，也就是在經濟系統與政治系統的耦合上，發揮作用。[102]無論在何種情況，至少都可以說，法律系統在相當廣泛的範圍內，是作爲一個截堵系統，接收著全社會在走向功能分化而進行重新結構化時，對個體產生之各種後果。爲了彌補它所損失的所有固定立足點，法律系統獲得了主觀權利這項配備。在這條線索上所發展出來的狀態是，藉由社會權來補充單純的自由權，藉由參與權來補充單純的防禦權，彷彿藉著在同一個法律形式中單純添加新的要素，就可以解決問題一樣。

但是，人們眞能夠假定，當個體被賦予權利，並且在其權利中獲得保障的時候，他們就是以積極的方式體驗著他們的全社會，並且對其感到滿意嗎？迄今爲止，唯有那在整體上不正義的財貨分配，才導致了這個問題的提出。在今天，則又出現了對未來的廣爲流傳的憂慮，以及他人之風險行爲所引起的驚慌，對這些事情，人們只能在相當有限的範圍內，憑藉權利加以抵禦。法律技術上的困難之處，已經明白顯示出來——例如在具有生態媒介的、間接的、長期的因果關係情況中，或者在針對那些尚未具體發生、或者尚未表現出直接威脅性的損害進行預防，所具有之利益上。迄今爲止，法律技術上所能提供的解決方案，主要是透過危險責任這個弔詭的法律制度，它允許某些行爲，但也規定了必須要對合法（！）引發的損害負擔責任。在這當中蘊含著一件事：法律從生活導引的相關性以及對個人所具有之訊息性當中，撤退了出來。法律不再說明人們應該做或者不應做什麼事。它只說了：如果一切進行順利，那是最好；如果進行不順，也只好這樣。主觀權利，則唯有在對那些能主張損害賠償的人做出界定時，才扮演一定的角色；但它所採取的形式，並不是那種人們可藉以仰賴法院而免於恐懼的防禦權。

隨著上面所說的事情，那可被人們稱爲主觀權利的「另外一面」的東西，也獲得了重要性：主觀權利之歸屬、運用，特別是其所媒介的接近使用法院之權，都受到限制，正好在這種限制中，蘊含了對他人之保障，使之得以對抗第三人非常強而有力的干涉。由於主觀權利被理解爲對於一個具有兩面的形式的標明，因而它們是在雙重意義下，提供對於自由的保障：爲權利擁有者，以及爲那些並非作爲此種權利所針對之對象者。

這種精巧的平衡，或許會在大量生態性威脅的壓力下被擊破。具有較高或然率的情況可能是，它會失去重要性，並被獲得強化的國家規制活動——憲法也逐漸對此做出讓步[103]——所取代，或至少受其補充。然而如此一來就會意味著，對個體意識與全社會溝通之間的結構耦合而言，法律完全喪失了重要性。這個時候，當法律有需要對意識進行動員的時候，例如當它在政治上有此需要的時候，它卻喪失了對這件事情所具有的確定性。接著，法律系統或許就需要許多能吸引媒體炒作的醜聞，以及一個龐大的「國際特赦組織」，以便能夠維繫住法治國，因爲當個體以其自身爲出發點時，已不再對法治國抱持任何興趣。

在這個脈絡下，主觀權利的一個面向會獲得重要意義，雖然它到目前爲止，在法釋義學上幾乎完全遭到忽視，並且也無法藉著以社會權來補充自由權這種作法，而被掌握。哈伯瑪斯則認爲應該要將主觀權利的構造，導引到對法律正當性的關懷上。[104]這樣的作法一樣無法掌握那較爲廣泛的、而且日益重要的問題領域。主觀權利其實同時保證著，對「人們究竟是否要實行其權利」這個問題所做的決定，仍然需要委諸個體。[105]對這個決定而言，純粹心理上的觀點或許扮演著相當的角色——但是在各個社會網絡間的區別，例如旁人的意見、財政風險的範圍，以及人們願意為這種令人緊張的活動奉獻多少時間等問題，也同樣扮演著相當角色。只要有可能以政治的方式，而對實行個人固有權利的決定產生影響，人權的實現也就會牢牢繫在這一點上。對於個體而言，訴訟程序實在是無以復加的干擾，就個人生活規劃之合理性而言，走進這個階段很少會是有意義的。「發聲」或「出場」——這才是這裡的問題。[106]

只要對於主觀權利的侵犯，是作為訴訟的前提，那麼在此範圍內，就會基於這個角度而張羅個體意識狀態與系統內激擾之間的結構耦合。換言之，法律系統需要仰賴一些衝擊，由它的角度看來，這些衝擊必須被描述為偶然事件。由於訴訟結果實繫諸事實問題（證據問題），因而在這個程度內，倘若人們認為，法律能夠對這種衝擊依賴性進行操控，那麼這不過是一個假象。在這個重要的觀點下，雖然法律系統在運作封閉性的意義下，具有自主性；但它並不是一具模控學式的機器，能夠在不具故障的情況下，將自己本身的輸出當作輸入加以利用。

諸主觀權利使得對法律的冷漠，以及利害關係者的缺席，均成為正當合法。它們不僅賦予在法律中的自由，也賦予遠離法律的自由。只要其他的功能系統，尤其是國家的政治性管制機器，越是經常地運用法律，並且在法律的形式中尋求成果的確定性，這種與具有脆弱性、無可概觀性的主觀環境之間的銜接形式，就會在其作用時顯得更為混亂。

VI

藉著採納羅馬法上的societas（合夥）概念，舊歐洲的傳統將全社會本身理解爲契約——雖然是一種對應於人類作爲社會性生物體之本質的契約。人們也許可以這樣詮釋：在無可避免的社會性脈絡下，單純的行爲實現，就應該被理解爲契約之締結，人們只能用venire contra factum proprium（違反自己先前之行爲）這種法律上所不許的形式，來抗拒契約後果的發生。當全社會的統一性，本身就是建立在其法律形式基礎上時，法律就不太能夠被理解爲全社會系統的次系統。應該說，法秩序係平行於層級化的階層架構，也就是被建構爲一個法律的階層架構，一個由神法、自然法與實證法所構成的層級構造。

自中世紀盛期以降，出現了一種替代性的詮釋方式，它是蘊含於有機體的隱喻中，也就是蘊含於將社會描述爲一種政治性實體的作法中。在這裡所假定的，並不是一種人爲的，而是一種自然的構造。但自然的概念包含了由自然（完美）狀態與墮落狀態所構成的雙重可能性，例如，在全社會的支配結構中包含了「君主」與「暴君」這兩種變體。支持完美而對抗墮落的這項選擇，是內含於自然概念中，並且具有規範性，它本身就被理解爲法，而且是自然法——這種想法的基礎，是在於中世紀時一項幾乎全然被接受的前提預設：神性的起源與法律的理性實爲一體，即便人們對於墮落已經有廣泛的覺察。[107]在人爲性的（契約）與自然性的（有機體）這兩種相互對立的建構方式中，其共同的預設一直都是：全社會是一種法秩序。

一直要到十八世紀才清楚顯現出，這樣的構想不再能符合於現代社會的諸多關係，在這個角度下，休謨可說是最令人印象深刻的思想家。一如以往，缺少了法律的全社會，都是不可想像的，但全社會本身現在是展現爲其歷史之產物，法律也對應於那些由歷史中產生的各種轉變。它是在全社會中，隨著全社會一同發展。當現代商業社會的規模秩序，不再能夠允許透過鄰人進行社會控制的時候，法律就必須要面對這件事做出調適，並且將各種允諾解釋爲對於不認識的人也具有法律上拘束力。[108]允諾的拘束力，既非產生於自然，亦非產生於道德。就歷史而言，它是一項較晚形成的規約。所有權，唯有在所有權人的同意這項唯一的條件下，才具有可處分性。這樣一來，相較於單純的武力，以及相較於具地方拘束性的所有權關係，就有可能形成將財貨分配給個人的較佳方式，因爲它們更具彈性。[109]這個時候，爲所有權提供保障就成了法律的主要功能，[110]因爲這件事（此外，經濟也因此而）被視爲全社會之可能性條件。那些被我們稱爲法律之結構耦合形式的東西——亦即所有權、契約，以及在其他觀點下，也包含憲法——在十八世紀這個過渡時代當中，基本上可以說是文明社會的必需形式，而且，對它們的過高評價，似乎也是使它們能獲得貫徹的條件。

對照於societas（合夥）這個古典法學概念的精確性，這個時候，在全社會這個名詞底下所能理解到的東西，自然是不清楚的。即便內部結構獲得了各種可能的完善確立，對於系統統一性的概念仍有所欠缺。雖然在對全社會進行分析時，歷史化的方法獲得了採納，並且使得各種鋪陳成爲可能，但這項理論上的不足，仍然沒能獲得彌補。如此一來，就只能繼續談論「市民社會」。倘若人們想要將更高度的分化納入考量，就必須要使那些能夠代表統一性的諸多象徵獲得一般化，而理論似乎尚未能跟上這個腳步。它的合理解釋力僅限於，能夠標明出與諸多前階段社會的歷史上區隔，以及鋪陳出全社會發展的結果。

同樣，在十九世紀時廣爲流傳的「階級社會」這個術語，也未能提供令人滿意的結論，並且因而停留在有爭議的狀態。這個用語設定了一項準則：支配圈子的思想，就是具支配地位的思想，法律系統無法使自己獨立於這種思想而發展。我們引用下面這段較長的文字，來說明對於此一事態的支配理論式的觀點：「具領導地位的文化階層的諸多一般性價值判斷，會與現有制定法的價值判斷**相互矛盾**的，實在很少見。通常，制定法的價值判斷，至少能夠在一部分人民那裡，獲得共鳴。諸多意見總是會互相分歧。同樣，在那些不存在任何一種制定法的價值判斷的情況中，那惡名昭彰的一般性的意見合致狀態，其實也不多見。規則就是判斷的歧異性。」[111]倘若人們將這整段話當作一個整體，他們就會有一種牢固的印象：第一句話中所談論到的矛盾，之所以幾乎不存在，是因爲「具領導地位的文化階層的一般性價值判斷」根本就不存在，或者很少存在。「規則就是判斷的歧異性」。法律會運用其固有之自主性，但這不是爲了要產生或者執行一種固有的對立文化。[112]問題毋寧是在於，那種獲得一般採納的價值判斷，在典型的情況中，會延伸到個別價值上，並且會在價值衝突當中崩潰。而法律所牽涉的情況，正好有相當大的部分就是關於價值衝突的。因而，法律的自主性其實是藉由下述方式（最好是能研習一下羅馬法）而產生：在衝突情況中，提出「對法律之探問」，並且以此來取代那種毫無希望的、試圖查明或製造出全社會價值共識的嘗試。爲了要一貫地操作「對法律之探問」，並且在提出回答時盡可能採取一致的程序，因而人們便藉助此一任務需求，發展出了整套概念性與組織性的配備，這樣的配備導向了法律系統的分出。法律系統的諸多固有值，唯有在結構耦合上，才能被觸及。這意味著：人們只能在系統的諸多固有值當中，對其進行激擾。

的確，在這種方式上，法律系統無法相對於那些獲得一般性採納的全社會價值判斷，而使自身孤立。法律系統內部被許可的事物（可以想想關於兩性法律、非婚姻的共同生活、同性戀、墮胎等領域），一旦偏離了這樣的價值判斷，便會在法律系統內引發激擾，並且因此而啓動對於其他問題解決途徑的尋求——在進行實際評斷的態勢中，這些解決途徑看起來會是「較好的」途徑。另一方面，那些同樣爲必要的冗餘，也就是那種在法律系統內被看做是案件處理上的平等原則、正義原則等等，而獲得維繫的事物，會抑制這樣的發展。當墮胎獲得允許的時候，這件事又會對那些在關於對人類基因物質進行實驗的爭議當中，被使用到的論證，造成限制；它不必然是在政治的層面上對這些論證造成限制，但會在法律層面上如此。

這些思考所帶來的結果，會使我們放棄「支配圈子具有藉由法律來貫徹其價值觀之『權力』」這種粗糙的概念構想；也會使我們放棄葛蘭西所提出的、較爲和緩的霸權與相對自主性之概念。如此一來，人們是否要接受法律系統與全社會的層次化之間的結構耦合關係，會顯得有疑問，而且，也有可能對這種看法提出反駁。無論如何，人們必須要在這些理論領域中，放棄諸如上／下、目的／手段這種簡單的二元術語，並且使那些針對發展所提出之分析，能夠過渡到演化理論所具有之遠較此爲開放的脈絡中。

很明顯地，全社會系統係藉助諸多自我再製的功能系統，與諸多結構耦合之間的差異，而獲得實現，並且也藉這種方式而與一種環境相互界分開來——諸多其他完全不同的結構耦合（也就是與諸意識系統的結構耦合），則是指涉著這個環境，而獲得實現。[113]因此，人們既不能說，全社會是作爲其諸功能之總和，而再製自身；同樣，人們也不能說那些結構耦合在其中獲得實現的諸多形式（在我們的領域中就是：憲法、所有權、契約，或者還有一項在十九時紀時的術語：國家與社會），被視爲對全社會秩序具有代表性。具有決定性的一點毋寧是，諸多自我生產的功能系統的實現，以及結構耦合的引進裝置——它能夠同時對激擾進行調升、指引與排除——它們只能進行共同的演化。

在這種方式上，會發展出瑪圖拉納稱之爲「結構性漂移」的那種東西，也就是相互協調的結構發展，就本書處理的論題而言，則是會出現諸如向福利國家、法律的實證性、以及去中心化的、藉助收支平衡與預算來調控的經濟發展等走向。政治、法律與經濟等諸多功能系統（本書並不討論其他功能系統），會盡量窮盡其各自所具有之可能性，而密集的相互性激擾，則會力求維持充分的相容性。若人們思考一下當前出現的各種爲了將社會主義經濟調整成市場經濟、將一黨體系調整成多黨體系、將計畫性法律調整成由諸多主觀權利（主要是所有權）所構成的體系，而提出之嘗試，就會發現到，想要藉由事後追補式的計畫，來獲致在此方式上原本已經形成的東西，是多麼的困難。

第十一章　法律系統的自我描述

I

對於法律知識與法律認知的各種追尋，都是發生在全社會當中。它們受到溝通（並且因此也受到語言）的拘束，而且一直如此。這構成了先前各章論述的出發點，因爲它們本身也是使用語言的。對於這一點的明白強調，突顯出了一項並非總是被法理論充分考慮到的觀點。它意味著，所有法理論的溝通都具有歷史制約性。法理論的溝通能夠在各個被給定的社會條件下，使自己變得可被理解。在各個情況中，全社會都會把它關於法律的溝通，置放在一些結構之下，而無論是法理論溝通的處理對象——法律——或者是法理論溝通自身，都會隨著這些結構而發生變異。舉例來說，今天人們不能忽視的一點就是，我們可以站在漫長的法律史上面，回顧過往。對於今日的法理論——法理論是在對「法律是什麼」進行闡述——而言，這件事情爲它所帶來的要求，不僅是要提出一種非比尋常的、能夠橫跨各個時代與社會的抽象論述，同時還要對各種歷史性的差異進行理解，這其中也包括了不得不做出抽象性論述這件在歷史上較晚形成的事情本身。

這並不排除，當法律系統在全社會當中分化出來的時候，可以從外部對法律系統進行觀察，並且在這個時候避開受系統功能、符碼與規範等拘束的狀態。但這個時候，人們就必須選擇其他的系統指涉，並且承受其他的拘束。於是，人們可以從政治系統的角度出發，將法律系統描述爲政治的工具；或者可以從教育系統的角度出發，將其描述爲一種由節省時間的以及有效率的課程所構成的教學方法問題；或者可以從科學系統的角度出發，將之描述為研究的對象。沒有任何描述方式可以避開受系統（系統就是以提出描述的方式運作著）拘束、並且因此也受到該系統諸多區分之拘束的狀態。而且在各種情況中，對法律系統進行的外部觀察與描述，都必須歸功於那對溝通進行再生產的全社會。換言之，當各個次系統（在我們討論的脈絡中，這指的就是法律系統）已經在全社會中分化出來的時候，人們不能忽略的一件事情就是，這些系統可以從內在，也可以從外在角度被描述。進行自我描述或異己描述，都是可能的。全社會的分化所形成的結構，使得在兩者間進行區分成為可能，也具有意義。同時，這樣的結構也允許了，外部的描述可以對內部的描述產生影響，反之亦然，因為，即便在全社會裡面已經劃定了各個系統的界線，跨界的溝通仍然被認為是對全社會的一種執行而具有可能性。

洞悉到這些關聯脈絡，反而會使我們的任務更加困難。對法律系統所進行的外部的、科學性的描述，唯有將法律系統描述為一個對自己進行描述的、也就是一個包含了理論的系統時，才能說是妥適地處理了它的探討對象。[1]因而，一種社會學式的描述，必須要將法理論上為釐清法律基本概念（例如正義概念）而做的各種努力，包含在內。但法理論同樣也會受到影響。它或者必須選擇一種外在於法律的描述方式，藉此探問自身的理論基礎，並提出回答。或者，它必須將自己看做是對系統所進行的自我描述，這種自我描述自己會提出規範性的效力主張，否則，它就不能被歸攝到系統上；這個時候，這些關於拘束性的主張，在系統內具有論證的地位，它們是眾多論證當中的一種，並且如其所是地被觀察，而人們則會提出下列問題：在什麼樣的範圍內，這些主張是可被貫徹的。

為了能將如此複雜的事態納入考量，我們必須要精確界定自我描述的概念，並為其備置充分的區分能力。在這裡，人們首先必須在觀察與描述之間做出區分。自我觀察所指的，不過就是要將個別的運作歸因到法律系統的諸多結構與運作上，亦即，它指的是「遊走在關於法或不法的溝通中」這件事情所具有之意涵，及其所說明的事情。這並不會進一步構成問題，它毋寧屬於日常溝通的範疇。當人們探討的是自我描述，亦即探討在系統中對系統統一性所進行之闡述時，他們碰到的就是完全不一樣的問題；因爲此處涉及的，並不是要爲那建立在一些被挑選出來的指涉之上的銜接能力，提供保障；此處涉及的事情是，在那對自己進行反思的系統中（就是要在這裡），對統一性進行反思。

就如同描述這個概念在一般情況中所具有的內涵一樣，這種運作的意旨在於製作文本，這意味著：製作進一步溝通的那些可重複使用的前提條件。自我描述這項運作，是發生在系統內，而自我描述（製作文本）就是要將這個系統論題化。換言之，它不是系統隨意的一項運作，而是清楚具有上述意向的運作。在此範圍內，我們可以使用古典的術語，將其稱爲反思。這樣的描述，在進行反思的時候還會附帶地反思到，它自己也屬於它所描述的系統，而且因此必須滿足各種與此對應的要求、也必須考量到各項系統歸屬性的特徵，並接受之。藉由一項出自語言學上的語意的概念，我們也可以說：自我描述指的就是製作自我套用式的（亦即，同時意指著自己的）文本。

自我描述歸屬於那被描述的系統，從這種歸屬性當中，會得出一些限制，而自我描述會注意到這些限制。例如，對法律系統而提出的自我描述，不能去質疑，系統有在法與不法之間做出區分的正當權能，也不能去質疑，人們必須以「現行有效的」規範爲依歸。但這並不必然意味著，那些自我描述的文本就好像制定法一樣，操控著系統的日常實際運轉。這種情況其實是不太可能出現的，「的確也很難想像，眾多太平紳士（JPs，即Justice of Peace——魯曼）在忙完一整天的審理工作後，還會想要翻閱神學大全」。[2]但人們的確可以以下述說法作爲出發點：法律的實務操作，其實就是以系統的這些意義問題可以被回答，作爲前提條件，而且它採用了假設的形式（而不是作爲訊息），構成各種決定的基礎。

上述各項要求——亦即，指涉那描述著自身的系統的同一性，以及以自我套用的方式讓描述被涵括到被描述者當中——使反思理論與諸多一般法學理論有了區別。這樣的理論包括了諸如主張在契約締結過程中，動機錯誤不具相關重要性的理論，而且，若契約對造能夠認知到這樣的錯誤，那麼在這種情況下就可能產生例外。早在傳統上，自然法學說所具有的一般性地位，與法學家爲其決定賦予論理基礎而引述的那些東西，彼此間就已經產生了顯著的區別，而且也在學說上被採納。今天，人們用法哲學（或者晚近發展起來的「法理論」）與法學的區分，來稱呼這樣的差異。我們不需要深入討論這種學術上的劃分，但是要堅持一點，那就是，法律系統自我描述的特殊任務，並不是表現在爲決定所提出的、已經高度分化的論理基礎中，而是表現在對法律系統的統一性、功能、自主性以及漠然性等所做的闡述中。而且只有相對少數的論點，可以使得從某個脈絡過渡到另一個脈絡成爲可能，例如自由/主觀權利/提出訴訟的權能所構成的關聯。

撇開這種區別不談，那麼自我描述就如同所有的描述一樣，都是具體被執行的、具系統依存性與脈絡依存性的運作。它們並不是要再現「存在在那邊」的事物，而是要去建構出那些對應於其預設的東西。在此範圍內，我們跟隨費雪所提出的新實用主義詮釋理論，此一理論在今天經常被討論。[3]據此，自我描述總是在那些已經被接納的限制之中進行運作，而另一位觀察者就能觀察到，這些限制是自我描述所特有的。進一步來說，在它們自己所描述並且藉此而執行的系統中，它們必須設定一條界線，若是越出了這條界線，它們就能觀察到其他的東西，若是回到界線之內，它們就能觀察自身。至少在費希特以後，由此所產生的問題就已經清楚被人們認知到。這裡涉及的事情是，要將差異存入到系統中，這個系統不僅正好應藉由此種方式獲得執行，也應該以此種方式被指認。其結果則一直都是一種具有開展能力的弔詭。[4]這總是會要求要在過程進行中遮蓋弔詭，也就是會要求要有一種部分的遮掩，也要去接受各種隨著運作本身而被製造出來的、不可見的狀態。在法律系統的情況中，這主要意味著：在某個被指定的地方，一定得放棄對論理基礎問題的進一步探求。在執行自我描述時，法律系統必須預設其自身——也必須接納其自身。[5]

顯而易見，各種自我描述必須預設書寫作爲文本的形式。然而，只要書籍仍然相對少見，而且尚未廣泛流通，那麼分化的各種可能性也就受到侷限。正義的要求，具有一種全社會性的指涉，它指涉著對於人們所屬的自然地位的遵守，也指涉著政治上統治者的行爲。它適用於各式各樣的「形體」，亦即，既適用於醫學也適用於法律。一直要到印刷術的出現，才促成了大量文本的產生，這也使得各種進一步的分化成爲可能。在此之前，專門的法律文本已經出現；但是一直要到印刷術出現，才使得一種在法律系統中自己分化出來的反思，成爲可能——這起先是出現在哲學，也就是法哲學這個傳統的名稱下。因而，自我描述這樣的運作，總是表現爲被刊行的出版品；那些出於某種原因而無法被刊行的東西（這個原因未必與法律有關），就失去了對系統的自我描述發揮影響的機會。

II

倘若人們想初步從外在角度來對法律系統的自我描述進行描述，那麼很容易聯想到的作法就是，要以那種藉著諸多固有規範而進行的指認作爲依歸。無論參與者具有什麼樣的主觀動機、盤算、抱負、利益，人們都會期待，這些參與者必須以忠於系統的方式來進行自己的行爲。同樣，那些在全社會中可能的、也可被期待的無數溝通方式，倘若無法被歸責到法律系統上，那麼它們就必須被忽略。而且，在法律系統內部，也完全沒辦法說各種溝通都能有助於促成自我描述。

沒有任何描述能夠承擔錯失其客體的代價，但自我描述的內在聯繫，非僅止於此。因爲自我描述必須將它自己歸屬到它所描述的系統下，而這只有透過接受那些具系統特殊性的拘束，並且將這些拘束論題化，才有可能發生。若非如此，則自我描述不可能以任何其他方式證明自己是自我描述，也不可能以其他方式與外部描述區分開來。換言之，原則上自我描述不能去爭執，遵循規範以及依照法律系統規定的方式來行爲這兩件事情是正確的。[6]使期望獲得穩定化的這項功能，被詮釋爲一種對行爲的指令。而重點就在於：被詮釋。這裡所涉及的，並不是進一步的規範，也不是「較高層級的」規範，而是理由；亦即，所涉及的不是做成合法行爲的訣竅，而是對行爲理由的解釋。尤其是，那對於系統而言具有關鍵意義的、關於規範與事實的區分，不會在往事實性的方向，而是會在往規範性的方向上，獲得標示。這意味著：對於系統而言，那種在規範中只看到單純的事實（例如：事實性的行爲期望）的想法，無法獲得採納。人們反而會偏好（這種偏好的背景在於，對社會的持續維繫而言，規範乃不可或缺，殆無疑義）使規範性獲得一種套套邏輯式的象徵化。規範標示了，什麼事情是應然的；而倘若法社會學堅持規範全然僅具有事實性，那麼人們必會指責它誤認了規範的特性。[7]正因爲規範／事實的區分對於系統本身而言至關緊要（因爲它就是在規範上才會閉合），故而任何將規範「化約」到事實上的想法，都無法被採納。[8]

我們還需要爲這樣的闡述進行補充。此種闡述所考量到的，是法律系統諸多規範性的綱要，而不是它的符碼化——眞正說來，是符碼化確立了系統的同一性。倘若欠缺了符碼化，那麼，做成決定的強制，就不會在系統之內獲得建立，也就是說，對於其固有之功能而言，不會有任何全社會性的完全責任獲得確立。倘若無法將諸多事物化約到兩種可以互相轉化的價値上，那麼在系統中就不會形成可行的邏輯。[9]就連通常的論證技巧，都需要仰賴於符碼化。這種論證技巧默示地假定了，除了法與不法之外，不存在其他的符碼値，而且，人們藉著爲自己觀點符合法律這件事情進行辯護，也就同時能夠證明對立觀點屬於不法。例如，這種論證技巧預設了，對於某個特定的事態而言，就只存在一種正確的決定，這個決定則可以在重複的案件情況中獲得重複使用；因而，它無法對「爲相等案件做出不相等的決定」這樣的經驗進行處理（或者說，必須要將這種經驗重構爲「案件的不相等性」）。若非如此，則系統的自我描述就無法使圈內者瞭解到，系統對他們有什麼期望。

換言之，法律系統的自我描述必須以下述論點作爲出發點：在法律系統中，牽涉到的都是爭議性的溝通，這並不是一項不得不接受的、無法避免的缺陷，而是系統的功能與符碼化帶來的結果。由此還會產生進一步提出闡述的強制，而各種自我描述均須順應這樣的強制。在系統中的所有溝通，都必須朝向「可做成決定」這樣的性質，塑造自己的風格，而且是朝向一種可以主張自己援用了妥當理由的決定——即便這樣的理由有可能僅展現在對現行有效法律的參酌上。單純闡述自身的願望、利益、偏好等等（就如同在經濟系統中進行買賣協商的情況），是不夠的。[10]人們毋寧必須尋找，也會尋得闡述的形式，這些闡述形式暗示著，做成合乎系統的決定（這個時候，人們或許會賦予這種決定合理、理性、正義等頭銜），是可能的。[11]系統必須被當作一個決定者，而成爲訴求的對象，無論各種事實、規則與原則等等多麼具有爭議性，也無論它們是否繼續維持在這種具爭議性的狀態。溝通可以對每一項特定規範採取批判態度，但是，一旦它這麼做了，它就必須提供替代的建議。它不能推薦單純的無序狀態、恣意妄爲，也不能乾脆不提供任何建議。在系統的中心，也就是裁判權的領域，必須要做成一個決定，而溝通則必須尊重這樣的必要性。也因此，系統的自我描述，首先就得考量到這種爲所有爭議賦予論證風格的要求，否則，它根本就不會是自我描述。無論人們追求要達到的目標是什麼，他們必須在系統中，並且必須藉著參酌系統的論證工具，提出論理基礎。是否對於所有問題都有一個最終的正確解答，未必是這裡的關鍵。但人們必須當作這樣的正確解答彷彿存在，並且以這種方式來進行溝通，etsi non daretur deus（彷彿神並不存在）。

一般的系統溝通，會爲做成決定的需求，或者爲決定本身提供論理基礎。系統的自我描述則有別於此，它能夠避免選邊站的情況。自我描述所處理的事情，並不是去決定，是否要讓商品生產者爲商品之瑕疵，或者爲後果損害負責，抑或應由買受人來承擔風險。相比之下，在這種情況中，去贊同其中一種或者另一種解決方案，是相對簡單的事情（尤其是，在上述情況中，無論如何，保險的成本都會轉嫁到買受人身上）。其實就是這種在面對爭議時放棄選邊站的態勢，才給定了法律系統自我描述的**真正問題**，那就是，要去闡明，**當系統允諾要爲所有問題提供解答，並且強迫系統的所有運作以此種解答之存在作爲出發點時，這到底蘊含了什麼事情？**

論證的工具可能被替換，做成決定的強制則一直被維持。人們必須以一定的方式來對系統進行描述，而使得對於正確解答的追尋，持續被認爲是有意義的——即便對於**這樣一個**正確解答的存在，已經出現了越來越多的質疑。在這個方向上的努力，會著手提出一些關於原則性解答的建議——就算不再訴諸**神意**，也會訴諸**共同福祉的最大化**。如此一來，這些自我描述會指向某個外在於系統的阿基米德支點，例如**宗教**或**經濟**，也就不是出於偶然了。同樣的說法也能適用在邊沁與奧斯丁提出的建議上：移用**政治性**權力擁有者下達主權指令之實力，作爲法源。凱爾生的純粹法學，尤其符合這樣的模型，因爲它將整個問題表述爲法律認知的問題，並且因此嘗試採用具有一般**科學性的**風格，而藉由引入一項前提要件作爲假設，來解決這個問題。這種以科學爲取向的主導趨勢，以另外一種完全不同的方式，展現在近幾十年來被稱爲「法理論」的反思類型中。[12]在這裡，法律系統的自我描述會去尋求跨領域的支持，例如語言學的、符號學的、詮釋學的、社會學的、人類學的支持。也就是說，藉著指涉宗教、經濟、政治或科學，一共出現了四種方案，嘗試將系統的統一性描述爲使爭議獲得可能性的條件，[13]同時也描述爲使這些爭議可獲得決定的條件，而這些嘗試都運用了現代功能分化社會所提供的各種一貫性的論述方式，也就是，訴諸另一個功能系統。

全社會系統的功能分化，就是藉由這個方式被利用，以便能夠在外在的指涉上，爲法律系統的統一性提供理論基礎。而這樣的作法是很容易被人理解的。根據哥德爾的見解，邏輯也教導了人們一件事，那就是，邏輯系統沒有能力從自身出發，爲其自身固有的無矛盾性（作爲其固有統一性的象徵）提供基礎；它必須委由外部來給定這件事情的條件。然而，法律系統的自我描述會發現到自己其實面對著一項事實：在法律系統的全社會環境中，自我描述可以發現到多數的銜接可能性。先前我們舉出了宗教、經濟、政治與科學這四者，作爲迄今爲止在各種法律的反思理論中被使用的可能性。但我們必須接著問，人們如何能夠在法律系統的固有基礎上，在這些可能性之間做出決定？抑或，人們只能以歷史性的方式，一個接著一個地試用這些可能性，並且消費它們？人們或許很容易想到一個方案，那就是，用對於全社會整體系統的指涉，來取代這種外部化的作法。然而這將意味著，反思理論必須以比這複雜得多的方式，獲得開展。因爲法律系統本身就是全社會系統的次系統，也就是說，在它指涉著全社會的時候，它既指涉著內在於全社會的環境，也指涉著它自己。或許在這個以系統論爲取向的形式中，就蘊含了一個對於問題的最終的、具有說服力的解決方案；但迄今爲止，還沒有人試圖讓這種形式可能爲法律系統各種固有運作帶來的成果，獲得清楚的認知，並且以這樣的方式對該形式進行試驗。

無論人們選擇了什麼樣的原理，圈內者的觀點都會告訴我們，對此已經不存在替代選項。人們或多或少可以順利實現這項原理，而且情況很有可能是，公共福祉的最大化，以及以神的大愛作爲假定並且過一種無罪惡的生活，兩者在事實上同樣都是不可能的。但就作爲原理的性質而言，此種原理與其他具有相同功能的公式之間，並沒有什麼區別。也因此，它必須獲得「盲目的」遵從。但是，當某個人觀察到另一個人遵循了某種原理的時候，事實上又會發生什麼事情？

在這裡，系統論式的批評很容易就上手了。一旦人們以系統與環境的差異作爲基礎（前面提到的那些理論正好就沒有這麼做），他們很快就會洞察到，在這組區分中，系統的統一性並沒有獲得定位：它既無法在系統中，也無法在系統的環境中被尋得。在系統內，不可能以一種具說服力的方式，並且以一種爲諸多爭議提供後設論述的方式，來再現系統的統一性。去追尋一個阿基米德支點，[14]其實就是對這件事情的反應。但若因此就將統一性安置在環境中，那麼這同樣是一種錯誤觀點。[15]從外在的角度來看，系統就是一個由眾多在運作層面上獲得使用的區分，所構成的網絡，用克里斯蒂娃的話來說，就是「polyvalence sans unité possible」（不可能統一的多用性）。[16]對於這樣的問題，人們就只能藉著那由運作和觀察／描述所構成的區分，來做出回應，以便能夠在這個時候將系統的統一性理解爲，由於那正在執行中而無法被觀察的運作動作，所帶來的結果。這個時候，系統的自我描述，就是系統眾多運作當中的其中一種，而當人們想要知道，系統是如何描述自身的時候，他們正好就必須對這樣的運作進行觀察，而且在對觀察動作進行觀察的時候，同時也讓自己暴露在被觀察的狀態下。

在這當中所蘊含的事情是，人們必須放棄各種訴諸統一性的解決方案。取而代之的，應該是將注意力轉移到下述問題：系統是以什麼方式來對效力與論證工具進行限縮。今天，「制度性的」法理論強調的正好就是這一點。[17]它用這樣的方式來說明我們用以當作出發點的立場：當人們在系統中尋求問題的解決方案時，必須以一些條件作爲依歸；系統的自我描述則必須讓自己等同於這些條件。這使得人們更容易去接受一些事情，那就是，他們必須與「開放結構」和平共處，[18]以及，有些爭議無法藉論證方式獲致決定。[19]具有決定性的一點是，由於系統必須求助於各種純粹的權限規範，並且是在純粹事實性的層面上對效力象徵進行處置（這些效力象徵本身則又爲進一步的諸多運作提供了出發點），因而它也限縮了自己的活動空間。[20]對系統封閉性的援用，取代了對統一性的援用。

III

舊歐洲的自然法，其淵源甚爲古老，而且對我們來說是如此陌生，以至於這樣的差距從來不會充分展現在當今人們的意識中。另一方面，唯有當人們看清，在今日法律思想中的那些反思理論，早已脫離了自然法而發展（以及它們是如何脫離的），並且在這個時候與那些界定了當前討論的各種問題相遇時，他們才有可能獲得對這些理論的理解。在今天，某些情況中被提出的論證，仍然（或者再度）會援引自然法，而前述說法特別就適用於這些情況。

從社會結構的角度來看，自然法的一項很重要的出發點就在於：在諸多法律——政治性的單元——尤其是城邦國家或者較小的領土國家——以及一種遠遠跨越了國界的貿易之間，出現了分歧。由此就會持續出現對於外邦人在原有城邦當中具有何種法律地位的探問，因爲，原本的法律是保留給城邦公民的，它無法直接適用於外邦人。用羅馬法的術語來說，這就是對於萬民法的探問。在學說匯纂中，有一段文字在中世紀時具有相當重要的地位，而該段文字甚至跨出了前述的探問範圍，進一步將動物也納入考量，並且藉此而能夠將自然法與萬民法（適用於全體人類的法）區分開來。[21]就論證的實際運作而言，這種迂迴藉由動物而提出論證的方式，具有重要意義，因爲它使得那一直到近代都還獲得維繫的傳統，有可能爲各種偏離了（可說是動物本性的）自然法的現象，提供理論基礎：例如，將婚姻視爲對自然繁衍驅力的偏離，將奴隸制度視爲對自然自由狀態的偏離，將所有權視爲對自然財物共同體的偏離，簡言之：將文化視爲對於自然法的偏離。在這樣的討論進路（還存在其他的討論進路！[22]）中，自然法絕非被設想爲一種具有較高價值的法，它更不會被設想爲由諸多道德性法律原則所構成的一種法之形式，自不待言。倘若涉及的問題是對道德性法律原則的指涉的話，那麼，在中世紀的時候，通常會使用aequitas（衡平）這個用語。[23]

人們還會發現到，有第二個想法交織在此種論證中。自然法一方面承接了亞里斯多德的思想，另一方面則是自中世紀以降，特別突顯了下列預設：在自然中，存在著諸多對其自身具有認知的本質（Naturen, Wesen）。理性（ratio, Vernunft）可以找到其安身之所，並且在自然中，作爲自然而開展自身。也因此，當人們在中世紀時，提出關於自我認識的要求時，這並不意味著，要對自身的個體特殊性，或者甚至對主體性進行認知。應該說，這裡涉及的是對自身固有本質的認知，這種本質，在analogia entis（關於存有的類推）的論述中，被理解爲世界靈魂的個別情況、imago Dei（神的形象）、創世的受造者。[24]將人類想像爲「微觀的宇宙」這樣的想法尤其點明了，人類能夠藉著自我反思，通往整個宇宙。[25]於是，在自我沉思中，人們能夠認知到那些在神學——道德——政治——自然法上都具備有效性的規範，而這樣的想法甚至還繼續活躍於德國新教徒的晚期亞里斯多德主義思想中。[26]就連普芬朵夫都還要求（儘管他使用的是一種世俗化的、也因此變得不清楚的、並且可在論戰中被利用的自然概念），人類在相互結合組成公民社會的時候，就要**認識**到他們的自然權利，但很值得注意的一點是，在這裡所涉及的，已經不是對自身固有**本質**的認識，而是對各項自身固有**權利**的認識。[27]其他現代早期的思想家，也採用梅藍克頓的見解，將自然的驅力與自然的權利區分開來。[28]人類的理性使得他們能夠洞察到，他們生來就必須在社會中過生活，並且有賴於相互合作。這件事情帶來的結論，就是將法律當作是使社會具有可能性的條件。但人們同樣很容易就發覺到，並非所有的法律問題都能藉此獲得澄清。一方面，自然爲個別的人類或者各個不同的群體，注入了各種不同的偏好——它正好就是爲了共同生活的目的而這麼做。這其實是產生自爲追求自身目標而展現出來的合理性。由此產生的結果是，那些對共同福祉而言具有重要性的問題，都必須獲得規制。[29]此外，對於某些問題而言，並無法從對自然的認知當中得出答案。這些「無差異性的事物」需要獲得規制。[30]但人們卻是從自然中洞察到事情是這樣的，此外他們還可從中認識到，行動係以目標爲取向，並且必須要能與各種極爲不同的自然條件與社會條件相互調和。在此範圍內，從自然本身出發，就可以得出對於實證法與對於權威性立法的需求。[31]**自然法自己製造出了自然法與實證法這組差異**。也就是說，法律的效力形式是經由一個「再進入」而被解消：自然法與實證法的這項區分，會被拷貝到自然法當中；**而且，唯有在這個條件下，人們才能夠認眞地談論以自然法來爲法律提供理論基礎**。實證法的法律性質預設了，在與此對應的各種規制問題中，自然法抱持的是漠然的態度，而這點也經常被人提出。也因此，自然法在中世紀宇宙論式的世界架構中，被認爲具有較高位階。但於此同時，「動物性的」自然概念也一直被保留在討論中，根據這樣的討論，人類社會是在對自然（法）狀態的偏離中，發展了起來，也就是反抗著自然法而發展起來。如此一來，在中世紀與近代早期的法律系統自我描述中，自然法與實證法的關係一直是模稜兩可的。在這個仍然認眞討論自然法的傳統中，人們無法找到當代法哲學家可能會期待要找到的東西：自然法爲實證法**提供理論基礎**。[32]就其與民法的關係而言，它或者抱持漠然的態度，或者就是準備好要接受這種偏離。至於認爲這兩種法律都符合神的創造計畫的想法，則被用來當作結合性的視角。

人們必須承認，法律並非在所有細節上都可說是自然法，而且在個別國家、在各個不同的時代中，會出現各有區別的、卻又合乎自然的法秩序。但即便如此，自然法仍然被視爲整個法律的效力基礎，因爲自然會向世界秩序以及人類提出「法律應該存在」的要求。由此又可以得出，由於實證制定法是從自然法推演出來的，因而它也就在此範圍內分受了ratio（理性）；反過來說：在違反了自然法的情況中，根本就不會可能存在任何制定法，只可能形成一種制定法敗壞的狀態。[33]倘若這樣的敗壞狀態根本就不是制定法（就好比暴君不是國王），那麼就沒有任何人需要負擔服從的義務，這個時候，進行抵抗是被允許的，即便它不是被要求的。

正如同人們所看到的，這樣的理論從合乎自然角度的完美／敗壞，推論到自然法所有衍生物的效力／

無效力。隨著對其中一邊或者另一邊的選擇，此種理論也就可以讓服從或抵抗獲得正當化——但這必須要具有一項前提：牽涉在其中的並不是惡意或者無法解消的價值衝突；這裡所涉及的問題，毋寧是關於正確認知或者謬誤的問題。

但在現代的領土國家當中，這件事情是無法被接受的。雖然人們還沒完全放棄希望，認為神能夠對主權者發揮重要影響，並且還將這樣的期望當作是關於法律的理論基礎的最終公式。但早在大約十六世紀末，下面這件事就已經因為實際運作的目的而獲得了清楚的展現：以權威的方式頒布法律，才是具決定性的事情。[34]法律與憲法的發展，都是在對這件事情做出回應，而宗教在這個時候，則主要是在內戰的形式中，助長這兩者的發展。進一步而言，鑑於現代領土國家當中不斷增長的法律制定活動，以及鑑於這種法律活動所需要的論理基礎，人們就只能繼續在人類的理性本質上，宣稱受到自然的拘束。自然法變成了理性法，這當中幾乎毫無過渡階段，而且，對於理性之本質的知識，也逐漸被那些就法律的理論基礎的理性原則而提出之討論所取代。[35]然而，理性法其實老早就注定是革命之法，也因此，在革命之後，它能獲得實證化（或者說，至少人們是這樣認為的）。它會獲得採納，而進入憲法。因此，即便事實上出現了斷裂，這種斷裂情況也很難清楚獲得突顯。另一方面，基於美洲大陸上的英國殖民地所具有之特殊的社會條件，人們本來就可以預設，在這邊出現了自然法與實證法的一種更徹底的混合，而這更有利於理性法的發展。[36]此外，正如同情況所顯示的，理性似乎能被用來接受各個領土國家法秩序的各自脈絡，並以引人注意的方式贊同之，就好像這些法秩序之間的區別本身就是理性的。而且不管怎麼說，在剛開始的時候，沒有人會去質疑，自然法不僅是整體法律的效力基礎，還是整體法律的**知識**基礎。[37]不過，隨著法律獲得實證化，前述情況也在相同程度上有所改變。立法活動取得了大幅增長。這件事情雖然被人注意到，但是卻沒有被當作是一個為法律提供新理論基礎的問題。[38]在這個時候，**法律完全只在自己身上認知到了一種變**

更的需求（當然，它面對的是外在的刺激），而一個對此進行反思的理論，最多就還能瞄準著那些價值概念，或者提出正當化的問題。這樣的情況，會要求人們要提出新的綜合嘗試。在一八〇〇年前後，新的、關於實證法的哲學（可說是在休謨的影響下形成的，而且在某程度上，他的論點比康德更具吸引力）嘗試在立法者的決定與法律實務上的經驗原則之間，構建出一種關聯，而且，人們最多只能以此種關聯能通過歷史檢驗為由，附帶地從此推論到理性上。[39]在這裡，同時期的法典化運動，或許可被用來當作直觀的素材，並且為提出此種綜合的可能性提供擔保。薩維尼/蒂堡之間的爭論，就應該在這個背景下來理解。[40]於是，這樣的態勢在現代已經成為不可逆轉的發展傾向，其結果則是，當今天人們實際上提出論證時，這些論證不會去談論「人類本質上即具有之理性，為他們規定了什麼正確的事物」，而是會談論「在那些實證法已經全盤予以規制的情境中，什麼行為是合乎理性且可被期待的」——例如作為交易的參與者，或者，就一個消費者而言，人們可以期待他盡到何種注意程度。[41]總而言之，在這裡出現的、與法律思想的傳統基礎的斷裂，似乎並非那麼不可彌補，乃至於竟然會激發出特別的認識論上的反思，如同發生在與此平行的認知領域當中的情況。[42]

藉著強調個體對其自身固有利益的權利，並且基於此種理解，將自由與平等這兩者與自決的理念並立，而宣稱其為自然人權，十七與十八世紀的新自然法轉而對抗傳統流傳下來的秩序。在歷史的脈絡中，當人們想到，由於貴族地位意味著政治上廣泛的顯貴地位，並且享有眾多特權與豁免權（一如既往，這些特權與豁免權只能被視為一般有效法律的例外情況）時，這時候它就不再能夠被理解為自然法，只能被理解為國家的制度（雖然「出身」、「種族」等等一直獲得強調，甚至強調的程度甚於以往）。[43]這樣一來，就有可能藉著對固有個體性的自然權利，去表述一項具有階層中立性的原則，這樣的原則不再指向舊的意義下的自然法，而是指向一些實證法上的限縮措施，以及指向這些限縮措施的界限，而這些界限需要經由憲法得到擔保。倘若想要對那些限縮自然的（「未馴服的」）自由與自然的平等（這樣的平等不可能在社會中獲得實現）的措施，再進行限縮，就有必要動用到憲法。[44]

人們或許可用絕對主義與個人主義這類關鍵詞，粗略地描繪這樣的轉變。其實，針對對偏離自然法的正當性而提出的古老探問，也會對此種轉變做出反應。這個問題現在是經由契約建構的方式來予以回答。對於自然的自由，就算沒有完全被犧牲掉，也會因爲社會契約、國家契約、個人契約等等而遭到限縮。對於自由的強調其實也包含了，人們可以以自由的、契約約定的方式來表達對自由的放棄，而它同時也爲抵抗權的放棄，以及主體在絕對國家中的從屬性，提供了正當性。[45]在這裡，個體的自由，以及受國家規制的（和平的）社會等等文明的成果，都會被當作是對自然法——但卻又合乎自然法——的偏離，亦即，它們是以弔詭的方式被提出。

另一個呈現此種轉變的地方，則涉及到個體對法律所採取之態度的合理性。在自然法仍具有統治地位的時候，唯有對法律給予關注，並且遵從法律的指令，才是具有合理性的態度。個體沒有任何機會反抗法律。另外，需要特別強調的是，這一點對所有人都同等地適用，而不須考慮到他們的特性與處境。唯有在法律自身當中，對於個體性的考量才能夠獲得表述，而這當然主要是透過身分、角色、契約義務等等的分化，獲得呈現。在實證法的庇護之下，這項前提條件卻發生了改變，因爲法律本身無法再用來表述那對個體發生拘束的合理性。根據邊沁提出的效益算計，違反法律規範對於個體而言或許更爲有利。或者至少可以說，從適用於所有人的合理性，不可能推論出適用於個體的合理性。這樣一來，人們就可以從今天關於理性選擇、「新政治經濟學」、或者法律經濟分析等理論中得出一項結論，那就是，法律的合理性必須在二階觀察的層次上才能被計算：亦即，唯有當法律是以一定的方式被設計，而使得遵守法律對於個體而言具有合理性的時候，法律才在相同的程度上被認爲具有合理性。

這樣的思考同時顯露出，法律的實證化與語意上及結構上的革新嘗試，具有緊密關聯，這些革新嘗試讓全社會能夠在更高的程度上，面對個體的個體性做出調適，並且放棄藉著那些由宇宙性的、宗教性的、地方性的條件所構成的合理性，來對個體的行爲產生決定性的影響。將自由權利視爲人權，而對其進行重新形塑的作法，也正好是以領土國家對法律所進行的實證化，作爲背景。[46]這樣的說法尤其可以完全貼切地適用在「個體即主體」這項宣稱上；它適用於現代的小說，而現代則賦予了個體一個核心的地位；它適用於人口統計學以及人口的概念上，這個概念同樣也是在十八世紀下半葉使用一種必須以演化方式來說明的、生殖上的孤立，取代舊的、用自然種屬來進行思考的方式；它正好也在社會轉變的脈絡之下，並且基於相同的理由，而適用於法律的實證化。[47]

伴隨著上述這些事情，法律的實證性便成了現代社會法律自我表述時使用的論點。由於這裡涉及到一項具有傳統的術語，因而在這裡要進行反思時就會碰到極大的障礙。具有貶損意味的弦外之音，以及對於「更高的」意義的期待，無法有效被壓制。那種基於「人類意志」（有別於事物本質）而以人文主義——人類學的方式爲實證法提供理論基礎的作法，喪失了它的明確指涉。它指的究竟是誰，或者是什麼事情？「國民總意」這項公式，正好就表達了這種困境。另一方面，要放棄傳統上的意志論，也頗爲困難，因爲這裡最終涉及到的，是關於爲法效力提供基礎，抑或取消法效力的決定，而且整個社會理論也還是圍繞著人類進行陳述。於是，關於意志的恣意性的問題，就一直無法獲得解決，或者只能被轉移到政治上關於代議民主制的設準中。但不管怎麼說，「實證性」的語意都具有一項優點，那就是，它能夠穩穩站立在各項不同的區分的交會點上，並且因此可以巧妙操作各種對立概念之間的交換。實證性並**不是自然性**、而是被設定者，並且因此可以作爲決定被觀察。實證性**不是思辯性**，而是以事實或者制定法作爲基礎，並且能夠被證實。實證性也**不是否定性**。在十九世紀，當人們要對實證性加以標明的時候，就有這些開放的區分可供選擇，而這些區分也會彼此混雜在一起。[48]或許「實證主義」成功的祕密就在於此。但原則上有一點是很清楚的，那就是，要使一個由各種法律上受保障的期望所構成的特殊系統，從那由各種通行於全社會的規範構建所形成的整體領域中分化出來，唯有藉助實證化，亦即藉由系統的遞迴性閉合，才能獲得成就。相對於此，人們還剩下的其他選擇，就只是主張，這樣的情況在倫理上，或者由於其他緣故而無法令人滿意，而且在這個時候還需要負擔舉證責任，指出人們如何能夠藉由其他的、超越法律的方法，使特定的規範內涵得到明確的確立，並被視為具有拘束性。

即便今天有人抗拒上述所有的發展傾向，而繼續談論自然法，在自然概念以及諸自然科學學門中，也欠缺關於此種討論的各項的前提條件。自然法的概念，原本是要為提出理論基礎的問題提供答案，然而，完全不加思索地延續傳統上的宏大標語，顯然無法滿足這樣的需求。這樣的說法可以更貼切地適用於那受到康德思想塑造的、已經從自然中脫離出來的超驗理性概念。就自我審判的權限來說，人們只能從這樣的概念中挖掘出康德老早就偷偷放進來的內涵。[49]說來真令人詫異，直到今天，這樣的標語竟然還能如此容易地、不考慮到脈絡地被人們使用，而且被用來當作反思的阻斷點，或者被用來為各種單純的宣稱提供強化，而遭濫用。[50]自然法的思想，伴隨了中世紀法秩序的形成、邁向「主權的」領土國家的過渡階段、絕對主義、啓蒙專制、以及人權在憲法上的實證化，也就是說，它顯示出了具有政治上調適能力的特質。倘若人們想要取得堅定的立足點，以對抗國家社會主義、或者與此相類的恐怖統治的可能復出，那麼就只能說：法律系統的這種自我描述公式的發展史，正好提供了完全反面的教材。即便人們贊同哈伯瑪斯的觀點，在我們這個「後約定俗成的」年代，堅守使法律獲得理性正當化的要求，並且嘗試藉由某種言說理論來找到達成這項目標的途徑，這樣的作法也無法與為法律尋求自然法上的（在此範圍內，也可說是僵化的）理論基礎的目標，取得協調。[51]

就算暫時撇開語意上的陳腐不談，自然法在社會結構上的各項基礎——它們曾經使得自然法、共同福祉與正義等理念的相互耦合，看起來頗有道理——也早已不復存在。在各種貴族社會所構成的舊世界中，法秩序的基礎可以在正義理念中被尋得。正義一方面表現爲一種對於社會共同生活所抱持的合宜的、精明的（合乎德行的）態度，另一方面，則以個體在社會中所具有的地位爲尺度，賦予他們應得的東西，而這些地位則被認爲是穩固確立的。也因此，正義理念表現的就是人類的社會性（城邦的、政治的、公民的）本質上的一種合理的完美狀態，並且藉此成爲某種知識的對象，人們雖然可能對這種知識產生誤解，卻無法另行提出一套價值觀。在這種情況下，就社會結構的層面而言，其實已經預設了，在出現社會衝突的情況中，人們有辦法去評估，也能在現已存在的法律上認知到，其他那些未參與者會如何評斷此種衝突（甚至必要的時候還可以指出，他們依據的是哪些規則）。即便法學專業知識對於此種決定之表述而言是必要的，情況仍是如此。在這些先在條件下，人們也就能夠使用一些純粹虛構的、爲法效力而提出的理論基礎，來進行探究，例如提出關於創建法律的神話，或者假定法律的起源始自太古、無從查考，自此以後，此種起源則不斷在實務運作上通過檢驗。[52]

伴隨著往現代社會的過渡，此種對於世界的想像也就喪失了社會結構上的前提條件。即便人們提出各種努力，試圖維繫之或復興之，[53]它都不可能原音重現。在疑難情況中，社會的反思性不會帶人們回到共識，只會帶他們回到歧見上。紀登斯曾經扼要地說過：「反思性顛覆了理性」。[54]霍布斯的理論曾經引發了一項爭議問題，那就是，理性是否蘊含於法律本身的規則與原則中，或者反而應該說，在人們對那以權威方式被設定的法律，所給予的遵從當中，蘊含了理性。然而就連這項現代早期的問題，也無法撐過十九世紀。[55]現代社會的法理論卻提供了兩種不同的自我描述模式，而首先應該注意到的事情是，人們無法就這兩種模式形成一致意見。我們也可以將這項爭議的正反兩面，稱爲法理論中的「實證主義之爭」，它們都是以對方缺陷作爲取向，卻無從看到自己本身的缺陷。

IV

早在十六世紀時，在宗教上統一性、以及此種統一性在帝國理念中所獲得的政治上實現，都已經崩解之後，出於對政治性國家秩序進行重構的機緣，也明顯呈現出了對法律進行合乎時宜的重新構思的需求。法律本身藉此變成了國家秩序與國際秩序的擔保（或者至少可以說，諸如維多利亞與蘇亞雷這些革新者的本意就是如此），這樣的情況之前還不曾出現過。人們所追求的由政治上與法律上秩序所構成的統一體，就神學層面而言，只能使用意志論這種古老的工具，作爲理論基礎。[56]各種關於社會契約與統治契約的理論，雖然經常被採用，但卻有一項問題，那就是，在統治者破壞（僅存在於想像中的）契約時，它們無法斬釘截鐵地排除人民的抵抗權。也因此，另一個經常被採用的替代選項，就蘊含於各種具有神學基礎的直接性理論中：神直接指派了統治者，來直接行使強制力。此處使用了雙重的「immediate」（直接性），而這具有關鍵意義：在這裡涉及的，既不是一種委派的、藉著人民指派統治者才得以形成的強制力；另一方面，關於此種強制力的行使，也不須以任何方式受到共識或者各等級的參與的拘束。但是這種解決模式本身就承擔了風險，也就是說，它必須完全仰賴神學家——法學家的合作，而且也得承受下述質疑：當神指派了愚蠢的、好戰的、不公義的、無魄力的統治者時，祂到底在想什麼？

普通法當中出現的各種反思嘗試，則可說是提供了另一條思路，而且極具重要影響。這些反思嘗試，自十七世紀以降，一直被認爲是英國的國家特產，而爲人津津樂道（不過他們卻完全沒有注意到一項問題：有多少源出於教會法與〔大陸〕民法法系的思想產物，滲透到普通法當中）。這樣的反思，開始於寇克，而且是伴隨著對王室的諸多規制主張所做出的抗拒。它早就已經歸結出一種實證主義的法理論，儘管仍然僞裝在自然法與歷史底下。[57]在這裡才首次明確提出了一種關於法效力的歷史化的論述。鑑於那非常漫長的、毫無間斷的法律傳統，法效力無法清楚地上溯到一個歷史上可確立的起源，它必須在決定活動的歷史延續中，藉著不斷出現的新案例的機緣，而在對已經存在的規則進行權衡當中，被人們尋得。[58]無論最初的法源是怎樣的，都應該說，是藉由法院對法律進行的不間斷的持續審查，法律才能成爲「普通法」。

自從十八世紀後半葉以降，無論在語意的或者結構的層面，實證主義都已經蓄勢待發。[59]它是建立在國家與法律具有一體性的假設上，只有英國的發展情況是例外。[60]自然法與理性法被貶抑到次等的地位，它們的存立依據，主要是來自人們在駁斥實證主義規制問題的解決方案時，能夠動用的所有正當質疑。在一八〇〇年前後，法理論也轉向以實證主義作爲主要準據，[61]不過在這裡卻並沒有排除，當人們面對著立法者反復無常的動作，尤其是那些不符正義的制定法時，他們仍然可以將某些法律固有的、對法律進行自我控制的判準，認定爲具有必要性。[62]

今天，偏向理性的這一方，在其宇宙論的基礎業已腐蝕之後，主要是從系統固有的論證工具，試圖抽繹出系統的自我描述，並且宣稱，以這些論證工具作爲根底，事實上的確存在著諸如好的（或者比較沒有那麼好的）理由、各種合乎理性的原則，以及那些作爲系統應然價值的最終價值等等事物，而且這種說法在系統內是有所根據的。[63]目前，這樣的討論則聚焦於德沃金的著作上。[64]其困難之處則在於，對那種奠基於理性當中的決定基礎所抱持的希望，與現代社會高度發展的社會反思性，相互衝突。[65]因爲，正當對於其他不同觀點的理解，逐漸增加，乃至於成爲文明行爲的一項要求時，在相同程度上，對於共同信念基礎具有說服力這件事情所抱持的希望，就逐漸降低了。如此一來，理性理論就越來越只能以論爭的方式得到證立：也就是去宣稱，一旦放棄了最終的共同理由或價值，就形同把所有事情委諸恣意。誰若是否定這一點，他的論點就會被稱爲是具有毀滅性的：也就是被稱爲虛無主義者、無政府主義者、決斷論者、機緣論者、實證主義者。這個時候其實幾乎可以說，上述說法暗示了、甚至明白點出了，這樣的理論會傾向於使全社會中的各種犯罪，尤其是政治上的犯罪，獲得正當化，成爲合法，而且只要有機可乘，它們就會這樣被利用。

實證主義者的這一方則認爲，上述宣稱都只是原則信仰者轉移焦點的策略。實證主義者關注的討論角度，正好被那些人刻意忽略。當人們探討到，那些被原則信仰者從系統的實際運轉中抽離出來的原則，如何能夠再度被具體明確地指出來時，他們就會陷入困境，而他們正好就不想談論這種困境。也就是說，在這個時候，**reductio ad unum**（化約到一）的嘗試會徹底失靈，人們面臨的結局，則是若干原則的浮現，以及多數妥當理由與價值之間的衝突，而他們就必須以機緣論的方式來加以處理——在這裡，指責之詞又被拋了回去。理性的追隨者，當面對著理性喪失了其原有之促成統一性的功能，以及系統無法在邏輯上閉合起來的情況時，無法做出任何回應。當他們得在若干原則（例如：基於契約或者基於過錯而承擔責任）或者若干價值之間做出決定的時候，他們無法爲此提出回答。實證主義者能說出如何做出決定，那就是，透過對現行有效法律的指涉。

當然，這首先會導致一項問題的產生，那就是，到底什麼東西才能被認爲是法律而具有效力，或者不能被認爲是法律而不具有效力？針對此問題，我們早已經用自己的方式，亦即藉助關於在封閉系統中流通著的效力象徵的理論，做出了回答。不過這是一種外部觀察，而不是關於系統的、具有司法性質的自我描述。也因此，人們必須將法律的實證性，與法理論上的實證主義（作爲那在系統中運作著的自我描述）區分開來。[66]法理論上的實證主義，是藉助法源的概念來對效力問題提出回答。[67]的確，關於來源的隱喻，就連在法律上的運用，也是出自古代，而且也完全可運用在自然法的情況中。[68]只不過在這裡，人們優先想到的事情，似乎是使公正的個案解決模式得以成立。[69]無論羅馬法律思想或者中世紀法律思想而言，規則都只不過是一種brevis rerum narratio（對事物的簡短敘述）。[70]那存在於事物本身當中的ius（法），亦即，那被認定爲公正的法，才是具有關鍵性的東西。因而我們完全無法說，規則，就其作爲決定（決定乃是基於規則而推演出來的）的條件而言，本身都還需要一種使自己能夠獲得正當化的法源。一直要到近代的契約論（格老秀斯、霍布斯）被提出，使國家所具有之制定法律的權威，藉由這些理論獲得奠基，而且，由國家主導的法典與新規範的制定，取得越來越重要的意義之後，法源的隱喻才改變了它自己的指涉，也因此改變了它自己的意義。[71]到了這個時候，法源才成了一種爲使抽象法律規範獲得具有論理基礎的效力，而提出的概念。

這在理論上帶來的獲益，顯而易見。法源的概念使得人們能夠輕易指認出現行有效的法律，並且省去了各種對於法律之本質、法律之本體，以及法律與習俗、法律與道德之界分判準的追問。[72]此概念使得人們能夠將法律指認爲「現行有效」，無論應適用法律的個別案件的情況爲何，也不須考量參與其中的個人是誰。[73]（至於法律不能適用在那些最高層級的個人身上，[74]這一點雖仍被認爲事理之自然，但其所涉及的並不是法律之效力，而是法律之可執行性的問題。）然而，來源的隱喻暗示了，它與「來源本身又係源自何處」之間，存在某種斷裂。[75]唯有當人們不去追問，在來源之前存在的東西是什麼，以及，「在來源之前」與「在來源之後」這組差異所製造出來的東西是什麼的時候，這種隱喻才能運轉。長期看來，這樣的把戲無法滿足人們的需求，但是在過渡階段中，它有一定的用處。不過，它的不足之處，早已展現在下面這件事情上：在這項隱喻的旁邊，又有一項類似的區分被設置，而且以一項引人注目的類似隱喻，承受了賦予論理基礎的負擔，這項區分就是關於理由與論證的區分。不管怎麼說，就如同情況所顯示的一樣，這個出發點，相較於理性法而言，提供了若干更好的精緻化的可能性，而它不僅沒有排除論證文化，反而把這種文化包含進來。普通法背景下的實證主義者，特別清楚地表現了這一點。

法律的發展——尤其是在十九世紀時，普通法系發展出先例拘束原則作為對法律全盤實證化的回應[76]——本身就會使法源概念的擴張變得必要。[77]不僅各種立法（連同那些藉由立法而授與之權限），連司法裁判也被認為是法源。於是，人們區分了制定法與法官法。這主要意味著，法實證主義放棄了與某種外在於法律的法源（亦即能夠被貫徹執行的政治權力）的連結，並且另外採納了一種只能夠以「提出論理基礎」的方式做成決定的法源，無論這種法源的意涵為何。[78]這時候很容易想到的作法就是，將法釋義學也視為法源——法釋義學正好承擔提出論理基礎的任務，並且還以批判性的方式對其進行分類。這是因為法院會引用這些出自於聲名卓著的法學家之手的學術研究成果、教科書，或者其他出版品，並且在某些情況中，讓他們作為鑑定人而參與審判。

法源學說使得人們有可能迴避對法之本質進行追問。當然，這個時候必須為此一問題之全部延伸範圍，提出一個替代品，而法源概念本身也因此變得不甚清楚。就如同那些符合理性的理由的情況，在這裡，人們也碰到了「多元中的統一」這個問題。不過，有別於理性原則理論的地方在於，實證主義理論在這裡還能夠做出回應，亦即，藉著提出具有清楚優先順序的衝突規則，來做出回應。在出現矛盾的情況，而矛盾又可以藉由解釋，也就是藉由理性的論證動作（！）

被排除（通常而言是這樣的）時，那麼就應適用制定法，而不是法官的裁決，或者應適用法官法，而不是學說見解。也就是說，這個問題是可以解決的。唯有法源的概念，才能標示出使自我描述被截斷的那個點，並且禁止提出進一步的問題。這項概念在適用範圍上的擴張，會帶著人們走向某種門檻，以至於人們已經可以說：法律系統本身就是法源。不過只有外部觀察者才能說出這件事。法律系統本身就必須仰賴不對稱性、截斷規則以及對稱性的斷裂，而這正好就是「來源」隱喻意在說明的事情，不過這項意圖（或者說「功能」）本身並沒有被稱爲某種理由，或者「最初來源」。人們不可以公然提出套套邏輯的（也就是無法帶來豐碩成果的）論證。也因此，法源的隱喻，就其涉及到效力的方面而言，就具有某種偶連性公式的功能——就如同從理性法的角度來看，實質正義概念所具有的功能一樣。它將套套邏輯轉化爲論證序列，並且讓某種從外部看來具有人爲技術性質與偶連性質的東西，從系統的內部觀點看來完全自然，而且具有必要性。

只要憲法既未在效力上，亦未在原則上遭到質疑，那麼實證主義就可以使自身指向憲法，並且避免在此之外還需要指涉任何一種法源。當對宗教（神）、經濟（福利的最大化）、政治（能夠貫徹執行的國家強制力）或者科學（關於法律認知的可能性條件）進行外部參酌的作法，都已經功成身退之後，這似乎就是人們唯一還能提出的解決方案。正如同前一章所指出的，憲法是一種自我套用式的文本。自我描述則是一種自我套用式的運作。兩者有一個共通點，那就是，它們都無可避免地把自己安置在自己固有的處理對象、也就是法律系統中。那些可被認爲是這種結合的後果，並且能夠被觀察到的東西，可歸結爲憲法解釋的某種雙重語言性。如此一來，從人們會從主觀權利、訴訟權能、義務承擔上的限制等等所構成的法律技術設備的角度下，簡言之，就是在可裁判性的角度下，去談論所謂基本權；當涉及到語意上的崇高性時——此種崇高性似乎是法律系統使自身獲得正當化所必需——則人們會談論所謂基本價值。關於可裁判性的這個面向，正好對應於法院在法律系統中所具有的中心地位。價值語意則清楚表述了，法效力的意義並未窮盡於此；應該說，在所有流通著的效力之上，法律效力的意義還包含了另一個意義層次，而各種必要的基礎——用現代的說法就是：自由的共同生活——都會在這個層次上被表達出來。爲了能夠符應於這項差異，並且將它納入到法律中予以表達，人們也會將憲法高舉到它自身之上，並且談論所謂「超憲法性」。[79]不過，他們並沒有獲致太多成果，主要不過就是爲下述觀點提供自我確認而已：在所有有條件的事物之上，必須有某種無條件的事物；在所有偶連性的事物之上，必須有某種必然性的事物。

在下面這件事情上，理性理論與實證主義可以被辨識爲法律系統的自我描述：它們不會迴避爲各種後果承擔責任，而是會投身於系統之中（或者如同人們所言：「實踐性地」投身）。從高高在上的理性，會抛出各種關於正當法的指示，就好像在降落傘上抛出的東西一樣；或者，至少人們會相信，他們能夠在陸地上，藉著望遠鏡來認知這一切。藉著援用理性、援用所有正直且公義地思考著的人們會提出的洞見，或者藉著其他類似的公式，人們會喚起一種印象，彷彿在法律中所涉及到的事情，是一種能夠強制獲得共識的程序。當然，這種看法不能被過度擴張。也因此，實證法上的各個固定點，無可避免地會取得效力。但它們是以哪些文本爲基礎？又有哪些基礎還有待確立呢？實證主義者信仰法源，法源則具有某種能夠做出區辨的概念的意義，在這個概念上，法源能夠區分現行有效的與非現行有效的法律。至於在系統中，這些出發點在什麼範圍內會導向各種不同的建構，而這些不同的建構又在什麼範圍內會導向各種不同的結果，則只能在個別案件上獲得認定。今天，人們已經知道，文本其實是解釋的結果，但解釋本身，又必須在文本的基礎上被證明爲具有必要性。無論如何，這裡所涉及到的都不是外部的描述，也不是社會學理論。

最後我們還應當提及，過去二十年間，在討論的指涉點上，出現了相當明顯的推移。一如以往，都存在著相互爭執的兩邊，因爲正反意見本來就是構成一項爭議不可或缺的條件，不過，爭論的議題卻脫離了對法效力基礎所進行的追問。在這裡，那些堅持「決定最終必須以對後果的衡量作爲基礎」這一點的人，維繫了先前被認爲是實證主義者的立場。經常也有人提到所謂法益衡量或利益衡量。在一定範圍內，這樣的觀點可以被稱爲是實證主義的觀點，因爲，無論是在法官法，或者是在立法者制定法的情況，就算誤判了相關利益，或者出現的後果與原本做成決定時所假設的不同，這些法律決定依然有效。對立的一方提出的論證則是，存在著一些法之內涵，這些法之內涵不需要使自己屈服於這種權衡之下，在各種情況中，它們都應該被持守住。郝思曼爲此舉了「禁止刑求」之誡命作爲例證，他指出，即使對可能的證人施以刑求，能夠避免糟糕的情況出現，人們還是應該注意遵守這項誡命。[80]在這個意義下，可以說，就算法律文化一直是歷史性的，並且因此具有偶連性，在其中也依然存在著一些「不可放棄的」法律基本原則。這裡涉及到的，不再是法源實證主義的問題，也不太能說，涉及到的是關於一種建立在自然或理性上的論理基礎的問題。或許人們比較可以說，在這裡幾乎是以法律中的冗餘所具有之必要性來進行論證，或者至少可說是以各種固有值來論證，這些固有值明確表述了法律對個人的指涉，而且它們不再能夠被利用來作爲某種公式，以求取內部指涉與外部指涉之平衡。

爲了能夠從外部把握這些總是以爭議姿態浮現出來的反思理論，或許，將實證主義的理論與理性理論，以及關於權衡的一元論與那種堅持不能放棄爲規則之效力提出論理基礎的立場，相互牽連在一起，會頗有助益。[81]這樣的作法，允許人們能夠在系統中，運用一種相應地受到限縮的系統概念，亦即，把它認爲是爲了對系統進行觀察而提出之模式。與此相對，外部觀察者由於本身並沒有參與系統，因而能夠藉著其**運作動作**（包括自我觀察／自我描述）之特殊方式，對系統提出界定。但下面這件事情不應被強制排除：系統可接受這種運作上的自我再製概念，將其納入到它的自我描述當中。而且，這樣的作法或許可以提供替代方案，取代其他那些將對稱性之擊破予以外部化的形式。這個時候，系統就是這樣來將它固有的弔詭／套套邏輯解消爲規範的效力，然而這樣一來，要以上述方式在系統中指認它自己，就變得更爲困難，而反思理論與系統其餘各種運作之間的關係，或許也必須重新界定。無論如何，引發這樣的反彈，並不是外部描述原本追求的目標。外部描述，作爲科學性的描述，只能在科學系統中找到它的各項前提與目標。

暫且不論上述這些還沒有被試驗過的、爲調和內在描述與外在描述之差別而提出的可能途徑，那麼，人們對此問題所提出之診斷，會讓我們產生深刻印象：在現代法律系統中，顯然存在著兩種各不相同的反思理論，這些理論的差異，無法被消除：理性法的與實證法的；依照原則（即便在最晚近的時代，這些原則指的僅僅是程序原則）的與依照法源的。第一種論點的缺陷在於，當它在相互衝突的原則之間做出決定的時候，這樣的決定欠缺效力基礎。另一種論點的缺陷則在於，當人們要回答「什麼東西可以被認爲是現行有效的法律而予以適用」時，無法提出最終的證立。這些爲了對系統進行自我描述而提出的論點，都沒能在系統中考慮到系統的統一性。效力與具有證立作用的理論基礎這兩者是不會完全取得一致的，也因此，人們必須就應賦予其中一種論點或者另一種論點優先性，做出決定。

但這的確只是系統自我描述的問題。外部的描述，只要確定指出「事情就是如此！」即已足夠。

V

讓這項爭議問題擱置著，或許就是對當前狀態的適當描述。不過，這未必就是對「法律系統如何反思其自身固有之統一性」此一問題的最終回答。實證性與理性本身就是（或者曾經是）傳統上使用的公式，十八世紀的思潮就是藉著這些公式來嘗試把握新的情勢（因爲它認知到此一情勢的新穎性）。現在看來，這已經是兩百年前的情況了。傳統上的自我描述公式，在今天所發揮的作用，就好像是布赫拉爾理論中所說的「obstacles épistémologiques」（認識論的障礙）。[82]它們的特徵就是：具備太少的複雜性，其主導觀點已經制式化、也被賦予太高評價。或許，今天還可以找到其他理論上的視角，而人們在這個時候可以先不去追究，這些視角是否可以爲系統的自我描述，或者爲對系統之自我描述而提出之異己描述所利用（就如同這裡的情形一樣）。

鑑於兩種公式（實證性與理性）在系統內部的使用上，都已經通過考驗而保留了下來，外部的觀察者這時候首先會嘗試爲此提出說明。一般而言，人們會注意到，在實證法的時代中，法律的知識會被轉化爲觀察者進行觀察的形式。在歐洲大陸法律中，這涉及了對立法者意志提出解釋的問題。制定法之形式，以及對先前法律狀態進行**變更**之形式，都已經足以讓人們假設某種意圖的存在。發生在立法者身上的事情不僅僅是它制頒了一項制定法；它還藉此做成了某項特定的事情，也就是說，它藉助一項或者若干區分，對世界進行觀察。至於如何查明這個觀察者所進行的觀察，尤其是，當各種關係已經有所轉變的時候，那些逐漸老化的制定法如何能夠被轉化而適應此種情勢？這兩個問題就成了方法問題。在此涉及的問題，從來都不是某種事實性的（社會學式的）動機研究，而是涉及了那些可以給出法學上意義、並且被闡述爲可以以理性方式洞察到的各種理由。

在盎格魯．薩克遜的普通法中，向法律實證化的過渡，是在十九世紀時，藉著承認裁判先例拘束之原則，而獲得了完整的貫徹。但就算在這種情況中，也並不意味著要施加機械性的強制，以便使決定的各項前提都能獲得接納。應該說，那些被認定爲先例，而獲得考量的各項決定，是基於後來各種案件所提供的機緣，並且是在對其「判決理由」進行考察的角度下被觀察，至於人們是否必須遵循這些決定，以及，他們應該在何種範圍內遵循，也是取決於前述角度的考察。[83]在美國的普通法脈絡下則可以說，具有主導性的想法是，律師必須對法官進行觀察，以便能夠查明，法官將如何觀察案件並對其做出決定。[84]這就是法律唯實論所釋放的訊息（此種思潮的支持者還可以分爲許多支派）。這些針對法律的實證性而提出的不同說法，完全沒有排除人們以法律原則作爲導向的可能性。但這個時候，人們所理解的法律原則，只不過是那些在對觀察進行觀察的時候能維持穩定的事物。除此之外還能怎麼說呢？倘若人們不再能知悉，其他人是如何以法律為導向的，那麼每一種法律專業知識都無法繼續維持下去。在各個現實的當下中，一個獲得了擴張的時間界域——無論是舊的制定法，或者是未來的法院裁判——都只能在二階觀察上被實現。否則的話，某個人就只有可能去做別人通常會做的事情，也就是說，只能以在場者之間的互動作為支撐，並且希望獲得成功。

各種觀察者視角之間的分離，其根基就在於系統的分化——尤其是在於律師實務工作、法院、各種組織中的法律部門，以及立法組織等等領域之間的分化，它們相對於全社會的環境而言，也具有各自不同的外部界線。藉著法學家共同的養成過程，以及與此相對應的、專業上的社會化，使得觀察的水準，以及那種能橫跨系統中彼此具有差異的分支而取得相互理解的可能性，獲得了擔保。但是，若僅從「專業化」的角度來說明這種結構上的獲益，那麼就可說是太快下了結論。[85]專業的建立，看來更像是形成於較古老的社會構造當中，而且在今天也只能是一種幫助有限的解決方案。當前法律系統的問題，係蘊含於運作上的封閉性，這種封閉性無可避免地導致自主性的形成，並且會使系統的自我再製轉移到二階觀察的層次上（這個層次並不是自給自足的）。這個時候，一個進一步的觀察者，就會對規約主義與建構主義進行觀察，但這絕不意味著，它能夠看清楚這當中的恣意。

據此，就結構而言，在今天，關於系統的自我描述的各項條件，可被描述為：一個在自身中封閉的、在運作上只仰賴於自身的功能系統，業已分化出來，以及，一種二階觀察已經被內建到系統中。這兩件事情是相互關聯的。正因為系統是封閉的，因而它必須使它所有的運作——它是藉著這些運作來建構並且觀察法律事務——從屬於它自身固有的觀察之下。

這時候，理性就成了系統自我指涉性的象徵。實證性則成了一項公式，眾多對觀察者進行觀察者，能夠在這個公式下取得一致，去觀察同一個東西，也就是去觀察在各個情況中現行有效的法律。反過來說，藉著實證性，人們能夠標舉出，所有的法律都是建立在決定的基礎上，這些決定則可被人們當作是決定（這意味著：在考量到其他可能性的角度下），而被觀察並被憶起。這時候，理性也隨之指明一點，那就是，在這種因爲做選擇而承受負擔的情況中，必須要提出論理基礎，這些論理基礎最終又可以被認做理性，而爲自己提供論理基礎。基於進行自我描述的目的，這兩項公式都會遮掩一件事情，那就是，系統是在不具有任何超驗支撐點的情況下運作的，也就是說，它不具有任何一種宇宙性的periéchon（神所設計的理解），也不接受任何出自神的指令的干預。它們同時還遮掩了另一件事情：由於系統不具有超驗支撐點，它就只好仰賴無數直接或間接的結構耦合，而這些結構耦合本身並不適合用來作爲法律效力的理由。那些已經被人們試用過的例外情況，也就是主體及其對理性的意識，還有爲法律之實證性而提出之憲法，這兩者都會遮掩法律系統對於全社會的依存性，以及法律系統之生態上的（在此使用的是最廣泛的意義）依存性。爲了要能爲反思提供一項理由，前述兩項例外必須採用極端的方式，讓自我指涉與異己指涉統一性的問題，得以凝煉。然而，一旦人們察覺到，就連這件事情也能夠被觀察與描述時，這些公式也就喪失了在自身當中的支撐點——並且會轉而相互對抗，好像可以用論戰來取代論理基礎之提出一樣。

當人們想要傳達，他們認爲特定見解是正確的，但卻不知道要怎麼進一步提出說明的時候，他們就會引用理性，來遮掩這件事情。藉著援用一般的理性（而不是援用諸如「自身經驗」這樣的東西），人們準備讓自己接受觀察。換言之，他們認爲：「我的論證是可以被檢視的。」的確，情況或許全然如此。法律效力的實證性，也具備這項功能。只要人們是以現行有效的法律作爲出發點，他們就能夠讓自己暴露於被觀察的狀態下。人們藉著de lege lata/de lege ferenda（現行有效的法律／未來有效的法律）的區分，對各種觀察進行劃分，並且向那些分歧程度極大的、也極爲「批判的」觀察者指出，他們可以訴諸變更法律的可能性。因而，法律的實證性也可以被理解爲，它允許對法律進行變更。「受『更高階事物』之拘束」這種古老的形式，會被「拘束與變更」這項總是需要重新協商的結合所取代。現行有效的法律／未來有效的法律這組區分，開展了下面這項弔詭：法律之所以有效，正好是因為它有可能遭到變更。一旦系統在二階觀察的層次上，以自我指涉的方式封閉了起來，這些公式也就能被看做是對觀察者所進行之觀察而給出之指令，並且被辨認出來。最終的問題，必須從對「什麼」的追問形式，轉譯為對「如何」的追問形式。這個時候人們追問的不再是：理性說了什麼？或者，什麼東西可以基於那具有準則性質的法源，作為實證法而具有效力？這時候要提出的問題應該是：系統是如何做出那些它已經做出的事情？在環境會持續引發激擾的情況下，系統如何將某項運作鏈接到另一項運作？

如此一來，在對系統與環境的關係進行重新理解時，法律系統的閉合就成了出發點。法理論必須（當然，是按照它自己的方式，並且以其自身系統之統一性作為導向）處理造成法律系統功能自主性的各項全社會的條件。或者無論如何都可以說，它只能從環境的角度，在系統內考察系統的統一性。[86]但是只要我們與法哲學傳統所提出的反思成果做個對照，就能夠發現，無論當人們說這件事情是藉著以理性作為最終公式，或者是藉著以實證性作為最終公式才得以出現，這些說法都是站不住腳的。

VI

目前為止，我們用來作為出發點的問題，在傳統上被當作是法源的問題而得到探討。法源的理論允許人們在現行有效的與非現行有效的法律之間做出區分，並且藉助這項區分讓自己聚焦於現行有效的法律——彷彿這就是「法」。另一項對近代來說同樣也很重要的（就算不比上述區分重要）區分，就是實體法與程序法之間的基本區分。特別是，當只有實證法繼續存在時，對各種法源所做的古老區分，就喪失了重要性。這時候，對於系統的自我描述而言，「實體法與程序法如何彼此關聯在一起，以便實現法秩序的統一性」這項問題，在其重要性上便發生了擴張。[87]法律上請求權[88]這個範疇的發明，正好就落在制定法的實證主義大行其道的年代，而這並非偶然。這項發明，以一種同時具有實體法上與程序法上雙重功能的統一性概念，取代了由ius（法）與actio（訴權）所構成的區分。

這裡也涉及了另一個前面已經討論過的問題，那就是禁止拒絕審判此一誡命所帶來的結果。[89]倘若每個法律問題，都必須提交法院尋求裁判，那麼，對應於此，就會在實體法與程序法之間形成一般性的耦合。這種耦合會藉由法律上請求權、主觀權利與權利主體等銜接性的概念，被製造出來。在十九世紀後半葉，當人們試著為這些概念的意義內涵提出更明確的界定時，他們就已經認知到，在這裡所涉及的，其實只是主體就法律保障手段之運用所做出的處置。[90]的確，人們不能強迫權利受侵害者，就其權利提起訴訟並到庭辯論，因為受侵害者可能出於某些法律之外的理由而寧願不這麼做。換言之，關於各種（主觀）權利的概念，指涉著那使各種溝通得以司法化的各種法律上與法律外的條件之間的差異，也就是指涉著法律系統的界線。在十九世紀後半葉的時候，人們很清楚地知道要將這項法律技術上的問題，與「個人主義的哲學」區分開來。

然而，許多強調價值的、擲地有聲的描述，卻與主觀權利的主體銜接在一起。在十九世紀時，人們說，當人類面對著社會性的壓迫時，法律就被用來保障他們的自由；法律授權人類去做成自己的決定。在二十世紀時，人們則說，法律被用以實現「價值」，這些價值係作為漫長人文主義傳統沉澱下來的東西而已預先給定，並且在基本權的形式中獲得了實證化。基本權在其憲法功能上被過度詮釋了，它們被理解為某種一般性價值態度的證明文獻，藉著這種價值態度，法律使自己承擔了為人類提供服務的義務。如此一來，人們在為法律之意義提出說明時所採用的論述方式，同時也滿足了法律技術上的各項要求。在實體法與程序法的差異上，在法律系統這兩項要素的耦合上，以及在那些使此種耦合得以成就、又同時確保了人類能夠被涵括到法律系統中的各項概念所具有的崇高意義上，系統的統一性展現了其所具有之意義。

一直要到最近二十年，人們才清楚發現到——而且主要是採取較爲懷疑的態度——在這樣的發展中，有什麼東西被排除了。倘若每個原告都必須作爲「主體」登上台面——就算是具有團體性的主體（具有權利能力的法人）——那麼，那些在法律上被人們主張的利益，就必須以人爲的方式被個體化。只要人們仍然是以人類個體作爲出發點，那麼上述這件事情就必須預設組織的存在。然而，絕非所有的集體性利益都能夠被組織起來，例如那些「利害關係人」所具有的利益，以及，當人們要對抗科技造成的侵害作用，而嘗試保護環境時，所具有之利益，都是無法被組織起來的。[91]因而，那個以具有權利能力、訴訟權能、也可以被訴的主體作爲內在面的形式，也同時有一個由各種事態與利益所構成的外在面，這些事態與利益，在主體具有支配地位的情況下，並不能如其所是地，而是只能作爲主觀權利或義務的構成要素，才能在法律系統中具有相關性。這樣的片面性所帶來的結果可能是，人們爲了使那些在法律上應予注意的利益清楚表達出來，或許更強烈需要運用組織的型態，而這又造成了一個傾向，亦即，就算具體情況中所涉及的並不能說是法律技術意義下的「各個組織的權利」，它們仍然會被解釋爲具有訴訟權能。但是如此一來，那個將實體法與訴訟法銜接在一起的夾子，早就已經鬆弛了，並且引發一項問題：爲什麼一個組織能夠作爲法人，而就那些它其實不能處置的權利提出主張；尤其是：爲什麼這樣一個法人，應該要如同個人一樣，享有去做這件事或不去做這件事的自由。

從社會學的角度看來，這裡涉及的問題，或許只能被說成是關於設置具有協商權力的代理者的問題。也就是說，雖然在具體情況中所涉及的並不是他們的權利，但他們仍然能夠以訴訟作爲威嚇、藉著遲延形成一定效果，並且藉此促使其法律上的對手與其獲致相互理解，達成協議。在法律政策上，這樣的作法或許是有意義的，在此我們不須對其遽下論斷。但是，藉由上述途徑，那種使系統的自我描述聚焦於權利主體上的作法，卻已經被打破。正如同拉度爾所言，焦點必須被轉移到一種組織的多元主義上。[92]但是這個時候，人類個體就只能作爲那些不值得被組織起來的利益的剩餘載體。法律系統的自我描述，則或許能一如既往地指涉著價值，並且使自己外部化。不過，此時或許人們就可以說，各種價值透過各種組織而獲得了其固有的動力，而**人類**也不再是作爲一個獨立維生的個別本體被觀察；應該說，他只能作爲一個遁點，讓所有價值在不明確的狀態中匯聚其上。

無論要處理的是個別的人或者各種組織：法律系統必須對準環境而調整其自我描述，在這個環境中，諸多自我指涉的系統會製造喧擾，這些喧擾無法從任何一個位置上獲得管控，更無法以階層架構式的方式，被帶進秩序當中。這正好就是各種期望必須要在反事實的規範性所構成的模式中，被再生產的原因所在。法律系統本身，藉由各種不同的方式對此做出了回應：透過法效力的實證化，透過那從預先給定的互補關係中分解出來的、關於主觀權利的釋義學，透過用價值清單（人們可能還想說：候補名單）來取代那具有原則形式的統一性保證——在所有有待做成決定的案件中，人們都需要對這份價值清單進行「權衡」，以及，透過將強調重點轉移到due process（正當程序）、程序保障上——這些程序保障預設了，決定尚未獲得確立，而從制度性的層面來看，這些程序保障是建立在它們自己製造出來的、關於未來的不明確性上，但即便如此，它們仍然滿足了它們的功能。

在這種情況下，人們是否還想要謹守法律的「實證性」這項屋頂概念，或者理論上的「實證主義」，多少都只是一種語意上的策略運用問題。倘若欲對此問題給予肯定答案，那麼似乎就必須放棄關於以權威方式設定法律的想像，也必須放棄關於在此種設定背後（簡直可以說是超越於法律之上的）還有一個效力來源的想像。無論是國家、理性，或者是歷史，都無法使法律正當化。的確，那樣的理論有可能存在，而且一直都存在著。但當它們都被描述爲自我描述的時候，它們就會被要求要調整爲二階觀察的模式。它們必須學著把自己當作是一種對那自己描述著自己的系統所進行的自我描述，而進行反思。否則的話，它們就可說是時空錯亂的（哈伯瑪斯法理論最具深遠意義的成就之一就在於，他展示了，過去的各種理論進路是怎樣又回溯到自然歷史、道德原則或實踐理性等概念上）。這時候還留下來的選擇，就是對各種觀察者視角所構成之無可避免的多樣性，給予承認——即便這是出現在同一個系統中。這時還留下的選擇，就是將不可知的未來當作恆定的、持續一同運轉著的前提，並且用它來取代那已知的過去。這時還留下來的選擇，就是持續不斷地製造偶連性作爲法律系統之穩定的、在遞迴當中不斷使自身獲得更新的固有值。人們必須在這些框架條件下，去追尋那些現在還能跟得上腳步的自我描述。

VII

顯然，要對現代社會法律進行自我反思的各種可能性做一番總結，稍嫌過早。至於社會學理論在這個脈絡中能夠扮演什麼樣的角色，上述說法似乎也同樣適用。目前，不穩定性的徵兆逐漸增加，而這些徵兆又有著極爲不同的來源。前面我們已經處理過一項問題，那就是，將各種權利分派給主體的作法，已經不再是令人滿意的，但卻是不可或缺的。這項問題只是其中的一項原因而已。另一項原因在於，人們越來越以對於後果的評估作爲指標，也越來越從各決定所帶來的後果的角度，來證立各該決定，但卻無法在法釋義學上克服與此相互牽連的各項問題。非但如此，人們還縮減了法釋義學的構成部分，並且用所謂利益權衡或者價值權衡這類有彈性的、甚至已經到了無內容可言之程度的典範，來取代那些構成部分。至於人們熱切仰望的法理論，到目前爲止都還沒有促成某種具有充分強固基礎的方案的形成。各種彼此有別的「思考進路」，以及各種彼此有別的、跨學科的舶來品，都相當執拗地使自身獲得貫徹。目前，上述各種情況都促使人們將此當作事實而予以接受，並且將這種態勢稱爲「後現代」。[93]然而隨著這種態勢，人們只能證實他們早就看出來的事情：法律系統當前製造出眾多自我描述並存的狀態，並且因此製造了不一致性所形成的諸多問題，在這種不一致性上，各種不同的思潮不再能取得相互理解。

無論怎麼說，「後現代」這個概念都會把人們帶向歧途。它低估了現代社會在結構上的連續性，尤其是那以各種功能爲導向的分化形式，一直以來毫無間斷地發揮著的作用。它也使得現代社會法律系統的過往，以及其迄今爲止所提出的各種自我描述，都顯得比其事實上的狀態更爲封閉。[94]實證性與理性（或者合法性與正當性）的雙重視角已經點明了，自從人們必須放棄法源的這種階層模式之後，各種平衡的、協調的描述方式就已經不復存在。顯然，根據這樣的說法，後現代的語意與現代的語意之間的區別就在於，現代的語意是在未來中尋找統一性，相對於此，後現代的語意則是在那被認爲是傳統而應予拒斥的過去當中尋找統一性。如此一來，人們就不得不承認下述推論：他們只能繼續在時間的各個不可企及的遁點中，尋找統一性，而這樣的統一性無論如何都不屬於實際的當下。

在當代，期待讓社會學理論在一般意義下，以及全社會理論在特殊意義下能夠爲這件事情提供什麼解套辦法，或者爲法律系統的自我描述貢獻出什麼值得稱述的東西，幾乎可說是希望渺茫。相較於一九〇〇年前後的情況，兩邊幾乎都走入某種萎縮的過程，也可以說，各種能夠與「大理論」產生關聯的希望，同樣處在衰退的過程中。目前已經提出的各種思索，都能夠讓這件事情顯得容易理解，但是並不必然能讓人們在這當中看到最終的解答。

正如同在本章第二節當中闡述的，法律系統的自我描述，是以其符碼作爲出發點。在社會學上，針對法律實際運作所提出的通常描述，則發展出了完全不同的、甚至正好相反的（而且，在法學家的眼中，也必然會是顛覆性的）考察方式。這種描述的主要旨趣，是著眼於法律實務中的一些區分，這些區分並**沒有**在法律本身當中獲得規定，它們也因此就無法在法律上獲得正當化，但是卻**不能僅基於這項理由，就說它們可以被證明爲違法**。它衝破了，甚至可說忽略了二元符碼所構成的先在準則，以及法律系統諸多運作的整體，依照法與不法之形式，而形成的圖式化。爲此，人們主要是運用各種統計方法，這些統計方法不探討個案的得失，但整體而言，相較於將個案決定，或者將適用於個案的各種規則予以一般化，而得出的結果，它們卻展現了完全不同的事態關係。我們可以在布萊克的著作中找到簡明的概述。[95]舉例而言，社會學論述認定了：絕大多數的法律爭訟，根本就無法在形式的程序中，被帶向做出決定的結局，它們大多是「藉由其他某些方式」獲得解決；社會地位發揮著作用，而且，當事人究竟是在相等的地位，或者是在具有階層差異的地位上，來進行爭訟，也會使社會地位以各自不同的方式產生影響；相較於當事人彼此間存在著較大社會差距的情況，若他們彼此間形成了緊密的、持續的（私密的）生活關係，那麼它們之間的法律問題就會以不同的方式被處理；原告與被告究係個人抑或組織，也會在相當程度上造成影響；還有許多其他論點。當法學家試圖預測決定的結果時，他們一直謹守著各項規範；社會學家卻會探詢個案的各項社會特徵。法學家受到法律系統自我描述的鼓舞，努力證明相等案件會得到相等的決定，而對於那些差別對待，他們則會相應地動用各種法學上站得住腳的理由；社會學家則認定，就統計的觀點來看，會出現一些在法學上無法說明的差別對待，而人們這時候必須爲此尋求社會學上的說明。法學家的研究興趣，主要是針對著個案決定的預測，以及其論證上的影響；社會學家則滿足於那些在統計上獲得確立的預測；就算社會學家得知，個案是依照制定法而被決定的，他既不會去關心這件事情，也不會被這件事情激怒。

所有的法學家都能夠清楚看到，這些描述方式之間的差別性，與對於這些差別所具有之不同的敏感度，息息相關。社會學家爲了進行他們統計式的分析，需要使用各種較爲寬泛的範疇，這些範疇能夠生產出許多相等的案件。社會學家必須忽略掉那些精細之處。與此相反，法學家實踐的則是一種敏銳的區分術，以便能夠獲致一些在他們看來合乎正義的結果。對法學家而言，謀殺不單純是謀殺，強姦也不單純是強姦。對他們而言，要對有色人種婦女遭白種男性強姦，以及白種婦女遭到有色人種男性強姦這兩種案例，做出不同的評斷，一點都不困難，而且他們還可以在種族因素之外，找出其他不同的區別作為決定基礎。人們會說：他們可以將自己的偏見，隱藏於其他的範疇背後。的確如此。但是，當社會學家以那些能夠製造出為數眾多的案例、並且因此適合用於社會批判分析的那些判準，作為依歸時，他們當然也是抱持著偏見。

除此之外，就算人們不去質疑那些社會學分析的科學性質（這件事情只能夠藉著對個別研究方式進行深入探討，才能達成），這些分析方式對於對象的掌握都是不充分的，而且這種不充分性就展現在我們當下有興趣探究的焦點上。社會學的分析並不會考慮到，法律系統所涉及的是一個運作上封閉的、自我再製的、對自己提出描述的系統。法律系統無法從社會學的分析中汲取教益；它不能逕自將統計性的事態，當作一些可以在做決定時予以考量的規則，來加以處理。當法律系統不「運用」社會學研究成果時，它既不須提出進一步的理論基礎，也不會成為提出某種「批判」的誘因（例如，在「批判法學」運動意義下的批判）。[96]對諸多區分的各種使用方式，都是以某種特殊的盲目性作為前提；倘若這種說法一般而言是有效的，那麼，以此來指責他人，或者試圖迴避那種指涉著自身的、自我套用式的回溯推論，都是沒什麼意義的。

換言之，法社會學所進行的典型經驗分析，根本就沒有把法律系統當作法律系統來加以描述。它並未完整地掌握它的處理對象。也因為如此，內在描述與外在描述之間的鴻溝，可能已經大過必要的程度。無論如何，一種較為複雜的、將差異當作系統分化的後果而予以反思的社會學理論，能夠就情況為何如此，提出理解的方式，並且在此處也同時從外在的（社會學的）描述這一邊，提供調和的構想。透過對反思或自我描述這類構想進行的概念分析，人們可以清楚理解到，當描述本身就是其固有探討對象的一部分，而且，光是因爲描述之獲得執行，其探討對象就會隨之發生改變時，人們就必須放棄對提出唯一正確的、並且妥適地爲對象進行描述這件事情，抱持任何期望。藉著在系統內提出關於系統的理論，系統本身也會隨之改變，描述的對象會因爲描述本身獲得了執行，而發生改變；其結果則是，接著提出其他的描述，就變成是可能的，甚至是妥當的。這一點既適用於社會學上對全社會自我描述之執行，也適用於法理論上對法律系統自我描述之執行。人們之所以會面臨到上述兩種情況，就是因爲，單單是那些進行運作所需之條件，就已經具有由諸多可能的指認所構成的無可揚棄的多元性，也就是如同波特所說的「裂解成各個版本」。[97]接著，人們似乎至少必須要在這件事情上取得相互理解，而這實際上意味著：並不存在某種無論如何都具有正確性的知識，也因此，並不存在由此種知識之優越地位所形成的權威性。非但如此，那種提出了高度要求的溝通，還會轉移到對諸多觀察進行觀察的層次上，也就是轉移到二階觀察的層次上。當每個人都能夠利用在他看來合適的圖式，以便去觀察在其他人身上有什麼事情引起了他的注意的時候，這樣的情況會允許出現非常大程度的（太大的？）各種自由。如此一來，社會學研究可能對法官的階層出身、或者類似於階級的出身，發展出相當的探討興趣，這樣的探討也可能帶來完全妥當的認知，但它並不能被判決中的論理採納。[98]這樣的探討可能只會讓那些對此有興趣社會學家們產生興趣，而當人們嘗試將這樣的探討轉化成政策的時候（在這種情況下，它可能被稱爲「改革」），那麼，它很可能就會與司法獨立這項法律原則，以及各項職務應維持形式上相等的開放性的原則，相互牴觸。

晚近的理論發展，卻建議我們應該往前跨出一步。將**理論本身當作是科學系統與各功能系統反思理論的結構耦合形式，來加以運用**，完全是可以想像的。這似乎會預設，下面這件事情是可以達成的：使結構耦合這項形式機制，亦即，使那藉由對眾多可能性進行涵括／排除，而對激擾所進行的疏導，在這個接觸點上得到實現。我們很容易看到，這將會是一種自我套用的程序。因爲結構耦合的概念，本身就是那以這種方式讓自己介入的理論所具有的概念。諸個別系統（在這裡談論的是法律系統與科學系統）的分離、運作上封閉性與功能自主性，將可以獲得維繫。一如既往，法律系統處理的是對規範上期望的維護，科學系統處理的是研究。一如既往，下述說法仍然成立：人們無法從事實推論出規範，而且各種暗地裡想在這個問題上搞什麼把戲的嘗試，也會被打斷。即便如此，當某種概念架構相應於此地被人們選用的時候，某種結構耦合的機制就會被設置。這時，科學系統就會發現自己又遭逢了下面這項持續浮現的問題：它要怎麼應付那些自己對自己進行描述的系統（對其而言，這些系統就是它的研究對象）？法律系統在他自己這邊，則可以爲自己固有的自我反思，配置由關於諸自我指涉系統的理論所獲致的、並且可供使用的那些概念上成果，只要這種理論是以一般科學理論的方式運轉著。但就算在這個時候，選擇仍然必須委由那接受這些成果的系統來做成。社會學家們或許可以爲他們的理論進行宣傳。但法學家們太清楚了，爲某項產品所做的宣傳，並不意味著做成允諾，而爲那些可能出現的瑕疵承擔責任。

總而言之，我們可以確定一項想法，那就是，理論是科學系統與法律系統的結構耦合機制，不過這樣的想法還不會讓我們承擔義務，而得接受諸多採取特定論述方式的理論。的確，在結構耦合的概念中，蘊含了各種關於合適性的條件；而且無論如何，這個概念都瞄準了一項無法任意加以解決的問題。但是，若人們終究能夠指出，的確存在著一些適合用來解決此項任務的理論配備，那麼他們也就同時指明了，爲此或許還存在著諸多其他的可能性。因爲，什麼事情若終究是具可能性的，那麼它也可能以其他的方式發生。

VIII

無論是前面已經探討過的、法律系統的各種自我描述形式，或者是藉由社會學這個外部觀察者而對它們進行的定位，都會把我們帶回到那個已經以各種不同方式觸及到的問題——也就是弔詭的問題。自我描述本身就是一種弔詭的冒險活動，因爲它對內在描述進行處理的方式是，彷彿把內在描述當作是那種能夠對客觀事態進行報導的外在描述。但這只是這項基本問題所具有的諸多版本中的其中一種而已。我們也已經看到，當人們將系統的符碼運用到它自己身上時，它就會變成是弔詭的；還有，各種爲正義這項偶連性公式所提出之嘗試，都遮蓋了一件事，那就是，在這裡所涉及的其實是對弔詭的開展。這些分析，並不想讓自己被理解爲對所有法律原則所進行的「解構」。但它們使人們注意到一項基本的事實情況，那就是，每一種對於區分的統一性的追問，也就是說：每一種對觀察動作的圖式所進行的觀察嘗試，都會導向某種弔詭，也就是導向某種在兩個對立立場（法／不法、內在／外在、相等／不相等）之間的擺盪，這種擺盪既不會使記憶獲得建立、不會製造出結構上的複雜性，也無法爲銜接能力提供任何擔保。換言之，法律系統無法這樣子來運作。

另一方面，當系統想要保障它自己的自主性時，它正好就必須將對於此種自主性的否定，以及對所有支持此種自主性的規約的否定，涵括進來——而不是加以排除。[99]或者可以換一種說法：它必須將被排除者涵括進來，並且因此而打破了各項邏輯上的要求，例如關於被排除的第三者的命題、禁止矛盾的原則，或者，以不具擺盪性的各種指認作爲前提預設。若是想對這裡所發生的事情（假如它眞的發生了）進行重構，那麼這種重構或者會要求我們採用各種超越古典的邏輯學（例如在根特理論意義下的邏輯學），或者會要求我們對下面這件事情進行充分精確的分析：當系統自己在應付那些對它而言必須維持在隱藏狀態的事情時，它採用的是什麼方法？這種重構，或者會要求我們對各種被拒斥的價值做出處置，而這樣的處置允許我們取消那些最初被建議採納的區分（例如，在眞值邏輯上關於眞與非眞的區分，或者——當系統的指涉已經被預設時——在系統論上關於系統與環境的區分）；[100]或者，它會要求我們承認，在每一種觀察運作當中，都無可避免地會出現一個盲點，這個盲點雖然可以被轉移到另一項觀察工具上，卻無法被消除。

當系統的統一性應該在系統內部獲得鋪陳時，使用某些簡略的作法，可說是有其必要，而人們則可以從上述論點出發，對這些簡略的作法進行分析。文本唯有當其為有效的時候，才需要被納入考量。在提出論理基礎時使用的那些型態，終究也得在釋義學上獲得確立。正義則並不是因爲其作爲偶連性公式之功能，而是因爲其作爲價值之功能，得到肯定。隨著上述所有事情，自我肯定與自我否定在系統當中的循環，就被打破了。例如，在系統中能夠很清楚地理解到，以法與不法之區分作爲導向這件事情，是在合法的意義下，不是在不法的意義下發生的。這必須被用來當作出發點。

正如同德希達就哲學與書寫的關係而指出者，不可或缺的事物並不會被認爲是具有相同階序的，而是會被當作附帶的事物，也就是「補充物」，順道被提及。[101]一種原本是對稱的關係，變成了由主物與從物所構成的階層關係。的確，當人們揭露了這種解決方案所具有之恣意性的祕密時，他們可以將這種解決方案予以「解構」。但他們跨出的這一步，除了把他們帶回到每個系統老早就經歷過的、關於起源或開頭的弔詭之外，不會帶來其他任何結果，而這個時候他們就能夠藉著證明這件事情，把前面這種解構本身加以解構。[102]因此我們偏好將開展弔詭的各種形式，當作隱藏弔詭的各種形式來予以鋪陳，而且還清楚地認知到，系統本身其實不能夠對這些形式進行這樣的處置。我們停留在一種三階觀察者的地位上，亦即對系統的自我觀察與自我描述進行觀察者。這時候人們就會發現，這種在奠定基礎時進行的剪裁（或者說：奠定基礎的步伐），也就是德希達理論意義下的「différences/différance」（差異／延異），同時也被人們用來當作根據點，而讓各種語意的歷史性的適應能力，以及其合乎時宜的性質，能夠清楚被看到。[103]系統只能夠以弔詭的方式爲自己奠基，卻又不能這麼做。但這個時候，它可以藉著將系統與環境這項差異，當作一項區分而再進入到系統中，來解救自己。而且這個時候，它就能夠藉助自身的這項區分，重新回復「tertium non datur」（並不存在第三者）的命題，並且將關於多值邏輯的各種問題——爲了要能對系統的統一性以及系統的界線進行反思，多值邏輯或許是必要的——委諸三階觀察者。但在此時，由此而產生的所有結果，也就只能適用於系統自身。

到目前爲止，我們的考察範圍，幾乎可說只限於自我描述的**各種理論**與**文本**的層次，但我們無法在這個層次上，進一步對前述問題進行追究。因爲弔詭既不能被指稱，也不能把我們從所有問題中解救出來，而被人津津樂道。所有的自我描述，都具有選擇性與「不協調性」，這兩種性質會作爲日常行爲的問題，而一再返回到系統中。實際情況，尤其是法院與議會中的法律程序的實際情況，與人們所說的、所希望的、所意欲的，都相去甚遠。例如，法院會將其活動之意義，稱爲法律適用。但實際情況看來完全不是如此。[104]處理實際事務的方式，會給人們帶來一種印象，彷彿整個重心就是放在這些事務本身的解決上。期日與期間、文件與各種干擾，吸收了大部分的關注焦點。總是有某些事情必須被做成，以便讓其他的事情也能被做成。那些參與者能夠感知到的事情，與那些符應於自我描述的事情，彼此間的區別是那麼的強烈，以至於，在社會學上對系統處理其基本弔詭之方式所做的分析，並不會單純只想在邏輯上與方法上，弭平各種矛盾，而是會注意到其他的機制。

那些外行的參與者，將會感到非常挫折——不僅當他們的權利主張不被認可的時候；就連他們獲得權利救濟的方式，都會讓他們如此。從法學家與當事人之間的分隔線的這一面來看，系統是由於這些挫折不會造成任何後果，而以這種方式爲自己提供協助。雖然對於諸多當事人進行某種「回收」，並非不尋常之事，系統卻仍然能以個別案件作爲出發點。那些在職業上與專業上，對法律系統的工作進行處理的諸多個人，會爲這種負擔的處理，建立起其他的形式。一方面，他們具有許多更好的對比可能性，這包括的他們自己彼此間的對比。也就是說，他們比較不會有以個人利害關係角度作爲出發點的誘因。也因此，在這條分隔線的這一邊，會以其他的方式進行溝通，也可以期待以其他方式來進行理解。工作時數與工作條件也建立了一個重要的參酌框架。進一步來說，人們還可以將對於重要事物的強調，轉移到各種形式主義上，因爲在這個領域中，失誤特別容易被注意到。對各種專業而言，相當可觀程度的玩世不恭態度、反諷，甚或幽默，都可說屬於典型的配備。在這些形式中，人們可以對理解進行檢驗。尤其可以說，系統會在這個層次上，製造出對各種更優良配備的、對各種改革的願望，而且這種願望會不斷重複出現。而在這項願望的另一面上，則可能聚集許多代罪羔羊，以便爲「什麼事情都沒有發生」承擔罪責。

各種以文本性——理論性的形式來解消系統弔詭的嘗試，與那些比較是在口頭上被溝通、或者作爲行爲而被溝通的日常形式之間，彼此的分歧是這麼的巨大，以至於人們無法期待，在各種反思理論所構成的層次上進行改良（社會學化），能夠提供任何解決之道。系統在這個層次上，面對各種激擾而進行的調適，總是會採取各種理想化的形式，而人們則無法逕自宣告，這種形式「並不是這樣被設想的」。各種改革，並不能被當作是由法學上的創見所形成的、自己指定的任務，不能被當作是對那些屬於專業的、認知上的各種不協調所進行的腦力激盪，也不能被當作是某種對「系統」採取的「批判」態度的展現，而藉由此等方式獲得理論基礎。比較妥當的說法或許是，人們應該將對應於此的各種溝通層次的分歧與分離，當作是下面這件事情的表述：系統必須以「akratisch」（不能自約）的方式進行運作，也就是說：系統對於自己本身，並不具備充分的處置能力。[105]

IX

無論哪一種語意受到偏好而可能被用來當作法律系統的自我描述，也無論哪些區分在這時候必須接受更新，下面這項負面的基本條件，看來都是無可避免的：系統不能規定任何一種在所有情況下都會被認爲是合法，並且也會得到法律保障的地位。「在所有情況下」的意思是，不考慮系統的各項條件。諸如偉大領袖、黨這類的特殊地位，會使得符碼化與綱要化的區分遭到揚棄。的確，有條件的特殊權利、緊急權利、例外權利等等，是可以存在的。至於無條件的、自我豁免的權利，則是不可能存在的。因爲就這種「權利」而言，究竟應該要將其定位在系統中，或者定位在系統之外，將成爲一個無法做成決定的問題。換言之：自主性不能被理解爲恣意性。它蘊含了禁止自我豁免的誡命，這項禁止誡命阻絕了任意性，並且迫使系統必須屈服於歷史性的自我明確界定的法則下。

在理論論戰的脈絡中，經常可以發現到與此相反的見解。它可以「決斷論」作爲關鍵詞。然而，這樣的觀點，很容易就被證明爲未經通盤思考，而予以駁斥。

第十二章　全社會及其法律

I

法律系統與全社會系統的關係，就是本書的主題。對這項在全社會的法律系統中的關係進行反思，或者不反思，需要特別開闢一章，將其當作主題來探討。倘若我們在這樣的認知下，仍然在我們整套思考的結尾之處，再次爲這個問題開設專章討論，那麼，這麼做的意圖，並非在於提出某種綜合歸納。應該說，到目前爲止，我們究竟是以哪一種全社會的概念作爲探究之基礎，以及，採用這種概念，會在對全社會與法律所進行的分析上，帶來什麼後果，這兩個問題我們一直沒有解決。我們知道：法律是在全社會當中運作著，它執行著全社會，並且在這個時候滿足某項全社會性的功能，也爲了這項功能，發展出自身固有之自我再製式的再生產，而分化出來。或者，至少我們在這邊主張的理論，是這麼說的。不過除此之外，我們還應該要提出一項問題：當上述事情發生在全社會中的時候，這個全社會應該如何被理解？

爲此提出充分論述的全社會理論，尚未形成。所謂的批判理論，特別是批判法學運動，的確貢獻了一些洞見，但它們終究還是用一些無法維繫的簡化作法來進行探究，以便能夠維持住某種替代性的、關於全社會的願景。在這裡不須對此提出進一步的評論，因爲更迫切的問題應該是，人們要用何種理論才能描述現代社會，好讓那些即使想要進行大幅改變或者全盤改變者，都必須以此種理論作爲出發點？

在我們這一邊，則是藉著對系統論的主導典範進行改造，讓自己的任務獲得簡化。倘若人們將全社會理解爲一個由所有社會性的運作（無論人們這時候怎麼設想這些運作）所構成的廣泛系統，那麼那種在今天早已成爲古典理論的開放系統理論，也會將全社會理解爲一個開放的、藉著內部的各種（例如模控學的）自我規制而具有調適性的系統。[1]這個時候，各種具有演化論性質的論述就會導向一種想法，認爲全社會會一直針對其環境而進行更妥善的調適，例如，這種調適會表現爲，人類總是能夠更妥善地開發自然資源，以便改善其生活狀況（不過，今天已經不太可能再說，這會帶來道德上的完善）。科學上的進步、科技、以市場爲導向的生產、以及藉由民主體制而讓政治能面對人們的個體意見進行調適等等，都爲此提供了具有說服力的、需要藉由計畫來補充的根據點。也因此，人們到今天都還能讀到下面的論點：「顯然，社會是一個開放的系統。它面對其環境進行著調適，而這個過程是不斷往前進展的。藉由這種方式，它試圖獲致一種穩定狀態。」[2]

若人們是以這樣的全社會概念作爲出發點，那麼法律就會顯現爲一種規制性的機制，爲全社會在面對其環境所進行之調適，提供服務；不過這樣的服務僅具有次要地位，因爲全社會本身（藉著市場價格、民主表決、「經驗」研究等等）就一直面對其環境而做出其固有之調適，並且還會使這種情況獲得確立。這個時候，人們可以鼓吹一種關於「事後啓動的系統」的、模控學式的想像，這種事後啓動的系統，在出現干擾的情況中，能發揮規制作用而將全社會再度導回常軌；[3]或者跟隨人類學家的看法，將法律闡述爲對那些無論如何都已經存在的制度，所進行的二次制度化，也就是當作「在另一個層次上所進行的再制度化」。[4]這時候，法律簡直可說是被理解爲一個在模控機器裡面的模控機器，它的程式被設定爲，要讓若干特定的狀態獲得持續的維繫。[5]無論細節上的論述爲何，都可以說：法律爲全社會提供了支撐與確證，這個全社會對外被描述爲一個做出調適的全社會，這時候它還需要做的就是解決內部的衝突，而人們或者可以將這些衝突貶抑爲道德性——服從性的衝突，或者可以採取批判——階級理論的態度，逕自宣稱它們是結構。

另一種全社會概念，則會導向完全不同的結論。它也會帶來各種全然不同的概念、區分、觀點，以及全然不同的提問方式。立基在關於諸多自我再製系統的一般構想上，我們以下述見解作爲出發點：全社會系統也是一個運作上封閉的系統，它藉著諸多固有的運作，也只能藉著它們，對自己進行再生產。這說明了，即便是全社會，也沒有辦法藉著它自身固有的諸多運作，與其環境進行聯繫。全社會的諸多運作，亦即溝通，其意義並不在於使系統與環境之間的聯繫成爲可能；它們的作用僅在於，要爲系統自身運作的持續進行，預備好各種條件。同樣，環境也不能將其他種類的運作，嵌入系統自我再製的網絡中——彷彿化學變化或者細胞分裂，可以跟語言溝通脈絡中的語句一樣發揮作用。這造成的結果是，認知不再能夠被理解爲系統的再現，演化也不再能被理解爲系統適應能力（或者甚至可以說：適應性）的改善。[6]

以此作爲出發點，則全社會不再能夠被描述爲舊的系統理論意義下的、具有調適能力的系統。[7]它雖然做出**關於**環境的溝通，卻**不會與**環境進行溝通。就算如此，它在這時候也會將自己限縮在自身固有的運作上，而且，在進一步製造各種銜接運作時，它也只能以這些固有運作之實際，作爲依歸。只要情況許可，它就會一直這麼做，而且隨著它自身固有的諸多運作，它的複雜性程度也會跟著提高。[8]它的環境，或許能對它產生激擾，甚至毀滅它，但卻不能決定溝通要怎麼運轉。格拉瑟斐爾提出了這樣的說法：「無論什麼事情，只要不是對抗這個世界的，我們都可以做」；[9]這同時也說明了，我們根本無法知道，什麼事情是對抗這個世界的。所有的知識，都是那關於世界的溝通所帶來的結果。

但這樣一來，也就不得不修正迄今爲止對未來的理解方式。自我再製並不是什麼對於存續的保證，更不是關於進步的構想。在較爲廣泛的意義下，這個概念與災難理論或渾沌理論屬於同一脈絡。的確，在演化上，那一次性的、生命的創始，歷經了數十億年的發展，而證明了自己具有令人驚訝的穩定性，而且這還是出現在各種非常不同的環境條件中。至於這件事情，是否也適用於那具有意義的溝通在演化上的一次性創生，則尚無法做成定論。無論如何，這種理論上的構想並不排除嚴重程度的毀滅，或者災難性的倒退與複雜性的喪失等情況的出現，而且，早就有人談論過某種會使地球上所有生物滅絕的災難。[10]但於此同時，固有的動力以及做出迅速結構變異的能力，也獲得了強調。總而言之，這種理論相較於較早的系統理論而言，更能夠接納那些產生自可明顯被認知到的生態危機、此種危機的不可預測性，以及現代社會特有的各種時間結構等等的經驗。這樣一來，未來在當下就展現為風險。

這樣的情況，對理解現代社會中法律所扮演的角色而言，會帶來什麼樣的結果？

先前已經多次強調過，[11]我們必須以下面這件事情作為預設：在諸多自我再製的系統中，進一步建立其他的自我再製系統，確有可能。[12]法律系統只能在全社會系統當中進行運作，自不待言。藉著它固有的運作，它也同時使全社會獲得執行，因為它不斷使溝通獲得更新，也使得溝通能夠與其他東西界分開來。但由於它除了法之符碼以外，並不遵循其他的符碼，甚至不會採納任何的符碼化，而它也就藉此而使自己與內在於全社會的環境界分開來，如此一來，它就使法律系統的自我再製獲得實現。分出會被用來當作進一步分出的前提要件，而當進一步的分出，能夠在演化上獲得成就的時候，各個系統也會成為其他進一步的系統的環境。這一切事情，都只能在那些運作上閉合的諸多固有成效所形成的基礎上，才能獲得成就，而不能在「將整體分解為各個部分」的形式中被理解。[13]這也正是自我再製這個概念要說明的事情。

人們或許可以說，倘若全社會想要保留住某種對於全社會系統諸多問題的功能性指涉，那麼，它會容忍這樣的分出。這時候，仍然可以將法律系統的功能界定為，使諸多規範性的（＝反事實性的）期望獲得系統上的穩定化，而且就這一點所提出的各種論述，也不需要進行任何改變。[14]正好相反，對我們而言，它們可以被用來當作一種常素，我們可以在這種常素上清楚展現出，將全社會理解為一個運作上封閉的社會系統，所帶來的結果。我們記得：在對認知性與規範性的期望做出區分的時候，我們處理的問題是，全社會是否、以及在何種程度上，被設定為具有學習能力，並且使它的各種期望能夠面對不斷出現的失落，而進行調適；換言之，在何種程度上可以說，唯有當學習的啓動所帶來的結果，能夠被鑑別出來時，結構上的穩定性才會蘊含於這種可鑑別性所構成的諸多界線中，或者，在何種程度上，還必須附帶地以各種規範性的、明顯不具學習意願的期望，作為補充。對於一門關於運作上封閉的諸系統的理論而言，這項問題展現為一種純粹內在性的問題。將訊息從環境輸入到系統中，並不可能。系統只會對自身的狀態做出回應，不過它卻是藉著一項在內部使用的、關於系統與環境的區分，來做這件事，也就是，藉著將諸多因果上的歸因劃分為兩個領域，來做這件事。這時候的問題就變成是，哪一些結構上的預防措施，可以提升或者減弱系統的可激擾性——不過在這個時候可激擾性一向都是被理解為系統的一種具有結構依存性的固有狀態。

在第一眼看來，很容易聯想到的方案，就是偏好於採取各種認知性的、亦即有學習能力的期望。事實上，在世界社會獲得鞏固的過程中，這些期望引導了潮流。[15]今天，人們仍然可以支持所謂各國法律系統的存在（即便只有在國際結盟的情況下才能這麼說——在這種結盟當中，各國在保留內國秩序的條件下，藉著「國際法上的」關係，相互給予承認，但卻保留了違反法律的可能性）；相對於此，人們幾乎已經無法想像還有所謂各國的科學，甚至各國的經濟系統的存在。當期望具有學習敏感度的特色的時候，人們就很難從全社會內部的學習壓力中，也越來越難從生態的學習壓力中抽身出來。但法律因此就喪失其重要性了嗎？

對這種以全面性的方式而提出的問題，或許是無法給出一個統一的回答的。有些人指出，法律的一項重要的支撐機制，也就是對「抱持規範上的期待」這件事情抱持規範上的期待，已經喪失了重要性。人們不再無條件地要求（如果真的曾經有過這種要求的話），[16]某個人必須致力於實現他自己的各項權利。另一方面，「人權」卻被當作某種事後補正的綱領，獲得了前所未有的繁榮發展，而且，人們不僅會在「對各種價值單純地給予偏好，對各種非價值則給予『dispreferencing』（去偏好）」的這個形式中，更會在廣泛的程度上，規範性地提出採取價值態度的要求。人們不僅擁有各種價值，也應該擁有這些價值，甚至要求別人也接受它們。對各種價值態度所進行的規範性的制度化，進一步衍生爲各種在道德層面上提出的要求綱領。據此，人們不僅應該將自己固有的價值擴及於他人的價值（爲了窮人、弱勢者、挨餓者，以及「第三世界」的利益），也應該一併提出要求，讓其他人同樣能在這個價值綱領上團結一致。然而大致說來，對「抱持規範上的期待」這件事情抱持規範上的期待，所構成的形式，卻是處在那已經確立的、由諸多法律形式所構成的世界之外，而且會傾向於對抗法律。無論合法或不法——人道才是重點。

假如這些印象與推測，能夠在經驗研究中獲得確證，或許就會顯示出，在法律系統中所實踐的法律，總是不斷地偏離「活法」。但是在這裡，「活法」恐怕不能說是地區性族群團體的習慣法。人們或許不能在布科維納*當中，而是應該在特別的青年次文化當中尋找活法，或者說，應該在已經逐漸老成的青年人（他們堅持了穿著牛仔褲的權利，而嘗試對抗那些原已穩固確立的習慣）的態度中尋找它。

II

對於那些表面上看起來是價值變遷，但基本上卻是更爲長期的、非世代交替之間即可成就的潮流的東西，法律系統本身似乎會用各種不同的方式做出回應。倘若人們將規範性的功能（缺少此種功能，法律即不成其爲法律）所具有之持續性當作一標準，就會有一種傾向清楚呈現出來，人們或許可以將其稱爲**規範效力的時間化**。規範以及那些承載著規範的效力，不會再被固定於宗教、自然或者某種未受挑戰的社會結構等恆常事物上，而是會被體驗爲時間的投射，並且如此被處理。「在進一步的情況出現前」，它們一直有效。這樣一來，它們不僅會作爲偶連性的東西而被經驗到，更會變得具有認知上的敏感性。但這意味著的，絕非如同那些對「認知的／規範的」這組區分提出批判者所說的那樣。[17]這些批判者認爲，這組區分已經萎縮，或者無法在經驗研究中獲得維繫。我們完全不能說，法律是藉由規範的變更，來對純粹的事實以及偏離行爲的頻繁性，做出回應。有權限做出此種決定、並且執行相關程序的機關，根本不存在。這裡要說的只是，諸規範都配備了各種關於現實情況的假設，這些假設可能**在法律系統中**被證實爲錯誤，或者會因爲各種關係的改變而顯得不具妥當性。此一論點特別能明顯適用在下列情況中：當科技與科學發展表現動態蓬勃的時候；當在藥劑學與醫學設備科技領域中，提出攸關生命的各種革新時；當電腦資料處理不斷獲得擴展時；當養成教育，與知識之終身的、在職業上獲得保障而無遭解雇之虞的可利用性，兩者間產生越來越大的分歧的時候；當經濟系統中發生某些轉變的時候；最後，在某些「私人的」領域中，例如個人社會地位所具有之職業生涯的依存性。

在這種動態的全社會中，那些以法律爲訴求的期望，會發生轉變。對那些先前被認爲屬於個人命

* 譯註：布科維納（Bukowina）位於東歐喀爾巴阡山脈與德涅斯特河之間，目前分屬羅馬尼亞與烏克蘭兩國統治。在一次世界大戰之前，該地區原爲奧匈帝國轄下的一個公國，後又改爲行省。「活法」（lebendes Recht）學說的提倡者埃利希（Eugen Ehrlich, 1862-1922）即誕生於此。這種學說主張，法律是一種社會現象，其發展之重心並非蘊含於立法、法律科學或法院判決中，而是蘊含於社會自身。也因此，埃利希特別強調對法律事實進行研究，並將其視爲法社會學的經驗內涵。奧地利的法規雖然在形式上適用於布科維納地區，但該地經濟發展遲緩，且有九個民族混居，因而其仍然保存了前工業時期社會的特徵，並且在法律發展上呈現出多元風貌。在那裡，國家的制定法與地區的法律現實處於不協調的狀態。埃利希認爲，這種情況正可爲其法律事實研究提供絕佳素材。

運，而不得不接受的事情，或者頂多會在宗教上成爲議題的事情而言，全社會越來越被認爲是它們的原因；因而，在同一範圍內，人們會期待全社會對那些以不同方式觸及到個體的不利處境，提出預防措施、輔助那些個體擺脫此處境，並且爲此提供補償。這時候，除了政治系統以外，還有法律系統會被用來爲這些事情負責。[18]另一方面，基於相同理由，人們越來越難提出關於「正當性」的要求——倘若正當性意味著以那些無可質疑的、並且因此具有時間上恆定性的價值與原則爲取向的話。即便是那些嘗試堅守正當性此一用語，並且因此也堅守法效力之超實證性基礎之人，也早已將他們的期望限縮在程序上，亦即，將正當性的問題程序化了。[19]也就是說，把它時間化了！正如同所有的實證主義者一樣，那些理性實證主義者也必須在唯一具有現實性的當下中，爲未來提供擔保——並且因此採用下述假定：若人們遵守了特定的程序判準，那麼在某個時候，終究會對結果形成某種理性的共識。人們早就可以推測到，即便這種說法，都只是一種暫時性的立場，此種立場本身就暴露於時間的考驗之下，也就是面臨了下列問題：就算各種程序事實上獲得設置與執行，它們是否眞的能滿足那些已經被設置到它們中的期望？或者說，人們在這裡是否也可說已經採用了關於那些實際的可能性的假設，來進行探討，這些實際的可能性雖然也許可在「實驗條件」下運轉——如同哈伯瑪斯提出的設計一般——但卻不是現實的、藉由組織以及藉由human factor（人爲因素）而獲得界定的實際。這使得返回到某種曾經嚴格遭到拒斥的合法主義的主張，逐漸嶄露頭角，根據這種觀點，貫徹各種具有法治國性質的程序，就可以依照某種合法擬制，爲法律的正當性提供基礎。

這一切都顯示出，現代社會的法律必須**面對且接納確定的未來並不存在的事實**，[20]而且法律正好在這一點上表現了對全社會的依存性。自然的參數——在它們會影響到全社會的範圍內——並不能被當作是恆定的（不過人們當然能夠假定，太陽還會長久發光）；價值——在它們對各種決定進行指導，也就是發揮作爲衝突規則功能的範圍內——也不能被投射到未來中。一切的未來，都是在那由（或多或少的）或然性以及（或多或少的）低或然性所構成的媒介中，獲得展現。但這意味著，對於未來的估量可能會彼此分歧，[21]而且，所謂「救恩史」、「進步」或者「世界末日」等一般性的、或許可被人們掌握的線索，其實並不存在。

正因為情況是如此，而且人們也不得不接受此種情況，於是規範性的期望，以及藉由法律來確保這種期望的作法，反而更能保持其重要意義。情況仍然一樣：在各個當下裡的溝通，仍須具有一定的導向，而且這件事情有賴於，人們能夠去確定哪些期望受到法律涵蓋，哪些則沒有如此。法律所涉及的，也依然是要為那些特別突出的期望賦予保障，也就是說，它涉及了使那些關於未來的投射反事實性地穩定化的問題。在人們對現行有效的法律抱持信賴的情況中，信賴保護的一般原則也繼續被維持住。為了變更法律態勢，人們依然會提出關於使用效力象徵的各種特殊要求，無論是採用契約形式，或者採用制定法形式。但有一項難題卻顯得越來越尖銳，它或許可被稱為當下的未來與未來的當下之間的區分。法律本身無法一直維持時間上的穩定性，也就是說，某種曾經有效的事物，未必永久有效。對法律抱持信賴者，雖然在面對抵抗與失落時，可以期待獲得奧援，但卻不能期待法律本身會毫無變更地一直具有效力。在這個意義下，我們會得到某種擴張的ius vigilantibus scriptum（為保持警覺之人而寫的法律）。那些結婚的人必須考慮到，關於離婚的法律，以及對離婚後果的法律上規制，可能會有所改變。那些進行長期投資之人不能期待，在分期攤還期內，稅法、環境法等等會一直維持原狀，如同在他們做成投資決定時的情況一樣。也就是說，人們必須針對下述情況，啓動某種反面考量：人們所信賴的法律，可能遭到變更。而在法律遭變更的情況中，不僅必須避免形式上的溯及既往，也必須為那些已經做出處置，但卻因為法律變更而特別會受到影響之人，提供更多保障。

其實，這個問題並非全然新穎。先前，在針對徵收法制而提出之各種觀點中，已經有人討論過類似問題。例如，某人在一條交通繁忙的街道上蓋了一間加油站，那麼，當街道的取徑有所改變時，他是否可以要求補償？這類問題，現在只有可能越來越多，而且在其主要出現的情況中，不僅事物上的處置，就連法律上的處置都會產生疑問。當法律的變更，並不是藉立法而獲得成就（在立法過程中或許會考慮到這樣的問題），而是藉著具有指標性的、最高層級法院做成之裁判，獲得成就時，那麼上述問題會更具有爆炸性，因爲在個案裁判中，納入這些疑問而進行考量的可能性，實在非常微弱，或者說，僅具有女巫般神祕的可能性。

因而，上述思考可以歸結爲一句話：法律系統中的溝通，必須更強烈地注意到法律的固有風險。風險問題的呈現方式不僅是，法律會將風險行爲評斷爲合法或者違法。這當然會構成一項問題，而且它早已經，或者即將在許多領域中導致法律的變更。在這裡所涉及的事情，越來越可說是要使責任之承擔，一直到賠償責任之承擔，都受風險控制可能性之拘束，而且要對「illusion of control」（控制的假象）進行反制——對做決定者而言，這種假象可說是典型情況。然而一項比這涵蓋範圍更廣的問題卻是，法律是否可以接受它自身固有的風險，以及，它要如何接受。這個問題直接與法律系統的分出、運作上閉合，以及功能上的特殊化，具有密切關聯。在這個角度下，法律系統是全社會系統的鏡像。由於全社會是風險性的，因而法律系統本身也是風險性的。或者更精確地說：它必須要將自己觀察並描述爲風險性的，因爲這樣的說法反正一定適用於現代社會。

在系統論的設計中，「風險」這項公式取代了「調適」這項公式，而且不僅在全社會整體系統的層次上，就連在全社會諸多功能系統的層次上，也是如此。數十年來的福利國政策所帶來的結果，已經共同決定了法律系統的structural drift（結構漂移）。它們已經被寫入到法律系統中。在立法者委託的不確定性上，以及當法官（尤其是在憲法裁判的層次上）介入那些被認爲是說得通的社會價值觀，而展現某種專擅的時候，這些結果特別能被突顯出來。總而言之，使用假設性的後果，來當作法律決定的判準，可說是越來越常見的作法。但這件事情在其效應上，不能被認爲是系統在面對其全社會的環境時，所做出之調適，更不能說它可被當作是爲全社會在面對其環境進行調適時所得到之支持，而發揮作用——例如那種認爲人類對社會已經具有更大的滿意度的想法，就具有此種意味。毋寧說，在要求與實現之間，已經形成越來越大的分歧；另一方面，就那些政治上受到激發的希望而言，也就出現了許多失落。[22]根據推測，雖然法律在政治上會被迫使要在各種各樣的不平等狀態上求取均衡，但經濟領域藉著其對大量商品進行市場取向的生產，反而在這件事情上貢獻了更多。

但現在，所有這些事情，都附帶地被放到了規範架構所具有之時間上不穩定性的視角下。當全社會本身就已將自己的未來理解成獨立於決定之外的風險時，法律就不再能夠爲安定性提供保障。在異己指涉的視角下，亦即指涉著各種利益的視角下，做成決定之行爲所具有之風險，以及由此對他人形成的危險，已經成爲絕佳的法律問題。在自我指涉的視角，也就是指涉著概念的視角下，法律則必須對其自身固有的風險性進行反思。這絕非單純意味著要接受自身的不可信賴性。應該說，這裡涉及的事情是，要去找到一些能夠在風險與危害的觀點下，與法律系統的自我再製、其特殊的功能，以及其符碼化的特性等等相容的法律形式。

在現實主義的觀點下，人們很快就能清楚看到，這樣的發展並不能藉由整體計畫的途徑，而在各項新原則的基礎上，當然，也不能在對那通過考驗的法律進行法典化的形式中，獲得啓動。實際上表現出來的，其實是對於各種個別問題所進行的處理，也就是某種「累進的」處理方式，這種處理方式，會隨著各種問題的迫切性——這種迫切性或許是基於政治上的推動，或許是出現在司法裁判中——而在相同程度上嘗試去解決這些問題，但其解決方案卻強烈地依存於偶然，而且也不太具有系統性。倘若人們終究能夠獲致某些具有全社會妥當性的法律概念的話，[23]那麼這些概念獲得確立的途徑必定是：對各種問題解決方案進行檢驗與再檢驗，亦即，找出現代社會法律系統的諸多可能的固有值。

即便人們必須撇開各種原則，對法理論的討論層面進行運用，以便在法律系統的自我描述中，引進對時間面向所給予之更強烈的關注，卻仍然可能是饒富意義的。在這個觀點下，由前述探討所獲得的最重要結果，可再次歸納為：

(1)法律的功能，被認為是使行為上的期望獲得規範上的穩定化，這項功能指涉著關於時間拘束所帶來的社會成本這項一般性的問題，但是，這項指涉卻不必然會浮現在規範文本自身中，而因此對規範文本之解釋造成干擾。所有期望的時間上延伸，只會對那些因為此種延伸而使自己的未來遭遇到某些限制的人，造成負擔。然而唯有當人們看清這一點的時候，他們才會觸碰到關於論理基礎與正當化這類在規範文本的根基上，獲得討論的問題。人們雖然無法預見各種情境與動機，但卻仍然嘗試使那些違反法律者被確定為違反法律者。那麼，這難道不是一種一般性的、為所有法律提供基礎的風險嗎？

(2)我們已經把法效力的概念，從靜態性以及相對的不變性，調整到動態性上。法效力被用來當作某種流通著的象徵，法律系統藉著這個象徵，標明了某種當下暫時性的狀態，而當效力態勢在某種觀點下應該被修正的時候，法律系統則無可避免地必須以此種狀態作為出發點。法律實證性的概念，也會在這當中解消。在某程度上，對那些由進行法律變更的諸多條件所構成的具體特殊性質而言，此概念標示著一種對立值。只要各種法律態勢沒有遭到變更，人們便可以之為出發點；而且他們還有很好的理由去這麼做，因為，雖然法律態勢有可能遭到變更，但很明顯地，到目前為止還沒有出現需要進行變更的誘因。提出禁止變更之誡命，有可能製造出過大的壓力，而最終為暴力預備了道路。從各種革命中所學習到的事情，會促使人們往法律實證化以及政治上民主的方向邁進。

(3)進一步而言，以對於後果之判斷作為決定判準，也使得法效力被轉移到時間中，而且是被轉移到未來中。這件事情是在雙重的意義下獲得了適用：一方面，人們假定各種評價具有恆常性；另一方面，則是有鑑於後果獲得實現的或然性/低或然性。在這個角度下，法律系統目前還欠缺對於風險的意識。之所以會如此，或許是因為時間問題整體說來並未獲得重視，但也可能是因為，法學家的決定文本反正也沒有提供他們任何機會，來對不確定性與風險意識等問題表達意見。法學家依照他們所學，只會製造那些能為其決定提供論理基礎所需的訊息。如此一來，比較值得推薦的作法或許是，在各項決定綱要所形成的層次上，不要提出對後果展望的過高要求。因為如果這麼做了，法律系統將會承擔各種風險，但它卻還沒有可資利用的方法或程序，來對這些風險進行評估。

(4)最後，這一切都會對理解法律的獨特合理性的方式，造成後續影響。在法律系統本身中，傳統上，人們會將合理性設想為立法者的合理性，[24]但是到了今天，人們則傾向於將之設想為理性，並且將理性設想為各項決定之可奠基性[25]——無論是指涉各項原則（德沃金）、指涉文化上的可理解性、或者是指涉那非以強制方式獲致的共識（哈伯瑪斯）。這使得下列問題一直沒有得到回答：在提供了論理基礎之後（無論這論理基礎是如何地富有洞見），會發生什麼事？如果人們將時間面向納入考量，那麼，將複雜性予以時間化[26]所帶來的好處，就會清楚可見，而這時候，合理性就能夠被理解為，各種可限縮的可能性獲得了增加，以及，決定的裁量空間獲得了擴張，但與此相伴的是，具有時間依存性的、對決定所施加的限制措施，也增加了。

上述討論同時清楚展現出，為何法律系統會受到阻礙，而無法在規範文本中，妥當地表達出其固有的風險。假裝決定的基礎具有安定性，正好符應於法律的規範性功能。規範文本必須與此項功能取得協調一致，而在詮釋學的意義下可資運用，也就是必須能夠在解釋上提供有用的東西。而法律系統的一切反思成效，都會銜接上規範文本。藉著這種方式，固有風險被「外部化」了。而這件事情又只能被外在描述所觀察，但外在描述卻不能就此提出指責。

然而，人們卻可以將那由「理論」所構成的抽象層次，想像為一項結構耦合的機制，這個機制將法律系統的反思成效——在這裡被稱做「法理論」——與科學系統的理論成就扣連在一起。對科學系統而言，由此會產生一種具有激擾性的經驗，那就是，法律系統是以具有固有動態性的方式，而無論如何不是在「應用科學」的意義下運轉著（無論人們怎樣看待在德國的特殊思想傳統中，將法學視為一門科學的看法）。那關於諸自我再製系統的理論，則會在科學系統中對此問題提出回答，或者更精確地說：將現代社會的功能分化，描述為諸多功能系統之獲得釋放，而能夠進行自主的、自我再製式的自我再生產。存在諸多對自己進行觀察與描述的系統這種事態（倘若人們不能在經驗層次上對此一事態提出爭辯，或逕行駁斥之），使科學系統的各種理論可能性受到了限縮。正因如此，一門社會學的理論，倘若想在提出關於現代社會的理論走向上，致力實現自己固有的抱負，那麼就不能去期待，它的研究成果能夠被記錄為具有法律上的相關性，或者可逕自被記錄為現行有效法律的基礎。就連對於法律系統的自我描述而言——此種自我描述必須以現行有效法律的各項規範，作為出發點——社會學的全社會理論，都無法藉著其具有功能系統特殊性的各種探討成果，提供任何可以接納的知識成效。但它卻可能提供激擾。因為人們可以想像，在各種自然法式的、超驗式的，或者邏輯公理式的基礎，均已崩潰之時，法律系統或許會有興趣尋求各種全社會理論式的先在準則。

III

倘若人們將法律系統視爲一種將開放的未來納入到全社會當中、並對其施以拘束的方式，那麼他們就能夠將法律系統理解爲全社會的「免疫系統」。在這裡，就如同在「自我再製」的情況中一樣（而且也與其具有密切關聯），涉及的都是一個最早在生物學當中被發現到的事態，但此一事態卻具有更爲一般性的意義。也就是說，我們並不是藉由類比進行論證，也不是純粹隱喻性地使用這個概念。應該說，這裡涉及的是一個在諸系統中都會浮現的一項一般性的典型問題，這些系統，會在運作上的閉合與結構耦合這兩者所構成的形式中，對環境的複雜性進行化約，而爲其自身固有複雜性之建立，提供基礎。一定要等到這件事情發生，系統對於各種干擾的抵禦，才不需要以對於干擾的預見來支撐。系統不能以點對點的方式，來預備各種反制措施。如果它眞的這麼做了，那麼它就會讓環境的複雜性，在無法忍受的程度上，進入到系統中，並且得到反映。無論是在實證性的事物，或者在消極性的事物中，在系統與環境之間，建立點對點的關係都是不可能獲得建立的，因爲倘若建立了，系統與環境這兩者所構成的差異，就有可能被化約爲一項反映的關係。歸納說來，免疫系統會爲「requisite variety」（必要的變異性）的欠缺，提供補償。[27]

免疫系統不需要關於環境的知識，即可運轉。它只會記錄內部的諸多衝突，並且也爲那些以個案方式出現的衝突，發展出可一般化的解決方案，也就是爲未來的案件提供備用產能。它不會去研究環境，而是會將那些產生於己身的經驗一般化；對它而言，這些經驗可被用來當作關於那些一直維持在不明狀態的干擾來源的徵兆。在這裡，系統以那些具體特殊的、高度選擇性的結構耦合作爲支撐，這些結構耦合允許它能夠忽略一切其他事情，包括無法被排除的可能性：這些干擾是作爲一種毀滅而發生——也就是作爲世界末日。唯有在結構耦合的領域中（從整體看來，這個領域是非常狹隘的），才會爲了攔截那些無法預見的干擾，並且使這些干擾中立化，而發展出一個獨立的免疫系統。全社會這個溝通系統，需要仰賴那共同作用著的意識，而且，在通常情況中，意識係伴隨著溝通，感知到溝通，激起了有機體組織相應的、感覺運動機能上的共同作用，在充分的範圍內憶起曾經被溝通過的東西，並且會為了溝通的目的，而假定他人也會憶起這些東西。同樣，在這個時候，若是出現了一些與預設的、或者已經被表述出來的（這種情況更為棘手）期望相互牴觸的溝通，其實也是非常正常的。當人們對「不」回應以一個相對立的「不」的時候，這些瑣碎的事件就會擴展成為對於溝通的干擾；因為這種情況會帶來一種誘惑，使人們傾向於停留在「不」之上，而且兩邊都會藉由進一步的溝通，來強化這個「不」。我們說，在這裡出現了衝突。[28]（另一個合適的字眼，或許是「爭端」。）據此，諸爭端一向是全社會當中的系統，而且是寄生性的系統，這些系統依存於下面這件事：全社會設置了各種結構（期望），而且能夠以符合結構的方式續行其自我再製，但它的自我再製卻又具有新穎性，而且最終也會在衝突的形式中獲得繼續執行。但是，與全社會形成對立的衝突、與全社會進行之爭端，則並不存在。[29]

免疫系統並非被用來矯正錯誤，而是用來緩和諸多結構上的風險。它並不跟從關於某種毫無窒礙的、理性的實務運作的理想。它的功能並不在於，要消除各種就「什麼事情是正當合法」這個問題提出的錯誤見解，因為，它的功能如果真是這樣的話，那麼任務就會太迅速地獲得解決（無論所採取的判準是什麼）；應該說，免疫系統使全社會有能力面對那由衝突之持續再生產所構成的、受結構制約的風險。產生對免疫系統的需求，並不是面對環境進行了不良的調適所帶來的後果，而是放棄了這樣的調適才會帶來的後果。

而當人們說，法律是從各種衝突的契機中進行學習的時候，這樣的說法正好與免疫系統的理論相契合。倘缺少衝突，免疫系統即無法形成，也無法得到更新或遭到遺忘。在這裡涉及的，也有可能是那些由法律本身所激起的衝突，例如基於國家規制措施之緣由，而產生之衝突。無論如何，法律並非如同人們早先假定的那樣，由事物本質或人類本質所從出，反而應該說，法律是在爲衝突尋求解決途徑的過程中——這些解決途徑不僅應在個案上（在這個時候，也包含了對強制力的運用）取得成功，也應該適用於不只一個案件——才得以形成，並得到發展。免疫性這個答案，使用了規範性規則所具有的時間拘束的效應。如此一來，規則的建立，就是一種抗體的建立，它具有某種在個案上獲致的具體明確性。倘若全社會的免疫系統沒有被使用到，那麼它也就不會去學習，不會去建立任何對應於干擾情況的設置。如此一來，人們也可以說，免疫系統儲存了一種系統固有的歷史；但它並未使系統面對環境進行調適。在誘因與抵禦之間，不存在任何「相似性」。正好相反：法律規則正好就不是一種衝突。而當法律規則構成了其他進一步衝突的誘因時——對法律系統而言，這是非常典型的情況——就會出現各種新的規則，或者至少會出現對規則所提出之各種新的、在文本上固定下來的解釋。

一種發展成形的、法律上的免疫學，必須預設法律這個免疫系統的封閉性，及其自我再製式的再生產。唯有如此，我們才能夠理解下面這件事情：在這個免疫系統中，會出現某種一向具有歷史性的、自我規制的、但又同時具串聯效應的發展。[30]特別是因爲這種必然的閉合，也因爲要防止系統出現太廣泛的自我攻擊，法律與政治的分化顯得非常重要。其他的各項理論預設則可能導致一項結論，那就是，免疫性的答案會在圍繞著系統的環境中迷失；而這或許意味著：系統無法在自己身上進行學習。在這裡已經不需要再次強調，系統與環境（法律與全社會及其環境）之間的因果上關係，並沒有因此被排除，反而是被預設了。

IV

在全社會與法律所構成的全社會的脈絡中，會有一些到目前為止還很少被分析、以及很少被理解的緊張狀態，在現代性的諸多條件下，浮現出來。其中最重要的問題，或許就落在那些就個體的自主決定所提出的、而且不斷增加的主張，在這些主張上，古典自由式的賦予形式的工具，似已窮途末路。越來越明顯的一件事情是，人們雖然能夠遵守每一項制定法，卻無法遵守所有的制定法。如果說，「生活」所意指的，是依照個人自主決定的標準來過生活的話，那麼，各種對於法律的違反，對生活而言已是必然。從這裡開始，所涉及的事情，不再是由那無可避免的、對法律的無知，所構成的古典問題。諸如逃漏稅或非法勞動等領域，就提供了一些指標而顯示出，人們不得不觸犯法律——雖然並非對每個個體而言都是如此（這至少是因為，並不是所有的人都必須工作或繳稅），但對很多個體而言，情況確實如此。如果法律在此處獲得了貫徹執行，那麼經濟部門當中相當可觀的一部分領域，恐怕就要崩潰。特別是，若官僚組織成功貫徹了它的各項執法綱領，那麼個體為自身賦予意義的諸多可能性，就會被切斷。若無非法勞動的存在，屋主或許就無法履行其對承租人所負擔之義務；若無走私，在義大利的濱海城市可能會出現數以千計的失業者；若無「買票」，或許就無法在泰國的鄉村地區或貧民區參選。[31]正如同人們所知道的那樣，「遵守法律」被各個工會用來當作罷工的綱領，而「違反法律」則經常在各個組織中被當作是唯一有意義的工作態度。[32]過度有效的刑事追訴，恐怕會讓監獄陷入困境。[33]無論是警察機關，或者各種從事治療照護的職業，都面臨到一項問題，那就是，對法律的嚴格遵守，可能會對其這些機關與職業所發揮的實效，產生過度劇烈的限制，甚至可能為「無所作為」提供藉口。就實際情況而言，「特赦權」並非由國家元首，而是由警察機關來行使。法律可以大幅減緩那些重要運作的速度，以至於它們與靜止狀態幾乎沒有什麼區別。尤其是，當人們期待法律會通盤地獲得遵守時，那在全社會語意中被賦予高度評價的個人主義（解放、自我實現，以及所有相關的事情等），就不再能獲得維持。除了這些事情之外，更不用說，遵守法律也可能帶來一些對於個體而言具有毀滅性的附帶後果，這特別展現在，人們會喪失從事那些需要強烈動機的活動領域的勇氣，並且把自己排除在這些領域外。

的確，這類論據不應被賦予過度評價。它當然不意味著，人們今天唯有去做罪犯，才能得到生存機會。通常，做出一項「積極解釋」，或者將某種見解指認爲「可主張的」（即便不是「通說的」）法律見解，就已經幫助很大了。但是，人們更加需要注意到一項事實，那就是，倘若在諸個體的層次，或者在諸功能系統的層次上，還存在值得追求的、社會性的完善目標，那麼這些目標是不可能在不違反法律的情況下達成的。換言之，全社會也會利用法律來造成與其自身的牴觸。

先前我們已經指出，這個問題無法藉由自由派的法理論所提供的各種古典的工具，來加以解決，它甚至沒有辦法藉著這些工具而被妥善地把握。由各種「主觀權利」所構成的法律形式，作爲使恣意在法律當中獲得釋放的工具，尚不足以承擔矯正的任務；當人們進一步考量到，法律允許權利的擁有者忍受各種對其權利所施加的侵害時，那麼這個形式就更不能被用作矯正工具了。將法律的功能，界定爲提供一種使自由獲得確保的工具，其實並不會帶來什麼詮釋上的價值，就好比所有對功能所提出的界定一樣。同樣的說法也適用於我們馬上要探討的人權。另外，這些人權本身幾乎無法委由個體來進行處置，也就是說，它們無法被理解爲主觀權利。當然，人權可說是現代個人主義所帶來的結果，但在法律中出現的那些無法遵守法律的情況，同樣也是另一項重要的結果。

倘若人們願意更強烈地關注這項難題，那麼，一項贊同進行各種區域性分化的重要理由，或許就會浮上檯面。法律的實證面向——也就是在諸多個別的「法律文化」之間，就規範與解釋方式而言所形成的諸多區別——對於社會學式的比較法研究而言，還不夠充分。對那些由於結構性因素而誘發的違法狀態，所進行的追問，或許具有更大的訊息價值——至少對於社會學而言是如此。正好就是在現代社會中，諸多違法狀態是作爲各種不同的社會關係的指標，而具備其自身固有的邏輯——例如，它們爲各種關於福利國的問題、關於對組織具有依存性的問題、關於各個區域經濟體對通貨膨脹所具有之依存性的問題，也爲個體在社會層面上的不可動員性（這種性質似乎在逐漸增長中），提供了指標。

這種對理論取向進行調整，而同時注意到那些自身引發的違法狀態的作法，其實早就蘊含於下列想法中：法律必須藉由二元的符碼化（不是藉由其自身固有的完善狀態）而被指認。若不採納這種取向的調整，那麼當人們面對著由諸多違反法律的狀態所構成的驚人規模，及其在區域上的多樣性時，他們幾乎就無法談論一個作爲世界社會的功能系統的、具有世界統一性的法律系統。正因如此，這種取向的調整顯得深具意義。關於這一點，我們將在下一節中進行更多討論。

V

無論人們想要使用哪一種全社會概念，無論他們使用的是不是傳統上關於自給自足的概念（亦即：在那些爲了達到人類完美生活〔幸福〕而必需的各項條件中，存在著的自給自足狀態），抑或是溝通上運作所具有之封閉性的概念：毫無疑問，在當前的情況下，只可能存在一個唯一的全社會系統：世界社會。的確，只要人們還沒能提出充分的、關於全社會理論的論述，那麼這個概念就只具有不甚明晰的輪廓；[34]但人們不能基於這個理由，就偏好採用「國際體系」這個更加不明確的概念，因爲在這個概念中，無論是「國」這個字究竟意味著什麼，或者「際」這個字應該怎麼理解，都沒有得到清楚說明。就算大部分的社會學家都排斥將這個global system（全球體系）冠上「全社會」的頭銜，[35]他們也不可能將各個國家體系（如果將系統概念運用於此，眞的具有妥當性的話）稱爲各個全社會系統。[36]因爲這樣的定義，完全欠缺界分判準，而一旦人們能夠摒棄將那種國家邊界納入考量的想法（可想而知，對這個問題而言，國家邊界完全無法提供妥適觀點），他們就會面臨到這個問題。

無論是在區域性的框架中，或者在世界社會的框架中，諸多生活條件的相似性，都不可能在這裡成爲關鍵問題；因爲，若非如此，就連曼哈頓也不可能成爲一個社會。對我們的論述目的而言，溝通所構成的遞迴性網絡，才是具決定性的事情——這件事情的前提要件有：各語言的可翻譯性、此外還有大眾媒體所構成的全世界規模的溝通，以及各個「私人的」溝通網絡；進一步則還有在科學系統中出現的、關於諸多認知上的努力所具有之統一性，無論在地區性的探討重點上，或者區域——文化性的特殊研究旨趣上，建立起了什麼東西；進一步還有那建立在信用基礎上的世界經濟，以及爲了它最重要的那些產品，而形成的諸多世界市場；此外還有世界政治的系統，這個系統將各個國家帶進到無可解消的交互依存狀態中，而且，之所以會如此，實係有鑑於現代的各次戰爭所帶來的生態上的後續結果，並且也隨之出現了由預防與干涉所構成的強制性的邏輯。[37]針對工業國家對邊陲地區進行的後殖民式的掠奪，而提出的控訴，以及那些在依存性或者邊緣性等標題之下提出來的理論，其實正好爲世界社會提出了佐證（無論人們對這些理論的內容抱持何種態度），而非否證。所有功能系統形成之全世界規模的交織狀態，幾乎是無可爭辯的。

只要我們所探討的是系統分化的問題，那麼在此範圍內就可以說，世界社會的特徵，是功能分化的優位性。它的經濟無法在政治上遭受管控，[38]它的科學雖然可以受到經濟的補助，卻無法藉由經濟而獲致那些應留待科學自身探究的成果。在過去二十年間出現的令人訝異的宗教上對抗，或許可在政治上被利用，但卻無法作爲政治，而獲得實際踐行。但功能的分化絕不意味著會形成區域間的均等發展，更不會形成所謂趨同演化。正當人們必須預設，諸功能系統是運作上封閉的、自我再製的系統時，他們也就能夠期待，這些功能系統對彼此的作用，會依照各種起始條件與世界態勢，而造成不同的後果。也正好是在這裡，系統論（包括它在數學上的變體）的洞見有其適用：各種干擾與系統斷裂，可能各依其發展的歷史線索、負面的與正面的反饋，以及區域的特殊性，而帶來各自不同的後續效應。一個在功能上出現分化的全社會，絕對不會是一個具有各種內在穩定性保證的和諧社會。

在許多觀點下都可以說，社會世界的法律系統建立了一種特殊性。在這裡，的確也有一個全世界規模的功能系統獲得了建立，[39]在其中，人們無論在哪個地區都能夠說，法律問題與其他問題是有區別的；在其中，爲將某種法秩序轉譯爲其他法秩序，而提出的諸多規則，是存在的，尤其是在國際私法的形式中，而且，當人們進入某個並非其本地的區域時，他們通常不用擔心會被當作一個不具權利的外邦人來對待。[40]人們也無需擔心，在國外可能會被強迫去承擔其本國同胞的債務，如同中世紀盛期時候的商人一樣。此外，由於諸多法律制度具有「同等的目的性」，因而就導致了下述結果：各種不同的法秩序所提出的設置，會比人們原先設想的更具有相似性。例如，會有立法部門的出現、會有刑法與民法的區別、會有所有權、各種契約，以及法院程序等事物的出現。不過，即便有這些較爲形式性的關聯以及一致之處，我們仍然不應該忽略，在全球的諸多個別區域之間，仍然存在著巨大的差別，而人們對法社會學家所提出的問題或許就是，要怎麼去描述與理解這些差別？但是，對下列事實，人們幾乎無法提出爭辯：世界社會，即便不具有中央的立法部門與裁判權部門，卻仍然有一個法秩序。[41]

世界社會的法律系統所具有的最重要指標之一就是，人們對侵害人權的情況給予了越來越多的關注。[42]人權（在其近代意義下）的理念，是產生於舊歐洲自然法的崩潰，而且與各種社會契約的建構，具有密切關聯。[43]一直到十八世紀中，「契約」都還是用來開展諸自然權利之弔詭的形式：這些自然權利並不包含任何關於其自身的例外，但卻又因此把自己帶向荒謬。[44]然而這麼做只會使弔詭被推移，而再度浮現於契約的建構中。因爲這個時候，爲「諸契約具有拘束力」此項規則提供奠基的，就是一個契約，但此契約的效力卻只能以弔詭的方式得到奠基。然而，這種建構方式相較於早先自然法所具有的優勢，也就蘊含於此。因爲這個時候，契約的**效力**必須奠基在下述事情上：在契約中，人們**放棄**了自然權利。[45]當人們經由社會契約論（它可說具有pactum unionis〔統合的約定〕的意義，而非僅只是pactum subjectionis〔從屬性的約定〕），來解決爲社會秩序提供奠基的問題時，他們也就能夠主張，那些爲契約之締結所需的諸多個體，其實是以具有溯及效力的方式，而被賦予了自然權利，於是這時候的問題，就只是要在文明狀態中，對這些權利的形式進行界定。普芬朵夫曾經嘗試，在各種非常不同的、關於自然狀態的起始態勢的想像（格老秀斯、霍布斯、斯賓諾莎）之間，求取最大公約數。他由此而提出一些闡述，有助於理論上的突破，而使那關於與生俱來的（但不必然是不具社會性的）人權的理念，得以誕生。如此一來，就有可能悄悄地瓦解傳統上提出的各種區分，或者將它們表述爲純粹的民法產物。例如，在諸貴族社會的傳統中，同時存在著有「dignitas」（尊嚴）與無「dignitas」之人，但現在則並不存在這樣的區分，反而應該說，人性尊嚴是每個人所固有，而且，人性尊嚴也可說爲民法的諸多分化成效，設下了界限。[46]

接著，在十八世紀的下半葉，隨著歷史意識的逐漸深化，人們也開始批判甚至拒斥各種契約建構，這時候，他們相信能夠藉著對那些在國家之前已經被給定的個體權利進行文本化與實證化的作法，找到問題的解決途徑——無論是在各項特別的權利法案中、在各種宣示性質的承認中，或者最後，在憲法法律自身中。[47]今天，就連這樣的解決方案，都已經喪失了說服力。它的問題，就在於將那被臆測爲超實證的法律，設定爲實證法而取得效力，而人們若僅藉由這些具有文本形式的詮釋基礎所帶來的好處，其實並不能爲這件事情提出充分說明；尤其是，它還具有一項缺點，亦即，人們得花費相當大的力氣，才能將由具備文本形式之效力所構成的整體設備，轉譯到世界社會法律系統的層次上，而且即便這麼做了，所得到的東西仍然是不充分的。因爲它們仍然是國家法，或者是建立在各國條約基礎上的法律。於是，人們會期待國家要承擔起在其領域內重視人權之政治責任，而各項權利本身，則會表現爲對於國家的法制定與法執行所提出的各項要求。

我們並不缺乏各種文本、規約、決議，[48]而且，在文獻中也不乏各種積極的意見表述。對普世主義者與相對主義者之間的爭論，所進行的詳盡討論，卻沒有促使任何人去對「爲對抗國家的恣意而賦予最終的法律保障」這件事情的意義，提出爭執。[49]實際上，在歐洲，這個理念的興起，與現代領土國家的建立，是相互平行的，而這項差異，相較於前立憲主義時期歐洲（在文化上還具有相對一體性的各種關係）的情況而言，隨著政治系統所採用的國家形式獲得世界性的擴展，可說是帶來了更爲緊急的情況。而那受到時代制約的、自然法的奠基論述，反倒未必如此。就全世界的情況而言，正好可以顯示出，將政治系統片段式地分化爲各個區域國家，以便讓它能夠把自己更妥適地配置給各種地方性的既定狀態，並且更妥適地利用形成共識的機會，是多麼有意義；但同時也顯示出：倘若將法律系統委諸各種區域性政治過程的恣意性，將多麼令人無法忍受。法律與政治的分歧，起先是在現代國家於歐洲獲得建立之時，被人們經歷到，而它現在正在擴張，也獲得了某種已經大幅變更的形式。

在這種情況下，基本人權的法律，看來幾乎已經無法從效力基礎的明晰性，以及從那些符合精確性的文本中，得到什麼好處，反而是可以從那些違反人權的情況，所具有的明顯性上，得到裨益。面對各種極爲不同的恐怖情景，進一步的討論其實顯得多餘。[50]至於這種法律是以哪些規範，尤其又是以哪些文本作爲基礎，目前無法提出很清楚的界定。[51]在相當廣泛的程度上，市民社會的自由傳統及其各種憲法，會得到繼續維持。諸如自由與平等這類基本權，一如既往會獲得承認——但同時人們也知道，它們在法律上能夠遭到多強烈的改造，[52]以及，它們與事實關係的對應程度又是如何的低。我們在前面[53]已經指出，這些基本權利的用處是，藉由將自我指涉引進到系統中，而製造並開展一項系統的弔詭，也因此，它們只有作爲實證法律，才能獲得可實踐的意涵。一旦逾越了這個傳統——這樣的說法，今天可以戲劇性地適用在所謂「集體權利」的領域上，特別是各個國族、種族，以及居住於其他種族領域中的種族，對其獨立與自決的權利——那麼，人們就會陷入到一塊不明的地帶，在那裡，武力似乎又發揮著作爲最高裁判者的功能。

之所以會形成這種令人高度不滿意的態勢，其中一項原因或許在於，二次世界大戰後福利國的發展，將關於人權的闡述也吸納了進來。在越來越大的程度上，人們不僅將人權理解爲防禦權，還進一步將其理解爲照護權，這一點特別明顯表現在那些極度無法獲得充分照護的案例中。人類學上的構想，爲這樣的理解提供了一項基礎，此種構想，一般性地（獨立於各種區域上或文化上的差異）賦予人類那由部分物質性的、部分精神性的需求與利益等所形成的情結，這種利益甚至還包括了對人格開展的利益與自我實現的利益。[54]於是，當獲得照護的機會以及生存機會都出現了巨大的分歧時，這些分歧就會被標示爲「典型的不法經驗」，而且被用來當作探究界分判準時的出發點。[55]然而這種擴張的作法，卻也帶來了使討論因過度膨脹而價值遭貶損、或者使討論走向意識型態化的危險，[56]而且進一步帶來一個問題，那就是，在法律上會被納入考量的訴求對象，不再是那些嚴格意義下的權利侵害者，而是那些有可能提供協助的人。人權的問題，與那巨幅擴張的、在社會工作與發展協助上的欠缺，相互融合。當區域之間已然形成各種非常不同的情勢時，經濟（事前預防）與社會救助（事後照料）所構成的差異，就不再能直接轉化爲清楚的、可執行的法律主張。過度的膨脹，摧毀了這個象徵性媒介所具有之價值；當人們感受到，無論在什麼地方，人權都會遭到忽視，而且這種情況反正看來也頗爲正常的時候，對那應受無條件保障事物的領域（關鍵字：人性尊嚴），進行眞正粗暴的、令人震怒的、積極的侵入，也不再會引人注目。[57]

面對著這樣的難題，人們關注的焦點，似乎已經推移到那些**具有明顯嚴重性**的、世界性的人權**侵害情況**上，例如，藉由國家來確保特定個人的消失，強制流放與驅逐，以及，在知情或者受到國家組織包庇的情況下，進行非法屠殺、逮捕、刑求等等。這個時候，爲法治國之運轉而提供之擔保，本身就已經是「對人權給予承認」的一個功能上的等同項，而且，它使得這種承認在法律技術上幾乎可說是多此一舉。[58]唯有當法治國的架構無法獲得擔保，以及，當相關國家無能力或者不願意藉著通常的法治國家手段，來排除侵犯人權的狀態時，這些侵犯才眞的會被理解爲對**人權**的侵犯。由於這樣的侵犯，隨處可見（這麼說是爲了避免「在許多國家中已經習以爲常」這種說法），因而，問題根本不在於文本的闡述是否具有意義明確性，好讓人們有可能在合法與非法之間做成決定。起先，我們只要將關注焦點轉移到那些最糟糕的案例上，就已經夠了。在此同時，問題就會推移到與古典——近代法律思想形成對立的位置上。一方面，援用國家實證法（例如，在憲法的形式中）的作法，已經不夠充分；因爲人們或許也會爲了掩蓋對人權所進行的侵害，或者，爲了使綁票行爲即便在違反國際法的情況下，也成爲可能（美國最高法院在Álvarez Marchain〔1992〕一案的判決中，就是這麼說的），而利用實證法律。[59]另一方面，將各項權利理解爲主觀權利，並且進一步認爲，是否對權利提出主張，完全委由個體來決定，也是不夠充分的作法；因爲，在各種既存的政治關係下，這樣的決定往往無法自由做成。[60]於是，可以想見的作法是，不從權利的角度，反而從義務的角度，來構思世界法律系統。但最後，制裁仍然成爲一項問題。讓個別國家（即便是像美國這樣的國家）來承擔法官與制裁權力的角色（雖然美國自己曾經拒絕接受泛美人權法庭的管轄）[61]的作法，幾乎已經不被任何人接受。毋寧說，人們應該考慮到，對這個問題的關注，會越來越國際化，而且人們或許還會在發展政策上的補助措施的脈絡中，更強烈地注意到這個問題。在「冷戰」結束後，人們認爲可以爲此找到新的視角。

人們唯有指涉著人性尊嚴，才有可能去談論所謂侵犯的嚴重性。對自由權與平等權（這些權利也可以被稱爲人權）進行限縮，是如此的正常，又是如此不可或缺，以至於人們必須容許國家的法律秩序獲得高度的活動空間（藉由「法律保留」原則）。基本上，這裡涉及的事情，並不是某項規範（某種理念、價値）的統一性，而是自由/限制、平等/不平等這些區分的形式弔詭，而這些弔詭，在個別的法秩序中，可藉著不同的方式獲得開展。或者換句話說：這裡涉及的是關於未來的視角，這些未來的視角會匯聚於不可界定性的領域中。即便如此，在這裡似乎仍然存在著某種具體特殊的、能夠在全世界獲得貫徹的敏感性。在某些情況中，**諸多角色的不對稱性，會藉由某種外在指涉而獲得規定，並且被視爲是不可逆轉的**，[62]而人們就是在它們當中認識到此種敏感性。當種族被用來當作角色分配的要素（尤其是：作爲分配生與死、以及分配挨餓與營養均衡的觀點）時，這樣的說法特別有其適用。就其趨勢而言，那些在宗教上或意識型態上受到啓發的系統，都有這樣的傾向，那就是，在對那些具有角色特殊性的機會進行分配時，總是使這種分配依賴於某種在諸角色自己身上無法處置的因素。依照現代的理解，各種角色的不對稱性，唯有在諸功能系統中才是可接受的（醫師/病人、產品製造人/消費者、原告/被告與法官之間的關係等等），而且，這些角色的不對稱性，會藉由外在指涉而被一般化，以至於會出現一些結構性的不利處境，而這些不利處境會橫向地穿透各個極爲不同的功能系統。在現代的諸多觀點下，這些關係顯得有失體面，而這種性質比較可說是結構性因素，而不是個案因素造成的。因而，實在很難標示出那些引發激憤與進行干預的誘因，也很難將這些誘因與那些必須接受的事情劃分開來。但是，人們似乎至少已經接受，種族的觀點構成了對人權的侵犯。

在這裡僅能簡短地勾勒人權學說的發展，不過從這樣的概觀已經可以顯示出，這裡涉及的一直都是對某種基礎性弔詭的開展，這種弔詭的開展，是在對於個體與法律間的關係所進行的追問中，獲得了歷史上的特定性。各種社會契約論，給了這個弔詭一種循環的形式：「締約的個體，受契約之拘束」這件事情，唯有從契約本身出發，才能得到說明。各種自然法學說也保持了循環的性質，因爲，唯有當人們在一些案件中，對某種侵害提出控訴，而想要設定一項與此對應的規範時，他們才能夠在這些案件中訴諸人性之自然。超實證的法律，其實對實證化具有迫切需求，而這件事情是一項公開的弔詭；就算人們對那些在書面上獲得確立的文本所帶來的用處，提出了實用性的考量，也很難掩蓋這項弔詭。另外，當人們說，各項權利是藉著它們遭到侵害，以及藉著與此對應的憤慨（涂爾幹所說的colère publique〔眾怒〕），才被設定爲具有效力時，這樣的說法當然也是一項弔詭。不過，在我們今天各式各樣紛擾的世界關係中，或許就存在著**這項**弔詭，而且，由於古典國家秩序已經喪失其相關重要性，因而它可能也是**合乎時宜**的弔詭。但是，當一切關於奠基的想像，最後都撞上一項弔詭的時候，就歐洲那特有的傳統遺產影響範圍所進行的討論，也就隨之終結了，而人們或許可以期待，世界社會會因爲那些劇烈的、難以忍受的事物，而被充分地醜聞化，好能去建構一種獨立於區域傳統與區域國家政治利益之外的法律規範架構。

總體說來，世界法的確立，並不會排擠那些各有區別的、區域性的法律發展。引發這些發展的最重要因素之一，就是世界政治系統當中出現的第二階的、片段式的分化，而形成諸多「國家」，也就是說，它分化爲諸多政治系統，這些政治系統的專門性表現於，在國家層次上，對那些具集體拘束性的決定進行組織。如此發展的結果是，政治系統與法律系統在諸憲法上的結構耦合，無法在世界社會的層次上找到對應物。不過單憑這件事情還無法說明，在各區域間爲何會出現各種如此不同的發展，而它們可能被推往極致，以至於連「以法律爲取向」這件事情的運轉能力及其分出，都可能遭到質疑。

我們或許可以推測道，這問題的起源在於，世界人口當中的一大部分，都無法被涵括到諸功能系統的溝通中，或者換句話說：問題的起源是在於涵括與排除之間的尖銳差異，這種差異雖然製造了功能的分化，但在結果上卻與功能分化不相容，甚至會侵蝕功能分化。[63]社會學家由於欠缺其他的概念架構，因而會傾向於將這樣的事態表述爲某種已經明顯成形的社會階層化（如果不是表述爲（在國際層次上有其基礎的）「階級社會」的話）。不過，這些概念本身就指向某種社會秩序，這種社會秩序是獲得承認的，或者至少是被接受的，而且由於它是一種秩序，因此它正好對涵括（即便這樣的涵括是極度不均等的）有所幫助。[64]人們會聯想到由家族及其（將從屬者包含進來的）家業所構成的層級秩序，或者聯想到十九世紀的工廠組織，並把它們看做階級支配的模式。那已經明顯成形的、由涵括與排除所構成的差異，則具有更爲嚴重的後果。因爲，在功能分化的主導下，每個功能系統都只能自行規制，也只能爲自己規制社會性的涵括，於是，那些在舊式階層秩序的遺跡上存留下來的東西，就只能夠依照涵括／排除這個圖式而進行分化。隨著都市化的急遽開展，以及諸多確定性——這些確定性是蘊含於某種非貨幣性的自給自足狀態中——之遭到摧毀，上述問題顯得更爲尖銳。這個時候，每個利害關係人都得仰賴於貨幣經濟，但卻又無法在明顯的程度上，參與這種貨幣經濟。那種自給自足經濟式的自立更生型態，必定會被犯罪、或者被對於黑社會組織之參與所取代。

人們肯定不能說，在這樣的情況下，不會存在任何法律。（從來沒有出現過任何一個不具備法律的社會）。同樣，若人們認爲，實證法已經無法使用，或者，國際關係、交通、貿易等等，並不具有任何法律基礎的話，那麼這些觀點也是無法成立的。對於諸多現象進行描述，在概念上必須採取更爲分化的進路。我們推測，若人們採取下述命題，那麼他們或許能得到最好的進路：由涵括與排除所構成的差異，可被用來當作某種後設符碼，這個符碼爲其他各種符碼提供調和中介。的確，法與不法的區別是存在的，而且，就「如何對法與不法等價值進行分派」這項問題而言，也有諸多法律綱要（制定法）進行著規制。但是對於那些被排除的人口群體而言，相較於他們之遭到排除這件事情所加諸於他們身上的負擔而言，前述問題其實沒有多大的重要意義。他們會按照各種情境與機會，而遭到合法或不合法的對待，並且相應地採取合法或不合法的行爲。同樣的說法也適用於那些被涵括者，而且特別適用於那些政治人物與官僚體系的成員。我們再強調一遍：這絕對不是關於社會階層化（這種階層化，或許可爲法律準備好某種秩序性的替代物）的問題，而是會歸結爲對於法秩序本身進行之瓦解。人們無法知道，法秩序究竟會不會獲得運用，而**即便他們將各種溝通配置給涵括/排除這個圖式，也無法對這件事情造成任何改變**。因爲，在這個圖式的**兩個**面上（即便是以各種極爲不同的「致命」方式），都有可能在未注意到這些「labels」（標籤）的情況下，對合法或非法的行爲，做出選擇。[65]換句話說：符碼化與綱要化所構成的差異，無法發揮功能，或者其所發揮的功能被削弱了，因爲有其他各種偏好更具優先性。社會學家原本習慣用整合這個概念（而在這個概念上，他們經常運用到法律）來扣連上一些期望，但是，涵括/排除這組區分的主導地位，已經改變了這些期望。[66]倘若人們將整合定義爲，對那些被整合的部分所具有的自由程度，進行限縮，那麼，他們立刻就會看到，那個排除的領域正好就**以高度整合性的方式**發揮著功能。以負面方式整合到社會中，幾乎是一種完善的方式。誰若是沒有住址，就不能把小孩送進學校。誰若是沒有戶籍文件，就不能結婚，也不能申請社會給付。不識字的人會受到阻礙，而無法有意義地參與政治，無論他們是否在形式上被排除了出去。若是從某個功能領域中被排除了出去，那麼這樣的排除，也會對「涵括到其他領域中」這件事情，產生阻礙。與此相對，涵括則使得某種**較低程度的**整合、亦即更大程度的自由，成爲可能，而且它就是**藉著這種方式**，對應於功能分化。功能分化要求各個功能系統之間要有某種「loose coupling」（鬆散的耦合），亦即，不能從某個角色出發，回溯地推論到其他的角色上；這裡也隱含了違犯法律的機會與貪汙的機會。涵括所帶來的機會，可以被轉化爲各種個人的好處、處境的改善，以及各種職業生涯。

在某種範圍內，這是正常的。然而，一旦某個人的涵括，是以另一個人的排除爲基礎，那麼，這項差異就會瓦解諸功能系統的正常運轉。這時候，法律尤其會受到影響。因爲法律系統不僅是以系統固有的那些制裁，亦即，做成關於支付或刑罰的判決，作爲基礎，也需要以那被確立的違法狀態在全社會中所引起的共振，作爲基礎，這種共振附帶性地促使人們謹守法律。在那高度整合的排除領域中，則已經沒有什麼東西可以失去了（如果我們暫時不將對於自己身體的控制納入考量的話）。在那較爲低度整合的涵括領域中，合法性/違法性的後果，並不會被傳送，而這個時候，爲這些價值會如何按照各項法律專門的綱要獲得確立而操心，就顯得很不值得。在（絕非少見的）極端情況中，政治人物是否採取了合法或者非法的行動，對於政治或者對於政治人物的聲望而言，完全沒有影響。而這時候，對強制力進行管控的組織——警察部門——則主要是以那授予涵括狀態或排除狀態的身分，而不是以法律，作爲指標。但若由此而推論，法律系統整體而言已不具相關重要性，或者已經無法運轉，則又言過其實（如果我們暫且忽略掉內戰這種急迫的情境）。然而，這個時候，法律符碼是否會被使用，或者會基於哪些又因而被使用，其實是取決於另一項差異，也就是由涵括與排除所構成的差異。

在發展政策的視角下，情況看來彷彿是，將諸多大型的人口群體排除在外，使其無法分受發展所帶來的好處，乃是求取發展的一項暫時性的條件；人們可能說，他們無法讓所有的人，都立即分受到諸現代社會帶來的所有好處。然而，目前在一些工業國家中已經達到的富裕水平，究竟能否在全世界都獲得實現，一直是一項問題——光是基於各種生態上的理由，就已經可以提出這樣的質疑。此外，人們也必須考慮到，所有自我再製系統均具有強烈的歷史依存性。它們總是在某種已經結構化了的起始態勢上，開啓它們的運作；這個時候，它們既有可能以強化偏離的方式（具有正面的反饋），也有可能以緩和偏離的方式（具有負面的反饋），發揮作用。最後，人們不能假設，目前那個由諸多功能系統的結構性平衡所構成的主導系統，會長期地保持這樣的情況，就如同人們今天身處的情況一樣。有別於帕森斯式的一般行動系統的理論，我們將功能的分化視爲一項演化的產物，而非對行動概念進行分析所得到的邏輯上結果。因而，情況全然有可能是：法律系統當前雖然具有重要地位，而且，無論是全社會本身，或者是全社會當中大多數的功能系統，都仰賴於法律符碼之運轉，但這些事情可能不過是一種形成於歐洲的反常狀態，而這種狀態則有可能在世界社會的演化中，逐漸式微。

注釋

導讀　法的社會學觀察

[1] 這一系列分析個別功能系統的叢書，包含魯曼生前出版的《社會的經濟》（Die Wirtschaft der Gesellschaft, 1988）、《社會的科學》（Die Wissenschaft der Gesellschaft, 1990）、《社會的藝術》（Die Kunst der Gesellschaft, 1995），以及魯曼去世之後由他弟子以及其他學者編輯出版的《社會的政治》（Die Politik der Gesellschaft, 2000）、《社會的宗教》（Der Religion der Gesellschaft, 2000）、《社會的教育系統》（Das Erziehungssystem der Gesellschaft, 2002），至於二〇〇八年始出版的《社會的道德》（Die Moral der Gesellschaft）一書，是否可以列入同一叢書則有疑義，蓋從魯曼的觀點出發，道德固然有其社會功能，卻不屬於社會的功能系統。

[2] 系統理論不只是個社會學的典範，還是個跨學科的典範，參閱Georg Kneer/Armin Nassehi, Niklas Luhmanns Theorie sozialer Systeme, 2. A., 1994, S. 17ff。

[3] 魯曼所發展的理論也可以稱為「社會學系統理論」（soziologische Systemtheorie），與美國社會學家帕森斯（Talcott Parsons）的理論不同的是，後者的社會系統理論被稱為「結構功能論」（strukturelle Funktionalismus），屬於一種「行動理論」（Handlungstheorie），魯曼的系統理論則被稱為「功能結構論」或是「系統功能論」。此外，他的理論並不屬於行動理論，而是屬於溝通理論（Kommunikationstheorie）。嚴格來說，溝通理論所處理的只是他理論的社會面向（Sozialdimension），他的理論還有事物面向（Sachdimension）——系統理論以及時間面向（Zeitdimension）——演化理論（Evolutionstheorie），在魯曼生前最後一本自己出版的專著《社會的社會》（1997）的前三章，剛好是針對這三個面向：第一章「社會作為社會系統」，第二章「溝通媒介」，第三章「演化」。關於帕森斯與魯曼的理論差異，參閱Georg Kneer/Armin Nassehi, Niklas Luhmanns Theorie sozialer Systeme, S. 35ff。

[4] 「古老歐洲傳統」（alteuropäische Tradition）在魯曼的文章裡常會出現，通常是用來指已經過時的特定觀察方式，這樣的觀點不僅是過時了，而且是不再適合用來描述現代社會。「古老歐洲傳統」主要是指希

臘—羅馬—基督教的思想傳統，這個傳統伴隨著當代社會的產生，並影響針對此傳統的期待至今。不管是從溝通方式還是從分化形式來看，產生這個思想傳統的社會已經不存在了，然而這個傳統還是歐洲歷史傳承的成分。魯曼說這個傳統不可能消失，正因為它明顯的不適合了，正因為它必須一直被否定以及為此而隨時能被使用，參閱N. Luhmann, Die Gesellschaft der Gesellschaft, 1997, S. 893f。

[5] 魯曼的思想對於其他學科的影響，參閱Helga Gripp-Hagelstange (Hrsg.), Niklas Luhmanns Denken: Interdisziplinäre Einflüsse und Wirkungen, 2000。

[6] 參閱P Fuchs, Die Erreichbarkeit der Gesellschaft, S. 23ff。

[7] 這種界定社會的方式當然引起批評，認為魯曼輕忽了人的重要性，然而嚴格區分系統指涉的做法，並沒有貶低心理系統也沒有貶低「人」的意味，因為在極端情況，如果不存在兩個以上的心理系統，就很難想像社會系統的存在，但是沒有社會系統，卻不能否認心理系統可以繼續存在，就像是一個人待在孤島的情況一樣。而且，沒有意識就無法談到溝通，可是沒有溝通卻仍然可以談到意識。把「人」從社會系統當中「解放」出來，反而可以說是更加嚴肅的看待「人」這個現象，也可以避免某個意義上的集體主義，因為「人」並非不僅僅是社會的一部分，「人」根本不是社會的一部分，系統理論基於其理論的出發點，一開始就可避免化約主義。

[8] 關於意識的自我再製，請參考N. Luhmann, Die Autopoiesis des Bewuβtseins, in: A. Hahn/V. Kapp (Hrsg.), Selbstthematisierung und Selbstzeugnis. Bekenntnis und Geständnis, 1987, S. 25ff。

[9] N. Luhmann, Was ist Kommunikation?, in: ders., Soziologische Aufklärung 6, 1995, S. 113。上述看法，可以還原到社會學理論的典範爭議，系統理論屬於溝通理論（Kommunikationstheorie）而非行動理論（Handlungstheorie），亦非溝通行動理論（Theorie des kommunikativen Handelns），認為溝通是比行動更基本的社會構成要素，從溝通的角度來觀察，「行動」只是溝通的一種建構。

[10] 茁生性（Emergenz）概念是指，成立一個新的秩序水平（Ordnungsniveau），而且這個秩序水平無法由其物質或能量基礎的特性來說明，參閱G. Kneer/A. Nassehi, Niklas Luhmanns Theorie sozialer Systeme, S. 62。

[11] N. Luhmann, Das Recht der Gesellschaft, S. 51.

[12] N. Luhmann, Was ist Kommunikation?, S. 115.

[13] Ebd., S. 43.

[14] 觀察在進行的同時無法觀察到自己所使用的區別，必須等到下一個觀察，才能觀察原先這個觀察，觀察前一個觀察所觀察的以及所不能觀察的，而在下一個觀察才能觀察這個第二個觀察。這種二階觀察就使得多元脈絡成為必然。

[15] 「主要的」是指足以作為整個社會特徵的分化形式，每個社會都有一個主導性的分化形式，相對於這種主要的、主導性的分化形式，還有次要的分化形式，次要的分化形式則不代表這個社會，而是發生在這個社會的次系統裡，例如法律系統是當代社會的次系統，它是根據它對於整體社會的功能而分化出來的，但是在法律系統的內部有其不同於主要分化形式的特定的分化形式—階層分化形式。

[16] 「分化形式」（Form der Differenzierung）涉及的是整體社會系統中次系統之間的關係，亦即系統與系統之間的關係。

[17] 關於社會分化形式，進一步請參考N. Luhmann, Die Gesellschaft der Gesellschaft, S. 613ff。

[18] 「自我再製」（Autopoiesis）具有自我指涉與自我再製的意思，意指自我再生產的循環性，自我再製系統理論強調系統自身生產所有延續其運作的必要單位，自我再製系統是運作性封閉系統，此種系統的封閉性在於其僅僅與自身發生聯繫，換言之，它是以自我相關與自我指涉的方式來運作；但是另一方面，自我再製系統同時也是開放系統，其開放性正是以運作的封閉性為前提，請參考N. Luhmann, Ökologische Kommunikation, S. 40ff。

[19] N. Luhmann, Die soziologische Beobachtung des Rechts, S. 11f.

[20] 請參考N. Luhmann, Ökologische Kommunikation, S. 76; 169。

[21] N. Luhmann, Das Recht der Gesellschaft, S. 67.

[22] 功能分化對於現代社會有一個很重要的後果，就是所有功能系統的建立都代表整體社會，都是一種對於整體社會的表達，對每一個社會次系統而言，社會就是該社會次系統與其（社會內）環境這個差異的整體。由於社會就是系統與環境的整體（Einheit von System und Umwelt），所以每個功能系統皆與其環境一起建構這個社會。現代社會並沒有任何可以代表總體社會的中央機構，可以超越所有的系統/環境區分，並將整體有意義地聯繫起來，因此這樣的社會缺乏一個唯一的中心，每個社會次系統都根據自己獨特的二元符碼來觀察與重建這個社會。

[23] N. Luhmann, Das Recht der Gesellschaft, S. 188f.

[24] N. Luhmann, Rechtssoziologie, 3. A. 1987, S. 94ff.

[25] N. Luhmann, Das Recht der Gesellschaft, S. 124.

[26] N. Luhmann, Das Recht der Gesellschaft, S. 125f.

[27] N. Luhmann, Das Recht der Gesellschaft, S. 133.

[28] N. Luhmann, Das Recht der Gesellschaft, S. 132.

[29] 雖然這個說法對於魯曼並非十分公允，因為他也主張功能系統的普遍性，亦即上述所言世界社會只有一個法律系統，然而對照他的著作卻可以發現，領域國家作為世界政治系統的二次分化也扮演了重要角色，即令所有國家的法秩序都採取二元符碼化，法的功能也都是規範性期待的穩定，卻無法忽視每個國家都擁有自己的最高法院（法院位於法律系統的核心）與／或憲法法院，以及自己的憲法，換言之，內國法秩序亦具有某種意義的「一體性」。而且法與政治的結構耦合也是由國家的憲法來完成。

[30] N. Luhmann, Das Recht der Gesellschaft, S. 573f.

[31] N. Luhmann, Das Recht der Gesellschaft, S. 582.

[32] 有關於魯曼以及其他系統理論者對於世界法或全球法的分析與描述，中文文獻可參閱張嘉尹，〈系統論對於法全球化的觀察〉，收錄於王鵬翔主編，《2008法律思想與社會變遷》，二〇〇八年十二月，頁八十五—一三九。

[33] 參閱Udo di Fabio, Luhmann im Recht: Die juristische Rezeption soziologischer Beobachtung, in: Helga Gripp-Hagelstange (Hrsg.), Niklas Luhmanns Denken: Interdisziplinäre Einflüsse und Wirkungen, 2000, S. 140-144。

[34] 在功能系統彼此互相分離的條件下，兩者要透過什麼樣的機制來相互連結？這個問題的回答涉及了社會系統理論的一個創見：功能系統之間必須透過結構耦合的機制來相連結。結構耦合是系統的運作與其環境因素的暫時性耦合，當一個系統持續的預設特定的環境特性而且結構性的依賴此特性時，就涉及了結構耦合。結構耦合也是一個具有兩邊的形式（eine Zwei-Seiten-Form）——「耦合／不耦合」，而且它所包含的（耦合的）與它所排除的（不耦合）都同等重要，因為結構耦合既限制環境對於系統的影響，也因此令環境對於系統的影響變得較為容易，之所以如此是由於結構耦合讓環境影響系統侷限於特定的管道，在排除了其他的影響的同時，就強化了特定管道的影響，如果兩個功能系統具有結構耦合的關係，則兩個系統就處在既分離又連結的狀態。參閱N. Luhmann, Das Recht der Gesellschaft, S. 440ff。

[35] 參閱N. Luhmann, Das Recht der Gesellschaft, S. 543f。

[36] 參閱Detlef Horster, Niklas Luhmann, 1997, S. 46。

前 言

[1] 參見Niklas Luhmann, Die Wirtschaft der Gesellschaft, Frankfurt 1988; ders., Die Wissenschaft der Gesellschaft, Frankfurt 1990。

[2] 參見Niklas Luhmann, Rechtssoziologie (1972), 2. Aufl. Opladen 1983。

[3] 主要可參見Gunther Teubner (Hrsg.), Autopoietic Law: A New Approach to Law and Society, Berlin 1988，以及《卡多佐法律評論》第十三卷五期（Heft, 13/5, 1992, des Cardozo Law Review）。

第一章

[1] 在普通法裡面，人們則大抵可在「規則」（rules）這個（或許是較為妥當的）名稱底下發現與此相對應的思想產物。

[2] 藉助此一例證所提出之論述，請見Charles Fried, The Artificial Reason of the Law or: What Lawyers Know, Texas Law Review 60 (1981), S. 35-58。

[3] R. B. M. Cotterrell, Jurisprudence and Sociology of Law, in: William M. Evan (Hrsg.), The Sociology of Law: A Social-Structural Perspective, New York 1980, S. 21-29 (23)。在那裡，我們甚至可以讀到（該處指涉的是英國的情況）：「由其在法學教育中所具有之地位，法學可得出其所具有之這種統一性」。

[4] 一個與此平行的情況，或許是：經濟上決定的合理性，對於資產負債平衡或者預算的依賴性。

[5] 這樣的見解，在一段時期中促進了美國所謂「批判法學」（Critical Legal Studies）運動的發展。然而在今天，它已經逐漸被對於法律形式（Rechtsformen）的社會相當性（soziale Relevanz）所引起的討論興趣所取代，這種討論興趣不再未經反思地將自己理解為「意識型態批判」。可參見諸如Alan Hunt, The Ideology of Law: Advances and Problems in Recent Applications of the Concept of Ideology to the Analysis of Law, Law and Society Review 19 (1985), S. 11-37; Stewart Field, Without the Law? Professor Arthurs and the Early

Factory Inspectorate, Journal of Law and Society 17 (1990), S. 445-468。

[6] 持此見解者，例如Christian Atias, Epistémologie juridique, Paris 1985, S. 86f。

[7] 這主要可見諸《法理論》（Rechtstheorie，一九七〇年創刊），以及該期刊主編Werner Krawietz所發表的，針對該領域所做之嘗試性研究論著，例如：Juristische Entscheidung und wissenschaftliche Erkenntnis: Eine Untersuchung zum Verhältnis von dogmatischer Rechtswissenschaft und rechtswissenschaftlicher Grundlagenforschung, Wien 1978; ders., Recht als Regelsystem, Wiesbaden 1984。在法國，已經有人更早地談論了théorie générale du droit（法之一般理論），並在其中實質地設想了關於澄清法概念與法原則的問題，而這樣的澄清則應對應於孔德學說意義下的實證科學性要求。

[8] 僅須參見 Krawitz a.a.O. (1978), S. 210ff。

[9] 關於此點應特別參見：Werner Krawietz, Staatliches oder gesellschaftliches Recht? Systemabhängigkeiten normativer Strukturbildung im Funktionssystem Recht, in ders. und Michael Welker (Hrsg.), Kritik der Theorie sozialer Systeme: Auseinandersetzungen mit Luhmanns Hauptwerk, Frankfurt 1992, S. 247-301。在處裡規範概念時（第三章），我會再度回到這個問題上來。

[10] 即便Krawietz a.a.O (1992) 對此提出爭執。

[11] 例如Philip Soper, A Theory of Law, Cambridge Mass. 1984。在其導論當中談論到相關問題時即問道：「誰在乎」。不過，答案應該在於：哲學很難給人滿意回答，因為當它做回答的時候，人們還可以再追問，哲學是如何認識到該問題的重要性，以及，為何哲學對於直接就該問題給出否定答覆，感到有所障礙（正如人們所希望的那樣）。

[12] 參見D. Neil MacCormick / Robert S. Summers (Hrsg.), Interpreting Statutes: A Comparative Study, Aldershot, Hants. England 1992, S. 18ff，在該書之「合理的重構」（"Rational Reconstruction"）（作為方法上的偏好）章節中，已經承認了法律的這種殘存價值觀（這種價值觀應與諸如意識型態的，或者純粹私人的見解所有區分）。舉例來說，在此處，人們不會質疑，「證立」是必要的，而且可在其論證敘述中被評斷：「因為，被合理重構的、作為基礎的結構，預設了一種為了理性存有者之決定而提出之好的或可接受的證立模式，在此範圍內，合理的重構也具有規範性要素」（S. 22）；很明顯地，以這種立場從事探究的人，也會對下述確信抱持正面評價：「整體而言，詮釋是一種暗指著法律之根本價值的活動」。（而當人們已

經做了如此的陳述時，誰又能提出另一種判斷呢。）

【13】下列文獻即指出，對於這些理論嘗試所提出的一項較為晚近的、概觀式的討論，並且提出總結，認為由它們所得到的結果仍然是模稜兩可的：Manuel Atienza, Introducción al Derecho, Barcelona 1985, S. 5ff。

【14】André-Jean Arnaud, Droit et société: Un carrefour interdisciplinaire, Revue interdisciplinaire d'études juridiques 10 (1988), S. 7-32 (8)。也請參照同一作者，Essai d'une définition stipulative du droit, Droits 10 (1989), S. 11-14。

【15】但無論如何應注意：一種範圍遠超出系統論之外的、二階觀察的操控學理論（kybernetische Theorie）嘗試，已可見諸Ranulph Glanville, Objekte, Berlin 1988。而且，當前在「觀察者」這個關鍵字底下，也可發現到許多初步理論嘗試，它們看來不再絕對地依存於系統論的論述方式。例如可參照Niklas Luhmann et al., Beobachter: Konvergenz der Erkenntnistheorien?, München 1990。同樣地，人們也許會想起「博奕論」（Spieltheorie）：但這種理論是否能夠持續地與採建構主義理論出發點的系統論區分開來，迄今仍難清楚斷言。對此請參照das Heft 17-18 (1991) der Zeitschrift Droit et Société；進一步可參見François Ost, Pour une théorie ludique du droit, Droit et Société 20-21 (1992), S. 89-98，以及Michel van de Kerchove/François Ost, Le droit ou les paradoxes du jeu, Paris 1992，其中還舉出了較為晚近的討論。

【16】此一論點見諸 Humberto R. Maturana, Biologie der Kognition, zit. nach ders., Erkennen: Die Organisation und Verkörperung von Wirklichkeit: Ausgewählte Arbeiten zur biologischen Epistemologie, Braunschweig 1982, S. 34。

【17】對此請參見 Niklas Luhmann, Die Wissenschaft der Gesellschaft, Frankfurt 1990。

【18】關於在建構主義的認識論中，法理論之跨學門導向是否具有能獲得確保的可能性，亦可參見André-Jean Arnaud, Droit et Société: du constat à la construction d'un champs commun, Droit et Société 20-21 (1992), S. 17-37。進一步可參照Gunther Teubner, How the Law Thinks: Towards a Constructivist Epistemology of Law, Law and Society Review 23 (1989). S. 727-757。

【19】內部／外部的區分，自哈特（Hart）以降便被廣泛使用，甚至在此期間內相關論述已如辭典般豐富。關於此點可參見 Dictionnaire encyclopédique de théorie et de sociologie du droit, Paris 1988, S. 197f 之各篇文章。在那之後還有一篇文獻可為例證：François Ost / Michel van de Kerchove, De la scéne au balcon: d'où vient la science du droit, in: François Chazel / Jaques Commaille (Hrsg.), Normes juridiques et régulation sociale, Paris 1991, S. 67-80。不過，此一討論仍欠缺一種經充分發展過的系統理論脈絡。

[20] 至於這種情況是否會出現——也有一些專業人士強力維護此一立場（例如Hubert Rottleuthner, Rechtstheorie und Rechtssoziologie, Freiburg 1981）——完全就取決於，人們是在何種狹隘的範圍內來掌握方法的準則，以及，有多少與法律之實際狀況全然相關的論題，會因此而從法社會學中被排除出去。

[21] 對抗此種「區分上之謬誤」（fallacy of distinction）的論述，也可參見 Csaba Varga, Macrosociological Theories of Laws: From the “Lawyer’s World Concept” to a Social Science Conception of Law, in: Eugene Kamenka/Robert S. Summers/William L. Twining (Hrsg.), Soziologische Jurisprudenz und realistische Theorien des Rechts, Rechtstheorie Beiheft 9, Berlin 1986, S. 197-215 (198ff.)。但這並不意味著，我們必須放棄「內部」與「外部」之區分：只不過它必須以充分的方式在理論上獲得奠基。

[22] 參照Harold J. Berman, Recht und Revolution: Die Bildung der westlichen Rechtstradition, dt. übers. Frankfurt 1991, S. 252f 該書已經觀察到證據提出之方法上的發展，以及，對各種（有待以反證推翻的）推定的引入。關於此一脈絡中的弔詭問題，也可見諸 Roberta Kevelson, Peirce, Paradox, Praxis: The Image, the Conflict, and the Law, Berlin 1990. S. 35ff。

[23] 對此請參見Niklas Luhmann, Rechtssystem und Rechtsdogmatik, Stuttgart 1974。

[24] 對此，我當然樂於承認一些例外的存在。格老秀斯與普芬朵夫的自然法論述，就被運用在法學的文獻裡。然而霍布斯與洛克的論述則未受到如此對待。

[25] 參照Wolf Lepenies, Das Ende der Naturgeschichte: Wandel kultureller Selbstverständlichkeiten in den Wissenschaften des 18. und 19. Jahrhunderts, München 1976。

[26] 對此請參見出於英美法系的觀點：W. T. Murphy, The Oldest Social Science? The Epistemic Properties of the Common Law Tradition, The Modern Law Review 54 (1991), S. 182-215。

[27] 在這種概略的時代界定中，仍不應否定，到現在都還有人堅定支持進步信仰以及伴隨著它的暴力／文明（Gewalt/Zivilisation）圖式。例如可參見 Walter Bagehot, Physics and Politics: Thoughts on the Application of the Principles of “Natural Selection” and Inheritance to Political Society, (1869), zit. nach Works Bd. IV, Hartford 1895, S. 427-592，作者認為整個發展是往「age of discussion」（討論的年代）的方向邁進。

[28] 在此期間也出現了眾多教科書，就連在德國也是如此。參見 Hans-Bernd Schäfer/Claus Ott, Lehrbuch der ökonomischen Analyse des Zivilrechts, Berlin 1986。

[29] 例如可參照Karl-Heinz Fezer, Aspekte einer Rechtskritik an der economic analysis of law und am property rights approach, Juristen-Zeitung 41 (1986), S. 817-824; ders., Nochmals: Kritik an der ökonomischen Analyse des Rechts, Juristen-Zeitung 43 (1988), S. 223-228。在美國的各個法學院裡，人們在這點上的分歧也是尖銳而無法調和的。反面論點可參見Bruce A. Ackerman, Reconstructing American Law, Cambridge Mass. 1984。

[30] 另一方面，這也意味著，時間上的遲延必須被納入考量，這種理論則藉此碰觸到其最敏感之點：對未來進行計算之不可能性（die Unmöglichkeit der Berechnung der Zukunft）。

[31] 例如可參照Volkmar Gessner, Recht und Politik: Eine soziologische Untersuchung privatrechtlicher Konflikte in Mexico, Tübingen 1976; Marcelo Neves, Verfassung und Positivität des Rechts in der peripheren Moderne: Eine theoretische Betrachtung und eine Interpretation des Falls Brasilien, Berlin 1992。

[32] 在今天，「倫理分析」或「倫理委員會」毋寧是反過來，為法律規制之共識基礎的政治上準備工作而服務，而且它們從法律中獲得這樣的觀點：當新訊息出現，或者整體關係被賦予不同評價時，人們可以再次將所有事物做更動。

[33] 應予強調的是此項論斷之歷史性的，同時也絕不排除其他可能性的性格。

[34] 關於將此種思路予以開展的理論構思，請參照 George Spencer Brown, Laws of Form, zit. nach dem Neudruck New York 1979。關於區分與自我指涉在意涵上所具有之關聯，也可參照Louis Kauffman, Self-reference and recursive forms, Journal of Social and Biological Structures 10 (1987), S. 53 bis 72。

[35] 當然，要完善開展出諸多**理論**，必須滿足其他進一步的要求，概念建構活動也必須被置放在更具體明確的條件下，自不待言。例如，我們可以想一下，在逐漸增長的複雜性當中，一致性（冗餘訊息）的條件為何。

[36] 這裡說的「形式」是史賓塞—布朗（George Spencer Brown）理論意義下的「形式」，也就是作為一種將兩個面區隔開來的界線標示（Grenzmarkierung）。

[37] 根據克勞斯（Werner Krauss）的看法，「文明」這個概念首先見諸Nicolas-Antoine Boulanger, L'Antiquité dévoilée par ces usages, Amsterdam 1766，參見氏著，Zur Anthropologie des 18. Jahrhunderts: Die

Frühgeschichte der Menschheit im Blickpunkt der Aufklärung, München 1979, S. 65。而「Civiliser」在十七世紀時已是通行用語。

[38] 參照Simon-Nicolas-Henri Liguet, Théorie des loix civiles, ou Principes fondamentaux de la sociéte, 2 Bde. London 1767, insb. den discours préliminaire.

[39] 關於此種論點之經典闡述，參照Hans Kelsen, Zur Soziologie des Rechts: Kritische Betrachtungen, in: Archiv für sozialwissenschaft und Sozialpolitik 34 (1912), S. 601-614; ders., Der soziologische und der juristische Staatsbegriff: Kritische Untersuchung des Verhältnisses zwischen Staat und Recht, Tübingen 1922。

[40] 參見由聯邦司法部出版的、並且以此為標題的一系列文獻。基於進行法律適用者之觀點，所提出之概觀，請參照 Dietrich Stempel, Empirische Rechtsforschung als Ressortforschung im Bundesministerium der Justiz, Zeitschrift für Rechtssoziologie 9 (1988), S. 190-201。

[41] 藉助（當下正好又逐漸流行起來的）「制度」概念，可以建立起此種見解與法理論之間的某些關聯。關於此點主要可參見 Santi Romano, L'ordinamento giuridico, Neudruck der 2. Aufl. Firenze 1962; Maurice Hauriou, Die Theorie der Institution und zwei andere Aufsätze, dt. Übers. (Hrsg. von Roman Schnur), Berlin 1965。他們都把法源概念予以社會學化（soziologisieren），但是沒有在法學層次上多做論述。關於最近的討論，可參照Neil MacCormick/Ota Weinberger, An Institutional Theory of Law, Dordrecht 1986。

[42] 有些人認為，這正好就是我們接下來要呈現的、自我再製的法律系統理論，所具有之缺陷——例如 William M. Evan, Social Structure and Law: Theoretical and Empirical Perspectives, Newbury Park 1990。然而，若人們以目前可供使用的論述工具為取向，那麼，這位作者自己所提出的構想，其實已經以一種頗為大膽的方式逾越了經驗研究的可能性範圍，以至於我們可以說，某些主張還是別提出來比較好。

[43] 由法學觀點提出之見解，參見Otto Bachof, Verfassungswidrige Verfassungsnormen? Tübingen 1951，現重新收錄於同一作者之 Wege zum Rechtsstaat: Ausgewählte Studien zum öffentlichen Recht, Königstein/Ts. 1979, S. 1-48。

[44] Copenhagen–London 1939.

[45] 類似的觀察方式，也請參照 Adam Podgorecki/Christopher J. Whelan/Dinesh Khosla (Hrsg.), Legal Systems and Social Systems, London 1985。

[46] 亦請參照Niklas Luhmann/Raffaele De Giorgi, Teoria della società, Milano 1992，關於諸社會系統的一般論述：Niklas Luhmann, Soziale Systeme: Grundriβ einer allgemeinen Theorie, Frankfurt 1984。

[47] 堅決反對將它們系統中劃分出去的人，實在為數眾多（針對家務用品的部分比較沒那麼嚴重，但針對人的部分則非常堅決）。例如，在法社會學領域中，這樣的觀點可參見Walter Kagel, Kommunikation kommuniziert? Kritik des rechtssoziologischen Autopoiesebegriffs, Rechtstheorie 21 (1990), S. 352-373。然而，只要約略讀過這樣的論點，就可以發現，它是在單數的用法中來使用諸如人、主體、個體等概念，這樣一來，就不用進一步去說明，這些概念所意指的究竟是誰。如果我們認真地看待上述這些概念被使用的情況，我們絕對不會認為，在那些情況裡面，指明任何一個個體（例如：請指明姓名、年齡、住址、性別等），對於釐清社會現象會有任何助益。也就是說，針對那些以前述立場來進行爭辯者，我們正好可以提出相對立的指責，也就是指責他們根本沒有認真看待「作為個體的人」這件事。

[48] 例如，可參見 S. Jackson, Semiotics and Legal Theory, London 1985, insb. S. 25f。

[49] 對此可參照 Jacques Derrida, Le supplément de copule, in: Jacques Derrida, Marges de la philosophie, Paris 1972, S. 209-246。他在那裡以他自己的方式將此一區分「解構」了。

[50] 關於語言學、語言哲學等，可參見提出於「Le langage du droit」研討會上的諸篇論文，刊行於Archives de philosophie du droit 19 (1974)。

第一章

[1] 特別明顯的論述請參見：Gustav Hugo, Lehrbuch des Naturrechts als einer Philosophie des positiven Rechts, besonders des Privatrechts, 1798, Nachdruck Vaduz 1971。也請參照 Jürgen Blühdorn, “Kantianer” und Kant: Die Wende von der Rechtsmetaphysik zur Wissenschaft vom positiven Recht, Kant-Studien 64 (1973), S. 363-394。

[2] 例如可參照Jean Domat, Les loix civiles dans leur ordre naturel, 2. Aufl. Paris 1697, Bd. I, S. LVI ff。

[3] 下列文獻已清楚說明此點：David Hume, A Treatise of Human Nature, Book III, Part II, Sect. I, zit. nach der Ausgabe der Everyman’s Library, London 1956, Bd. 2, S. 190: “Though the rules of justice be *artificial*（以與

「自然的」有所區分), they are not *arbitrary*.”（雖然正義的規則是**人為的**，但卻不是**任意的**）。

[4] 很明顯的，同一脈絡中的這種探問方式，是藉著德國對西歐自然法／理性法的較晚繼受，而被引發；而且在這個過程裡，它把自然法與那建立在外在的制裁強制力基礎上的法律，劃歸到同一邊，另一方面，倫理學則成為一門專門探討為道德判斷進行奠基的理論。例如可參照Fritz von Hippel, Zum Aufbau und Sinnwandel unseres Privatrechts, Tübingen 1957, S. 42ff.; Werner Schneiders, Naturrecht und Liebesethik: Zur Geschichte der praktischen Philosophie im Hinblick auf Christian Thomasius, Hildesheim 1971。而唯有當法律在此一意義下被認為是「硬性」（hart）的時候，它才能夠表現為對主體自由之擔保，並且包含了下述這樣的自由：在法律本身並不反對的範圍內，選擇自己的道德觀。

[5] 關於時下的討論，參見David Lyons, Ethics and the Rule of Law, Cambridge Engl. 1984; Otfried Höffe, Kategorische Rechtsprinzipien: Ein Kontrapunkt der Moderne, Frankfurt 1990。對專門的法律問題進行深入鑽研（例如憲法解釋與人權），或許是在不需耗用過多概念的情況下，為此找到出路的辦法，但在這當中似乎也隱含了，要放棄在道德的視角中提出關於法律統一性的問題。

[6] 關於此點請參見（但須注意，下述文獻對那種將規則限縮在語言形式上的既定形態，並且忽視其對於行為所造成之效應的論點，採取了反對態度）Werner Krawietz, Recht als Regelsystem, Wiesbaden 1984。在這當中我們也需要考慮到，法律包含了無數的、並非展現為規則或者應然命題形態的文本，例如：pater est quem nuptiae demonstrant.（藉婚姻關係而獲得表彰者，即為家父）（此外，這也同時是法律系統封閉性的例證，因為很明顯地，這邊談論的，並不是那通常會被稱為父親的人，也就是子女的生父）。

[7] 參見H. L. A. Hart, The Concept of Law, Oxford 1961。儘管這樣的**指涉**（Bezug）相當清楚，哈特仍不得不指出，我們必須參酌諸如制度性實務的運作，才能釐清對於此種規則的處理方式。

[8] 對於法理論而言，這樣的論點並不是全然突兀的。例如，Melvin Aron Eisenberg, The Nature of Common Law, Cambridge Mass. 1988，即區分了以文本為基礎的理論（text-based theories），以及生成式的理論（generative theories），並且（反對哈特與拉茲）選擇了後面這種理論版本。

[9] Francisco Varela甚至將輸入模式與封閉模式的描述，當成是兩種不同的、「相互補充的描述模式」，而平行看待。請參見 Hans Ulrich/Gilbert J. B. Probst (Hrsg.), Self-Organisation and Management of Social Systems: Insights, Promises, Doubts, and Questions, Berlin 1984, S. 25-32. Vgl. auch ders., L’auto-organisation: De

l'apparence au mécanisme, in: Paul Dumouchel/Jean Pierre Dupuy (Hrsg.), L'auto-organisation: De la physique au politique, Paris 1983, S. 147-164。在上述文獻中，該區分並未被充分勾勒出來，以至於我們不可能對其提出批判。我們的看法是，這兩種描述類型並非相等，而輸入／輸出類型的描述其實必須預設運作上的封閉性，否則它們就會欠缺承擔轉換功能的承載者，或者它們只在少數情況中具有妥當性——這絕對不適用於法律系統的情況，因為它們必須預設，要對於環境之交互依存提出高度的具體界定。

[10] 這點也適用在法律系統上。主要請參見Jay A. Sigler, A Cybernetic Model of the Judicial System, Temple Law Quarterly 41 (1968), S. 398-428。也可參照同一作者所著之導論文獻，An Introduction to the Legat System, Homewood Ill. 1968，進一步還有Charles D. Raab, Suggestions for a Cybernetic Approach to Sociological Jurisprudence, Journal of Legal Education 17 (1965), S. 397-411; Ottmar Ballweg, Rechtswissenschaft und Jurisprudenz, Basel 1970, insb. S. 76ff.; William J. Chambliss/Robert B. Seidman, Law, Order, and Power, Reading Mass. 1971，以及政治系統這個次系統觀點下的論述：Glendon Schubert, Judicial Policy Making, 2. Aufl. Glenview Ill. 1974, S. 138ff。

[11] 這點可銜接上Heinz von Foerster, On Self-organizing Systems and their Environments, in: Marshall C. Yovits/Scott Cameron (Hrsg.), Self-organizing Systems: Proceedings of an Interdisciplinary Conference 5 and 6 May 1959, Oxford 1960, S. 31-50。

[12] 那些未被考慮的可能性，可以說是**被潛在化**（*potentialisiert*）了，如果我們願意採納下列文獻中的陳述方式：Yves Barel, Le paradoxe et le syst me: Essai sur le fantastique social, 2. Aufl. Grenoble 1989, S. 71。這意味著：將其置放在能夠為另一種連結提供單純可能性的地位上，這些可能性則預設了，系統是其之所以成其為可能性的條件，並且在必要時，可藉由系統之運作，從非現實性轉化到現實性——此乃演化性結構轉變需具備之條件。換句話說：系統會回憶起它自己曾經排除掉的事物。

[13] 例如可參見Gerhard Roth, Die Konstitution von Bedeutung im Gehirn, in: Siegfried J. Schmidt (Hrsg.), Gedächtnis: Probleme und Perspektiven der interdisziplinären Gedächtnisforschung, Frankfurt 1991, S. 360-370。

[14] 我們注意到，生產這個概念，**從來沒有**要預設對出產物之**全部**原因進行掌握。例如，一張相片的製作（就拿艾菲爾鐵塔為例好了），最重要的原因是艾菲爾鐵塔本身。只有它是不可或缺的，其他如相機，甚至

照相師都可以被替換。也就是說，最重要的原因其實是處在生產過程之外。生產這個概念只標明出，製造與維繫——**偏離常軌之現象**（*Abweichung*）所必要之事物——其所偏離的是，原本在一般條件下會出現的情況。另一個特徵，是**系統內部的任意處置性**（*Disponibilität im System*）。一直要到我們能夠附帶地確立，系統內的任意處置性是透過系統自身被生產的時候，我們才能在嚴格意義下談論**自我**再製的（*autopoietisch*）系統。這是一些附加的，也就是限制性的要求，它們並不能改變「任何系統都無法掌控所有不可或缺的原因」此一命題，否則就不會有自我再製（Autopoiesis）的存在。**因此**，自我再製式的再生產，必定同時是對系統**界線**進行之再生產，它們區隔了內部與外部的原因。

[15] 有些批評者強調，自我再製的概念在經驗層面上沒有做出任何說明。我承認所有這些批評都有道理。但是這樣的批評其實適用於**每一個**概念，例如它就適用於行動這項概念。這裡提出的根本性概念轉變，其意義係展現於其在理論脈絡上所產生的強制調適效應（Anpassungszwänge）。而且，也唯有理論才能在其實際指涉上被人們評斷。

[16] 參見Peter Goodrich, Literacy and the Language of the Early Common Law, Journal of Law and Society 13 (1987), S. 422-444。更詳盡的探討可參見ders., Languages of Law: From Logics of Memory to Nomadic Masks, London 1990。

[17] 鑑於不斷有人對此一概念之「繼受」提出批評，我們只能再度指明，自我再製概念之使用，並不是一種類比的論證方式，也不是把它拿來當作隱喻。這樣的誤解可見諸 Hubert Rottleuthner, Biological Metaphors in Legal Thought, in: Gunther Teubner (Hrsg.), Autopoietic Law: A New Approach to Law and Society, Berlin 1988, S. 97-127。也請參照Klaus von Beyme, Ein Paradigmawechsel aus dem Geist der Naturwissenschaften: Die Theorien der Selbststeuerung von Systemen (Autopoiesis), Journal für Sozialforschung 31 (1991), S. 3-24；提出辯駁批判的文獻則可參見Walter Kargl, Kritik der rechtssoziologischen Autopoiese-Kritik, Zeitschrift für Rechtssoziologie 12 (1991), S. 120-141。對我們而言，此一概念是否能運用在生命系統上，是無關緊要的問題。因而，即便有人說，將此概念運用到社會系統上，乃是曲解了瑪圖拉納與法芮拉賦予此一概念之意義，這樣的說法也不會是有效的反駁（這樣的說法可以下列文獻為例：Ulrich Druwe, Recht als autopoietisches System: Zur Kritik des reflexiven Rechtskonstrukts, Jahresschrift für Rechtspolitologie 4 (1990), S. 103-120, 115f.）。人們或許可以要求那些批評者，要在此概念之抽象意義，與其藉由生化運作或溝通運

作所獲得的實質化之間，做出區分。在社會學的脈絡中，我們所關心的只是，自我再製這個概念，是否能帶來各種就科學性而言可認為是豐碩的（這同時也包含了：在經驗層次上豐碩的）表述。附帶一提，下列文獻即是以這樣的方式來看待此一問題：Richard Lempert, The Autonomy of Law: Two Visions Compared, in: Teubner a.a.O., S. 152-190 (155 ff.)。

[18] Vorlesungen über die sthetik Bd. 1, zit. nach Werke Bd. 13, Frankfurt 1973, S. 18.

[19] 這一點當然是有爭議的。可參見例如Christophe Grzegorczyk, Syst me juridique et réalité: Discussion de la théorie autopoiétique du droit, in: Paul Amselek/Christophe Grzegorczyk (Hrsg.), Controverse autour de l'ontoligie du droit, Paris 1989, S. 179-209; Arthur J. Jacobson, Autopoietic Law: The New Science of Niklas Luhmann, Michigan Law Review 87 (1989), S. 1647-1689; Alan Wolfe, Sociological Theory in the Absence of People: The Limits of Luhmann's Systems Theory, Cardozo Law Review 13 (1992), S. 1745-1761。可惜的是，那些對自我再製式的封閉性構想所帶來的結論，抱持反對態度的人，僅僅指出一項碎的論點，那就是，若缺少了人，什麼事情都無法運轉。但這個論點並沒有就下列問題做出決定：具體的人究竟是作為法律此一系統之部分，而成為自我再製的成分（這是一項幾乎不需實際考慮就可予以排除的立場），抑或是做為環境條件，而不可或缺？Jacobson a.a.O.甚至還透露，在「個體」這個概念下，所意指的並非人這個生命與意識系統。「在普通法（Common Law）的制度當中，個體只能藉由互動過程中顯示出來的個性——此種互動係指向在適用規範之先例中，所展現出來的價值——而顯示自身。那些適用著規範的個體，或許對於其適用行為抱持著某種態度（人格、情感）。這些態度並不重要：唯有在互動中**顯示**的個性，才是重要的」（S. 1684）。對此我們只能表示贊同。這種將個體性予以緊縮的概念，其實不過就是人格的概念，也就是在溝通過程中被製造出來的、對諸多特徵所進行的一項選擇：它並不能用來對行動提出解釋。自我再製系統的理論，有別於人文主義理論之處，正好就在於它認真地看待個體。我們甚至可以給它冠上「認真看待個體」這樣一項標題。

[20] 當然，這樣的界定，是出現在系統本身當中，而不是在自我再製這個概念中。那些聚焦於自我再製概念，並且指責自我再製系統理論缺乏說明力的批評者，就忽略了這一點——例如Walter L. Bühl, Sozialer Wandel im Ungleichgewicht: Zyklen, Fluktuationen, Katastrophen, Stuttgart 1990, S. 189 ff.; ders., Politische Grenzen der Autopoiese sozialer Systeme, in: Hans Rudi Fischer (Hrsg.), Autopoiesis: Eine Theorie im Brennpunkt

der Kritik, Heidelberg 1991, S. 201-225。重點正好就在於，我們不能像黑格爾一樣，認為可以從概念出發，推論出運動的進行。自我再製的理論要說的是，如果沒有運作上的封閉，就不可能出現自我界定（Selbstdetermination）——它要說的就只是這樣，不多也不少。

[21] 因而，一門以運作與觀察之區分來進行探討的理論，必定是一門「自我套用的」（autologisch）理論。這意味著：它所提出的描述，無論是藉助著運作，或者藉助觀察，都能夠符合自身，而它也因此能夠在自己身上進行驗證，或者至少不能被那些關於其自身之預設所駁斥。

[22] 當然，其他的觀察方式並未因此遭到排除——例如從述說語氣的角度，所進行之觀察。但這種觀察對於系統之自我再製而言，並非不可或缺：它們只能作為一些偶爾會被掌握到的可能性。

[23] 見諸Louis Kauffman, Self-reference and recursive forms, Journal of Social and Biological Structures 10 (1987), S. 53-72 (53)。

[24] 相應於此，讀者也必須要按照其所針對的各個不同層次，來歸類其所欲提出之反駁：究竟是針對整個自我再製系統的理論、針對那藉由溝通而獲得定義的社會系統概念、針對全社會概念，抑或只是針對將法律系統鋪陳為全社會當中的一個自我再製系統。

[25] 傳統的、法學上的體系概念，即屬於此類型。此一概念可溯及於十七世紀初期的思想傳統。可參照諸如Claus-Wilhelm Canaris, Systemdenken und Systembegriff in der Jurisprudenz am Beispiel des deutschen Privatrechts, Berlin 1969，較強調價值作為體系建構之基礎的文獻則是Franz-Josef Peine, Das Recht als System, Berlin 1983。持折衷見解，但也因此較不清晰的文獻是Torstein Eckhoff/Nils Kristian Sundby, Rechtssystem: Eine systemtheoretische Einführung in die Rechtstheorie, Berlin 1988, S. 41：法律系統係由「諸多規範與活動（Aktivitäten）」所構成。

[26] 對此所做的進一步討論，參見Niklas Luhmann, Soziale Systeme: Grundriβ einer allgemeinen Theorie, Frankfurt 1984, S. 191ff。

[27] 例如可參見Stig Jørgsen, Recht und Gesellschaft, Göttingen 1971。

[28] 參照Kapitel 1, V。

[29] 為了更清楚說明此點，應該指出，在就全社會系統而言，情況有所不同。溝通只是作為對全社會之執行而存在著，它只存在於對全社會系統的其他溝通的遞迴性追溯（rekursiver Rückgriff）中，在系統的環境中

則不存在與此相類之事物（這預設了，人們只能以不同的方式來理解動物之間的溝通，亦即，這樣的溝通並不是意義的實現，也不具備社會層面的可銜接性）。Gunther Teubner, "L'ouvert s'appuye sur le fermé": Questioni aperte intorno all'apertura dei sistemi chiusi, Iride 6 (1991), S. 248-252，他很正確地強調了，在全社會系統的運作上封閉性，以及全社會的部分系統的運作上封閉性之間，存在著重要的區別。只不過，我不打算像他一樣，把這項區別所衍生的後果推到這麼遠。

[30] 關於此點，也請參見Niklas Luhmann, Wie ist Bewuβtsein an Kommunikation beteiligt?, in: Hans Ulrich Gumbrecht/K. Ludwig Pfeiffer (Hrsg.), Materialität der Kommunikation, Frankfurt 1988, S. 884-905; ders., Die Wissenschaft der Gesellschaft, Frankfurt 1990, S. 11ff。

[31] 參照Lars Löfgren, Unfoldement of Self-reference in Logic and Computer Science, in: Finn V. Jensen/Brien H. Mayoh/Karen K. Møller (Hrsg.), Proceedings of the 5th Scandinavian Logic Symposium, Aalborg 1979, S. 205-229。通常，在處理這個問題的時候，會在階層性以及語言學的「諸層次」的區分上來進行思考。在本書中則會依循其他的、直接根植於系統論中的想像。

[32] Zit. nach Jean-Jacques Rousseau, Œuvres compl tes Bd. 3, éd. de la Pléiade, Paris 1964, S. 164.

[33] 參見Heinz von Foerster, Principles of Self-Organization – In a Socio-Managerial Context, in Hans Ulrich/Gilbert J. B. Probst (Hrsg.), Self-Organisation and Management of Social Systems: Insights, Promises, Doubts, and Questions, Berlin 1984, S. 2-24 (8 ff.)。

[34] 參見Rhetorik 1354 a 32–1354 b 15。關於此種思想在中世紀盛期之獲得採納，參照Aegidius Columnae Romanus (Egidio Colonna), De regimine principum Teil II, Buch III, zit. nach der Ausgabe Rom 1607, Nachdruck Aalen 1967, S. 507ff。較詳盡的討論請見底下第七章第一節。

[35] Estienne Pasquier, Les recherches de la France, Paris 1665, S. 577f提到一個案例：皇帝在訴訟程序進行過程中，將一位平民冊封為貴族，使他取得對抗對造（一位貴族）的權利。這完全符合當時的現行法！只不過，在這樣的案件裡，人們什麼時候能夠獲得皇帝的奧援呢？

[36] 對此，請參見我從全社會系統的功能分化角度，來詮釋基本權的理論嘗試：Niklas Luhmann, Grundrechte als Institution: Ein Beitrag zur politischen Soziologie, Berlin 1965。

[37] 關於此種二階觀察方式的形成，及其與邏輯和科學證明程序的形成之間的關聯，可參見 Yehuda Elkana, Das

Experiment als Begriff zweiter Ordnung, Rechtshistorisches Journal 7 (1988), S. 244-271。

[38] 參見Harold J. Berman, Recht und Revolution: Die Bildung der westlichen Rechtstradition, dt. Übers. Frankfurt 1991。

[39] 參見Francisco J. Varela, Principles of Biological Autonomy, New York 1979, oder ders., On Being Autonomous: The Lessons of Natural History for Systems Theory, in: George J. Klir (Hrsg.), Applied General Systems Research: Recent Developments and Trends, New York 1978, S. 77-84。

[40] 見諸Developments in Conversation Theory: Actual and Potential Applications, in George E. Lasker (Hrsg.), Applied Systems and Cybernetics III, New York 1981, S. 1326-1338 (1327)。

[41] 與此相銜接的討論可參見Richard Lempert, The Autonomy of Law: Two Visions Compared, in: Gunther Teubner (Hrsg.), Autopoietic Law: A New Approach to Law and Society, Berlin 1988, S. 152-190; Gunther Teubner, Recht als autopoietisches System, Frankfurt 1989, S. 42ff., 87ff。此外還有Richard Lempert/Joseph Sanders, An Invitation to Law and Social Science, New York 1986, S. 401ff。在自我再製理論的支持者之間，這樣的**用語選擇**（Wortwahl）也經常遭到批判。例如可參見Wolfram K. Köck, Autopoiese, Kognition und Kommunikation: Einige kritische Bemerkungen zu Humberto R. Maturanas Bio-Epistemologie und ihren Konsequenzen, in: Volker Riegas/Christian Vetter (Hrsg.), Zur Biologie der Kognition, Frankfurt 1990, S. 159-188 (179)。然而它卻正好符合「nómos」的原始意義，亦即作為劃界、區分的結果，且僅須切斷因果上蘊含關係的羈絆。

[42] 另外，一直到康德的時代（康德對於法學隱喻的偏好是眾所周知的），法學與政治上的詮釋，都是在此一傳統下掌握這個概念。請參見下列哲學辭典辭條當中的說明：R. Pohlmann, Autonomie, Historisches Wörterbuch der Philosophie Bd. 1, Basel 1971, Sp. 701-719。

[43] 這樣的見解已經偏離了法芮拉，後者將自主性定義為「藉由系統內部的運轉與自我規制，而宣稱的系統同一性（the assertion of the system's identity through its internal functioning and selfregulation）」（1978, S. 77）。這種將概念轉移到自我觀察與自我描述層次上的作法（而不是僅僅置放在結構生產的層次），使得米爾蒙將自主性理解為系統的想像的產物：它只能作為自我指涉與異己指涉的後設指涉（Metareferenz）而存在（但是在這裡難道不能說，討論同一性其實就已經夠充分了嗎？）。見Jacques Miermont, Les

conditions formelles de l'état autonome, Revue internationale de systémique 3 (1989), S. 295-314。與此相對，在我們的文本中，則總是強調運作與觀察（作為一種特殊的運作）之區分。

[44] 關於律師／當事人關係，可以下列文獻為例：John P. Heinz, The Power of Lawyers, Georgia Law Review 17 (1983), S. 891-911。

[45] 關於此點，可參照（並非完全緊扣題旨開展，但提供了相當多資料）Joachim Rückert, Autonomie des Rechts in rechtshistorischer Perspektive, Hannover 1988。對之持贊同見解的有Klaus Luig, Autonomie und Heteronomie des Rechts im 19. Jahrhundert, Zeitschrift der Savigny-Stiftung für Rechtsgeschichte, romanistische Abteilung 107 (1990), S. 387-395。Rückert認為，自主性所涉及的問題是「具體的能力與準備（這裡說的其實是處在制度性脈絡下的諸多個人，N. L.），要針對某項被給定的法律採取批判性或非批判性的態度」。A.a.O., S. 35。這樣說來，難道法律可以基於其自身自主性之緣故，而拒斥它自己？或者，在法律自主性這樣的名義下，其實所涉及的根本就不是法律的自主性，而是法學家的一種社會批判性的投身態度，而他們是為此目的而運用法律？

[46] 例如，針對醫師與律師這兩種行業，Magali Sarfatti Larson就曾經探討過「消退中的資產階級獨立意識型態」，參見氏著，The Rise of Professionalism: A Sociological Analysis, Berkeley Cal. 1977, S. 177f。也請參見該書第十二章（S. 208ff.）關於「能力的獨占與資產階級意識型態」的討論。

[47] 在這裡，我也撤回自己早先的見解，因為當時並未做充分的通盤思考。現在則可參見Lempert a.a.O.（1988）當中一項令人驚訝的命題：那種不排除任何東西的相對自主性概念，特別適合於經驗研究。然而，藉著這個概念，其實人們根本也可以不用進行經驗研究了：因為在任何情況中，人們都會發現，這個可變項（Variable）會獲得確證。關於「相對自主性」（作為不證自明之理）也可參見Lawrence M. Friedman, Total Justice, New York 1985, S. 27ff，不過他強調，這最終所涉及的是一個定義問題，而這與系統的界線是相關的。

[48] 僅需參照Alvin W. Gouldner, Reciprocity and Autonomy in Functional Theory, in: Llewellyn Gross (Hrsg.), Symposium on Sociological Theory, Evanston Ill. 1959, S. 241-270; Fred E. Katz, Autonomy & Organisations: The Limits of Social Control, New York 1968。

[49] 參見Marc V. Tushnett, The American Law of Slavery, 1810-1860: Considerations of Humanity and Interest,

Princeton 1981; ders., American Law of Slavery 1810-1860: A Study in the Persistence of Legal Autonomy, Law and Society Review 10 (1985), S. 119-184; Isaac D. Balbus, Commodity Form and Legal Form: An Essay on the "Relative Autonomy" of the Law, Law and Society Review 11 (1977), S. 571-588（在這裡要指出的只是：指涉著個別行動者之偏好的自主性，而非指涉著資本主義社會之條件的自主性）；Alan Stone, The Place of Law in the Marxian Structure-Superstructure Archetype, Law and Society Review 19 (1985), S. 39-67。

【50】Tushnett a.a.O. (1985) 即針對一種與此相關的，由類比性的論證向概念性的論證過渡，提出了闡述。

【51】A.a.O., S. 159.

【52】法律制度這個模糊的概念，也經常被認為占有一席之地。或者，人們會預設，他們要談論的事情早就是眾所周知的。或者，人們會像Lawrence Friedman一樣，先對問題進行探討，而這樣做則是為了抗拒各種定義。參見氏著，The Legal System: A Social Science Perspective, New York 1975, S. 1ff。

【53】關於此點，可參見 Walter Kalgl a.a.O. (1991), S. 134 ff，所提出之妥適見解。另一方面，當Kargl提到，若將政治系統化約到政黨政治上，那麼，政治系統的概念會因此被掏空時（in: Walter Kargl, Kommunikation kommuniziert?: Kritik des rechtssoziologischen Autopoiesebegriffs, Rechtstheorie 21 (1990), S. 352-373），我無法接受此觀點。即便在政黨政治當中，也會出現法律問題。先撇開這點不談，在議會、行政官僚體系決策高層，甚至在地方行政領域中，倘若人們無法區分政治問題與法律問題的話，則實際的行動根本不具可能性，正如同每個有相關經驗者所熟知的那樣。

【54】參見Erkenntnistheorien und Selbstorganisation, in: Siegfried J. Schmidt (Hrsg.), Der Diskurs des Radikalen Konstruktivismus, Frankfurt 1987, S. 133-158 (137ff)。

【55】參見前註9。

【56】針對Hubert Rottleuthner, A Purified Theory of Law: Niklas Luhmann on the Autonomy of the Legal System, Law and Society Review 23 (1989), S. 779-797 (792f.) 當中所提出的反駁，我們需要堅守此一立場。因為若在符碼化的層次上增列其他的區分（例如允許／禁止、現行有效／非現行有效法律等），將無法藉由每項運作而做出明確的界線劃定，並且會產生模糊不清之處。順帶一提，Parsons 也基於類似的理由，而指出二元圖式化在建立複雜系統時所帶來的速度優勢（Tempovorteile），但他後來卻又引進交叉表格式配置（Kreuztabellierung），而這只不過能夠再帶來分類上的優勢（類型建構）。

【57】同樣的說法也適用於科學及其符碼「真／非真（Wahr/Unwahr）」。

【58】藉此，對於「自我再製的（運作上封閉的！）系統的演化，究竟應如何被設想」這個問題，我嘗試尋找一個不同於托伊布納的答案。在我看來，托伊布納的超循環（Hyperzyklus）概念只不過把這個難題推移到另一個問題上：這種超循環的閉合狀態，究竟如何演化？參見Gunther Teubner, Recht als autopoietisches System, Frankfurt 1989, S. 61ff., und dazu auch William M. Evan, Social Structure of Law: Theoretical and Empirical Perspectives, Newbury Park Cal. 1990, S. 44f。

【59】關於此點，G.E.R. Lloyd, Magic, Reason and Experience: Studies in the Origin and Development of Greek Science, Cambridge Engl. 1979當中的論點頗有說服力。

【60】那些依附於分工的經濟學說而得以形成、並且在分化的問題上直接訴求某種福祉成果（Wohlfahrtserfolg）（此種成果在演化過程中可說是以盲目的方式獲得貫徹）的理論，特別會用此種方式進行論證。

【61】我必須在這裡對拙著《法律社會學》（Rechtssoziologie, 1972）當中的觀點提出些許修正，在該書中，我並沒有充分考慮到法律的符碼，而主要是以分化（專門化）以及一般化（Generalisierung）此種輔助性的關係來進行論述。

【62】參見第十一章。

【63】參照Jean-Louis Le Moigne, La théorie du syst me général: Théorie de la modélisation, Paris 1977。Le Moigne所舉的其中一個例子，是以社會生產毛額（Bruttosozialprodukt）作為系統的自我描述（S. 56）。這個例子也同時顯示出，這樣的模型化，所納入的前提，可能是何等的複雜（與偏頗？）。

【64】此處是在George Spencer Brown, Laws of Form a.a.O., S. 56f., 69ff 的意義下使用「再進入」（Re-entry）這個用語。

【65】不同見解可參見 Lempert a.a.O., S. 159以及前面（第八十四頁）所引述的定義。這種定義方式，在自主性的概念上，是以下列問題作為依據：系統是指向其自身（形式機制、程序、概念等）或指向其環境？在上面正文中所陳述的理解方式，只是要突顯出對於因果確定性的明顯區隔態度，這種區隔態度其實只允許對於其所牽涉到的事物做回溯推論。

【66】Arthur J. Jacobson, Autopoietic Law: The New Science of Niklas Luhmann, Michigan Law Review 87 (1989), S. 1647-1689 (1650, 1685) 當中提到，在法律中使用這樣的區分，並不具有經驗上的明顯性。這樣的反駁

很難予以理解。首先，這裡的關鍵，並非在於規範的／認知的（normativ/kognitiv）這組詞彙的使用，這點可說是相當明白。的確，倘若人們能夠匯集一些案例——在這些案例中，產生自非法學領域的形式，在法律上具有相關重要性，但卻不須透過法律的許可，始具有此一性質；或者，在一些案例中，對於規範之單純違反，卻使得規範喪失效力，因為法官認為應該要從此一規範違反狀態中學習——那麼，就可以輕易地在經驗層次上檢驗（與駁斥）此一命題。無論如何，經驗上的檢驗當必須要考量到對理論的解消強度（Auflösungsstärke），如果它想要驗證或否證該理論的話。因此，單純堅持認為日常生活中不會使用此種區分，是不充分的。

[67] 尤其可參見Lempert a.a.O., S. 178ff 就此所做之非常謹慎的思考。

[68] Robert M. Cover特別針對美國憲法中的主流見解而指出，少數族群亦有權利要求其見解被承認為道德，也因此，法官則不逕自將他們的多數意見發布為**唯一的道德**（die Moral）。參見：The Supreme Court, 1982 Term. Foreword: Nomos and Narrative, Harvard Law Review 97 (1983), S. 4-68, und ders., The Folktales of Justice: Tales of Jurisdiction, The Capital University Law Review 14 (1985), S. 179-203。這樣的見解，係發源於猶太法典（das jüdische Recht des Talmud）中，對於少數意見給予宗教上承認之傳統。

[69] 關於此點，參照Luc J. Wintgens, Law and Morality: A Critical Relation, Ratio Juris 4 (1991), S. 177-201。

[70] 關於此點，也可參見Niklas Luhmann, The Code of the Moral, Cardozo Law Review (14[1993], S. 995-1009)。

[71] 在此一問題上的許多法理論的爭議似乎都可歸結到，人們將法律與道德之關係這個問題，限縮在前述問題範圍上。當然，某程度的奠基重疊（法律之「最低限度倫理」），是一向都存在的，也沒有人真的會對此做嚴詞爭論。然而這樣的見解，當需要在「困難案件」的法律爭議問題決定中，提出專門的論理基礎時，卻無法提供多大幫助，而且它也不會改變一件事，那就是，法律一向必須在法律文本上顯示出自己是法律。

[72] 否則的話，當我們宣稱，認知性與規範性的期望彼此交互排除，但是兩者卻又同時被實行時，就會跟批評者一向會察覺到的一樣，出現非常明顯的矛盾。

[73] 參見下述文獻中的許多例證：Marcelo Neves, Verfassung und Positivität des Rechts in der peripheren Moderne: Eine theoretische Betrachtung und eine Darstellung des Falls Brasiliens, Berlin 1992。

[74] Ernst Rudolf Huber, Verfassungsrecht des Großdeutschen Reiches, Hamburg 1939, S. 279.

[75] 關於此點，參見Dieter Simon, Waren die NS-Richter “unabhängige Richter”?, Rechtshistorisches Journal 4 (1985), S. 102-116。

[76] 這裡的說明係針對許多人的一項嘗試而發，亦即，試圖藉由對法理論進行修正，而明確表達對於此一政權在倫理－政治上的拒斥態度。我們能學到的或許是，這裡的關鍵是繫於政治上的警覺性，而不是法理論上的警覺性。

[77] 關於此點，參見Regina Ogorek, Das Machtspruchmysterium, Rechtshistorisches Journal 3 (1984), S. 82-107。

[78] 以下的第四章（IV）將對此做進一步探討。

[79] 下面這件事情本身是不證自明的，但為保險起見仍提出說明：在這裡的使用脈絡中，演繹法**並非一種解釋方法**，在本文中簡略提到的關於結合自我指涉與異己指涉的要求，並未就邏輯對法律詮釋之問題所具有之意義，提出任何相關說法。

[80] 對此問題提出詳盡分析之文獻，請見Antonio Carcaterra, Struttura del Linguaggio giuridico-precettivo romano: Contributi, Bari 1968; ders., Dolus bonus/dolus malus: Esegesi di D. 4.3.1.2-3, Napoli 1970; ders., Semantica degli enunciati normativo-giuridici romani: Interpretatio iuris, Bari 1972。不同於一般強調法學專業術語特質的見解，Carcaterra認為，這裡所涉及的其實是另一種語言，這種語言也建構出另一種實際——一種「經由法律來觀察並進行規制的現實」（a.a.O., 1968, S. 210）。

[81] 值得注意的一件事情是，此一法律化（Juridifizierung）的過程，正好展現在由「信義（fides）」向「誠實信用（bona fides）」的過渡階段上。這其實與法學由早先的「ragione signorile（貴族之法）」逐漸分化出來有關，並且可上溯到昆圖．穆齊．斯凱沃拉（Quintus Mucius Scaevola）。Aldo Schiavone, Nascita della giurisprudenza: Cultura aristocratica e pensiero giuridico nella Roma tardo-repubblicano, Bari 1976, S. 147ff. Vgl. auch Antonio Carcaterra, Intorno ai bonae fides iudicia, Napoli 1964。

[82] 顯而易見地，此種事態與早先關於訊息的理解——亦即將其當作一種可交換與可移轉的「資料」——是相互矛盾的。也因此，經常有人指摘，自我再製式的系統理論在這點上是不清楚的：它沒有指出，一項訊息如何從外部進到內部。（例如William M. Evan, Social Structure and Law: Theoretical and Empirical Perspectives, Newbury Park Cal. 1990 S. 38ff. (42)。）然而究其實際，它在這點上並非不清楚，它只不過在概念上排除了這種移轉的過程。

[83] D. 50, 17, 144。還有一句更有名的名言：iuris praecepta sunt haec: honeste vivere……（法律給我們的指示是：過正直的生活……）（D. 1, 1, 10,1, Ulpian），這句話必須在前述引文的限縮之下被解釋，如果人們不想把它當成單純修辭上的誇大的話。

[84] 參見其於著名演說 The Path of Law, Harvard Law Review 10 (1897), S. 457-478當中，對法與道德之差異所提出之分析。該篇演說乃「法律唯實論」（Legal Realism）之濫觴。

[85] 人們也許在此可以接著討論，對於「明確的」轉化應提出哪些要求？David Lyon 抱持某種相對而言較為激進的立場，見氏著，Justification and Judicial Responsibility, Carlifornia Law Review 72 (1984), S. 172-199。照里昂（Lyon）的看法，法律系統在所謂「困難案件」中，雖然於現行有效法律中找不出意義明確的、可演繹適用的決定規則，卻仍然會強制法院做出判決，他也因而得出一結論，認為**所有的**法律決定都需要道德上的證立。換言之，禁止拒絕裁判（Justizverweigerungsverbot）之誡命中，其實**隱含**了對於道德之參酌指令（Verweisung）。對此人們也許可以提出反駁。即令Lyon言之成理，他仍須承認下述命題：就道德對於法律之相關性而言，存在著一個法律上的（而不僅僅是道德上的）論理基礎，那就是禁止拒絕裁判之誡命。對此請參照以下第六章（III）的討論。

[86] 下列文獻對此提出許多例證：R. Bruce Dickson, Risk Assessment and the Law: Evolving Criteria by which Carcinogenicity Risk Assessment Are Evaluated in the Legal Community, in: Vincent T. Covello et al. (Hrsg.), Uncertainty in Risk Assessment, Risk Management, and Decision Making, New York 1987, S. 145-157。

[87] 關於此點請參見 Vilhelm Aubert, The Structure of Legal Thinking, in: Legal Essays: Festskrift til Frede Castberg, Kopenhagen 1963, S. 41-63。對此一區分進行之典型法理論式的反省，可參照 Christian Atias, Epistémologie Juridique, Paris 1985, S. 123ff。

[88] 例如可參見 Reiner Frey, Vom Subjekt zur Selbstreferenz: Rechtstheoretische Überlegungen zur Rekonstrukiton der Rechtskategorie, Berlin 1989, insb. S. 100ff，與Wiethölter的觀點相銜接。

[89] 關於最後這種情況，可參照Peter Marburger, Die Regeln der Technik im Recht, Berlin 1979; Rainer Wolf, Der Stand der Technik: Geschichte, Strukturelemente und Funktion der Verrechtlichung technischer Risiken am Beispiel des Immissionsschutzes, Opladen 1986。對科技之參酌指示以及對善良風俗與道德之參酌指示，其在結構上的相似性，就我所知還沒有人注意到過。無論如何，針對外部規則之法律相關性做評斷，以及

針對事態之評斷，所提出之規範性的預先規定，其實並非恆定的給定事物（Gegebenheiten）。它們會受到司法裁判上與立法運作上對法律所進行之續造所制約。例如 Gerd Winter, Die Angst des Richters bei der Technikbewertung, Zeitschrift für Rechtspolitik (1987), S. 425-431，即主張要有這樣的續造。

【90】早在羅馬法上就已經存在此一現象，Yan Thomas, Le langage du droit romain: Probl mes et méthodes, Archives de Philosophie du Droit 19 (1974), S. 103-125——這裡的觀點與一般的（然而實際上卻沒有全盤思考過的）見解互相對立。也可參照"The Autonomy of the Legal Lexicon"當中的詳細論述，收於：Bernhard S. Jackson, Semiotics and Legal Theory, London 1985, S. 46ff。一個深具意義的個別事例可參見 Antonio Carcaterra, Intorno ai bonae fidei iudicia, Napoli 1964。

【91】關於專業鑑定人之參與——無論是在證據程序中，或者基於制度本身之規定——所帶來之後果，Helmut Schelsky也做了各自不同的處理。例如可參見 Die Soziologen und das Recht: Abhandlungen und Vorträge zur Soziologie von Recht, Institution und Planung, Opladen 1980, S. 39ff。也請參見 Julian L. Woodward, A Scientific Attempt to Provide Evidence for a Decision on Change of Venue, American Sociological Review 17 (1952), S. 447-452，其中論及了純粹科學性的事實調查與事實運用所造成的證據法上問題。（不過其中之案例所涉及的，乃是在法學上較非典型的、但在政治上卻「頗具煽動性」的、對於偏見的調查研究，其研究動機則是一則對強姦白人婦女之黑人所做之死刑判決。）

【92】在眾多文獻中，可參見David Lyons, Ethics and the Rule of Law, Cambridge Engl. 1984，或者（較為中肯的）Melvon Aron Eisenberg, The Nature of the Common Law, Cambridge Mass. 1988, S. 14ff。做為歐洲人則可以自問，當美國人談論到道德時，他們要怎樣才能知道他們所想的究竟是什麼。

【93】參見S. 78f。

【94】「在這個脈絡下，通常的意義就如同法律原則一般，都是一種關於法律的建構」。這是D. Neil MacCormick / Robert S. Summers, Interpretation and Justification, in dies. (Hrsg.), Interpreting Statutes: A Comparative Study, Aldershot Hants, England 1992, 511-544 (517) 提出的看法。

【95】這種將詮釋理解為對於外部複雜性的通盤連接的想法，在Niklas Luhmann, Soziale Systeme a.a.O. S. 286ff當中有更進一步的探討。

【96】此種型態之發現，在今天越來越會導致立法者在憲法上負擔之增加。但這只牽涉到立法者的錯誤，而與法

官的錯誤並不相涉。

[97] 尤其可參見 Roger Smith/Brian Wynne (Hrsg.), Expert Evidence: Interpreting Science in the Law, London 1989。

[98] Smith und Wynne a.a.O., S. 3當中說道：「因此，法律決定範疇中那些仰賴科學或技術上專業知識的諸多領域，會非常重視對於諸多問題做穩固的架構與分類、在什麼是屬於系爭問題與什麼不是之間做出精確區分、明確的決定規則（也就是盡可能自動地由系爭問題之事實，直接導出決定），以及在事實呈現與程序中的效率」。

[99] 例如可參照Susan Leigh Star, Scientific Work and Uncertainty, Social Studies of Science 15 (1985), S. 391-427; Brian L. Campbell, Uncertainty as Symbolic Action in Disputes Among Experts, Social Studies of Science 15 (1985), S. 429-453。

[100] 此外，這個例子也顯示出，將歷史上的發展一併納入考量，確有其必要。一直到十九世紀，法律才開始考慮到締約當事人意思解釋這種高度的學習風險（das hohe Lernrisiko）。

[101] 參見Joel Handler, Social Movements and the Legal Systems: A Theory of Law Reform and Social Change, New York 1978。不過，Handler的研究是聚焦於社會運動本身，在這樣的系統指涉下，法律系統就只不過是其中一個可變項，而各個可變項乃是用來解釋那些以變更法律為目的的諸社會運動之成功或失敗。

[102] George L. Priest, The New Legal Structure of Risk Control, Daedalus 119, 4 (1990), S. 207-227甚至認為，這造成了美國民法上的革命性發展。

[103] 夏夫斯瑪（Majorie Schaafsma）在我開設的法律社會學課堂上（西北大學法學院，1989年秋季學期），於課堂報告中提出這樣的反駁。

[104] 關於此點可參見James W. Hurst, Law and the Conditions of Freedom in the Nineteenth-Century United States, Madison Wisc. 1956; ders., Law and Social Process in United States History, Ann Arbor 1960; Morton J. Horwitz, The Transformation of American Law, 1780-1860, Cambridge Mass. 1977。

[105] 我們將在第十章（IV）再回到這個問題上。

[106] Michael Perry, Morality, Politics and Law, London 1988當中提到了要追溯人民的道德意向（moral aspirations）。Ronald Dworkin, Taking Rights Seriously, London 1978談到的憲政道德，聽起來則比較保守

一點，同樣的情形也出現在麥考密克（Neil MacCormick）的制度性道德上（Institutional Morality and the Constitution, in: Neil MacCormick/Ota Weinberger, An Institutional Theory of Law: New Approaches to Legal Positivism, Dordrecht 1986, S. 171-188）。

【107】參照Herbert Krüger, Staatslehre, 2. Aufl., Stuttgart 1966, 178ff.; Alexander Hollerbach, Ideologie und Verfassung, in: Werner Maihofer (Hrsg.), Ideologie und Recht, Frankfurt 1969, S. 37-61 (52ff.); Reinhold Zippelius, Allgemeine Staatslehre 3. Aufl., München 1971, S. 112f。

【108】這樣的想法貫穿了下述文獻：Ernst Rudolf Huber, Verfassungsrecht des Groβdeutschen Reiches, Hamburg 1939。

【109】關於此點亦可參見 Niklas Luhmann, Die Unbeliebtheit der politischen Parteien, in: Siegfried Unseld (Hrsg.), Politik ohne Projekt? Nachdenken über Deutschland, Frankfurt 1993, S. 43-53。

【110】例如，Alf Ross, On Law and Justice, London 1958, S. 36即說道：「效力是歸屬於作為整體的系統的一種性質」。

【111】而這是基於法學上的考量。如果人們將違憲性與制定法之無效力予以等同，那麼就會使憲法法院基於對後果之預見，而針對立法者所為之憲法上的監督勇氣，受到嚴重折損——當然人們可以對這件事抱持樂觀其成的態度，或者認為其弊端叢生。

【112】參見Jürgen Habermas, Faktizität und Geltung: Beiträge zur Diskurstheorie des Rechts und des demokratischen Rechtsstaats, Frankfurt 1992。

【113】A.a.O., S. 138.

【114】基本上，Habermas 只是將舊式的自由規則加以一般化，也就是，每個人都能利用其自由（=都能夠提出效力的主張），只要這不會傷害到其他人（=利害關係人並不具有合乎理性的理由，來提出反駁）。但在今天的條件下（關鍵字：民主、分配國家、生態上的關涉事物），很難想像出一個情況，能讓這些規則獲得運用。

【115】Habermas自己也提到了「合理可接受性之推定」，a.a.O., S. 188。

【116】不過，這樣的說法並不適用於一般關於法效力概念與判準的法理論上探討。這種探討反映了幾乎所有在法理論中進行著的論爭，它們欠缺各種從其他進路來對現象劃定界線、而對法律進行評斷的嘗試。Vgl. Nur

François Ost/Michel van de Kerchove, Jalons pour une théorie critique du droit, Bruxelles 1987, S. 257ff 以及該處所利用的文獻。

【117】參見Friedrich Carl von Savigny, System des heutigen römischen Rechts Bd. 1, Berlin 1840, S. 12。然而這卻與羅馬民法有所牴觸。羅馬人正好就探討過（感謝西蒙給我的指點）lex contractus（約定的法律），並且這裡指的就是藉由契約而為內容上的效力確定。一直到自然法時期重構出來的、並且被相應地擴張的契約概念中，人們都還可以讀到："Le conventions tiennent lieu de loix（習俗替代了法律）"（Jean Domat, Les Loix civiles dans leur ordre naturel, 2. Aufl. Paris 1697, Bd. 1, S. 72）。似乎直到立法的實證主義（Gesetzgebungspositivismus）大行其道的時候，才導致這樣的結果，即人們不再能夠清楚看到制定法上之處置與契約上處置之間具有之緊密關聯。就這點而言，到今天仍然沒有任何改變，即便對立的觀點仍然會被提出討論（這特別明顯地展現在勞動法的領域）。關於此點可參見 Klaus Adomeit, Rechtsquellenfragen im Arbeitsrecht, München 1969, insb. S. 77ff。

【118】只需參見 William Graham Sumner, Folkways: A Study of the Importance of Usages, Manners, Customs, Mores and Morals (1906), Neuausgabe New York 1960; Eugen Ehrlich, Grundlegung der Soziologie des Rechts (1913), Neudruck Berlin 1967。關於此種理論轉化成雙重制度化理論的發展，參見Paul Bohannan, Law and Legal Institutions, International Encyclopedia of the Social Sciences Bd. 9, Chicago 1968, S. 73-78。

【119】可參照在較一般性的社會理論觀點下的觀察：Robert Platt, Reflexity, Recursion and Social Life: Elements for a Postmodern Sociology, The Sociological Review 37 (1989), S. 636-667。

【120】Alexander Peczenik, The Concept of "Valid Law", Stockholm 1972; auch in: Scandinavian Studies in Law 1972 即持此見解。

【121】很明顯地，觀察者的問題並沒有因此被解決。但倘若自我轉化的運作性，亦即法律的自我再製，以及一個能滿足此種要求的指認程序（Identifizierungsverfahren）獲得了確立，人們就可以允許觀察者去支持各種不同的理論。

【122】許多法理論上的效力理論預設了這一點，並且因此無法指出，效力/無效力此一區分，與關於法律之真實與非真實陳述之區分，兩者之間究竟有何區別。

【123】在使用另一套術語的情形下，制度理論（Institutionentheorie）也獲致了相同的結果。主要可參見 Santi

Romano, L'ordinamento giuridico (1918), Neudruck der 2. Aufl. Firenze 1962。

[124] 若連結到凱爾生的理論，則人們大多會反過來問：在關聯到效力的角度上，基礎規範具有何種特殊地位：外於法律的、假設的，抑或道德的？例如可參見 Julius Stone, Legal System and Lawyer's Reasonings, Stanford Cal. 1964, S. 203ff。

[125] 關於此處所預設的規範概念，將在第三章（II）的地方做進一步探討。

[126] 例如可參見David R. Dow, When Words Mean What We Believe They Say: The Case of Article V, Iowa Law Review 76 (1990), S. 1-66。Dow參酌了摩西五書（Torah），而在這當中看到了一種具有宗教上基礎，並且因而無法透過思考而解消的、亦即只能被接納的弔詭。進一步還可參照 Peter Suber, The Paradox of Self-Amendment, New York 1990，當中提出的論題是一種參與式民主的（也就是政治性的！）出路。相對於此，我們在本文中的論證則是，每一項弔詭都可以藉由附加於其上的區分，而被開展——但不是以一種可在邏輯上被控制的，並且因而具有必然性的方式。

[127] 例如可參見 Juan B. Vallet de Goytisolo, Del legislar como "legere" al legislar como "facere", in ders., Estudios sobre fuentes del derecho y methodo juridico, Madrid 1982, S. 939-988。

[128] 即便是那些純然援引實際發生的立法此一事實的法史學家（例如Joachim Rückert, Autonomie des Rechts in rechtshistorischer Perspektive, Hannover 1988），也未必總是認清此點。

[129] 類似的觀點見諸 Ost / van de Kerchove a.a.O. (1987), S. 225: "A l'idée d'une validité conçue comme obligatoriété nécessaire et a priori nous opposons l'idée d'une prétention à être confirmée et évaluée"（一種有效性的觀念蘊含著必要的強制性，並且我們先驗地認為一種要求的觀念需要經過證實和評價）。也請參照S. 228, 283關於遞迴性的討論，另外，關於「validation（賦予效力）」的討論也可參見 Michel van de Kerchove/François Ost, Le syst me juridique entre ordre et désordre, Paris 1988, S. 142ff。

[130] 由實務上的情況可以得知，這並非全無疑問。Siehe Jim Thomas, Prisoner Litigation: The Paradox of the Jailhouse Lawyer, Totowa N. J. 1988。

[131] 參照Roman Jakobson, Verschieber, Verbkategorien und das russische Verb, in ders., Form und Sinn: Sprachwissenschaftliche Betrachtungen, München 1974, S. 35-54。

[132] 在這裡，法理論必須對下述事實有所反應：自十八世紀以降，作為對已經分化出來的貨幣經濟的反應，

效力象徵**也可供私人**使用，而且並不會因此而減損它的實效性（Wirksamkeit）：這又是一個關於法律系統與政治系統之分化的例證。也請參照Arthur J. Jacobson, The Private Use of Public Authority: Sovereignty and Associations in the Common Law, Buffalow Law Review 29 (1980), S. 599-565; Morton Horwitz, The Transformation of American Law 1780-1860, Cambridge Mass. 1977, S. 160ff。我們將在第十章回到此一主題並詳細探討之。

【133】在此範圍內，當人們在編輯方式上區分權利法案（Bill of Rights）與憲法的時候，這樣的作法是有一致性的──例如一七七六年維吉尼亞州憲法中，就先後編排著名的《權利法案》與緊接其後的《憲法，又稱政府之形式》。該文本見諸Francis N. Thorpe (Hrsg.), The Federal and State Constitutions, Colonial Charters and Other Organic Laws Bd. 7, Washington 1909, S. 3812-3819。一直到一八三〇年的維吉尼亞州憲法，都還援引權利法案並且宣稱，這些權利「應置於本憲法之前，其與本憲法之關係，同於其與本州舊憲法之關係（shall be prefixed to this constitution and have the same relation there to as it had to the former constitution of this commonwealth）」（a.a.O., S. 3820）。那種將人權予以納入的、具有強調性質的憲法概念，同時也可能引發質疑，亦即這些權利有可能相應地遭到貶抑而只具有實證法的性質，並且可以隨著憲法本身被修正。關於此點，可參照下述文獻中的有力論證：Ronald Dworkin, Taking Rights Seriously, London 1978。需要補充的一點是，這樣的問題，在形式上並不會出現於英國的普通法當中，因為政府權力的「憲政上」界限，原本即被解釋為對個人權利保障之長期歷史發展的**結果**。

【134】出自H. L. A. Hart, The Concept of Law, London 1961, S. 105f。

【135】也請參照Rafaele De Giorgi, Modelli giuridici dell'uguaglianza e dell'equità, Sociologia del diritto 18 (1991), S. 19-31。

【136】我們將在第五章中回到這個問題上並詳細探討之。

【137】George Spencer Brown a.a.O., S. 1.

【138】在這裡，人們很容易聯想到末日審判（das Jüngste Gericht）中的神學上倒轉（die theologische Umkehrung）。神也是將平等原則當作解消弔詭的綱要來使用，但是是往相反的方向。祂將所有的罪人（不是將所有的罪──這確實與人們所希望的不同）當作不相等，亦即當作個體，而予以對待。就祂的平等原則實踐而言，並不存在平等的狀況。

【139】Thomas von Aquino, Summa Theologiae Ia IIae q. 96, art. 2, zit. nach der Ausgabe Turin 1952, S. 435.

【140】例如Guido Calabresi, A Common Law for the Age of Statutes, Cambridge Mass. 1982, S. 13f 就藉助關於平等保障條款（equal protection clause）的司法裁判而指出：「奇怪的是，在普通法當中推動改變的最有力引擎，竟然是『相似案件應予相似處理』此一偉大原則（The most powerful engine of change in the common law was, strangely enough, the great principle that like cases should be treated alike）」（13）。類似的觀點── justitia semper reformanda（正義總是需要被修正）──也可見諸Reinhold Zippelius, Der Gleichheitssatz, Veröffentlichungen der Vereinigung der Deutschen Staatsrechtslehrer 47 (1991), S. 7-32 (31f.)。不過一般而言，這種動態化效應是如此的理所當然，以至於人們通常會把目光放在諸多（法律的與社會的）理由上，這些理由會使得法律的變更變得困難。在眾多文獻中可參見 Leon H. Mayhew, Law and Equal Opportunity: A Study of the Massachusetts Commission against Discrimination, Cambridge Mass. 1968; Dinesh Khosla, Untouchability – a Case Study of Law in Life, in: Adam Podgorecki et al. (Hrsg.), Legal Systems and Social Systems, London 1985, S. 126-173。

【141】也請參照Gerald J. Postema, Bentham and the Common Law Tradition, Oxford 1986, S. 3ff.; W. T. Murphy, The Oldest Social Science? The Epistemic Properties of the Common Law Tradition, The Modern Law Review 54 (1991), S. 182-215。

【142】參見下列文獻中提出的法學家類型學（Juristentypologie）：R. C. van Caenegem, Judges, Legislators and Professors: Chapters in European Legal History, Cambridge England 1987。

【143】關於此點的詳細論述，參見Niklas Luhmann, Am Anfang war kein Unrecht, in ders., Gesellschaftsstruktur und Semantik Bd. 3, Frankfurt 1989, S. 11-64。

【144】下列文獻則採取不同見解，因為它是以因果的自主性概念為出發點：Richard Lempert, The Autonomy of Law: Two Visions, in: Gunther Teubner (Hrsg.), Autopoietic Law: A New Approach to Law and Society, Berlin 1988, S. 152-190 (166f.)。

【145】針對此點所做的理論上處理，參見Marc Galanter, Why the "Haves" Come Out Ahead: Speculations on the Limits of Legal Change, Law and Society Review 9 (1974), S. 95-160。

【146】對此又有很多例證可參考。典型的論述可參見Marvin E. Wolfgang/Marc Riedel, Race, Judicial Discretion, and the Death Penalty, Annals of the American Academy of Political and Social Sciences 407 (1973), S. 119-133。

【147】我們經常會聽到有些人提出「系統論的分析應該在經驗上予以印證」之主張。這樣的主張是完全正當的。但是它相對於自我再製此一概念而言，則當然是不妥當的，並且也多半處於不明確的狀態，以至於人們必須推定，每當某人被引誘走向一片未知的境地的時候，對於經驗的呼喚似乎是一種反射性的動作。與此點具密切關聯，也時有耳聞的關於系統理論抽象程度的指控，則更為不妥。因為所謂的經驗研究，其實早就基於方法上的理由而達到遠較此更為強烈的抽象化程度，只是它們自己並不知道這件事。

【148】關於在極為單純的（尚未被「殖民化」的）部落社會中，關於行為期望獲得滿足的程度，人們今天僅能提出頗有疑問的想法。可參照諸如Leopold Pospisil, Kapauku Papuans and Their Law, New Haven 1958, Neudruck 1964, insb. S. 250; Ronald M. Berndt, Excess and Restraint: Social Control among a New Guinea Mountain People, Chicago 1962。

【149】從某些角度看來，這種單純確認的功能是由宗教來承擔，宗教也因此讓自己糾纏於對苦難、不義、不幸提出解釋等問題上。就某種方式來說，正好在法律貫徹（Rechtsdurchsetzung）不足的這一點上，宗教反而使自身的特色更為精純，亦即，它藉著與新式道德觀相結合，刺激新的期望，但這些期望在法律上必定是得不到任何處置的。當新的動機主張（Motivationsansprüche），相對於那種可歸結到報復原則的法律構成要件（這特別是出現在舊約聖經中），而嶄露頭角的時候，人們就可以清楚看到這一點。

【150】這裡是在下列文獻意義下使用此一用語：Heinz von Foerster, Gegenstände: greifbare Symbole für (Eigen)-Verhalten, in ders., Sicht und Einsicht: Versuche zu einer operativen Erkenntnistheorie, Braunschweig 1985, S. 207-216。也可參見：Gedächtnis ohne Aufzeichnung a.a.O, S. 133-171, und ders., What is Memory that it may have Hindsight and Foresight as well, in: Samuel Bogoch (Hrsg.), The Future of the Brain Sciences, New York 1969, S. 19-64。

【151】關於此點可參見下列一般性論述：Arthur J. Jacobson, The Idolatry of Rules: Writing Law According to Moses, with Reference to Other Jurisprudences, Cardozo Law Review 11 (1990), S. 1079-1132。

【152】參見Georg Horowitz, The Spirit of Jewish Law (1953), Neudruck New York 1973; Louis Ginzberg, On Jewish Law and Lore (1955), Neudruck New York 1977. Geza Vermes, Scripture and Tradition in Judaism – Haggadic Studies, 2. Aufl. Leiden 1973（在廣泛程度上屬於註解性著作）：ders., Scripture and Tradition in Judaism:

Written and Oral Torah, in: Gerd Baumann (Hrsg.), The Written Word: Literacy in Transition, Oxford 1986, S. 79-95; Eliezer Berkowitz, Not in Heaven: The Nature and Function of the Halakha, New York 1983, insb. S. 50 ff.; José Faur, Golden Doves with Silver Dots: Semiotics and Textuality in Rabbinic Tradition, Bloomington Ind. 1986, insb. S. 84ff；進一步可參照Ishak Englard, Majority Decision vs. Individual Truth: The Interpretation of the “Oven of Achnai” Aggadah, Tradition: A Journal of Orthodox Jewish Thought 15 (1975), S. 137-152。

[153] 參見 Jeffrey I. Roth, Responding to Dissent in Jewish Law: Suppression Versus Self-Restraint, Rutgers Law Review 40 (1987), S. 31-99; ders., The Justification for Controversy under Jewish Law, California Law Review 76 (1988), S. 338-387; Suzanne Last Stone, In Pursuit of the Countertext: The Reclaiming of Jewish Sources in Contemporary American Legal Scholarship, Ms. 1992。

[154] 僅需參照 Benjamin N. Cardozo, The Paradoxies of Legal Science, New York 1928。

[155] 在這個意義下，警察權（Polizei）這個近代早期的概念，是在書本印刷術開始廣泛發揮作用，也就是大約公元一五〇〇年左右的時候被引進，也就不是一件偶然的事情。警察權所意味的正是：在那些（當時候還）不受司法權（Jurisdiktion）及其固定文本管轄的領域當中的規制全權（Regulierungsvollmacht）。

[156] 完全獨立於上述本文中提到的形式的脈絡，當然還有其他一些也會牽涉到法律之概念性的、語意學的脈絡。關於字母書寫方式（alphabetische Schrift）所造成的影響，可參照Eric A. Havelock, The Greek Concept of Justice: From its Shadows in Homer to Its Substance in Plato, Cambridge Mass. 1978。

[157] 為法律爭端而設之官職，是否、從何時開始，以及得力於哪些特殊情況，才享有能做成具拘束力的裁判，抑或只是對於爭端的解決發揮關鍵影響力？在這裡，這個問題只具有次要的意義。在Rank societies（酋長社會）裡，通常就算沒有法律上（也就是循環性地）受保障的拘束作用，也能運作無礙。（關於rank societies，可參照下列文獻：Morton H. Fried, The Evolution of Political Societies: An Essay in Political Anthropology, New York 1967。）即便是在荷馬所描述的社會中，這樣的問題也無法獲得確切的答案。在此範圍內，人們也沒有辦法確切地決定，到底是此種職位造成了選擇性穩定化此一功能的滿足，或者正好反過來，是此種功能造就了此一職位？在所有這些情況中，一項成就的確立有賴於演化，而演化意味著：對偏離先前狀態的情況，賦予一種被循環性地製造的強化（deviation amplification）。

[158] 就片段式社會（segmentäre Gesellschaft）而言，這一點已經有了詳盡的研究。例如可參見Max Gluckman,

Custom and Conflict in Africa, Oxford 1955; P. H. Gulliver, Structural Dichotomy and Jural Processes among the Arusha of Northern Tanganyika, Africa 31 (1961), S. 19-35。

[159] 關於此一制度在現代觀點下顯現的陌生性質（Befremdlichkeit），請參見Franz Wieacker, Vom römischen Recht, Leipzig 1944, S. 86ff。關於此一官職的發展、其制頒告示之實務（Ediktspraxis）以及依程式進行之訴訟程序（das agere per formulas），也可參照 Mario Bretone, Storia del diritto romano, Bari 1987, S. 139ff。與普通法所具有之即為相似的形成條件所做的對比，請參見Hans Peter, Actio und Writ: Eine vergleichende Darstellung römischer und englischer Rechtsbehelfe, Tübingen 1957。

第三章

[1] 與此堅決對立的見解，主要是由Helmut Schelsky主張，並且還上溯到Malinowsiki的理論以求其穩固基礎。可參見：Systemfunktionaler, anthropologischer und personfunktionaler Ansatz der Rechtssoziologie, in: Helmut Schelsky, Die Soziologen und das Recht: Abhandlungen und Vorträge zur Soziologie von Recht, Institution und Planung, Opladen 1980, S. 95-146。進一步可參照 Norberto Bobio, L'analisi funzionale del diritto: tendenze e problemi, in ders., Dalla struttura alla funzione: Nuovi studi di teoria del diritto, Milano 1977, S. 89-121 (111ff)，當中提出了社會的與個人的功能關聯（Funktionsbezüge）之區分。

[2] 由個人主義的（並且也因而是功效主義的）角度，針對此一問題所做的探討，可以Jeremy Bentham作為傑出代表。關於Bentham理論中對「期望之安定性」此一論題的探討，可參見Gerald J. Postema, Bentham and the Common Law Tradition, Oxford 1986, S. 159ff。

[3] 僅需參照Roscoe Pound, Social Control through Law, New Haven 1942; Talcott Parsons, The Law and Social Control, in: William M. Evan (Hrsg.), Law and Sociology, New York 1962, S. 56-72；下列文獻中則相應地追溯了某種類型的法社會學，在其中，就法律的社會功能而言，並沒有對法律做出充分的評價：同一作者，Law as an Intellectual Stepchild, in: Harry M. Johnson (Hrsg.), Social System and Legal Process, San Francisco 1978, S. 11-58。進一步還有Harry C. Bredemeier, Law as an Integrative Mechanism, in: Evan a.a.O. S. 73-90; F. James Davis et al., Society and the Law: New Meanings for an Old Profession, New York 1962, S.

39ff.; Manuel Atienza, Introducción al Derecho, Barcelona 1985, S. 61ff.; Donald Black, The Social Structure of Right and Wrong. San Diego 1993。在今天，作為對法律之社會整合功能的主張者，主要可以哈伯瑪斯作為代表。參見：Faktizität und Geltung: Beiträge zur Diskurtheorie des Rechts und des demokratischen Rechtsstaats, Frankfurt 1992。在他對此種想法做系統性的鋪陳過程中，正好以典型的方式展現出，當人們要處理的問題，是去指出哪些運作事實上做出了整合的貢獻的時候，他們將會陷入的困境。難道只是對「某種溝通上的相互理解**有可能**達成」這件事，以及這件事情如何可能，做出推測，並且就此推測進行交流？或者根本只是「那種可說是無主體的（subjektlos）、由論壇（Foren）與團體（Körperschaften）所進性的溝通循環」（a.a.O., S. 170）？或者是某些人造成的雄辯式的移情（eloquente Empathie），這些人利用各種機會，去表達其對於利害關係人（Betroffene）的被牽涉狀態（Betroffensein），所具有之牽涉性（Betroffenheit）？或者——為了要在具體事例上做論證——當人們必須要預先找出，哪些規則可獲得所有的利害關係人的同意時，他們如何可能尋得一條可對移民問題做出規制的規則，「此一規則係同等地符合現有成員以及候補人的利益」（a.a.O., S. 158）？

[4] 波安南（Paul Bohannan）的「雙重制度化」（double institutionalization）概念，即係針對此一問題而發。參見氏著，Law and Legal Institutions, International Encyclopedia of the Social Sciences Bd. 9, Chicago 1968, S. 73-78，不過在這裡其實更多地是呈現了問題，而非提出了解答。

[5] 人們可以藉著以中斷方式（unterbrechend）做出反應，而明白地對這種時間拘束做出抵制。但他們這樣做只不過會讓人們更注意到，如果溝通沒有被打斷的話，那麼出現的會是什麼樣的一種情況。

[6] 在這裡我們預設，這種意義範圍的劃定是系統性溝通的貢獻，而不是意識的貢獻：更明白地講，它並不是意識當中對外部事態的再現：對於這種（極其常見的）觀念所做的批判，可參照Dean MacCannell/Juliet F. MacCannell, The Time of Sign: A Semiotic Interpretation of Modern Culture, Bloomington Ind. 1982, insb. S. 152f.; Benny Shanon, Metaphors for Language and Communication, Revue internationale de systémique 3 (1989), S. 43-59。在此所採納的立場，會迫使我們放棄下面這種想法：溝通是將預先擬定的意義「移轉」到其他系統上。

[7] 下述文獻在談論到time-binding（時間拘束）作為語言的功能時，也是在此種意義下使用此概念的：Alfred Korzybski, Science and Sanity: An Introduction to Non-aristotelian Systems and General Semantics (1933), 4.

Aufl. Lakeville 1958。

[8] 我們在此追隨下列文獻所提出的雙重必要前提之論題，但是並不追隨其對此所為之詮釋：George Spencer Brown, Laws and Form, zit. nach dem Neudruck New York 1979, S. 10。

[9] 更為詳盡的討論請見Niklas Luhmann, Identität–was oder wie?, in ders., Soziologische Aufklärung Bd. 5, Opladen 1990, S. 14-30。

[10] 例如，布迪厄（Pierre Bourdieu）就將各種關於自由與強制的擇一選項，稱為pouvoir symbolique（象徵性的權力）、rapports de force（力量關係）。參見：Ce que parler veut dire: l'économique des échanges linguistiques, Paris 1982。關於其在政治性語言使用方式上的運用，可參照Wolfgang Bergsdorf, Herrschaft und Sprache: Studien zur politischen Terminologie der Bundesrepublik Deutschland, Pfullingen 1983，在其中，作者對一種純粹語言操控的可能性，表達了明顯的保留態度。同樣，對於婦女的「無語性（Sprachlosigkeit）」，以及對其由於某些特定的語言學上性別分化情況而遭受之不利處境，所為之意味深長的控訴，也屬於此一脈絡。

[11] 參照Harold Garfinkel, Studies in Ethnomethodology, Englewood Cliffs N. J. 1967。

[12] 在這裡，開放性以及限縮的必要性變得清楚可見，這點尤其已經被霍布斯所認知並且予以論題化——然而正如同人們所知道的一樣：他對於他所處時代的法律實務，完全沒有任何影響。如同我們在本文中想要突顯出來的一樣，人們其實根本不需要使用「主觀權利（subjektive Rechte）」這種（無論如何仍然具有法律相近性的）用語，來陳述此一問題。藉由這種抽象化而跨出的一步，會使得我們的視野大為拓展，亦即從一種仍然在「市民社會」脈絡中被鋪陳的政治理論，拓展到一門全社會的理論，在其中，政治系統與法律系統均承擔次系統的功能（Teilsystemfunktionen）。

[13] 專門處理此一問題的文獻請參見：Mario Bretone, Le norme e il tempo: Fra tradizione classica e coscienza moderna, Materiali per una storia della cultura giuridica 19 (1989), S. 7-26。

[14] 見諸Niklas Luhmann, Rechtssoziologie, 2. Aufl. Opladen 1983, S. 40ff。也請參照同一作者，Die Funktion des Rechts: Erwartungssicherung oder Verhaltenssteuerung? in ders., Ausdifferenzierung des Rechts: Beiträge zur Rechtssoziologie und Rechtstheorie, Frankfurt 1981, S. 73-91。

[15] 參照Bernard Barber, The Logic and Limits of Trust, New Brunswick N. J. 1983, S. 22f. und passim。

[16] 也請參照Niklas Luhmann, Vertrauen: Ein Mechanismus der Reduktion sozialer Komplexität, 3. Aufl. Stuttgart 1989, S. 50ff：同一作者，Familiarity, Confidence, Trust: Problems and Alternatives, in: Diego Gambetta (Hrsg.), Trust: Making and Braking Cooperative Relations, Oxford 1988, S. 94-107。

[17] 拉茲（Joseph Raz）設計了一個關於法律功能的複雜一覽表，參見氏著，On the Functions of Law, in: A. W. B. Simpson (Hrsg.), Oxford Essays in Jurisprudence（Second Series）, Oxford 1973, S. 278-304。不過，他提出的規範性與社會性功能的基本區分，正好掩蓋了在此處至為關鍵的問題：期望之**規範性形式**所具有之**社會性**功能。Vincenzo Ferrari, Funzioni del diritto: Saggio critico-ricostruttivo, Roma 1987, S. 87ff 則討論了法律的三種不同功能，但這些功能有部分已經遠遠超出法律範圍之外（orientamento sociale!），而他也拒絕由此歸納出一個統一的公式，因為如此一來，功能概念所具有之概念上的必然要求，就不再能夠獲得滿足。在其他地方，人們也經常可以看到一項預設，那就是，法律滿足了多數的功能——而在這裡通常採用的是單純條列的形式。例如可參見 Davis et al. a.a.O. (1962), S. 65ff; Michel van de Kerchove/François Ost, Le syst me juridique entre ordre et désordre, Paris 1988, S. 161ff，此處觀點可銜接到R. Summers/Ch. Howard, Law, Its Nature, Functions and Limits, 2. Aufl. Englewood Cliffs N. J. 1975。（當然，無論在何種情況中，毫無疑問地，對於那些並非處理法律統一性問題的觀察者來說，法律可以在許多不同的功能觀點下被分析，因為，每項規範當然也具有其固有之功能。）William J. Chambliss/Robert B. Seidman, Law, Order, and Power, Reading Mass. 1971, S. 9f 則以下述觀點為出發點：法律系統「承擔了大量的功能，無論是明顯的或潛在的」，並且接著聲明他不具有能力（這點是可以理解的），去挑選出哪些是具有本質重要性的。如此一來，他也就無法澄清法律系統的概念。

[18] Werner Krawietz 反對這樣的見解，見氏著：Zur Einführung: Neue Sequenzierung der Theoriebildung und Kritik der allgemeinen Theorie sozialer Systeme：同一作者，Staatliches oder gesellschaftliches Recht? Systemabhängigkeiten normativer Strukturbildung im Funktionssystem Recht, in: Werner Krawietz/Michael Welker (Hrsg.), Kritik der Theorie sozialer Systeme: Auseinandersetzungen mit Luhmanns Hauptwerk, Frankfurt 1992, S. 14-42, 247-301。Krawietz認為，這種對於規範概念的「行為主義式」（behavioristisch）理解，並沒有充分考慮到規範作為規範所具有之特質。然而無論人們要怎樣理解這裡所謂的「行為主義式」：作為社會學家，人們並不會放棄下面這樣的見解：規範是作為社會性實在的意義結構，而**以事實的方式**

（*faktisch*）出現。如果真有替代方案，那也頂多是說：根本就不存在任何規範，所謂規範的存在不過是一項錯誤。但是，無論社會學家或法學家，都不會跨出這麼遠的一步。即便認為規範的存在是一種虛幻的或者擬制的實際，這樣的見解也不可能完全放棄一種在事實上的體驗與溝通中的基礎。Krawietz支持的似乎是這樣見解：規範的規範性質，只能由規範獲得（S. 30）。就算抱持這樣的見解，也必須為了思想上的運作，而證明其在實際世界中所占據的位置。

至於「倘若要對規範概念的定義提出**對立概念**，那麼有哪些概念可供使用」，這其實是另一個問題。如果不是那種已經有學習準備的認知（lernbereite Kognition），那麼會是什麼呢？批評者並未對此問題提出另外的解答建議。無論如何，在下面這點上可以找出一致的見解，那就是，規範之違反、規範之觸犯等，都預設了規範概念（除非人們擁有某種與此具同一性的概念，它們才可能否定此一概念），而它們也因此無法解決**這個**問題。這使得整件事情更為棘手。

[19] 此一區分最早是被加通（Johan Galtung）所建議，見氏著，Expectation and Interaction Process, Inquiry 2 (1959), S. 213-234。

[20] 一個特別明顯的例子，僅需參見 Karl Olivecrona, Law as Fact, Kopenhagen – London 1939。

[21] 相關說明見諸Niklas Luhmann, a.a.O. (Anm. 14)。

[22] 在其他系統理論的脈絡中，也可以找到與此完全一致的觀點，亦即，倘若人們想要將法規範與其他規範區分開來，並且欲界定其特殊之處，則他們必定無法由規範概念，而是必須從系統概念出發。很明顯的例證見諸Torstein Eckhoff/Nils Kristian Sundby, Rechtssysteme: Eine systemtheoretische Einführung in die Rechtstheorie, Berlin 1988, S. 43 und S. 121。

[23] Jürgen Habermas, Faktizität und Geltung: Beiträge zur Diskurstheorie des Rechts und des demokratischen Rechtsstaates, Frankfurt 1992，由其中的論述也會得出如此結論。

[24] 倘若人們是用這樣的方式來看待問題，那麼就會碰觸到「關於法律的替代選項」這個具有高度爭議性的討論議題，在此一議題中，根本不會去審視法律的功能究竟為何，以便使人們能由此出發，而查明諸多功能上的等同項。可參見諸如法社會學年鑑（Jahrbuch für Rechtssoziologie）第六卷（1980）關於下述主題的討論：「替代性的法律形式，與關於法律的替代選項（Alternative Rechtsformen und Alternativen zum Recht）」；進一步可參閱下列文獻中的典型討論方式：Donald Black, Sociological Justice, New York –

Oxford 1989, S. 74ff。

[25] 關於法律的這種會引發爭論的（polegomen）本質，可參閱Julien Freund, Le droit comme motif et solution des conflicts, in: Luis Legaz y Lacambra (Hrsg.), Die Funktionen des Rechts, Beiheft 8 des Archivs für Rechts- und Sozialphilosophie, Wiesbaden 1974, S. 47-62; ders., Sociologie du conflit, Paris 1983, S. 22, 327ff. u. ö。

[26] 拉度爾（Karl-Heinz Ladeur）正好就是在此一走向中，認為應該要認清各個發展傾向，見氏著，Computerkultur und Evolutionder Methodendiskussion in der Rechtswissenschaft: Zur Theorie rechtlichen Entscheidens in komplexen Handlungsfeldern, Archiv für Rechts- und Sozialphilosophie 74 (1988), S. 218-238 (233)。也許拉度爾會針對他其實已經放棄了規範概念這點提出爭執；然而如此一來，他就必須要闡明，他所理解的規範，倘若不是以反事實性期望的穩定化為內涵，那麼究竟意味著什麼？

[27] 針對此一主題所做的較詳盡探討，參閱Niklas Luhmann, Die Wirtschaft der Gesellschaft, Frankfurt 1988。

[28] 關於此一傳統的流變，請參照 Niklas Luhmann, Am Anfang war kein Unrecht, in: ders., Gesellschaftsstruktur und Semantik Bd. 3, Frankfurt 1989, S. 11-64。

[29] 對此所做之詳細探討，參見 Niklas Luhmann, Soziologie des Risikos, Berlin 1991。

[30] 我們是在裴洛所賦予的意義下使用此一概念。參照Charles Perrow, Normal Accidents: Living with High Risk Technologies, New York 1984。

[31] 關於經濟系統的情況，參見 Dirk Baecker, Information und Risiko in der Marktwirtschaft, Frankfurt 1988，其中舉的例子，是藉助價格來對關於市場的觀察進行觀察。關於科學系統的情況，參見Niklas Luhmann, Die Wissenschaft der Gesellschaft, Frankfurt 1990，其所考察的內容是，根據現有之出版文獻，藉助真／非真此一圖式而對科學上的宣稱進行觀察；關於藝術系統的情況，參見Niklas Luhmann, Weltkunst, in: Niklas Luhmann/Frederick D. Bunsen/Dirk Baecker, Unbeobachtbare Welt: Über Kunst und Architektur, Bielefeld 1990, S. 7-45；關於政治系統的情況，參見Niklas Luhmann, Gesellschaftliche Komplexität und öffentliche Meinung, in ders., Soziologische Aufklärung Bd. 5, Opladen 1990, S. 170-182; ders., Die Beobachtung der Beobachter im politischen System: Zur Theorie der öffentlichen Meinung, in: Jürgen Wilke (Hrsg.), Öffentliche Meinung, Freiburg 1992, S. 77-86。

[32] 在其他情況中，人們也會發現，那些具有普遍管轄性的、以及具有一個組織化的核心領域的功能系統，可

能擁有與此類似的諸多結構——例如政治系統與國家組織，或者教育系統與學校。

[33] 針對此點以及模控學上的反饋（Rückkopplung）概念所提出之論述，參見Torstein Eckhoff/Nils Kristian Sundby, Rechtssysteme: Eine systemtheoretische Einführung in die Rechtstheorie, Berlin 1988。也請參見相同作者，The Notion of Basic Norm(s) in Jurisprudence, Scandinavian Studies in Law 19 (1975), S. 123-151。關於規則與決定之間的循環關係，可進一步參見Josef Esser, Grundsatz und Norm in der richterlichen Fortbildung des Privatrechts, Tübingen 1956; ders., Vorverständnis und Methodenwahl in der Rechtsfindung, Frankfurt 1970。

[34] 倘若現代家庭是一個社會系統，在其中，所有關於家庭成員所做的或所體驗的事情，都可被論題化的話（vgl. Niklas Luhmann, Sozialsystem Familie, in ders., Soziologische Aufklärung Bd. 5, Opladen 1990, S. 196-217），那麼這就會是一個絕佳的領域，讓人們能夠測試此種對於規範性期望所抱持的規範上期望，其射程範圍或者衰敗程度如何。例如，人們是否會接受對其自己子女所為之商店竊盜行為，人們會不會僅以純粹認知性的方式來對待這個問題（最好別被抓到！），又人們是否會對來自他人的權力侵害，例如鄰居，也抱持寬大態度？保險在這些問題上又會發揮何種功能？（以及其他許多問題）。

[35] 例如，可參見Adam Podgórecki et al., Knowledge and Opinion about Law, London 1973。關於早期波蘭與斯堪地那維亞學者的研究，在Klaus A. Ziegert, Zur Effektivität der Rechtssoziologie: Die Rekonstruktion der Gesellschaft durch Recht, Stuttgart 1975, S. 189ff當中有所探討。也可參照關於KOL研究（KOL = Knowledge and Opinion about Law 關於法律之知識與見解）的理論問題的討論，收錄於法社會學期刊第2-4卷（1981-83）（Bd. 2-4 der Zeitschrift für Rechtssoziologie），不過這些討論亦未觸及我們要處理的問題。或者還有下列文獻作為晚近對特別問題所做的探討：Jacek Kurczewski, Carnal Sins and the Privatization of the Body: Research Notes, Zeitschrift für Rechtssoziologie 11 (1990), S. 51-70。

[36] 更詳盡的探討，請見第九章。

[37] 至於這件事情可能可以藉由一種具有政治動機的法律技術，而遭受阻撓或者變得困難，其實是後來的另一個問題。**然而即使出現這種情況，政治上的意圖也不會顯現為法律上的論證**。對此問題所提出的生動的實例研究，可參見Leon H. Mayhew, Law and Equal Opportunity: A Study of the Massachusetts Commission Against Discrimination, Cambridge Mass. 1968。

[38] 麥考密克（D. Neil MacCormick）就採用此一論證，反駁了奧斯丁（John Austin）的法理論，後者宣稱「命令」（command）是規範的來源。見氏著，Legal Obligation and the Imperative Fallacy, in: A.W. B. Simpson (Hrsg.), Oxford Essays in Jurisprudence (Second Series), Oxford 1973, S. 100-130。

[39] 這樣的說法尤其適用於蓋格（Theodor Geiger）的法社會學理論，雖然這當中仍有許多微妙的區別。特別可參照氏著，Vorstudien zu einer Soziologie des Rechts, (1947), Neudruck Neuwied 1964，以及下列文獻中的簡短探討：Heinz Mohnhaupt, Anfänge einer “Soziologie der Rechts-Durchsetzung” und die Justiz in der Rechtssoziologie Theodor Geigers, Ius Commune 16 (1989), S. 149-177。

[40] 關於此問題，可參見Klaus A. Ziegert, Gerichte auf der Flucht in die Zukunft: Die Bedeutungslosigkeit der gerichtlichen Entscheidung bei der Durchsetzung von Geldforderungen, in: Erhard Blankenburg/Rüdiger Voigt (Hrsg.), Implementation von Gerichtsentscheidungen, Opladen 1987, S. 110-120。也可參見Volkmar Gessner et al., Die Praxis der Konkursabwicklung in der Bundesrepublik Deutschland: Eine rechtssoziologische Untersuchung, Köln 1978，以及另一份比較側重前置策略的文獻：Kurt Holzscheck et al., Praxis des Konsumentenkredits: Eine empirische Untersuchung zur Rechtssoziologie und Ökonomie des Konsumentenkredits, Köln 1982。

[41] 也可參見Niklas Luhmann, Rechtszwang und politische Gewalt, in ders., Ausdifferenzierung des Rechts: Beiträge zur Rechtssoziologie und Rechtstheorie, Frankfurt 1981, S. 154-172。

[42] 主要可參見Leon H. Mayhew, Stability and Change in Legal Systems, in: Bernard Barber/Alex Inkeles (Hrsg.), Stability and Social Change, Boston 1971, S. 187-210; Talcott Parsons, The Law and Social Control, in: William M. Evan (Hrsg.), Law and Sociology, New York 1962, S. 56-72。

[43] 主要可參見Gunther Teubner/Helmut Willke, Kontext und Autonomie: Gesellschaftliche Selbststeuerung durch reflexives Recht, Zeitschrift für Rechtssoziologie 5 (1984), S. 4-35; Helmut Willke, Kontextsteuerung durch Recht? Zur Steuerungsfunktion des Rechts in polyzentrischer Gesellschaft, in: Manfred Glagow/Helmut Willke (Hrsg.), Dezentrale Gesellschaftssteuerung: Probleme der Integration polyzentrischer Gesellschaft, Pfaffenweiler 1987, S. 3-26; Gunther Teubner, Recht als autopoietisches System, Frankfurt 1989, S. 81ff。這些構想引發了廣泛的興趣，也以批判的方式被接納。在經過了較長一段的歷史間距後，人們會注意到，此種討論不再關

聯到對於法律功能的探問——彷彿法律的功能可以藉由「社會調控」獲得滿足，而這件事情也是不證自明的。

[44] 拉度爾在其許多不同的出版作品中，就抱持這樣的見解，並且結合了預測與推薦。主要可參見："Abwägung"-Ein neues Paradigma des Verwaltungsrechts: Von der Einheit der Rechtsordnung zum Rechtspluralismus, Frankfurt 1984; ders., Die Akzeptanz von Ungewißheit – Ein Schritt auf dem Weg zu einem "ökologischen" Rechtskonzept, in: Rüdiger Voigt (Hrsg.), Recht als Instrument der Politik, Opladen 1986, S. 60-85; Computerkultur und Evolution der Methodendiskussion in der Rechtswissenschaft: Zur Theorie rechtlichen Entscheidens in komplexen Handlungsfeldern, Archiv für Rechts- und Sozialphilosophie 74 (1988), S. 218-238; Lernfähigkeit des Rechts und Lernfähigkeit durch Recht (Erwiderung auf J. Nocke), Jahresschrift für Rechtspolitologie 4 (1990)。在這裡，法律的功能變成是「維持全社會諸多次系統以及組織性關係網路的學習能力與彈性」（a.a.O. 1990, S. 142）。倘若人們預設了一種功能的變遷，那麼，被其他人診斷為衰敗的事物，就會展現在一更為有利的角度下；而拉度爾至少做出了理論上的貢獻，使人們能夠注意到這一點。另一方面，前引的功能程式所包含的事物似乎太過廣泛——它甚至包括了對企業流動資本（Liquidität）、語言純熟度、基礎研究等的審慎探討——如此一來，我們甚至可能很難再針對一個分化出來的法律系統做討論。也請參見Joachim Nocke所提出的疑慮，見氏著，Alles fließt – Zur Kritik des "strategischen Rechts", Jahresschrift für Rechtspolitologie 4 (1990), S. 125-140。

[45] Mayhew a.a.O., S. 188.

[46] 對此所做的詳盡探討，參見H. Mayhew, Law and Equal Opportunity: A Study of the Massachusetts Commission against Discrimination, Cambridge Mass. 1968。

[47] 關於此點，可以舉出眾多事證。特別顯著的例子可見諸Günter Frankenberg, Unordnung kann sein: Versuch über Systeme, Recht und Ungehorsam, in: Axel Honneth et al. (Hrsg.), Zwischenbetrachtungen: Im Prozeß der Aufklärung: Jürgen Habermas zum 60. Geburtstag, Frankfurt 1989, S. 690-712。

[48] 關於其他功能分出事例當中的對應狀態，可參照 Niklas Luhmann, Funktion der Religion, Frankfurt 1977, S. 54ff.; Niklas Luhmann/Karl Eberhard Schorr, Reflexionsprobleme im Erziehungssystem (1979), Neudruck Frankfurt 1988, S. 34ff.; Niklas Luhmann, Politische Theorie im Wohlfahrtsstaat, München 1981, S. 81ff.; ders.,

Die Wirtschaft der Gesellschaft, Frankfurt 1988, S. 63ff.; ders., Die Wissenschaft der Gesellschaft, Frankfurt 1990, S. 635ff。

[49] 此外，若轉化為另一種形式，則這其實是一項古老的論題。早先它是在下述的提問方式中被討論：法律的效力是否僅以制裁為基礎，或者還必須以其他法律之外的促發手段作為補充？可參見諸如Georg Jellinek, Allgemeine Staatslehre, 3. Aufl. 6. Neudruck Darmstadt 1959, S. 332ff。

[50] 可參見諸如 Richard T. LaPiere, A Theory of Social Control, New York 1954 passim, insb. S. 19ff., 316ff。

[51] 關於此點可參見Johan Galtung, Institutionalized Conflict Resolution: A Theoretical Paradigm, Journal of Peace Research 2 (1965), S. 348-397。

[52] 參照Richard Lempert/Joseph Sanders, An Invitation to Law and Social Science, New York 1986, S. 133ff。

[53] 參見Brian Abel-Smith/Robert Stevens, Lawyers and the Courts: A Sociological Study of the English Legal System 1750-1965, Cambridge Mass. 1967。

[54] 參見Volkmar Gessner, Recht und Konflikt: Eine soziologische Untersuchung privatrechtlicher Konflikte in Mexiko, Tübingen 1976。

[55] 不過，倘若人們將民族學的材料，拿來與那種對現代調解程序所做的經驗分析一同處理，但卻沒有適當地考量到這兩者具有之完全不同的結構脈絡，那麼這樣的作法仍不無疑問。

[56] 可參照下面這本被多所引用的專書：Max Gluckman, The Judicial Process among the Barotse of Northern Rhodesia, Manchester 1955，或者Paul J. Bohannan, Justice and Judgement among the Tiv, London 1957：進一步可參照Laura Nader, Styles of Court Procedure: To Make the Balance, in: dies. (Hrsg.), Law in Culture and Society, Chicago 1969, S. 69-92。關於歐洲在獨立自主的法律系統分化出來（十一／十二世紀）的情況，也可參照Harold J. Berman, Recht und Revolution: Die Bildung der westlichen Rechtstradition, dt. Übers. Frankfurt 1991, S. 85ff。

[57] 我們將在最後一章中回過頭來詳細探討此一問題。

[58] 關於此點，詳見第六章。

第四章

[1] 例如Talcott Parsons, The Social System, Glencoe Ill. 1951, S. 19ff., 202f，在那裡，他引介了他的理論專利——「結構功能分析（structural-functional analysis）」。

[2] De Legibus I, VI, 18。對於今天的語言使用方式而言，人們勢必要以「言說（Diskurs）」來代替「自然（Natur）」。

[3] 參照下面這個頗具現實意義的文獻：Salim Alafenish, Der Stellenwert der Feuerprobe im Gewohnheitsrecht der Beduinen des Negev, in: Fred Scholz/Jörg Janzen (Hrsg.), Nomadismus–ein Entwicklungsproblem?, Berlin 1982, S. 143-158。

[4] David Hume亦持相同見解，見氏著，A Treatise of Human Nature Book III, Part II, Section II, zit. nach der Ausgabe der Everyman's Library, London 1956, Bd. 2, S. 203ff，該處論及了正義／不義（justice/injustice）。當我們稍後要處理運作上封閉狀態之演化可能性之條件時，會再回到此問題上做詳細探討。參照底下第六章（I）。

[5] 關於儒家傳統之下的情況，可參照Pyong-Choom Hahm, The Korean Political Tradition and Law, Seoul 1967, insb. S. 29f., 41ff., 53; David J. Steinberg, Law, Development, and Korean Society, Journal of Comparative Administration 3 (1971), S. 215-256。之後的相關討論，參見Kung Yang, Law and Society in Korea: Beyond the Hahm Thesis, Law and Society Review 23 (1989), S. 891-901。關於日本的情況，可參見下列文獻中那些對於當前情形而言具有爭議性的論題：Takeyoshi Kawashima, The Status of the Individual in the Notion of Law, Right, and Social Order in Japan, in: Charles A. Moore (Hrsg.), The Status of the Individual in East and West, Honolulu 1968, S. 429-448。進一步可用來證實對於二元符碼化之頑強性抱持保留態度的研究，也可參照 Zensuke Ishimura, Legal Systems and Social Systems in Japan, in: Adam Podgorecki et al. (Hrsg.), Legal Systems & Social Systems, London 1985, S. 116-125。

[6] 也可參見Vilhelm Aubert, In Search of Law: Sociological Approaches to Law, Oxford 1983, S. 72ff。

[7] 此外，正如同今天邏輯學知識所指出的，這樣的想法其實是一個根本性的循環，因為公理正是為了使演繹成為可能，才具有其當下的存在。

[8] 至於人們是否可以認為債的起源係單純來自侵權行為，並且認為其較那種在契約締結後對行為起拘束作用的契約觀念形成更早，則是一個有爭議的問題。關於此點可參照Giovanni Pugliese, Actio e diritto subiettivo, Milano 1939, S. 73ff，當中有更進一步的指示。值得人們注意的，主要是對那個觸及兩個產生原因——侵權行為與契約——的範疇所做的抽象化，以及由契約締結後應予履行的、或者也有可能另行產生的「雙方」義務（"synallagmatische" Verpflichtungen）觀點出發，而發展出來的契約法。

[9] 參照George P. Fletcher, Paradoxes in Legal Thought, Columbia Law Review 85 (1985), S. 1263-1292; Roberta Kevelson, Peirce, Paradox, Praxis: The Image, the Conflict, and the Law, Berlin 1990。

[10] 參見一八七九年耶拿大學法律系鑑定報告（Erkenttnis der Juristenfakultät Jena vom Juni 1879, Seuffers Archiv 37 (1882) No. 224, S. 312-319）。案例緣由係產生自一項例外命題：為私人之不利地位提供公共補償。另一項例外，亦即，准許對合法行為所造成的後果請求補償，可見諸緊急避難權（Notstandsrecht）。參見Rudolf Merkel, Die Kollision rechtmäβiger Interessen und die Schadensersatzpflicht bei rechtmäβigen Handlungen, Straβburg 1895——該書提出了關於「利益衡量（Interessenabwägungen）」的詳盡探討，這在較老的法律思想中是頗不尋常的，在此意義下，該書值得注意。在其中，彷彿每當某個法律問題無法用法／不法這個符碼加以掌握的時候，就必須帶進這樣的思考。

[11] 這項洞察正好可對應於關於futura contingentia（未來的偶然）的討論，這種討論可銜接到亞里斯多德的De Interpretatione 9：因為這裡所涉及的問題也是，一項關於未來偶然事件的陳述，究竟是真是假，在當下是無法被決定的，雖然人們早在當下就必須以未來的視角作為取向。

[12] 關於此點的經典專論是：Josef Esser, Grundlagen und Entwicklung der Gefährdungshaftung, Beiträge zur Reform des Haftpflichtrechts und zu seiner Wiedereinordnung in die Gedanken des allgemeinen Privatrechts, München 1941。

[13] 關於此一議題的一個重要橫切面，可參見Georg Hermes/Joachim Wieland, Die staatliche Duldung rechtswidrigen Verhaltens: Dogmatische Folgen behördlicher Untätigkeit im Umwelt- und Steuerrecht, Heidelberg 1988。也請參照Josef Isensee, Verwaltungsraison gegen Verwaltungsrecht, Steuer und Wirtschaft, 50 (1973), S. 199-206。

[14] 相關例證可參見Niklas Luhmann, Staat und Staatsräson im Übergang von traditionaler Herrschaft zu moderner

Politik, in ders., Gesellschaftsstruktur und Semantik Bd. 3, Frankfurt 1989, S. 65-148 (89)。

[15] Friedrich Schlegel, Signatur des Zeitalters, in: Dichtungen und Aufsätze (hrsg. von Wolfdietrich Rasch), München 1984, S. 593-728 (700)，該文是在一般性的、針對那種不加思索就把特定觀點當作絕對事物的作法進行論戰的脈絡下，來探討這個問題。

[16] 關於此點，可參見 Regina Ogorek, Adam Müllers Gegensatzphilosophie und die Rechtsausschweifungen des Michael Kohlhaas, Kleist-Jahrbuch 1988/89, S. 96-125。

[17] Schlegel a.a.O., S. 598.

[18] 參照Keith Hawkins, Environment and Enforcement: Regulation and the Social Definition of Pollution, Oxford 1984; Gerd Winter, Bartering Rationality in Regulation, Law and Society Review 19 (1985), S. 219-250。至於這種在實際上將政治目標付諸實行，並且只附帶納入法律上考量的現象，究竟在怎樣廣泛程度上出現，也可參見Dieter Grimm, Die Zukunft der Verfassung, Staatswissenschaften und Staatspraxis 1 (1990), S. 5-33 (17 ff.); Charles-Albert Morand, La contractualisation du droit dans l'état providence, in: François Chazel/Jacques Commaille (Hrsg.), Normes juridiques et régulation sociale, Paris 1991, S. 139-158。Arthur Benz/Wolfgang Seibel (Hrsg.), zwischen Kooperation und Korruption, Baden-Baden 1992。

[19] 關於此點，參見Niklas Luhmann, The Third Question: The Creative Use of Paradoxes in Law and Legal History, Journal of Law and Society 15 (1988), S. 153-165。

[20] 同樣的說法也適用於也適用於其他一些重要情況——例如記號之形式，此一形式只能夠被拷貝到標示者（das Bezeichnende）裡面，而不能被拷貝到被標示者（das Bezeichnete）裡面。

[21] 參照George Spencer Brown, Laws of Form, Neudruck New York 1979, S. 56f., 69ff.; Francisco Varela, A Calculus for Self-reference, International Journal of General Systems 2 (1975), S. 5-24; Louis H. Kauffman, Self-reference and Recursive Forms, Journal of Social and Biological Structures 10 (1987), S. 53-72 (56f.)。

[22] 關於以自我指涉、區分、使用時間的諸運作（zeitbrauchende Operationen）以及再進入等概念作為製造對稱性之前提預設，可特別參見 Kauffman a.a.O. (1987)。

[23] 例如（在針對美國之通行見解提出批判的脈絡下被提出，這種通行見解將「解構（Dekonstruktion）」看做是一種拒絕區分的方法）J. M. Balkin, Nested Oppositions, Yale Law Review 99 (1990), S. 1669-1705：「相

互堆疊的對立就是下述這種類型的對立：在相對立的概念之間，其實也牽涉到依賴性、相似性，或者包含（containment）的關係。」

[24] A.a.O. (1987), S. 53.

[25] 例如藉由那引進正義規範的中間步驟（Zwischenschritt），此項規範接著會被定義為，對相同案件給予相同處理，對不同案件給予不同處理。

[26] 或者可以用更具詩意的敘述方式：「une lumi re qui, éclairant le reste, demeure à son origine dans l'obscurité」（一道光，在照亮其餘地方的同時，其光源處於黑暗當中。）見Maurice Merleau-Ponty, Le Visible et l'Invisible, Paris 1964, S. 172。

[27] 這裡的符碼概念與符號學（Semiotik）的符碼概念並不一致，自不待言。符號學是用符碼（「Code」或「Kode」）這個概念來指稱一項功能或者分派規則（Zuordnungsregel），這項規則將某個用語與某個被意指的（gemeint）內涵連接起來。例如可參照該概念在法律上之應用：Thomas M. Seibert, Zur Einführung: "Kode", "Institution" und das Paradigma des Rechts, Zeitschrift für Semiotik 2 (1980), S. 183-195。但若此處所涉及到的是一項分派規則（而非被分派的內涵本身），那麼符號學的語言使用方式最終仍然是建立在二元結構的基礎上，而我們這裡所偏好的概念構思，就只是在將符碼本身視為是對現實所為之人為的雙重化（artifizielle Verdoppelung），以及因此而改變了符碼化關係的兩面的意義這點上，超出了符號學的符碼概念範圍。這時候問題就變成，藉由這種雙重化（或者說，藉著符碼之「形式」），人們可以獲得什麼東西。

[28] 為保險起見，在此須先指明，世界或環境等概念在此處是以技術上的精確方式被理解的，並且必須與世界或環境當中的事物與事件區別開來，對系統而言，只要其符碼與綱要已對之有所規定，即理所當然地可以指明這些事物或事件。

[29] 關於此問題，可參見 Gunther Teubner 就法律系統中的「情節銜接（Episodenverknüpfung）」所做之探討，見氏著，Episodenverknüpfung: Zur Steigerung von Selbstreferenz im Recht, in: Dirk Baecker et al. (Hrsg.), Theorie als Passion, Frankfurt 1987, S. 423-446。

[30] 關於此問題亦可參見 Niklas Luhmann, The Third Question a.a.O., S. 156f。

[31] 參見前註 14。

【32】此一概念係出現於 Gotthard Günther 對諸多「跨連結的（transjunktiv）」運作之邏輯所提出的討論脈絡，見氏著，Das metaphysische Problem einer Formalisierung der transzendental-dialektischen Logik，以及氏著，Cybernetic Ontology and Transjunctional Operations, in: ders., Beiträge zur Grundlegung einer operationsfähigen Dialektik Bd. 1, Hamburg 1976, S. 189-247 bzw. 249-328。

【33】可參照下列目前為止沒有人能超越的研究，當中所鋪陳的素材：Alesandro Bonucci, La derogabilità del diritto naturale nella scolastica, Perugia 1906。

【34】關於邏輯形式，或許有一點應予指明，亦即，對於諸多接納值（Rezeptionswerte）與拒斥值之考量，會擊破二值邏輯的古典結構。如此一來，本體論或者倫理——政治性世界觀的拘束性也會跟著崩潰，這樣的世界觀係指涉著一組唯一的主導區分，亦即存有／非存有或者善／惡，它們單從邏輯基礎即無法為觀察者開啓具有較豐富結構的選擇可能性。如此一來，正如同諸如海德格等人所提出的警告一樣，在本體論的形上學裡，無法在知識的真實性（Wahrheit）（符碼值）與正確性（Richtigkeit）（與綱要的一致性）之間做出區分。類似的困難之處在今天也是造成某種固執立場的原因——人們基於此一立場而尋求（或者懷念）那些高於法律的正當化價值。

【35】此一概念正好就關聯到，要對獨立於具體——主觀的意義促成（Sinnstiftung）此一性質，給予正面強調，胡賽爾在對現代、技術上已被觀念化的（technisch idealisiert）諸科學提出批判時，即對此種具體——主觀的意義促成有所指責。參見Edmund Husserl, Die Krisis der europäischen Wissenschaften und die Transzendentale Phänomenologie, Husserliana Bd. VI, Den Haag 1954。

【36】這個用語是來自 Schelsky, Die juridische Rationaliät, in: Helmut Schelsky, Die Soziologen und das Recht: Abhandlungen und Vorträge zur Soziologie von Recht, Institution und Planung, Opladen 1980, S. 34-76。

【37】這樣的可能性的確存在，然而卻以典型的方式被高估了。這具體展現在針對法官的政治偏見造成之臆測性影響，所做的考察當中，尤其是在憲法裁判權的領域。這些考察幾乎可說沒有獲得相應的研究結果。

【38】參照Siegfried Streufert/Susan C. Streufert, Effects of Conceptual Structure, Failure, and Success on Attribution of Causality and Interpersonal Attitudes, Journal of Personality and Social Psychology 11 (1969), S. 138-147，當中關於高度的系統複雜性所帶來的相關效應之探討。

【39】就形式上來看，這裡涉及的是處理變異性（Varietät）與冗餘（Redundanz）的不同模式。我們將會在探討

論證的章節中回到這個問題上。

[40] 關於民法與刑法之間的差異，這裡的觀點只不過引介了一種粗淺的想像。當人們考慮到那長久的、可溯及Bentham的討論傳統時，這當然是一件非常明顯的事情。無論在何種情況，符碼的另一面都一起被反省到了，例如在刑法中，就是藉由已長足發展的法益保護學說，來達成此一目的（參照Knut Amelung, Rechtsgüterschutz und Schutz der Gesellschaft, Frankfurt 1972）。

[41] 可再次參見前面引用的兩本根特的研究著作，a.a.O. (1976)。

[42] 關於此點可參見 Niklas Luhmann, Sthenographie und Euryalistik, in: Hans Ulrich Gumbrecht/K. Ludwig Pfeiffer (Hrsg.), Paradoxien, Dissonanzen, Zusammenbrüche: Situationen einer offenen Epistemologie, Frankfurt 1991, S. 58-82。

[43] 僅需參照 Douglas R. Hofstadter, Gödel, Escher, Bach: An Eternal Golden Braid, Hassocks, Sussex 1979，當中提出了關於「各種糾纏的階層秩序」之不可避免性的命題。

[44] 需要注意的是，關於條件化，還存在著其他諸多形式，這些形式對於系統的建構而言，實屬不可或缺，特別是那些將諸多相互獨立的變異可能性予以耦合、同步化（synchronisieren）的諸條件，亦即，當這些條件形成的時候，就會使上述諸多變異可能性變得彼此具有依賴性。關於此種條件化所具有之根本性的重要意義，可參照 W. Ross Ashby, Principles of the Self-Organizing System, in: Heinz von Foerster/George W. Zopf (Hrsg.), Principles of Self-Organization, New York 1962, S. 255-278; neu abgedruckt in Walter Buckley (Hrsg.), Modern Systems Research for the Behavioral Scientist: A Sourcebook, Chicago 1968, S. 108-118。

[45] 關於此一概念之導論，參見 Jacques Derrida, Grammatologie, dt. Übers. Frankfurt 1974, S. 244ff。

[46] 早在關於kánon、kritérion、regula等用語的古典語言使用方式中，就已經蘊含了對於一個圖式的指涉，不過這樣的作法大多具有一個傾向，那就是，它們會掩蓋「藉由圖式當中的偏好值，來為諸判準提供論理基礎」這件事情本身。

[47] 我們在前面第二章（III）的部分，已經將法律系統描述為一部歷史性的機器。

[48] 這件事情其實早已出現在古代，而且遠遠早於近代社會發現到「批判」作為其特別性之前。參見下列文獻中廣泛的引證：Dieter Nörr, Rechtskritik in der römischen Antike, Bayerische Akademie der Wissenschaften, Philosophisch-Historische Klasse, Abhandlungen N. F. 77, München 1974。此外，在中世紀與現代早期的法律

批判中，有許多是可以追溯到那些針對用外語（拉丁語、或者在普通法當中的法語）來進行書面上的確立的作法，而提出的反駁意見。

[49] 就歷史而言，這卻是以相反的方式進行的，也就是說，要到充分分量的綱要化的法律素材確實出現之後，符碼才會形成。我們將在關於法律演化的章節中闡述此點。關於條件式綱要之形式，其所具有之值得注意的悠久歷史，也可參照下述（IV）當中的論述。

[50] 然而，人們或許還必須加上一項條件：在考慮到政治上權力關係，而不會形成反對意見的範圍內。

[51] 其他的平衡形式，係蘊含於裁判權（iurisdictio）的概念中，裁判權包含了一種可能性，使人們能夠偏離嚴格的法律，並且藉著下述可能性而使衡平（Billigkeit）取得主導地位：在此處，可以銜接上一個次級的、較具彈性的法秩序。這樣的運用方式，主要是出現在英國。

[52] Klaus Günther, Der Sinn für Angemessenheit: Anwendungsdiskurse in Moral und Recht, Frankfurt 1988, S. 332，在該處，作者推斷，我忽略了一個關於適用商討（Anwendungsdiskurse）的機會，這樣的適用商討只會允許妥當的事物（das Angemessene）獲得採納。作者問道：「諸綱要可以就事態與符碼值的正確分派做出決定，然而，當此一決定不再能夠明確地被綱要化與條件化的時候，上述命題所要表達的意思又是什麼呢？」這個問題的答案只能是：該決定是可以被綱要化與條件化的，雖然這並不總是明確的，也並非總是在純粹邏輯層次上可以被查明的。諸多綱要對各種改變必定是敏感的，並且其本身也必定是可改變的，但這件事情並未排除，它們可以在各個情況下受到青睞的解釋方式中，滿足其綱要化的功能（Programmierfunktion）。去查明這樣的解釋方式，或者在必要情況下去查明此種解釋方式的改變，是屬於法學論證的事情，而不是一項關於使法律密切聯繫到一更高層次的規制性秩序的問題。「妥當性」畢竟也不是一項具有較高層次屬性的判準，它最多只是一項概括的公式（Resümierformel），藉此公式，法學論證上的結論可以被綜合起來，這些結論唯有藉著充分指明「哪些東西被認為是妥當的，而且為什麼是這樣」，才能夠滿足其固有的功能（關於此點，見第八章）。因為唯有如此，它們自己才能夠承擔符碼化的功能，並且在必要時使其確立陳述（Festlegungen）產生變異。

[53] 例如關於巴西的情況，可參見Marcelo Neves a.a.O. (1992)。

[54] 下列文獻為此處之討論提供了很好的出發點，但卻很少獲得注意：Torstein Eckhoff/Knut Dahl Jacobsen, Rationality and Responsibility in Administrative and Judicial Decision-making, Kopenhagen 1960。也請參照

我發表的一篇引發許多批判的文獻，其中的相關討論：Niklas Luhmann, Rechtssystem und Rechtsdogmatik, Stuttgart 1974。

[55] 關於此點，前面已經有所討論，參見第二章（VI）。

[56] 這是一個在經濟學上的決定理論中，會用「有限理性（bounded rationality）」此一概念來加以回答的問題。不過這樣的作法不能被法律系統承繼。在法律系統中欠缺為此所必需的、對關注的界線（Aufmerksamkeitsschranken）所為之管制，如同經濟領域的企業在其會計結算當中所具有的管制機制一樣。

[57] 這一點引起甚多爭議，尤其是在美國的法理論當中。代表性的文獻可參見Robert S. Summers, Pragmatic Instrumentalism in Twentieth Century American Legal Thought– A Synthesis and Critique of our Dominant General Theory about Law and its Use, Cornell Law Review 66 (1981), S. 861-948。更值得注意的是，桑默斯（Summers）區分了兩種「實體性的論證」（substantive reasons）：「目的論證」（goal reasons）與「正確性論證」（rightness reasons），而且認為兩者彼此間的關係是無法澄清的（S. 914）。顯然，對於目的綱要與條件綱要之統一性或者中介，並不存在任何公式。此外，這種可說令人相當混淆的討論，正好促使我們指明一件事，那就是，在「目的綱要，根本而言就如同所有的行動一樣，都是可以在法律上被評斷的」這一點上，不應存有任何爭議。不過這時候，目的綱要必需轉化為條件綱要的形式，例如：倘若某人有權追求某些特定目的的，它就可以在a, b, c……等前提要件下，採取相應的行動。

[58] 此一用語是在佛斯特的理論意義下被使用，見氏著，Observing systems, Seaside Cal. 1981, S. 201ff.; ders., Principles of Self-Organization and Management of Social Systems: Insights, Promises, Doubts, and Questions, Berlin 1984, S. 2-24 (9f.)。

[59] 對此具有補充作用的一點是，也許存在著一些會嘗試將其環境帶到瑣碎機器形式中的系統，雖然這些系統並不將其自身理解為瑣碎機器。教育系統或許可用來當作例證。它是依照目的綱要的標準來運作，並對各個已經被達成的事物做出反應，不過，這件事情是在以下的情境中發生：使那些應予教育者能夠給出正確答案，並且最後成為可信賴的人。

[60] 關於此點主要可參見 Jean Bottéro, Le “Code” de Hammu-rabi, Annali della Scuola Normale Superiore di Pisa 12, 1 (1982), S. 409-444。

[61] 關於此一「若─則」形式作為法律的形式，所具有之重要意義，參見 Neil MacCormick, Legal Reasoning and Legal Theory, Oxford 1978, S. 45, 53 f. u. ö。麥考密克（MacCormick）認為此一形式是無可避免的，即便當法學論證是指向決定所帶來的後果時，亦係如此。

[62] 關於此點，參見 Niklas Luhmann, Selbstreferenz und Teleologie in gesellschaftstheoretischer Perspektive, in ders., Gesellschaftsstruktur und Semantik Bd. 2, Frankfurt 1981, S. 9-44。

[63] 關於規範性的時間拘束與風險性的時間拘束，兩者間的根本性差異，以及其所具有之非常不同的社會後果，我們已經在前面（第三章）討論過了。

[64] Helmut Willke, Ironie des Staates, Frankfurt 1992, S. 177f。在那裡，威爾克認為，法律發展已經遠離了這樣的想法，而且目的綱要也已經作為法律的設置，而被穩固地建立了，甚至偶爾還會超出這個範圍，而暗示著「關係化綱要（Relationierungsprogramme）」的出現。不過這個時候，威爾克似乎正好應該更為謹慎地指出，目的與關係（Relationen）的這種法學上的相關性，究竟是如何產生的。因為此種政治性的意義授與（Sinngebungen），雖然沒有人會對之提出爭論，但其作為此種意義授與，則尚非具有可行性的法律。

[65] 關於此點，可參照 Jutta Limbach, Die Suche nach dem Kindeswahl– Ein Lehrstück der soziologischen Jurisprudenz, Zeitschrift für Rechtssoziologie 9 (1988), S. 155-160。在相同情況中，法國法官在法律決定上能運用的輔助工具是：父母雙方的合意、子女所明示的意願、既有的現狀，也就是所有已經可得確定的事態。參照Ir ne Théry, The Interest of the Child and the Regulation of the Post-Divorce Family, International Journal of the Sociology of Law 14 (1986), S. 341-358。也可參見同一作者，Divorce et psychologisme juridique: Quelques éléments de réflexion sur la médiation familiale, Droit et Société 20-21 (1992), S. 211-228。

[66] 關於今天已取得主流地位，並且可以社會學作為理論基礎的、懷疑論式的評斷，可參見Richard Lempert/Joseph Sanders, Invitation to Law and Social Science: Desert, Disputes, and Distribution, New York 1986, S. 258ff。尤其可參見第二六九頁以下的確定命題：相對於治療性的意圖，以及對於兒童人格的各方面考量，二元符碼化仍然獲得了貫徹。也可參照Anthony Platt, The Child Savers: The Invention of Delinquency, Chicago 1969。

[67] Charles W. Lidz/Andrew L. Walker, Therapeutic Control of Heroin: Dedifferentiating Legal and Psychiatric Controls, in: Harry M. Johnson (Hrsg.), Social System and Legal Process, San Francisco 1978, S. 294-321，作

者分析了以下這樣的案例，在這些案例中，某個情況裡的視角，在去差異化（Entdifferenzierung）的觀點下，從一個時刻到另一個時刻不斷變更著。

[68] 參照下列文獻中，以合憲性後果的角度所做的考察：Dieter Grimm, Die Zukunft der Verfassung, Frankfurt 1991, insb. S. 197ff., 411ff。按照Grimm的見解，憲法在面對這樣的改變時，唯有使自己適應這樣的改變，才能繼續成全其功能。

[69] 關於對這種制定法的失敗，以及對那與之銜接的、藉由規則的預先規定而達成的革新（Novellierung），所做的案例分析，可參見David Schoenbrod, Goal Statutes or Rules Statutes: The Case of the Clean Air Act, UCLA Law Review 30 (1983), S. 740-828。Schoenbrod強調了在本文中所提到的兩個觀點：目的綱要對較佳的目的達成的條件，所具有之敏感度，無法被窮盡（Nichtausschöpfung），以及，在克服利害關係人的抵抗上，所遭遇的諸多困難。

[70] 關於此點，參照第八章註204。

[71] 也在於透過「結構耦合」而使得此一相互協力能逐漸擴張、並且被規範化——如同我們稍後將會看到的一樣。

[72] 若要將整個傳統用一句話來加以引述，可參照Ernst Forsthoff, Der Staat der Industriegesellschaft: Dargestellt am Beispiel der Bundesrepublik Deutschland, München 1971, S. 12：「主權不僅賦予其承載者合法行使權力的獨占地位，它也賦予了界定法與不法的單獨權能，而且，這項權能在其被濫用的情況中，不會受到制裁。」

[73] 至於我們在這裡是否正確地引用了德里達的「itérabilité」（可重複性）以及「trace」（標記）等概念，在此必須存而不論。無論如何，它們也是關聯到區分動作之基本形式所具有之弔詭。例如可參見Jacques Derrida, Limited Inc., Paris 1990, S. 222ff., 230f。

[74] 我們將在其他的脈絡下回過頭來探討，在此處的「決定」概念下，所應理解到的東西究竟為何。參照第七章（III）。

[75] 也請參照羅爾斯關於「無知之幕」的論述（關聯到在全社會未來當中，自身固有之地位與自身固有之利益），見氏著，Eine Theorie der Gerechtigkeit, dt. übers. Frankfurt 1975, S. 159ff。羅爾斯在其中看到了關於在一般觀點下，對評價活動之參與傾向，所必需之條件。這種想法可上溯到亞里斯多德，但是在那裡，所

設想的對象一開始只是立法者。

[76] 關於針對程序所做的此一論斷，可進一步參見 Niklas Luhmann, Legitimaiton durch Verfahren, Neudruck der zweiten Auflage Frankfurt 1983。

[77] 若關聯到真理的符碼（Wahrheitscode），那麼人們就可以發現到正好與此相應的、可銜接上亞里斯多德學說的討論，見氏著，de interpretatione 9，其中在de futuris contingentibus（論未來的偶然）這個關鍵字底下所做的討論。而在那裡，解決之道也不是在於背離二值邏輯，而是要接納那當下之未決性所具有之自我標示的（selbstindikativ）價值。

[78] 在這裡我們預設了，那在十八世紀當中引進的、關於外在與內在強制的界分判準，根本無法發揮功能。因為一方面，道德在面臨著喪失受到重視的地位的危險時，也會有一些發揮劇烈作用的外在規訓化手段可供使用，另一方面，許多法律規定則是要用來輔助行動或不作為之可能實現，而不是用來規定誡命或禁止誡命。

[79] 參照上述第二章（II）。

[80] 這一點並不是法律系統獨具的特性。根本而言，它可說是以各種不一樣的方式，作為諸功能系統之分出的必要條件。這一點可以透過比較性的分析而顯示出來。關於此點，參見 Niklas Luhmann, Die Homogenisierung des Anfangs: Zur Aufdifferenzierung der Schulerziehung, in: Niklas Luhmann/Karl Eberhard Schorr (Hrsg.), Zwischen Anfang und Ende: Fragen an die Pädagogik, Frankfurt 1990, S. 71-111。

第五章

[1] 關於此點，可參見 Louis H. Kauffman, Self-reference and Recursive Forms, Journal of Social and Biological Structures 10 (1987), S. 53-72, Kauffman，不僅從觀察動作之基本的自我指涉中推衍出系統過程之具有導向性的無盡線性性質，也推衍出系統形式對自己本身之再進入。

[2] 參照George Spencer Brown, Laws of Form, Neudruck New York 1979, S. 10。

[3] 第二章（III）。

[4] 也可參見 Niklas Luhmann, Wie lassen sich latente Strukturen beobachten?, in: Paul Watzlawick/Peter Krieg

(Hrsg.), Das Auge des Betrachters – Beiträge zum Konstruktivismus: Festschrift für Heinz von Foerster, München 1991, S. 61-74。

【5】根據一般的說法，應該將正義放在一個不同於法律問題的其他「層次」上，來予以處理。我們不能接受這樣的說法，因為在此處，這種從弔詭逃開的作法，立刻而且非常明顯地會把我們帶向一個新的弔詭：各個「層次」所構成之差異的統一性問題，也就是說，它又把我們帶回到系統之自我觀察的難題上。

【6】例如，Heinrich Henkel, Einführung in die Rechtsphilosophie, 2. Aufl. München，即持此見解。

【7】關於此點之進一步討論，見第十一章。

【8】亞圖・考夫曼（Arthur Kaufmann）亦持此觀點，見氏著，Theorie der Gerechtigkeit: Problemgeschichtliche Betrachtungen, Frankfurt 1984, insb. S. 31。

【9】參見Niklas Luhmann, Die Wissenschaft der Gesellschaft, Frankfurt 1990, S. 392ff。

【10】參見Niklas Luhmann, Die Wirtschaft der Gesellschaft, Frankfurt 1988, S. 177ff。

【11】參見Niklas Luhmann, Die Funktion der Religion, Frankfurt 1977, S. 200ff。

【12】參見Niklas Luhmann/Karl Eberhard Schorr, Reflexionsprobleme im Erziehungssystem, 2. Aufl. Frankfurt 1988, S. 58ff。

【13】關於這種說法的概觀論述，可參見Hans Nef, Gleichheit und Gerechtigkeit, Zürich 1941, S. 58ff，此一概觀論述同時指出，一直要到近代，那種指涉著美德的正義概念才被抽繹了出來。

【14】參見Aleida und Jan Assmann (Hrsg.), Kanon und Zensur, München 1987; Jan Assmann, Das kulturelle Gedächtnis: Schrift, Erinnerung und politische Identität in frühen Hochkulturen, München 1992, S. 103ff。

【15】此外，各種功效主義式的正義概念，只要它們指涉的是人類的自然傾向（邊沁），那麼它們也可歸屬於自然法式的正義概念之下。它們與古典自然法的唯一區別在於，它們由天生的（angeboren）傾向過渡到後天獲得的（erworben）傾向。

【16】在第十一章（III）的部分，我們將會再回來討論自然法作為法律系統自我描述之形式此一問題。

【17】顯而易見地，這個問題可以藉著一種特別為了自然法之目的而發明的自然概念，來予以迴避。然而這樣的作法並不令人滿意。在這裡，自然法概念所帶來的，不過是一種堅決態度的表述，也就是認為某件事情是正確的堅決態度。不過這時候人們或許也可以直接，而且更清楚地以自我指涉為出發點。

[18] 就典型的情況而言，這件事情雖然不會被**明講**出來，但卻是被**預設**了，亦即，這是為批判提供論理基礎的**唯一**可能性。對此一論點的批判見解，參見Manuel Atienza, Introducciòn al Derecho, Bercelona 1985, S. 121, 122f。

[19] 在「無法進一步解消」這樣的說法中，下面這點當然是毋庸置疑的：一個二階觀察者，可以用分化的方式來描述這樣的事態。扣連著德希達的「補充物」概念，而對此點進行討論的論述，參見Jean-Pierre Dupuy/Francisco Varela, Kreative Zirkelschlüsse: Zum Verständnis der Ursprünge, in: Paul Watzlawick/Peter Krieg (Hrsg.), Das Auge des Betrachters– Beiträge zum Konstruktivismus: Festschrift für Heinz von Foerster, München 1991, S. 247-275。

[20] 加藍也曾經談論過作為「自我證立之理念（self-justifying ideal）」的正義，見氏著，Legal Realism and Justice, New York 1941, S. 124f。不過由此並不必然會得到一結論，認為這裡涉及的只是一種不具有運作上功能的名目性的統一。正好相反：弔詭之開展，從根本上來說，唯有作為運作，才具有可能性。

[21] 關於這種正義理解為選擇判準的見解，在今天可以羅爾斯作為最著名的代表人物，見氏著，A Theory of Justice, Cambridge 1971, dt. übers. Frankfurt 1975。這部著作主要是因為其所達到的精確性，而給人帶來深刻印象。

[22] 關於藉由「不正義感」而建構法秩序的論述，參見Edmund N. Cahn, The Sense of Justice: An Anthropocentric View of Law, New York 1949。

[23] 我是在下列文獻中找到這樣的論述：Pierpaolo Donati, Teoria relazionale della società, Milano 1991, S. 221。

[24] 這是一套舊學說。可參見諸如P.A. Pfizer, Gedanken über Recht, Staat und Kirche, Stuttgart 1842, Bd. 1, S. 57f：平等是「所有法律的形式性因素」。或者參見下述較為晚近的文獻：Chaim Perelman, über die Gerechtigkeit, dt. übers., München 1967, S. 27, 55。

[25] 關於此點，在第二章（IX）的部分已有論及。這第二項規則——對不相等的事物應予不相等之處理——在邏輯上無法直接從平等原則推論出來，這點在今天已經獲得一般的承認。同樣地，平等原則本身並不是不相等處理的理由。關於此點僅需參見Adalbert Podlech, Gehalt und Funktionen des allgemeinen verfassungsrechlichen Gleichheitssatzes, Berlin 1971, S. 53ff。這裡所涉及的，是平等之形式的另外一面，以及下面這件事情：這另外一面不應該被棄置在未被標明的狀態（在所謂「所有其他事情」的意義下），反

而應該要將它明確地標示出來，並且因此使其具有可接近性。正是基於此點，或許我們可以說，透過這第二項規則，正義原則，就其作為法律系統偶連性工式的功能角度看來，才變得完備。

[26] 針對此點所提出之例證，可參見諸如Arlette Jouanna, L'idée de race en France au XVIe si cle et au début du XVIIe, 2. Aufl. 2 Bde., Montpellier [98], insb. Bd. 1, S. 275ff。

[27] 關於此一公式之內容上的前提預設，可參照 Wolfgang Waldstein, Ist das "suum cuique" eine Leerformel?, in: Ius Humanitatis: Festschrift für Alfred Verdross, Berlin 1980, S. 285-320。

[28] 最早是在大約十八世紀末，人們在依照所有權關係而劃分階層的這種化約作法上，以及在藉此而形成的新的、簡直可說不受法律保障的窮人階層上，看到了這一點。參見Jacques Necker, De l'importance des opinion religieuses (1788), zit. nach Œuvres compl tes Bd. 12, Paris 1821, S. 80f。在其中人們可以讀到：「當財產法將最大多數的人縮減到一種最起碼的狹窄程度的時候，就不再是公正的。」不過剛開始的時候，卻沒有出現以基於宗教動機而發動之善行，來化解此一狀態的嘗試，反而是出現了無政府狀態。

[29] 晚近針對正義問題所做的政策學與社會學研究，又重新以分配問題為起點，也就是說，它們停留在「亞里斯多式」的脈絡裡。關於依照財貨領域所提出的內容上的架構，可參見Michael Walzer, Sphären der Gerechtigkeit: Ein Plädoyer für Pluralität und Gleichheit, dt. übers. Frankfurt 1992。他的立場可以被解讀為一種（正好就在財貨領域中）結合平等與不平等的嘗試。另外可參照下列文獻，它們提供了通往晚近討論的進路：Volker H. Schmidt, Lokale Gerechtigkeit– Perspektiven soziologischer Gerechtigkeitsanalyse, Zeitschrift für Soziologie 21 (1992), S. 3-15; Bernd Wegener, Gerechtigkeitsforschung und Legitimationsnormen, Zeitschrift für Soziologie 21 (1992), S. 269-283。進一步還可參見自一九八七年起出版的期刊Social Justice Research（New York）。值得注意的是，迄今為止對於各種情境上不同的問題解決方案所做的思考，最後的結果，都是無法得到清楚可辨認的原則（人們只想要確定，在個別的地方應該要怎麼做）。這樣的作法並不令人滿意，我們甚至還可以質問，在這裡，「正義」的概念是否為正確的選項？因而，我們強調稀少性與正義這些偶連性公式在概念上的分離。另外，諸多問題解決方案所具有之情境的依存性，也暗示了一項疑問：在不具備（法律）系統與歷史上的先在規定的情況下，究竟是否還能擁有（使人們能在其上辨認出相等與不相等的）正義？

[30] 關於此點的較詳盡討論，參見Niklas Luhmann, Gerechtigkeit in den Rechtssystemen der modernen

Gesellschaft, Rechtstheorie 41 (1973), S. 131-167, neu gedruckt in ders., Aufdifferenzierung des Rechts: Beiträge zur Rechtssoziologie und Rechtstheorie, Frankfurt 1981, S. 374-418。

[31] 例如Philippe Nonet/Philip Selznick, Law and Society in Transition: Toward Responsive Law, New York 1978，此外還有Gunther Teubner, Substantive and Reflexive Elements in Modern Law, Law and Society Review 17 (1983), S. 239-283。

[32] 例如可參照Richard C. Thurnwald, Gegenseitigkeit im Aufbau und Funktionieren der Gesellungen und deren Institutionen, Festgabe für Ferdinand Tönnies, Leipzig 1936, S. 275-297；或者更具分化性質的論述：Marshall D. Sahlins, On the Sociology of Primitive Exchange, in: The Relevance of Models for Social Anthropology, London 1965, S. 139-265。

[33] 參見Nikomachische Ethik Buch 5, Kap. 5-7。當中提出了關於分配正義與雙務正義的著名區分。

[34] 例如可參見Lon L. Fuller, The Morality of Law, New Haven 1964, S. 19ff。姑且不論該書的此種觀點，我們可以說，該書就相互性的社會意涵與評價，提出了內容充實的社會心理學式的分析。

[35] 這又導致一項後果，那就是，在中世紀的時候，主要是以那無論如何都具有反抗傾向的魔鬼，來當作正義的代表。

[36] 例如Claude Buffier, Traité de la société civile, Paris 1726, Bd. IV, S. 26ff即持此見解。

[37] 這種拆解的作法，幾乎完全被當代的法哲學所拒斥。同樣，關於憲法上平等原則的司法判決，也以字面民主的方式，亦即指涉著其主觀臆測的通行評價，來使其所做的歧視正當化。就法哲學而言，這種作法的後果是，人們藉此方式獲致了一種倫理性的正義概念，不過這種概念本身，對於那些在社會中流通著的諸多價值判斷所具有之整體性而言，並不具備代表性。例如可參見羅爾斯在前揭書中，對於諸多社會上與經濟上不平等的指涉。我們將會在探討立法問題時（見以下第七章（III）），回過頭來處理這個問題。

[38] 正好是在這裡，而不是在相等/不相等的圖式中，蘊含著與傳統的斷裂。那些強調連續性的學者，其實也談論著諸如「本質上相等」或者「本質上不相等」這類有待填充的空洞公式。例如Ralf Dreier, Recht- Moral- Idologie: Studien zur Rechtstheorie, Frankfurt 1981, S. 277，或者Henkel a.a.O., S. 395f。對此進行批判的文獻則可以Nef a.a.O., S. 105f為例。

[39] 關於此點可參見Peter-Michael Spangenberg, Maria ist immer und überall: Die Alltagswelten des

spätmittelalterlichen Mirakels, Frankfurt 1987。

[40] 關於蘇格蘭轉型過渡階段的情況（將此地的發展與英格蘭法律中衡平法的發展，做一對照，別具意義），可參照David Lieberman, The Legal Needs of a Commercial Society: The Jurisprudence of Lord Kames, in: Istvan Hont/Michael Ignatieff (Hrsg.), Wealth and Virtue: The Shaping of Political Economy in the Scottish Enlightenment, Cambridge Engl. 1983, S. 203-231；進一步把英格蘭納入討論的文獻，可參見同一作者，The Province of Legislation Determined: Legal Theory in Eighteenth-Century Britain, Cambridge Engl. 1989。

[41] 僅需參見 Ralf Dreier, Zu Luhmanns systemtheoretischer Neuformulierung des Gerechtigkeitsproblems, Rechtstheorie 5 (1974), S. 189-200, neu gedruckt in ders., a.a.O. (1981), S. 270-285。

[42] 關於此點的進一步討論，見第七章。

[43] Siehe Melvin J. Lerner, The Desire for Justice and Reactions to Victims, in: Jacqueline Macaulay/Leonard Berkowitz (Hrsg.), Altruism and Helping Behavior: Social Psychological Studies of Some Antecedents and Consequences, New York 1970, S. 205-229.

[44] C.J. Gerhardt (Hrsg.), Die philosophischen Schriften von Gottfried Wilhelm Leibniz Bd. 7, Nachdruck Hildesheim 1965, S. 290.

[45] 主要可參見Dieter Grimm, Die Zukunft der Verfassung, Frankfurt 1991。專門就關於平等原則的法律見解與裁判實務所提出之概觀，也可參見 Reinhold Zippelius, Der Gleichheitssatz, Veröffentlichung der Vereinigung der Deutschen Staatsrechtslehrer 47 (1991), S. 8-33。在這裡，進行實質價值衡量的傾向非常明顯地展露了出來，也就是要在個別情況中做出特有的重要性判斷，在這樣的判斷裡，司法裁判幾乎無可避免地會具有政治性，即便其認為自己受到「規範目的」之拘束。

[46] 針對此點，將在關於結構耦合的章節中，提出更多討論。

[47] 在作為平等的正義與條件式綱要化的這種關係裡面，凱爾生所看到的是一個純粹邏輯上的難題。參見Hans Kelsen, Das Problem der Gerechtigkeit, in ders., Reine Rechtslehre, 2. Aufl. Wien 1960, S. 357ff. (393ff.)。藉著關聯到德希達的「補充物」概念，我們嘗試著指出，問題並非如他所想的一樣。凱爾生顯然沒有注意到，早在他所處的年代，關於邏輯與弔詭間的關係，已經有哪些問題被探討過。

[48] 在Podlech a.a.O., S. 50的地方，人們會讀到，平等原則並非條件綱要。

【49】例如 Karl Engisch, Logische Studien zur Gesetzesanwendung, 3. Aufl. Heidelberg 1963, S. 22ff，即持此見解。

【50】歐洲的舊傳統——至少其中一支是如此——其實傾向於將正義此一**倫理上**的概念，**在內容上**為法律而量身剪裁，例如在下述意義上做出修改：正義使自己指涉著那將他人納入考量的外在行動，或者指涉著那按照法律而應擔負之責任，就如同經院哲學所使用的那些表述方式一樣。

【51】人們可以回想一下曾經出現在美國的、平等與奴隸制度之間毫無保留被預設的相容性。關於自然平等權利的這種「與法律疏遠」的狀態，以及其在一八〇〇年代的憲政上意義，參見Ulrich Scheuner, Die Verwirklichung der Bürgerlichen Gleichheit, in: Günther Birtsch (Hrsg.), Grund- und Freiheitsrechte im Wandel von Gesellschaft und Geschichte: Beiträge zur Geschichte der Grund- und Freiheitsrechte vom Ausgang des Mittelalters bis zur Revolution von 1848, Göttingen 1981, S. 376-401。

【52】關於此一主題的他種探討方式，在這裡僅舉出一個唯一的例子：涂爾幹曾經在其關於社會規範之構成的理論當中，舉出了兩個無法相互化約的可變項：慾望（Begehren, désir）與制裁（Einschränkung, sacré, sanction）。參見下列論文：Détermination du fait moral, in: Emil Durkheim, Sociologie et Philosophie, Paris 1951, S. 49-90，以及François-André Isambert, Durkheim et la sociologie des normes, in: François Chazel / Jacques Commaille (Hrsg.), Normes juridiques et régulation sociale, Paris 1991, S. 51-64。這意味著（或許是一種過度詮釋，因為涂爾幹並沒有對規範概念提出解釋，也幾乎不使用它）：對價值的評估，不能在無限的自由中形成，而規範就是這種條件關係與提升關係（Bedingungs- und Steigerungsverhältnis）的表述。

【53】這種藉由再進入來遮蓋弔詭的作法，會變得更為明顯，倘若在那道德化的理性法的風格中，自由不僅與其對立項區分開來，而另外在其自身上又區分出自由（liberty）與放縱（licentiousness）。關於自由／放縱（libertas/licentia）之區分，乃是當時自然法的共同資產，它是基於針對霍布斯進行論戰的緣由，而被建構出來，但之後卻被用來使那種堅守依此方式被文明化的自由權之作法，獲得正當性，也被用來消除政治上的疑慮。例如可參見Christian Wolff, Jus naturae methodo scientifica pertractatum, Pars I, §§ 150f., zit. nach der Ausgabe Frankfurt- Leipzig 1740, Nachdruck Hildesheim 1972, S. 90f.; ders., Grundsätze des Natur- und Völkerrechts, § 84（此處討論的是自由／狂妄），zit. nach der Ausgabe Halle 1754, Nachdruck Hildesheim 1972, S. 52。如同人們可以在前引出處所看到的，此種由再進入（也就是在區分中對區分進行反覆動作）所構成的弔詭，既可以基於基進批判的目的，也可以基於較為保守——分析的目的而被利用。（關於此

點可參見Richard Price, Observations on the Nature of Civil Liberty, The Principles of Government, and the Justice and Policy of the War with Amrica, 2. Aufl. London 1776, S. 12ff。）在這當中，批判理論早已變得保守。Jürgen Habermas, Faktizität und Geltung: Beiträge zur Diskurstheorie des Rechts und des demokratischen Rechtsstaats, Frankfurt 1992, S. 51，在那裡，他追隨康德（但卻沒有採納對自然法之指涉）而將恣意的自由（Willkürfreiheit）與自主性區分開來。

[54] 例如，關於經濟的情況，可參照Dirk Baecker, Information und Risiko in der Marktwirtschaft, Frankfurt 1988；關於家庭的情況，參照 Niklas Luhmann, Sozialsystem Familie, in ders., Soziologische Aufklärung Bd. 5, Opladen 1990, S. 196-217；關於政治的情況，參照Niklas Luhmann, Gesellschaftliche Komplexität und öffentliche Meinung, in: ders., Soziologische Aufklärung a.a.O., S. 170-182；關於科學的情況，參照Niklas Luhmann, Die Wissenschaft der Gesellschaft, Frankfurt 1990, insb. S. 318ff., 362ff。有待商榷的情況頂多在於，疾病醫療的系統是否構成一項例外？在這裡，醫師的觀察是指向病人的身體。醫師首先要觀察，病人的身體對醫藥產生何種反應。也就是要觀察：病人的身體如何做區辨。也就是說：病人的身體如何觀察「它如何被觀察」這件事。在這裡，可以將心身症的關聯（psychosomatische Zusammenhänge）納入考量。然而與醫師的直接社會性互動，卻仍然是困難的，而且簡直可說是不敏感的，自不待言。

第八章

[1] 一份就歷史而言相當廣泛、但就語言而言頗為狹隘的概論文獻，可參照E. Donald Elliot, The Evolutionary Tradition in Jurisprudence, Columbia Law Review 85 (1985), S. 38-94。也可參照晚近文獻中顯示出的異質性，在Gunther Teubner, Recht als autopoietisches System, Frankfurt 1989, S. 61當中，他指出了這點，並且要求要做概念上的澄清。而在下列文獻中，對於「人們應該由何種系統指涉出發」此一問題，不僅完全沒有給出統一的答覆，甚至還將社會生物學式的理論出發點納入討論：John H. Beckstrom, Evolutionary Jurisprudence: Prospects and Limitations of Modern Darwinism throughout the Legal Process, Urbana Ill., 1989。

[2] 將此一學派所談之法律演化，跟語言之演化做一對比，此種討論方式可參見Alfred Dufour, Droit et langage

dans l'école historique du Droit, Archives de philosophie du droit 19 (1974), S. 151-180。

[3] 例如可參照Robert Charles Clark, The Morphogenesis of Subchapter C: An Essay in Statutory Evolution and Reform, Yale Law Journal 87 (1977), S. 90-162; Robert A. Kegan et al., The Evolution of State System Courts, Michigan Law Review 76 (1978), S. 961-1005; Ronald A. Heiner, Imperfect Decisions and the Law: On the Evolution of Precedent and Rules, Journal of Legal Studies 15 (1986), S. 227-261。

[4] 例如，社會學家Albert G. Keller即提出這樣的建議，見氏著，Law in Evolution, Yale Law Journal 28 (1919), S. 769-783。

[5] 下列文獻特別強調此點：Ernst Mayr, Evolution und die Vielfalt des Lebens, Berlin 1979。

[6] Keller a.a.O., S. 779亦持此見解。

[7] 晚近演化理論與博奕論之間的曖昧關係，只不過是此種宣稱的其中一項例證，並且是R. C. Lewontin首先提出，見氏著，Evolution and the Theory of Games, Journal of Theoretical Biology 1 (1961), S. 382-403。關於在諸多族群內部的賽局的討論，也可參照John Maynard Smith, Evolution and the Theory of Games, Cambridge Engl. 1982。

[8] 關於此點，參見Niklas Luhmann/Raffaele De Giorgi, Teoria della società, Milano 1992, S. 169ff。

[9] 生物學也會在下述問題上遭遇此種難題：是否只存在一種生命的整體演化，這種演化會導致在一個就化學意義而言，原則上具有同種性的複製程序的基礎上，進行物種多樣性的製造？或者應該說，倘若兩性繁衍之條件已經將這些系統特別劃分出來以後，人們是否也可談論個別物種或族群的演化？

[10] 正好在這點上（但是為什麼特別是在這種依賴性的基礎上呢？）經常有人會對「可能存在著諸多次系統的自我再製」這種說法提出爭論。例如，關於經濟的情況，可參見Josef Wieland, Die Wirtschaft als autopoietisches System– Einige eher kritische Überlegungen-, Delfin X (1988), S. 18-29；關於科學的情況，可參見Wolfgang Krohn/Günther Küppers, Die Selbstorganisation der Wissenschaft, Frankfurt 1989, S. 21ff；關於法律系統的情況，可參見William M. Evan, Social Structure and Law: Theoretical and Empirical Perspectives, Newbury Park Cal. 1990, S. 44f。在這當中，「經驗上的」舉證這種（在理論上未經深思的）論證方式——也就是下述假定：只能在人類身上觀察行動——具有重要地位。即便就那些還不具備文字的諸多全社會而言，人們都可以對此項假設提出質疑。同樣地，當人們如此做論證的時候，這樣的作法也就排除了，在此

處所提出的理解之下，演化論對生物學之外的事態的各種適用可能性。

【11】也可參照 Huntington Cairns, The Theory of Legal Science Chapel Hill N. C. 1941, S. 29ff.; Richard D. Schwartz/James C. Miller, Legal Evolution and Societal Complexity, American Journal of Sociology 70 (1964), S. 159-169。

【12】這甚至可能是典型的情況。參照Niles Eldredge/Stephan Jay Gould, Punctuated Equilibria: An Alternative to Phyletic Gradualism, in: Thomas J. M. Schopf (Hrsg.), Models in Paleobiology, San Francisco 1972, S. 82-115。

【13】由黑格爾所提出的、關聯到那由其理論而產生之過渡問題（Übergangsprobleme）之分析，正好就可以放在這個意義下來解讀，例如其在美學演講錄（Vorlesungen über Ästhetik, zit. nach der Ausgabe Frankfurt 1970 Bd.1 (Werke Bd.13), S. 418f.）當中，對象徵性美學（symbolische sthetik）之初始階段所為之鋪陳。關於藝術系統自我生產當中出現的預先調適的進展（preadaptive advances），可進一步參照 Hans Belting, "Bild und Kult": Eine Geschichte des Bildes vor dem Zeitalter der Kunst, Müchen 1990。

【14】更進一步的說明，請參見第四章（IV）的部分中關於條件式綱要化的討論。

【15】即便是在政治系統之「國家化（Verstaatlichung）」這個困難的過渡時期裡，法律系統的自我生產也以演化的方式獲得了貫徹。關於此點可參照 Rudolf Stichweh, Selbstorganisation und die Entstehung nationaler Rechtssysteme (17.-19. Jahrhundert), Rechtshistorisches Journal 9 (1990), S. 254-272。

【16】此外，在法理論之討論範圍內，也在下列問題中形成了一個正好與此具有結構相等性的難題：人們是否可以去談論，或者說，人們是否可以認識到習慣法之形成或變遷——雖然根據一般見解，偏離了法律的實務運作，無法構成法律，或者，雖然法律上錯誤（Rechtsirrtum）被排除了作為法源的可能性？（D.1, 3, 39: Quod non ratione introductum, sed errore primum, deinde consuetudine optentum est, in aliis similibus non optinet.（那些並非基於法律理性，而是起先以錯誤方式被引入，後來才藉著習慣而取得效力的事物，無法適用於其他類似案例中。））也請參見Friedrich Carl von Savigny, System des heutigen römischen Rechts, Bd.1, Berlin 1840, S. 14：「……一件毫無疑問的事實是：無論在何種情況裡，當法律關係被質疑並且被人意識到的時候，其實為此一關係早就已經有一項規則存在，換言之，在碰到這種情況時才去發明一項規則的作法，既不必要，也不可能。」

【17】可參見下列文獻中提出的初步概觀：Jack Goody, Die Logik der Schrift und die Organisation von Gesellschaft, dt. übers. Frankfurt 1990, S. 211ff。

[18] 關於「傳遞上的遲延」作為一種「暫時性記憶」的形式，可參照 Klaus Krippendorff, Some Principles of Information Storage and Retrieval in Society, General Systems 20 (1975), S. 15-35 (19ff.)。

[19] 此種論述方式可見諸Julia Kristeva, Semeiotik: Recherche pour une sémanalyse, Paris 1969, S. 315。

[20] 此種論點係出自下述文獻中使用的術語：George Spencer Brown, Laws of Form, Neudruck New York 1979。

[21] 正如同近來經常被人強調的一論點，此種說法，即便當文字形式、其視覺上的型態等等，在溝通中扮演著重要角色時，仍然有其適用。

[22] 類似的區分也出現在細胞膜當中。在這裡，那些未被改變而遺留下來的物理性的物體，也會被整合進細胞的封閉性的代謝脈絡與複製脈絡中。參照Jean-Claude Tabary, Interface et assimilation, État stationaire et accomodation, Revue internationale de systémique 3 (1989), S. 273-293。

[23] 這裡我們說「變得困難」，因為即使是文字上固定的法律文本，也可能遭到遺忘或者廢棄，這樣的現象特別會出現在印刷術發明之前的時代。參照Mario Bretone, Le norme e il tempo fra tradizione classica e coscienza moderna. Materiali per una storia della cultura giuridica 19 (1989), S. 7-26。

[24] 德希達即運用此種想法，作為其「書寫（Écriture）」概念徹底化的起跳點。尤其可參見Jacques Derrida, De la Grammatologie, Paris 1967; ders., signature événement contexte, in ders., Marges de la philosophie, Paris 1972, S. 365-393, insb. S. 376。

[25] 根據推測，就交易的記錄而言，甚至可以上溯到一個在固有意義的文字發明之前數千年即已開始的時代，也就是可上溯到新石器時代。關於此點，參見Denise Schmandt-Besserat, An Archaic Recording System and the Origin of Writing, Syro-Mesopotamian Studies 1/2 (1977), S. 1-32。

[26] 儘管有「Weissagung」這個德文字可供使用，在這裡我們仍然保留國際上通用的用語，即「Divination」。

[27] 尤其可參見Jean-Pierre Vernant et al., Divination et Rationalité, Paris 1974。

[28] 在中國的情況即為如此。參見Léon Vandermeersch, De la tortue à l'achillée: Chine, in: Vernant et al. a.a.O., S. 29-51。此外，在這裡，人們也可以發現到文字本身演化的絕佳例證。它原本是產生於對那些顯現在獸骨或龜甲上的花紋——當這些東西被相應地預先處理過後——進行摹寫。後來，這些大量出現、並且負載著含意的符號，就作為表意文字（Ideogramme）而被閱讀，並且作為文字而獲得獨立性。若非如此，則幾乎

無法再對那種非常複雜的文字之生成所展現出的突如其來的性質，提出任何說明。作為「預先調適的進展（preadaptive advance）」，文字預設了一種觸及許多生活情境的、已合理化的占卜實踐。

[29] 參見Jean Bottéro, Symptômes, signes, écritures en Mésopotamie ancienne, in: Vernant et al. a.a.O. (1974), S. 70-197。另外還可參照同一作者下列著作中的其他相關論文，Mésopotamie: L'écriture, la raison et les dieux, Paris 1987, S. 133ff., 157ff。

[30] Bottéro a.a.O. (1974), S. 142提到："identité formelle entre justice et divination"（正義和直覺之間的形式同一性）。

[31] 關於此點，參見Jean Bottéro, Le "Code" Hammu-rabi, Annali della Scuola Normale Superiore di Pisa 12, 1 (1988), S. 409-444; Wiederabdruck in ders., Mésopotamie a.a.O., S. 191-223。Bottéro認為，漢摩拉比法典可說是國王讓他自己崇高化（Selbstglorifikation）的一種方式，也就是作為一種政治性的神聖盟約（Testament），它顯示出，秩序如何能夠藉著法律決定而獲得擔保。

[32] 然而，在那商業上高度發展的、積極從事遠距貿易並且仰賴於此的雅典，情況則與羅馬不同，在雅典似乎早在西元前四世紀中葉，就已經達到了上述這樣的事態階段，因為就其本質而言，證人是一項只可用於具體地點的法律制度。參照Fritz Pringsheim, The Transition from Witnesses to Written Transactions in Athens, in: Gesammelte Abhandlungen Bd. 2, Heidelberg 1961, S. 401-409。也可參照William V. Harris, Ancient Literacy, Cambridge Mass. 1989, insb. S. 68ff，關於希臘法律文字化的歷史的一般探討，參見Michael Gagarin, Early Greek Law, Berkeley Cal. 1986, S. 51ff., 81ff., 121ff。

[33] Jan Assmann, Das kulturelle Gedächtnis: Schrift, Erinnerung und politische Identität in frühen Hochkulturen, München 1992, S. 17f., 87ff.（Zitat S. 18）。

[34] 在雅典，即便是在表音文字（Alphabet）已取得主導地位的情況下，此種發展仍然具有緩慢性，關於此點以及關於將文獻建檔的諸多問題，可參見Rosalind Thomas, Oral Tradition and Written Record in Classical Athens, Cambridge Engl. 1989, S. 34ff. Harris a.a.O. (1989)。

[35] 早在雅典，此一區分就已經被利用來對法律之文字性（Schriftlichkeit）進行批判（例如鑑於偽造之可能性以及詮釋上的問題等等），而不成文法也由這個地方為自身取得了「較高價值性（Höherwertigkeit）」的光環。參見John Walter Jones, The Law and Legal Theory of the Greeks: An Introduction, Oxford 1956, S. 26ff.;

Jacqueline de Romilly, La loi dans la pensée grecque des origines à Aristote, Paris 1971, S. 27ff。一直到今天，人們都還可在猶太法律中發現與此對應的學說。在西奈山上，法律既是為了文字上的傳遞，也是為了口頭上的傳遞，而被揭示。雅威（Jahwe）——依照其本質，祂既是時間也是未來——從一開始就已經承認了適應上的彈性（Anpassungselastizität）以及可詮釋性所具有之價值，而且這是以一種未被完結的、甚至可能是採爭議方式來進行的續造，作為代價。關於此點只需參見George Horowitz, The Spirit of Jewish Law (1953), Neudruck New York 1973; Eliezer Berkowitz, Not in Heaven: The Nature and Function of Halakha, New York 1983; Geza Vermes, Scripture and Tradition in Judaism: Written and Oral Torah, in: Gerd Baumann (Hrsg.), The Written Word: Literacy in Transition, Oxford 1986, S. 79-95。在這當中已經假定，口頭學說的誡命以及流傳下來的傳統，並未排除在筆記、註解與註釋當中，使諸多意見被穩固確立下來。最後，關於在普通法當中，就此一區分所提出的新版本，可參見Sir Matthew Hale, The History of the Common Law of England, zuerst posthum 1713, zit. nach der Ausgabe von Charles M. Gray, Chicago 1971, S. 16。在那裡，成文法（lex scripta）被定義為：「由議會所制定的條例或法案，在其原本的組成型態中，它們被化約到文字上，並且以此方式而被保存在其最早出現時所採取的原初形式，以及相同的風格和用語中。」就不成文法（leges non scriptae）而言，當然也可能存在著一些文字書面的資料，但是這些資料並非如同成文法的情況一般，對意義之指認與效力具有準則性，而是只被用來當作流傳意義的形式。

[36] 關於此種宗教意義的呈現形式，也可參見Niklas Luhmann, Die Ausdifferenzierung der Religion, in ders., Gesellschaftsstruktur und Semantik Bd. 3, Frankfurt 1989, S. 259-357。在完全世俗的意義上，希臘文裡的symbólaion（與更為普遍的用語syngraphé並立），則又具有相當於文字書面契約的意義；如此一來，其所具有的含意，是某種分離事物的統一，或者對於此種統一提出證明的可能性。

[37] 關於對較高位階的不成文法提出的主張，最有名的案例或許就是安蒂岡妮（Antigone）的案例。但是此一案例正好就指向對抗「現代的」專制君主。關於古代成文制定法的語言使用方式——此種使用方式使得詮釋，亦即一項由文本與意義所構成的區分，成為必要——可參見下述文獻的明確討論：Lysias, Against Theomnestus I, 6-7, zit. nach der Ausgabe der Loeb Classical Library, London 1957, S. 106ff。此外，李西雅斯（Lysias）在Agaist Androcines 10, a.a.O. S. 121的地方強調，基於罪責而負擔之罰金，其實也是向諸神繳納的，因為祂們的法律受到了侵犯。這個時候，人們可以在成文／不成文制定法這項區分中發現到，他點出

了一項宗教上的背景意義（即便是出於修辭上的理由）。另外，至為明顯的一點是，唯有在書寫文字的文化中，才能夠去談論「不成文法」。

[38] 關於此點，參見Niklas Luhmann, The Form of Writing, Stanford Literature Review 9 (1992), S. 25-42。

[39] Peter Goodrich, Reading the Law, Oxford 1986，即由此而推衍出，法律、文字與象徵性——鎮壓性（symbolisch-repressiv）政治權力之使用，彼此間具有一種**全然貫通**的關聯。當然，在這當中也暴露出一傾向，亦即使得權力概念本身被神祕化。

[40] 語出Dean MacCannell/Juliet F. MacCannell, The Time of the Sign: A Semiotic Interpretation of Modern Culture, Bloomington Ind. 1982, S. 26-27。不久之後，兩位作者即將此稱為「文化的自我解讀」（the self-reading of culture）。

[41] 但無論如何還是可參見下述文獻所提出的思考啓發：L. L. Salvador, Evolution et herméneutique: vers une écosystémique de la cognition, Revue internationale de systémique 6 (1992), S. 185-203。

[42] Goodrich a.a.O. (1986), S. 27.

[43] 關於此點，可參照Karl Clauss, Die Sens-clair-Doktrine als Grenze und Werkzeug, in: Hubert Hubien (Hrsg.), Le raisonnement juridique: Actes du Congr s Mondiale de Philosophie du Droit et de Philosophie Sociale, Bruxelles, 30.8.-3.9.1971, Bruxelles 1971, S. 251-255。

[44] 在立法途徑並不能充分因應，或者只能相當困難地因應的情況中（也就是在對諸法典做詮釋，以及今天越發關鍵的、對各部憲法做詮釋的情況），這樣的問題達到了高點。此一現象其實是很容易理解的。

[45] 當我們要處理今日世界社會中「人權」（Menschenrechte）的演化時，會運用這種思考。參見第十二章（V）。

[46] 關於此點，可參見Heinz Messmer, Unrecht und Rechtfertigung, Diss. Bielefeld 1993（當中還包括了對相關研究的概略介紹）。此項研究牽涉到一項嘗試，也就是要避免以所謂使犯罪行為人／被害人取得抵銷（Täter/Opfer-Ausgleich）的刑事程序，來對付少年犯。

[47] 在社會學文獻中，刑事犯罪行為情況裡的類似事態，是放在「中立化」這個關鍵字底下來處理。被指控者雖然承認法與不法之差異，並且因藉此使自己從屬於法秩序支配下；但是他會尋找一些論證（另外一造之與有責任、對因果關係之不同鋪陳等），這些論證，在系爭案件中可將此差異「中立化」。特別可參

見Gresham M. Sykes/David Matza, Techniques of Neutralization, American Sociological Review 22 (1957), S. 664-670; David Matza, Delinquency and Drift, New York 1964（例如第一八四頁談到「道德假期」〔Moral Holiday〕）。採取此種鋪陳形式的理由是：被指控者在其他角色上也總是以服膺規範的方式而行動，並且尤其仰賴其他人也做與此相同的事情。

[48] Sally Falk Moore對此問題有非常精準的掌握，參見氏著，Descent and Legal Position, in: Laura Nader (Hrsg.), Law in Culture and Society, Chicago 1969, S. 374-400 (376)：「……社會關係越是具有多重性（multiplex），那麼就越是會存在更多的偶連性，而可能對任何特定行為或交易產生影響。這種多重性不僅使得對規範做精確陳述變得困難，有時候它甚至會使得這件事變得不可能，因為對於偶連性的分類，也會隨著從某個案件到另一案件而產生極大變化。」雖然在這樣的全社會裡，也存在著幾乎具有司法性質的規則，也就是那些涉及到個人對全社會諸多次系統的歸屬性的規則（涵括）；但是這時候，這些規則就成了個人與生俱來的、或者後來取得的性質，而突顯了出來，並且也因而不具有直接的法律上後果。

[49] 針對單純而未分化的全社會當中的法律所做的研究，其實主要也是受到這種問題的導引，亦即：當固定的規則根本不存在的時候，甚至根本不存在對行動與規則的性質做出區分的可能性的時候，人們究竟可否談論法律的存在？由此出發，人類學者則轉向下述問題：衝突應該如何被處理，並且在爭執點上獲得調解——無論是有，或者沒有援引那些以個案方式而具有指引作用的規則？可參照諸如Max Gluckman, The Judicial Process among the Barotse of Northern Rhodesia, Manchester 1955; Paul J. Bohannan, Justice and Judgement among the Tiv, London 1957; Lloyd Fallers, Law without Precedent: Legal Ideas in Action in the Courts of Colonial Busoga, Chicago 1969; Philip Gulliver, Structural Dichotomy and Jural Process among the Aruscha of Northern Tanganyika, Africa 31 (1961), S. 19-35; ders. Dispute Settlements without Courts: The Ndendeuli of Southern Tanzania, in: Laura Nader (Hrsg.) a.a.O., S. 24-68; Leopold Pospisil, Kapauku Papuans and Their Law (1958), Neudruck o.O. 1964。關於更原始的關係，可參見Ronald M. Berndt, Excess and Restraint: Social Control among a New Guinean Mountain People, Chicago 1962。

[50] 我們把起先肯定具有功能上等同性的占卜實踐留在這裡，並且接下來不再討論它。但有一點可留待思考，那就是，在那些維護、培養此一取向，並且在此基礎上建立其書寫的全社會（例如中國），也就相應地比較不具備發展出精緻法律文化的誘因。

【51】針對今天仍然存在的部落社會所做的眾多研究（相關文獻參見前註49），也顯示出同樣的結果。然而這些研究幾乎無法呈現原始的狀態，而是只能處理這樣的社會，這些社會（尤其在非洲）已經受到高度文化的影響，並且後來也在殖民政權的影響下生活。它們因此其實已經是世界社會的部分。

【52】針對這樣的分化過程，只出現相對少數的歷史研究；而且，正好就是對於社會科學觀察方式的繼受，反而促使人們走上相反的取向，亦即對於關聯的強調，而非對於差異的強調。關於羅馬法上的發展，參見Antonio Carcaterra, Intorno ai bonae fidei iudicia, Napoli 1964; ders., Semantica degli enunciati normativo-giuridici romani: Interpretatio iuris, Bari 1972；關於普通法的情況，參見Oliver W. Holmes, The Path of the Law, Harvard Law Review 10 (1897), S. 457-478。

【53】倫理**從來沒能**勝任處理**此一**問題的重責大任，這點以可以間接地由我們關於分出的論證獲得證實。就相等性與不相等性做成決定，需要有一些已經在法律系統的自我再製中，證明了自身效用的區分，來進行導引。單純倫理性的、並且在相當程度也是素樸道德性的（rohmoralisch）論證，最後會導致恣意，而恣意則會導致不正義。當然，這一點是有爭議的。僅需參見：David Lyons, Justification and Judicial Responsibility, California Law Review 72 (1984), S. 178-199; ders., Derivability, Defensibility, and the Justification of Judicial Decisions, The Monist 68 (1985), S. 325-346，關於此點還可參見 Neil MacCormick, Why Cases Have Rationes and What These are, in: Laurence Goldstein (Hrsg.), Precedent in Law, Oxford 1987, S. 155-182 (166 ff.)。

【54】當然，對此可以舉出一些例外，這點不應予以否認。本書作者在擔任法律實習生（Rechtsreferendar）的時候，曾經有過一些這方面的經驗，其中一次是，地方法院的法官要求，要在一則刑事判決草案（該案涉及一件交通事故）中考量下列事實：有罪的被告在戰爭中曾經獲頒一等鐵十字勳章。後來改良過的判決理由草案則稱，獲頒高級戰功勳章者，可能高估了自己的駕駛能力，並且變得不夠小心——如果不說他是莽撞駕車的話。這樣的理由仍然無法讓法官滿意。法官認為，戰功勳章只應作為個人的特徵被提及，而不應具有（可審查的）法律上的後果。

【55】關於此點可參照Joseph C. Smith, The Theoretical Constructs of Western Contractual Law, in: F.S.C. Northrop/Helen H. Livingston (Hrsg.), Cross-Cultural Understanding: Epistemology in Anthropology, New York 1964, S. 254-283。

【56】參照 Wolfgang Kunkel, Herkunft und soziale Stellung der römischen Juristen, 2. Aufl. Graz 1967; Mario

Bretone, Storia del diritto romano, Roma 1987, S. 153ff。關於在此之前的雅典，對法律問題進行之修辭學——政治性的處理，參照J. Walter Jones, The Law and Legal Theory of the Greeks: An Introduction, Oxford 1956, S. 128ff.；Hans Julius Wolff, Rechtsexperten in der griechischen Antike, Festschrift für den 45. Deutschen Juristentag, Karlsruhe 1964, S. 1-22。

[57] 因而，在Harold J. Berman, Recht und Revolution: Die Bildung der westlichen Rechtstradition, dt. übers., Frankfurt 1991一書中，也藉著類似的論證而認為，具有決定性的變革，是建立在社會發展與組織性發展的合流基礎上，而且又伴隨著起先於十一／十二世紀中重新發現的羅馬法文本。此處的動機，似非在於那仍有待創立的法律系統，而是在於教會對皇室可能建立的神權政體、亦即對一種政治——宗教性的君主專政所採取的抵抗。

[58] 關於此點的更詳盡探討，見第十章（III）。

[59] 最初，地產（Grundbesitz）並不屬於個人所有權，而是屬於氏族所有權。唯有具可移動性的、可用手抓取之物，才能作為res mancipi（要式物）。然而，這個現象卻隨著城市建立所產生的作用，而起了變化。不過即使是那個時候，剛開始時也還沒出現一種廣泛的所有權概念，以及就物法（Sachenrecht）與人法（Personenrecht）所做之區分。例如，人們在此是將res mancipi（要式物）（以及由此衍生的mancipatio〔要式買賣〕與emancipatio〔解放〕）與res nec mancipi（略式物）（例如小型牲畜、pecus、pecunia等）區分開來。這樣的區分，是針對著片段式社會秩序中，對其具有重要性與不具重要性的事物而做的，它明顯地指涉著要維繫那仍然處於此狀態的社會的取向。那些不具有ius commercium（貿易權）的外邦人，無法進行mancipatio（要式買賣），這件事其實也體現著上述論點。一直到已經高度發展的共和晚期法學，羅馬法仍然主要是由家計（Haushalt），也就是「familia」（家族）的角度為出發點。關於Quintus Mucius Scaevola的學說，可參見：Aldo Schiavone, Nascita della Giurisprudenza: Cultura aristocratica e pensiero giuridico nella Roma tardo-repubblicana, Bari 1976, S. 116f。

[60] 關於此點，參見Robert C. Palmer, The Origins of Property in England, Law and History Review 3 (1985), S. 1-50，當中討論了1153到1215這段期間當中的發展。此種現代意義下的所有權，在該文中非常明顯地被描述為某種演化式發展的結果，也就是作為「由偶發事件發展而形成的法律部分：也就是由那些具有未預料到的後果的行為」（S. 47）。當時的促發因素，起先是為了對那些在封建制度脈絡中出現的、關於家臣間

的、以及家臣與領主間的政治上衝突，尋找解決方案。

【61】甚至還可用反諷的方式——如果人們可以將對於猶太法律的觀察添加進來的話。參見Louis Ginzberg, On Jewish Law and Lore (1956), Neudruck New York 1977, S. 127-150。

【62】這樣的說法也適用於生命系統的演化，尤其當人們認為，在「系統固有複雜性之提升」意義下的取向宣示（Richtungsangabe），乃是演化之一項特徵時，該說法亦可適用。關於此點，參見G. Ledyard Stebbins, Adaptive Shifts and Evolutionary Novelty: A Compositionist Approach, in: Francisco Ayala/Theodosius Dobzhansky (Hrsg.), Studies in the Philosophy of Biology: Reduction and Related Problems, London 1974, S. 285-306 (302ff.)。也請參照同一作者，The Basis of Progressive Evolution, Chapel Hill N. C. 1969。

【63】參照第四章。

【64】此一作為某種讓步而提出之見解——見Ulpian在D.1,4,1,1所提出的名句：Quod principi placuit, legis habet vigorem（皇帝所規定之事物，即具法律效力。——譯按：Luhmann 之引文，實係出自 D.1,4,1 pr.）——一直要到現代早期，才被用於主權設準（Souveränitätsmaxime）的位階；即便在這個時候，人們的出發點也必定是，一個具有美德的君主，其喜好不可能出於全然之任意，否則的話，他就不是君主，而是暴君，人們則可以合法地對暴君予行使抵抗。

【65】關於此點，參見 Schiavone a.a.O., insb. S. 69ff。

【66】Schiavone則提出了法學中的性質跳躍（Qualitätssprüngen）的說法，而這正好是以一種被密集培養的傳統拘束，作為基礎，亦即一種「羅馬法學，作為一種特有的思考方式而得到創生，它具有強烈的自我再生產的特質，也擁有獨特的概念與邏輯配備。這些東西為它確保了它專有的、理論性的規則，使之與其他的知識形式區分開來，並且賦予它一種長久持存的傾向」（a.a.O., S. 86f.）。

【67】這項原則，由於是出自Alfred S. Romer, The Vertebrate Story, Chicago 1959，因而經常被稱為羅默（Romer）原則。

【68】在早已具備極高程度之書寫文化可供使用的那些所謂「文字」社會中，仍然幾乎均以口頭方式進行溝通，而為此所必需之形式，則也在書寫文本中被保存下來。這點在今天已經獲得廣泛承認。關於法律的情況，參見 Peter Goodrich, Literacy and the Language of the Early Common Law, Journal of Law and Society 14 (1987), S. 422-444。相對應的情況，也可以在醫藥及對其所做之研究領域中，獲得確認。尤其可參見薩勒

諾（Salerno）醫學院的文件，這些文件被複印在：The School of Salernum: Regimen Sanitatis Salerni: The English Version by Sir John Harington, Salerno, Ente Provinciale per il Turismo, o.J.。此一英語版係於一六〇七（！）年為印刷版（！）而撰。

[69] 由波丹（Bodin）之前的那些支持法律主權式的（rechtssouverän）君主統治政體者，為此種體制所提出之法律論理基礎，即可看出此一趨勢。在Jacobus Omaphlius, De officio et potestate Principis in Reipublica bene ac sancte gerenda libri duo, Basel 1550一書中，人們可以看到一些通用的成語，例如“Princeps legibus solutus est”（皇帝不受法律約束），“Princeps lex animata in terris”（皇帝乃其所轄領域內之活法源），“Principis voluntas pro ratione habeatur”（皇帝之意志，即如理性一般，應予遵守），或者前註64當中引用的那句名言，不過，無論就當時事實上的法律狀態，或者就文本本身而言，都並沒有使君主脫離法律約束之意。作為以不顧脈絡的、並且因此具有捏造意義性質的設準建構方式的一個例證，也可參見 Adhémar Esmein, La maxime “Princeps legibus solutus est” dans l'ancien droit public français, in: Paul Vinogradoff (Hrsg.), Essays in Legal History, London 1913, S. 201-214。關於此句名言之歷史的更詳盡討論，參見Dieter Wyduckel, Princeps Legibus Solutus: Eine Untersuchung zur frühmodernen Rechts- und Staatslehre, Berlin 1979。另一個例子則是關於D.45,1,108當中一段陳述的使用，依該陳述在文本當中原本的位置來看，它原本要處理的是一則複雜的嫁資（Mitgift）案件。在原文中的那句話是：“nulla promissio potest consistere, quae ex voluntate promittentis statum capit”（若使某項承諾繫諸為承諾之人之意思，則該承諾無效）。Jean Bodin, Les six livres de la République, Paris 1583, Neudruck Aalen 1967, S. 132當中，卻錯誤地引用這段話，也就是將promissio（允諾）代換為 obligato（債），並且由此而推衍出具有重要後果的學說，亦即，基於自然法上的理由，主權者也無法約束其自身。最後一個例子則是：“Quod omnes tangit abomnibus tractari et approbari debet”（涉及所有人之事務，應由所有人商議並認可之）這句話，原本是牽涉到具有多數監護人的情況，然而在中世紀時，它卻在關於團體中的代表原則（Repräsentationsprinzips）的討論裡，被用來當作論證。

[70] 其中特別有名的就是法國「coutumes」（習慣）的官方編纂，這項工作早在十五世紀，也就是在引進印刷術之前，就已經展開，但是卻藉助印刷術而廣為流傳，並且獲得改良，也在法學上進行了全面整理與現代化。對此所做的簡要概論，參見Philippe Sueur, Histoire du droit public français Xve-XVIIIe si cle Bd. 2, Paris 1989, S. 39ff。

[71] 在義大利，早在十五世紀，也就是引入印刷術之前，就已經開始出現對中世紀典型的法學文本處理方法的人文主義式（也許說是修辭學式的會更為恰當）批判。不過在這當中起先被突顯出來的是風格問題，而早已存在的、對於修辭學傳統的長期維護，則為此提供了工具。例如可參照Domenico Maffei, Gli inizi dell'umanesimo giuridico, Milano 1956, Neudruck 1968。關於印刷術所帶來的後果——這一直要到十六世紀才構成問題——可參見Hans Erich Troje, Wissenschaftlichkeit und System in der Jurisprudenz des 16. Jahrhunderts, in: Jürgen Blühdorn/Joachim Ritter (Hrsg.), Philosophie und Rechtswissenschaft: Zum Problem ihrer Beziehungen im 19. Jahrhundert, Frankfurt 1969, S. 63-88; ders. Die Literatur des gemeinen Rechts unter dem Einfluβ des Humanismus, in: Helmut Coing (Hrsg.), Handbuch der Quellen und Literatur der neueren europäischen Privatrechtsgeschichte II, 1, München 1977, S. 615-795 (741ff.)。在普通法的領域裡，基於相同的誘因，人們卻只能發現到一些不具成效的、以大陸法系領域中修辭學——人文主義趨勢為導向的提議。關於此點，參見Peter Goodrich, Languages of Law: From Logics of Memory to Nomadic Masks, London 1990, insb. S. 70ff：進一步還可參見Francis Bacon提出的、同樣是沒有成效的提議，他主張要藉由新的立法彙整，以及立法在方法上的科學化，來對立法的途徑做出回應。參見De augmentis scientiarum 8, 3, aphorism 59ff., zit. nach der engl. übersetzung in: The Works of Francis Bacon, London 1857 ff. Bd. V (1861), S. 10ff.; ders., A Proposition to His Majesty...... Touching the Compilation and Anmendment of the Laws of England, Works a.a.O. Bd. XIII (1872), S. 57-71，以及 Barbara Shapiro, Sir Francis Bacon and the Mid-Seventeenth Century Movement for Law Reform, American Journal of Legal History 24 (1980), S. 331-360。

[72] 關於此點，以及由培根經過霍布斯再經過布萊克斯頓最後延續到邊沁的反對運動流派，參照Gerald J. Postema, Bentham and the Common Law Tradition, Oxford 1986; David Lieberman, The Province of Legislation Determined: Legal Theory in Eighteenth-Century Britain, Cambridge Engl. 1989。

[73] 關於此事之例證，亦即責任法（Haftungsrecht）與美國法上的正當程序條款（due process Klausel），參見Lawrence H. Friedman, Total Justice, New York 1985。

[74] 例如可參見 Iustus Lipsius, Politicorum sive civilis doctrinae libri sex, zit. nach der Ausgabe Antwerpen 1604, S. 96; Jean de Marnix, Résolutions politiques et maximes d'Estat, erw. Auflage Bruxells 1629, S. 286ff.; Johann Hieronymus Im Hof, Singularia Politica, 2. Aufl. Nürnberg 1657, S. 241ff.; Estienne Pasquier, Les Recherches

de la France, Neuauflage Paris 1665, S. 678（“Il n’y a rien qu’il faille tant craindre en une Republique que la nouveauté. ”〔它對一個共和國的恐懼不可能和對新事物的恐懼一樣〕）。

[75] 人們也可以在稍晚於此一時期的美國歷史發展中確知，現代（資本主義）經濟秩序的前提條件，是在法律系統中，而不是在政治系統中被創造出來。參見Morton J. Horwitz, The Transformation of American Law, 1780-1860, Cambridge Mass. 1977。對此抱持批判態度的文獻（對普通法的固有貢獻提出質疑，並且指出對於民法傳統某些方面的繼受），可參見A.W.B. Simpson, The Horowitz Thesis and the History of Contracts, in ders., Legal Theory and Legal History, London 1987, S. 203-271。進一步還可參照同一作者，Innovation in Nineteenth Century Contract Law, a.a.O., S. 171-202。

[76] Heino Garrn, Rechtsproblem und Rechtssystem, Bielefeld 1973, S. 28在討論到系統與問題解決方案的持續進行著的調整時，即銜接上Nikolai Hartmann而提出這樣的說法。

[77] 此處只不過是以另一種方式來鋪陳一項確定立場，亦即，以法律之功能作為導向，並不足以使系統的決定確立下來。

[78] 關於此點，以及在普通法中與此類似的、具有個案取向的法律發展，參見Edward H. Levi, An Introduction to Legal Reasoning, University of Chicago Law Review 15 (1948), S. 501-574。

[79] 關於此點，參見Alan Watson, The Evolution of Law, Baltimore 1985，當中舉出了一些以羅馬契約法之演化為本的絕佳例證。在這裡，那些幾乎無法由經濟發展來加以說明的無償（unentgeltlich）契約類型的建構（委任mandatum、寄託depositum）會引發人們進行思考，而對此的合理（法律內在性）解釋則是，在締結契約時，當那種堅持以形式方式確立權利與義務的作法，被認為是不可期待的時候，法律也需要，而且正好需要在友誼互助行為上，賦予法律保障。此外，正好是在契約制度上可以顯示出，法律問題並不是蘊含於諸如雙方給付義務的協調上——這個問題大可委由經濟系統來處理——而是在於「雙務」聯繫（Konnex）的延續上，也就是在於，要克服那些**在契約締結後**以未被預期的方式出現的障礙事由。

[80] 參照Peter Goodrich, Reading the Law, Oxford 1986, S. 55f., 117。

[81] 駁斥此一區分的見解，參照W. Jethro Brown, Law and Evolution, Yale Law Journal 29 (1920), S. 394-400。就社會學的角度來看，駁斥「意向／非意向此項區分可能具有關鍵地位」這項見解，是以由行動理論邁向系統理論之過渡，作為條件。

[82] 以比較的觀點進行探討，並且提出相應的類型化的文獻，參見D. Neil MacCormick/Robert S. Summers (Hrsg.), Interpreting Statutes: A Comparative Study, Aldershot UK 1991。

[83] 參照"Abwägung" – Ein neues Paradigma des Verwaltungsrechts: Von der Einheit der Rechtsordnung zum Rechtspluralismus, Frankfurt 1984。

[84] 前面（見第四章〔IV〕）已經討論過一種傾向：在決定的**結果**當中去尋找決定之理由，這些結果在做決定的時間點上，並不會是已知的，而是必須以某種方式被評估的。這種傾向就是「失誤容受性」的趨勢的明顯例證。從既判力（Rechtskraft）的角度來看，對結果的評估是否出現失誤，並不會造成任何區別。也可參見下述文獻中，對表面上具有精確性的「法律的經濟分析」的論斷：Anthony D'Amato, Can Any Legal Theory Constraint Any Judicial Decision, University of Miami Law Review 43 (1989), S. 513-539。

[85] 關於十八、十九世紀時，英國在這方面的發展，參見Gerald J. Postema與Jim Evans 在下列文集中的文章：Laurence Goldstein (Hrsg.), Precedent in Law, Oxford 1987。

[86] 關於此點，參見下列文獻在一種象徵性可一般化的溝通媒介的理論脈絡中，所提出之論述：Niklas Luhmann, Macht, Stuttgart 1975。

[87] 持此見解者，尤以Berman a.a.O. (1991) 為代表。

[88] 例外情況則出現在十七世紀時，可說是具有集中性的形式中，也就是高等貴族所具有的那種形式；在今天，當警察基於「公共安全與秩序」之理由，也就是為了避免更大的動亂，而拒絕介入的時候，也會再度出現這種例外情況。

[89] 這兩種解決方案，本身又可以藉由其允許那些耦合的諸系統所具有之自由程度，而區分開來，關於此點，參見底下第九章與第十章。

[90] 這些論述出自Pierre Ayrault, Ordre, formalité et instruction judiciaire (1576), 2. Aufl. Paris 1598, S. 90 und 97。此部著作係以刑事程序為探討內容。

[91] Ayrault a.a.O. (1598), S. 91ff 說道「Qu'il n y arien si iuste qui ne puisse avoir son opposite aussi iuste」（不可能一種東西是公正的，其相反的東西也是公正的）。其提出的例子則是：Orest案件中的弒父或弒母行為。這時候，弔詭的解消，只能在純粹法學層面上，透過規則／例外之圖示，而獲得成就。此外，人們在此還必須考慮到，在文藝復興晚期的修辭學理，對於弔詭式論述的崇拜是相當普遍的，並且這不能被視為認識

上的錯誤，而是應該被視為對進一步思索的要求。參照下述文獻中的眾多素材：Rosalie L. Colie, Paradoxia Epidemica: The Renaissance Tradition of Paradox, Princeton 1966。

[92] 關於此點之詳盡討論，參見Berman a.a.O. (1991)。

[93] 參照Winfried Schulze, Bäuerlicher Widerstand und feudale Herrschaft in der frühen Neuzeit, Stuttgart 1980。

[94] 例如，Alan Watson a.a.O. 1985即在關於羅馬民法傳統之討論脈絡中採取這樣的立場，不過他採用的是某種較未發展完備的演化論。

[95] A.a.O. (1986).

[96] 參見Robert C. Clark, The Interdisciplinary Study of Legal Evolution, Yale Law Journal 90 (1981), S. 1238-1274。就細節而言，在這種法律之經濟分析理論內部，有許多論點，包括其針對選擇原理所提出之精確論述，都是有爭論的。也可參照下列論文：Paul H. Robin, Why Is the Common Law Efficient, Journal of Legal Studies 6 (1977), S. 65-83，以及 Jack Hirshleifer, Evolutionary Models in Economics and Law: Comparative versus Conflict Strategies, Research in Law and Economics 4 (1982), S. 1-60，這兩篇論文雖然沒有繼續討論關於成果判準（Erfolg-Kriterium）的問題，但是在探討經濟合作的好處時，卻附帶地考量到了從事法律爭訟所帶來的好處，而其主要理由則為，對抗那些無效率的規則，必定會具有經濟上的效益。

[97] 例如可參照Jean Lave, Cognition in Practice: Mind, Mathematics and Culture in Everyday Life, Cambridge Engl. 1988。

[98] 這些論證並不是要拿來當作反駁：它們只是要求，在經驗性的證據提供上，應具備更高的精確性，以及應該提出一套更為明確的演化論式論證。

[99] 另一個比較觀點可能是：系統論對法律所做之分析，相較於經濟分析而言，更能製造出指涉己身的（自我套用）較佳回溯推論，並且也比較能勝任此一任務。

[100] 人們也可以與統計學家可期待抱持的反對意見相互對立，而將此稱為或然性事物之低或然性。這只不過是說明了，就語言來看，「某個特定的句子被說出來」這件事情，僅具有極端低度的或然性，但同時這種低或然性卻又是完全正常的，也就是說，它是每個被說出來的語句語句均具有之特徵。正因如此，語言的形成只能夠以演化的方式來加以說明。

[101] 參照第八章（VI）與（VII）的部分。

[102] 這件事無論如何都不會發生在規範與事實的區分形式中（此一形式乃是橫向貫穿了概念與利益之區分），因為系統系統也可以藉著使法律規範指向外部規範，而藉此接納了外部規範，並且將內部事實（例如，某部法律之合乎形式的公布）認定為具有相關性。

[103] 無論從什麼角度來看，Aristoteles, Rhetorik 1354 b都是持此種見解，且此一見解在中世紀時也獲得廣泛注意。亦可參照Aegidius Columnae Romanus, De Regime Principum, zit. nach der Ausgabe Rom 1607, Nachdruck Aalen 1967, S. 506ff。

[104] 就此點而言，關於在英國與蘇格蘭的情況，參見Neil MacCormick, Legal Reasoning and Legal Theory, Oxford 1978, S. 61。

[105] 這並沒有排除藉著指涉個人來確立時間界線，例如使制定法之效力或者契約效力繫於個人之生存期間——這些個人本身則同意接受與之相對應的拘束。此種觀點幾乎可說是合乎自然的，因而在中世紀時人們很明顯地不願意脫離這樣的思維。

[106] 不過應該注意的一項後果是，就這點而言，必須承認憲法是一項例外，否則，新的制定法就可能逐步地把憲法掏空；還有另一項產生於此的後果則是，憲法意義之變遷，在相當高的程度上必須是透過解釋來達成。

[107] 但是我們須補充一點，那就是，「主觀權利」的現代形式，只反映了人格化的其中一部分而已。因為，人格化也牽涉到一些其他情況，例如，那些基於權利之侵害或者基於其他不法行為而產生之請求權，只能以個人，不能以群體或者任何種類的社會條件脈絡作為訴求對象。此種發展趨勢的開端，與封建系統中氏族結構的瓦解有關，但也與教會為對抗那逐漸顯出其輪廓的政治性神權政體，而做出之抵抗有關，在英國，這樣的態勢早在十二世紀時即已逐漸成形。關於此點，參見Brian Tierney, Religion and Rights: A Medieval Perspective, Journal of Law and Religion 5 (1987), S. 163-165。更詳盡的說明，可參見同一作者，Religion, Law and the Growth of Constitutional Thought 1150–1650, Cambridge Engl. 1982。進一步可參照Palmer a.a.O. (1985)。

[108] 也可參見第五章（IV）。

[109] 可參照第十章（I），在該處會再度討論這點。

[110] 例如可參見Dieter Grimm, Die Zukunft der Verfassung, Frankfurt 1991, insb. S. 190ff 當中基於憲法觀點而做

的探討。

【111】關於區域性的個案研究，可參見諸如Vilhelm Aubert, Continuity and Development in Law and Society, Oslo 1989。

【112】例如Lawrence M. Friedman, Total Justice, New York 1985, S. 6ff即持此見解。然而與此矛盾的是，在該書之另一處（S. 97f.），卻也提出了一項重要見解，亦即，少數個人的活動，其實已經足以引發顯著改變的印象，而這點是源出於溝通的重要性。

【113】A.a.O. (1985).

【114】基於好奇心，以及在對女性主義抱持興趣之意義下，欲於此補充說明：一直到一百年前，倘若法律還嘗試著介入並限制家長權（hausherrliche Gewalt）的話，則這樣的社會可以被歸類為奴隸社會，在西班牙的情況尤為如此。人們在法桂拉（Félix M. de Falguera）的作品中還可讀到這樣的一段話：“El pueblo en que el jefe de familia no puede arreglar sus asuntos domesticos sin pedir permiso al juez, o sin consultar de continuo la ley, es un pueblo esclavo......Qué sacaremos de ser reyes en el Parlamento si no podemos reinar en nuestra casa?”（如果說，在某個民族裡，家族的首腦必須先取得法官的許可，或者必須不斷地向法律提出諮詢，才能夠處理自己家裡的事務的話，那麼這必定是奴隸民族。……如果我們連自己家裡的事務都無法掌理，那麼即便登上王位或組成議會，又算得上什麼呢？），見氏著，Idea general del derécho catalán: Su espiritu y pricipios que lo informan, in: Conferecias de derecho catalán, Barcelona 1883, zit. nach Juan B. Vallet de Goytisolo, Estudios sobre Fuentes del Derecho y Método Juridíco, Madrid 1982, S. 51。

【115】參見第十二章，尤其是（V）的部分。

第七章

【1】關於一則歷史性的案例分析，可參照Rudolf Stichweh, Zur Entstehung des moderrnen Systems wissenschaftlicher Disziplinen: Physik in Deutschland 1740-1890, Frankfurt 1984。

【2】Karl Otto Hondrich, Die andere Seite sozialer Differenzierung, in: Hans Haferkamp/Michael Schmid (Hrsg.), Sinn, Kommunikation und soziale Differenzierung: Beiträge zu Luhmanns Theorie sozialer Systeme, Frankfurt

1987, S. 275-303，就強調了這一點（不過，其實還沒有人主張過不同的觀點）。

[3] Rhetorik I 1354b。關於此點可參見Aegidius Columnae Romanus, De regimine principum (1277/79), zit. nach der Ausgabe Romae 1607, S. 506ff。

[4] 例如可參見Pietro Costa, Iurisdictio: Semantica del potere politico nella pubblicistica medievale (1100-1433), Milano 1969; Brian Tierney, Religion, Law, and the Growth of Constitutional Thought 1150-1650, Cambridge Engl. 1982, S. 30ff.; Edward Powell, Kingship, Law and Society: Criminal Justice in the Reign of Henry V., Oxford 1989。

[5] 關於此點，參見下列文獻中的全盤性概觀：Shmuel N. Eisenstadt, The Political System of Empires, New York 1963。

[6] 一直要到出現了關於國家主權的全新構思之後，人們才在此基礎上對此提出了批判。例如法學家C. L. P.（Charles Loyseau, Parisien）在其Discours de l'abus des iustices de village, Paris 1603當中所提出的尖銳論點。

[7] 參照Heinz Mohnhaupt, Potestas legislatoria und Gesetzesbegriff im Ancien Régime, Ius Commune 4 (1972), S. 188-239; Michael Stolleis, Condere leges et interpretari: Gesetzgebungsmacht und Staatsbildung in der frühen Neuzeit, in ders., Staat und Staatsräson in der frühen Neuzeit: Studien zur Geschichte des öffentlichen Rechts, Frankfurt 1990, S. 167-196。同時代的一手佐證資料，可參見Johannes Althusius, Politica methodice digesta (1614), Cap. X, Nachdruck der Harvard Political Classics Bd. II, Cambridge Mass. 1932, S. 94ff，在其中，作者將制定法之頒布（promulgatio）、解釋（interpretatio）與執行（executio）概括稱為最高法權（ius majestatis）的構成要素。

[8] 當對制定法所進行之解釋，無法獲得明確結論時，就得採取「訴諸君主」（recourir au Prince）的作法，這種作法也被稱為「請示立法」（référé législatif）。關於此點，參見下列文獻的著名段落：Jean Domat, Lex loix civiles dans leur ordre naturel, 2. Aufl. Paris 1697, Bd. 1, S. 25。進一步還可參見Mohnhaupt a.a.O. (1972), S. 220ff就十七與十八世紀歐洲的實際情況所做的概觀論述。

[9] 關於此點，參見下列文獻（其中援引了未出版的文獻來源）：Gerald J. Postema, Bentham and the Common Law Tradition, Oxford 1986, insb. S. 191ff.; David Lieberman, The Province of Legislation Determined: Legal

Theory in Eighteenth-Century Britain, Cambridge Engl. 1989。

[10] 參照Regina Ogorek, De l'Esprit des légendes, oder wie gewissermaβen aus dem Nichts eine Interpretationslehre wurde, Rechtshistorisches Journal 2 (1983), S. 277-296; dies., Zum politischen Selbstverständnis der Rechtsprechung am Vorabend des bürgerlichen Zeitalters–eine Fallstudie, Ius Commune 10 (1983), S. 69-95; dies., Richterkönig oder Subsumtionsautomat: Zur Justiztheorie im 19. Jahrhundert, Frankfurt 1986, S. 13ff。

[11] 關於此點，參照Hermann Conrad, Richter und Gesetze im Übergang vom Absolutismus zum Verfassungsstaat, Graz 1971。

[12] 參見Michel Troper et al., Statutory Interpretation in France, in: D. Neil MacCormick/Robert S. Summers (Hrsg.), Interpreting Statutes: A Comparative Study, Aldershot Hants, England 1992, S. 171-212。也請參見a.a.O., S. 487f., 496ff 所提出的比較研究式的評價。

[13] 參照François Ost/Michel van de Kerchove, Jalons pour une théorie critique du droit, Bruxelles 1987, S. 355ff. (siehe auch S. 97ff.)。

[14] 參見Martin Kriele, Theorie der Rechtsgewinnung, entwickelt am Problem der Verfassungsinterpretation, Berlin 1967, 2. Aufl. 1976（在這本著作裡，對於立法與司法兩者間的界分，僅具有模糊的想像）。特別值得一讀的，是他對Larenz學說提出的挑戰，並且嘗試以對決定的責任（Entscheidungsverantwortung）來取代對方法的意識（Methodenbewuβtsein）。在法國，這樣的見解可對應於對「註釋學派」（école de l'exég se）所提出的批判。參照Julien Bonnecase, L'Ecole de l'exég se en droit civil, 2. Aufl. Paris 1924。

[15] 針對「法官法是否構成了一種特有的法源」這個問題，所形成的爭論，可參見下列文獻：Josef Esser, Richterrecht, Gerichtsgebrauch und Gewohnheitsrecht, Festschrift für Fritz von Hippel, Tübingen 1967, S. 95-130（持反對意見），或者Heinrich Wilhelm Kruse, Das Richterrecht als Rechtsquelle des innerstaatlichen Rechts, Tübingen 1971（持肯定意見）。認為事實上存在著一種特別的「法官法」的看法，逐漸廣為流傳，關於此問題亦可參見Eduard Picker, Richterrecht oder Rechtsdogmatik– Alternativen der Rechtsgewinnung?, Juristenzeitung 43 (1988), S. 1-12, 62-75。

[16] 參照Torstein Eckhoff, Feedback in Legal Reasoning and Rule Systems, Scandinavian Studies in Law 1978, S. 39-51; Michel van de Kerchove/François Ost, a.a.O. (1987), S. 205ff.; dies., Le syst me juridique entre ordre et

desordre, Paris 1988, S. 102ff。

[17] 法院的這種「自我理解」（Self-concept），與那其實複雜得多、而且在社會學上已經獲得認知的現實情況，形成一種對比。關於此點，參見A. Ziegert, Court and the Self-concept of Law: The Mapping of the Environment by Courts of First Instance, Sydney Law Review 14 (1992), S. 196-229。

[18] 下列文獻可視為規避此一循環的嘗試：Josef Raz, The Concept of a Legal System: An Introduction to the Theory of Legal System, 2. Aufl. London 1980, S. 187ff。也請參照Torstein Eckhoff/Nils Kristian Sundby, Rechtssysteme: Eine systemtheoretische Einführung in die Rechtstheorie, Berlin 1988, insb. S. 314ff。

[19] 僅須參見下列在理論史上具有深遠影響的文獻：Alf Ross, Theorie der Rechtsquellen: Ein Beitrag zur Theorie des positiven Rechts auf Grundlage dogmenhistorischer Untersuchungen, Kopenhagen und Leipzig-Wien 1929, S. 290ff。當人們在該處讀到，「制定法被視為法源，因為它被認為是關於一種具特殊性質的意志的表述」這樣的主流見解，被認為是「充滿矛盾」而遭到拒斥時（204），他們就能夠清楚看出，這樣的見解的確是被用來迴避循環的。與此相銜接的學派構建，可參見Ronald Dubischar, Grundbegriffe des Rechts: Eine Einführung in die Rechtstheorie, Stuttgart 1968, S. 58ff。另可參見Ralf Dreier, Probleme der Rechtsquellenlehre: Zugleich Bemerkungen zur Rechtsphilosophie Leonhard Nelsons, Festschrift für Hans J. Wolff, München 1973, S. 3-36。若與德萊爾（Dreier）的立論相銜接，則可以用下列方式來闡述非對稱化的誡命：就算法官**對於他者而言**是一種法源（法律認識的來源），他**對自己而言**也不會具有這樣的性質：法源的概念，必須要能夠以具有情境相對性的、角色個殊性的方式被使用（S. 8）。但這個時候我們可以問：倘若這樣的論據不適用在立法者身上，那麼，為什麼法官被認為是一種例外型態呢？

[20] 佛斯特就是這樣理解的，參見氏著，Ethics and Second-order Cybernetics, Cybernetics and Human Knowing 1 (1992), S. 9-19 (14)。

[21] 法院的確選擇「認知」這個字眼來稱呼這種鋪陳形式。不過這種作法必須被評斷為對於問題的迴避，甚至可以被認為是掩飾弔詭與解消弔詭的作法。但無論如何不應因此而造成錯誤理解，認為對法律爭訟不需要做成任何決定。當替代選項不存在的時候，原本可由法院做成的決定，早已被立法者或者契約之締結搶先了一步；然而，即便立法或者契約之意圖確係如此，仍經常會有其他的替代選項被發現。沒有任何的決定，能夠排除下面這件事情的出現：其他進一步的決定，會被當作此一決定的後果，而具有必要性或者可

能性。

[22] 關於這一點，以及以下的論述，參見G.L.S. Shackle, Imagination, Formalism, and Choice, in: Mario J. Rizzo (Hrsg.), Time, Uncertainty, and Disequilibrium: Explorations in Austrian Themes, Lexington Mass. 1979, S. 19-31。

[23] 也請參見Shackle a.a.O., S. 20當中關於這一點的論述：「**當下**的觀念——我們只對這個時刻具備直接的認識，它是在存有中的時刻、擁抱全部**存有**事物的現實性的時刻。所有**存有**的事物，都是當下的」。

[24] 如果考量到此種做成決定的強制，在結構上所具有的重要意義，就會令人訝異地發現到，法理論當中關於這一點的討論文獻實在相當少見——不過可參見Ottmar Ballweg, Rechtswissenschaft und Jurisprudenz, Basel 1970, insb. S. 84f., 108ff.。

[25] 對應於此，在羅馬法中，此一論題會得到考量的情況，便有所限制，也就是僅限於當法官拒絕為一項受法律許可的訴權提供裁判的情況——如同在羅馬法大全法典中的一項皇帝飭令（C. 3.1 de iudiciis 13.8）當中所說的（在差異性理論的脈絡中，此項陳述頗堪玩味）：vel propter amicitias vel inimicitias vel turpissimi lucri gratia vel per aliud quicquam vitium（無論是基於友誼，或者基於仇恨，或者為了牟取可恥的利益，抑或出於其他不正當的原因）。

[26] 該條文之內容為：「以制定法未設規定、其規定不明確或有缺陷等情事為由，拒絕做成裁判之法官，應起訴之，以追究其拒絕審判之責（Le juge qui refusera de juger, sous prétexte du silence, de l'obscurité ou de l'insufficisance de la loi, pourra être poursuivi comme coupable de déni de justice）」。「拒絕審判」（déni de justice）這種法律上的形態，其實具有更為久遠的發展脈絡，只不過在更早的時候，這項法律上的形態所指涉的，是一種針對已經多次受到警告，卻仍然無法解決的訴訟拖延狀態，而提供的非常態性法律手段（例如可參照Pierre Ayrault, Ordre, formalité et instruction judiciaire (1576), 2. Aufl. Paris 1598, S. 280）。這樣的安排，預設了一種關於君主的絕對裁判權（iurisdictio）的想像，也因此，當邁向立憲主義式的權力分立的過渡，業已確立時，這樣的安排也就必須被重新表述。此外，由於這件事情必須明確地獲得表述，它也就提供了契機，對「請示立法」（référé législatif）這個與此具有密切關聯的問題（亦即：法官在某些情況中想要主張，在他面前所提出的問題，在立法上尚未做成決定），做出決定。這時候，禁止拒絕給予司法救濟的誡命，其結果就是對於「請示立法」的拒斥。在法國，民法典第四條的規定，同時也就被當作是

關於法源與解釋問題的討論的實證法上出發點。可參見諸如A. Bayart, L'article 4 du Code civil et la mission de la Cour de cassation, Journal des Tribunaux 71 (1956), S. 353-355。

[27] 在史學的探討中，幾乎僅止於處理這種政治上的中立化，以及因此而帶來的權限擴張。禁止拒絕審判此一誡命當中的結構上前提要件，則幾乎未被論及。

[28] 關於德國在十九世紀時的發展概觀，可參考Regina Ogorek晚近的研究，見氏著，Individueller Rechtsschutz gegenüber der Staatsgewalt: Zur Entwicklung der Verwaltungsgerichtsbarkeit im 19. Jahrhundert, in: Jürgen Kocka (Hrsg.), Bürgertum im 19. Jahrhundert: Deutschland im europäischen Vergleich, München 1988, Bd. 1, S. 372-405; dies., Richterliche Normenkontrolle im 19. Jahrhundert: Zur Rekonstruktion einer Streitfrage, Zeitschrift für Neuere Rechtsgeschichte 11 (1989), S. 12-38。

[29] 可參照諸如William L.S. Felstiner, Influence of Social Organization on Dispute Processing, Law and Society Review 9 (1974), S. 63-94，他在此一脈絡下探討了一**造辯論**判決（einseitige Entscheidung）的重要意義；Erhard Blankenburg, Mobilisierung von Recht: über die Wahrscheinlichkeit des Gangs zum Gericht, Über die Erfolgsaussichten der Kläger und Über die daraus ableitbaren Funktionen der Justiz, Zeitschrift für Rechtssoziologie 1 (1980), S. 33-64; Marc Galanter, Justice in Many Rooms: Courts, Private Ordering, and Indigenous Law, Journal of Legal Pluralism 19 (1981), S. 1-47。至於較為廣泛的、同時也將預防性的利益納入考量的概觀論述，可參照Barbara A. Curran, The Legal Needs of the Public: A Final Report of a National Survey, Chicago 1977。

[30] 「我們有很好的理由相信，若非存在著以法院來主導的解決方式的可能性，那麼大多數的爭端解決方式根本不可能形成」——參見 Richard Lempert/Joseph Sanders, An Invitation to Law and Social Science, New York 1986, S. 138。

[31] 從當今的觀點，對時間邏輯當中採納記號（Zeichen）的作法，所提出之論述，參見Josef Simon, Philosophie des Zeichens, Berlin 1989。

[32] 關於此點，參見Ilmar Tammelo, On the Logical Openness of Legal Orders, American Journal of Comparative Law 8 (1959), S. 187-203。

[33] 關於這一點的專門探討，參見W. Scharpf, Grenzen der richterlichen Verantwortung: Die Political Questions

Doktrine in der Rechtsprechung des amerikanischen Supreme Court, Karlsruhe 1965; ders., Judicial Review and the Political Question: A Functional Analysis, Yale Law Journal 75 (1966), S. 517-597。需要注意的是，在這一項衝突解決規則中，涉及的其實是由最高法院所發展出來的、並且獲得各級法院承認的一項法律系統自我設限的措施，而不是一種由政治手段而強加的正當化措施。

[34] 例如可參照Louis Favoreu, Du déni de justice en droit public français, Paris 1965。

[35] 參照Ekkehart Schumann, Das Rechtsverweigerungsverbot: Historische und methodologische Bemerkungen zur richterlichen Pflicht, das Recht auszulegen, zu ergänzen und fortzubilden, Zeitschrift für ZivilProzeβ 81 (1968), S. 79-102。

[36] 參見舒曼（Schumann）前揭書當中關於實質正義理念的討論。

[37] 作為討論的出發點，請參見Ronald Dworkin, Taking Rights Seriously, Cambridge Mass. 1977, S. 81ff., 90ff。此外，早在法唯實論的學派中，就已經有人談論過「棘手案件」（trouble cases）。

[38] 探討這個問題的文獻，可參見Laurence Goldstein (Hrsg.), Precedent in Law, Oxford 1987當中收錄的各篇論文。

[39] 例如可參見David Lyons, Justification and Judicial Responsibility, California Law Review 72 (1984), S. 178-199。

[40] 但德沃金在前揭書中卻採取這樣的立場，並且藉助規則與原則的區分。關於「困難案件」的討論，以及對德沃金的預設立場——在所有案件中均存在著唯一正確的可決定性（Entscheidbarkeit）——所提出之批判，可參見Aharon Barak, Judicial Discretion, New Haven 1989以及當中援引的的進一步參考文獻。

[41] 此項反駁（它是在猶太教傳統中，為異見所提出之宗教上正當化的背景下，而被提出）可見諸下列文獻：Robert M. Cover, The Supreme Court, 1982 Term. Foreword: Nomos and Narrative, Harvard Law Review 97 (1983), S. 4-68。

[42] “Lorsque les éléments du dossier ne permettaient pas au juge de trancher, il remettait les parties au jugement des dieux”（倘若基於系爭案件的各項要素，無法做出決定，那麼法官就只能將訴訟當事人委諸神意裁判）：波特羅（Jean Bottéro）即如是說。參見氏著，Mésopotamie: L’écriture, la raison et les dieux, Paris 1987, S. 151，這裡討論的是一個最早期的、但對法律與司法卻已發展出高度興趣的社會。更詳盡的論述，參見同一

作者，L'ordalie en Mésopotamie ancienne, Annali della Scuola Normale Superiore di Pisa, Classe di Lettere e Filosofia, ser. III, Bd. XI. (1982), S. 1005-1067。

[43] 關於此點，參見Ludwig Häsemeyer, Die Erzwingung richterlicher Entscheidunggen: Mögliche Reaktionen auf Justizverweigerungen, Festschrift für Karl Michaelis, Göttingen 1972, S. 134-150。也請參見一八二〇年五月十五日關於日耳曼邦聯的維也納最終協議第二十九條規定（轉引自Gustav von Struve, Das öffentliche Recht des deutschen Bundes, Mannheim 1846, S. 108-128, 117），該條規定可說具有準監督法的性質（quasi aufsichtsrechtlich），而且是延續了舊帝國的傳統來進行思考的，它為此類案件規定了邦聯會議的管轄權。參照Johann Ludwig Klüber, öffentliches Recht des Teutschen Bundes und der Bundesstaaten, 3. Aufl. Frankfurt 1831, S.188ff（該書提供了富有歷史研究旨趣的註釋彙編）。

[44] 這樣的思考脈絡，主要是經由Vilhelm Aubert繼續開展。參見：The Structure of Legal Thinking, in: Legal Essays: Festskrift til Frede Castberg, Kopenhagen 1963, S. 41-63; Legal Reasoning, in: Vilhelm Aubert, In Search of Law, Oxford 1983, S. 77-97; auch in ders., Continuity and Development in Law and Society, Oslo 1989, S. 111-135。

[45] 關於這點的詳細討論，參見Niklas Luhmann, Legitiimation durch Verfahren, Neudruck Frankfurt 1983, insb. S. 55ff。

[46] 或者可以用下列文獻作者的話來說：「在做成判決之前，不存在所謂『有罪的當事人』；『有罪（guilty）』屬於道德判斷的領域，它並不僅止於探討某項行為是否合乎制定法規定的要件這個問題」。見F. James Davis et al., Society and the Law: New Meanings for an Old Profession, New York 1962, S. 98f。人們因而也可以說，法律設置了自身固有的時間轉折（Zeitzäsuren），並且藉此設置了自身的時間界域，而以此種方式區別於道德。如此一來，人們也可以看到，倘若僅在「法律規則是否需要道德證立」這個問題上，來看待法律／道德的問題，那麼討論的觸及範圍就變得頗為狹隘。

[47] Görg Haverkate就是這樣說的，見氏著，Gewiβheitsverluste im juristischen Denken: Zur politischen Funktion der juristischen Methode, Berlin 1977。

[48] 例如可參見專門探討此一主題的《法社會學與法理論年鑑》第六卷（Bd. 6 (1980) des Jahrbuchs für Rechtssoziologie und Rechtstheorie），尤其是頁一四二以下。

[49] 在這點上對諸多不同的案例所進行的考察，收錄於：Niklas Luhmann, Gesellschaftsstruktur und Semantik, 3 Bde., Frankfurt 1980, 1981, 1989。

[50] 地理學家總是熟稔地運用此項圖式，即便是在那些有社會學家參與的地方。例如可參見下列合輯：Jean Gottmann (Hrsg.), Centre and Periphery, London 1980。將這個圖式轉用到結構性脈絡上的嘗試，主要是來自下列文獻的啓發：Edward Shils, Centre and Periphery, in: The Logic of Personal Knowledge: Essays Presented to Michael Polanyi, London 1961, S. 117-121。在本文中，我們抽離了任何實質化的空間想像，而讀者想必很容易能認知到這一點。因為空間只不過是藉由區分來使弔詭獲得開展的其中一種情況，這些區分是按照神經生理學訊息處理上的諸多不一致（Inkonsistenzen），而獲得校準，並且在此範圍內能夠被動物與人類所「運用」。

[51] 我們發現到，這種純粹基於組織上的運作而為「法官法」賦予正當化的看法，在文獻中鮮少獲得採納。顯然，若要將那些影響及於全社會的問題，委諸一個機制來處理，而這種機制又只能在一個由形式上組織化的諸社會系統所構成的層面上運轉的話，那麼法理論對此會顯得猶豫不決。但請參見Melvin Aron Eisenberg, The Nature of Common Law, Cambridge Mass. 1988，作者在該書中附帶提到：「法官藉由接受其職務，而受有道德上拘束，應該遵守那些支配著其職務上行為的規則，就好比一個依信託契約而受委託之人」（S. 3）。人們在此可以問道：只在道德上受拘束嗎？

[52] 關於這種經常被稱為「多元主義式的」繁衍與變形，參見Gunther Teubner, Steuerung durch plurales Recht. Oder: wie die Politik den normativen Mehrwert der Geldzirkulation abschöpft, in: Wolfgang Zapf (Hrsg.), Die Modernisierung moderner Gesellschaften: Verhandlungen des 25. Soziologentages in Frankfurt am Main 1990, Frankfurt 1991, S. 528-551。

[53] 關於此點，參見Gunther Teubner, Ist das Recht auf Konsens angewiesen? Zur sozialen Akzeptanz des modernen Richterrechts, in: Hans-Joachim Giegel (Hrsg.), Kommunikation und Konsens in modernen Gesellschaften, Frankfurt 1992, S. 197-211——他對於由法院來確保共識的可能性，同樣提出了高度的質疑。

[54] 這樣的說法見諸Jürgen Habermas, Faktizität und Geltung: Beiträge zur Diskurstheorie des Rechts und des demokratischen Rechtsstaats, Frankfurt 1992, S. 241。

[55] 關於此點，參照Charles-Albbert Morand, La coontractualisation du droit dans l'état providence, in: François

Chazel/Jacques Commaille (Hrsg.), Normes juridiques et regulation sociale, Paris 1991, S. 139-158; Arthur Benz/Fritz W. Scharpf/Reinhard Zintl, Horizontale Politikverflechtung: Zur Theorie von Verhandlungssystemen, Frankfurt 1992。

[56] 這種表述方式，出現在下列文獻的「民族」（völkisch）思想脈絡中，參見Hans Grossmann-Doerth, Selbstgeschaffenes Recht der Wirtschaft und staatliches Recht, Freiburg 1933。

[57] 針對此一問題，出現過許多詳盡的理論探討，例如「法學方法論」。此一學門指涉的內涵包括了，在對制定法進行解釋時的處理方式，或者對先前的裁判如何尋得其裁判規則，提出複雜的討論，這樣的討論同時考量了，對於當前的案件而言，哪些事物可以被認為具有拘束力。然而我們注意到，在法院的裁判論理基礎中，這種理論性質——方法論性質的論述鮮少獲得確立——法院彷彿極力避免將這種關於法院的自我拘束延伸到這樣的問題上。

[58] Eisenberg a.a.O., S. 7.

[59] 歐陸的法學家在這裡會指出，這項任務是由立法者所主導的、對整個法律領域所進行的法典化，來加以承擔。無論人們是否願意將這樣的現象視為例外，它都已經不復存在。而且那種以法典化為理由，而將法院的任務減縮到對制定法進行單純的「適用」，以及做成單純的例行決定（Routineentscheidungen）之上的想法，早就被歷史所駁斥。

[60] 參見Peter Noll, Gesetzgebungslehre, Reinbeck 1973，本書可視為作者一生探討此一主題而提出之總結（在第九頁以下，討論了欠缺此種研究的原因）。進一步可參照Hermann Hill, Einführung in die Gesetzgebungslehre, Heidelberg 1982，以及在八〇年代時蔚為風尚、將此一問題領域推移到「法律政策學」領域中的潮流（例如自一九八七年以降的《法律政策學年鑑》*Jahresschrift für Rechtspolitologie*）。

[61] 例如下面這個新提出的歸因研究：在十九世紀時出現的反對童工的人道主義運動，實際上是一種強化大企業，而排除小企業競爭的手段。人們也可以宣稱，在本世紀中，基於生態政策而提出的各種規制措施，也具有相同的意味。

[62] 參見前述第二章（V）的部分。

[63] 在相當大的程度上，法院對其自身工作負擔所進行的自我管理，其實就表現在這裡——這甚至還包括了下面這種可能性：鑑於各種法律上可想像的問題解決方式，對於法院的負擔以及所有其他程序參與者可能

產生的後果，而拒絕採取這樣的解決方式。關於此點，下述文獻提供了非常多的參考素材：Lawrence M. Friedman, Legal Rules and the Process of Social Change, Stanford Law Review 19 (1967), S. 786-840 (797ff.)。

[64] 在最後一章中，我們會再回頭討論這一點。

[65] 這是比較社會學研究的一個重要探討議題，尤其是在法律專業的領域中。例如可參見Dietrich Rueschmeyer, Juristen in Deutschland und den USA, dt. übers., Stuttgart 1976; D. N. MacCormick (Hrsg.), Lawyers in Their Social Setting, Edinburgh 1976；或者，可參見下列文獻中關於區域特點的討論：Brian Abel-Smith/Robert Stevens, Lawyers and the Courts: A Sociological Study of the English Legal System 1750-1965, London 1967; John P. Heinz/Edward O. Laumann, Chicago Lawyers: The Social Structure of the Bar, New York 1982。關於印度法學家的相關探討素材，參見Law and Society Review 3 (1968) Heft 2。

[66] 在這點上，仍然欠缺充分的經驗研究，甚至連假說都有所欠缺。但人們可以思考一下，對政治上統治機關的反抗，是否在這個專業中強化了向心力，以及另一方面，日益增長的預防性的任務，是否更強烈地受到組織的約束（人們因此而會在事前就主動地維護組織的利益，而不是到了公開的爭執出現後才予以維護）？甚至這個專業在從業人員上的可觀增長，都有可能強化競爭的壓力，也因此使得對組織的依存性獲得強化。

[67] 尤其是在下述具有開創性的演說提出之後：Talcott Parsons, The Professions and Social Structure, Social Forces 17 (1939), S. 457-467, neugedruckt in ders., Essays in Sociological Theory, New York 1949。

[68] 在什麼樣的程度上，這種專業知識被當作是法學，而在事實上對實務運作（尤其是律師的執業）產生決定性作用，以及，在什麼樣的程度上，其實應該是關於組織的認識（Organisationswissen），對於背景條件的認知、可資利用的聯繫以及日常工作，才發揮關鍵作用？對這個問題還需要進行特別研究。在此一走向上提出的評估，參見Robert L. Kidder, Connecting Law and Society: An Introduction to Research and Theory, Englewood Cliffs N. J. 1983, S. 240ff。

[69] 這一點其實還具有超出專業領域之外的社會面向，並且可以由每年度在地方城鎮舉辦的「法律人舞會（Juristenbälle）」獲得證實。

[70] 此外，這一點似乎同時被認為是關於專業能力的一項要求。關於此點，參見Curran a.a.O., S. 161, Tabelle 427。

[71] 另外，這並不必然會表現為階層的差別。或許可以這麼說，在各種律師事務所之間，也存在著性質上的差別。我仍然記得曾經造訪過一間事務所，該事務所的律師由於出身貴族，主要是為該地區的地主階層提供服務。在那間事務所裡，瀰漫著高級精緻皮靴散發出來的氣味。

[72] 然而在華盛頓特區所進行的各項研究還顯示出，在這裡也存在著交情聯繫上的專門化傾向，以及法學家的專業獨立性傾向。這其中不乏晚近的資料。參見Robert L. Nelson/John P. Heinz, Lawyers and the Structure of Influence in Washington, Law and Society Review 22 (1988), S. 237-300，在那裡還指出了關於此種研究的其他進一步出版品。

[73] 關於此點的更詳細討論，參見Niklas Luhmann, Legitimation durch Verfahren (1969), Neudruck Frankfurt 1983。在這裡還需要補充說明，針對該書所提出的評論，高估了該書主題所觸及的範圍。它所處理的並不是一般廣為流傳的、關於法律之「程序化」（Prozeduralisierung）的命題，也就是說，它探討的並不是，是否，以及如何，應該藉助程序上的條件，來達到「發現真實」（Wahrheitsfindung）（如同程序法學家早先所說的那樣）的結果，或者為理性效力主張提供承認。它所要處理的根本就不是決定程序的本身，而是下面這個問題：若說社會性的（包括那些具有高度經濟性、道德性或政治性意涵的）爭端終究可以獲得了結，那麼這件事情的框架條件是什麼？倘若欠缺了這些輔助性的設置，則法律系統就不可能使禁止拒絕審判這項誡命獲得貫徹。

[74] 關於各個大帝國的擴張，並且將自己描述為世界的中央、中心、肚臍等說法，參照Mircea Eliade, Traité d'histoire de religion, Paris 1963; Hans Peter Duerr (Hrsg.), Die Mitte der Welt, Frankfurt 1984。

[75] 這樣的說法，特別適用於Immanuel Wallenstein廣受注目的對資本主義世界體系所提出的歷史分析。

[76] 例如可參見Edward A. Tiryakian, The Changing Centers of Modernity, in: Erik Cohen et al. (Hrsg.), Comparative Social Dynamics: Essays in Honor of S. N. Eisenstadt, Boulder Col. 1985, S. 131-147。

[77] 參照Niklas Luhmann, Die Wirtschaft der Gesellschaft, Frankfurt 1988, insb. S. 144ff.; Dirk Baecker, Womit handeln Banken, Frankfurt 1991。

[78] 當憲政國家的相關設置，以及政黨的構造，都還沒有相應於這一點而獲得創生之前，這樣的拘束其實是不可想像的。參見Stephen Holmes, Jean Bodin: The Paradox of Sovereignty and the Privatazation of Religion, in: J. Roland Pennock/John W. Chapman (Hrsg.), Religion, Morality and the Law (Nomos XXX), New York 1988, S.

5-45 (17ff.)。人們藉助一項錯誤的引用（參照前面第六章註69），而以自然法的理解方式排除了這種自我拘束，這樣一來，唯一的出路就只剩下各種契約論，這些契約論的弔詭則在於，這些契約的拘束效力，必須建立在契約自身之上。最初的社會契約，則尚以一種服膺於宗教的方式，發揮拘束力：因為它要求進行祭獻，或者因為它要求放棄自由。關於此點，參見Peter Goodrich, Language of Law: From Logics of Memory to Nomadic Masks, London 1990, S. 56ff。

[79] 還有一個例證可在此附帶提及：在大眾媒體的系統中，有一些報紙聲望崇高，它們不僅受到「菁英」的偏好而廣為閱讀，更進一步說，它們所報導的主題與新聞——由於編輯與記者認知注意到這些主題與新聞，才會報導——也會在八卦報紙或者電視台吸引更多的關注。不過在這裡的界分，頗為模糊，也甚具流動性。《紐約時報》：屬於此類；《明鏡週刊》：屬於此類；但《綁鴨報》（Le Canard Enchaîné）？

第八章

[1] 也請參照Jürgen Habermas, Faktizität und Geltung: Beiträge zur Diskurstheorie des Rechts und des demokratischen Rechtsstaats, Frankfurt 1992, insb. 250ff., 286ff。哈伯瑪斯對此持類似見解，並提出一項重要論據：我們必須確定，法律論證也要能夠對其他非道德性的前提做出反應。

[2] Robert S. Summers/Michele Taruffo, Interpretation and Comparative Analysis, in: D. Neil MacCormick/Robert S. Summers (Hrsg.), Interpreting Statutes: A Comparative Study, Aldershot Hants. England 1992, S. 461-510 (481f.)。該文為此一主流現象提出了更多進一步的、實際的理由，亦即：相較於對其他種類的論證媒介的指涉，文本具有可供簡便使用之性質，也較難被否認。

[3] 針對普通法當中的「依先例做決定」，摩爾（Michael S. Moore）提出了質疑，見氏著，Precedent, Induction, and Ethical Generalization, in: Laurence Goldstein (Hrsg.), Precedent in Law, Oxford 1987, S. 183-216。他認為這裡根本就沒有涉及到文本。那麼這時候，就只剩下自由的、歸納式的一般化論證（Generalisierung），作為解釋的程序。摩爾乃是故意提出這樣的論點——可參閱他為反對道德理論的懷疑論，所提出之論據，見氏著，Moral Reality, Wisconsin Law Review 1982, S. 1061-1156。然而他的結論在法律實務上無法取得說服力，反而彰顯出使論證受到文本約束，所帶來的好處。

[4] 人們可以回想一下，在古老的、以口語為主的文化中，所成長出來的**論題學**（Topik），正好就強調這種「切題術」（inventio）——這正好與今天那種被認為是「論題學」而受到推崇的事物，大異其趣。

[5] 如果使用更強烈一點的措辭，則人們或許可以說：這是使「立法者已經做出合理決定」這項錯誤前提成為真實的一種作法。

[6] 例如Josef Simon, Philosophie des Zeichens, Berlin 1989, S. 232。

[7] 為了方便對照起見，可順帶指出，其實哈伯瑪斯也採取了類似的出發點。依照哈伯瑪斯的見解——此見解原係針對韋伯而提出之討論——在實證法上具有效力的文本，起先也是用來取代論理的。「法秩序實證化的獨特貢獻就在於，它**推移了論理的問題**，也就是說，在對法律進行處理時，它**在相當程度上**免除了論理問題的負擔；但它的貢獻絕非在於要**排除**掉整個論理問題。」（Theorie des kommunikativen Handelns, Frankfurt 1981, Bd. 1, S. 354）但在這之後就開始分道揚鑣了。法學家會將「論理之欠缺」（Begründungsdefizit），理解為**對文本進行詮釋**之必要性，並且必須為此提供進一步的理由。相對於此，對哈伯瑪斯而言，問題則是在於，「**成為規章**」（Gesatztheit）**這件事情本身就需要論理基礎**，而且此種論理基礎不能僅指涉形式的或功能性的判準（例如，沒有文本就無法運轉），更要在內容上指涉著還需商討的、後規約式的（postkonventionell）判準。但如此一來，哈伯瑪斯也就越出了那些就法院所承擔之（迅速）做成裁判此一責任而言，可被認定為法律而在實務上獲得實際運用，也具有可行性的事物的範圍。

[8] 在眾多文獻中，可參見Jean Domat, Lex loix civiles dans leur ordre naturel, 2. Aufl. Paris 1697, Bd. 1, S. XCII，關於當代的討論，可參見諸如François Ost/Michel van de Kerchove, Entre la lettre et l'esprit: Les directives d'interprétation en droit, Bruxelles 1989。費雪（Stanley Fish）由於對此項規則提出了猛烈抨擊，而廣為人知；但這最終只不過說明了，在具體情況中對文本所進行的各種探討，只能在特定限制條件下進行，由此並不能推論道，人們無法在字面文義的解釋與合乎意義的解釋之間，做出區分。關於此點，參見Stanley Fish, Doing What Comes Naturally: Change, Rhetoric, and the Practice of Theory in Literary and Legal Studies, Oxford 1989。

[9] Neil MacCormick, Why Cases Have Rationes and What These Are, in: Laurence Goldstein (Hrsg.), Precedent in Law, Oxford 1987, S. 155-182 (161) 將這件事恰當地稱為「二階證立」。

[10] 在德國的法理論當中，人們在這個地方會談論到「主觀的」詮釋學說。

[11] 關於此點，參照François Ost/Michel van de Kerchove, Jalons pour une théorie critique du droit, Bruxelles 1987, S. 97ff, 355ff., insb. 405ff。

[12] 照一般說法，或許應該這樣講：對其他的溝通參與者所具有之說服力。但是，除了藉由溝通本身，還能怎樣對這件事情進行檢驗呢？

[13] 可參見諸如Gerhard Struck, Zur Theorie juristischer Argumentation, Berlin 1977; Robert Alexy, Theorie der juristischen Argumentation, Frankfurt 1978。

[14] 此外，當人們對那些在理論上獲得成功的諸多科學論證，進行邏輯上的驗證時，也會得到相同的結論。

[15] 法律系統中此種關於規範適用之想像上的典範變遷，所具有之重大意義，以及在法律論證中，將「認識論上的風險」納入考量的必要性，參見Karl-Heinz Ladeur, Alternativen zum Konzept der "Grenzwerte" im Umweltrecht– Zur Evolution des Verhältnisses von Norm und Wissen im Polizeirecht und im Umweltrecht, in: Gerd Winter (Hrsg.), Grenzwerte: Interdisziplinäre Untersuchungen zu einer Rechtsfigur des Umwelt-, Arbeits- und Lebensmittelrechts, Düsseldorf 1986, S. 263-280。也請參照同一作者，Postmoderne Rechtstheorie: Selbstreferenz– Selbstorganisation– Prozeduralisierung, Berlin 1992。

[16] 參照Rudolf Wiethölter, Materialization and Proceduralization in Modern Law, in: Gunther Teubner (Hrsg.), Dilemmas of Law in the Welfare State, Berlin 1986, S. 221-249; Klaus Eder, Prozedurale Rationalität: Moderne Rechtsentwicklung jenseits von formaler Rationalität, Zeitschrift für Rechtssoziologie 7 (1986), S. 1-30；現在也可參見Jürgen Habermas, Faktizität und Geltung a.a.O. (1992)。

[17] 如同艾瑟（Josef Esser）對Alexy a.a.O. (1978) 所下的評論：「並沒有費心關注法學的田野工作或實際內容」，見氏著，Juristisches Argumentieren im Wandel des Rechtsfindungskonzepts unseres Jahrhunderts, Heidelberg 1979, S. 12。

[18] 例如艾德（Klaus Eder）與卡爾－海因茲（Karl-Heinz）在下列論文集中所發表的論文：Dieter Grimm（Hrsg.）, Wachsende Staatsaufgaben – sinkende Steuerungsfähigkeit des Rechts, Baden-Baden 1990。

[19] 參見Klaus Günther, Der Sinn für Angemessenheit: Anwendungsdiskurse in Moral und Recht, Frankfurt 1988。

[20] 當然，唯有當人們排除了循環論證的作法時，這種關於「不具可行性」的反駁才會是有效的。循環性的論證，會展望著一項經由反覆權衡而做成的決定，而進一步確立，在系爭案件中，什麼東西是偏頗的，什麼

是不偏頗的，以及，什麼東西是應該加以考量的情境特徵。

【21】在這裡，我想針對底下這本書中與法官所進行的討論，提出一些看法：D. Neil MacCormick/Robert S. Summers (Hrsg.), Interpreting Statutes: A Comparative Study, Aldershot Hants. UK 1992。這種比較性的分析，是在二階觀察的層次上進行運作，並且因而把各種方法上詮釋的**類型**區分了開來。實務的案件敏感性，雖然完全受到其他類似案件中可一般化的衡量，以及對這些案件進行的遞迴性涵括（Einbeziehung）所引導，但它卻很難依照這些類型來加以定性。

【22】關於此點，主要可參見Charles Fried, The Artificial Reason of the Law or: What Lawyers Know, Texas Law Review 60 (1981), S. 35-58。

【23】在這點上提出了重要指引的文獻是Melvin Aron Eisenberg, The Nature of the Common Law, Cambridge Mass. 1988, S. 83ff. (94)：無論是藉著對某項決定規則提出解釋，或者是藉著案件的類比來進行論證，其實都具有相等的效力，而這兩種方式其實完全取決於「決定規則在何種範圍內，已經獲得了預先表述」此一問題。關於大陸法系的學說，現在可參見A. W. Heinrich Langhein, Das Prinzip der Analogie als juristische Methode: Ein Beitrag zur Geschichte der methodologischen Grundlagenforschung vom ausgehenden 18. bis zum 20. Jahrhundert, Berlin 1992。

【24】一般而言，我們可以承認，用類比方式進行論證，是一種在邏輯上無法獲得證立的、而且是較為保守的原則。「在法律中，以類比方式來進行論證這整個過程，更容易造成相對的穩定性」——人們可以在F. James Davis et al., Society and the Law: New Meanings for an Old Profession, New York 1962, S. 122讀到這樣的見解。若採用另一種底下馬上要加以闡述的術語，則可以說，類比推論在冗餘性與變異性之間，提供了中介，而且，正由於類比推論在邏輯上並沒有獲得確定的性質，因而它可以視其大膽的程度（或者視其所意欲獲致之結果），而更多地傾向於其中一種走向，或者另一種走向。

【25】也請參見弗萊德（Charles Fried）在前揭書中所發表的、並且提及了這個事件的演說標題。

【26】即便是那些試圖迴避此項確定命題的程序論者，也無法避免提出各種程序原則，或者將理性本身高舉為一項必須為人們所追溯的、無可質疑的原則。

【27】關於此點，請參見Cardozo Law Review, Band 13 (1992), Heft 5當中多篇不同的文章。

【28】我之所以有這樣的想法，應感謝S. C. Smith。

[29] 關於論證理論的概觀論述，參見Werner Krawietz, Juristische Argumentation in rechtstheoretischer, rechtsphilosophischer und rechtssoziologischer Perspektive, in: Norbert Achterberg et al. (Hrsg.), Recht und Staat im sozialen Wandel: Festschrift für Hans Ulrich Scupin zum 80. Geburtstag, Berlin 1983, S. 347-390。

[30] 對此概念進行更動的另一個原因，在於目的論式概念建構的典型弱點：這樣的概念建構不容許出現失敗、敗壞，也無法容許目的之不成就。另一條常見的解決出路，則是以提出論理基礎者（Begründer）的「主觀」意圖作為準據，但這也會導致一些明顯的困難，例如要對目的與動機進行區分。

[31] 就好比在下述文獻中，哲學家針對神學家而提出的反駁：Marius Salamonius de Alberteschis, De Principatu (1513), zit. nach dem Neudruck Milano 1955, S. 26。關於這種從某部分到其他部分的、而且不須指涉整體的推論的闡述，若人們想瞭解其先前發展的歷史，可參照亞里斯多德的Analytica priora 69a 13-15。

[32] 相同見解，可參見下述這部關於普通法論證方式的令人最為印象深刻的闡述：Edward H. Levi, An Introduction to Legal Reasoining, University of Chicago Law Review 15 (1948), S. 501-574。

[33] 例如，可參見德希達所提出的關於itérabilité與répétabilité（可重複性）的區分，見氏著，Limited Inc., Paris 1990, z. B. S. 230 f., 234 f. u. ö. 反覆（Wiederholen）與單純的重複（Reptieren）不同，它會將那些僅僅基於時間的運轉，就已經會產生的諸多情境的差別，納入考量。

[34] 關於此點，請參見Levi a.a.O. (1948) 藉助美國法院實務中某些特定規則的發展，所做的討論。

[35] 在Levi a.a.O.一書中，人們可以讀到這樣的話：「規則從來就不是明確的（rules are never clear）」（S. 501）；「規則會隨著每個案件，而被重新創設（rules are remade with each case）」（S. 502）；「規則在獲得適用時，也同時發生了變遷（the rules change as the rules are applied）」（S. 503）。

[36] 這樣的概念，很容易就可以擴張適用到道德性與科學性的論證上，只要人們相應地將符碼予以代換。

[37] 在這個地方，我們明白地和那些使論證概念全然取決於「理由的品質特徵」（例如理由之合乎理性）的理論，分道揚鑣。我們以對系統功能的追問，**取而代之**，因為我們不想讓我們所提出之分析，臣服於這些理由之下，畢竟這些理由是在系統自身當中活動著。當然，這並不排除人們去注意到，法學家會嘗試著以理性的、或者基於其他原因而為良善的方式（優雅的、具說服力的等等），來進行論證，而人們也可以對這樣的作法表示讚賞。

[38] 在這邊很容易看出一點，那就是，我們一方面從康德哲學獲得了啟發，但另一方面卻不需要以對於經驗性

／超驗性這組區分的進一步開展，作為基礎。一旦人們有了關於一階觀察與二階觀察的區分，作為後繼概念供其運用時，他們就更容易放棄掉前述的區分了。

[39] 例如可參見Pierre Mimin, Le Style des judgements, 2. Aufl. Paris 1970, insb. S. 99ff。

[40] Edmund Burke, Reflections on the Revolution in France, Works III, S. 357, zitiert nach David Lieberman, The Province of Legislation Determined: Legal theory in eighteenth-century in Britain, Cambridge Engl. 1989, S. 2.

[41] Toward a Theory of Stare Decisis, Journal of Legal Studies 1 (1972), S. 125-134。也請參照Giorgio Lazzaro, Entropia della Legge, Torino 1985。

[42] A.a.O., S. 131。

[43] 例如，可參照Michael Stadler/Peter Kruse, Visuelles Gedächtnis für Formen und das Problem der Bedeutungszuweisung in kognitiven Systemen, in: Siegfried J. Schmidt (Hrsg.), Gedächtnis: Probleme und Perspektiven der interdisziplinären Gedächtnisforschung, Frankfurt 1991, S. 250-266。

[44] Shapiro a.a.O., S.131。

[45] 綱領性的論述，請參見Neil MacCormick, Law as Institutional Fact, Law Quarterly Review 90 (1974), S. 102-129, neu gedruckt in: Neil MacCormick/Ota Weinberger, An Institutional Theory of Law: New Approaches to Legal Positivism, Dordrecht 1986, S. 49-76 (dt. übersetzung Berlin 1985)。

[46] 參見前面第五章。

[47] 或者可以借用一句出自實務人士的見解（亦即，從評價性的觀點來看待一階觀察者）：「要盡可能趨近法律的安定性，以及它與它自身的協調」。這是十七世紀Sir Matthew Hale在一封反駁霍布斯的書信中所提到的。參見：Reflections by the Lrd Cheife Justice Hale in Mr. Hobbes His Dialogue of the Lawe, in: William Holdsworth, A History of the English Law, 3. Aufl. London 1945, Nachdruck 1966, Bd. V, Appendix III, S. 500-513 (506)。

[48] 許多論者之所以會主張，只能「從否定的角度」來對正義加以闡明，其原因即在於此。這樣的觀點，在相當程度上可稱為法律系統的否定神學。

[49] 關於此點，請參見下列文獻中對於「錯誤」所提出之論述：Ronald Dworkin, Taking Rights Seriously, Cambridge Mass. 1977, S. 118ff。

[50] 參照下列文獻，它可說是後來許多廣泛分流出去的發展方向的起點：Herbert A. Simon, Models of Man: Social and Rational: Mathematical Essays on Rational Human Behavior in a Social Setting, New York 1957。也請參見下列論文集：Models of Bounded Rationality, Cambridge Mass. 1982, insbes. Bd. 2, S. 401ff。

[51] 參照F. A. von Hayek, Die Theorie komplexer Phänomene, Tübingen 1972。

[52] 參照Charles E. Lindblom, The Intelligence of Democracy: Decision Making Through Mutual Adjustment, New York 1965; ders. und David K. Cohen, Usable Knowledge: Social Science and Social Problem Solving, New Haven 1979。

[53] 冗餘性／變異性這組區分，是亞特藍（Henri Atlan）所構思出來的。該項區分，在他相關論述中獲得運用的脈絡，是為了要為諸生命系統中進行「自我組織」可能性條件提出說明。概觀性的闡述，可參見：Noise, Complexity and Meaning in Cognitive Systems, Revue internationale de systémique 3 (1989), S. 237-249，在此之前的論述則主要可參見：L'orgatisation biologique et la théorie de l'information, Paris 1972；On a Formal Definition of Organization, Journal of Theoretical Biology 45 (1974), S. 295-304；Entre le cristal et la fumée, Paris 1979。然而，亞特藍並不是指涉著系統的諸多基本運作——這些基本運作是基於系統的複雜性，才使得驚訝（對訊息之處理）成為無可避免的事情——來對變異性進行定義，而是直接將變異性界定為冗餘性的對立概念，也就是將其界定為諸訊息的驚訝值。

[54] 很重要的一點是，要使擁有（Haben）與欠缺（Fehlen）關聯於系統當中就訊息處理所提出的各種要求。倘若欠缺了系統指涉，那麼這項對立最多只具有數學上的意義，例如在亞特藍理論中，H（變異性）與R（冗餘性）所具有之相反關係。

[55] 參照Erich Gutenberg, Grundlagen der Betriebswirtschaftslehre Bd. 1, 15. Aufl. Berlin 1969, S. 236ff。

[56] 參照Robert B. Glassman, Persistence and Loose Coupling in Living Systems, Behavioral Science 18 (1973), S. 83-98；Herbert A. Simon, The Organization of Complex Systems, in: Howard H. Pattee (Hrsg.), Hierarchy Theory: The Challenge of Complex Systems, New York 1973, S. 3-27 (15 ff.); Karl E. Weick, Der Prozeβ des Organisierens, dt. übers. Frankfurt 1985, S.163ff.；J. Douglas Orton/Karl E. Weick, Loosely Coupled Systems: A Reconceptualization, Academy of Management Review 15 (1900), S. 203-223。早先，在模控學領域中，人們也曾經談過部分功能（Teilfunktionen）與超穩定性（Ultrastabilität），以便能夠指稱為穩定性所必要的

那些斷裂（Unterbrechungen）。參見W. Ross Ashby, Design for a Brain: The Origin of Adaptive Behavior, 2. Aufl. London 1954, insb. S. 136ff., 153ff。

[57] 當人們說，演化最終可以被歸結為交易成本之減少（若非如此，則這些交易成本會產生於針對環境改變而進行的調適）的時候，這樣的論點其實也是依循相同的論述路線，但是卻做了一種頗有疑問的簡化。例如Robert C. Clark, The Interdisciplinary Study of Legal Evolution, Yale Law Review 90 (1981), S. 1238-1274。

[58] 關於此點，參見格林（Dieter Grimm）在下列文獻中，對憲法發展的諸多問題所進行的討論：Die Zukunft der Verfassung, Staatswissenschaften und Staatspraxis (1990), S. 5-33; neu gedruckt in ders., Die Zukunft der Verfassung, Frankfurt 1991, S. 397-437。

[59] 這個例子是根據Levi a.a.O. (1948)。

[60] 請參照本章（I）以下。也請參見第六章（II）。

[61] 這裡並不意味著人們可以宣稱，所有那些探討著詮釋理論的作者，都是抱持著這種見解，或者說他們也許必然抱持此種見解。例如，在真理理論的領域中，下列文獻就是以更為基本的原則作為出發點，而且是在分析哲學的語言學轉向之後的語言理論當中，來進行探討：Donald Davidson, Inquiries into Truth and Interpretation, Oxford 1984, dt. übers. Frankfurt 1986。在這裡，「所有語言上的表達，都必須被詮釋」這項命題，被認為是某種關於含意（Bedeutung）之非循環性理論的不可或缺的前提，這種理論不願意承認（因為最後會導致循環），進行闡明性解釋的這項任務，是由溝通本身自己來完成，或者是藉著對溝通進行先在的取用（Vorgriff），而得以成就。然而這時候，這種理論就必須預設一個主體作為出發點，該主體不受社會條件之制約，而且唯有當這樣的主體能夠想像有其他主體存在時，它才會偶爾使自己參與溝通。在這裡，人們可以清楚看到，這類語言分析哲學的分支流派，是追隨著超驗理論的立場傳統，來提出論證。

[62] 出現在傳統論證理論中的一項類似的「風格斷裂」，其實早已被艾瑟所注意到，參見氏著，Juristisches Argumentieren a.a.O. (1979), S. 5：「倘若法官的意見構成，或者，更根本地說，關於法律的意見，是表現為法律對話的，以及法官對案件評價的認知上任務與責任，而不是表現為就法律命題、文本或原則之真實內涵所進行的論證性的爭論的話，那麼人們對於一項司法裁判的論證性言說與論證性證立的任務所抱持之理解方式，將會是如何地不同。」

[63] 這種理解也為（社會學的）知識理論學者所主張。僅需參見David Bloor, The Sociology of Reasons: Or why

"Epistemic Factors" are really "Social Factors", in: James Robert Brown (Hrsg.), Scientific Rationality: The Sociological Turn, Dordrecht 1984, S. 295-324。在本地（德國），這樣的理解則甚具爭議性。這主要是因為，布羅爾（Bloor）以及其他愛丁堡科學研究圈的成員，理解「社會性」此一概念的方式過於狹隘（然後又具有套套邏輯的傾向），也就是說，他們是指涉著諸多利益，來理解此一概念。

[64] 例如可參見Owen M. Fiss, Objectivity and Interpretation, Stanford Law Review 34 (1982), S. 739-763：「詮釋……是讀者與文本之間的一種動態互動」。其界限係由某個「詮釋社群」（interpretive community）之實際狀態所給定。

[65] 眾所周知，下述爭議問題是在修辭學的內部獲得討論的：當人們想要說服他人的時候，他們自己是否必須也要被自己的論證所說服？

[66] 下列文獻雖然只附帶地觸及此問題，但是卻提出了頗為恰當的表述：Alexander Hamilton, The Federalist Papers No. 78, zit. nach der Ausgabe von Jacob E. Cooke, Middletown Conn. 1961, S. 525：「在這樣的情況中（也就是在諸多制定法彼此發生矛盾的情況中），使它們的意義與運作**獲得澄清與固定**，乃是法院的權責範圍」（強調處為筆者所加，N. L.）

[67] 這一點使得對法律文本所進行的處理，與對文學文本的處理有了區別；倘若某些宗教文本只在某些抱持相同內心信仰的信徒之間，才具有宗教文本的性質的話，那麼同樣的區別也存在於此。當法學家贊同某人立場，或者反對某人立場，而提出論證時，他無法為自己挑選論證對象。

[68] 在極高成度上，這項法律制度本身就需要多被詮釋，而且，藉著對它的細節做出詳盡界定，它也就可以在連續性與不連續性之間，以及冗餘性與變異性之間，提供中介。一項值得注意，並且相當中肯的論述，見諸Neil MacCormick a.a.O. (1968)。

[69] 參見下述文獻中的論證理論，該理論涵蓋了在美國關於先例拘束、制定法解釋以及對制定法所進行之合憲性審查（所具有之特殊自由空間）等問題：Levi a.a.O. (1948)。在**所有**情況中，都會**無可避免地**浮現一項問題：在源源不絕的新案件情境中（這些案件情境也總是有所不同的），關於決定規則之反覆運用的問題。

[70] 在一些關於英美法系與大陸法系的法律用法的比較中，經常會在此處提出一些實務上根本不存在的差異。受判決先例引導的問題，其實只會浮現於其他的脈絡中。

[71] 這裡所要說的不過是，在這個脈絡裡又從一特定角度突顯了「自我再製」這件事。系統無法將它自身的終

結納入考量，它只能「在進一步情況出現前（bis auf weiteres）」繼續運作。

[72] 在此意義下，人們必須追隨MacCormick a.a.O. (1987)，而對可普遍性（Universalisierbarkeit）與可一般性（Generalisierbarkeit）做出區分。

[73] 可特別參見他發表在下述文集中的各篇文章：Neil MacCormick/Ota Weinberger, An Institutional Theory of Law: New Approaches to Legal Positivism, Dordrecht 1986。

[74] Rudolf von Jhering, Scherz und Ernst in der Jurisprudenz, 2. Aufl. 1885一書當中所收錄的那些概念演練的例子，在這裡並不能全部用來當作例證（但有部分可以）。它們並不是一些關於「概念法學」之謬誤的例證（因為它們同樣也可以被收錄到「利益法學」領域當中），而是一些關於不符合法學品味的例子。

[75] 參照前面第六章（III）在演化脈絡下進行的探討。

[76] 關於在日本環境法領域中的一個突發的、由司法裁判所引發的轉變的案例，參見Helmut Weidner, Bausteine einer präventiven Umweltpolitik: Anregungen aus Japan, in: Udo Ernst Simonis (Hrsg.), Präventive Umweltpolitik, Frankfurt 1988, S. 143-165。

[77] 也請參照Peter Goodrich, Reading of the Law, Oxford 1986, S. 123：「認為某個制定法文本的某個層面是荒謬的，並不意味著要從外於法律文化以及專業能力的角度，來對該文本進行批判性的評價。應該說，這會對法律學說的各個範疇，或者對法律之合理性與正義，產生刺激作用，以便確保該文本在其所屬的更廣泛的法律領域內，具有一個可接受的意義。」

[78] 關於基本原則性的論述，參照Jean-François Lyotard, Le différend, Paris 1983。

[79] Consequences, Juridical Review 24 (1979), S. 193-291, insb. 194, 199f。內建的後果指的是「某項規則在其自己身上所具有之效應」。

[80] 尤其需要考慮的一點是，論證的順序（Reihenfolge）經常扮演了重要角色，例如在下列問題上就是：什麼樣的證據必須被提出，也就是說，在哪些觀點之下，系統必須尋求與環境之接觸（Umweltkontakt）？關於此點，參見Laurens Walter/John Thibaut/Virginia Andreoli, Order of Presentation at Trial, Yale Law Journal 82 (1972), S. 216-226；Michael E. Levine/Charles R. Plott, Agenda Influence and Its Implications, Virginia Law Review 63 (1977), S. 561-604；Charles R. Plott/Michael E. Levine, A Model of Agenda Influence on Committee Decisions, American Economic Review 68 (1978), S. 146-160。在另一個層面上進行的考察，參見Wolfgang

Schild, Der Straftatbegriff als Argumentationsschema, in: Winfried Hassemer et al. (Hrsg.), Argumentation und Recht, Beiheft N. F. 14 des Archivs für Rechts- und Sozialphilosophie, Wiesbaden 1980, S. 213-229。即使人們並不認為，論證圖式（Argumentationsschema）的概念涉及到了「對現實性之本體上的階層構造，所進行之摹寫」，他們還是可以採納論證圖式這個尚稱妥當的概念。

[81] 在某項區分獲得再度使用的過程中，凝煉（Kondensierung）與確認（Konfirmierung）這組區分，被認為是對前述區分的兩種解讀方式。這個觀點須歸功於下列文獻之啟發：George Spencer Brown, Laws of Form, Neudruck New York 1979, S. 10。

[82] 對規則與原則做出區分（這在概念上其實很難說清楚）的必要性，主要是在普通法的文獻中獲得強調——這很可能是因為，在該領域中，裁判規則具有更為重要的功能。

[83] 從歷史角度來看，仍然應該注意的一件事情是，原本正好是這些辯護詞獲得公開發表，裁判本身反而較少被人注意。形式上受判決先例拘束的作法，必須以另一種使書寫得以固定化的作法為必要前提，因而，它是在法律獲得廣泛實證化的過程中（也就是自十八世紀中葉以降，尤其是在布萊克斯頓〔Blackstone〕編纂的註釋書之後，而再過一百年之後，這樣的走向才明白確立下來）才逐漸發展起來。

[84] 尤其可參見艾瑟採取的鮮明立場，也就是以類比於普通法的方式，來闡述法官對法律的續造。見氏著，Grundsatz und Norm in der richterlichen Fortbildung des Privatrechts, 2. Aufl. Tübingen 1964；ders., Vorverständnis und Methodenwahl in der Rechtsfindung: Rationalitätsgarantien der richterlichen Entscheidungspraxis, Frankfurt 1970。

[85] 參見下列章節：The Inscrutability of Silence and the Problem of Knowledge in the Human Sciences, in: Steve Fuller, Social Epistemology, Bloomington Ind. 1988, S. 139ff。

[86] 或許可以再補充一點：美國人追隨了他們自己以實際事物為取向的思考方式，而將「解構」當成是一種方法，並且嘗試來運用這種方法。此種想法主要出現在文學研究領域，但是也被一些法學學派採納。然而它卻背離了此概念原本的意義。德希達原本就有意使此概念保持在模糊狀態，並且在稍後所做的各種自我註解中，不斷地進一步解構這個概念。

[87] 關於「解構」與「二階觀察」之間的可能關聯，下列文獻頗值一讀：J. M. Balkin, Nested Oppositions, Yale Law Review 99 (1990), S. 1669-1705。也請參見同一作者，Deconstructive Practice and Legal Theory, Yale

Law Journal 96 (1987), S. 743-786。

[88] 如此一來，下述見解須予駁斥：在人們將其對法律之隸屬性表述為理性之誡命，以便使居於幕後的政治權力獲得正當化這件事情上，論證理由提供了它們的服務。美國的批判法學運動，即傾向於此種見解。也可參見Goodrich a.a.O. (1986), z. B. S. 122。那些認為自己具有「批判」態度的人，應該要發展出一種更好的區分能力，因為，在對於象徵性、政治性等權力所具有之尚未分化的理解基礎上，這種能力是有可能培養起來的。然而，人們必須承認，那些好的理由也具有社會面向，基於此一事實，人們才更容易假設，其他人會基於洞察（Einsicht）而遵守具有論理基礎的規則。當人們考慮到，洞察經常是在欠缺利益的情況下形成時，他們就更能夠清楚理解前面這件事。

[89] 參見第五章。

[90] 參照以下（VIII）的部分。

[91] MacCormick a.a.O. (1978), S. 17指出：「因而，他們為判決所公開宣示的理由，必定是一些……使得理由就是如同它們被設想的情況一樣的理由。」這裡似乎可以上溯到社會學上對於動機概念的理解，而這最終可以追溯到韋伯。也可參見Austin Sarat/William L. F. Felstiner, Law and Social Relations: Vocabulary of Motive in Lawyer/Client Interaction, Law and Society Review 22 (1988), S. 737-769。

[92] 亞特藍理論所碰到的困難點，正好就出在自我組織與學習的問題上，這使得他認為，應該將諸系統理解為一種由冗餘性與變異性的對立關係，所形成的秩序。

[93] 這樣的差異，似乎可以在關於正義與衡平的這組區分中，獲得表述（但對這一點還需要進行歷史檢驗），它一直到近代才終局地被解消。

[94] 我們再度提醒一件事，那就是，諸理由乃是論證的**序列**，這些序列一直要到它們獲得再度使用的過程中，或者要到它們能期待獲得再度使用的情況中，才能凝煉而成為裁判的**觀點**。

[95] 把重心放在「如何」這個問題上的作法，讓我們免於深入到法理論文獻以及相關研討會當中的兩個非常熱門的論題領域裡面去，也就是下面兩個問題：哪些論證方式可以帶來理性的結果？法律論證是否可在其整個範圍內，以邏輯方式獲得重構。

[96] 關於此點，參見Rudolf Stichweh, Selbstorganisation und die Entstehung nationaler Rechtssysteme (17-19. Jahrhundert), Rechtshistorisches Journal 9 (1990), S. 254-272。

[97] 例如可參見Thomas von Aquino, Summa Theologiae IIa IIae q. 57 a. 3，在那裡，他借用農地用益的例子，來說明secundum sui rationem（按照自身的理性）以及secundum aliquid quod ex ipso consequitur（按照某件事情本身所造成的後果）之間的區分。

[98] 例如Jean Domat, Les loix civiles dans leur ordre naturel（自然秩序中的民法），2. Aufl. Paris 1697, Bd. 1, S. LXV：實證法的正義，其實就是它自身「justice particuliere」（特有的正義），然後在S. XCI裡面提出"presomption pour l'utilité de la loy, nonobstant les inconveniens"（對法律的效益的推定，儘管有這些弊端）。

[99] 例如可參見Alexandre Belleguise, Traité de noblesse et de son origine, Paris 1700, S. 145ff。設若某人因為從事了某件被認為不適合於其地位（交易）的活動，遭致剝奪貴族頭銜，後來因為停止從事該活動而重新回復頭銜，但卻沒有獲得國王的復權詔書（lettres de réhabilitation），這個時候會出現什麼情況呢？人們有可能每一週都在貴族與非貴族身分之間來回游移，而稅捐義務也會變得模糊不清等等。

[100] 這件事情早就已經在詮釋的途徑上發生了。參見Domat a.a.O., Bd. 1, S. 19："Les loix naturelles sont mal appliquées, lorsqu'on en tire des consequences contre l'équité."（當人們從自然法得出的結論，違背了衡平，那麼自然法就是被拙劣地運用了）。或者可以反過來，從反對草率革新的角度來看這件事（"qui ad pauca respicit facile pronunciat"（看到一點蛛絲馬跡就輕率做出裁判的人）），見Hale a.a.O., S. 504：解釋者必須看得比當下的案件，以及下列問題，更為長遠：這樣的闡釋，相較於它所提供的救濟，是否會引發更大的不便？

[101] 例如可參照Adalbert Podlech, Wertungen und Werte im Recht, Archiv des öffentliche Rechts 95 (1970), S. 185-223, insb. 198ff.; Wolfgang Kilian, Juristische Entscheidung und elektronische Datenverarbeitung: Methodenorientierte Vorstudie, Frankfurt 1974, S. 211ff. Gunther Teubner, Folgenkontrolle und responsive Dogmatik, Rechtstheorie 6 (1975), S. 179-204; Thomas Sambuc, Folgenerwägung im Richterrecht: Die Berücksichtigung von Entscheidungen bei der Rechtsprechung, erörtert am Beispiel des Paragraphen 1 UWG, Berlin 1977; Thomas W. Wälde, Juristische Folgenorientierung: "Policy Analysis" und Sozialkybernetic: Methodische und organisatorische Überlegungen zur Bewältigung der Folgenorientierung im Rechtssystem, Königstein/Ts. 1979; Hubert Rottleuthner, Zur Methode einer folgenorientierten Rechtsanwendung,

in: Wissenschaften und Philosophie als Basis der Jurisprudenz. Beiheft 13 des Archivs für Rechts- und Sozialphilosophie, Wiesbaden 1981, S. 97-118; Hans-Joachim Koch / Helmut Rüßmann, Juristische Begründungslehre: Eine Erfindung in Grundprobleme der Rechtswissenschaft, München 1982, S. 227ff.：也可參見下列文獻中關於刑法特殊問題之探討：Winfried Hassemer, Über die Berücksichtigung von Folgen bei der Auslegung der Strafgesetze, Festschrift Helmut Coing, München 1982, S. 493-524，關於重塑（Reformalisierung）美國刑法之討論，可參見Joachim J. Savelsberg, Law That Does Not Fit Society: Sentencing Guidelines as a Neoclassical Reaction to the Dilemmas of Substantivized Law, American Journal of Sociology 97 (1992), S. 1346-1381。

【102】尤其可參照MacCormick a.a.O. (1978)。

【103】近來已經可以發現到，正好就在實用主義——工具論式的法理論中，目的／手段的結構遭到忽視（而且，正如同人們所設想的一樣，是出於好的理由！）。參見Robert Samuel Summers, Instrumentalism and American Legal Theory, Ithaca 1982, S. 60ff., 240ff., 255ff。相應於此，批評的聲浪也逐漸升高，甚至重新燃起了對分析法學的興趣。

【104】關於此點，參見Robert Nagel, Legislative Purpose, Rationality and Equal Protection, Yale Law Journal 82 (1972), S. 123-154。該文作者提出了很好的理由，針對法院的下述傾向提出了批判：法院傾向於用合目的性的標準，來對立法者進行衡量，而每當立法者在這一點上有所欠缺的時候（在此種欠缺的背後，或許隱藏了政治上的妥協），法院就把這樣的欠缺怪在他們頭上。在德國法裡面，用「立法者之意旨」來進行論證的作法更為常見，另一方面，也更少注意到要將裁判規則精確地固定下來，在這種情況下，前述警告可說是更為貼切。因為在這裡，法官經常擬制提出某種目的綱要——他自己也許並不適於提出這種目的綱要，但此目的綱要卻為判決所必需——來當作政治所帶來的結果。

【105】當然，即便缺乏明顯的系統論概念用語，要做這樣的區分也還是可能的。例如可參見Ruden a.a.O.裡面所提到的關於行為後果與法律後果的區分，以及下列文獻中與此相銜接的論述：Neil MacCormick, Legal Decisions and Their Consequences: From Dewey to Dworkin, New York University Law Review 58 (1983), S. 239-258。關於在法律系統外部，對法律後果與事實後果所做之區分，也可參照Niklas Luhmann, Rechtssystem und Rechtsdogmatik, Stuttgart 1974, S. 41，詳細的論述請參照Gertrude Lübbe-

Wolff, Rechtsfolgen und Realfolgen: Welche Rolle können Folgenerwägung in der juristischen Regel- und Begriffsbildung spielen?, Freiburg 1981。

[106] MacCormick a.a.O. (1983) 也是以此作為標準，並且在此觀點下，對其一九七八年的前揭著作（Legal Reasoning and Legal Theory）當中尚未構思完整的相關論述，做了進一步的闡釋。

[107] 這個例子是取自Rubben a.a.O.。

[108] 附帶提及，法社會學上的探討，也指出了同一件事情。但是對於一個如此重要的主題而言，這些研究數量過少，至為明顯。然而仍可參見James W. Marquart/Sheldon Eckland-Olsen/Jonathan R. Sorensen, Gazing into the Crystall Ball: Can Jurors Predict Dangerousness in Capital Cases?, Law and Society Review 23 (1989), S. 459-468。

[109] 從作者自己的經驗來看：對公職服務法進行修正，放棄終身任用原則，對招募新人是否會產生什麼後果？如果會的話，是哪些後果呢？對這些問題很難進行經驗上的檢證，而且也只能用非常具有時間依賴性的（例如具有勞動市場依賴性的）指標來檢證。參照公職服務法改革委員會委託研究計畫案（1970-1973），Niklas Luhmann/Renate Mayntz, Personal im öffentlichen Dienst: Eintritt und Karrieren, Baden-Baden 1973。當人們更進一步，將一些公開討論的、在政治論爭上具有重要性的問題也納入考量時（例如這些措施反過來對於公務員的工作倫理與政治獨立性的影響），上述說法就更為貼切了。不管怎麼說，各門社會科學對於法律救濟途徑所具有之意義，較少是在於提供預測的確定性，更多應該是在於擴展問題之提出層面，也就是在變異性的提高這件事情上提供助力，這份助力非但不會使冗餘性之再取得，變得較為簡單，它反而使這件事變得更困難。關於此一主題，可參照Paul L. Rosen, The Supreme Court and Social Science, Urbana Ill. 1972，當中有豐富素材。

[110] 在較寬廣的歷史角度上，來討論這件事情的文獻，參見N. E. Simmondes, The Decline of Juridical Reason: Doctrine and Theory in the Legal Order, Manchester 1984。也請參照Helmut Schelsky, Nutzen und Gefahren der sozialwissenschaftlichen Ausbildung von Juristen, Juristenzeitung 29 (1974), S. 410-416; neu gedruckt in ders., Die Soziologen und das Recht, Opladen 1980, S. 196-214。

[111] 參見下列文獻，其可被視為法學家與社會學家共同的表述：Hans Joachim Böhlk/Lutz Unterseher, Die Folgen der Folgenberücksichtigung, Juristische Schulung 20 (1980), S. 323-327。

【112】相對於此，MacCormick a.a.O. (1983), S. 254，卻提出了下述結論：「這樣一來，可以扼要地說，我所說的後果論理式的法律，比較不是聚焦於預測行為變遷的或然率，而是聚焦於可能的行為，以及當人們對裁判進行仔細檢視時，該行為所具有之某種規範性的狀態」，但他接著卻又引進「正確」與「錯誤」——這些範疇是「基於各該系爭法律分支，而具有相關性」（S. 256）——這些道德性的範疇（這些範疇本身也不是毫無疑問的），來作為上述頗具風險性的「推測性回答」的替代項。

【113】參照Raffaele De Giorgi, Scienza del diritto e legittimazione: Critica dell'epistemologia giuridica tedesca da Kelsen a Luhmann, Bari 1979, dt. Ausgabe Wahrheit und Legitimation im Recht: Ein Beitrag zur Neubegründung der Rechtstheorie, Berlin 1980。

【114】MacCormick a.a.O. (1978), S. 517.

【115】一項與此相對應的，對因果關係所做的詮釋，參見Francis Heylighen, Causality as Distinction Conservation: A Theory of Predictability, Reversibility, and Time Order, Cybernetics and Systems 20 (1989), S. 361-384。

【116】根特甚至認為，從這種對於訊息聚合的需求出發，可以為意識的演化提供說明。參見：Bewuβtsein als Informationsraffer, Grundlagenstudien aus Kybernetik und Geisteswissenschaften 10, 1 (1969), S. 1-6。

【117】就「禁止拒絕審判」（Verbot der Justizverweigerung）與「概念抽象化」之間的關聯而言，這個例子也教導了我們一些事情。

【118】當然，這樣的說法並不會使得我們去否定下面這件事：對概念進行的釐清，其實也滿足了教學上的功能，因而，相對於法律實務的領域，這些概念的釐清更應該說是屬於法律教學的領域（在這裡，法律案件只是作為例證，而被援引）。但在上面的本文中，所要探討的是法律系統的理論，而不是教育系統的理論。

【119】「對於法律所進行的合理化考察，在很大程度上，仍然屬於一種關於歷史的考察」——人們可以在一篇完全以對法律裁判的預測為主要關懷重心的演說中，讀到這樣的一句話：Oliver W. Holmes, The Path of Law, Harvard Law Review 10 (1987), S. 457-478 (469)。

【120】關於這個問題的一份精彩的探討文獻，參見Josef Esser, Juristisches Argumentieren a.a.O. (1979), insb. S. 120ff。——其精彩之處在於：語言上的純熟；對概念進行概念性鋪陳時，採取了敏感的模糊手法（sensible Unschärfe）；以及問題取向上的精準。

【121】這些陳述係引用自Esser a.a.O., S. 21 und 22。

[122] Zit. nach: Friedrich Carl von Savigny, Das Recht des Besitzes: Eine civilistische Abhandlung, 5. Aufl. Stuttgart 1837.

[123] 較重要文獻之選集，請參見Günther Ellscheid/Winfried Hassemer (Hrsg.), Interessenjurisprudenz, Darmstadt 1974；進一步可參見Paul Oertmann, Interesse und Begriff in der Rechtswissenschaft, Leipzig 1931。較早嘗試將法學的概念性，跟評價性的利益視角一同置放在目的導向的觀點下，而予以結合的文獻，參見Gustav Rümelin, Juristische Begriffsbildung, Leipzig 1878。至於更廣泛的探討脈絡，也就是十八世紀末期以降的方法討論，參見Johann Edelmann, Die Entwicklung der Interessenjurisprudenz: Eine historisch-kritische Studie über die deutsche Rechtsmethodologie vom 18. Jahrhundert bis zur Gegenwart, Bad Homburg 1967。

[124] 參照Roscoe Pound, Mechanical Jurisprudence, Columbia Law Review 8 (1908), S. 605-623。

[125] 關於此點，至目前為止已經出現了許多傳記性的以及理論史的研究。前面已經引用過的一本專書——Robert Samuel Summers, Instrumentalism and American Legal Theory, Ithaca 1982——則從對法理論之構思提出批判性鋪陳的角度，提供了一種具有重點的概觀論述。

[126] 人們可以在下列文獻中，找到關於此種理論在概念上的完備發展，而且它複述並整合了許多先前提出的論點：Roscoe Pound, Jurisprudence, St. Paul, Minn. 1959, Bd. III, S. 3-373。

[127] 僅須參照Horst Jakobs, Wissenschaft und Gesetzgebung nach der Rechtsquellenlehre des 19. Jahrhunderts, Paderborn 1983; Regina Ogorek, Richterkönig oder Subsumtionsautomat? Zur Justiztheorie des 19. Jahrhunderts, Frankfurt 1988; Joachim Rückert, Autonomie des Rechts in rechtshistorischer Perspektive, Hannover 1988; Ulrich Falk, Ein Gelehrter wie Windscheid: Erkundungen auf den Feldern der sogenannten Begriffsjurisprudenz, Frankfurt 1989; ders., "Ein Gegensatz principieller Art", Rechtshistorisches Journal 9 (1990), S. 221-240。

[128] 然而，各種論戰論述之間的對立，不應被過度渲染。耶林提出的關於概念法學的概念，很明顯地並不是以反對法律中全然不可或缺的概念使用，為其取向，而是要「對抗我們當前法學的一項錯誤想法，這種想法忽略了法律的實踐性終極目的，以及使法律具備可適用性的諸多先決條件，而只在法律身上看到了一個對象，以便使那種滿足於自身的、在自身中承載著其自身之吸引力與目的的邏輯思考，能在這對象上進行試驗」。此外還須注意下面這句話：「每一種法學都是以概念來進行運作，法學的思考與概念式的思考，其實說的是同一件事，在這個意義下，每一種法學都是概念法學，羅馬法學乃箇中翹楚；正好在這點上，不

需要添加任何附帶說明」（Rudolf von Jhering, Scherz und Ernst in der Jurisprudenz: Eine Weihnachtsgabe für das juristische Publikum (1884), zit. nach der 13. Aufl. Leipzig 1924, Nachdruck Darmstadt 1964, S. 347）。關於在概念法學走向上的過度發展，耶林（a.a.O., S. 363）則是用（大學的）法律**學說**與實務的法律**適用**這項全然現代的劃分，來加以說明。

[129] 龐德（Roscoe Pound）認為，這種追求「自由個體之自我宣示的極大化（maximum of free individual self-assertion）」的理念，早已因為社會發展而顯得過時，見氏著，An Introduction to the Philosophy of Law（1922), 2. Aufl. 1954, Neudruck New Haven 1959, S. 40ff。實際情況其實也是如此：即便在北美，對於這樣的理念而言，也已經不存在任何主張空間。

[130] Pound, Jurisprudence a.a.O., Bd. III, S. 17, 21.

[131] Bejamin N. Cardozo, The Nature of the Judicial Process, New Haven 1921, S. 113.

[132] 從這個角度出發而提出批判的文獻，可參照Julius Stone, A Critique of Pound's Theory of Justice, Iowa Law Review 20 (1935), S. 531-550。Pound自己經常引用這份文獻，並且顯然認為它值得注意。

[133] A.a.O., S. 112。也請參見Philipp Heck, Gesetzesauslegung und Interessenjurisprudenz, Tübingen 1914, S. 180，在那裡他提到「對於維繫住一個已經獲得效力的秩序，所具有之利益」。

[134] Juristisches Argumentieren a.a.O. (1979), S. 22.

[135] 此一說法見諸Argumentations- und Stilwandel in höchstrichterlichen Zivilentscheidungen, Etudes de logique juridique Bd. VI, Bruxelles 1976, S. 53-77 (61)。

[136] 一般而言，這項區分是藉著援用韋伯的學說，而被引進。例如可參見Richard Lempert/Josef Sanders, An Invitation to Law and Social Science, White Plains N. Y. 1986, S. 9ff., 444ff。此區分無論如何不應該跟程序法與實體法之區分，相互混淆，即便程序法由於其組織決定的功能，較諸實體法表現出更多形式性的要素。Patrick S. Atiyah/Robert S. Summers, Form and Substance in Anglo-American Law: A Comparative Study of Legal Reasoning, Legal Theory, and Legal Institutions, Oxford 1987，該書使用了形式性／實質性的區分，來比較英國法（較具形式性取向）以及美國法（較具實質性取向）這兩個同屬普通法的法系。同樣，在對不同國家的各個終審法院的不同解釋方式進行比較時，這個區分也扮演相當重要的角色。參見MacCormick/Summers a.a.O. (1992)，在該書中，法國（較具形式性）與美國（較具實質性）分別被用來當作極端案例。

【137】Atiyah/Summers a.a.O., S. 65f 闡述道：「實質性的理由，可被界定為道德性的、政治性的、制度性的，或者其他社會性的考量」。

【138】為了能清楚突顯，我們願意再次強調這一點：利益的**統一性**。換言之：為了進一步溝通中的指涉目的，而使利益獲得溝通上的穩固化。這應該以一個在系統內無法被任意重新建構的實在，作為基礎，對於這點，我們並不會去質疑。

【139】Julius Stone, Legal System and Lawyers' Reasonings, Stanford Cal. 1964, S. 235ff. (258ff.)，在「虛幻的指涉」（illusory reference）這個一般性的標題下，將循環論證當作一個特殊案例來加以探討，並且舉出若干例證。

【140】關於此點可參照Stein Bråten, The Third Position: Beyond Artificial and Autopoietic Reduction, in: Felix Geyer/Johannes van der Zouwen (Hrsg.), Sociocybernetic Paradoxes, London 1986, S. 193-205。

【141】尤其可參照François Gény, Science et technique en droit positif: Nouvelle contribution à la critique de la méthode juridique, 4 Bde. Paris 1913-1930。

【142】參照Edelmann a.a.O., S. 89f，他在該處援用了Heinrich Stoll的見解。

【143】Günther Ellscheid, Einleitung, in: Ellscheid/Hassemer a.a.O. (1974), S. 5f，在該處他談到「被壓抑的利益所具有之詮釋學上的含意」，並且為此做了以下說明：「由於利益法學試圖阻止那被壓抑的利益從解釋的視域中消失，並且為此給了我們方法上的指示，它也藉此而明白地將一種絕非僅作為形式理念的正義，轉化為法學方法。」在這裡或許可以提醒人們注意猶太法上饒負智慧的防範措施：要在法律的傳統中，將歧見保存下來，使得它們得以為新的權衡所使用。相關探討見前面第二章（X），Anm. 153。

【144】參見Yves Barel, Le paradoxe et le syst me: Essai sur le fantastique social, 2. Aufl. Grenoble 1989, S. 71f., 1985f., 392f。

【145】僅需參見下列文獻中的批判：Gerhard Struck, Interessenabwägung als Methode, in: Dogmatik und Methode: Festgabe für Josef Esser, Kronberg/Ts. 1975, S. 171-191。尚可參見Heinrich Hubmann, Die Methode der Abwägung, in ders., Wertung und Abwägung im Recht, Köln 1977, S. 145-169，作者在該處指出，在那些運用了權衡的案件中，司法裁判距離充分的方法上明確程度，其實非常遙遠。

【146】下列文獻亦持相同見解：Hans-Martin Pawlowski, Methodenlehre für Juristen: Theorie der Norm und des

Gesetzes, 2. Aufl. Heidelberg 1991, S. 24ff。

[147] So Struck a.a.O., S. 183, 185.

[148] 例如可參照Pawlowski a.a.O., S. 381ff；關於法益權衡，請參照S. 351ff。Karl Larenz, Methodenlehre der Rechtswissenschaft, 5. Aufl. Berlin 1983, S. 117ff。

[149] 另一種緩和的嘗試則在於，從一開始就將利益權衡只當做是對古典解釋方法清單的一種補充，而納入考量。例如Reinhold Zippelius, Einführung in die juristische Methodenlehre, zit. nach der 2. Aufl. München 1974, S. 58f，即採取此一見解。但這卻預設人們必須先指明，在具體案件中，哪些現行有效的法律規定，需要以這種方式被解釋。或者也可以在下面這點上進行緩和：唯有當法律關係的態勢，導致規範或義務衝突時，才能夠進行權衡。Larenz a.a.O., S. 388ff關於「法益權衡」的部分，即採此見解。但這預設了，人們必須先指明，在具體案件中，哪些法律規定彼此衝突。

[150] 參照前註137。

[151] William E. Nelson, The Impact of the Antislavery Movement upon Styles of Judicial Reasoning in Nineteenth Century America, Harvard Law Review 87 (1974), S. 513-566，作者在文中宣稱，從工具性的論證調整到形式性的論證，乃是反奴隸制運動所帶來的後果。但也請參見下列文獻中提出的批判與反例：Harry N. Schreiber, Instrumentalism and Property Rights: A Reconsideration of American "Styles of Judicial Reasoning" in the Nineteenth Century, Wisconsin Law Review 1975, S. 1-18。關於這個問題，還可參照Marc Tushnet所進行之探討，曾有人對此寫了非常具批判性的書評，見氏著，The American Law of Slavery 1810-1860: Considerations of Humanity and Interest, Princeton 1981。

[152] 就制度性的角度來看，這種主張在美國能廣獲採納的希望很小（人們也可以說，在德意志聯邦共和國，情況亦係如此），下列文獻則已經指出此點：Joachim J. Savelberg, Law That Does Not Fit Society: Sentencing Guidelines as a Neoclassical Reaction to the Dilemmas of Substantivized Law, American Journal of Sociology 97 (1992), S. 1346-1381。

[153] 根據W. Ross Ashby, Design for a Brain: The Origin of Adaptive Behaviour, 2. Aufl. London 1960, S. 98f。

[154] 參照Herbert A. Simon, Models of Man– Social and Rational: Mathematical Essays on Rational Human Behaviour in a Social Setting, New York 1957, S. 204f., 252ff。

[155] 參照第六章（V）的部分。

[156] 關於以下將舉出的各項例證，請參見Dirk Baecker, Information und Risiko in der Marktwirtschaft, Frankfurt 1988; Niklas Luhmann, Die Wirtschaft der Gesellschaft, Frankfurt 1988, insb. S. 93ff. Niklas Luhmann, Gesellschaftliche Komplexität und öffentliche Meinung, in ders., Soziologische Aufklärung Bd. 5, Opladen 1990, S. 170-182; ders., Weltkunst, in: Niklas Luhmann/Frederick D. Bunsen/Dirk Baecker, Unbeobachtbare Welt: Über Kunst und Architektur, Bielefeld 1990, S. 7-45 (23ff.); Niklas Luhmann, Das Kind als Medium der Erziehung, Zeitschrift für Pädagogik 37 (1991), S. 19-40; ders., System und Absicht der Erziehung, in ders. und Karl Eberhard Schorr (Hrsg.), Zwischen Absicht und Personen: Fragen an die Pädagogik, Frankfurt 1992, S. 102-124; ders. Sozialsystem Familie, in ders., Soziologische Aufklärung Bd. 5, Opladen 1990, S. 196-217; Niklas Luhmann, Die Wissenschaft der Gesellschaft, Frankfurt 1990, passim, insb. S. 362ff。

[157] 關於此點，見Niklas Luhmann, Beobachtungen der Moderne, Opladen 1992。

[158] 可參見諸如F. James Davis et al., Society and the Law: New Meanings for an Old Profession, New York 1962, S. 163：「其結果就是，法學的建構，其實已經跟制定法文本本身一樣，都成了制定法的構成部分。」

[159] 參見Friedrich Müller, Strukturierende Rechtslehre, Berlin 1984。

[160] 參見諸如Karl-Heinz Ladeur, Gesetzesinterpretation, “Richterrecht” und Konventionsbildung in kognitivistischer Perspektive: Handeln unter Ungewiβheitsbedingungen und richterliches Entscheiden, Archiv für Rechts- und Sozialphilosophie 77 (1991), S. 176-194。

第九章

[1] 席格勒（Jay A. Sigler）即持此種見解，見氏著，An Introduction to the Legal System, Homewood Ill. 1968, S. 42f（但是該書第一五〇頁當中的一段論述，卻與此產生矛盾：「法律系統是政治系統的一個次系統，它的典型用途在於為政治系統提供輸出管道」）。承接帕森斯理論而提出之論述，參見William M. Evan, Social Structure and Law: Theoretical and Empirical Perspectives, Newbury Park 1990, S. 219f。舒伯特（Glendon Schubert）則在其多部著作中，提出不同意見。僅須參見：Judicial Policy Making, 2. Aufl. Glenview Ill.

1974。

[2] 關於「國家」之理念與實際的發展史，較為晚近的文獻可參見：Perry Anderson, Die Entstehung des absolutistischen Staates, dt. übers. Frankfurt 1979; Gianfranco Poggi, The State: Its Nature, Development and Prospects, Cambridge Engl. 1990; Michael Stolleis, Staat und Staatsräson in der frühen Neuzeit: Studien zur Geschichte des öffentlichen Rechts, Frankfurt 1990。在這個概念上而獲得貫徹的政治系統與法律系統的統一性，幾乎沒有被這些文獻當作一個問題來予以處理。

[3] 關於這一點，參見Brian M. Downing, Medieval Origins of Constitutional Government in the West, Theory and Society 18 (1989), S. 212-247。

[4] 關於這一點的詳盡論述，參見R. C. van Caenegem, Judges, Legislators and Professors: Chapters in European Legal History, Cambridge Engl. 1987。

[5] 關於帝國之下的各個領土國家，參見Dietmar Willoweit, Rechtsgrundlagen der Territorialgewalt: Landesobrigkeit, Herrschaftsrechte und Territorium in der Rechtswissenschaft der Neuzeit, Wien 1975。的確，對領土上的鞏固（territoriale Konsolidierung）而言，存在著一些功能上的等同項，但它們太過強烈地依存於法律。這樣的說法主要可適用於在政治上提升貴族地位的傾向，特別是當人們在稅收免除（Steuerbefreiung）的脈絡下，為貴族地位之承認，提供司法救濟時。參照（以Savoyen地區的發展為例）Claudio Donati, L'idea di nobilità in Italia: Secoli XIV-XVIII, Roma-Bari 1988, S. 177ff。這樣的發展過程特別有意思，因為它一方面允許層級式的分化繼續存在，另一方面又使貴族階層向下發生封閉，也就是使貴族階層重新獲得貴族化（Aristokratisierung）這件事，成為可能；換言之，這個過程是一個過渡性的妥協。但是，若不是在關於貴族地位問題（在稅收事務上的特權）上有必要提出澄清，也就是說，倘若欠缺了現實上、實踐上的動機，那麼，上述過程如何成為可能呢？

[6] 在法國，政治性的主權被當作是法律主權而獲得貫徹的這種發展，特別令人印象深刻，參見Philippe Sueur, Histoire du droit public français XVe-XVIIIe si cle Bd. 2, Paris 1989，尤其是下面這些地方：關於習慣的成文編纂，參見頁二十九以下；對地主裁判權進行的管控，參見頁一六四以下；關於立法，參見頁五十六以下。

[7] 這樣的說法見諸Die Herrschaft des Gesetzes (1936), dt. übers. Frankfurt 1980，在那裡，他參酌的是波丹與普

芬朵夫。

[8] 還有其他許多今天不再為人所熟知的學者，也主張法律與政治的統一性，他們有的是以宗教（因為此種統一性為神所欲）為基礎，有的是以自然法（其實也可說是一種事物邏輯）為基礎。在眾多可能的例證中，可參見François Grimaudet, Les opusculus politiques, Paris 1580, insb. Opuscule I: De la Loy。他認為，制定法是“souveraine raison, empreinte par Dieu, qui command les choses qui sont à faire, & deffend les contraire faicte, & puliee par celuy qui a puissance de commander”（上帝操控著他所創造的事物，並排斥有害的事物。上帝所賦予的至上理性，通過有統治權的人製作和公布）。“Car la Loy est l'œuvre du Prince.”（因為法律是君王的傑作）以及：“La fin de la loy est le bien public & salut des homes en general”（法律的目的是公共的福利和民眾的救贖），這與對個體（即使這個個體是統治者自己）的效用，具有明顯的區別。所有的引文都出自fol. 1。

[9] 除了利維坦（Leviathan）之外，也可參見：A Dialogue between a Philosopher and a Student of the Common Laws, zit. nach der Ausgabe Chicago 1971；進一步還可參見Behemoth, or The Long Parliament, zit. nach der Ausgabe von Ferdinand Tönnies, London 1889, neu herausgegeben und eingeleitet von Stephen Holmes, Chicago 1990。

[10] 關於此點，參見Quentin Skinner, The Foundations of Modern Political Thought Bd. 2: The Age of Reformation, Cambridge Engl. 1978; Richard Saage, Herrschaft, Toleranz, Widerstand: Studien zur politischen Theorie der niederländischen und der englischen Revolution, Frankfurt 1981; Diethelm Böttcher, Ungehorsam oder Widerstand? Zum Fortleben des Mittelalterlichen Widerstandsrechts in der Reformationszeit (1529-1530), Berlin 1991。

[11] 但是權威這個在霍布斯論證中新提到的概念，並不是某種自然的——優越的能力，更不是某種貴族氣質。它是以**授權**（Autorisierung）作為基礎。在Leviathan II, 17的盟約文本中，就出現了「I Authorise…」這樣的字眼，此處引用的版本是Everyman's Library, London 1953, S. 89。然而，這個以授權作為中介的論據，以一項循環取代了對自然概念的援用：因為授權概念被認為是為法效力提供了基礎，但它自己其實就已經預設了法效力作為前提。

[12] 參見A Treatise of Human Nature Book III, Part II, Sect. IX, zit nach der Ausgabe der Everyman's Library,

London 1956, Bd. 2, S. 250ff。

[13] 關於此點，參照（與波考克相銜接）David Lieberman, The Province of Legislation Determined: Legal theory in eighteenth-century Britain, Cambridge Engl. 1989, S. 7ff。

[14] 關於此點，參見Niklas Luhmann, Verfassung als evolutionäre Errungenschaft, Rechtshistorisches Journal 9 (1990), S. 176-220 (188f.)。

[15] 在這點上，英國衡平法院（Court of Chancery）的衡平（Equity）裁判，最為有名，影響也最深遠。原本在法國也出現了與此平行的思考，參見Grimaudet a.a.O. (1580), opuscule II, fol. I IVff 或者François de Lalouette (L'Alouete), Des affaires d'Etat, des Finances, du Prince et de sa Noblesse, Mets 1597, S. 88。不過後來法國的走向，大致是發展出了立法者自己的解釋權限（référé législative），即便在司法裁判中不斷出現一些沒有被立法者做出決定的案例。

[16] 參見下列文獻中的豐富素材：Francisco Suárez, Tractatus de legibus ac Deo legislatore, Lugduni 1619，關於豁免於自然法的論述，見Buch II, cap. XIV und XV S. 91ff，關於豁免於實證法的論述，參見Buch VI, S. 368ff，或者，在對國家理性（Staatsräson）這個主題進行仔細探討的脈絡下，可參見Scipio Ammirato, Discorsi Sopra Cornelio Tacito, Fiorenza 1598, S. 223ff。廢止自然法的可能性，經常會受到爭執；但就算是在對此提出爭執的地方，通常人們也會在文本中發現到相反的意見。例如Jeremy Taylor, Ductor Dubitantium, or, the Rule of Conscience in all her General Measures (1660), zit. nach: The Whole Works Bd. IX und X, London 1851/52, Nachdruck Hildesheim 1970, Bd. II, I, a.a.O., Bd. IX, S. 333ff. insb. 347ff。唯有透過神，而不是「藉由任何人類力量」，才能豁免於自然法。但他接著說：「的確有可能對自然法的精確性做出解釋，而且有可能出於衡平、憐憫與必要性等理由，來緩和這樣的解釋。」倘若人們將統治權的維繫這件事本身，亦即ratio status（基於現狀的理性），視為唯一具有拘束力的自然法，並且認為，終究是這項自然法才使得所有其他法律成為可能的話，那麼即可避免發生前述問題。因為在這個時候，人們可以提出下述論證：若是偏離了這一件事，恐怕結果是自我毀滅性的。例如，Ciro Spontone, Dodici libri del Governo di Stato, Verona 1599, S. 122ff，即採取此種見解。

[17] 在這裡，「圖式」（Schema）這個概念，可以很明確地被當作一種為高階的偶連性安排（höherstufige Kontingenzarrangements）給予固定化的形式，而獲得採用。或者可以採取諾瓦利斯（Novalis）的見解，將

它看做一種指涉著自身的交互作用（selbstbezügliche Wechselwirkung）。諾瓦利斯談論到，「圖式是一種將所有事物納入的統一體（Alleseinheit）。自由只能夠藉著必然性而獲得界定，必然性也只能藉著自由而獲得界定」。或者：「圖式與其自身處於交互作用的關係中。每件事物都是那在它所屬的位置上的事物，而『在他所屬的位置上的事物』需藉由他者才能夠獲得界定。」這兩段引文見諸：Philosophische Studien 1795/96, zitiert nach: Werke, Tagebücher und Briefe Friedrich von Hardenbergs, hrsg. von Hans-Joachim Mähl und Richard Samuel, Darmstadt 1978, Bd. 2, S. 14。

【18】我們無法繼續處理這項相平行的論題。關於這項論題的討論，可參見諸如Heinrich Stephani, Grundriß der Staatserziehungswissenschaft, Weißenfels-Leipzig 1797; ders., System der öffentlichen Erziehung, Berlin 1805; Christian Daniel Voß, Versuch über die Erziehung für den Staat, als Bedürfniß unserer Zeit, zur Beförderung des Bürgerwohls und der Regenten-Sicherheit, Halle 1799; Karl Salomo Zachariae, Über die Erziehung des Menschengeschlechts durch den Staat, Leipzig 1802。在這裡涉及的，是由法國大革命所引發的諸多改革構想，這一點非常明顯。

【19】在這個背景之下，就對抗高權行為而賦予之法律保障，所進行之專門探討，參見Regina Ogorek, Individueller Rechtsschutz gegenüber der Staatsgewalt: Zur Entwicklung der Verwaltungsgerichtsbarkeit im 19. Jahrhundert, in: Jürgen Kocka (Hrsg.), Bürgertum im 19. Jahrhundert: Deutschland im europäischen Vergleich, München 1988, S. 372-405。

【20】我們早就已經討論過、也駁斥了這個模式。參見第七章。

【21】例如，在程序這個形式當中來解消。或者在主觀權利這個形式中解消。參見第四章（VI）與第六章（V）。

【22】我們是在布朗森（Nils Brunsson）理論的意義下使用這個概念，參見氏著，The Organization of Hypocrisy: Talk, Decisions and Actions in Organizations, Chichester 1989。

【23】參照Jessie Bernard, Dimensions and Axes of Supreme Court Decisions: A Study in the Sociology of Conflict, Social Forces 34 (1955), S. 19-27; Eloise C. Snyder, The Supreme Court as a Small Group, Social Forces 36 (1958), S. 232-238。對此的一項著名反例是，羅斯福總統的大法官提名，帶來了一項後果，那就是，先前那種經常以最高法院的違憲審查，來對抗社會立法的慣例，遭到遏止，並且把最高法院重新帶回到十九世

紀時慣常採取的保守自制立場。但就事實而言，這只是一個個案。由政治學觀點對這件事所進行的探討，參見C. Hermann Pritchett, The Roosevelt Court: A Study in Judicial Politics and Values 1937-1947, New York 1948。意識形態差異（政治與經濟的「自由主義」）、心理學上的可變項（「態度」）以及法學上的範疇劃分（Kategorisierungen）這三者，構成了「百慕達三角」。在這個領域中所進行的探討，會碰到方法論的問題，以及經驗調查上的不確定性，參照Glendon Schubert, The Judicial Mind, The Attitudes and Ideologies of Supreme Court Judges 1946-1963, Evanston 1965。

[24] 在合乎憲法法律（Verfassungsgesetz）的條件下，對此一見解進行擴張的各種可能模式，總是不斷獲得討論。僅須參見Dieter Grimm, Die Zukunft der Verfassung, Frankfurt 1991, insb. S. 408ff。然而正好在這裡，我們能夠深刻體驗到，在努力使其見解具有銜接能力這一點上，法學家是如何的小心謹慎。

[25] 不過，在這個角度下，總是一直存在著不明確的界線以及爭執。關於此點，參見F. James Davis et al., Society and the Law: New Meanings for an Old Profession, New York 1962, S. 162ff。

[26] 此處是在Charles-Albert Morand的理論意義下使用這個概念，參見氏著，La contractualisation du droit dans l'état providence, in: François Chazel/Jacques Commaille (Hrsg.), Normes juridiques et regulation sociale, Paris 1991, S. 139-158。

[27] 如果真的存在這種「意旨」，那麼在絕大多數的情況中，這種意旨所展現的，不過就是那些經歷了漫長的論辯拉距後，還能夠被保存下來的東西。

[28] 關於此點，參見Niklas Luhmann, Theorie der politischen Opposition, Zeitschrift für Politik 36 (1989), S. 13-26。

[29] 也可參照Niklas Luhmann, Zwei Seiten des Rechtsstaates, in: Conflict and Integration– Comparative Law in the World Today: The 40th Anniversary of the Institute of Comparative Law in Japan Chuo University 1988, Tokyo 1989, S. 493-506。

[30] 參照具有指標性意義的下列文獻：A. V. Dicey, Introduction to the Study of the Law of the Constitution, 10. Aufl. London 1968, S. 183ff，不過他附帶提到了，他所做的比較是國別性的詮釋：「尤其適用於英國，或者那些繼承英國傳統的國家，例如美國」。

[31] 此種說法見諸：The Theory and Practice of Modern Government, rev. Auflage, New York 1949, S. 922。

【32】首先出現在最高法院Marbury vs. Madison乙案判決中，1 Cranch (1803), S. 137-180。也可參見Fritz W. Scharpf, Grenzen der richterlichen Verantwortung: Die Political Questions-Doktrin in der Rechtsprechung des amerikanischen Supreme Court, Karlsruhe 1965; Judicial Review and the Political Question: A Functional Analysis, Yale Law Review 75 (1966), S. 517-597。

【33】見諸Georg Meyer, Lehrbuch des deutschen Staatsrechts, 6. Aufl. (bearbeitet von Gerhard Anschütz), Leipzig 1905, S. 27。在註釋中還提出了佐證：「在較晚近的時代中，這個字眼就只在這個意義下被使用。」故而，十九世紀時出現的關於法治國的激烈辯論，其實只涉及下面這項問題：對行政活動進行的法律監督，究竟應該委由民事法院，還是委由特殊的行政法院來處理。

【34】參見Ulrich Scheuner, Begriff und Entwicklung des Rechtsstaates, in: Hans Dombois/Erwin Wilkens (Hrsg.), Macht und Recht: Beiträge zur lutherischen Staatslehre der Gegenwart, Berlin 1956, S. 76-88，尤其可參照頁八十以下，關於英國、法國、瑞士法律傳統的對比。

【35】此種說法見諸Dieter Grimm, Recht und Staat in der bürgerlichen Gesellschaft, Frankfurt 1987, S. 298f。

【36】處理此項議題的，一方面有所謂「關於執行的研究」（Implementationsforschung），另一方面還有一種把自己稱為「法律政策學」的、涵蓋視野較為廣泛的研究取向。可參照諸如Rüdiger Voigt (Hrsg.), Recht als Instrument der Politik, Opladen 1986，以及自一九八七年以降刊行的法律政策學年鑑（Jahresschrift für Rechtspolitologie）。但當前的相關討論，似乎陷於概念上不明確性的泥淖中，這些不明確狀態則與「調控」（Steuerung）的概念有所關聯。

【37】參見Michael Serres, Der Parasit, dt. übers. Frankfurt 1981。

【38】只要改變一下相關的條件，那麼同樣的說法也適用於具有指標性的、最高司法層級的裁判。它們也是在欠缺對後果的展望的條件下被啓動——並且在這種情況下，成為「後續效應研究」（impact studies）的探討對象。參見Stephen Wasby, The Impact of the United States Supreme Court: Some Perspectives, Homewood Ill. 1970，或者參見下列文獻中探討的事例：Robert L. Kidder, Connecting Law and Society: An Introduction to Research and Theory, Englewood Cliffs N. J. 1983, S. 112ff。關於個案研究，可參考下列文獻：Gordon Patric, The Impact of a Court Decision: Aftermath of the McCollum Case, Journal of Public Law 6 (1957), S. 455-464（關於公立學校宗教課程的討論），或者James Croyle, The Impact of Judge-made Policies: An Analysis of

Research Strategies and an Application to Products Liability Doctrine, Law and Society Review 13 (1979), S. 949-967。

[39] 這樣的思考，會導致我們推測道，現代社會（關鍵字：「開放的未來」）對於未來的理解，可能與結構轉變的累積和加速——對於全社會本身而言，這種累積和加速是清楚可見的）具有非常直接的關係。我們在此略做說明即可。

[40] 我們在第七章中，已經先對這樣的理論預設提出了批判。

[41] 這一點主要是在那種以決定過程為取向的組織社會學研究中被要求。僅須參見Colin S. Diver, A Theory of Regulatory Enforcement, Public Policy 28 (1980), S. 257-299。

[42] 關於此點，下述文獻提出了精闢的法社會學分析：Keith Hawkins, Environment and Enforcement: Regulation and the Social Definition of Pollution, Oxford 1984。

[43] 從眾多關於警察機關的研究中，這種情況特別能顯示出來。例如可參見Jonathan Rubinstein, City Police, New York 1974; Michael S. Brown, Working the Street: Police Discretion and the Dilemmas of Reform, New York 1981; David E. Aaronson/C. Thomas Dienes/Michael C. Musheno, Public Policy and Police Discretion: Processes of Decriminalization, New York 1984。關於其他領域的情況，也可參見Richard McCleary, Dangerous Men: The Sociology of Parole, Beverly Hills 1978, insb. S. 145ff，或者Jeffrey M. Prottas, People-Processing: The Street-Level Bureaucrats in Public Service Bureaucracies, Lexington Mass. 1978。

[44] 例如可參見下列出自一位律師筆下的文獻：Charles Horsky, The Washington Lawyer, Boston 1952。也可參照Heinz Eulau/John D. Sprague, Lawyers in Politics: A Study in Professional Convergence, Indianapolis 1964。

[45] 參見Elmar Lange/Niklas Luhmann, Juristen– Berufswahl und Karrieren, Verwaltungsarchiv 65 (1974), S. 113-162 (156ff.)。

[46] 公務人員法改革研究委員會的報告（Bericht der Studienkommission für die Reform des öffentlichen Dienstrechts, Baden-Baden 1973），或許為個案研究提供了一個很好的機會，該報告還附了十一卷的相關資料。從委員會的名稱即可得知，它所處理的是法律問題，實際上它也在廣泛的範圍內徵求了法律鑑定，以便能夠評估，對於各種改革方案而言，有多少憲法上的空間可供運用（對專業公務員階層的制度性保證等等）。但是，對鑑定人的指定，其實已經在政治上預先挑選好了，而對於委員會的各種建議方案本身而

言，其實幾乎完全以結構上與組織上的問題作為關鍵。

[47] 參見Robert L. Nelson/John P. Heinz, Lawyers and the Structure of Influence in Washington, Law and Society Review 22 (1988), S. 237-300。在該書的綜述部分中提到了：「……調查結果發現，在利益代表的體系中，律師具有一種相對專業性的優勢，這使他們能獲得可觀的經濟上回報，並且在他們的工作上，保持相當程度的獨立性與自主性，但這也限制了他們在政策形成上的影響」。

[48] 參見Robert L. Nelson et al., Private Representation in Washington: Surveying the Structure of Influence, American Bar Foundation Research Journal 1987, 1, S. 141-200。

[49] 參照Edward O. Laumann/John P. Heinz et al., Washington Lawyers and Others: The Structure of Washington Representation, Stanford Law Review 37 (1985), S. 465-502。

[50] 參見Nelson/Heinz a.a.O., S. 290ff。

[51] 再次說明，這裡是在Brunsson a.a.O. (1989) 的理論意義下使用這個詞彙。

[52] 關於此點，參見下述文獻的個案研究：Vilhelm Aubert, Einige soziale Funktionen der Gesetzgebung, in: Ernst E. Hirsch/Manfred Rehbinder (Hrsg.), Studien und Materialien zur Rechtssoziologie, Sonderheft 11 der Kölner Zeitschrift für Soziologie und Sozialpsychologie Köln 1967, S. 284-309。該研究討論的是挪威的一項關於女傭（Hausangestellte）的法案，隨著該法案表決通過，諸多政治上的爭議雖然象徵性地獲得了結，但卻沒有同時去檢視，所謂的女傭究竟是否仍然存在，以及，就算真的存在這種身分，那麼這些人是否能夠知悉她們所享有之權利？關於另一項涉及了在政治上被內建的、對於新法律進行自我封鎖（Selbstblockierung）的案例，參見Leon H. Mayhew, Law and Equal Opportunity: A Study of the Massachusetts Commission against Discrimination, Cambridge Mass. 1968。也請參見Niklas Luhmann, Reform des öffentlichen Dienstes: Ein Beispiel für Schwierigkeiten der Verwaltungsreform (1974), zit. nach dem Abdruck in: Andreas Remer (Hrsg.), Verwaltungsführung, Berlin 1982, S. 319-339。

[53] 關於此點，參見Charles-Albert Morand, Lex exigences de la méthode legislative et du droit constitutional portent sur la formation de la legislation, Droit et Société 10 (1988), S. 391-406，當中附了很多進一步的參考文獻。

[54] 針對此點的進一步探討，參見Niklas Luhmann, Staat und Politik: Zur Semantik der Selbstbeschreibung

politischer Systeme, in ders. Soziologische Aufklärung Bd. 4, Opladen 1987, S. 74-103。

[55] 關於此點，參見Niklas Luhmann, Staat und Staatsräson im Übergang von traditionaler Herrschaft zu moderner Politik, in ders., Gesellschaftsstruktur und Semantik Bd. 3, Frankfurt 1990, S. 65-148。

[56] A Treatise a.a.O., Bd. 2, S. 201。人們不需要花費太多力氣就能夠用下述方式理解這段話：它牽涉的是諸多遞迴運作著的系統之間的相容性，在這裡，矛盾可能會出現在個別事件的層次上。對於休謨自己來說，這段話不過是用以指出，私人的財產利用，原則上必須受到保障，即便它在個別情況中會與公共利益發生矛盾。

[57] 克萊斯特（Kleist）小說開頭第一句話，是這樣描述它的主角的：「同時代最正直、也最恐怖的人之一」。關於浪漫時期的思潮脈絡，及其與新歐洲的、被強行採納的法／不法圖式之間的關聯，參見Regina Ogorek, Adam Müllers Gegensatzphilosophie und die Rechtsausschweifungen des Michael Kohlhaas, Kleist-Jahrbuch 1988/89, S. 96-125。

[58] 此處引用的版本是：Friedrich Schlegel, Dichtungen und Aufsätze, München 1984, S. 593-728 (700)。在同樣的地方也提到：「……根據絕對性的法概念，則可以說，每場戰爭必然都是關於生死的戰爭」。

第十章

[1] 我們是在概念的意義下提出這項說法。至於在數學上可以獲得何種結果，則是另一個問題，而且，這無論如何也需要預設此處所追求的概念澄清。

[2] 關於此概念在生命系統層次上的使用（細胞與有機體），請參照Humberto R. Maturana, Erkennen: Die Organisation und Verkörperung von Wirklichkeit: Ausgewählte Arbeiten zur biologischen Epistemologie, Braunschweig 1982, S. 150ff., 251ff.; ders. und Francisco J. Varela, Der Baum der Erkenntnis: Die biologischen Wurzeln des menschlichen Erkennens, München 1987, insb. S. 85ff., 251ff。

[3] 此例證見諸Maturana/Varela a.a.O., S. 86。

[4] 關於此項區分，請見Anthony Wilden, System and Structure: Essays in Communication and Exchange, 2. Aufl. London 1980, S. 155ff. und passim。

【5】在這裡，我修正了早先的見解。參照Niklas Luhmann, Zweckbegriff und Systemrationalität, Neudruck Frankfurt 1973, S. 88ff.; ders. Rechtssystem und Rechtsdogmatik, Stuttgart 1974, S. 25ff。不過有一點是一直以來都無可爭執的：**觀察者**能夠將輸入/輸出模式當作一種具有強烈簡化作用的因果模式來加以使用，以便使自己能夠妥適掌握諸多事態（Sachverhalte）。不過，在這裡的這段文字，偏好一種較為複雜的理論。

【6】在運作上封閉的系統中，應如何說明自我組織與學習等現象，也有人曾經嘗試提出過其他具有競合性質的成對概念（Begriffspaare），它們是：同化/調適（Assimilation/Akkommodation）（皮亞傑）以及前面已經使用過的變異/冗餘概念（Varietät/Redundanz）（Henri Atlan）。我們在此處無法進行細節上的理論比較。

【7】關於此點較詳盡的論述請參照：Niklas Luhmann, Gleichzeitigkeit und Synchronisation, in ders., Soziologische Aufklärung Bd. 5, Opladen 1990, S. 95-130。

【8】參照Niklas Luhmann, Wie ist Bewußtsein an Kommunikation beteiligt? in: Hans Ulrich Gumbrecht/K. Ludwig Pfeiffer (Hrsg.), Materialität der Kommunikation, Frankfurt 1988, S. 884-905, ders. Die Wissenschaft der Gesellschaft, Frankfurt 1990, S. 11ff。

【9】這種新的態勢，是否或者如何被當時的人清楚看到，抑或被他們掩蓋，屬於另一個問題。特別是在十八世紀的時候，「自然法」這個思考模式，就被用來當作掩蓋創新的手法——無論在憲法或者契約法的領域中，均為如此。我們將在後面對這點進行更精確的分析。

【10】參照前述第六章（IV）。

【11】參照Max Gluckman, African Land and Tenure, Scientific American 22 (1947), S. 157-168; ders., The Ideas in Barotse Jurisprudence 2. Aufl. Manchester 1972.

【12】下列文獻可作為一項例證：T. Selwyn, The Order of Men and the Order of Things: An Examination of Food Transactions in an Indian Village, International Journal of the Sociology of Law 8 (1980), S. 297-317。

【13】在早期希臘的法律中，已經出現了一種關於義務承擔狀態的想像，它不具備形式性，也不是一種可由法院來貫徹的責任（Haftung）。參見Fritz Pringsheim, The Greek Law of Sale, Weimar 1950, S. 17。不過，Pringsheim明白強調，從這裡並不能推論說，無形式的合意契約，已經作為一種法律制度而獲得了承認。

【14】在關於契約類型的發展上，人們可以察覺到這一點。這些契約類型，不僅賦予了那些與貿易有關的契約，

也正好賦予了那些無償的友誼服務（Freundschaftsdienste）（例如寄託、委任）訴訟可能性，提供了訴訟可能性，並且只以相當遲緩的方式，藉著「萬民法」的概念將對外貿易納入到體系中。

[15] 關於此點，請參閱下列布魯納（Otto Brunner）頗具影響力的著作：Adeliges Landleben und europäischer Geist: Leben und Werk Wolf Helmhards von Hohberg 1622-1688, Salzburg 1949; ders., Das ganze Haus und die alteuropäische Ökonomik, in ders., Neue Wege der Verfassungs- und Sozialgeschichte, 2. Aufl. Göttingen 1968, S. 103-127。背景歷史的先行發展，也可參閱Sabine Krüger, Zum Verständnis der Oeconimica Konrads von Megenberg: Griechische Ursprünge der Spätmittelalterlichen Lehre vom Hause, Deutsches Archiv für Erforschung des Mittelalters 20 (1964), S. 475-561。

[16] 關於此點，參見Robert C. Palmer, The Economic and Cultural Impact of the Origins of Property 1180-1220, Law and History Review 3 (1985), S. 375-396 (386ff.)；也可參見同一作者，The Origins of Property in England, Law and History Review 3 (1985), S. 1-50。另參照Emily Zack Tabuteau, Transfers of Property in Eleventh-Century Norman Law, Chapel Hill NC 1988, S. 80ff，在那裡，她探討了過渡時期的狀況，並且指出了主導的發展動機：奪走無償債能力的債務人所擁有之土地。

[17] 參見Immanuel Wallerstein, The Modern World System Bd. 1, New York 1974，作者在書中討論了國際分工的發展。

[18] 此種論述可見諸Edward Misselden, The Circle of Commerce. Or, The Balance of Trade, in Defense of Free Trade, London 1623, Nachdruck Amsterdam 1969, S. 98。

[19] 波林布洛課（Bolingbroke）的《政黨專論》（Dissertation upon Parties）（zit. nach Works Bd. II, Philadelphia 1841, Nachdruck Farnborough Hants. England 1969, S. 5-172）清楚顯示出，英國的憲政體制，雖然到那個時候已經能夠純熟地處理關於權力這項媒介的問題（其所採取的形式，是王室的特權，以及各種抵抗權之排除），但是卻尚未能成熟地處理貨幣這項媒介的政治性使用，而依照波林布洛課的見解，貨幣這項媒介是以更為細緻的方式發揮作用，長期來看，它也更為致命，因為人們無法藉由公開的革命來抗拒它。

[20] 關於這些概念在羅馬法當中的民法上演化（zivilrechtliche Evolution），參照前面第六章（III）。

[21] 關於此點的討論可參照Niklas Luhmann, Am Anfang war kein Unrecht, in ders., Gesellschaftsstruktur und

Semantik Bd. 3, Frankfurt 1989, S. 11-64。

[22] 例如，Hugo Grotius, De jure belli ac pacis libri tres, l. II, C. XII, §VIII, zit. nach der Ausgabe Amsterdam 1720, S. 373即說道："In contractibus natura aequalitatem imperat"（在各種契約中，自然已規定了平等狀態）。倘若只將範圍限縮於課與負擔的契約類型上，則可說普芬朵夫也持相同見解，見氏著，De officio hominis & civis juxta Legem Naturalem libri duo l. I c. XV, §III, zit. nach der Ausgabe Cambridge 1735, S. 226f。正確的說法應該是，在所有的國家契約與社會契約理論中——只要它們嘗試說明，不平等狀態究竟為何會發生並獲得確立——締約當事人之間的自然平等狀態都必須被預設。

[23] 例如，關於美國的情況，可參照Forrest McDonald, Novus Ordo Seclorum: The Intellectual Origins of the Constitution, Lawrence Kansas 1985, S. 14。

[24] 參照Estienne Pasquier, Les Recherches de la France, Neuauflage Paris 1665, S. 577f，作者記載了一個案件，在其中，國王為系爭問題採取的解決之道，是授與市民階級當事人貴族頭銜，以便藉此方式協助其取得勝訴。

[25] 在此範圍內，所謂「從身分到契約」這種歷史性的論點（梅因），最多也只適用於私法領域，而不適用於公法領域；不過在這種情況中卻需要考慮到，這項區分本身，在此處所描繪的發展進程中，也獲得了其自身現代性的輪廓。關於此點，可參照Gerhard Dilcher, Vom ständischen Herrschaftsvertrag zum Verfassungsgesetz, Der Staat 27 (1988), S. 161-193。

[26] 僅須參見下述文獻即可明瞭：John Stuart Mill, A System of Logic, Ratiocinative and Inductive, zit. nach der 9. Aufl., London 1875, Bd. II, S. 408f. (Book V. Chapter VII, §2)。

[27] 參照前述第八章（VII）與（VIII）。

[28] 關於這樣的對比，參見D. Neil MacCormick, Rights in Legislation, in: P. M. S. Hacker/J. Raz (Hrsg.), Law, Morality and Society: Essays in Honour of H. L. A. Hart, Oxford 1977, S. 189-209。

[29] 對於這種類型的研究而言（它們所所開啓的可能性以及所獲致的成果，自不應遭受否認），只要使用「相對自主性」這種模糊的概念，即已足夠，而所有進一步的理論追問，也因而被阻絕。參見Richard Lempert, The Autonomy of Law: Two Visions Compared, in: Gunther Teubner (Hrsg.), Autopoietic Law: A New Approach to Law and Society, Berlin 1988, S. 152-190，以及前述第二章（IV）針對此點之討論。倘若這樣的概念，真

的應該被用來當作經驗研究之不可或缺的前提要件，那麼，此種研究在理論上的貧乏，也就是確定的了。因為，人們可以將各種各樣的依賴性或獨立性範圍，稱為「相對」：這個概念並不會排除任何東西。

[30] 更詳盡的論述，參見Niklas Luhmann, Die Wirtschaft der Gesellschaft, Frankfurt 1988。

[31] 這樣的說法，自現代早期以來，也適用在基於公共利益而實施之徵收上。徵收就其本身而言，是一種用不同方式建構出來的情況，它在法律上受到允許，例如，可以用「國家上級所有權」（dominium eminens）作為理論基礎。在這裡，這種建構提出了另外的（更接近弔詭的！）要求，因為此處存在著一種**合法的**（rechtmäßig）干預，但對此種干預仍須支付補償金。在十七世紀的發展過程中，法學家試圖釐清此一情況（包括給予補償的法律上**義務**）。關於此點，參照Christoph Link, Naturrechtliche Grundlagen des Grundrechtsdenkens in der deutschen Staatslehre des 17. und 18. Jahrhunderts, in: Günther Birtsch (Hrsg.), Grund- und Freiheitsrechte von der ständischen zur spätbürgerlichen Gesellschaft, Göttingen 1987, S. 215-233 (221ff.)，文中還提供了其他線索。

[32] 關於此點，參見筆者所著論文"Capitalism and the Constitution", in: Forrest McDonald/Ellen Shapiro McDonald, Requium: Variations on Eighteenth-Century Themes, Lawrence, Kansas 1988, S. 183-194。

[33] 參照Joseph A. Schumpeter, Die Krise des Steuerstaates (1918), neu gedruckt in: Aufsätze zur Soziologie, Tübingen 1953, S. 1-71。在此處，我們僅能再度指明，經濟系統與政治系統的結構耦合，係由稅捐所提供。

[34] 當然，法律也是藉著自身固有的工具來成就這件事，而不是在執行政治性規定的過程中成就之。如此一來，一方面，imperium（統治權）與dominium（所有權）這兩個概念彼此被區分開來，另一方面，相對於這兩個具有階層結構意味的概念（也就是說，它們只能以從上到下的方式發揮作用，並且無法為任何對抗領主的主張賦予基礎），都有一個ius（權利）的概念與之對置，這個概念摒除了各種階層性的不對稱狀態，並且明白表述了一種權利與義務之間的相互關係。當所有權（dominium）被稱為一種權利（ius）的時候，這件事情一方面可以說是一種涵攝到一個更一般性的概念底下的作法，另一方面這也點出了一些內在於法律當中的限制。政治上的處置，唯有藉助「例外權」、「廢止權限」（Derogationsbefugnisse）等等概念，也就是以身分的理由（ratio status）作為基礎，才能略過這些限制（其實可以說：它必須略過這些限制）。

[35] 這樣的情況，一直延伸到現代早期。僅需參見Renate Blickle, Hausnotdurft: ein Fundamentalrecht in der

altständischen Ordnung Bayerns, in: Günther Birtsch (Hrsg.), Ständische Gesellschaft und soziale Mobilität, München 1988, S. 73-93。同時，為處分利益賦予法律上保障的需求，也清楚顯現出來，而且大幅擴張。

[36] 關於這方面研究現狀的一份新的、簡短的綜述，參見Carlo Rosetti, Diritto e mercato: Le origini del capitalismo moderno, Rassengna italiana di sociologia 33 (1992), S. 33-60。更詳盡的論述參見Alan MacFarlane, The Origins of English Individualism, Oxford 1978; Palmer a.a.O. (1985)。關於一直到十七世紀才出現的，對於概念上精確化所產生的探究興趣（基於印刷術的緣故？亦或基於各種已經分化的處分利益的緣故？），參見G. E. Aylmer, The Meaning and Definition of "property" in Seventeenth Century England, Past and Present 86 (1980), S. 87-97。

[37] 參見Hans Hattenhauer, Die Entdeckung der Verfügungsmacht: Studien zur Geschichte der Grundstücksverfügung im deutschen Recht des Mittelalters, Hamburg 1969。

[38] 關於將此種發展溯源到書寫上的論述（即便在這裡，它只不過是一項特別明顯的現象），參見Jack Goody, Die Logik der Schrift und die Organisation von Gesellschaft, dt. übers. Frankfurt 1990, insb. S. 252ff。

[39] 從這種耦合之去除，是否會發展某些特有的、與國家法律不具關聯的法秩序？當人們探討巴西各大城市的貧民區（favelas）的時候，這是經常會被討論到的議題。至少就當前的各種關係狀況而言，肯定說的見解恐怕會給人造成過度積極的印象。參照Boaventura de Sousa Santos, The Law of the Oppressed: The Construction and Reproduction of Legality in Pasargada, Law and Society Review 12 (1977), S. 5-126；進一步可參照Joaquim A. Falcâo, Justiça Social e Justiça Legal, Florianopolis 1982，探討同一議題的其他文獻則收錄於ders., (Hrsg.) Conflito de Direito de Propriedade: Invasôes Urbanas, Rio de Janeiro 1984。關於實際的情況，也可參見國際特赦組織關於巴西的報導（Bericht Brasil des Amnesty International, London 1990）。

[40] 可參見諸如Luigi Graziano, Clientelismo e sistema politico: Il caso d'Italia, Milano 1984; Shmuel N. Eisenstadt/Luis Roniger, Patrons, Clients and Friends: Interpersonal Relations and the Structure of Trust in Society, Cambridge Engl. 1984。

[41] 參照Dirk Baecker, Die Form des Unternehmens, Habilitationsschrift Bielefeld 1992, Ms. S. 193ff。

[42] 一個經驗老到的法律人則會加上一句：並且希望法院也抱持類似的觀點。

[43] 例如，可參見對於法國民法典敘述方式產生指標性意義，並且影響到普通法發展的下述論著：Robert-

Joseph Pothier, Traité des Obligations (1761), zit. nach Oeuvres Bd. 2, 3. Aufl. Paris 1890, Kap. 1, sect. 1,1。

[44] 至少到十八世紀的普通法為止，情況都還是如此。參見Peter Gabel/Jay M. Feinman, Contract Law, in: David Kairys, The Politics of Law: A Progressive Critique, New York 1982, S. 172-184 (173f.)。這兩位作者特別強調了，這樣的情況是多麼無法對應於經濟發展所帶來的需求。

[45] 關於此點，Pringsheim提出了駁斥舊見解（而且是比較廣為流傳的見解）的詳細論述，參見a.a.O. (1950), S. 13ff。毫無爭議之處在於，就發展出較易處理的形式的這種走向而言，此處出現了一項演化，另外，以書寫形式來取代證人作為效力條件的傾向，也慢慢獲得貫徹。

[46] 或者更精確地說：無形式性的（formlos）約定，雖然能夠對已存在的契約進行**修正**，卻無法**作為**契約義務的**基礎**。

[47] 關於此點，參見Fritz Pringsheim, Gegen die Annahme von "Vorstufen" des konsensualen Kaufes im hellenistischen Recht, in ders., Gesammelte Abhandlungen Bd. 2, Heidelberg 1961, S. 373-381; ders., L'origine des contras consensuels, a.a.O., S. 179-193。造成此種緩慢發展的原因可能是，人們有其他的交涉處理方式可供運用。例如，人們或許可將無法立即支付的買賣價金，轉化為（可能有利息的）消費借貸。

[48] Pothier a.a.O.即提到這種說法，但是卻對此種理解causa的方式抱持拒斥的態度。

[49] 人們會注意到，羅馬法也對契約採取了極端形式性的界定方式（而且，根據推測，這樣的見解出現的時代很早，可能是共和晚期），但卻是藉助一種完全不同的區分，也就是contrahere（締約）與solvere（清償）的區分。學說匯纂裡引用了彭波尼斯（Pomponius）在libro quarto ad Quintum Mucium當中的一句話："prout quidque contractum est, ita et solvi debet"（每件事情，是怎樣締結的，就必須怎樣來解決）（D. 46, 3, 80）。應該注意「quidque」（每件事情）這個字。然而，這種抽象的論述，卻與那種僅承認有限契約類型的作法是相容的，也與那些存在於締約當事人所表示的意思中的不確定因素相容。

[50] 關於此點，參見Diethelm Klippel, "Liebertas commerciorum" und "Vermögens-Gesellschaft": Zur Geschichte ökonomischer Freiheitsrechte in Deutschland im 18. Jahrhundert, in: Günther Birtsch (Hrsg.), Grund- und Freiheitsrechte im Wandel von Gesellschaft und Geschichte: Beiträge zur Geschichte der Grund- und Freiheitsrechte vom Ausgang des Mittelalters bis zur Revolution von 1848, Göttingen 1981, S. 313-335。

[51] Gerald Stourzh, Wege zur Grundrechtsdomokratie: Studien zur Begriffs- und Institutionengeschichte des liberalen

Verfassungsstaates, Wien 1989, S. 31f，作者用個人權利在普通法當中的「基礎化」（Fundamentalisierung）這個妥適的概念來描述這件事情（這與法律技術性的「憲政化」〔Konstitutionalisierung〕概念有所區別），如此一來所造成的結果是，各種干預不僅是違法的，也具有引發政治上關注的價值。進一步請參照Dieter Grimm, Soziale, wirtschaftliche und polititsche Voraussetzungen der Vertragsfreiheit: Eine vergleichende Skizze, in ders., Recht und Staat der bürgerlichen Gesellschaft, Frankfurt 1987, S. 165-191。

[52] 在追償（assumpsit）之訴的發展上，人們可以看出此點。關於此種發展形成之時間點及其延續期間之討論，參見William M. McGovern, The Enforcement of Informal Contracts in the Later Middle Ages, California Law Review 59 (1971), S. 1145-1193。

[53] 關於此點之詳細討論，參見A.W. B. Simpson, A History of the Common Law of Contract: The Rise of the Action of Assumpsit, Oxford 1975, Neuausgabe 1987, insb. S. 316ff。在當代的法律中，人們所理解的「約因」概念，指的是使得某項允諾具有可強制性（erzwingbar）的諸多條件的整體。也就是說，這個概念的目標，是要藉由納入新的、指涉個案的各種考量觀點，而獲得擴張。關於此點，參見Melvin Aron Eisenberg, The Principles of Consideration, Cornell Law Review 67 (1982), S. 640-665。與歐陸法系的發展情況，尤其是causa學說的對比，主要可參見Max Reibstein, Die Struktur des vertraglichen Schuldverhältnisses im anglo-amerikanischen Recht, Berlin 1932；進一步可參見Eike von Hippel, Die Kontrolle der Vertragsfreiheit nach anglo-amerikanischem Recht: Ein Beitrag zur Considerationenlehre, Frankfurt 1963。這個學說的形成原因，或許主要與法學家在傳統上對贈與行為所抱持之不信任態度有關。

[54] 在David Hume, A Treatise of Human Nature Book III, Part II, Sect. I, zit. nach der Ausgabe der Everyman's Library, London 1956, Bd. II, S. 218當中，作者就是這樣說的。

[55] 參見Philip A. Hamburger, The Development of the Nineteenth-Century Consensus Theory of Contract, Law and History Review 7 (1989), S. 241-239——附帶一提，關於一種以內在問題、而不是以外在的適應期待作為條件的演化，這篇文章做了優秀的論述。

[56] 關於此點，參見Patrick S. Atiyah, The Rise and Fall of Freedom of Contract, Oxford 1979, insb. S. 419ff。

[57] 就美國的發展情況而言，可參見Lawrence M. Friedman, Contract Law in America: A Social and Economic Case Study, Madison Wisc. 1965, S. 17f。

[58] 法社會學家很喜歡突顯這個將法律置諸腦後的面向。參見Stewart Macauley, Non-contractual Relations in Business: A Preliminary Study, American Sociological Review 28 (1963), S. 55-67。

[59] Jay A. Sigler, An Introduction to the Legal System, Homewood Ill. 1968, S. 35舉了一個例子：根據勞動契約所具有之意義，雇主有義務對勞動者彼此間，在勞動期間內可能相互施加的損害，進行風險控制，即便在勞動契約中並未就此點達成明確約定（這是美國與英國在十九世紀時的法律發展）。

[60] 這又與法院裁判論理中，提出不具可計算性的通用程式的傾向，有所關聯。關於此點，參見Josef Esser, Argumentations- und Stilwandel in höchstrichterlichen Zivilentscheidungen, Etudes de Logique Juridique 6 (1976), S. 53-77。

[61] 聯邦憲法法院在其一九八五年十二月十八日決議中（Arbeit und Recht 24 (1986), S. 157），就拒絕將企業經營者訂定工作時間的權利，視為基本法第十四條所保障的權利，因為此種權利係出自契約，而非出自所有權。關於此點，可參照下列文獻的批判觀點：Rupert Scholz, Verdeckt Verfassungsneues zur Mitbestimmung?, Neue Juristische Wochenschrift 39 (1986), S. 1587-1591; Dueter Suhr, Organisierte Ausübung mediatisierter Grundrechte im Unternehmen, Arbeit und Recht (26) 1988, S. 65-77。

[62] 參見Christian Wollschläger, Zivilprozeβ-Statistik und Wirtschaftswachstum im Rheinland von 1822-1915, in: Klaus Luig/Detlef Liebs (Hrsg.), Das Profil des Juristen in der europäischen Tradition: Symposion aus Anlaβ des 70. Geburtstags von Franz Wieacker, Ebelsbach 1980, S. 371-397。從那時候到現在，特別就長期的觀點而言，學術研究處境的不確定性，已大幅增長，而且，其他的可變項，例如法院以外的爭端解決機制，當然也影響到了整體的面貌。關於此點，參見Law and Society Review 24 (1990) 當中的各國現況報導。

[63] 倘若在個案上並不存在這些前提條件，或者這些前提條件並非不是存在於相等的程度上，那麼人們就可以對上述說法進行經驗上的檢驗——例如，針對中國的情況做這樣的探討。參照Li, Han-lin, Die Grundstrukturen der chinesischen Gesellschaft, Opladen 1991。

[64] 在各種學說中，無論怎麼強調國民主權原則，有一件事情都是很明顯的，那就是，所謂的「人民」（people）指的是成年的、男性的、而且具有可觀收入的所有權人。「代表了人民的財產」（Representation of the property of the people），這句話見諸James Burgh, Political Disquisitions, 3 Bde., London 1774-1775, Bd. 3, S. 272。它彷彿無意間承認了實際的情況。

[65] 在英國，此種發展的高潮出現較早，約在一八七〇年左右（參照Atiyah a.a.O. 1979, insb. S. 383ff.），在美國則是到將近十九世紀末的時候，才出現這樣的情況。

[66] 參見Roscoe Pound, Liberty of Contract, Yale Law Review 18 (1909), S. 454-487。這篇論文，作為當時發展情況的文獻紀錄，相當值得注意。

[67] 此一區分，雖然和法律系統與政治系統的差異，具有密切關聯，但是，它作為一種對法律領域的劃分方式，卻無法妥適處理這項差異。下列文獻即指出了這一點：Morton J. Horwitz, The History of the public/private distinction, University of Pennsylvania Law Review 130 (1982), S. 1423-1428。關於更早期的、德國的發展情況，參照Rudolf Hoke, Die Emanzipation der deutschen Staatsrechtswissenschaft von der Zivilistik im 17. Jahrhundert, Der Staat 15 (1976), S. 211-230; Dieter Wyduckel, Ius publicum: Grundlagen und Entwicklung des öffentlichen Rechts und der deutschen Staatsrechtswissenschaft, Berlin 1984, insb. S. 131ff.; Michael Stolleis, Geschichte des öffentlichen Rechts Bd. 1, München 1988。

[68] 關於此點，參照Gerhard Dilcher, Vom ständischen Herrschaftsvertrag zum Verfassungsgesetz, Der Staat 27 (1988), S. 161-193。

[69] 關於此點的較詳盡論述，參見Niklas Luhmann, Verfassung als evolutionäre Errungenschaft, Rechtshistorisches Journal 9 (1990), S. 176-220。

[70] 在處理這樣一個棘手的主題時，我們必須請求讀者對此進行精準的閱讀。當然，在政治性的算計中，法律地位的確是其中一項因素，這點無法被排除，也不應被排除：人們只需要想一想，將生產地點（並且因而也將工作位置）遷往國外的可能性，在法律上是獲得保障的。那因為憲法作為結構耦合的形式，而應該被排除出去的事情只是：利用這種可能性而作為建立壓制權力的基礎——藉著這種壓制權力，人們可以追求完全不相干的目標——或者，更一般性地說，就是把它用於服務政治。

[71] 在這一點上，「殖民地憲章（colonial charters）」也做出了重要的語意上與結構上的先期貢獻，而這同樣可以在中心／邊緣這組差異的基礎上，獲得解釋。

[72] 關於語彙使用方式上的發展，參照Gerald Stourzh, Constitution: Changing Meanings of the Term from the Early Seventeenth to the Late Eighteenth Century, in: Terence Ball/John G. A. Pocock (Hrsg.), Cenceptual Change and the Constitution, Lawrence, Kansas 1988, S. 35-54; ders., Vom aristotelischen zum liberalen

Verfassungsbegriff, in ders., Wege zur Grundrechtsdemokratie: Studien zur Begriffs- und Institutionengeschichte des liberalen Verfassungsstaates, Wien 1989, S. 1-35. Heinz Mohnhaupt, Verfassung I, in: Geschichtliche Grundbegriffe: Historisches Lexikon zur politisch-sozialen Sprache in Deutschland Bd. 6, Stuttgart 1990, S. 831-862。在美國的革命，以及後來的法國大革命中，這個概念獲得了新的、以現實政治作為條件的意義，**這件事情**一方面並無爭議，另一方面卻也不明確，因為這裡的革新究竟出現**在哪裡**，並不清楚。問題特別是在於，相較於在美國的情況，在法國，政治上的概念、設準、組織建議等等，具有完全不同的意義，因為在美國並不存在等級問題，而且，另一方面，由諸殖民地憲章所形成的傳統，是具有調適能力的（adaptierbar）：此外，在美國原本是不存在一個統一國家（Einheitsstaat）的，而國族則須等到憲政（Verfassung）獲得建立之時，才告出現。

[73] 由法學角度對此種轉換模式所進型的探討，參照Dieter Grimm, Entstehungs- und Wirkungsbedingungen des modernen Konstitutionalismus, Akten des 26. Deutschen Rechtshistorikertages, Frankfurt 1987, S. 46-76; ders., Verfassung, Staatslexikon, herausgegeben von der Görres-Gesellschaft, 7. Aufl. Freiburg 1989, Bd.5, S. 634-643; ders., Verfassung II, in: Geschichtliche Grundbegriffe a.a.O., Bd. 6, S. 863-899：這兩篇文獻均獲重印而收錄於ders., Die Zukunft der Verfassung, Frankfurt 1991。

[74] 在這裡，人們或許會想到古老的神學思考模式，也就是說，針對世界秩序而提出的宗教上解釋，包含了一項對其自身進行解釋的元素（亦即神），以便能切斷無限追索（infiniter Regreβ）。

[75] 參見美國憲法學當中飽受爭議的「制憲者原意」學說。

[76] 關於司法審查，可參照：Commonwealth v Caton, 8 Virginia (4 Call) S. 5ff.; Cases of the Judges of the Court of Appeals, 8 Virginia (4 Call), S. 135ff.; Barnard v Singleton, 1 North Carolina (1 Martin) S. 5ff，就全國性的層次而言，可參照下述著名判決：Marbury v Madison, 1 Cranch (1803), S. 137ff. insb. 176ff。

[77] 以純粹歷史的方式，推演出關於合法性的主張，這樣的作法是無法獲得維持的。關於這一點，下述文獻早已探討過：Henry, Viscount Bolingbroke, A Dissertation upon Parties, Letter IX, zit. nach Works Bd. II, Philadelphia 1841, Nachdruck Farnborough Hants. England 1969, S. 79ff。

[78] 不過，倘若人們能夠以政治系統與法律系統的分離狀態作為出發點，也就是說，能夠以「法律系統不會因為政治上的變革期待，就出現腐化」這樣的想法作為出發點，那麼事情的發展就不必然得停留於此。在過

去的幾十年裡，特別在美國，某些極為成功的社會運動，蔚然成風，這些社會運動不需訴諸國會，即已對司法裁判提出變革要求。參見下述文獻中提到的諸多案例：Joel F. Handler, Social Movements and the Legal System: A Theory of Law Reform and Social Change, New York 1978。

[79] 人們當然可以說，這個情形也適用於憲法本身，因為憲法提及了人性尊嚴以及其他類似的概念。然而憲法在提及此種概念時所使用的「實然」形式（“ist”-Form，亦即它們「是不可侵犯的」〔“ist unantastbar”〕），就已經會讓上述說法陷入窘境；而當我們稍微考察一下那些關於憲法解釋的高度爭議性文獻時，會得到一項啓發，那就是，在這裡，價值、道德等等事物，具有各種不同的展現型態（憲政道德、理想的道德、公民宗教），它們不僅被推薦作為特定規範的內涵，也被推薦為一般性的解釋觀點，或者更清楚地說：被推薦為使法律論證得以閉合的規則（否則的話，法律論證會具有開放性）。在這個傾向上特別明顯的文獻，參見Ronald Dworkin, Taking Rights Seriously, Oxford 1977 (dt. übers. Frankfurt 1984)；進一步可參見諸如Michael Perry, Morality, Politics and Law, London 1988, insb. S. 121ff。在前述正文中，我們曾強調要在憲法解釋和其他制定法解釋之間做出鮮明區隔，但是在這些文獻裡，卻缺少這樣的鮮明性（這特別表現在Neil MacCormick, Institutional Morality and the Constitution, in: Neil MacCormick/Ota Weinberger, An Institutional Theory of Law: New Approaches to Legal Positivism Dordrecht 1986, S. 171-188）。無論如何，**這項**區分，是**法律系統所做出的**區分。

[80] 牛津英語辭典（The Oxford English Dictionary, 2. Aufl. Oxford 1989, Bd. XVIII, S. 925 s. v. unconstitutional）提供了最早的佐證（1734）。也請參見Bolingbroke a.a.O., S. 11（“unconstitutional expedients”〔違憲的權宜措施〕）。但是，這些文獻的整體脈絡顯示出，它們是在憲法／政府（constitutional/government）這組區分的脈絡下，而不是在憲法與一般法律之區分的意義下，來討論這個用語。一直要到美國人對倫敦國會的實際運作方式提出爭執時，此一用語才更廣為流傳。倫敦的國會認為自己是具有主權的，並且因而相信自己的行為永遠不會是「違憲」的。一直要到頒布了成文憲法之後，這個用語才會隨著為司法審查提出證立的過程，而滲入到司法裁判領域中。一七八二年十一月的Commonwealth v Caton, 8 Virginia (4 Call), S. 5ff，可說是第一個案例。

[81] 針對不符合其想法的維吉尼亞憲法（1776），傑弗遜提出了嚴厲批判。參見Thomas Jefferson, Notes on the State of Virginia (1787), zit. nach der Ausgabe von William Peden, Neudruck New York 1982, S. 110ff。

[82] 參見漢彌爾頓的論證，收錄於The Federalist Papers No. 78, zit. nach der Ausgabe Middletown Con. 1961, S. 521-534，或John Marshall在Marbury v Madison, 1 Cranch (1803), S. 137-180當中所提出的論證。

[83] 關於此點，參見Stephen Holmes, Jean Bodin: The Paradox of Sovereignty and the Privatization of Religion, in: J. Roland Pennock/John W. Chapman (Hrsg.), Religion, Morality and the Law, New York 1988, S. 5-45。

[84] 這個說法見諸Signatur des Zeitalters, zit. nach Friedrich Schlegel, Dichtungen und Aufsätze, hrsg. von Wolfdietrich Rasch, München 1984, S. 593-728。

[85] 關於此一發展之社會理論上的脈絡，也請參照Niklas Luhmann, Staat und Staatsräson im Übergang von traditionaler Herrschaft zu moderner Politik, in ders., Gesellschaftsstruktur und Semantik Bd. 3, Frankfurt 1989, S. 65-148。

[86] 從這個角度來看，語意上的不清晰，正好是一項指標，它告訴我們，這裡涉及到一項結構耦合的（並且具有各種不同視野的）機制。

[87] 在「未被實現的現代性」意義下，可參照下列文獻中提出的略微不同的解釋：Marcelo Neves, Verfassung und Positivität des Rechts in der peripheren Moderne: Eine theoretische Betrachtung und eine Interpretation des Falles Brasiliens, Berlin 1992。此外，關於「自主性」這個主題的論述，請參照前面第二章（IV）的部分。

[88] 也請參照Karl-Heinz Ladeur的說法，他強調了「（憲法解釋中的）諸『價值』，具有試驗性、計畫性（projektiv）、以自我之成全為目標等性格」，它們的「實際流通方式，最終是由憲法法院暫時性地予以確立，並且不斷面對具體情況，而受到重新檢視」。見氏著，Postmoderne Rechtstheorie: Selbstreferenz–Selbstorganisation– Prozeduralisierung, Berlin 1992, S. 166, 167。

[89] 此外，這個論證早在十八世紀就已經被提出，而且是出現在最早關於權力分立制衡的論述脈絡中。參照Henry, Viscount Bolingbroke, Remarks on the History of England (1730), zit. nach Works Bd. I, Philadelphia 1841, Nachdruck Farnborough, Hants. England 1969, S. 292-455 (333f.)。

[90] 參見Dieter Grimm, Die Zukunft der Verfassung a.a.O. (1991)。

[91] 關於民法的私法裁判，也追隨這樣的想法，並且因此使自己能夠順應於一種不斷改變著的社會氛圍。下列文獻即指出此點：Lawrence M. Friedman, Total Justice, New York 1985。

[92] 參見Grimm a.a.O. (1991), S. 325。他提出了進一步的論據，並且斷言，對社會國來說，憲法的保障，相較

於其他的國家目標，是比較可以被犧牲掉的。

[93] 在帕森斯那兒，人們可以發現到類似的論證，見氏著，The System of Modern Societies, Englewood Cliffs 1971, insb. 18 ff., 82 u. ö.，此論證所指涉的，是針對「社會共同體」（societal community）的整合（也就是將個體納入的）功能而逐漸提升的要求，這些要求，可藉助某個法律系統（legal system）而轉化為一般的人權。

[94] 關於此點的更詳盡闡述，參見Niklas Luhmann, Subjektive Rechte: Zum Umbau des Rechtsbewuβtseins für die moderne Gesellschaft, in ders., Gesellschaftsstruktur und Semantik Bd. 2, Frankfurt 1981, S. 45-104。

[95] 此外，它們在這裡會以極為顯著的方式，被保存下來。例如可參照（Charles de）Saint-Evremond, Sur les ingrats, zit. nach Œuvres Bd. 1, Paris 1927m S. 153-158; Claude Buffier, Traité de la société civile: Et du moyen de se redre heureux, en contribuant au bonheur des personnes avec qui l'on vit, Paris 1726, S. 177ff（我們應該要注意到副標題裡面所做的限縮：avec qui l'on vit!〔我們靠它存活〕）。

[96] 關於此點，請參照下列文獻中所提出的、並且獲得廣泛討論的論題：Michel Villey, Leçons d'histoire de la Philosophie du droit, Paris 1957, S. 249ff。下列文獻則可視為與此銜接的討論的一個概觀：Karl-Heinz Fezer, Teilhabe und Verantwortung: Die personale Funktionsweise des subjektiven Privatrechts, München 1986, S. 111ff。即便是羅馬法學者，也認為在古羅馬法裡面，很難找到理論上的支撐點，好讓人們能夠將ius解釋為抽象的、指涉著主體的。參照Max Kaser, Das altrömische ius: Studien zur Rechtsvorstellung und Rechtsgeschichte der Römer, Göttingen 1949, insb. S. 96ff。我們應當特別注意到此概念意義的廣泛程度，它使得概念的排除效應（例如，在ius與lex的區分上）變得難以確認。在特定意義下，這個概念體現了法學的自主性宣稱，但它卻停留在闡明爭議案件中的各方權利內容的階段。可以確定的一件事情是，當人們最開始構思著ius的時候，他們並不是在主觀/客觀這組區分當中來思考。

[97] 霍布斯通常被認為是這個發展走向中極具關鍵地位的理論家。然而，霍布斯對於同時代的法學，影響卻非常之小。在facultas（能力）或potentia（權能）的意義下，將ius予以轉化詮釋的想法，至遲在十六世紀即已出現。關於此點，參見Hans Erich Troje, Wissenschaftlichkeit und System in der Jurisprudenz des 16. Jahrhunderts, in: Jürgen Blühdorn / Joachim Ritter (Hrsg.), Philosophie und Rechtswissenschaft: Zum Problem ihrer Beziehungen im 19. Jahrhundert, Frankfurt 1969, S. 63-88 (81ff.); Fernando N. Arturo Cuevillas, "Luis de

Molina": el creador de la idea del derecho como faculdad, Revista de Estudios Politicos 75 (1954), S. 103-116; 進一步可參照諸如Richard Tuck, Natural rights theories: Their Origin and Development, Cambridge Engl. 1979; Fezer a.a.O., S. 140ff。下列文獻則將此種發展的年代，向前追溯，訂在一二〇〇年前後（以國家為所有權人的獨立處分權利所賦予之保障，來取代封建式的相互關係，並且將此認為是第一次大規模通貨膨脹所帶來的後果）：Robert C. Palmer, The Origins of Property in England, Law and History Review 3 (1985), S. 1-50; ders., The Economic and Cultural Impact of the Origins of Property 1180-1220, Law and History Review 3 (1985), S. 375-396。

[98] 在那些與當代具有相關性的思想家中，哈伯瑪斯再次在一個抽象層次上，重新採納這項原則，亦即，在這個抽象層次上，對稱性這項先在準則（Symmetrievorgabe）的先驗性，從意識理論的分析，被調整到語言學的基礎上。這時候，他所提出的論題就是：語言本身就已經為妥適的使用方式，預先規定了一種關於承認關係（Anerkennungsverhältnisse）的對稱性，並因而為那些針對社會合理性而提出的**規範性**主張，賦予了基礎。詳細的論述，參見Jürgen Habermas, Faktizität und Geltung: Beiträge zur Diskurstheorie des Rechts und des demokratischen Rechtsstaates, Frankfurt 1992。

[99] 專門探討這個問題的文獻，參見Dieter Grimm, Solidarität als Rechtsprinzip: Die Rechts- und Staatslehre Léon Duguits in ihrer Zeit, Frankfurt 1973。也請參照J. E. S. Hayward, Solidarity: The Social History of an Idea in 19th Century France, International Review of Social History 4 (1959), S. 261-284; Jan Mili Lochman et al., Solidarität in der Welt der 80er Jahre: Leistungsgesellschaft und Sozialstaat, Basel 1984。

[100] 時至今日，人們已經放棄了這樣的想法，而且，他們所理解的自然法，其實只剩下下面這項預設：道德問題可以獨立於意見的流動狀態，而被決定——接著，人們就會嘗試為這樣的見解提出各種論證。參照Michael S. Moore, Moral Reality, Wisconsin Law Review (1982), S. 1061-1156。

[101] 例如可參見Alf Ross, On Law and Justice, London 1958, S. 170ff。

[102] 參照William Kennedy, English Taxation 1640-1799: An Essay on Policy and Opinion, London 1913, insb. S. 82ff。

[103] 參照Dieter Grimm, Die Zukunft der Verfassung, Staatswissenschaft und Staatspraxis 1 (1990), S. 5-33; auch in ders., a.a.O. (1991), S. 397-437。

[104] 人們現在可在Habermas a.a.O. (1992), S. 109ff 找到詳盡論述。

[105] 關於宗教系統，人們也可以在「世俗化」這個關鍵字底下，找到與此對應的討論。根據這種討論，宗教在現代社會中，業已成為私人事務，並且也因此成為一種個人決定的問題。當然，這樣的決定必定會承受社會的影響，這點並無爭議；但是，在「制度化的個人主義」（帕森斯）所構成的條件下，這些影響卻不再會為特定的宗教拘束造成有利情況。

[106] 這裡採用了下列文獻中廣為人知的術語：Albert O. Hirschman, Exit, Voice and Loyalty: Responses to Decline in Forms, Organizations, and States, Cambridge Mass. 1970。

[107] 關於此點，請參見Edward Powell的研究：Kingship, Law and Society: Criminal Justice in the Reign of Henry V., Oxford 1989, insb. S. 38ff。他的研究範圍甚至包含了大眾詩作。

[108] 參見Hume a.a.O., Book III, Part II, Sect. V, S. 219ff。也請參照Annette Baier, Promises, Promises, Promises, in dies., Postures of the Mind: Essays on Mind and Morals, Minneapolis 1985, S. 174-206, insb. 181ff。

[109] 參見Hume a.a.O., Book III, Part II, Sect. IV, S. 217ff。

[110] 休謨很明確地宣示了這一點，不過這其實涉及了一項在其所處時代中非常普遍並廣為流傳的想法。關於此點，請參見下列文獻的進一步探討：Niklas Luhmann, Am Anfang war kein Unrecht, in ders., Gesellschaftsstruktur und Semantik Bd. 3, Frankfurt 1989, S. 11-64。

[111] Philipp Heck, Gesetzesauslegung und Interessenjurisprudenz, Tübingen 1914, S. 292。晚近社會學中，關於此一觀點所做的鋪陳，可在下列文獻中找到（這裡是指涉著科學系統而進行的論述）：G. Nigel Gilbert/Michael Mulkay, Opening Pandora's Box: A Sociological Analysis of Scientists' Discourse, Cambridge Engl. 1984。

[112] 原則上，我們並不否認這樣的情況是可能存在的，例如，在有限的範圍內，南非或以色列就是如此。

[113] 在這裡，全社會系統與生命系統的形式上相似性，會吸引人們的注意，但人們卻不必然需要返回到一種關於全社會系統的「有機體理論」上。的確，生命與溝通的運作方式，是非常不同的，但撇開這點不談，具有生命的有機體，在其內部也預設了自我再製的、有生命的細胞，以及大量的、但同時又是高度選擇性的結構耦合的存在。

第十一章

[1] 也有人從較廣泛的角度，來探討法律系統的外部與內部描述所產生的問題，而上述說法也出現在此一脈絡中，參見François Ost/Michel van de Kerchove, Jalons pour une théorie critique du droit, Bruxelles 1987, S. 27ff。(30f.), S. 251ff。對Gunther Teubner而言，這一點則同時構成了自我再製概念之所以可被運用的條件。參見：Hyperzyklus in Recht und Organisation: Zum Verhältnis von Selbstbeobachtung, Selbstkonstitution und Autopoiese, in: Hans Haferkamp/Michael Schmid (Hrsg.), Sinn, Kommunikation und soziale Differenzierung: Beiträge zu Luhmanns Theorie sozialer Systeme, Frankfurt 1987, S. 89-128。我則是認為，實際上存在著某些情況，在其中人們能夠在運作的層面上確切找到各種自我描述。對這些情況而言，將上述論點當作是對自我再製系統進行妥適描述的一種必要條件，即已足夠。

[2] 見Edward Powell, Kingship, Law, and Society: Criminal Justice in the Reign of Henry V., Oxford 1989, S. 29。

[3] 關於文學上與法學上的詮釋，參見Stanley Fish, Doing What Comes Naturally: Change, Rhetoric, and the Practice of Theory in Literary and Legal Studies, Oxford 1989。若說我們這裡提出的論述是以一種完全不同的視角作為基礎，那也是因為，費雪並沒有設想到其他的可能性，就直接以進行描述、進行詮釋等等的個體作為出發點，而我們則認為，根本性的運作就是溝通，對應於此，系統的指涉就是社會系統，無論它指的是全社會系統或者法律系統。

[4] 關於此點，有許多文獻已經給予承認，只不過這些文獻只能算是主流法理論討論之旁的一條岔路。例如，可參見Benjamin N. Cardozo, The Paradoxes of Legal Science, New York 1928; George P. Fletcher, Paradoxes in Legal Thought, Columbia Law Review 85 (1985), S. 1263-1292; Roberta Kevelson, Peirce, Paradox, Praxis: The Image, the Conflict, and the Law, Berlin 1990; Michel van de Kerchove/François Ost, Le droit ou les paradoxes du jeu, Paris 1992。

[5] 布迪厄也以較為強烈的方式，為此種事態提出了可供參照的論述，亦即將其稱為描述（Beschreiben）與規定（Vorschreiben）之間的關聯。見氏著，Ce que parler veut dire: l'économie des échanges linguistiques, Paris 1982, S. 149ff。

[6] 這是所謂中立化命題（Naturalisierungsthese）的核心論點，此命題被當作是關於偏差的社會學理論，而被

人們所主張。參照本書前面的討論（Kap. 6, III, Anm. 47）。在這裡，人們也可以清楚看到由外部描述與內部描述所構成的差異。「中立化」當然完全不屬於在法律系統中會被使用的論據，更不是一種可用來描述系統統一性的形式。

[7] 這樣的說法見諸Werner Krawietz, Staatliches oder gesellschaftliches Recht? Systemabhängigkeiten normativer Strukturdildung im Funktionssystem Recht, in: Michael Welker/Werner Krawietz (Hrsg.), Kritik der Theorie sozialer Systeme, Frankfurt 1992, S. 247-301。

[8] 在這個地方，人們經常會提及，從事實推論到規範的作法，在邏輯上並不被允許。這項認識是完全沒有爭議的。不過這邊談論的事情和它完全不相關。

[9] 正是因為看到了，多值邏輯的發展是具可能性的，但卻會在關於法律運轉的日常溝通中，遭遇幾乎無法克服的困難，因而我在這邊才會用「可行的（praktikabel）」這個字眼。

[10] 這一點在前面已經討論過，見第七章（IV）、第八章（VII）與（VIII）。

[11] 關於此點，參見下述「認真看待」此項要求的論述：Ronald Dworkin, No Right Answer?, in: P. M. S. Hacker/Joseph Raz (Hrsg.), Law, Morality, and Society: Essays in Honour of H. L. A. Hart, Oxford 1977, S. 5-84。

[12] 也請參見第一章（I）。

[13] 即便是在那種嚴格以宗教為基礎，指涉著神意的各種法秩序中，這項要素也會獲得關注，至少，人們不能單純因為某種意見是異見（Dissens），即予以譴責。關於此點，參照David Daube, Dissent in Bible and Talmud, California Law Review 55 (1971), S. 784-794；另外，塔木德經法律（Recht des Talmud）當中的阿卡耐之爐傳說，更清楚地表達了這種想法。托伊布納（Günther Teubner）即以此當作Recht als autopoietisches System a.a.O. (1989) 一書的引言。

[14] 邊沁在為其功效主義式的法理論，提出自我指涉式的理論基礎的脈絡中說道：「人類有可能移動地球嗎？有的：但是他必須先找到另一個地球作為立足點。」見氏著，An Introduction to the Principles of Morals and Legislation (1789), New York 1948, S. 5。

[15] 神學的解決方案至少有一項優點，那就是，它能夠指涉著神，將神當作系統的觀察者。不過，當人們碰到同樣的問題，而必須承認這個觀察者自己是無法被觀察的時候，神學的解決方案也就不是那麼有用了。正是基於這個緣故，普芬朵夫、洛克以及許多同時代的思想家，最終都不免藉由某種效用的算計

（Utilitätskakül）來使神意這個概念獲得具體確定，並且同時假定，神非常重視人類的幸福。這樣一來，人們當然就不得不承認，在創世的過程中出現了許多重大的建構上瑕疵（Konstruktionsfehler）。

[16] Julia Kristeva, Semiotik ：Recherches pour une sémananalyse, Paris 1969, S. 11.

[17] 參見代表性的文獻：Donald Neil MacCormick/Ota Weinberger, Grundlagen des institutionalistischen Rechtspositivismus, Berlin 1985。

[18] 這種說法見諸H. L. A. Hart, The Concept of Law, Oxford 1961。

[19] 參見下列文獻中針對德沃金理論而提出之反對見解：Neil MacCormick, Legal Reasoning and Legal Theory, Oxford 1978, S. 229ff。

[20] 這種處理方式，會試圖贏取人們對它的接納，也會嘗試讓各種抗議被孤立起來，或者被政治化，而這就是它的事實性面向。我在下列文獻中曾經嘗試說明這一點：Niklas Luhmann, Legitimation durch Verfahren, Neuwied 1969, Neudruck Frankfurt 1983。

[21] 參見D.1.1.1.3: Ius naturale est, quod natura omnia animalia docuit（自然法，就是自然教導給所有生物體的事情），有別於D.1.1.1.4: Ius gentium est, quo gentes humanae utuntur（萬民法，指的是人類各民族共同遵循的法律）。最著名的例子，或許就是關於繁衍的權利。這項權利原本是基於自然的驅力，而植根於人類的秉性中，但萬民法（Völkerrecht）——或者在更大程度上可以說——以及市民法卻**與自然法相互對立，而限縮了這樣的權利**。對於前引段落之註解（Glosse）的詳盡討論，參見Rudolf Weigand, Die Naturrechtslehre der Legisten und Dekretisten von Irnerius bis Accursius und von Gratian bis Johannes Teutonicus, München 1967, insb. S. 12ff., 78ff。

[22] 例如aequitas這個概念就在頗具法律革新的意義下被引進（D.1.1.11, Paulus），或者，在對正義提出定義時，法學家提到了「ius suum cuique tribuendi」（賦予每個人其應享之權利）（D.1.1.10 pr. und 1, Ulpian），而且還直接指涉著層級化的想法。

[23] 例如Johannes von Salisbury經常被引用的一段話，出自Policraticus Buch IV, Kap. II, zit. nach der Ausgabe Ioannis Saresberiensis ...... Policratici ...... libri VIII, London 1909, Nachdruck Frankfurt 1965, Bd. 1, S. 237，這段話直接指涉著aequitas（衡平）以及tribuens unicuique quod suum est（使每個人得到其所應得者）：lex vero eius interpres est, utpote cui aequitatis et iustitiae voluntas innotuit（的確，衡平與正義的意志怎樣被人們

感知，他們就會以這樣的方式而用制定法把它表達出來）。

[24] 唯有如此，中世紀時的鏡子隱喻（Spiegelmetapher）的意涵，才能被人理解。鏡子不是在重複表達個體特殊性的純粹事實性質，它要彰顯的是，人們依照其本質（這同時也包括了他們的社會地位）應該是什麼樣子。

[25] 關於此點，參見Marian Kurdzia ek, Der Mensch als Abbild des Kosmos, in: Albert Zimmermann (Hrsg.), Der Begriff der Repraesentatio im Mittelalter: Stellvertretung, Symbol, Zeichen, Bild, Berlin 1971, S. 35-75。

[26] 關於此點，參見Horst Dreitzel, Grundrechtskonzeptionen in der protestantischen Rechts- und Staatslehre im Zeitalter der Glaubenskämpfe, in: Günther Birtsch (Hrsg.), Grund- und Freiheitsrechte von der ständischen zur spätbürgerlichen Gesellschaft, Göttingen 1987, S. 180-214。

[27] 參照Samuel Pufendorf, De jure naturae et gentium libri octo 8.I.II., zit. nach der Ausgabe Frankfurt– Leipzig 1744 Bd. II, S. 287：「Enimvero heic praesupponi debet, homines in civitatem coituros iam tum iuris naturalis fuisse intelligentes」（當然，在這裡應該要假設，人們是在相互聯合組成共同體之後，才認知到自然法的內涵）

[28] 參見Horst Dreitzel, Protestantischer Aristotelismus und absolutischer Staat: Die “Politica” des Henning Arnisaeus (ca.1575-1636), Wiesbaden 1970, S. 197ff。

[29] Thomas von Aquino, Summa Theologiae Ia IIae q. 96 a. 3。也可參照IIa IIae q. 57 a. 2。

[30] 參照Aristoteles, Nikomachische Ethik Buch V, Kap. 10 1134 b 18-24。也可參見Thomas a.a.O., Ia IIae q. 95 a. 2。

[31] 這裡的論證方式是：「Natura autem hominis est mutabilis. Et ideo id quod naturale est homini potest aliquando deficere」（然而，那屬於人類的自然，也是不斷變動的。因此，合乎自然的事物，可能因為某種緣故，而沒有被人們認知到）。（IIa IIae q. 57 a. 2 ad primum.）

[32] 人們或許還可以大膽推測道，唯有當公法已經出現，並且與民法並肩而立（亦即，最早也是在十七世紀以後）時，這樣的觀點終究才是有意義的。

[33] “Unde omnis lex humanitus posita intantum habet de ratione legis, inquantum a lege naturae derivatur. Si vero in aliquo, a lege naturali discordet, iam non erit lex sed legis corruptio.”（因而，所有由人類所制定的法律，只要是從自然法衍生出來的，它就在相同程度上分受了法律的理性。但只要它在任何一點上抵觸了自然法，它

就不能作為法律，只能被認為是法律的敗壞）（Thomas a.a.O., Ia IIae q. 95 a. 2.）。

【34】除了經常被引用的波丹著作之外，還可參見François Grimaudet, Opuscules politiques, Paris 1580, fol.1r：法律就是「souverain raison, empreinte par Dieu, qui commande les choses qui sont à faire, & defend les contraires, faicte et publiée par céluy qui a puissance de commander」（上帝操控著他所創造的事物，並排斥有害的事物。上帝所賦予的至上理性，通過有統治權的人製作和公布），以及「Car la loy est l'Œuvre du Prince」（因為法律是君王的傑作）。這種簡明的表述方式，具有過渡性質的特徵，這種特徵表現在，它儘管仍要求君主要奉行正義，但作者在這裡卻不甚一貫地謹守著君主/暴君（rex/tyrannus）的區分fol. 3v–4r），並且認為，人們不須執行那些違反自然法的命令（若是違反了市民法，則情況有所不同）（fol. 5vff.）。但是，當人們看到開頭的論述時，他們會聯想到奧斯丁或者十九世紀其他的法律實證論者，這些思想當然不再以神作為指涉，而是指涉著一種串連著法律制定程序（Rechtssetzungsprozeβ）的、以公共輿論為導向的政治。

【35】只要與先前的傳統進行比較，就可以清楚突顯出藉由此種方式而發生的事情。海爾（Matthew Hale）在一份以駁斥霍布斯學說為目標的文獻中，還是從下述基礎作為出發點：理性（reason, reasonableness）其實就隱含在諸事物的關聯中，也就是在Congruity, Connexion and fitt Dependence（一致性、關聯性與適當的依賴性）當中，並且先行於各種對人類所具有之能力（faculties）進行利用的方式。即便面對著高度的Inevidence of Law（法律的不明確性）以及各種問題解決模式無可避免會造成的不利，法官還是必須認知到此種理性。他必須更信賴那已經有四、五百年的傳統，甚於信賴自己的理論。上述說法見諸Reflexion by the Lord Cheife Justice Hale on Mr. Hobbes His Dialogue of the Lawe的手稿，刊於：William Holdsworth, A History of the English Law, 3. Aufl. London 1945, Nachdruck 1966, Bd. V, Appendix III, S. 500-513。

【36】此種說法見諸 Gerhard Oestreich, Geschichte der Menschenrechte und der Grundfreiheiten im Umriβ, Berlin 1968, S. 58ff.。

【37】參照諸如Jean Domat, Lex loix civiles dans leur ordre naturel, 2. Aufl. Paris 1697, Bd. 1, S. LXXIII f。

【38】參見David Lieberman, The Province of Legislation Determined: Legal theory in eighteenth-century Britain, Cambridge Engl. 1989, S. 13f，其中附有數量上的統計。

【39】關於術語面向的考察，參見Jürgen Blühdorn, Zum Zusammenhang von "Positivität" und "Empirie" im

Verständnis der deutschen Rechtswissenschaft zu Beginn des 19. Jahrhunderts, in: Jürgen Blühdorn/Joachim Ritter (Hrsg.), Positivismus im 19. Jahrhundert: Beiträge zu seiner geschichtlichen und systematischen Bedeutung, Frankfurt 1971, S. 123-159——該文特別討論了Hume、Pütter與Hugo思想上的關聯；進一步的詳盡探討，參見Giulianno Martini, L'opera di Gustav Hugo nelle crisi del giusnaturalismo Tedesco, Milano 1969。

[40] 參見下列重新刊行的文獻：Jacques Stern (Hrsg.), Thibaut und Savigny: Ein programmatischer Rechtsstreit auf Grund ihrer Schriften, Darmstadt 1959。關於此點也可參照Franz Wieacker, Die Ausbildung einer allgemeinen Theorie des positiven Rechts in Deutschland im 19. Jahrhundert, in: Festschrift für Karl Michaelis, Göttingen 1972, S. 354-362。

[41] 關於此點，參見Jutta Limbach, Der verständige Rechtsgenosse, Berlin 1977。

[42] 至少Christian Atias, Epistémologie juridique, Paris 1985, S. 45ff 當中是這麼認為的。

[43] 關於各種貴族判準的差異性，可參見下述簡短的、將考察範圍限於法國的概觀論述：Arlette Jouanna, Die Legitimierung des Adels und die Erhebung in den Adelsstand in Frankreich (16.-18. Jahrhundert), in: Winfried Schulze (Hrsg.), Ständische Gesellschaft und Mobilität, München 1988, S. 165-177。即便嚴格意義下的「自然法」藉由這種方式而遭到剔除，當人們談論到，貴族與一般人民之間的區分，其實就普遍的歷史以及國際的層面而言已廣為流傳，而且對此事實亦不存在爭議時，他們除了會想到以市民法作為依託之外，也會想到萬民法。不過在這個時候，ius gentium（萬民法）這個概念，仍然是藉助羅馬法的法源文獻而被解釋。關於此點，參見Klaus Bleeck/Jörn Garber, Nobilitas: Standes- und Privilegienlegitimation in deutschen Adelstheorien des 16. und 17. Jahrhunderts, Daphnis 11 (1982), S. 49-114。

[44] 關於此點，參見Benjamin N. Cardozo, The Paradoxes of Legal Science, New York 1928, S. 94：「自由，作為一項法律概念，其實隱含了一項深層的弔詭。在最純粹的字面意義下，自由其實就是對法律的否定，因為法律就是一種限制，而欠缺限制的狀態，就是無政府狀態。」這樣的說法也可以完全對應地適用在平等理念上。這兩種人權之間的相容性，非常受到爭議，而其中的道理就在於，在兩種情況中，都需要去解消一項弔詭；但這件事情卻是藉由各不相同的方式發生的，而這導致了矛盾的出現。倘若換一種陳述方式，則人們可能會說：這兩種人權所具有的弔詭的基本結構，其實蘊含了一項功能：為各種限縮措施之確立

（Festlegung），以及為此種確立的互換，維持未來的開放性。倘若這還能被稱為「自然法」，那麼這個概念其實也已經喪失了與傳統上通常語言使用方式之間的各種關聯。

[45] 關於此點的詳盡探討，參見Diethelm Klippel, Politische Freiheit und Freiheitsrechte im deutschen Naturrechts des 18. Jahrhunderts, Paderborn 1976。

[46] 關於此點，參見Klippel a.a.O. (1976)；進一步可參見Winfried Schulze, Ständische Gesellschaft und Individualrechte, in: Günther Birtsch (Hrsg.), Grund- und Freiheitsrechte von der ständischen zur spätbürgerlichen Gesellschaft, Göttingen 1987, S. 161-179。

[47] 對此種關聯的詳盡探討，參照Niklas Luhmann, Individuum, Individualität, Individualismus, in ders., Gesellschaftsstruktur und Semantik Bd. 3, Frankfurt 1989, S. 149-258。

[48] 關於此點，參見下列文獻中廣博的討論：Jürgen Blühdorn/Joachim Ritter (Hrsg.), Positivismus im 19. Jahrhundert: Beiträge zu seiner geschichtlichen und systematischen Bedeutung, Frankfurt 1971, S. 27ff。

[49] 關於此點，參見Joachim Lege, Wie juridisch ist die Vernunft? Kants "Kritik der reinen Vernunft" und die richterliche Methode, Archiv für Rechts- und Sozialphilosophie 76 (1990), S. 203-226。

[50] 作為概觀討論與批判的文獻，參見Noberto Bobbio, Giusnaturalismo e positivismo giuridico, 2. Aufl. Milano 1972, insb. S. 159ff。的確可以說，Bobbio從自然法學說不斷獲得重生的事實推論道，這種學說顯然無法有所成長（S. 190）。

[51] 他自己就已經明白地說出這一點，參見Jürgen Habermas, Faktizität und Geltung: Beiträge zu einer Diskurstheorie des Rechts und des demokratischen Rechtsstaats, Frankfurt 1992（多次提及）。

[52] 這項修辭上的套話，在英國的普通法中一直被保存下來，直至十八世紀。

[53] 可參見諸如Otfried Höffe, Politische Gerechtigkeit: Grundlegung einer kritischen Philosophie von Recht und Staat, Frankfurt 1987。

[54] 參見Anthony Giddens, The Consequences of Modernity, Stanford Cal. 1990, S. 39。

[55] 關於此點，參照Gerald J. Postema, Bentham and the Common Law Tradition, Oxford 1986。

[56] 這段歷史經常被人提及。僅須參見I. André-Vincent, La notion moderne de droit et le voluntarisme (de Vitoria et Suárez à Rousseau), Archives de Philosophiee du Droit 7 (1963), S. 238-259; Michel Villey, La formation

de la pensée juridique moderne (Cours d'histoire de la philosophie du Droit), Paris 1968; Juan B. Vallet de Goytisolo, Estudios sobre Fuentes del Derecho y método jurídico, Madrid 1982, S. 939ff。

[57] 將此種思想闡述為早期實證主義，看來或許有些奇怪。但其核心的論證就是，這裡涉及到的是一種在歷史上不斷重新通過檢驗的、關於做成決定之實務的理性，而無論怎麼樣來談論expounding, declaring, publishing the law（闡釋、宣示、制頒法律），唯有當法官本身具有為個案提出其他解決方案的可能性，並且不斷反覆檢視之，但最後又予以拒斥的時候，前述說法才能說是具說服力的。在十九世紀時，欲將普通法理解為實證法（＝藉由決定而被設定的、由諸規則構成的系統）而帶來的困難，參照A.W. B. Simpson, The Common Law and Legal Theory, in: ders. (Hrsg.), Oxford Essays in Jurisprudence (Second Series), Oxford 1973, S. 77-99。

[58] 這樣的論證，見諸一七一三出版的Sir Matthew Hale遺著The History of the Common Law of England，該書第四章「碰觸英國普通法之起源」（Touching the Original of the Common Law in England），此處引用的是下列重新刊行的版本：Charles M. Gray, Chicago 1971, S. 39ff。在其為對抗霍布斯理論而出版的著作中，也有類似論點之提出：Reflections a.a.O.。此外，這樣的論證，同時使得「普通法可能源自外國」的質疑，變得不具殺傷力（S. 43f., 47f.）。從另一個角度來看，這種使論證時間化（Temporalisierung）的作法，也頗值注意。的確，對另一個國家的征服，使征服者取得了正當權利（Recht）（戰爭是「the highest Tribunal that can be」（可能想像到的最高法庭））。但接下來的問題就是：征服**從什麼時候開始**能夠賦予此項權利，也就是說，它**何時獲得了終結**。對此提出的答案則是：直到從屬者開始承認、並且利用征服者帶來的法秩序時（1971, S. 48ff.）。

[59] 關於當代的情況，可參見諸如Werner Krawietz, Recht als Regelsystem, Wiesbaden 1984, insb. S. 166f.。

[60] 這也可以用來解釋，為何在更早的時候，西班牙天主教公教主義（Katholizismus）的各種理論構想，就已經能夠輕易地在新教徒這邊獲得接納。僅須參見Ernst Reibstein, Johannes Althusius als Fortsetzer der Schule von Salamanca: Untersuchungen zur Ideengeschichte des Rechtsstaates und zur altprotestantischen Naturrechtslehre, Karlsruhe 1995; Dreitzel a.a.O. (1970), S. 188ff。

[61] 從事後回顧的觀點看來，特別不容易對當時的情況下個評斷，因為康德自己在其道德形上學的法律學說中，並未運用其理論固有的批判潛力，如此一來，我們必須採取跟隨康德卻又反對康德的立場，來解讀康

德的法律學說。

〔62〕無論是在歷史法學派，或者是在實證法的哲學當中，從一開始就有一種對於立法者的不信任感取得主導地位。在德國，更因為整個國族的立法者並不存在，因而使這樣的看法得到了更多的支持。除了薩維尼以外，還可以參見費爾巴哈（Paul Johann Anselm von Feuerbach）的就職演說：Die hohe Würde des Richteramtes, 1817。

〔63〕例如可參見Ralf Dreier, Recht-Moral-Ideologie: Studien zur Rechtstheorie, Frankfurt 1981。

〔64〕參見Taking Rights Seriously, Cambridge Mass. 1978; The Law's Empire, Cambridge Mass. 1986。也請參見Habermas a.a.O. (1992), S. 248ff當中的批判性討論。

〔65〕也可參見Anthony Giddens, The Consequences of Modernity, Stanford Cal. 1990, S. 39：「……現代性的反思性，實際上會顛覆理性。至少，當理性被人們理解為『特定知識之獲取』的時候，情況就是如此」。

〔66〕Hendrik Philip Visser't Hooft亦持相同看法，見氏著，Pour une mise en valeur non positiviste de la positivité du droit, Droits 10 (1989), S. 105-108。

〔67〕詳細的討論參見Alf Ross, Theorie der Rechtsquellen: Ein Beitrag zur Theorie des positiven Rechts auf Grundlage dogmenhistorischer Untersuchungen, Kopenhagen-Leipzig 1929。較早期的、也比較傳統的討論方式，可在下述文獻中尋得：Le Probléme des Sources du Droit Positif, Annuaire de l'Institut de Philosophie du Droit et de Sociologie Juridique, Paris 1934。

〔68〕後來的論者經常援引Cicero, De legibus I.VI.20。但是在這裡，關於「fons」（泉源）一詞，人們只能找到一種全然附帶性的，而且明顯是隱喻性的使用方式，此外，它可說與「caput」（頭，根源）一詞具有相同意義（I.VI.18）。在現代早期，來源隱喻與身體隱喻亦具等同性，關於此點，參見René S ve, Bréves réflexions sur le Droit et ses metaphors, Archives de philosophie du droit 27 (1982), S. 259-262。此外，在這點上提出徹底的概念史的梳理，一直有所欠缺。在下述範圍廣泛的論文及當中，對此提出了相當多的參考資料：Juan B. Vallet de Goytisolo, Estudios sobre Fuentes del derecho y método jurídico, Madrid 1982。也可參見Enrico Zuleta Puceiro, Teorie del derecho: Una Introducción crítica, Buenos Aires 1987, S. 107ff。

〔69〕Vallet de Goytisolo a.a.O., S. 60f即如是說。

〔70〕見諸Paulus, Digesten 50.17.1。因此他接著說：法律並不是從規則推導出來的：反而應該說，是基於現存的

法律，規則才得以建立（non ex regula ius sumatur, sed ex iure quod est regula fiat）。

[71] S ve, a.a.O.認定，此種隱喻在十六世紀的時候，開始取得越來越重要的意義，這跟領土國家在法律之可概觀理解、統一化以及簡要化等事情上所具有之利益，密切相關。也可參照Hans Erich Troje, Die Literatur des gemeinen Rechts unter dem Einfluβ des Humanismus, in: Helmus Coing (Hrsg.), Handbuch der Quellen und Literatur der neueren europäischen Privatrechtsgeschichte II, 1, München 1971, S. 615-795, insb. 700f。

[72] 關於此點，參見Atias a.a.O., S. 80f。

[73] 人們在Pierre Ayrault, Ordre, formalité et instruction judiciaire (1576), 2. Aufl. Paris 1598, S. 10即可讀到下面這段話："Car il est des Lois, comme des fleuves. Pour considerer quels ils sont, on ne regarde pas les contrées par où ils passent mais leur sources & origine."（因為它是法律，就像河流一樣。為了觀察它，我們不能看它流過的地方，而是要看它的源頭）。

[74] 這點不僅被提出於探討國家理性的文獻中，也被諸如Ayrault（a.a.O., S. 111）等法學家所採。

[75] 正是出於這項理由，德希達才採納了瓦萊里（Valéry）的見解，在來源（Quelle）與起源（Ursprung）之間做出區分，見氏著，Qual Quelle, in: Marges de la philosophie, Paris 1972, S. 325-363。只不過，德希達藉此而能更清楚看出，關於設定差異（Differenzsetzung）的問題，總是在起源的地方反覆出現。

[76] 關於在十八世紀這個時間點上的發展，以及先前的各項發展，參照Jim Evans, Change in the Doctrine of Precedent during the Nineteenth Century, in: Laurence Goldstein (Hrsg.), Precedent in Law, Oxford 1987, S. 35-72。

[77] 從另一個角度來看，也使得對其進行限縮，變得必要。這特別展現在對於下列見解的拒斥上：習慣法構成了一種基於自身的、不需要由法院來給予承認即具有實效的法源。

[78] 就那些「批判法學」運動的支持者，以及那些抱持類似立場，依其自身之理解係以社會學方式進行論證，並且據此獲得深刻洞見的各種群體的角度來看，他們正好就將這件事情看做是法實證主義者遮掩其真實的（無論在這裡，「真實」一詞之意涵究竟為何）政治上依賴性的作法，而對法實證主義提出指責。

[79] 此種說法見諸Stéphane Rials, Supraconstitutionalité systématicité du droit, Archives de Philosophie du Droit 31 (1986), S. 57-76。

[80] 參見：Unverfügbares im Strafprozeβ, in: Festschrift Werner Maihofer, Frankfurt 1988, S. 183-204。

【81】在這個時候，上面已經討論過的、將法源概念予以一般化的作法，就還在可接受的範圍內。MacCormick a.a.O. (1978), S. 61即承接了哈特的論點而提出如下的闡述：「每個真正的實證主義者都會認為，所有被認為是法律規則的規則，都是因為它們屬於某個特殊的法律系統，才具有這樣的性質。而它們之所以屬於這個系統則是因為，它們滿足了『承認』這項形式的判準，該判準在系統內部運作著，並且被認為是一種有實效地運轉著的秩序。把這一點當作是能使法實證主義獲得界定的特徵，是很有用的。」即使哈特也一直持守著「諸承認**規則**」（rules of recognition）的論點，即便他對此所提出的闡述，更容易讓人聯想到關於承認的實踐（practices）。針對這種藉著對規則的指涉進行限縮的作法（而且在這樣的理論態勢中，規則之概念並不清楚），所提出之批評，參見N. E. Simmonds, The Decline of Juridical Reason: Doctrine and Theory in the Legal Order, Manchester 1984, S. 99ff。

【82】關於此點，也可參見François Ost/Michel van de Kerchove, Jalons a.a.O., S. 121ff針對立法者所具有之合理性與主權性此一命題所提出的探討。

【83】Evans a.a.O., S. 71f指出，原本在邁向先例拘束，也就是使普通法實證化的過渡階段中，形成了與傳統之間的斷裂。但是藉著這樣的方式而形成的彈性，卻又大大地緩和了此種斷裂。

【84】促成此種思想得以形成的因素，源於十九、二十世紀交界時的實用主義。參見Oliver W. Holmes, The Path of Law, Havard Law Review 10 (1987), S. 457-478。這股思潮在三〇年代到達最高點，主要可參照Jerome Frank, Law and the Modern Mind, New York, 1930。

【85】這樣的傾向，特別是出現在四〇與五〇年代中，而且與帕森斯的理論相銜接，見氏著，The Professions and Social Structure, Social Forces 17 (1939), S. 457-467。但該篇演說的目標，是針對著功效主義式的社會行為理論（或者，今天人們可能會說，這是關於理性選擇（rational choice）的理論）未能提出明確答案的問題，並且嘗試彌補其所造成的解釋漏洞。在我們的文本中，我們藉著對進行二階觀察的可能性條件，提出追問，來取代當是具有主流地位的觀點，也就是關於價值關聯之實現（李克特、韋伯）的觀點。

【86】我們在此再度勞駕史賓塞—布朗。他把整個問題隱藏在下面這段晦澀的陳述中：「我們也會注意到，基於實驗目的而劃定的各種區分，它的每一面都同時有兩種指涉的存在。第一種指涉，或者說是明示的指涉，指向該面的價值，它也是根據這項價值才能被標示。第二種指涉，或者說是默示的指涉，指向一個外部的觀察者。這意思是說，外部也是一個面，從這一面出發，人們假定這項區分能夠被看到」（a.a.O., S.

69）。但是我們這邊所談論的系統，同時就是製造出區分的那個系統，這個系統標明了自身，並且藉著以此種方式而製造出來的外在面向（Außenseite），而設定了一個環境，從這個外在面向，也唯有從這個外在面向出發，系統才能夠作為一個統一體而被觀察。因而，系統必須藉著其自身固有的自我觀察與自我描述等運作，來觀察自己，**彷彿它是從外部來這樣做的**（als es von außen wäre）。

[87] 注意，這裡說的是在自我描述上的重要性！毫無疑問，在法律技術的層面上（例如，在訴權法的體系中），這個問題一向是很重要的。

[88] 參見Bernhard Windscheid, Die Actio des römischen Zivilrechts vom Standpunkt des heutigen Rechts, Düsseldorf 1856。

[89] 參見第七章（III）與（IV）。

[90] 例如可參見August Thon, Rechtsnorm und subjektives Recht: Untersuchungen zur allgemeinen Rechtslehre, Weimar 1878。

[91] 關於此點，參見Christian Sailer, Subjektives Recht und Umweltschutz, Deutsches Verwaltungsblatt 91 (1976), S. 521-532。

[92] 參見：Gesetzesinterpretation, "Richterrecht" und Konventionsbildung in kognitivistischer Perspektive: Handeln unter Ungewißheitsbedingungen und richterliches Entscheiden, Archiv für Rechts- und Sozialphilosophie 77 (1991), S. 176-194。也請參照同一作者，Postmoderne Rechtstheorie: Selbstreferenz-Selbstorganisation-Prozeduralisierung, Berlin 1992，尤其是該書第一七六頁以下關於基本權討論的論述。

[93] 參見Droit et Société這份期刊的第十三卷（1989），該卷就是以後現代主義為主題。在那之後的文獻，可參見諸如Boaventura de Sousa Santos, Toward a Post-modern Understanding of Law, O ati Proceedings 1 (1990), S. 113-123; André-Jean Arnaud, Legal Interpretation and Sociology of Law at the Beginning of the Post-Modern Era, O ati Proceedings 2 (1990), S. 173-192。類似的觀點還可參見Karl-Heinz Ladeur, "Abwägung"– ein neues Rechtsparadigma? Von der Einheit der Rechtsordnung zur Pluralität der Rechtsdiskurse, Archiv für Rechts- und Sozialphilosophie 69 (1983), S. 463-483; ders., "Abwägung"– Ein neues Paradigma des Verwaltungsrechts: Von der Einheit der Rechtsordnung zum Rechtspluralismus, Frankfurt 1984，更明確的表述還可參見ders. a.a.O. (1992)。

[94] 主要可參見Arnaud a.a.O. (1990)。

[95] Sociological Justice, New York–Oxford 1989, S. 3ff。在這裡，我將作者提出的概觀表（S. 21）刊載於此，因為它特別明顯地表現了這種分歧。

	法學模型（Jurisprudential Model）	社會學模型（Sociological Model）
焦點（Focus）	規則（Rules）	社會結構（Social Structure）
過程（Process）	邏輯（Logic）	行為（Behavior）
範圍（Scope）	普遍的（Universal）	可變的（Variable）
視角（Perspective）	參與者（Participant）	觀察者（Observer）
目的（Purpose）	實踐的（Practical）	科學的（Scientific）
目標（Goal）	決定（Decision）	解釋（Explanation）

或許還應該要注意到，這裡所說的社會結構，指的不過就是那些在諸多個人所具有的特徵之間，形成的各種關係。

[96] 在這裡，我們同意Black a.a.O., S. 3f 提出之主張：由於針對法律而進行的社會學分析，具體明確地主張它自己具有科學性，因而，它應該放棄（這種放棄還蘊含了拒斥的意味）對法律的實際運作提出批判，並且以對其所獲致之成果，進行合乎研究性質的進一步運用，而感到滿足。

[97] 參見：What is Reflexion about Discourse Analysis? The Case of Readings, in: Steve Woolgar (Hrsg.), Knowledge and Reflexivity: New Frontiers in the Sociology of Knowledge, London 1988, S. 37-53 (43ff.)，該文指涉的是知識社會學。也可參照Gregory Bateson, Geist und Natur: Eine notwendige Einheit, dt. übers. Frankfurt 1982，當中探討「世界的多樣版本，以及由各種關係所形成的多樣版本」（Vielfältige Versionen der Welt und vielfältige Versionen von Beziehung）的章節。

[98] 所謂「兩項真理」（zwei Wahrheiten）的問題，正好就是使古典知識社會學發生停頓的那個點。為相關討論所提出之概觀，參照Volker Meja/Nico Stehr (Hrsg.), Der Streit um die Wissenssoziologie, 2. Bde. Frankfurt

1982。

[99] 關於此點，參見Jean-Pierre Dupuy, Zur Selbst-Dekonstruktionen von Konventionen, in: Paul Watzlawick/Peter Krieg (Hrsg.), Das Auge des Betrachters–Beiträge zum Konstruktivismus: Festschrift für Heinz von Foerster, München 1991, S. 85-110。

[100] 關於此點，參見Gotthard Günther, Cybernetic Ontology and Transjunctional Operations, in ders., Beiträge zur Grundlegung einer operationsfähigen Dialektik Bd. 1, Hamburg 1976, S. 249-328 (287ff.)。

[101] 參見：De la grammatologie, Paris 1967; ders., Le supplément de copule: La philosophie devant la linguistique, in: Jacques Derrida, Marges de la philosophie, Paris 1972, S. 209-246。

[102] 參照Niklas Luhmann, Sthenographie und Euryalistik, in: Hans Ulrich Gumbrecht/K. Ludwig Pfeiffer (Hrsg.), Paradoxien, Dissonanzen, Zusammenbrüche: Situationen offener Epistemologie, Frankfurt 1991, S. 58-82。

[103] 也可參照Niklas Luhmann, The Third Question: The Creative Use of Paradoxes in Law and Legal History, Journal of Law and Society 15 (1988), S. 153-165。

[104] 關於此點以及接下來的分析，參見Klaus A. Ziegert, Courts and the Self-concept of Law: The Mapping of the Environment by Courts of First Instance, Sydney Law Review 14 (1992), S. 196-229。

[105] 至於針對教育系統以及教師所提出來的，與此平行的思考，參照Niklas Luhmann/Karl Eberhard Schorr, Strukturelle Bedingungen von Reformpädagogik: Soziologische Analysen zur Pädagogik der Moderne, Zeitschriften für Pädagogik 34 (1988), S. 463-488。

第十二章

[1] 例如可參見Fred Emery, Futures we are in, Leiden 1977。該書採取了關於未來的視角，並且提出進行更妥善的調適的主張（積極的調適、調適性的計畫）。

[2] 這段話還是出自一位社會學家的筆下，或者他的電腦文件。這位社會學家，對關於諸社會系統進行自我再製式的再生產的理論提出指責，認為這種理論欠缺對經驗問題的興趣，但他自己卻「clearly」（顯然）提出與那些其實很明顯的經驗事實形成強烈矛盾的論述。本段引文出自下列文獻：William M. Evan, Social

Structure and Law: Theoretical and Empirical Perspectives, Newbury Park 1990, S. 219。

[3] 例如可參見Ottmar Ballweg, Rechtswissenschaft und Jurisprudenz, Basel 1970。

[4] 此種說法見諸下列文獻：Paul Bohannan, Law and Legal Institutions, International Encyclopedia of the Social Sciences Bd. 9, Chicago 1968, S. 73-78 (75)。在接下去的論述中，他所說的則是double institutionalization（雙重的制度化）。也可參見同一作者，The Differing Realms of the Law, American Anthropologist 67/6 (1965), S. 33-42。對此持批判意見的文獻，參見Stanley Diamond, The Rule of Law Versus the Order of Custom, in: Robert P. Wolff (Hrsg.), The Rule of Law, New York 1971, S. 115-144，他更傾向於把法律看做是一種壓制工具。

[5] 參照Jay A. Sigler, An Introduction to the Legal System, Homewood Ill. 1968，以及同一作者，A Cybernetic Model of the Judicial System, Temple Law Quarterly 41 (1968), S. 398-428。倘若人們跟隨Sigler的論述而附帶考慮到，系統的輸出可以轉變成為同一系統的輸入，那麼他們其實就處在邁向運作上封閉系統理論的過渡階段上。

[6] 參見下列文獻中，對於將再現與調適當作是諸系統的行為模式的見解，所提出的平行批判：Francisco J. Varela, Living Ways of Sense-Making: A Middle Path for Neuro Science, in: Paisley Livingston (Hrsg.), Disorder and Order: Proceedings of the Stanford International Symposium (Sept. 14-16, 1981), Stanford 1984, S. 208-224。

[7] 還有其他許多原因（但絕非更為基準之原因），可以讓我們對調適論抱持懷疑——就連在生物學中也是如此。例如可參見Stephen J. Gould, Darwinism and the Expansion of Evolutionary Theory, Science 216 (1982), S. 380-387; Richard M. Burian, “Adaptation”, in: Marjorie Green (Hrsg.), Dimensions of Darwinism, Cambridge Engl. 1984, S. 287-344。至於達爾文「最初」是不是一位調適論者，這個問題可以放心交給專業歷史的研究。在社會學領域中，也有一些抱持排拒態度的聲音，不過這些聲音其實更可以說根本就是針對系統論的。例如可參見Anthony Giddens, The Constitution of Society: Outline of the Theory of Structuration, Berkeley Cal. 1984, S. 233ff。

[8] 這同時也說明了，複雜性的增長（例如在生物學上所說的：生命的多形態的再製、物種的多樣性），並不能被理解為面對環境而做出之更妥善的調適。

【9】引自Siegener Gespräche über Radikalen Konstruktivismus, Frankfurt 1987, S. 401-440 (410).

【10】參見下述文獻的理論構想：Walter Bühl, Sozialer Wandel im Ungleichgewicht, Stuttgart 1990。

【11】例如可參照第一章（V）。

【12】對這一點提出之批判，見諸下列文獻：Jürgen Habermas, Faktizität und Geltung: Beiträge zur Diskurstheorie des Rechts und des demokratischen Rechtsstaats, Frankfurt 1992, S. 73ff。但哈伯瑪斯似乎沒有認清，自我再製所涉及到的其實是，要對系統與環境所構成之**差異**進行再生產。倘若人們注意到這一點，就絕對不會認為下面這一點在理論上是遭到排除的：諸多溝通性的運作同時使全社會的（相對於非溝通的）外部界線，以及那些被賦予法律符碼的溝通與其他溝通之間的、全社會內部的界線，都獲得再生產。此外，我並不知道還有什麼其他理論，會嘗試同時考慮到法律的自主性，以及法律對全社會的歸屬性。藉助所謂「相對自主性」這樣的概念而提出的通常解決方案，無論在理論上或經驗上都無法帶來令人滿意的結果，因為它並沒有以任何方式進行區辨。

【13】也不能像帕森斯提出的說法一樣，認為是把行動的概念（！）予以開展，而成為許多自身獨立的構成元素。

【14】當拉度爾說出下面這段話的時候，他似乎也接受了這一點：「法律的功能在於，當全社會已經越來越成為它本身的問題（Problem）的時候，還能夠使期望的建立成為可能」——見諸：Gesetzesinterpretation, "Richterrecht" und Konventionsbildung in kognitivistischer Perspektive: Handeln unter Ungewiβheitsbedingungen und richterlichhes Entscheiden, Archiv für Rechts- und Sozialphilosophie 77 (1991), S. 176-194 (176)。

【15】參照Niklas Luhmann, Die Weltgesellschaft, in ders., Soziologische Aufklärung Bd. 2, Opladen 1975, S. 51-71。

【16】在這裡，心態史的研究或許適得其所。單純提出所謂「關於法律的各種意見」、「prestige of law」（法律的聲望）等說法，最多只能道出當下的狀態。

【17】例如Richard Lempert, The Autonomy of Law: Two Visions Compared, in: Gunther Teubner (Hrsg.), Autopoietic Law: A New Approach to Law and Society, Berlin 1988, S. 152-190, insb.178ff.; Arthur J. Jacobson, Autopoietic Law: The New Science of Niklas Luhmann, Michigan Law Review 87 (1989), S. 1647-1689; Evan a.a.O. (1990), S. 41f。

[18] 關於此點，參照Lawrence M. Friedman, Total Justice, New York 1985, insb. S. 45ff。

[19] 例如可參見Klaus Eder與Karl-Heinz Ladeur在下列合輯中的文章：Dieter Grimm (Hrsg.), Wachsende Staatsaufgaben– sinkende Steuerungsfähigkeit des Rechts, Baden-Baden 1990; Karl-Heinz Ladeur, Postmoderne Rechtstheorie: Selbstreferenz– Selbstorganisation- Prozeduralisierung, Berlin 1992；現在又多了Habermas, a.a.O.。

[20] 此外，這種說法全然可以適用於各種符號系統，也就是說，可適用於一切被當作是符號的事物，這些事物可獲致直接的可理解性，或者實踐上必然的接受性（Akzeptanz）。見諸Josef Simon, Philosophie des Zeichens, Berlin 1989。

[21] 關於此點，可以參酌眾多關於人們對各種或然性抱持之日常態度，以及關於風險評估等等的經驗研究，不過，對此問題的認知，其實就跟或然率計算的本身一樣古老。Jean Paul老早就已經知道「人類的心靈……在**偶然**的事物中，總是對著或然率的計算，而盤算著」（Siebenkäs, siebentes Kapitel, zitiert nach Jean Paul, Werke Bd. 2, München 1959, S. 226f.）。事實證明，希望與恐懼的力量更為強大。

[22] 在這個角度下出現的失落，在今天得到了廣泛的反思。作為眾多例證之一，可參見Marc Galanter, Why the "Haves" Come out Ahead: Speculations on the Limits of Legal Change, Law and Society Review 9 (1974), S. 95-160。在這個脈絡下特別值得注意的是，法社會學只對窮人的權利有興趣，對富人的權利則否——彷彿這種法律態勢上的不平等，可以經由研究而得到補償（對於社會學家而言，這種想法正好應該被認為是令人驚訝地不切實際）。關於此點，參照下述文獻的調查研究：Maureen Cain, Rich Man's Law or Poor Man's Law?, British Journal of Law and Society 2 (1975), S. 61-66。

[23] 就這個視角所進行的討論，參見Niklas Luhmann, Rechtssystem und Rechtsdogmatik, Stuttgart 1974, S. 49ff。

[24] 對於這項前提的討論，以及進一步的文獻列舉，參見François Ost / Michel van de Kerchove, Jalons pour une théorie critique du droit, Bruxelles 1987, S. 116ff。Ost與van de Kerchove將此一前提當作對進一步法律批判性研究的一個「obstacle épistémologique」（認識論的障礙）（布赫拉爾），來加以處理。

[25] 這樣的看法（其實也代表了一般的看法）見諸Heino Garrn, Zur Rationalität rechtlicher Entscheidungen, Stuttgart 1986。於是，關於「開放的」解釋問題，還需要討論的事情，就只剩下純粹邏輯性的、公理——演繹性的奠基理論的不足。

[26] 關於此點，參見Niklas Luhmann, Temporalisierung von Komplexität: Zur Semantik neuzeitlicher Zeitbegriffe, in ders., Gesellschaftsstruktur und Semantik Bd. 1, Frankfurt 1990, S. 235-313。

[27] 這裡是在羅斯（W. Ross）理論的意義下使用此一概念。見氏著，An Introduction to Cybernetics, London 1956，以及Requisite Variety annd its Implications for the Control of Complex Systems, Cybernetica 1 (1958), S. 83-99。

[28] 更詳盡的討論，參見Niklas Luhmann, Konflikt und Recht, in ders., Ausdifferenzierung des Rechts: Beiträge zur Rechtssoziologie und Rechtstheorie, Frankfurt 1981, S. 92-112; ders., Soziale Systeme a.a.O., S. 488ff。

[29] 這裡涉及的事情，並不是要對對諸多參與的個體的狀態，進行描述（我們只是為了再次提及對立的理論，才說到這一點）——就如同當人們在生物學上，提出一套免疫學時，他們不會採取對諸多參與的細胞的狀態進行描述的形式。參見N. M. Vaz/F. J. Varela, Self and Non-Sense: An Organism-centered Approach to Immunology, Medical Hypotheses 4 (1978), S. 231-267。

[30] 關於生物學上與此平行的構想，可參見Vaz/Varela a.a.O. (1978) 的新論述。

[31] 對這一點進行專門探討的文獻，參見Ananya Bhuchongkul, Vote-Buying: more than a "sale", Bangkok Post vom 23. Febr. 1992, S. 8。

[32] 可參見下列已經廣為周知的個案研究：Joseph Bensman/Israel Gerver, Crime and Punishment in the Factory: The Function of Deviance in Maintaining the Social System, American Sociological Review 28 (1963), S. 588-593。

[33] 參照Heinrich Popitz, Über die Präventivwirkung des Nichtwissens: Dunkelziffer, Norm und Strafe, Tübingen 1968。

[34] 例如，下列文獻就指出了這一點：Kurt Tudyka, "Weltgesellschaft"– Unbegriff und Phantom, Politische Vierteljahresschrift 30 (1989), S. 503-508。

[35] 參見下列具有特殊重要性的文獻：Talcott Parsons, The System of Modern Societies, Englewood Cliffs N. J. 1971。其他人則談論到所謂response to globalities（對全球性的回應），或者在諸區域全社會系統的層次上，邁向全球化的趨勢。這種說法彷彿預示了某種只存在唯一一個世界社會的狀態，但這個狀態尚未達成。例如，可參見Roland Robinson/Frank Lechner, Modernization, Globalization and the Problem of Culture

in World-Systems Theory, Theory, Culture and Society 11 (1985), S. 105-118; Margaret S. Archer, Foreword, in: Martin Albrow/Elisabeth King (Hrsg.), Globalization, Knowledge and Society, London 1990, S. 1; Roland Robertson, Globality, Global Culture, and Images of the World Order, in: Hans Haferkamp / Neil J. Smelser (Hrsg.), Social Change and Modernity, Berkeley Cal. 1992, S. 395-411; ders., Globalization, London 1992。

[36] 但是，紀登斯卻以「政治性」（das Politische）作為出發點，而堅決地如此宣稱。見氏著，The Nation-State and Violence, Cambridge Engl. 1985; ders., The Consequences of Modernity, Stanford Cal. 1990, S. 12ff。

[37] 此外，唯有在這裡，從「國際關係」的角度來考察世界社會才是一件有意義的事情，例如下列文獻就是這麼做的：John W. Burton, World Society, Cambridge Engl. 1972。

[38] 這件事情展現在許多方面上：「社會主義經濟」的政治上實現，遭到了挫敗；基於政治上的自我偏好（Selbstpräferenz）（例如巴西與墨西哥），而在國家的經濟上施行孤立的作法，也在經濟上遭到挫敗；在國際金融體系中，幾乎所有的國家都已經喪失了那原本理所當然的、堪當獲得信用的性質（而這件事情對於此一體系造成嚴重的後果）；還有對於德國統一這項政治上值得追求的事情會帶來的經濟上後果，所提出的荒誕的錯誤估計。雖然，政治部門可能基於許多可以理解的政治性理由，決定採取各種各樣的措施，但是這些措施會帶來什麼後果，卻是由經濟部門來決定的。

[39] 但是主流見解則與此不同，而且獲得大部分法學家的採納。例如，可參見Werner Krawietz, Recht als Rechtssystem, Wiesbaden 1984, insb. S. 51ff。但法學家們自己肯定是有勇氣去旅行的，在這個時候，他們也就有勇氣跨出他法秩序的效力範圍之外。

[40] 對此當然存在著例外情況，而人們也因此不敢走進這些地方，除非他們得到特殊保障，例如，在巴西各個大城市的favelas（貧民區）當中，情況就是如此。同樣，不久之後或許也會出現一些國家，在其中，白人實際上無法享受法律保障。這樣的可能性並不能被排除。

[41] 人們偶爾會把這種法秩序，拿來和部落社會中的法律關係進行比較。參見Michael Barkun, Law without Sanctions: Order in Primitive Societies and the World Community, New Haven 1968。但這樣的進路，其實無法對現代法律交易的諸多工具進行妥適的考察。或許，跟隨Gerhart Niemeyer, Law without Force: The Funktion of Politics in International Law, Princeton 1941的看法，而想像某種不具有相對應的國家的、由經濟上公民組成的（wirtschaftsbürgerlich）社會，是比較可採的。同樣，猶太人的法律，也能從兩千年來一

種關於不具備國家的（以外邦人的國家作為支撐的）法律文化的發展經驗中，被抽繹出來。這個時候，人們就可以看到，這件事情在概念上是如何被建構出來的（例如，它是在義務概念上，而不是在個人權利的概念上獲得建立），以及，人們如何可能去想像，在政治上的「無政府狀態」中，最後並不必然會歸結為法秩序之不存在。可參照諸如Robert M. Cover, The Folktales of Justice: Tales of Jurisdiction, The Capital University Law Review 14 (1985), S. 179-203。但是，這種法律的諸多基礎，是存在於宗教上與種族上的統一性中，以及一種共同的文本傳統中，而無法在世界性的層次上獲得制度化。

【42】關於此一理念的發展，並不缺少描述性的、大範圍的闡述。例如可參見Günther Birtsch (Hrsg.), Grund- und Freiheitsrechte im Wandel von Gesellschaft und Geschichte: Beiträge zur Geschichte der Grund- und Freiheitsrechte vom Ausgang des Mittelalters bis zur Revolution von 1848, Göttingen 1981; ders. (Hrsg.), Grund- und Freiheitsrechte von der ständischen zur spätbürgerlichen Gesellschaft, Göttingen 1987，或者下列對實際問題更有探討興趣的文獻，Ludger Kühnhardt, Die Universalität der Menschenrechte: Studie zur ideengeschichtlichen Bestimmung eines politischen Schlüsselbegriffs, München 1987。然而在這裡，理論上的脈絡卻不甚清楚。在對這項法理念進行闡述的時候，出現了「人類」（Mensch）這個概念，而光是對這件事情就需要進行特別的分析，但是在我們的論述脈絡中，只能放棄這種分析，否則離題太遠。在此我們只能滿足於，提醒人們注意傅科已經指出來的一點，那就是「單數的人」（Singularmensch）是在十八世紀末的時候，才在語意上被發明；或者，還可以提醒人們注意，「人之再現」（Wiederkehr des Menschen）在哲學上好像是無法抵擋的潮流——例如出現在一八〇〇年前後的、對主體所進行之再人類學化（Reanthropologisierung），或者在法國對海德格哲學中的「定在」（Dasein）概念所進行之再人類學化。從法學的角度來看，很清楚的一點是，在這種思考中，總是把外國人也包含了進來。

【43】在今天獲得一般人接受的學說，就是這樣認為的。例如可參見Gregorio Peces-Barba Martinez, Tránsito a la modernidad y derechos fundamentales, Madrid 1982, insb. S. 159ff。

【44】在今天的各種憲法中，契約的這項功能，正好就由「法律保留原則」來承擔。

【45】在下述文獻中，這項理念被上溯到各式各樣宗教性的想像上，亦即，那被神所要求的、由神自己來實行的祭獻：Peter Goodrich, Languages of Law: From Logics of Memory to Nomadic Masks, London 1990, S. 56ff。

【46】“In ipso hominis vocabulo iudicatur inesse aliqua dignatio”（我們認定，就在「人」這個名詞中，包含了某

種尊榮），見諸Samuel Pufendorf, De jure naturae et getium libri octo 3.II.I., zit. nach der Ausgabe Frankfurt-Leipzig 1744, Bd. I, S. 313。他也在另一部著作中寫下同樣的話：De officio hominis & civis iuxta legem naturalem libri duo 1. VIII., zit. nach der Ausgabe Cambridge 1735, S. 143。在這裡有一件事情會引起注意，而且它透露著某種具有歷史意識的區辨企圖：在這裡提到的不是dignitas（尊嚴），而是dignatio（尊榮）。

[47] 這種在法國大革命之後出現的思考方式，也在德國獲得採納，而且，由於革命與憲法都沒什麼希望得到實現，因此人們又再次期待從「自然法」當中得到某種解決途徑。關於德國的這種思想，參見Diethelm Klippel, Politische Freiheit und Freiheitsrechte im deutschen Naturrecht des 18. Jahrhunderts, Paderborn 1976, S. 178ff。

[48] 相關的綜合彙編，可參見Wolfgang Heidelmeyer (Hrsg.), Die Menschenrechte: Erklärungen, Verfassungsartikel, Internationale Abkommen, 2. Aufl. Paderborn 1977。

[49] 對此，Louis Henkin, The Rights of Man Today, Boulder Col. 1978, S. 129 (zit. nach Kühnhardt a.a.O., 1987, S. 140) 認為："Cultural differences.....cannot explain or justify barbarism and repression"（文化的差異……不能被用來為野蠻與壓迫提供解釋或證立）。

[50] 在今天聽來或許有些諷刺，不過，如果人們將提出康德的理論建構，以及判斷力批判在三大批判的脈絡中所具有之地位，擺在眼前，那麼他們或許就可以在關於法律品味的問題上，訴諸判斷力——這麼做是為了清楚突顯出，在這裡所涉及的並不是某種純粹認知性的問題，也並非涉及對那採取道德法則形式的實踐理性的運用。

[51] 即便聯合國做出了許多相關宣言之決議，單憑這種方式仍無法對此種情況造成改變。

[52] 參見Hasso Hofmann, Menschenrechtliche Autonomieansprüche: Zum politischen Gehalt der Menschenrechtserklärungen, Juristenzeitung 47 (1992), S. 165-173 (171)。若人們跟隨著它的看法，那麼他們就會在這些改造中，以及在各種使法治國受到各項人權拘束的嘗試中，認知到人權的實證化——這種實證化已經超出了自然法之外——所具有的真正意義。

[53] 參見第五章（IV）。

[54] 這些人類學式的理論基礎，在（法學上）其實不夠充分，而人們並非沒有察覺到這一點。例如可參見Eibe

H. Riedel, Theorie der Menschenrechtsstandards, Berlin 1986, S. 205ff., 346ff。

[55] 此種說法見諸Winfried Brugger, Menschenrechte im modernen Staat, Archiv des öffentrechtlichen Rechts 114 (1989), S. 537-588; ders., Stufen der Begründung von Menschenrechten, Der Staat 31 (1992), S. 19-38。

[56] 參見Brugger a.a.O. (1992), S. 30f。

[57] 基於類似的理由，Heiner Bielefeldt建議，應該集中探討對人性尊嚴施加侵害的問題，見氏著，Die Menschenrechte als Chance in der pluralistischhen Weltgesellschaft, Zeitschrift für Rechtspolitik 21 (1988), S. 423-431。

[58] 這依稀讓我們想起康德的論文《論永久和平》（Zum ewigen Frieden）：唯有那些共和主義的、也就是在其內部採取法治國形式來進行規制的國家，所組成的聯盟，才能被人們期待去維持國際和平秩序。不過，由於這裡的論證，是以個體的諸多權利為依歸，因而它反而與下列想法形成對立：和平，作為一種「國際的」秩序，應該藉由國家之間的條約來加以確保。關於康德提出之問題所具有之現實性，可參照Fernando R. Tesón, The Kantian Theory of International Law, Columbia Law Review 92 (1991), S. 53-102。

[59] 因為——人們必須補充說明道——在實證法上缺乏相關基礎，可使人們在內國法院提出綁票的違法性，作為訴訟上抗辯。這個案例非常清楚地顯示出，法治國的架構也（正好）沒有辦法針對這種「令人憤怒」的結果，提供任何確定的保障。也正好是在這個案例上，世界法的紛擾狀態，特別清楚地表現了出來：將國際法轉換為國內法的措施，會遭到拒斥，也就是說，各種違法性會被當作合法而加以處理，因為若非如此，則法律本身之獲得執行這件事情，就無法得到確保。

[60] 將人權的特徵界定為具有主觀權利的見解，也遭到Hofmann a.a.O., S. 166f質疑，不過是出於其他的論據。

[61] 參見第一次的“Annual Report of the Inter-American Court of Human Rights 1989”, Washington 1989。

[62] 這個想法的靈感，是出自米西瓦（Vessela Misheva）的一份手稿。

[63] 帕森斯對「涵括」提出了如下的定義：“This refers to the pattern of action in question, or complex of such patterns, and the individuals and/or groups who act in accord with that pattern coming to be accepted in a status of more or less full membership in a wider solidary social system”（這指的是系爭的行動模式、各種如此的模式所構成的複合體，以及，那些按照此模式而採取行動的個體與/或團體，會在一個更廣泛的、連帶的社會系統中，被認為具有或多或少完整的成員身分，而獲得接納），見諸Commentary on Clark, in: Andrew

Effrat (Hrsg.), Perspectives in Political Sociology, Indianapolis o.J., S. 299-308 (306)。

[64] 傳統上，對這種具有階層特殊性的涵括所進行的反思，有部分是在人的人類學秉賦的特徵（特別是理性〔ratio〕）上——所有的人，無論其社會地位為何，都分受了這樣的特徵——進行著，有部分則是在關於幸福的哲學上——依照神的旨意，每個人都能夠走向這種幸福——進行著。後面這條思路，在十八世紀時則特別是處在邁向其他涵括原則的過渡情境中，而這些涵括原則可以被改寫為自由與平等。例如，關於農民的幸福，以及上層階級對其自身幸福的界線所進行的反思，可參見下述文獻當中的Conversation avec un laboureur（和一個農夫的交談）一章：Jean Blondel, Des hommes tels qu'ils sont et doivent être: Ouvrage de sentiment, London– Paris 1758, S. 119ff。在這裡，階層化總是被當作涵括的圖式，而被預設，排除則是藉由「對某個家族或者某個家業的從屬性／非從屬性」而被決定。

[65] 人們可以在巴西的政治與憲法之間的關係中，找到一些佐證。參見Marcelo Neves, Verfassung und Positivität des Rechts in der peripheren Moderne: Eine theoretische Betrachtung und eine Interpretation des Falles Brasilien, Berlin 1992。

[66] 在第三章（I）的地方，我們已經與這些對於法律功能所抱持的期望，分道揚鑣。

譯名對照表

二劃

二階觀察（Beobachtung zweiter Ordnung）

四劃

不完全定理化（Gödelisierung）
不法（Unrecht）
不是法（Nichtrecht）
中心／邊陲（Zentrum/Peripherie）
互文性（Intertextualität）
公理（Axiome）
冗餘（Redundanz）
分叉（Bifurkation）
分出（Ausdifferenzierung）
切題術（inventio）
反身性（Reflexivität）
反事實性的期望（kontrafaktische Erwartungen）
反思理論（Reflexionstheorien）
反熵（Negentropie）
反饋（Feedback）
尤里匹德（Euripides）
巴托魯斯（Bartolus）
巴特森（Bateson）
巴羅爾（Barel, Yves）
弔詭（Paradoxie）
引力因子（attractor）
心理系統（psychisches Systeme）
文字、書寫（Schrift）
支付（Zahlung）
片段化（Segmentierung）

五劃

史派雅（Speyer）
主觀權利（subjektive Rechte）
加藍（Garlan, Edwin Norman）
功能上的專門化（funktionale Spezifikation）
功能等同項（funktionale Äquivalente）
卡夫卡（Kafka, Franz）
卡地裁判（Kadi-Justiz）
卡多佐（Cardozo）
卡爾—海因茲（Karl-Heinz）
占卜（Divination）

六劃

自我再製（Autopoiesis）
自我指涉（Selbstreferenz）
自我套用（Autologie）
自我組織（Selbstorganisation）
自我描述（Selbstbeschreibung）
自然法（Naturrecht）
艾許比（Ashby, W. Ross）
艾瑟（Esser, Josef）
艾德（Eder, Klaus）
西蒙（Simon, Dieter）
西蒙（Simon, Herbert）

七劃

呂內堡（Lüneburg）
佛萊堡（Freiburg）
佛斯特（Foerster, Heinz von）
何內克（Honecker, Erich）
伯里克立（Perikles）
伯爾曼（Berman, Harold）
低或然性（Unwahrscheinlichkeit）
克里斯蒂娃（Kristeva, Julia）
克拉克（Clark, Robert）
克勞斯，古因特（Klaus, Günther）
克萊斯特（Kleist, Heinrich von）
免疫系統（Immunsystem）
判決先例拘束原則（Präzedenz-Bindung）
判決理由（rationes decidendi）
利害關係者（Betroffene）
利益權衡（Interessenabwägung）
君主／暴君（rex/tyrannus）
告示（Edikt）
告知（Mitteilung）
完美／敗壞（Perfektion/Korruption）
形態創生（Morphogenese）
批判法學（Critical Legal Studies）
李克特（Rickert）
李桂（Liguet）
李歐塔（Lyotard）
決斷論（Dezisionismus）
言說倫理（Diskursethik）
貝加里雅（Beccaria）
防禦權（Abwehrrechte）

八劃

事件（Ereignisse）
事物本質（Natur der Sache）
亞特藍（Atlan, Henri）
使各得其分（suum cuique）

九劃

便宜原則（Opportunitätsprinzip）
保羅（Paulus）
哈伯瑪斯（Habermas, Jürgen）
哈特（Hart）
契約（Vertrag）
威爾克（Willke, Helmut）
威爾坡（Walpole）
指認（Identifizierung）
政治系統（politisches System）
「政治問題」學說（“political questions”- Doktrin）
施雷葛（Schlegel, Friedrich）
既判力（Rechtskraft）
柯勒哈斯，米夏爾（Kohlhaas, Michael）
洛克（Locke）
界域（Horizont）
紀登斯（Giddens）
約因（consideration）
美德（Tugend）
耶希華（Yeshiva）
胡果（Hugo）
范納（Finer, Herman）
茁生的單元（emergente Einheiten）
要式口約（stipulatio）
要求性格（Forderungscharakter）
重農主義者（Physiokraten）
韋伯（Weber, Max）
風險（Risiko）

十劃

班雅明（Benjamin, Walter）
個人、人格（Person）
原因（causa）
哥德爾（Gödel）
夏皮洛（Shapiro, Martin）
套套邏輯（Tautologie）
席格勒（Sigler, Jay A.）
效力（Geltung）
效力的推移（Geltungsbewegung）
《時代的印記》（*Signatur des Zeitalters*）
時間化（Temporalisierung）
時間視域（Zeithorizont）
根特（Günther, Gotthard）
格老秀斯（Grotius）
格拉瑟斐爾（Glaserfeld, Ernst von）
格林（Grimm, Dieter）
海耶克（Hayek）
海納（Heiner, Ronald）
索緒爾（Saussure）
記號（Zeichen）

傑弗遜（Jefferson, Thomas）
凱爾生（Kelsen）
博奕論（Spieltheorie）
媒介／形式（Medium/Form）
斯凱沃拉，昆圖・穆齊（Scaevola, Quintus Mucius）
普芬朵夫（Pufendorf, Samuel）
普通法（Common Law）
期望（Erwartung）
無理由（Grundlose）
發生的事件（Geschehen）
稀少性（Knappheit）
結構耦合（strukturelle Kopplung）
結構飄移（structural drift）
給付障礙（Leistungsstörungen）
舒伯特（Schubert, Glendon）
舒曼（Schumann, Ekkehart）
萊布尼茲（Leibniz）
裁判官（Prätor）
裁判權（jurisdictio）
象徵（Symbol）
費希特（Fichte）
費雪（Fish, Stanley）
費爾巴哈（Feuerbach）
超循環（Hyperzyklus）
超然中立（Unparteilichkeit）
進步（Fortschritt）
開放結構（open texture）

十三劃

債（obligatio）
奧力弗克羅納（Olivecrona, Karl）
奧坎（Ockham）
奧斯丁（Austin, John）
意思表示（Willenserklärung）
意義（Sinn）
意義授與（Singebung）
感知（wahrnehmen）
業餘者理論（Laientheorie）
溝通（Kommunikation）
照護權（Versorgungsrecht）
瑟爾（Searle）
禁止拒絕審判的誡命（Justizverweigerungsverbot）
萬民法（ius gentium）
經濟系統（Wirtschaftssystem）
蒂堡（Thibaut）
葛蘭西（Gramsci）
補充物（supplément）
解釋、詮釋（Interpretation）
誠實信用（bona fides）

跨連結的（transjunktiv）
跨越（Kreuzen）
運作（Operation）
違法的（rechtswidrig）
違憲的／合憲的（verfassungswidrig/verfassungsmäßig）
隔絕狀態（Abgeschlossenheit）
預先調適的進展（preadaptive advances）

十四劃

團體化（Gruppierung）
對法律的探問（quaestio iuris）
對套套邏輯／弔詭之開展（Entfaltung einer Tautologie/Paradoxie）
演化（Evolution）
漠然的、無差異的（indifferent）
漢彌爾頓（Hamilton, Alexander）
瑪圖拉納（Maturana, Humberto R.）
福利國（Wohlfahrtsstaat）
綱要化（Programmierung）
維根斯坦（Wittgenstein）
腐敗（Korruption）
蓋格（Geiger, Theodor）
裴洛（Perrow, Charles）
語意（Semantik）
誓約輔助人（Eideshelfer）
遞迴性（Rekursivität）
銜接能力（Anschlußfähigkeit）

十五劃

價值權衡（Wertabwägung）
價值觀（Wertungen）
寬免意圖定律（mischief rule）
層級化的社會（stratifizierte Gesellschaften）
德希達（Derrida）
德沃金（Dworkin, Ronald）
德萊爾（Dreier）
徵收（Enteignung）
摩西五書（Torah）
摩爾（Moore, Michael S.）
標示（Bezeichnen）
確認（konfirmieren）
締約上過失（culpa in contrahendo）
複雜性（Komplexität）
請示立法（référé législatif）
《論占有》（*Das Recht des Besitzes*）
論理言說（Begründungsdiskurse）
論理基礎（Begründungen）

論點（Topos）
論題化（thematisieren）
論題學（Topik）
質問術（Questionentechnik）
適當性（Angemessenheit）
魯登（Rudden, Bernd）
熵定律（Entropiegesetz）

十六劃

凝煉（kondensieren）
憲法（Verfassung, Verfassungsrecht）
憲法法律（Verfassungsgesetz）
憲法裁判權（Verfassungsgerichtsbarkeit）
操控學（Kybernetik）
激擾（Irritation）
獨我論（Solipsismus）
獨斷性（Dogmatizität）
盧梭（Rousseau）
穆勒（Müller, Friedrich）
衡平（Billigkeit, aequitas）
諾瓦利斯（Novalis）
諾伊曼（Neumann, Fritz）
輸入／輸出（Input/Output）
選擇（Selektion）

霍布斯（Hobbes）
霍姆斯（Holmes, Oliver Wendell）

十八劃

擴大效應（Amplifikation）
歸因、歸責（Zurechnung）
薩維尼（Savigny）
藍伯特（Lempert）
轉換詞（Verschieber）
雙元穩定性（Bistabilität）
雙重模式化（doppelte Modalisierung）
雙務的（synallagmatisch）
鬆散耦合（loose coupling）

十九劃

龐德（Pound, Roscoe）
羅斯（Ross, W.）
羅爾斯（Rawls, John）
邊沁（Bentham, Jeremy）
關聯（Zusammenhang）
類比推論（Analogieschlüsse）

二十劃

攔阻規則（Stoppregel）

二十二劃

二十三劃

經典名著文庫044

社會中的法

作　　者 —— 尼可拉斯．魯曼（Niklas Luhmann）
主　　譯 —— 國家教育研究院
譯　　者 —— 李君韜
發 行 人 —— 楊榮川
總 經 理 —— 楊士清
總 編 輯 —— 楊秀麗
文庫策劃 —— 楊榮川
副總編輯 —— 劉靜芬
責任編輯 —— 蔡琇雀、黃麗玟、呂伊眞
封面設計 —— 姚孝慈
著者繪像 —— 莊河源
出 版 者 —— 五南圖書出版股份有限公司
地　　址 —— 台北市大安區 106 和平東路二段 339 號 4 樓
電　　話 —— 02-27055066（代表號）
傳　　眞 —— 02-27066100
劃撥帳號 —— 01068953
戶　　名 —— 五南圖書出版股份有限公司
網　　址 —— https://www.wunan.com.tw
電子郵件 —— wunan@wunan.com.tw
法律顧問 —— 林勝安律師事務所　林勝安律師
出版日期 —— 2009 年 12 月初版一刷
2015 年 1 月二版一刷
2019 年 2 月三版一刷
2021 年 2 月三版二刷
定　　價 —— 600 元

著作財產權人：國家教育研究院　地址：237 新北市三峽區三樹路 2 號
電話：02-7740-7890　傳眞：02-7740-7064　網址：https://www.naer.edu.tw
GPN：1010800094
國家書店松江門市　地址：104 台北市松江路 209 號一樓
電話：02-2518-0207（代表號）　國家網路書店：https://www.govbooks.com.tw
台中五南文化廣場　地址：台中市中區中山路 6 號
電話：04-2226-0330　傳眞：04-2225-8234

國家圖書館出版品預行編目資料

社會中的法 / 尼可拉斯．魯曼 (Niklas Luhmann)；國家教育研究院主譯；李君韜譯 . -- 三版 -- 臺北市：五南，2019.02
面；公分 . --（經典名著文庫；44）
譯自：Das Recht der Gesellschaft
ISBN 978-957-11-9951-1(平裝)

1. 法律社會學

580.1654　　107016015